: 개정11판 :

ELABOR
HR CONTENT CREATOR

바쁜 인사노무 담당자를 위한

3일 노동법

이원희 저

2026년 3월 10일 시행, 노란봉투법 전면 반영

쟁점별 사례가 머리에 생생하게 자리잡히는 책!
노동관계법 전 분야를 153개 테마로 정리

중앙경제

2025년 개정법 반영

3일 노동법

초판발행 2013년 2월 23일
개정11판발행 2026년 1월 20일

지은이 이원희
펴낸이 김남진
펴낸곳 (주) 중앙경제

디자인 이지훈, 최가영
마케팅 신석재, 김성울, 이소영, 윤지희
경영지원 이상훈, 박세라, 조용환

출판등록 80.6.21 제2-66호
주소 서울시 중구 다산로11길 19(신당동 355-8) 백석빌딩 신관 4층
전화 02)2231-7293
팩스 02)2235-5344
홈페이지 www.elabor.co.kr

ISBN 978-89-7017-577-5 (13320)
정가 45,000원

2025년 개정법 반영

3일 노동법

이 원 희

중앙경제

개정11판을 내며

2026년 3월 10일부터 시행되는 개정노조법(이른바 '노란봉투법')으로 인하여 2026년도는 우리나라 노사관계에 있어서 근본적으로 패러다임이 바뀌는 해가 될 것이다.

'노란봉투법'의 핵심 쟁점은 아래와 같이 3가지로 요약될 수 있다.

첫째는, 신설된 노조법 제2조 제2호 후단, 즉 "사용자"의 개념을 확대하여, "근로계약체결 당사자가 아니더라도 근로조건에 대하여 「실질적 · 구체적 지배력」이 인정된다면, 「그 범위에 있어서」 원청 사업주도 하청노조에 대하여 사용자로 본다"라고 규정하여, 원청 사업주도 '특정 근로조건'에 대해서는 하청노조에 대하여 단체교섭의무가 있다는 것인 바, 여기서 「실질적 · 구체적 지배력」 기준에 대해 누가 어떻게 정할 것인지 여부이다.

둘째는, 원청 사업주가 「특정 근로조건(교섭의제)」에 대해서 하청노조에 대하여 단체교섭의무가 있다고 할 경우, 「특정 근로조건(교섭의제)」를 누가 어떻게 정할 것인지, 원 · 하청 노조간 교섭단위 분리 또는 하청노조간 교섭단위 분리의 기준이 무엇인지, 교섭단위 분리된 하청노조간 교섭창구단일화 범위를 어떻게 정할 것인지 여부이다.

셋째는, 노조법 제2조 제2호 「노동쟁의」의 개념을 어떻게 보느냐는 노동3권의 범위를 판단함에 있어서 중요한 요소인데, 종전에는 "「노동쟁의」란, '근로조건의 결정에 관한 주장의 불일치'로 인하여 발생한 분쟁상태" 라고만 규정하였으나, 개정노조법에서는 "「노동쟁의」란, '(근로조건 뿐 아니라) 근로조건에 영향을 미치는 사업경영상의 결정에 관한 주장의 불일치'로 인하여 발생한 분쟁상태"라고, 확대 규정함으로서, 노동3권의 범위도 확대되게 된 바, 여기서 「근로조건에 영향을 미치는 사업경영상의 결정」이 무엇이냐 하는 것이다.

위와 같이 2026년 3월 10일부터 시행되는 개정노조법(이른바 '노란봉투법')은, 「실질적・구체적 지배력」, 「특정 근로조건(교섭의제)」, 「근로조건에 영향을 미치는 사업경영상의 결정」 등에 대한 판단기준, 나아가, 원청회사와 하청노조간 단체교섭을 어떻게 할 것인지에 대해, 직접명시하거나 하위법령에 위임근거규정을 두지않아 많은 우려와 혼란을 낳고 있다.

그러나, 현행 근로기준법 제23조(해고 등의 제한) 제1항에도 "사용자는 근로자에게 「정당한 이유」 없이 해고, 휴직, 정직, 전직, 감봉, 그 밖의 징벌(懲罰)(이하 "부당해고등"이라 한다)을 하지 못한다"고 규정하고 있을 뿐, 여기서 「정당한 이유」가 무엇인지에 대해서는 그동안 축적된 노동위원회 결정과 판례를 통해 정리되어왔고, 향후에도 정리되어 갈 것이다. 「직장 내 괴롭힘 행위」, 「부당노동행위」 등의 경우에도 마찬가지였다.

개정노조법(이른바 '노란봉투법')도 위에서 언급한 바와 같이 추상적 개념 규정으로 인하여 초기에는 많은 우려와 혼란이 예상되나, 시간이 흘러갈수록 노동위원회 결정과 판례 등이 축적됨에 따라 정리되어 갈 것이다.

이번 〈3일 노동법〉 개정11판에서는, 개정노조법(이른바 '노란봉투법')에 대한 우려와 혼란을 다소나마 줄이기 위해, 관련되는 기존 노동위원회 결정과 판례를 많이 소개하였다.

또한 개정노조법 관련 판례 외에도 최근 핫이슈가 되었던 대법원 판례를 대폭 소개한 바, 그 중에서도 화제가 되었던 판례는 아래와 같다.

① 통상임금 요건 중 '고정성' 요건 폐지(대법 2024.12.19, 2023다302838)

② 복지포인트는 '임금'은 아니지만, '근로소득'에는 해당된다(대법 2024.12.24,

2024두34122).

③ 직장 내 성폭력 가해자에 대하여 징계 없이 사직 처리한 회사는 피해자에 대하여 그 손해를 배상할 사용자책임이 있다(대법 2024.11.14, 2023다276823)

④ 정당한 질책 과정에서 고성 등 부적절한 언행이 있었다는 사실만으로 직장 내 괴롭힘에 해당한다고 볼 수 없다(대법 2022.6.16, 2022다215333)

⑤ 상대방을 비하하는 발언이었는지 여부에 관하여는, 19명 중 5명이 비하발언에 해당한다고, 5명은 비하발언에 해당하지 않는다고 대답하였고, 나머지 9명은 듣는 사람에 따라 기분이 나쁠 수도 아닐 수도 있다고 답변하였다면, 직장괴롭힘 요건 중 '객관적인 정신적 고통'에 해당하지 않는다(광주고법 2021.7.22, 2021나20889)

⑥ 사용자가 취업규칙을 근로자에게 불리하게 작성・변경하면서 근로자의 집단적 동의를 받지 않은 경우 그 작성・변경에 사회통념상 합리성이 있음을 이유로 유효성을 인정할 수는 없다(대법 2023.5.11, 2017다35588・35595)

⑦ '사표 써라'라는 언급이 묵시적 해고에 해당될 수 있다(대법 2023.2.2, 2022두57695).

끝으로, 개정11판 발간에 무척 애를 써주신 중앙경제 김남진 사장님과 김태윤 상무님, 그리고 초판 때부터 무려 13년간 변함없이 편집작업에 애써준 이지훈 과장님에게 깊이 감사드립니다.

2026. 1.

'노무법인 가교' 사무실에서

저자 ***이 원 희***

책을 내며

구 한국노동교육원에서 노동법에 첫발을 디딘지 20년, 중앙경제와 국민권익위원회에서 인사·노무상담을 맡은지 어느덧 12년이 흘렀다. 그동안 기업의 인사노무담당자 또는 노동조합간부들의 전화·방문 등을 통해 수많은 노동법 해석과 관련된 질문에 답하면서 빈도가 비교적 높았던 사안을 나름대로 정리해왔다. 또한 판례·행정해석, 그리고 중앙경제HR교육원에서 강의한 강의자료들을 바탕으로 회사업무를 수행하느라 바쁜 시간을 보내고 계시는 현장의 담당자들이 빠른 시간에 노동법을 익힐 수 있도록 체계화하였고 이를 바탕으로 내친김에 공인노무사 자격증을 취득코자 하는 분들을 위하여 고득점 획득에 도움을 드리고자 최신 쟁점판례를 엄선하여 발간하게 되었다.

특히, 2012년도 이후 쟁점이 되고 있는 도급과 파견의 판단기준, 비정규직 차별판단기준, 2011.9.30. 시행된 개인정보보호법에 따른 인사·노무업무 단계별 개인정보처리요령, 2012.7.26. 변경된 퇴직금중간정산제 업무지침, 이력서허위기재 사건에서의 판례의 변화과정, 후선역제도의 정당성, 고용안정협약, 산별노조지부 탈퇴 후 사업장노조 설립절차, 파업돌입 단시간 내 행한 직장폐쇄의 정당성 등에 대해서는 비교적 상세하게 다루었다.

이 책의 특징으로는

첫째, 담당자들이 업무를 수행하면서 의문이 생길 경우, 이 책을 통해 스스로 답을 찾을 수 있도록, 이론을 토대로 기업의 실제 사례에 대한 최신 판례와 행정해석을 체계적으로 소개하였다.

둘째, 153개의 주제별 목차를 구성함으로써 실무자들이 원하는 사안을 목차에서 쉽게 찾아 볼 수 있도록 하였다.

셋째, 판례전문을 빠르게 찾고자할 경우를 위해 주제별 판례번호 바로 위쪽에 QR코드를 삽입하였다.

넷째, 공인노무사 2차시험 등 수험생들의 고득점획득에 도움을 드리고자 주목할 만한 최신판례들은 그대로 주제로 선정하였다.

다섯째, 이 책과 연계하여 중앙경제HR교육원 등에서 '3일 노동법실무과정'을 개설, 수강을 통하여 3일만에 마스터할 수 있도록 하였다.

여섯째, 인사·노무를 처음 담당하시는 실무자들에게 노동법의 감각을 익히고, 내친김에 공인노무사 시험 도전을 위해 부록으로 공인노무사 노동법 2차시험 기출문제를 수록하였다.

유난히도 무더웠던 지난해 7월부터 12년간 정리해두었던 자료를 바탕으로 원고쓰기 시작하여 어느덧 6개월이 지났다. 여러모로 부족한 사람이 폭염 속에서 장시간 앉아 있다보니 어깨통증으로 내내 고통스러웠는데 탈고하고 나니 그간의 통증은 씻은 듯 사라졌으나, 또 한편으로는 독자의 매서운 평가를 생각하니 두려움이 엄습해온다. 아무쪼록 바쁜 시간을 보내고 계시는 인사·노무 담당자들과 공인노무사 수험생들에게 도움이 될 수 있다면 저로서는 최고의 영광이 될 것이다.

마지막으로 소박한 한 책의 탄생을 위해 무던히도 애써주신 중앙경제 김희성 회장님, 밤늦게까지 편집하느라 애쓴 중앙경제 식구 모두에게 진한 감사를 드린다.

2013. 1.

저자 **이 원 희**

차례

1일차 제1장 노동법일반

1일차 제2장 근로계약

1일차 제3장 근로시간 · 휴일 · 휴가

2일차 제4장 임 금

2일차 제5장 취업규칙

2일차 제6장 근로관계종료

3일차 제7장 노동조합과 부당노동행위

3일차 제8장 단체교섭과 쟁의행위

3일차 제9장 단체협약

3일차 제10장 노사협의회

이 책의 법령 명칭은 아래와 같이 약어로 표기하였다.

- 근로기준법 ········ 근기법
- 노동조합및노동관계조정법 ········ 노조법
- 근로자참여및협력증진에관한법률 ········ 근참법
- 기간제및단시간근로자보호에관한법률 ········ 기간제법
- 파견근로자보호에관한법률 ········ 파견법
- 남녀고용평등및일 · 가정양립지원에관한법률 ········ 고평법
- 근로자퇴직급여보장법 ········ 근퇴법
- 산업안전보건법 ········ 산안법
- 산업재해보상보험법 ········ 산재법
- 부정경쟁방지및영업비밀보호에관한법률 ········ 부정경쟁방지법
- 고용상연령차별금지및고령자고용촉진에관한법률 ········ 고령자법

1일차

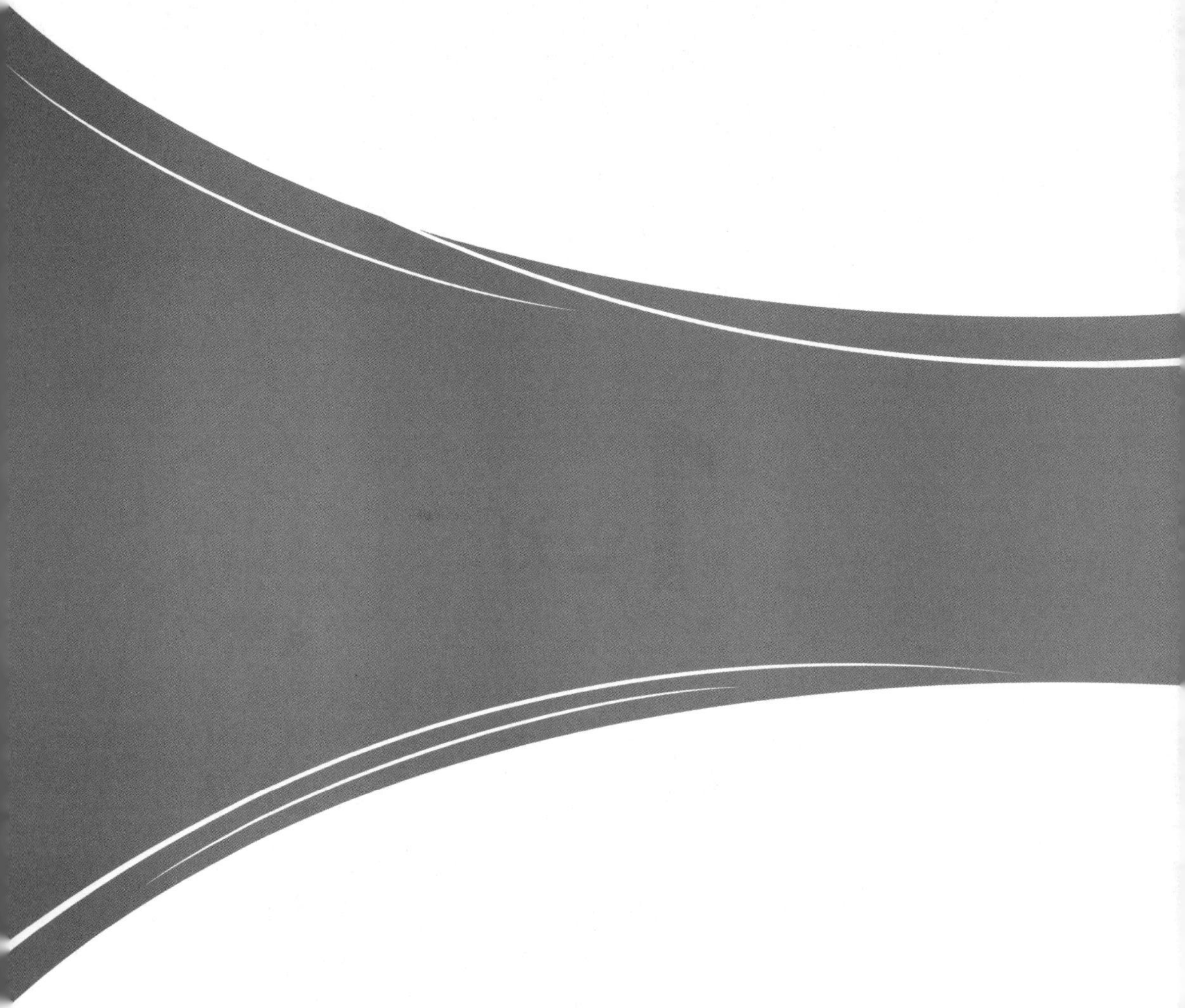

1일차

노동법 전문가로 가는 지/름/길

3일노동법

제1장

노동법일반

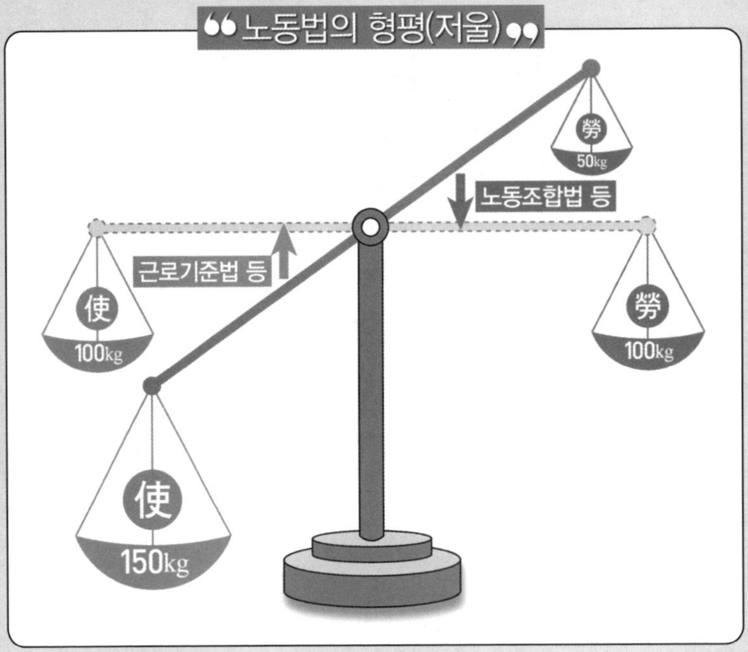
노동법의 형평(저울)
勞
50kg
노동조합법 등
근로기준법 등
使
100kg
勞
100kg
使
150kg

01 노동법은 어떻게 탄생되었나

> **헌법 제37조제2항** 국민의 모든 자유와 권리는 국가안전보장·질서유지 또는 공공복리를 위하여 필요한 경우에 한하여 법률로써 제한할 수 있으며, 제한하는 경우에도 자유와 권리의 본질적인 내용을 침해할 수 없다.

인류사회는 이론(異論)은 있으나, 역사발전단계설상 고대·중세·근대·현대사회를 거치면서 진화해 온 바, 특히 근대사회에서는 '합리적 인간'을 전제로 한 '시민'으로 구성되어, 아담스미스의 '보이지 않는 손(invisible hand)'에 의해 인위적인 국가의 개입이 없어도 사회가 모순없이 유지발전하게 되며, 르네상스·산업화 등을 통해 자본주의가 발전하여 개인주의와 자유주의는 전성기를 맞이하게 되고, 「계약자유원칙·소유권절대원칙·과실책임원칙」이라는 3대 시민법원리에 힘입어 시민사회는 성숙한 자본주의 사회로 진입하게 된다.

그런데 3대 시민법원리를 바탕으로 기업발전과 부의 증대가 이루어짐에도 불구하고, 근로자는 자본가에 비해 경제·사회적으로 상대적인 약자에 위치하게 되고 그 격차는 점점 넓어져만 갔다. 계약자유의 원칙이 추상적인 시민적 자유에 머무르는 한 근로자의 인간다운 생활은 보장되기 어렵다는 반성이 일어나자 국가의 개입에 의해 3대 시민법원리를 수정하게 되었고 그 결과 각 국가에서는 노동관계법을 제정하게 되었다. 그런데 최근에는 취업근로자보호중심의 노동관계법이 역설적으로 취업희망자의 취업을 방해하고 있다는 점에서 노동법의 유연화 과제가 대두되고 있다. 또한 생활물류서비스산업발전법, 플랫폼종사자보호법(가칭), 가사근로자보호법(2022.6.16.) 등을 통해 노동법 보호대상이 확대되고 있다.

02 노동법은 어떻게 구성되어 있나

헌법 제32조제3항 근로조건의 기준은 인간의 존엄성을 보장하도록 법률로 정한다.

헌법 제33조제1항 근로자는 근로조건의 향상을 위하여 자주적인 단결권·단체교섭권 및 단체행동권을 가진다.

우리 헌법 제32조제3항에서는 '근로조건의 기준은 인간의 존엄성을 보장하도록 법률로 정한다'로 규정하고 있고, 이에 따라 개별적 근로관계법 예를 들면, 근기법, 최저임금법, 고평법, 고령자법, 기간제법, 파견법, 산재법, 고용보험법, 근로복지기본법 등을 제정하여 특히 근기법 등이 정한 기준에 미달하는 근로계약은 당사자와 합의하더라도 무효이고, 비정규직에서의 사용기간제한 및 차별금지, 고령자·장애인·국가유공자 등을 일정비율 의무고용하여야 하며, 산재보상에서의 무과실책임, 사내근로복지기금 조성의무 등을 규정하고 있다.

또한 우리 헌법 제33조제1항에서는 '근로자는 근로조건의 향상을 위하여 자주적인 단결권·단체교섭권 및 단체행동권을 가진다'고 규정하고 있고, 이에 따라 집단적 노사관계법 예를 들면, 노동조합법, 근참법 등을 제정하여 적법한 쟁의행위에 대한 민·형사상 책임 면제, 사용자에 의한 부당노동행위 규제, 노사협의회 설치의무(근로자 30인 이상 사업장) 등을 규정하고 있다. 다만, 최근에는 노동법의 범위 확대와 관련하여 위 개별적 근로관계법, 집단적 노사관계법 이외에 노동시장관계법, 노동분쟁처리관계법 등 대개 60여종의 노동관계법으로 구성되어 있다고 볼 수 있다.

03 노동법의 해석원리

대법 2011.7.28, 2009두7790

근기법 제15조 【이 법을 위반한 근로계약】 ① 이 법에서 정하는 기준에 미치지 못하는 근로조건을 정한 근로계약은 그 부분에 한하여 무효로 한다.
② 제1항에 따라 무효로 된 부분은 이 법에서 정한 기준에 따른다.

근기법 제97조 【위반의 효력】 취업규칙에서 정한 기준에 미달하는 근로조건을 정한 근로계약은 그 부분에 관하여는 무효로 한다. 이 경우 무효로 된 부분은 취업규칙에 정한 기준에 따른다.

근기법 제96조 【단체협약의 준수】 ① 취업규칙은 법령이나 해당 사업 또는 사업장에 대하여 적용되는 단체협약과 어긋나서는 아니 된다.
② 고용노동부장관은 법령이나 단체협약에 어긋나는 취업규칙의 변경을 명할 수 있다.

노조법 제33조 【기준의 효력】 ① 단체협약에 정한 근로조건 기타 근로자의 대우에 관한 기준에 위반하는 취업규칙 또는 근로계약의 부분은 무효로 한다.
② 근로계약에 규정되지 아니한 사항 또는 제1항의 규정에 의하여 무효로 된 부분은 단체협약에 정한 기준에 의한다.

1. 노동법의 법원(法源)

근로자의 근로조건을 규율하는 규범은 법령, 단체협약, 취업규칙, 근로계약, 노동관습 등이 있다.

2. 상위규범우선의 원칙

하위규범에서 정한 근로조건이 상위규범에 정한 기준에 미달하는 경우에는 그 부분에 한하여 무효가 된다. 하위규범에 정한 근로조건이 상위규범에 정한 기준에 미달하여 무효로 된 경우 당해 근로조건은 상위규범에 정한 기준에 의한다. 예를 들면, 최저임금법상 2026년도 최저시급은 10,320원인데, 근로계약으로 10,000원으로 체결하였다면, 최저시급과의 차액 320원은 무효로 되고 당연히 10,320원이 된다는 의미이다. 또한 근로계약은 당사자간 합의하더라도 법에 위반할 수 없는바, 법령상 허용사유없이 임의로 퇴직금을 중간정산하기로 합의한다든지, 법정 주당연장근로시간(12시간)을 초과하여 근로하기로 합의한다든지 하는 것은 근기법 위반으로 무효가 됨과 동시에 형사처벌의 대상이 될 수도 있다.

3. 유리조건우선의 원칙

① 근로조건을 규율하는 법령, 단체협약, 취업규칙, 근로계약 중 근로자에게 유리한 근로조건이 우선적으로 적용된다. 예를 들면, 근기법에서는 연장근로수당은 통상임금의 50%이상을 가산하여 지급하도록 규정하고 있으나, 취업규칙 또는 근로계약으로 100%가산하여 지급하기로 할 경우, 가산수당은 100%가 되는 것이다.

② "근로자에게 불리한 내용으로 변경된 취업규칙(임금피크제 적용)은 집단적 동의를 받았다고 하더라도 그보다 유리한 근로조건을 정한 기존의 개별 근로계약 부분(임금피크제 비적용)에 우선하는 효력을 갖는다고 할 수 없다. 이 경우에도 근로계약의 내용(임금피크제 비적용)은 유효하게 존속하고, 변경된 취업규칙의 기준에 의하여 유리한 근로계약의 내용을 변경할 수 없으며, 근로자의 개별적 동의가 없는 한 취업규칙보다 유리한 근로계약의 내용이 우선하여 적용된다."(대법 2019. 11.14, 2018다200709 문경레저타운 사건)

③ 그러나 "위와 같은 법리는 근로자와 사용자가 취업규칙에서 정한 기준을 상회하는 근로조건을 개별 근로계약에서 따로 정한 경우에 한하여 적용될 수 있는 것이고, 개별 근로계약에서 근로조건에 관하여 구체적으로 정하지 않고 있는 경우에는 취업규칙 등에서 정하는 근로조건이 근로자에게 적용된다고 보아야 한다."(대법 2022.1.13, 2020다232136)

– 즉, 원고는 호봉제의 급여체계가 시행되던 때 피고가 설치·운영하는 대학교의 교원으로 임용되었고, 이후 피고가 급여체계를 연봉제로 변경하는 내용으로 취업규칙을 변경하고 이에 대해 사후적으로 근로자 과반수의 동의를 받은 사건에서,

원고는 급여규정 등이 규정한 바에 따라 급여를 지급받기로 하는 외에 별도로 임용계약서를 작성하거나 임금 등 근로조건에 관하여 약정을 체결하지 않았으므로, 원고에게는 취업규칙상 불리하게 변경된 연봉제 규정이 적용된다.

4. 유리조건우선원칙의 예외

가. 근로조건을 불리하게 단체협약 변경한 후 취업규칙 미개정

① 단체협약의 근로조건이 취업규칙보다 더 유리한 수준으로 정해져 오던 중 단체협약의 근로조건을 취업규칙보다 낮은 수준으로 변경할 경우, 노동조합의 새로운 단체협약 체결행위를 취업규칙 변경행위로 보아야 하므로 단체협약의 내용이 곧바로 취업규칙의 내용이 되어 종전 취업규칙의 근로조건은 효력이 없다는 것이다. 예를 들어, 단체협약과 취업규칙에 상여금을 600%로 정하여 오던 중 회사의 경영난을 해소하고자 노동조합이 단체협약으로 상여금을 폐지하기로 하였다면 취업규칙상 상여금 600%는 효력이 없는 것이다.

② 단협이 불리하게 개정되었는데 종전의 단협과 동일한 내용의 취업규칙이 그대로 적용되면 단협개정의 목적을 달성할 수 없다. 그러므로 개정된 단협에는 당연히 취업규칙상의 유리한 조건의 적용을 배제하고 우선적으로 적용된다는 합의가 포함된 것이다(대법 2002.12.27, 2002두9063).

나. 그러나, 근로조건을 불리하게 변경하는 내용의 단체협약이 현저히 합리성을 결하여 무효라는 판례(대법 2011.7.28, 2009두7790)

① 협약자치의 원칙상 노동조합은 사용자와 사이에 근로조건을 유리하게 변경하는 내용의 단체협약뿐만 아니라 근로조건을 불리하게 변경하는 내용의 단체협약을 체결할 수 있으므로, 특별한 사정이 없는 한 그러한 노사간의 합의를 무효라고 볼 수 없고 노동조합으로서는 그러한 합의를 위하여 사전에 근로자들로부터 개별적인 동의나 수권을 받을 필요가 없으나, 근로조건을 불리하게 변경하는 내용의 단체협약이 현저히 합리성을 결하여 노동조합의 목적을 벗어난 것으로 볼 수 있는 특별한 사정이 있는 경우에는 그러한 합의는 무효라고 보아야 한다(대법 2000.9.29, 99

다67536).

② '2005년 · 2006년 임 · 단협 특별협약'(이하 '이 사건 특별협약'이라고 한다)을 체결하면서 근로자들의 정년을 60세에서 54세로 단축하기로 합의한 후 취업규칙의 정년규정도 같은 내용으로 변경한 사실, 참가인(사용자)은 2006.6.30. 이 사건 특별협약 및 개정 취업규칙의 정년규정에 따라 당시 54세 이상인 원고(근로자)를 포함한 일반직원 22명을 정년퇴직으로 처리한 사실, 참가인과 이 사건 노조는 당시 ○○병원이 처해 있던 경영위기를 타개하기 위하여 위와 같이 정년을 단축하기로 합의하였는데, 이후 참가인과 이 사건 노조가 2008년 단체협약을 체결하면서 정년을 매년 1년씩 단계적으로 연장하여 종전 만 60세 정년으로 환원하기로 합의함에 따라 2007년 당시 54세에 달하지 아니하였던 근로자들은 실질적으로 정년이 단축되지 아니한 사실을 알 수 있다.

③ 위 사실관계에 의하면, 이 사건 특별협약에 의한 정년 단축은 참가인이 운영하는 ○○병원의 경영위기를 극복하기 위한 자구대책으로 이루어졌다고는 하나, 그 체결 당시 한시적 적용이 예정되어 있어 일정 연령 이상의 근로자들을 정년 단축의 방법으로 일시에 조기 퇴직시킴으로써 사실상 정리해고의 효과를 도모하기 위하여 마련된 것으로 보이고, 이러한 일정 연령 이상의 근로자들을 정년 단축의 방법으로 조기 퇴직시킨 조치는 연령만으로 조합원을 차별하는 것이어서 합리적 근거가 있다고 보기 어려우므로, 이 사건 특별협약 중 정년에 관한 부분은 현저히 합리성을 결하여 무료하고 볼 것이다.

참고 판결문에서의 "참가인"이란

해고사건 쟁송의 경우, 지방노동위원회 → 중앙노동위원회 → 행정법원 → 고등법원 → 대법원의 절차를 거치는 바, 노동위원회 단계에서 당사자는 사용자와 근로자이나, 법원단계에서 당사자는 중앙노동위원회위원장을 피고로 하여 근로자 또는 사용자가 원고가 되어 소송을 제기하게 된다. 이때 근로자가 원고가 될 경우 사용자는 "참가인", 사용자가 원고가 될 경우 근로자가 "참가인"의 지위에 놓이게 되는 것이다.

5. 기존 취업규칙보다 불리하더라도 개정된 단협이 우선하나, 기존 단협보다 유리하게 개정된 취업규칙은 단협에 우선한다는 취지의 판례(대법 2014.12.24, 2012다107334)

2010.5.27자 개정 취업규칙은 종전 취업규칙상 제42조(월차유급휴가)를 삭제한 것이고, 종전 상여금 750% 지급규정은 제58조에 규정되었던 것을 제57조로 조문 번호만 변경되었을 뿐 내용자체가 개정된 것은 아니므로, 2004.7.1자로 시행된 취업규칙상 상여금규정은 현재까지도 개정되지 않은 채 그대로 있다할 것이어서, 상여금규정이 개정되었음을 전제로 한 2010.5.27자 취업규칙상의 상여금규정이 이 사건 단체협약상 상여금 200% 반납약정에 우선하여 적용된다는 원고들의 주장은 이유없다(상여금 규정이 개정되었다면, 개정된 상여금 규정이 단체협약에 우선한다는 취지).

표 단체협약과 취업규칙과의 관계

변경시점 / 대상자		단협보다 불리하게 취업규칙이 변경된 경우	취업규칙보다 불리하게 단협이 변경된 경우	단협보다 유리하게 취업규칙이 변경된 경우
과반수 노조	전체 근로자	취업규칙적용	단체협약적용 (대법 2002.12.27, 2002두9063)	취업규칙적용 (대법 2014.12.24, 2012다107334)
과반 미만 노조	조합원	단체협약적용	단체협약적용 (대법 2006.4.27, 2004다4683)	취업규칙적용
	비조합원	취업규칙적용	취업규칙적용	취업규칙적용

도표 노동법의 원리와 체계

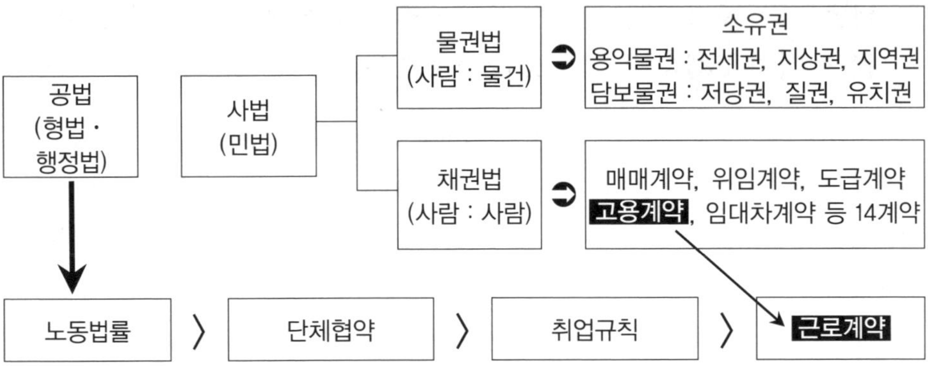

04 고용계약과 근로계약은 다른 것인가

민법 제655조 【고용의 의의】 고용은 당사자일방이 상대방에 대하여 노무를 제공할 것을 약정하고 상대방이 이에 대하여 보수를 지급할 것을 약정함으로써 그 효력이 생긴다.

근기법 제2조제1항제4호 【정의】 '근로계약'이란 근로자가 사용자에게 근로를 제공하고 사용자는 이에 대해서 임금을 지급하는 것을 목적으로 체결된 것을 말한다.

1. 문언상 차이

근로계약은 민법상 고용계약에서 분리 독립된 새로운 개념인 바, 민법에서는 위 근기법상의 '근로자와 사용자'라는 표현대신에 '당사자의 일방과 상대방'으로 표현하고 있다.

2. 근로계약과 고용계약과의 관계

위 근로계약과 고용계약이 종속성여부를 두고 서로 다른 것인지 같은 것인지에 대해서 논란이 있는 바, 그 논란의 근저에는 독일 노동관계법이 근로자 및 근로계약에 대한 정의규정이 없는 상태에서 독일 민법에서 고용을 독립적 고용과 종속적 고용으로 나누어 독립적 고용은 유상위임을, 종속적 고용은 근로관계의 본질을 규명하는 차원에서 '종속노동'이라는 용어를 사용한 것일 뿐, 우리 민법에서도 고용을 위임 또는 도급과 구별하는 기준으로 종속성을 들고 있으므로 종속성이라는 면에서는 고용계약과 근로계약은 같은 것이라고 볼 수 있다.

3. 근로계약이라고 할 수 있는 경우

노무공급계약이 고용계약이 아닌 근로계약이라고 할 수 있는지 여부는 노무를 공급하는 자가 근기법이 적용되는 사업 또는 사업장의 사용자와 계약을 체결하는가에 의하여 결정된다고 할 수 있다. 예를 들면 근기법의 적용을 받지 않는 가정부·간병인 등 가사사용인, 동거친족만을 사용하는 사업장 등은 근로계약아닌 민법상의 고용계약만이 성립된다.

4. 고용계약이라고 할 수 있는 경우

가사사용인은 고용계약관계의 당사자이다. 예를 들면, 회사에 고용되었으나 사장의 집에서 집안일을 돌보는 자는 비록 회사와 근로계약을 체결하였더라도 가사사용인으로 보아 근기법 적용이 배제된다. 그러나, 가사사용인의 사용이 사업 또는 사업장으로 인정된다면, 가정의 개인 고용주도 근기법상 사용자로 인정될 수 있다. 병원이 운영하는 무료직업소개소의 소개를 받아 환자측과 근로계약을 맺고 간병료를 직접 받은 경우, 환자를 사용자로 볼 수 있다(2001.7.27, 근기 68207-2409). 한편, 이미 선진국에서는 가사도우미에 대한 근로자성을 인정하고 있고 ILO(국제노동기구)에서도 가사사용인에 대한 사회보험 가입을 권고하고 있다는 점을 감안하여, '가사근로자의 고용개선 등에 관한 법률'을 제정·시행(2022.6.16.)을 통해, 정부인정기관 등록 등 일정요건을 충족하는 가사도우미에 대해서는 '가사근로자'로 인정하여 연차휴가, 퇴직금 등 근기법에 준하는 보호를 받을 수 있도록 하였다.

5. 이른바, '특수고용직' 문제

'특수고용직'이란, 보험모집인·골프장 경기보조원·학습지 방문판매교사·레미콘 운송기사, 택배기사, 대리운전기사, 플랫폼 배달기사 등과 같이 위임계약이긴 하나, 즉 인적 종속성은 약하나 경제적 종속성을 가지고 있어 노동법적 보호대상으로 보아야 한다는 취지에서 산업재해보상보험법 및 고용보험법 상으로 근로자로 편입이 확대되고 있다.

05 근기법상 '근로자'의 범위

대법 2007.9.7, 2006도777

근기법 제2조제1항제1호 【근로자의 정의】 "근로자"라 함은 직업의 종류와 관계없이 임금을 목적으로 사업 또는 사업장에 근로를 제공하는 자를 말한다.

1. 법 규정 해석

가. 직업의 종류와 관계없이

① '직업의 종류와 관계없이'란 정규, 임시, 상용, 일용, 아르바이트, 정신적 혹은 육체적노동 등을 불문하고, 그 계약이 민법상 고용계약이든 도급계약이든 불문하고, 계약의 형식에 관계없이 그 실질에 있어서 근로자가 사업 또는 사업장에 임금을 목적으로 종속적인 관계에서 사용자에게 근로를 제공하였는지 여부에 따라 판단한다(대법 1997.2.14, 96누1795).

② 따라서 근로자가 도급계약의 형식을 빌어 근로를 제공하였다 하더라도 그 근로형태가 사용자와의 사이에 있어서 사용종속관계를 유지하면서 도급인의 사업장에서 특정한 노무제공만을 하는 것이라면 근로자에 해당하고, 이러한 근로자에게 사용자는 퇴직금을 지급하여야 하므로 그에게 퇴직금을 지급하지 아니한 경우 근기법 위반죄를 구성한다(대법 1991.10.25, 91도1685).

③ 한편, 실무상으로 이른바 '인턴'이란 대개 2년 내의 단기간근로자를 말하며, '아르바이트'란 단시간근로자를 말하는데 이들에 대해서는 근기법외 기간제법이 특별히 적용된다. 또한 파견근로자는 근로계약체결 사업주와 근로제공 사업주가 각 분리되어 있을 뿐 근로자이며 근기법외 파견법이 특별히 적용된다. 실무상으로 기

간제 및 단시간근로자와 파견근로자 등을 일컬어 '비정규직'이라고 한다.

나. 임금을 목적으로

① "임금을 목적으로" 한다는 것은 금전적 수입을 얻기 위한 행동이라야 하지, 봉사활동이나 포교활동 목적이 아니라야 한다. 여기서 임금은 근기법 제17조에 의한 근로조건 서면명시의무 위반은 별론으로 하고 반드시 근로계약시에 확정될 필요는 없으며, 임금수준이 확정되지 않는 경우에도 취업규칙에서 정한 동일 근로자의 임금・최저임금 등에 의해 적용되며, 근기법 제47조에서도 이 같은 점을 고려하여 「사용자는 도급기타 이에 준하는 제도로 사용하는 근로자에 대해서는 근로시간에 따라 일정액의 임금을 보장해야 한다」고 규정하고 있다.

② 또한 법인의 임원이라 하더라도 업무집행권이나 대표권이 전혀 없이 단순히 임금을 목적으로 근로를 제공하는 자일 경우 근로자로 볼 수도 있다(2005.8.19, 근로기준과-4331).

다. 사업 또는 사업장에

① '사업'이란 업(業)으로서 계속성을 가지는 사업체로, 특별한 사정이 없는 한 경영상의 일체를 이루는 기업체 그 자체를 의미하고(대법 1999.8.20, 98다7651), 근기법 제11조제1항 단서에서는 "동거하는 친족만을 사용하는 사업 또는 사업장과 가사사용인에 대하여는 근기법을 적용하지 아니한다"라고 규정하고 있는 바, 가사사용인 등은 종속노동을 제공하나 업으로서 영위되는 사업체에서 하는 것이 아니므로 근기법상 근로자가 아니며 민법상 고용계약에 해당된다.

② 따라서 형식상으로 회사 근로자로 채용되어 회사에서 임금을 받더라도 사실상 회사 임원자택에서 가사사용인으로 일을 하였다면 이 역시 근기법상 근로자로 볼 수 없다. 또한 '사업장'이란 사업의 목적을 계속적으로 추구하는 장소적 시설로서, 공장・사무소・지사 등이 이에 해당한다.

라. 근로를 제공하는 자

① '근로를 제공한다'는 것은 노무를 수령하는 자로부터 업무의 내용과 수행방법

에 관해 지휘·감독을 받으며, 시간적·장소적인 구속을 받는 등 사용종속관계에서 노무를 제공하는 것을 함축적으로 표현한 것이다.

② 근기법은 현재 근로계약관계에 있는 근로자의 근로조건을 확보하려는 것이므로, 실업중인 근로자는 근기법상의 근로자의 개념에 포함되지 않는다. 따라서, 근기법상의 근로자의 개념은 실업 중인 근로자까지를 포함하는 노조법상 근로자 개념과는 다르다(대법 2004.2.7, 2001누8568).

2. 근로자에 대한 대법원의 판단기준(대법 2007.9.7, 2006도777)

산업화가 고도화됨에 따라 다양한 직종이 생겨나고 이들의 근로자성 여부가 논란이 되고 있다. 대표적인 예로 보험모집인, 레미콘운전사, 학습지교사, 골프장 케디 등을 들 수 있다. 이들이 근기법상 근로자에 해당되는지 여부에 대하여 다툼이 빈번한 바, 대법원은 다음과 같은 기준을 종합적으로 고려하여 판단하고 있다.

근기법상의 근로자에 해당하는지 여부는 계약의 형식이 고용계약인지 도급계약인지보다 그 실질에 있어 근로자가 사업 또는 사업장에 임금을 목적으로 종속적인 관계에서 사용자에게 근로를 제공하였는지 여부에 따라 판단하여야 하고, 종속적인 관계가 있는지 여부는,

① 업무 내용을 사용자가 정하고 취업규칙 또는 복무(인사)규정 등의 적용을 받으며 업무수행 과정에서 사용자가 "상당한" 지휘·감독을 하는지,

② 사용자가 근무시간과 근무장소를 지정하고 근로자가 이에 구속을 받는지,

③ 노무제공자가 스스로 비품·원자재나 작업도구 등을 소유하거나 제3자를 고용하여 업무를 대행하게 하는 등 독립하여 자신의 계산으로 사업을 영위할 수 있는지,

④ 노무제공을 통한 이윤의 창출과 손실의 초래 등 위험을 스스로 안고 있는지,

⑤ 보수의 성격이 근로 자체의 대상적(對價的) 성격인지,

⑥ 기본급이나 고정급이 정하여졌는지,

⑦ 근로소득세의 원천징수 여부 등 보수에 관한 사항,

⑧ 근로 제공 관계의 계속성과 사용자에 대한 전속성의 유무와 그 정도,

⑨ 사회보장제도에 관한 법령에서 근로자로서 지위를 인정받는지 등의 경제적·사회적 여러 조건을 종합하여 판단하여야 한다.

다만, 기본급이나 고정급이 정하여졌는지, 근로소득세를 원천징수하였는지, 사회보장제도에 관하여 근로자로 인정받는지 등의 사정은 사용자가 경제적으로 우월한 지위를 이용하여 임의로 정할 여지가 크다는 점에서, 그러한 점들이 인정되지 않는다는 것만으로 근로자성을 쉽게 부정하여서는 안된다.

도표 근로자의 유형

※ '소속근로자'란 근로소득원천징수 및 4대보험 성립신고사업장에 소속된 월 60시간이상 근로자를 의미

06 근로자 개념의 확장

대법 2017.1.25, 2015다59146

1. 백화점위탁판매원(대법 2017.1.25, 2015다59146)

피고(백화점 입점 업체)는 백화점 판매원(원고)들과 판매용역계약을 체결하고 매출 실적에 따라 수수료를 지급하여 왔는바, 수수료의 상한이 정해져 있고, 매출이 부진해도 일정 수준의 보수를 받은 점, 본사 직원들이 주기적으로 백화점 판매원들의 근무상황을 점검한 점, 피고가 내부 전산망을 통하여 백화점 판매원들에게 업무와 관련하여 출근시간 및 시차의 등록 공지, 아르바이트 근무현황표 제출 공지, 수선실 관련 공지, 상품의 로스, 반품, 가격, 할인행사 등 관련 공지, 재고실사 관련 공지, 택배 관련 공지, 상품 DP 수량 조사(사장님 지시사항) 관련 공지 등 근태를 관리하거나 업무 관련 공지를 한 점, 피고는 백화점 판매원들의 '병가 및 출산휴가 현황표'도 작성해 보관하고 있었던 점, 백화점 판매원들은 피고의 취업규칙의 적용을 받지 못하고, 근로소득세가 아닌 사업소득세를 납부하였으며, 4대 보험 등 사회보장제도에서 근로자로서의 지위를 인정받지 못하고 있었는데, 이는 피고가 사용자로서 경제적으로 우월한 지위를 이용하여 임의로 정하였다고 볼 여지도 있는 점 등을 종합하여 볼 때, 원고들을 비롯한 백화점 판매원들은 피고와 판매용역계약을 체결하여 그 계약의 형식이 위임계약처럼 되어 있지만, 그 실질은 임금을 목적으로 종속적인 관계에서 피고에게 근로를 제공한 근로계약관계라고 봄이 상당하다. 따라서 원고들은 근로기준법상의 근로자에 해당한다.

2. 학원지입차주(대법 2015.5.28, 2014다62749)

① 피고는 원고들로 하여금 일정한 운행시간에 지정된 코스를 운전하게 하였고, 원고들에게 유니폼 착용, 에어컨 가동 등 구체적인 업무지시를 하였으며, 차량운행 외에도 등·하원 시 학원생들의 안전지도, 차량 퍼레이드 등의 업무를 지시하기도 한 점, ② 피고는 대차운행과 대리운행을 원칙적으로 금지하면서 차량부장을 통하여 원고들을 비롯한 운전기사들의 대리운행 여부 등을 사전에 보고받고 승인한 점, ③ 원고들이 학원생들의 등·하원 시간 외에는 비교적 자유롭게 보냈더라도 이는 학원생들의 통학버스 운행이라는 원고들의 근무형태에 기인한 것이고, 피고가 운전기사들을 위한 충분한 주차장이나 휴게공간을 마련하지 아니하였기 때문인 점, ④ 원고들이 자기 소유 차량으로 통학운행을 수행하고 그로 인한 각종 비용과 사고책임을 스스로 부담하기는 하였으나, 기본적으로 차량 크기에 따라 고정적인 급여를 받았을 뿐인 점, ⑤ 피고가 작성한 '차량관리업무 매뉴얼' 등에 의하면 피고에게 징계권이 부여되어 있었고, 실제로 피고는 그에 따라 운전기사들에게 벌점을 부과하고 경고, 시말서 징구 등의 제재를 가한 점, ⑥ 원고들이 자기 소유 차량을 학원의 통학운행 외의 용도로 운행하는 것이 원칙적으로 금지되어 있었고, 설령 그에 대한 피고의 통제가 느슨하여 원고들이 다른 일을 할 가능성이 있었더라도 차량들의 소유권등록 명의가 피고 앞으로 되어 있어 그 차량들로 학원생들을 통학시키는 것 외에 다른 영업을 할 경우 여객자동차운송사업을 면허 없이 영위하는 것이 되어 사실상 다른 운송사업을 영위할 수 없었으며, 비록 하루 차량운행시간이 길지는 아니하더라도 평일과 주말, 학기 중과 방학 중에 따라 운행시간과 간격이 다르고 유동적이어서 원고들이 다른 일에 종사하는 데에는 상당한 제약이 따랐던 점, ⑦ 피고는 원고들에 대한 근로소득세를 원천징수하여 관할 세무서에 납부하고 이른바 4대 보험의 보험료를 납부한 점, ⑧ 원고들은 모두 피고가 운영하는 학원에 오랫동안 근무하여 온 점 등을 종합하여 보면, 원고들은 임금을 목적으로 종속적인 관계에서 피고에게 근로를 제공한 근로자에 해당한다고 봄이 타당하다.

3. 채권추심원

가. 근로자성 인정(대법 2016.4.15, 2015다252891)

① 채권추심원의 근로자성이 다투어지는 개별 사건에서 근로자에 해당하는지 여부는 소속된 채권추심회사의 지점, 지사 등 개별 근무지에서의 업무형태 등 구체적인 사실관계 및 증명의 정도에 따라 달라질 수밖에 없다. 사실심의 심리결과 채권추심원이 채권추심회사에 매일 정시에 출근할 의무가 없었고 채권추심회사와 계약관계를 유지한 기간 동안 채권추심회사에 종속되어 지휘·감독을 받으며 업무에 전념하였다고 보기에는 지나치게 적은 액수의 성과수수료를 받는 등 근로자성을 인정하기 어려운 사정들이 밝혀지거나, 채권추심원의 근로자성을 증명할 책임이 있는 당사자가 소송과정에서 다른 회사의 채권추심원 등에 관한 판결 선례 등만을 증거로 제출하였을 뿐 당해 사건에서 근로자성을 인정할 수 있는 구체적인 사실을 증명할 증거를 전혀 제출하지 않는 등의 경우에는 채권추심원의 근로자성이 부정될 수 있다.

② 그러나 원고들의 경우에는, 최초 계약기간은 6개월로 정하여 채용되었지만 반복적인 재계약 또는 기간연장 합의를 통하여 약 3년 내지 5년 동안 채권추심원으로 종사하여 업무의 계속성이 있었다. 또한 그 업무수행 과정에서 피고로부터 수수료 차감, 다른 팀으로의 이동, 이미 배정된 채권의 환수, 새로이 배정될 채권의 감소 등과 같은 불이익을 받지 않기 위해 캠페인, 조기출근, 야근, 토요일 근무 등 피고가 업무실적향상을 위해 동참을 요구하는 각종 조치에 따를 수밖에 없었다고 보인다. 원고들이 받은 보수는 기본급이나 고정급 없이 성과급의 형태로만 지급되었지만 이는 채권추심업무의 특성에 의한 것일 뿐이고, 원고들이 제공한 근로의 양과 질에 대한 대가로서의 임금의 성격을 지니지 아니한 것이라고 보기는 어렵다. 더구나 피고는 원고들에게 채권추심업무를 수행하는 과정에서 목표설정에서부터 채권추심업무의 처리에 이르기까지 모든 업무의 과정을 채권관리시스템에 입력하게 함으로써 원고들의 업무를 구체적으로 지휘하고 관리·감독한 것으로 보기에 충분하다.

나. 근로자성 부정(대법 2022.8.19, 2020다96819)

원고들(채권추심원)이 피고(채권추심회사)와 사이에 위임계약을 체결한 후 피고의 지사(지점) 등에서 채권추심업무를 수행하다가 퇴사 후 퇴직금의 지급을 구하였는바, 원고들이 채권의 추심순서와 구체적인 추심방법을 스스로 결정하여 추심업무를 수행하였고, 피고가 원고들에게 추심순위를 지정하거나 구체적 추심업무의 내용 또는 방법 등을 특별히 지시하지 않았으며, 원고들의 근무태도나 근무성적 등을 평가하여 보수나 처우에 반영하거나 추심실적이 부진하다고 해서 불이익을 주지 않은 점, 피고는 채권추심원에게 정기적으로 상담내역 등 추심활동내역을 피고의 전산시스템에 입력하게 하였으나, 그 입력 내용이 원고들의 업무수행 과정을 평가하는 자료로 사용되었다거나 그에 근거하여 피고가 원고들에게 업무지시를 하거나 불이익을 가하였다고 인정할 증거는 없는 점, 피고가 월 20,000원의 범위에서 지원하는 우편발송비용을 이외의 비용은 채권추심원이 모두 부담한 점, 피고는 채권추심업무 외의 다른 업무에 대해서는 채권추심원의 겸직을 제한하지 않고 있으며, 실제 채권추심업무 외의 다른 업무를 하는 채권추심원이 다수 있는 사정에 비추어 피고에 대한 전속성이 있다고 보기 어려운 점, 원고들은 오로지 채권의 회수실적에 따른 수수료만을 받았으며, 그 수수료는 실적에 따라 매월 큰 편차가 있어 이러한 수수료가 근로 자체의 대가적 성격을 갖는다고 보기 어려운 점 등에 비추어 보면, 원고들은 임금을 목적으로 종속적인 관계에서 근로를 제공한 근로자에 해당한다고 보기 어렵다.

4. 겸직한 채권추심원(대법 2020.6.25, 2018다292418, 파기환송)

① 쟁점

甲 등이 채권추심업체인 乙 주식회사와 채권추심업무 위탁계약을 체결하고 채권추심원으로 근무하면서 다른 근무처에서 겸직을 하였는데, '甲 등이 乙 회사 외의 다른 근무처에서 얻은 소득이 같은 기간 乙 회사로부터 얻은 소득과 비교하여 50% 이상의 비중을 차지하는 기간'에도 甲 등을 乙 회사의 근로자로 볼 수 있는지

② 판단

甲 등이 乙 회사 외의 다른 근무처에서 상당한 소득을 올렸다는 사정은 근로제공

관계의 실질을 파악할 때 고려할 여러 사정 중 일부에 불과하므로, 甲 등이 乙 회사 외의 다른 근무처에서 얻은 소득이 같은 기간 乙 회사로부터 얻은 소득과 비교하여 50% 이상의 비중을 차지하는지 여부를 근로제공관계의 실질을 판단할 때 일의적 기준으로 삼을 합리적 이유를 찾기 어렵고, 위 기간 동안 甲 등의 겸직 소득 규모 외에는 甲 등의 업무수행 방식과 乙 회사의 지휘·감독의 태양이나 정도 등이 근로자성 인정 여부를 종전과 달리 판단할 수 있을 정도로 실질적으로 변경되었다고 볼 만한 사정이 없으며, 이를 전후하여 해고나 합의해지 등을 통해 甲 등과 乙 회사 사이의 근로계약관계가 유효하게 해소되었다고 볼 자료도 없으므로, 위 기간에도 여전히 甲 등을 乙 회사의 근로자로 봄이 타당한데도, 이와 달리 본 원심판단에 법리오해 등의 잘못이 있다.

5. 야쿠르트 위탁판매원(대법 2016.8.24, 2015다253986)

① 원고는 야쿠르트 아주머니로 2002년부터 2014년까지 부산에서 야쿠르트의 유제품 등을 고객에게 배달하고 대금을 수령하는 배달 및 위탁판매 일을 했다. 정해진 출퇴근 시간은 없었지만 오전 8시경 배달할 제품을 관리점에서 수령해, 4시경까지 배달을 마치고 남은 제품은 일반 고객에게 판매했다. 원고는 '회사가 구체적으로 관리점 게시판에 일정표를 부착하는 등 구체적인 업무지시를 했고, 고객관리, 영업지침에 대한 서약서도 받았다'며 '배달원에게 수수료 명목으로 매월 급여도 지급하는 등 근로를 제공한 종속적 관계이므로, 근무기간 동안 연차수당과 퇴직금을 지급해 달라'고 주장하였으나,

② 1심과 2심 법원은 '수수료는 판매실적에 따라 결정됐을 뿐, 용역(근로)의 내용이나 시간과 비례한다고 볼 수 없다'며 '서약서를 받은 것도 그 내용이 업무지시와 감독에 관한 것이라고 볼 수 없고, 회사가 보험료나 상조회비를 일부 지원했다지만 판매 장려 차원이었으며, 교육을 제공한 것도 최소한의 업무 안내 및 판촉 독려에 불과하다'고 하여 근로자성을 부정하였다.

6. 가전제품수리기사(서울고법 2016.4.1, 2013나2031913)

업무 수행 건수는 회사의 배정에 따라 정해져 기사들이 독자적으로 거래처나 고객을 개척할 수 없었을 뿐만 아니라 회사가 기사들의 근무시간과 장소를 지정하고 각종 근무태도와 관련된 지침을 통해 사실상 기사들을 구속했으며, 서비스 대행계약이라는 형식을 띠고 있지만 기사들이 회사로부터 상당한 지휘·감독을 받은 근로자에 해당한다.

7. 학원강사(대법 2015.9.10, 2015도8556) 근로자성 판단기준

구분	판단기준
강사료 지급 기준	• 시급(고정급)일 경우는 근로자성 인정요소이며, 실적급(학원생 수)일 경우 근로자성 부정요소이긴 하나, 여타 지휘·감독 요소있을 시, 인정추세
교재선택권	• 강의진도 및 학원에서 제공한 교재로만 강의 시, 인정
학원전속성	• 다른 학원에서 강의 시, 학원측의 승인을 요한다면, 인정
추가업무	• 학습지도, 학원교재 제작, 수강생모집 등 행정업무 수행 시, 인정
강사수칙	• 수칙 위반 시, 시수(時受)배정에 불이익 시, 근로자성 인정

8. 카마스터(대법 2022.7.14, 2021두60687)

가. 근로자성 부정(대법 2022.7.14, 2021두60687 현대자동차)

① 쟁점

자동차 등을 제조·판매하는 甲 주식회사의 대리점주와 '甲 회사가 제조한 자동차를 판매하고 대리점으로부터 판매수당을 지급받기로 하는' 내용의 자동차 판매용역계약을 체결하고 해당 대리점에서 카마스터로서 자동차 판매 및 수금, 채권관리 등의 업무를 수행한 乙 등이 甲 회사를 상대로 근로자지위확인 소를 제기

② 판단

대리점은 甲 회사와 구별되는 사업자로서의 실질을 갖추고 있었던 점, 카마스터들은 대리점으로부터 판매수당을 지급받고 지시·명령을 받았을 뿐 甲 회사가 카

마스터들에게 직접적으로 지휘 · 감독을 하지는 않았던 점, 카마스터들은 대리점의 사업장에서 근무하였고 甲 회사의 사업장이나 직영점에서 근무하지는 않았던 점 등에 비추어, 대리점이 사업주로서의 독자성이 전혀 없다거나 독립성을 상실하여 甲 회사의 노무대행 기관에 불과하였다고 볼 수 없으므로, 甲 회사와 乙 등 사이에 묵시적인 근로계약관계가 성립하였다고 볼 수 없다(대법 2022.7.14, 2021두60687).

③ 한편, 대리점은 자신의 비용과 노력으로 점포 개설, 카마스터 채용, 판촉활동 등을 통하여 기본급 없이 판매실적에 따른 수수료를 지급받는 방식으로 독자적인 사업을 하는 독립된 개별사업 자인 점, 甲 회사가 판매대리점계약에 따라 위탁자의 지위에서 계약상대방인 수탁자에게 위탁의 범위 내에서 계약상 의무사항을 준수할 것을 요구하거나 그에 부수적인 지시 · 명령을 한 것을 두고 甲 회사가 乙 등에게 직간접적으로 지휘 · 명령을 하였다고 평가할 수 없는 점 등 제반 사정을 종합하면, 대리점이 乙 등을 고용한 후 고용관계를 유지하면서 乙 등으로 하여금 甲 회사 의 지휘 · 명령을 받아 甲 회사를 위하여 근로하게 하는 근로자파견관계에 있었다고 볼 수도 없다(대법 2022.5.26, 2021다210102).

④ 그러나, 카마스터는 노동조합법상 근로자에는 해당되므로 노동조합을 결성 · 활동할 수 있다(대법 2019.6.13, 2019두33712).

나. 근로자성 인정(대법 2023.10.12, 2023다254366 대경모터스)

출근시간이 명시적으로 정해진 것이 아니었으나 카마스터의 자율적인 출퇴근이 보장되지 않았고 사실상 정시 출퇴근 및 오전 회의 참석이 강제되었던 점, 외근을 하는 경우 활동내역 등을 사진으로 찍어 지점장이나 대표에게 보고했던 점, 회사 대표는 카마스터들에게 판매 목표달성을 독려하고 고객상담 내용을 SNS에 올릴 것을 요구했으며, CCTV를 통해 근태 · 복장 · 사업장의 청소상태 등을 지적했던 점, 회사는 카마스터들이 정한 당직순번을 임의로 변경하거나 제외시키는 등 당직표를 최종 수정하는 권한을 행사한 점 등을 감안하여 볼 때, 근로기준법 상 근로자에 해당된다.

9. 보험회사와 위탁계약을 맺은 지점장 (대법 2022.4.14, 2021두33715)

① 지점 사무실과 비품, 지점 운영 비용은 모두 참가인이 제공하였고, 위탁계약형 지점장이 그와 별개로 사무실 운영 비용 등을 투입하였다고 볼 만한 자료가 없다. 또한 참가인은 위탁계약형 지점장이 운영하는 지점에 참가인 소속의 서무직원을 배치하였다. 이처럼 위탁계약형 지점장이 스스로 비품·원자재나 작업도구 등을 소유하거나 제3자를 고용하여 업무를 대행하게 하는 등 독립하여 자신의 계산으로 사업을 영위할 수 있었다고 볼 수 없다. 나아가 위와 같은 사정에 비추어 볼 때, 위탁계약형 지점장은 실적에 따라 지급되는 수수료 등의 증가나 감소 이외에 지점 운영에 따른 이윤 창출과 손실의 초래 등 위험을 스스로 안고 있다고 보기 어렵다.

② 또한, 위탁계약형 지점장은 실적에 따른 수수료와 인센티브를 지급받았는데, 개인별·시기별로 수수료 등의 편차가 작지 않았던 것으로 보인다. 그러나 이와 같은 성과급 형태의 보수는 업무의 특성에 기인한 것으로 볼 수 있고 정규직 지점장도 기본급 이외에 실적에 따른 인센티브를 지급받음으로써 보수의 편차가 있었던 것으로 보이는 점, 참가인이 상당한 액수의 최소 수수료를 보장하고 있었던 점 등에 비추어 보면, 양자 사이에 본질적 차이가 있다고 보기 어렵고, 원고 등 위탁계약형 지점장이 지급받은 수수료 등이 지점 운영이라는 근로의 대가로서 임금의 성격을 지니고 있다고 볼 여지가 크다.

③ 한편, 원고는 약 4년간 참가인의 위탁계약형 지점장으로서 업무에 종사하였으므로 근로제공 관계의 계속성과 전속성이 인정된다.

07 근기법상 '사용자'의 범위확대

대법 2008.7.10, 2005다75088

근기법 제2조제1항제2호 【정의】 "사용자"란 사업주 또는 사업 경영 담당자, 그 밖에 근로자에 관한 사항에 대하여 사업주를 위하여 행위하는 자를 말한다.

근기법 제44조 【도급사업에 대한 임금지급】 ① 사업이 여러 차례의 도급에 따라 행하여지는 경우에 하수급인(下受給人)이 직상(直上) 수급인의 귀책사유로 근로자에게 임금을 지급하지 못한 경우에는 그 직상 수급인은 그 하수급인과 연대하여 책임을 진다.

중대재해처벌법 제4조 【사업주와 경영책임자등의 안전 및 보건 확보의무】 ① 사업주 또는 경영책임자등은 사업주나 법인 또는 기관이 실질적으로 지배・운영・관리하는 사업 또는 사업장에서 종사자의 안전・보건상 유해 또는 위험을 방지하기 위하여 그 사업 또는 사업장의 특성 및 규모 등을 고려하여 다음 각 호에 따른 조치를 하여야 한다.
1. 재해예방에 필요한 인력 및 예산 등 안전보건관리체계의 구축 및 그 이행에 관한 조치
2.~4. (생략)

중대재해처벌법 제5조 【도급, 용역, 위탁 등 관계에서의 안전 및 보건 확보의무】 사업주 또는 경영책임자등은 사업주나 법인 또는 기관이 제3자에게 도급, 용역, 위탁 등을 행한 경우에는 제3자의 종사자에게 중대산업재해가 발생하지 아니하도록 제4조의 조치를 하여야 한다. 다만, 사업주나 법인 또는 기관이 그 시설, 장비, 장소 등에 대하여 실질적으로 지배・운영・관리하는 책임이 있는 경우에 한정한다.

중대재해처벌법 제6조 【중대산업재해 사업주와 경영책임자등의 처벌】 ① 제4조 또는 제5조를 위반하여 제2조제2호가목의 중대산업재해에 이르게 한 사업주 또는 경영책임자등은 1년 이상의 징역 또는 10억원 이하의 벌금에 처한다.

중대재해처벌법 제2조 【정의】 이 법에서 사용하는 용어의 뜻은 다음과 같다.
8. "사업주"란 자신의 사업을 영위하는 자, 타인의 노무를 제공받아 사업을 하는 자를 말한다.
9. "경영책임자등"이란 다음 각 목의 어느 하나에 해당하는 자를 말한다.

가. 사업을 대표하고 사업을 총괄하는 권한과 책임이 있는 사람 또는 이에 준하여 안전보건에 관한 업무를 담당하는 사람.
나. 중앙행정기관의 장, 지방자치단체의 장, 「지방공기업법」에 따른 지방공기업의 장, 「공공기관의 운영에 관한 법률」 제4조부터 제6조까지의 규정에 따라 지정된 공공기관의 장.

1. '사업주'

그 사업을 책임지고 경영하는 주체를 말한다. 그러므로 개인기업에 있어서는 그 기업의 기업주인 개인을 의미하고, 회사 기타의 법인조직인 경우에는 법인 그 자체를 말한다.

2. '사업경영담당자'

사업경영 일반에 관하여 책임을 지는 자로서, 사업주로부터 사업경영의 전부 또는 일부에 대하여 포괄적 위임을 받고 대외적으로 사업을 대표하거나 대리하는 자를 말한다. 반드시 현실적으로 그러한 권한을 행사하여야만 하는 것은 아니므로 법인등기부상 대표이사직에서 사임했으나 실제로는 회장으로서 회사를 사실상 경영하여 온 경우, 근기법상의 사용자에 해당한다(대법 1997.11.11, 97도813).

상법상 등기임원은 대부분 사용자이나, 호칭상 임원(비등기임원 등)은 대개 근로자이다.

3. 중재재해처벌법 상 '경영책임자등'

① 사업을 대표하고 사업을 총괄하는 권한과 책임이 있는 사람 : 대표이사

② 이에 준하여 안전보건에 관한 업무를 담당하는 사람 :

법률상 대표권은 없지만, 특정 사업부문에 대해 포괄적 대리권을 수여받아 해당 사업 부문의 대내외 총괄권한을 부여받은 사람(예 : 최고안전책임자 Chief Security Officer)

③ 중대재해처벌법 제2조 제9호 가목의 '또는'의 해석 :

i) 병렬적 해석설(중대재해 처벌대상 확장설) : '경영책임자등'이라고 표기하고 있음을 감안, 중대재해발생 시 대표이사와 CSO도 함께 책임져야 한다는 해석(다수설)

ii) 선택적 해석설(중대재해 처벌대상 제한설) : '또는 이에 준하여'라고 표기하고 있음을 감안, 중대재해발생 시 대표이사는 책임을 면하고 CSO만 책임질 수 있다는 해석

1
일
차

4. '근로자에 관한 사항에 대하여 사업주를 위해 행위하는 자'

'근로계약상'의 사용자는 근로계약을 체결한 사용자를 말하나 '근기법상'의 사용자는 사업주 또는 사업경영담당자 기타 근로자에 관한 사항에 대하여 사업주를 위해 행위하는 자를 총칭하는 것으로서, 근로계약의 당사자로서 근로자에 해당하더라도 근기법상 사용자에 해당될 수 있다. 대개의 경우 인사·총무부서장, 경리·출납업무담당자 등이 여기에 해당되며, 이들은 노동조합법 및 근참법상으로도 사용자에 해당되어 노동조합에 가입할 수 없으며, 노사협의회에 근로자위원이 될 수 없다.

5. 원청기업이 타기업 근로자의 사용자가 되는 경우

① 노동력을 공급하는 중간매개자가 사업주로서의 독립성과 독자성이 없어 원청기업과 하도급근로자 사이에 묵시적 근로계약관계가 성립하는 경우인데 중간매개자가 유령회사 내지 무늬만 회사인 경우가 대부분이다(대법 2008.7.10, 2005다75088, 일명 '현대미포조선'사건).

② 근로자파견이 불법이어서 근로자와 원청기업 사이에 직접 고용된 것으로 의제되거나 직접 고용의무이행에 의해서 직영 근로자가 되는 경우이다(대법 2010.7.22, 2008두4367, 일명 '현대자동차'사건).

도표 위임계약과 근로계약, 그리고 사용자

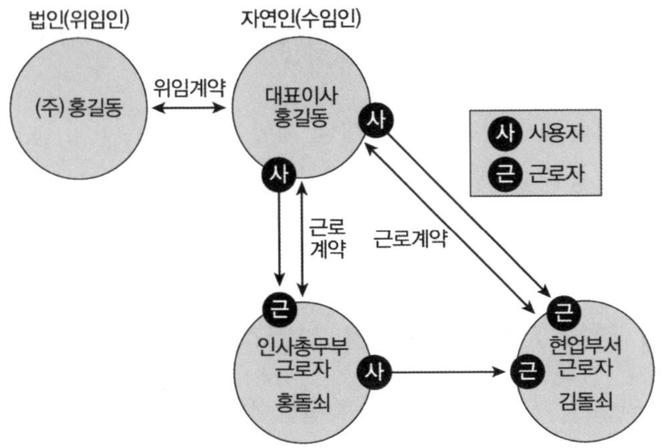

※ 사용자의 개념(근기법 제2조제2호)

"사용자"란 사업주 또는 사업 경영 담당자, 그 밖에 근로자에 관한 사항에 대하여 사업주를 위하여 행위하는 자를 말한다. 따라서 인사총무부서 근로자 홍돌쇠는 대표이사 홍길동에 대해서는 근로자이지만, 현업부서 근로자 김돌쇠에 대해서는 사용자 지위에 놓여 노동조합에 가입할 수 없고, 노사협의회 근로자 위원이 될 수 없다.

③ 노동력의 중간매개자인 제3자가 사업주로서의 독립성과 독자성은 있으나 법인격이 부인되는 경우다. 상법에서 자회사의 주주와 일반채권자를 보호하기 위한 이론을 노동법에 적용해 모회사가 자회사 근로자들의 사용자가 되는 경우다(일명 '법인격부인이론'). 각 자회사와 소속 근로자간에 근로계약이 체결되었고 각 자회사에서 소속 근로자에 대한 지휘감독, 복무관리 등 사용자로서의 권한을 행사하고 있다면 각 자회사를 소속 근로자의 근기법상 사용자로 보아야 할 것이나, 다만, 지주회사가 자회사 소속 근로자에 대한 근로조건을 직접 결정하고 인사노무관리를 직접 행하는 등 사실상 사용자의 권한을 행사하는 경우 그 범위 내에서 근기법상의 사용자 책임을 지게 된다(2001.6.14, 근기 68207-1910).

6. 임원의 근로자성

가. 등기임원 : 사용자(대법 2013.9.26, 2012도6537)

공소외 2는 회사에 입사할 당시부터 상무이사로 영입되어 등기된 이사로서 상법상의 적법한 선임절차를 거쳐 임명된 이사로 추정되고(대법원 1991.12.27, 91다4409, 91다4416 판결 등 참조), 8%를 넘는 비율의 주식을 보유하면서 1년 8개월을 넘는 근무기간 내내 레미콘 사업부의 운영에 관하여 상당히 재량권을 가지고 독립적인 권한을 행사한 사정들을 앞서 본 법리에 비추어 보면, 비록 공소외 2가 이사 외에 레미콘 사업부 운영에 관한 업무를 함께 담당하는 과정에서 대표이사로부터 지시 등을 받는 경우가 있다고 하더라도 공소외 2의 등기이사로서의 명칭이나 직위가 형식적·명목적인 것에 불과하다고 볼 수 없다.

나. 비등기임원

① 원칙 : 근로자(대법 2013.6.27, 2010다57459)

주식회사의 등기 임원이 아니면서 형식상 전무라는 고위 직함을 가지고 회사의 업무 전반을 처리함에 있어 사실상 다소 큰 권한을 행사하였다 하더라도, 실질적인 경영자의 구체적·개별적인 지휘·감독 하에 근로를 제공하였고 경영성과나 업무성적 또는 위임사무 처리에 따른 것이 아니라 일정한 노무를 담당하고 그 대가로 일정한 보수를 지급받았다면 근로기준법상 근로자에 해당한다.

② 예외 : 사용자(대법 2017.11.9, 2012다10959)

원고는 2003.12.15. 피고의 미등기임원인 상무로 선임되어 '방카슈랑스 및 직접마케팅(Direct Marketing)' 부문(이하 '방카슈랑스 등 부문'이라 한다)을 총괄하는 업무책임자(Function Head)의 업무를 담당하였다. 원고는 피고의 대표이사 등으로부터 구체적인 지휘·감독을 받으면서 정해진 노무를 제공하였다기보다 기능적으로 분리된 특정 전문 부분에 관한 업무 전체를 포괄적으로 위임받아 이를 총괄하면서 상당한 정도의 독자적인 권한과 책임을 바탕으로 처리하는 지위에 있었다고 볼 수 있다. 비록 원고가 피고의 대표이사나 미국 본사 등에 보고하거거나 일부 중요업무에 관하여 대표이사의 결재를 거쳤다 하더라도, 이는 위임받은 업무의 집행과 관련하여 통상적으로 필요한 것이거나 미국 본사의 한국 지사라는 피고의 특수성이 반영된 결과로 여겨질 뿐, 그러한 이유만으로 원고가 담당한 업무 전체의 성격이나 업무수행의 실질이 임금을 목적으로 종속적인 관계에서 일정한 노무를 제공하는 데에 그친다고 보기에는 부족하다. 그리고 이 사건 해임은 이처럼 원고가 전문성 및 경영능력에 대한 신임관계를 기초로 방카슈랑스 등 부문 업무를 위임받아 총괄하였다가 위 출근정지 처분에서 인정된 사유 등으로 인하여 그 신임관계가 현저히 상실되어 정상적인 임원 역할 수행이 불가능하게 됨에 따른 결과라고 할 수 있다.

그렇다면 원고가 근로기준법상 근로자에 해당한다고 하기는 어려우므로, 이 사건 해임을 근로자에 대한 일반적인 해고와 동일하게 취급하여 그 효력을 판단할 수 없다.

표 임원의 사용자성 일반적 판단기준(단, 예외 있음)

호칭	등기여부	사용자 여부	계약 유형
임원	등기	사용자	법인과 위임계약
	비등기	근로자(단, 근기법 제63조 제4호 관리감독자에 해당되어, 근로시간·휴일 규정적용 제외될 수는 있음)	사업주와 근로계약

08 파견근로자와 수급회사 소속 근로자와의 구별

파견법 제2조 【정의】 이 법에서 사용하는 용어의 정의는 다음과 같다.

1. "근로자파견"이라 함은 파견사업주가 근로자를 고용한 후 그 고용관계를 유지하면서 근로자파견계약의 내용에 따라 사용사업주의 지휘·명령을 받아 사용사업주를 위한 근로에 종사하게 하는 것을 말한다.
2. "근로자파견사업"이라 함은 근로자파견을 업으로 행하는 것을 말한다.
3. "파견사업주"라 함은 근로자파견사업을 행하는 자를 말한다.
4. "사용사업주"라 함은 근로자파견계약에 의하여 파견근로자를 사용하는 자를 말한다.
5. "파견근로자"라 함은 파견사업주가 고용한 근로자로서 근로자파견의 대상이 되는 자를 말한다.
6. "근로자파견계약"이라 함은 파견사업주와 사용사업주간에 근로자파견을 약정하는 계약을 말한다.

민법 제664조 【도급의 의의】 도급은 당사자일방이 어느 일을 완성할 것을 약정하고 상대방이 그 일의 결과에 대하여 보수를 지급할 것을 약정함으로써 그 효력이 생긴다.

민법 제680조 【위임의 의의】 위임은 당사자일방이 상대방에 대하여 사무의 처리를 위탁하고 상대방이 이를 승낙함으로써 그 효력이 생긴다.

1. 파견계약

① 근로자파견은 자기가 고용하는 근로자를 타인의 지휘·명령을 받아 그 타인을 위하여 근로에 종사하게 하는 자(파견사업주), 타인이 고용한 근로자를 파견받아 자기의 지휘 명령하에 자신을 위하여 근로에 종사하게 하는 자(사용사업주) 및 파견사업주가 파견을 위하여 고용한 근로자(파견근로자)라는 3자를 전제로 한다.

② 근로자파견의 3주체 사이에는 3면관계(파견근로관계)가 성립한다. 첫째 파견

사업주와 파견근로자와의 사이에는 고용관계가 있으며, 둘째 파견사업주와 사용사업주와의 사이에 근로자파견계약이 체결되고, 셋째 사용사업주는 근로자파견계약에 따라 파견근로자를 지휘·명령하는 관계가 성립한다.

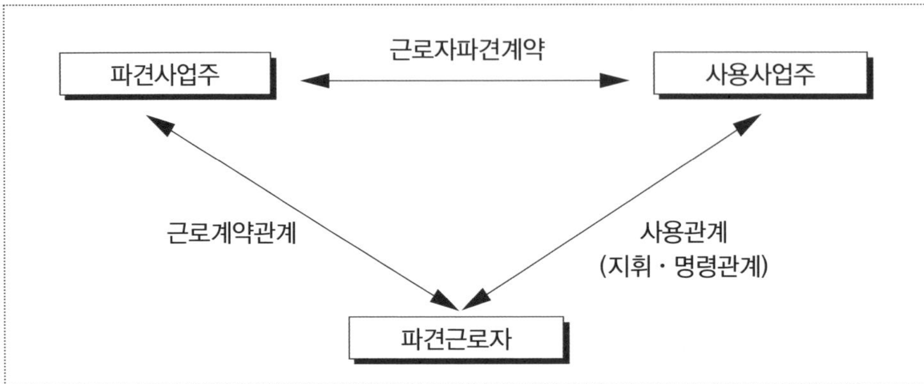

③ 한편, 실무상으로 관계사간 전출 또는 파견은 원래 기업과 고용관계를 유지하면서 타기업에 근무한다는 점에서 근로자파견과 유사하다. 하지만 관계사간 전출 또는 파견이 기업의 인사관리의 차원에서 이루어진다는 점에서 파견업 그 자체를 목적으로 하는 파견법상의 근로자파견과 다르다고 할 수 있으며, 다만 형식상 관계사 전출의 형태를 취한다고 하더라도 장기적·반복적·집단적으로 전출이 이루어질 경우는 파견업허가를 받지 않고 파견업을 수행하는 불법파견으로서 파견법 위반이 된다.

2. 도급계약

① 도급은 수급인이 어느 일의 완성을, 도급인이 그 일의 결과에 대하여 보수의 지급을 약정함으로써 성립하는 민법 제664조의 전형계약이지만, 수급인의 노무공급은 고용에 있어서와 같은 종속성이 없으며 작업의 성질상 허용되는 경우에는 수급인은 자유롭게 이행보조자나 이행대행자를 사용할 수 있다. 이 점에서 도급은 수급인이 파견사업주와 비슷한 위치에 놓이게 된다. 근로자가 도급인의 사업장에 투입된 경우 그것이 근로자파견계약에 기초한 것인지 도급계약에 기초한 것인지 특히 제조업의 혼재작업에 있어서 사실상 구별할 수 없는 경우가 많은 바, 노무제공

이 형식적으로 도급에 의하여 이루어지고 있다고 하더라도, 수급인이 고용한 근로자가 도급인의 직접적인 지휘·감독하에서 노무를 제공하는 경우에는 근로자파견으로 보아야 하고 이러한 경우에는 파견법이 적용되어야 한다.

② 한편, 파견법은 파견근로자를 사용할 수 있는 업종을 32개로 제한하고 있고, 파견근로자가 2년을 초과하여 파견근로할 경우 사용사업주는 고용의무를 져야하는 등 법적 규제가 많은 관계로 제조업 등 파견불가업종은 물론, 파견가능업종에서도 파견법의 각종 규제를 회피하기 위하여 도급계약의 형식을 취하고 있으나, 이는 이른바 '위장도급'으로서 파견법 위반의 문제가 발생된다.

〈도 급〉

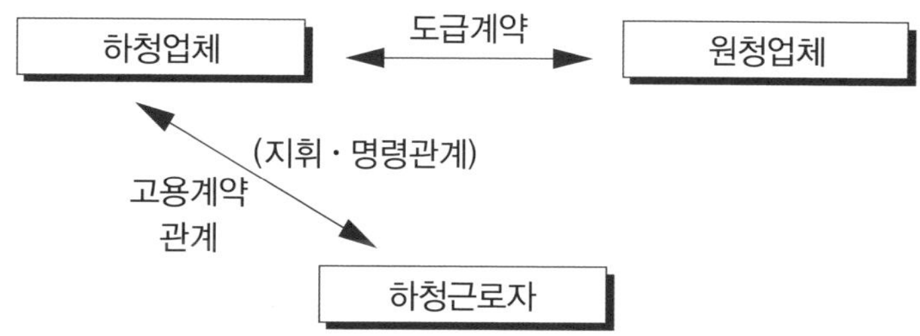

3. 위임계약

위임(민법 제680조)은 당사자 일방이 상대방에 대해 사무 처리를 위탁하고 상대방이 이를 승낙함으로서 효력이 발생하는 것으로 사무처리 완성에 관계없이 수임인의 독자적인 판단에 따라 업무를 처리하는 것이고 위임인은 수임인의 업무처리 자체에 대해 대가를 지불하는 것이다. 결국, 위임과 도급과의 차이는 일의 완성이냐 아니면 사무처리 자체를 목적으로 하느냐에 따라 구분된다고 할 수 있다.

표 근로자파견과 유사개념과의 구분

구분	내용
근로자공급	• 공급계약에 의하여 근로자를 타인에게 사용하게 하는 것. 다만, 파견법에 의한 근로자파견 제외(직업안정법 제4조제7호) – 따라서 근로자공급은 사실상 지배 하에 있는 근로자를 타인에게 공급하여 사용하게 하는 것에 한정되고, 고용계약 관계에 있는 근로자를 타인이 사용하게 하는 근로자파견과는 구별 – 노조법에 의한 노동조합만이 국내 근로자공급사업 가능(직업안정법 제33조) ex) 항운노조가 유일하게 근로자공급사업 허가를 받아 선주에게 소속 조합원들을 공급하여 하역작업에 종사토록 하고 있음
도 급	• 당사자 일방이 어떤 일을 완성할 것을 약정하고, 상대방은 그 일의 결과에 대하여 보수를 지급할 것을 약정함으로써 성립하는 계약(민법 제664조) – 원사업자와 수급사업자의 근로자 간에 지휘・명령 관계를 상정할 수 없다는 점에서 사용사업주와 파견근로자 간에 지휘・명령 관계가 있는 근로자파견과 구별 – 도급인지, 근로자파견인지의 구별은 계약의 명칭・형식 등에도 불구하고 사실관계를 기준으로 판단
위 임	• 당사자 일방이 상대방에 대해 사무처리를 위탁하고 상대방이 이를 승낙함으로써 성립하는 계약(민법 제680조) – 위임인과 수임인근로자 간 지휘・명령 관계를 상정할 수 없다는 점에서 근로자파견과 구별되고, 일의 완성을 목적으로 하지 않고 위임 사무의 처리활동 그 자체를 목적으로 한다는 점에서 도급과 구별
용 역	• 거래의 대상이 상품이 아닌 서비스(용역)인 계약으로서 용역업체에 일정한 업무를 맡겨 수행하도록 하는 형태이며 계약내용에 따라 도급, 위임 등에 해당될 수 있음 – 경비용역사업(경비업법), 청소용역사업(공중위생관리법), 기술용역사업(엔지니어링기술진흥법) 등
사내하도급(사내하청)	• 하청업체의 주된 작업이 원청업체 사업장에서 이루어지고 원청업체의 생산시설을 이용하여 수행하는 도급의 유형으로 하청업체가 자체 생산한 물품을 원청업체에 납품하는 사외하청과 구분
소사장제	• 사내 분사 경영의 한 유형으로, 주로 동일사업장에서 근무하던 근로자(반장, 중간관리자 등)에게 일부 생산라인이나 제조공정을 도급을 주는 경우가 대부분, 사내하청의 초보적인 단계라 할 수 있음.

09 도급과 파견의 판단기준

대법 2022.7.28, 2016다40439　　　　대법 2022.5.26, 2021다210621

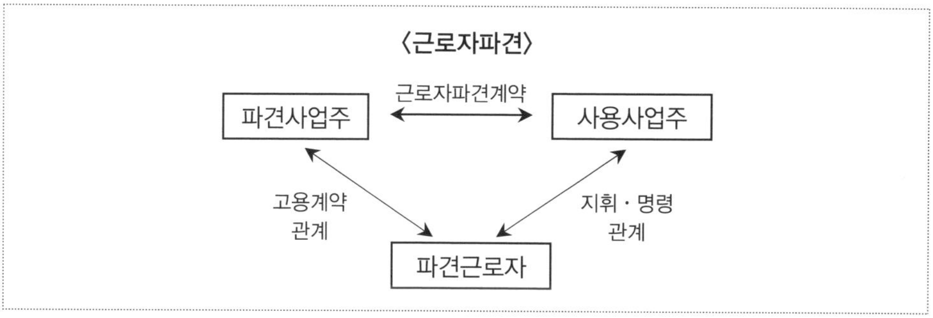

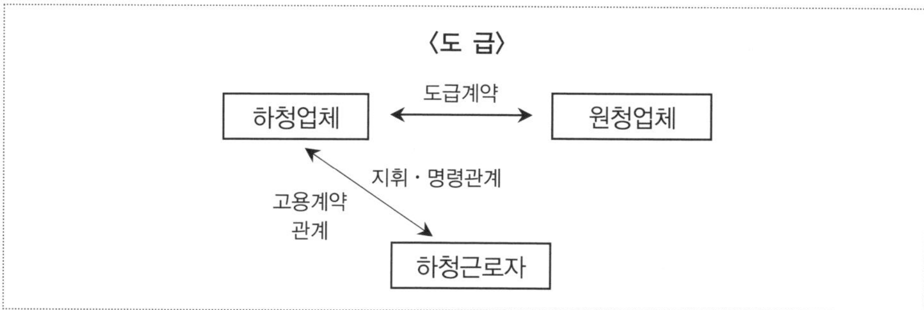

1. 문제의 제기

원청기업과 하도급기업은 도급관계로, 하도급근로자와 하도급기업은 근로관계의 틀을 유지한 채, 하도급근로자들이 원청기업의 사업장에서 노동력을 제공하는 경우다. 이 때 원청기업이 하도급근로자들에 대해서 지휘명령을 하게 되면 파견이 되고, 지휘명령을 하지 않고 하도급기업이 자신의 근로자들에게 지휘명령을 하게 되면 근로자들은 하도급기업이 원청기업에 부담하는 도급계약상의 채무이행의 보조자가 된다. 그러나 하도급근로자들이 원청기업의 사업장에서 노무를 제공하는 관계로 원청기업과 그의 직영근로자들과의 접촉이 있게 되고, 경우에 따라서는 이들의 지휘명령의 요소를 갖는 행동들이 함께 혼재하기 때문에 파견과 도급의 구별이 쉽지 않다.

2. 판단기준

가. 1단계(위장도급)

근로자파견과 도급은 모두 3자 관계를 그 특징으로 하는데 근로자파견은 파견사업주·사용사업주·파견근로자로 구성되며, 도급은 원사업자·수급사업자·수급사업자의 근로자로 구성되므로 3자 관계가 성립되지 않는다면, 애초부터 근로자파견인지, 도급인지를 구별할 필요도 없게 된다. 여기에서 문제가 되는 것은 바로 「도급」에서 수급사업자가 사업주로서의 실체가 없는 형식적·명목적 존재에 불과한 경우로서 수급사업자는 사업주로서의 실체가 없으므로 결국 원사업자(수급사업자가 고용한)와 근로자만 남게 되어 양자관계가 되며, 원사업자와 수급사업자의 근로자는 묵시적 근로계약관계에 있는 것으로 추정된다.

참고 사업주로서의 실체를 갖추고 있는지를 판단하는 징표

□ 「근로자파견의 판단기준에 관한 지침」(2007.4.19. 노동부·법무부·검찰)

① 채용·해고 등의 결정권
② 소요자금 조달 및 지급 책임
③ 법령상 사업주 책임
④ 기계·설비·기자재의 자기 책임과 부담
⑤ 전문적인 기술·경험과 관련된 기획 책임과 권한

이와 같은 경우, 판례는 수급사업자에 대하여 업무수행의 독자성이나 사업경영의 독립성을 갖추지 못한 채, 원사업자의 일개 사업부서로서 기능하거나, 노무대행기관의 역할을 수행한 것으로 본다(예 : 대법 2008.7.10, 2005다75088, '현대미포조선' 사건, 종업원지위확인).

참고 '금호타이어 사건'(대법 2011.7.1, 2011두6097)

① 이 사건 일반적인 도급계약과 달리 도급업무가 완성될 목적물 또는 일의 결과물이 명확히 특정되어 있지 않고 단지 '포장과 관련된 직무'를 수행하는 것으로만 되어 포괄적이며, 참가인들의 작업 내용과 시간은 원고가 작성한 일일포장작업계획서와 원고 소속 정규직 근로자들의 근무 시간에 따라 결정되었고,
② 비록 원고가 참가인들에게 일상적인 작업 지시를 한 적이 없더라도, 이는 업무 지시를 할 권한이 없어서라기보다는 이 사건 포장직무가 단순·반복적인 업무여서 별도의 구체적인 업무 지시가 필요 없었기 때문인 것으로 보이는 반면,
③ ○○티피는 참가인들의 작업 내용과 시간에 대하여 독자적인 영향력을 행사할 수 없었다고 보여 작업배치를 결정하거나 구체적인 업무를 지시한 주체는 참가인들을 고용한 ○○티피가 아니라 오히려 이 사건 도급계약에 따라 근로를 제공받은 원고로 보인다.

나. 2단계(불법파견)

수급사업자가 사업주로서의 실체를 갖추고 있다면, 비로소 근로자파견인지, 도급인지를 판단할 실익이 있게 되는데, 근로자파견과 도급을 구별하는 결정적인 기준은 결국 「지휘·명령권」을 누가 행사하는가 하는 것이며, 이를 위해 지휘·명령권 행사를 추정할 수 있는 여러 징표들에 대하여 누가 그 권한을 행사하였는지를 각각 조사·파악한 후 이들을 모두 모아서 종합적인 결론을 도출해야 한다.

참고 지휘·명령권 판단의 징표

❑ 「근로자파견의 판단기준」(대법 2015.2.26, 2010다93707 남해화학 사건)
① 원청이 하청근로자에 대하여 직·간접적으로 그 업무수행 자체에 관한 구속력 있는 지시를 하는 등 상당한 지휘·명령을 하는지,
② 하청이 원청 소속 근로자와 하나의 작업집단으로 구성되어 직접 공동 작업을 하는 등 원청의 사업에 실질적으로 편입되었다고 볼 수 있는지,
③ 하청이 작업에 투입될 근로자의 선발이나 근로자의 수, 교육 및 훈련, 작업·휴게

시간, 휴가, 근무태도 점검 등에 관한 결정 권한을 독자적으로 행사하는지,
④ 계약의 목적이 구체적으로 범위가 한정된 업무의 이행으로 확정되고 당해 근로자가 맡은 업무가 원청 소속 근로자의 업무와 구별되며 그러한 업무에 전문성·기술성이 있는지,
⑤ 하청이 계약의 목적을 달성하기 위하여 필요한 독립적 기업조직이나 설비를 갖추고 있는지

3. 제조업에서의 불법파견 판례 동향

가. 직접생산공정에서 원·하청 근로자혼재작업('현대차 사건') (대법 2010.7.22, 2008두4367 / 대법 2012.2.23, 2011두7076) (적극)

참가인(사용자)은 원고들을 직접 지휘하거나 또는 이 사건 사내협력업체 소속 현장관리인 등을 통하여 원고들에게 구체적인 작업지시를 하였는데, 이는 원고들의 잘못된 업무수행이 발견되어 그 수정을 요하는 경우에도 동일한 방식의 작업지시가 이루어졌다. 원고들이 수행하는 업무의 특성 등을 고려하면, 사내협력업체의 현장관리인 등이 원고들에게 구체적인 지휘명령권을 행사하였다 하더라도, 이는 도급인이 결정한 사항을 전달한 것에 불과하거나, 그러한 지휘명령이 도급인 등에 의해 통제되어 있는 것에 불과하였다.

나. 작업속도에 연관된 컨베이어벨트에서의 분리작업('현대차 사건') (대법 2015.2.26, 2010다106436) (적극)

자동차 의장·차체·엔진 공장 같은 주요 공정 외에 엔진서브라인 같은 보조공정이라도 "컨베이어벨트를 이용한 자동흐름방식으로 운용"되어 前後공정의 작업속도에 구속받는다면 독립된 보조공정 하청근로자도 "포괄적으로 혼재하여 근로하는" 도급이 아닌 근로자파견에 해당한다.

※ 생산과정 : 프레스공정 → 차체공정 → 도장공정 → 조립공정 → 품질관리 → 출고

다. 작업속도와 무관한 컨베이어벨트에서의 분리작업('한국타이어사건') (간접생산공정) (대법 2018.12.13, 2016다240406) (소극)

컨베이어 등 원고들이 예로 든 설비들은 모두 개별 공정에서 생산된 제품의 운반수단에 불과한 것인데, 나아가 공정 사이의 제품 운반을 넘어 개별 공정에서의 업무 자체가 컨베이어 등 자동화 시스템에 의해 이루어진다는 점에 대해서는 원고들의 아무런 주장·입증이 없다. 따라서 피고의 공장 내에 설치된 컨베이어 등의 작동속도는 특정 공정을 거친 제품의 적치량을 결정하게 될 뿐, 타이어의 생산량이나 생산방식에 직접 영향을 미친다고 보기는 어렵다. 오히려 원고들의 주장과는 달리, 피고 공장에서의 타이어 생산량 등은 컨베이어 등의 작동속도가 아니라 개별 공정을 담당하는 근로자들의 작업방식이나 업무강도에 좌우되는 측면이 보다 클 것으로 보인다(생산량이 컨베이어 작동속도와 무관).

라. 컨베이어벨트를 직접 활용하지 않는 공정(간접생산공정) ('현대차 사건') (대법 2022.10.27. 2017다14581 등) (적극)

① 간접 생산공정의 경우에도 작업 소요시간에 따른 시간당 생산 대수, 세부업무별 투입인원 공수, 필요인원 등을 전부 피고가 결정하였고, 이에 따라 간접 생산공정을 담당하는 사내협력업체들도 피고가 정한 표준정원(T/O)에서 정해진 인원을 해당 작업에 투입하여야 했다. 또한 피고의 필요에 의하여 담당 공정 또는 업무수행 방법이 변경되기도 하였다. 피고는 서열자 실명제 대장 또는 물류관리 프로그램 등을 통하여 사내협력업체 소속 근로자들의 업무수행 현황 등을 파악해 왔다.

② 피고는 일의 결과가 아닌 사내협력업체 소속 근로자들의 근로시간의 수에 따라 월별 기성 도급금액을 지급하는 한편, 직접 생산공정과 마찬가지로 사양일람표, 사양식별표, 서열 모니터, PDI 정비지침서 등을 통하여 해당 업무의 수행에 필요한 업무지시를 하는 등의 지휘·명령권을 행사한 반면, 사내협력업체가 스스로 독자적인 지휘·명령권을 행사하였다는 정황은 찾아보기 어렵다.

③ 생산관리업무의 경우 컨베이어벨트의 생산일정에 맞추어 적시에 조립부품 등을 제공하여야 하고, 출고업무의 경우 역시 컨베이어벨트를 활용한 피고의 생산물량에 직·간접적으로 좌우될 수밖에 없는 등 컨베이어벨트의 생산속도 및 일정에

연동되어 이루어지게 되고, 해당 공정의 작업량이나 투입 인원 또한 컨베이어벨트의 작동 속도 및 생산량을 감안하여 책정되었다. 간접 생산공정의 경우에도 실제 업무수행 과정에서 시·종업시간, 휴게시간, 연장 및 휴일근무시간 등이 모두 피고가 정한 시간에 구속되는 등 근로조건의 설정·관리 방식이 컨베이어벨트를 이용한 직접 생산공정과 크게 다르지 않았다.

④ 간접 생산공정을 담당하는 사내협력업체 역시 피고만을 상대로 사업을 영위하였으며, 일부 업체가 지게차 등을 소유한 것을 제외하고는 고유의 기술이나 자본 등을 투입한 바 없다.

⑤ 피고와 K 노동조합이 단체협약에 의하여 사내협력업체 소속 근로자들의 임금인상 등에 관한 합의를 하면, 이 합의가 '사내협력업체 도급계약 조건 개선'으로 이어지고 이에 따라 사내협력업체 소속 근로자들의 임금이 결정되며, 피고가 사내협력업체 소속 근로자들에 대한 격려금 지급 여부 등에 관한 결정권을 행사하고, 사내협력업체는 지급금액을 임의로 조정하거나 독자적으로 지급 여부를 결정할 수 없었다.

마. 2차 하청도 불법파견 인정('현대차' 사건) (대법 2022.10.27, 2017다14581 등)

① 원심은 '근로자파견'에 해당하는지 여부가 앞서 본 바와 같이 도급 등 계약의 명칭이나 형식에 구애받지 않고 근로관계의 실질에 따라 판단되어야 하는 것과 마찬가지로, 특정 업체들 사이에 '근로자파견계약'이 존재하는지 여부를 판단하기 위해서도 형식적인 계약서의 작성 여부보다는 해당 업체들 사이에서 근로자가 제공하는 근로의 실질적인 경위와 내용이 검토되어야 한다고 전제한 다음,

② N 주식회사와 도급계약을 체결한 2차 협력업체 소속으로 O공장에서 수출방청업무를 담당한 원고 L, P 주식회사와 도급계약을 체결한 2차 협력업체 소속으로 Q공장 의장라인 부근에서 생산관리업무를 담당한 원고 M에 대하여,

③ 1차 협력업체인 N 주식회사, P 주식회사가 피고 및 2차 협력업체들과 사이에 체결한 각 계약의 내용, 위와 같은 형태로 계약이 체결된 경위, 1차 협력업체가 2차 협력업체 소속 근로자들의 업무수행에 관여하였는지 여부, 2차 협력업체 소속 근로자들의 업무수행 등이 같거나 유사한 업무를 수행하는 다른 사내협력업체 소

속 근로자들의 업무수행 등과 상이하였는지 여부 등에 관한 판시 사실을 인정하고, 그에 따르면 위 원고들이 2차 협력업체 소속 근로자라고 하여 피고를 사용사업주로 하는 근로자파견관계가 부정될 수 없다는 취지로 판단한 바, 법리오해, 채증법칙 위반 등의 위법이 없다.

바. 원청 전산시스템(MES)의 하청 제공

(1) 불법파견 인정(대법 2022.7.28, 2016다40439, '포스코 사건')

① 전산관리시스템(MES : Manufacturing Execution System)을 통하여 피고의 제품 생산과정과 조업체계가 관리되는 방식이 정착된 이후 피고는 크레인을 이용한 작업의 구체적인 내용, 즉 운송대상과 운송순서, 운송지점 등을 전산관리시스템을 활용하여 결정하였다. 피고가 이 사건 협력업체들에 맡길 업무의 범위와 내용을 단순히 전달하였다고 보기는 어렵다. 원고들은 전산관리시스템을 통해 전달된 작업대상 및 작업순서에 따라 크레인 운전 업무를 수행하였다. 원고들에게 전달된 작업 정보는 사실상 구속력 있는 업무상 지시로 기능한다고 봄이 타당하다. 이 사건 각 협력업체나 원고들이 작업순서를 일부 변경하거나 작업시간을 조정할 수 있었다고 하더라도 달리 보기 어렵다.

② 크레인 운전을 통해 코일을 운반하는 업무는 압연공정 자체에 필수적으로 수반될 수밖에 없고, 양자는 기능적인 측면에서 분리되기 어렵다. 크레인 운전 업무의 작업성과는 전체 압연제품 생산 공정의 소요시간과 작업결과에 영향을 미친다. 크레인운전 업무를 수행한 원고들은 피고의 사업에 실질적으로 편입되었다고 봄이 타당하다.

③ 피고는 이 사건 각 협력업체가 수행할 업무, 크레인 운전에 필요한 인원수, 크레인 운전 작업자가 수행하는 작업량을 실질적으로 결정하였다. 피고는 천장크레인운전업무에 관하여 이 사건 협력업체들 소속 근로자들이 탑승할 크레인과 무인화로 운영할 크레인 등을 정하였고, 피고가 제시하여 협력작업계약의 내용에 포함된 작업사양서에서는 작업별로 투입될 직무별 인원 등을 정하였다.

(2) 불법파견 부정(대법 2022.5.26, 2021다210621 '현대차 카마스터 사건')

① 피고는 판매업무 수행 시 피고가 제공한 전산망과 전산프로그램을 사용하도록 하였고, 카마스터들을 상대로 기본자질 함양, 상품지식 및 세일즈기법 습득을 위한 영업교육과 판매능력향상교육 등을 실시하였다.

② 피고의 위와 같은 행위들은 판매대리점계약에 따른 위탁자로서 대리점주들에게 한 지시로서, 카마스터들에 대한 지휘・명령에 해당한다고 보기 어렵다. 피고가 실시한 교육은 카마스터들이 판매업무를 수행하면서 당연히 숙지하고 있어야 할 내용이거나 대리점주와의 판매용역계약상 준수하여야 할 사항 등에 관한 것으로서, 정보전달을 위한 수준에 그치는 것이었다.

③ 카마스터들이 피고의 지점 소속 판매사원들과 함께 자동차판매업무를 수행하였다고 볼 수 없는 점, 사실상 카마스터와 피고의 지점 소속 판매사원들은 영업상 경쟁관계에 있었던 점 등에 비추어 보면, 카마스터들이 피고의 지점 소속 판매사원들과 하나의 작업집단을 구성하여 직접 공동의 작업을 함으로써 피고의 사업에 실질적으로 편입되었다고 보기 어렵다.

표 MES의 성격

작업정보 제공	작업 지시
도급	파견

(3) 시사점

하청업체에 구체적 작업지시인지 단순한 정보전달인지 여부, 하청업무가 원청업무에 연동되어 있는지 독립되고 구분된 업무인지 여부에 따라 MES가 하청업체에 제공되었다고 하더라도 불법파견 여부는 달라질 수가 있다.

표 도급・파견・기간제 비교(원청 회사 입장에서)

구분	도급	파견	기간제
임금지급(소속 사업장)	×	×	○
지시・감독	×	○	○

4. 최근 불법파견 관련 판결의 동향

가. 구내식당 조리원 사건(대법 2025.9.26, 2022다276369 소극)

(1) 사안의 개요

타이어 회사(원청, 피고) 협력업체에 입사해 타이어 공장 내 구내식당에서 조리 및 배식 업무를 수행한 조리원들(원고들)의 원청회사 근로자지위확인 청구 사건

(2) 쟁점

원청 소속 영양사가 작성・제공한 '주간 메뉴표'가 구속력 있는 업무상 지시인지 여부

(3) 판결

① 주간 메뉴표가 도급 업무의 범위를 지정하는 것을 넘어 그 업무 수행 자체에 관해 구속력 있는 지시를 하는 것이라고 보기 어렵다

② 실질적 편입 여부는 단순한 '업무의 필요성'이 아닌 '원하청 간 업무의 구별성'을 기준으로 판단해야 한다. 원고들의 조리・배식 업무는 피고의 주된 업무인 타이어 제조・생산 업무와 명백히 구별되므로 원고들이 피고의 사업에 실질적으로 편입됐다고 인정하기 부족하다

(4) 시사점

도급 업무의 결과물을 확보하기 위해 도급업체가 수급업체에 표준화된 기준이나 목표를 제시하는 것은 합법 도급 범위 내의 영역이라는 것이다. 예컨대 구내식당 조리 업무를 도급할 경우 식사의 맛, 안전 등을 위해 표준화된 레시피를 제시하는 것, 건물 수리 업무를 도급할 경우 그 수리 완성을 위해 건물 설계도 및 시방서를 제공하는 것 등은 합법 도급의 범주에 속한다고 할 것이다.

1일차

나. 제약회사 야간 클리닝 업무 사건(대법 2025.9.25, 2025다213424 소극)

(1) 사안의 개요

제약회사(원청, 피고) 협력업체에 입사해 원청의 생산공장에서 야간 클리닝 업무를 수행한 자들(원고들)이 피고에 대해 파견법에 따른 고용의 의사표시를 청구한 사건

(2) 쟁점

피고가 작성한 표준작업지침서(Standard Operating Procedure, SOP)가 원고들에 대한 상당한 지휘·명령에 해당하는지 여부

(3) 판결 요지

① SOP는 미국 식품의약국(FDA) 등이 요구하는 제조품질관리기준에 따라 필수적으로 요구되는 객관적인 정보를 제공하는 것으로서 SOP에 따라 업무를 수행해야 한다는 이유만으로 업무상 지휘·명령을 한 것으로 볼 수 없다.

② 특히, 야간 클리닝팀이 SOP에 어긋나지 않는 범위 내에서 상당한 재량을 발휘할 수 있었다.

③ 또한 피고의 주된 업무인 의약품 생산과 원고들의 야간 클리닝 업무는 본질적으로 차이가 있고 연관성이 없는 별개의 업무이므로, 원고들이 피고의 사업에 실질적으로 편입되었다고 볼 수 없다.

(4) 시사점

① 원청이 하청업체 근로자에게 준수하도록 요구하는 작업 기준이 구체적일 수밖에 없다면 그 기준이 국제기준이나 관계 법령, 정부 당국의 지침 등에 기초한 객관적이고 불가피한 기준임을 명확히 하여야 할 것이다.

② 또한 도급계약의 범위 외 영역에서는 하청업체에 상당한 재량을 보장하는 것이 바람직하다.

③ 그리고 원청의 주된 업무와 명확히 구분되는 부수적 업무에 한해 도급계약을 체결하여 원청의 사업에 실질적으로 편입됐다고 판단될 가능성을 사전에 차단할 필요가 있다.

10 근로자파견 대상 32가지 업무

파견법 제5조제1항 【근로자파견 대상업무 등】 근로자파견사업은 제조업의 직접생산 공정업무를 제외하고 전문지식·기술·경험 또는 업무의 성질 등을 고려하여 적합하다고 판단되는 업무로서 대통령령이 정하는 업무를 대상으로 한다.

표 파견법시행령 제2조제1항 관련 [별표 1]

한국표준직업분류 (통계청고시 제2000-2호)	대 상 업 무	비 고
120	컴퓨터관련 전문가의 업무	
16	행정, 경영 및 재정 전문가의 업무	행정 전문가(161)의 업무를 제외한다.
17131	특허 전문가의 업무	
181	기록 보관원, 사서 및 관련 전문가의 업무	사서(18120)의 업무를 제외한다.
1822	번역가 및 통역가의 업무	
183	창작 및 공연예술가의 업무	
184	영화, 연극 및 방송관련 전문가의 업무	
220	컴퓨터관련 준전문가의 업무	
23219	기타 전기공학 기술공의 업무	
23221	통신 기술공의 업무	
234	제도 기술 종사자, 캐드 포함의 업무	
235	광학 및 전자장비 기술 종사자의 업무	보조업무에 한한다. 임상병리사(23531), 방사선사(23532), 기타 의료장비 기사(23539)의 업무를 제외한다.
252	정규교육이외 교육 준전문가의 업무	

253	기타 교육 준전문가의 업무	
28	예술, 연예 및 경기 준전문가의 업무	
291	관리 준전문가의 업무	
317	사무 지원 종사자의 업무	
318	도서, 우편 및 관련 사무 종사자의 업무	
3213	수금 및 관련 사무 종사자의 업무	
3222	전화교환 및 번호안내 사무 종사자의 업무	전화교환 및 번호안내 사무 종사자의 업무가 당해 사업의 핵심 업무인 경우를 제외한다.
323	고객 관련 사무 종사자의 업무	
411	개인보호 및 관련 종사자의 업무	
421	음식 조리 종사자의 업무	「관광진흥법」 제3조에 따른 관광 숙박업의 조리사 업무를 제외한다.
432	여행안내 종사자의 업무	
51206	주유원의 업무	
51209	기타 소매업체 판매원의 업무	
521	전화통신 판매 종사자의 업무	
842	자동차 운전 종사자의 업무	
9112	건물 청소 종사자의 업무	
91221	수위 및 경비원의 업무	「경비업법」 제2조제1호에 따른 경비업무를 제외한다.
91225	주차장 관리원의 업무	
913	배달, 운반 및 검침 관련 종사자의 업무	

1. '조리사'의 파견근로 가능 여부

① 파견법시행령 별표 1에는 한국표준직업분류(2000) 상으로 '음식 조리 종사자'(421)의 업무를 파견대상업무로 규정하면서, 다만, 「관광진흥법」 제3조에 따른 관광숙박업의 조리사 업무는 제외토록 하고 있다. 아울러 동 표준직업분류에 따르면 '음식 조리 종사자'(421)를 '호텔, 음식점과 선박, 열차 및 가정에서 음식을 조리'하는 자로 정의하고 있어 그 명칭이나 자격증의 유무에 관계없이 위의 '음식 조

리 종사자'(421)의 업무에 종사하는 경우라면 파견이 가능하다.

② 다만, 「관광진흥법」 제3조에 따른 관광 숙박업에 해당하는 호텔업, 휴양 콘도미니엄업의 조리사 업무에는 파견이 허용되지 않는다(2007.7.19, 비정규직대책팀-2929).

2. 대형할인마트내 '물품판매원'의 파견가능 여부

대형할인마트, 수퍼마켓, 편의점 등 물품판매원의 경우, 각종 상품을 종합적으로 소매하는 자에 해당하므로 동 직업분류의 '종합소매판매원(51201)'에 해당되어 파견이 허용되지 않는다.

3. 경비업법 상 경비업

경비업법 제2조 【정의】 이 법에서 사용하는 용어의 정의는 다음과 같다.

1. "경비업"이라 함은 다음 각목의 1에 해당하는 업무(이하 "경비업무"라 한다)의 전부 또는 일부를 도급받아 행하는 영업을 말한다.
   가. 시설경비업무 : 경비를 필요로 하는 시설 및 장소(이하 "경비대상시설"이라 한다)에서의 도난·화재 그 밖의 혼잡 등으로 인한 위험발생을 방지하는 업무
   나. 호송경비업무 : 운반중에 있는 현금·유가증권·귀금속·상품 그 밖의 물건에 대하여 도난·화재 등 위험발생을 방지하는 업무
   다. 신변보호업무 : 사람의 생명이나 신체에 대한 위해의 발생을 방지하고 그 신변을 보호하는 업무
   라. 기계경비업무 : 경비대상시설에 설치한 기기에 의하여 감지·송신된 정보를 그 경비대상시설외의 장소에 설치한 관제시설의 기기로 수신하여 도난·화재 등 위험발생을 방지하는 업무
   마. 특수경비업무 : 공항(항공기를 포함한다) 등 대통령령이 정하는 국가중요시설(이하 "국가중요시설"이라 한다)의 경비 및 도난·화재 그 밖의 위험발생을 방지하는 업무

11 파견기간과 불법파견의 법률효과(직접고용의무)

대법 2010.7.22, 2008두4367

파견법 제6조 【파견기간】 ① 근로자파견의 기간은 제5조제2항의 규정에 해당하는 경우를 제외하고는 1년을 초과하지 못한다.
② 제1항의 규정에 불구하고 파견사업주·사용사업주·파견근로자간의 합의가 있는 경우에는 파견기간을 연장할 수 있다. 이 경우 1회를 연장할 때에는 그 연장기간은 1년을 초과하지 못하며, 연장된 기간을 포함한 총파견기간은 2년을 초과하지 못한다.
③ 「고용상 연령차별금지 및 고령자고용촉진에 관한 법률」 제2조제1호의 규정에 따른 고령자인 파견근로자에 대하여는 제2항 후단의 규정에 불구하고 2년을 초과하여 근로자파견기간을 연장할 수 있다.
④ 제5조제2항의 규정에 의한 근로자파견의 기간은 다음과 같다.
1. 출산·질병·부상 등 그 사유가 객관적으로 명백한 경우에는 그 사유의 해소에 필요한 기간
2. 일시적·간헐적으로 인력을 확보할 필요가 있는 경우에는 3월 이내의 기간. 다만, 그 사유가 해소되지 아니하고 파견사업주·사용사업주·파견근로자간의 합의가 있는 경우에는 1회에 한하여 3월의 범위 안에서 그 기간을 연장할 수 있다.

파견법 제43조 【벌칙】 다음 각 호의 1에 해당하는 자는 3년 이하의 징역 또는 2천만원 이하의 벌금에 처한다.
1. 제6조제1항·제2항·제4항의 규정을 위반하여 근로자파견사업을 행한 자
1의2. 제6조제1항·제2항·제4항의 규정을 위반하여 근로자파견의 역무를 제공받은 자

파견법 제6조의2제1항 【고용의무】 사용사업주가 다음 각 호의 어느 하나에 해당하는 경우에는 해당 파견근로자를 직접 고용하여야 한다.
1. 제5조제1항의 근로자파견 대상업무에 해당하지 아니하는 업무에서 파견근로자를 사용하는 경우(제5조제2항에 따라 근로자파견사업을 행한 경우는 제외한다)

2. 제5조제3항의 규정을 위반하여 파견근로자를 사용하는 경우
3. 제6조제2항을 위반하여 2년을 초과하여 계속적으로 파견근로자를 사용하는 경우
4. 제6조제4항을 위반하여 파견근로자를 사용하는 경우
5. 제7조제3항의 규정을 위반하여 근로자파견의 역무를 제공받은 경우
② 제1항의 규정은 당해 파견근로자가 명시적인 반대의사를 표시하거나 대통령령이 정하는 정당한 이유가 있는 경우에는 적용하지 아니한다.

파견법 제46조제2항 【과태료】 제6조의2제1항의 규정을 위반하여 파견근로자를 직접 고용하지 아니한 자는 3천만원 이하의 과태료에 처한다.

1. 법규정

표 신구 파견법 비교

구 파견법(고용의제) 제6조제3항(2007.6.30. 이전)		신 파견법(고용의무) 제6조의2제1항(2007.7.1. 이후)
사용사업주가 2년을 초과하여 계속적으로 파견근로자를 사용하는 경우 2년의 기간이 만료된 날의 다음날부터 파견근로자를 고용한 것으로 본다(임금 소멸시효 3년).	➲	사용사업주가 다음 각 호의 어느 하나에 해당하는 경우에는 당해 파견근로자를 직접고용하여야 한다(손해배상 및 직접고용청구권 소멸시효 10년).

2. 직접고용의무 발생 이전과 이후 기간에 대한 각 손해배상책임

① 원청은 직접고용의무 발생 이전 기간에 대해서는 파견법 제21조의 차별금지를 위반한 위법한 행위로서 민법 제750조의 불법행위로 인한 손해를 배상할 의무가 있으며, 직접고용의무 발생 이후 기간에 대해서는 직접고용의무 불이행으로 인한 손해를 배상할 의무가 있으며, 민법 제766조의 소멸시효(10년) 규정이 적용된다(대법 2020.5.14, 2016다239024 한국도로공사 사건).

② 원청은 직접고용의무 발생 이전과 이후 기간 전체에 대하여 파견법 제21조를 위반한 행위로서 민법 제750조의 불법행위를 구성한다(대법 2023.4.27, 2021다229618 삼표레미콘 사건).

3. 파견근로자의 "명시적 반대 의사표시" 의미

한편, 파견법 제6조의2제2항 "제1항의 규정은 당해 파견근로자가 명시적인 반대 의사를 표시하거나 대통령령이 정하는 정당한 이유가 있는 경우에는 적용하지 아니한다"의 의미는, 파견근로자가 직접고용을 원하지 않을 경우 사용자의 직접고용 의무위반에 따른 행정벌로서의 과태료부과(1차 위반 시 1인당 1,000만원)를 면제할 뿐, 여전히 파견근로자를 2년 이상 사용한데 따른 파견법위반이 된다.

4. 자회사 전환 시 원청 직고용의무 발생 여부

가. 직고용의무 부정(서울고법 2022.9.15, 2021나2025265 상고심 중)

① 자회사 설립(한전에프엠에스)이후, 스스로 선택에 따라 파견법상의 고용의무 이행에 갈음하여 시행된 정규직 전환절차를 통해 자회사 정규직 근로자로 채용되었으므로, 모회사(한국전력공사)는 정규직 전환 방식으로 파견법 상 사용사업주로서의 고용의무를 이행하였다고 봄이 타당하다.

② 모회사(한국전력공사)는 자회사에 용역통보서를 작성하여 업무를 위탁하고 있으며, 자회사에서도 독자적인 업무계획을 수립하여 시설관리 업무를 수행하고 있으므로 이러한 업무위탁관계는 근로자 파견에 해당하지 않는다.

나. 부정(서울서부지법 2024.5.9, 2022가합33272 소확정)

자회사 설립을 통한 정규직 전환은 파견법 상 사용사업주로서의 고용의무를 이행한 것이다.

다. 인정(인천지법 2024.5.2, 2020가합53414 항소심 계속 중)

직접 고용관계 성립 내지 직접고용의무가 발생한 후에 파견사업주가 협력업체에서 자회사로 변경되었더라도 원청업체의 직고용의무는 여전히 부담하여야 한다.

12 파견근로자 직고용의무 이행 시 고용형태

대법 2022.1.27, 2018다207847

파견법 제6조의2 【고용의무】 ① 사용사업주가 다음 각 호의 어느 하나에 해당하는 경우에는 해당 파견근로자를 직접 고용하여야 한다.

1. 사실관계

① 근로자파견업무 등을 하는 ○○프로셀 주식회사의 근로자인 원고는 2010.7.12.부터 2014.7.13.까지 방송사업자인 피고의 사업장에 파견되어 방송운행 업무를 수행하였다.

② 피고는 2014.7.14. 직접 원고와 사이에 기간을 2014.7.14.부터 2015.7.13.로 정하여 원고가 피고의 방송운행 업무 등에 종사하기로 하는 근로계약을 체결하고(이하 '이 사건 근로계약'이라 한다), 기간을 2015.7.14.부터 2016.7.13.까지로 하여 이 사건 근로계약을 1회 갱신하였으나, 이후 다시 갱신하지 않았다(이하 '이 사건 갱신거절'이라 한다).

③ 피고는 원고를 2년을 초과한 기간 동안 파견근로자로 사용하여 파견법상 직접고용의무 규정에 따라 원고를 직접고용할 의무를 부담하고 있었다.

2. 사용사업주가 파견근로자를 직접고용하는 경우 원칙적으로 무기계약으로 체결되어야 한다.

① 구 「파견근로자보호 등에 관한 법률」(2006.12.21. 법률 제8076호로 개정되기 전의 것, 이하 '구 파견법'이라 한다)은 제6조제3항 본문으로 "사용사업주가 2년을 초과하여 계속적으로 파견근로자를 사용하는 경우에는 2년의 기간이 만료된 날의 다음 날부터 파견근로자를 고용한 것으로 본다."라는 내용의 규정을 두어(이하 '직접고용간주 규정'이라 한다) 사용사업주가 파견기간 제한을 위반한 경우 곧바로 사용사업주와 파견근로자 사이에 직접고용관계 성립이 간주되도록 하였다.

② 대법원은 구 파견법의 직접고용간주 규정에 의하여 사용사업주와 파견근로자 사이에 직접근로관계가 성립하는 경우 그 근로관계는 기간의 정함이 있는 것으로 볼 만한 다른 특별한 사정이 없는 한 원칙적으로 기간의 정함이 없다고 보아야 한다고 판단하였다(대법 2008.9.18, 2007두22320 전원합의체 판결 참조).

③ 이후 개정된 「파견근로자보호 등에 관한 법률」(이하 '파견법'이라 한다)은 직접고용간주 규정을 대체하여 제6조의2 제1항에서 '사용사업주가 2년을 초과하여 계속적으로 파견근로자를 사용하는 경우 등에는 해당 파견근로자를 직접 고용하여야 한다'는 취지로 규정하였다(이하 '직접고용의무 규정'이라 한다). 직접고용의무 규정에 의하면, 종전의 직접고용간주 규정과 달리 파견근로기간이 2년을 초과하였다는 등 일정한 사정이 존재한다고 하여 곧바로 사용사업주와 파견근로자 사이의 직접고용관계가 간주되지는 않고, 사용사업주는 파견근로자를 직접 고용할 의무를 부담하고 파견근로자는 사용사업주를 상대로 고용 의사표시를 갈음하는 판결을 구할 사법상의 권리를 가지게 된다(대법 2015.11.26, 2013다14965 판결 참조).

④ 직접고용간주 규정이나 직접고용의무 규정은 사용사업주가 파견기간의 제한을 위반하여 계속적으로 파견근로자를 사용하는 행위에 대하여 행정적 감독이나 처벌과는 별도로 사용사업주와 파견근로자 사이의 사법관계 에서도 직접고용관계의 성립을 간주하거나 사용사업주에게 직접고용의무를 부과함으로써 근로자파견의 상용화·장기화를 방지하면서 파견근로자의 고용안정을 도모할 목적에서 사용사업주와 파견근로자 사이에 발생하는 법률관계 및 이에 따른 법적 효과를 설정하는 것이다(대법 2008.9.18, 2007두22320 전원합의체 판결, 대법 2015.11.26, 2013다

14965 판결 참조).

⑤ 이러한 직접고용의무 규정의 입법취지 및 목적에 비추어 볼 때 특별한 사정이 없는 한 사용사업주는 직접고용의무 규정에 따라 근로계약을 체결할 때 기간을 정하지 않은 근로계약을 체결하여야 함이 원칙이다.

3. 예외적으로 특별한 사정 존재 시, 기간제로 체결할 수 있다.

① 다만, 파견법 제6조의2 제2항에서 파견근로자가 명시적으로 반대의사를 표시하는 경우에는 직접고용의무의 예외가 인정되는 점을 고려할 때 파견근로자가 사용사업주를 상대로 직접고용의무의 이행을 구할 수 있다는 점을 알면서도 기간제 근로계약을 희망하였다거나,

② 사용사업주의 근로자 중 해당 파견근로자와 같은 종류의 업무 또는 유사한 업무를 수행하는 근로자가 대부분 기간제 근로계약을 체결하고 근무하고 있어 파견근로자로서도 애초에 기간을 정하지 않은 근로계약 체결을 기대하기 어려웠던 경우 등과 같이 직접고용관계에 계약기간을 정한 것이 직접고용의무 규정의 입법취지 및 목적을 잠탈한다고 보기 어려운 특별한 사정이 존재하는 경우에는 사용사업주가 파견근로자와 기간제 근로계약을 체결할 수 있을 것이다. 그리고 이러한 특별한 사정의 존재에 관하여는 사용사업주가 증명책임을 부담한다.

13 대기업 계열사간 전출과 파견법 상 파견의 구분기준

대법 2022.7.14, 2019다299393

파견법 제2조 【정의】 이 법에서 사용하는 용어의 정의는 다음과 같다.
1. "근로자파견"이라 함은 파견사업주가 근로자를 고용한 후 그 고용관계를 유지하면서 근로자파견계약의 내용에 따라 사용사업주의 지휘·명령을 받아 사용사업주를 위한 근로에 종사하게 하는 것을 말한다.
2. "근로자파견사업"이라 함은 근로자파견을 업으로 행하는 것을 말한다.
3. "파견사업주"라 함은 근로자피견사업을 행하는 자를 말한다
4.~6. 생략.

1. 사실관계

① ○○텔레콤은 플랫폼(Platform) 사업과 관련한 신규사업인 티벨리 사업을 추진하기 위해 계열사인 ○○플래닛과 ○○테크엑스로부터 전문성을 갖춘 근로자들을 전출받아 근무시켜왔다.

② 위 전출과 관련해 ○○텔레콤은 ○○플래닛 등과 사이에 '○○플래닛 등은 전출 근로자를 고용한 사업주로서 전출 근로자와 근로관계가 있음을 보증하고 임금 지급 등 근로관계법령상의 사용자책임을 부담하며, ○○텔레콤은 ○○플래닛 등이 전출 근로자와의 근로관계를 유지하기 위해 소요되는 인건비를 6개월 마다 정산하여 ○○플래닛 등에게 지급한다'는 내용의 비용정산 계약을 체결하였고, 위 계약에 따라 ○○플래닛 등은 원고들을 비롯한 전출 근로자들에게 임금을 지급하였고 피고는 ○○플래닛 등에게 전출 근로자의 임금 상당액 등을 지급하였다.

③ 원고 A는 2015.5. / 원고B는 2015.1 각각 ○○플래닛과 ○○테크엑스의 근로자들로서 ○○텔레콤에서 추진하는 티밸리 사업에 전출되어 근무하다가, 2017.7. 전부 각 원소속 계열사로 복귀하였는바, A와 B는 자신들이 ○○텔레콤와 근로자파견관계에 있었으므로 ○○텔레콤이 직접 고용의무를 부담하라고 소송을 제기하였다

2. 쟁점

계열사(원 소속 고용주)가 계속적·반복적으로 타 계열사에 근로자를 전출시킬 경우, '근로자파견을 업으로 하는 자'로 볼 수 있는지, 계열사간 인력교류인지 여부

3. 1심 판결(서울중앙지법 2018.11.22, 2017가합559607)(소극)

① 원고들의 전출은 피고가 수익창출을 위해 계열사들과 신사업을 개발하는 과정에서 이루어진 것이고,

② 피고가 계열사들에 전출인력의 급여를 정산하였으나 수수료를 지급한 것은 없었으며,

③ 급여상당액 지급은 계열사들과의 비용부담에 대한 합의에 따른 것이고,

④ 계열사들도 영업과 경쟁력, 자산, 운용조직을 독립적으로 갖춘 기업이라는 점을 종합하면,

계속적인 인원 전출이 있었다고 하더라도 근로자파견사업 자체를 주된 목적으로 하는 사업적 파견이라고 평가할 수 없다.

4. 2심 판결(서울고법 2019.11.12, 2019나2001310)(적극)

① ○○플래닛 등은 티밸리 사업과 관련하여 2015년 1월경부터 2017년 6월경까지 2년 6개월에 이르는 장기간 동안 매월 최소 8명~최대 121명에 이르는 다수의 근로자들을 피고에게 전출시켰다. 특히 ○○테크엑스는 2016년에 149명, 2017년 107명의 근로자들을 전출시켰는데, 이는 ○○테크엑스의 2016.12.31.자 기준 근로자 총인원 422명의 35.3%, 2017.12.31.자 기준 근로자 총인원 511명의 20.9%에

각 이른다. 이와 같이 장기간에 걸쳐 대규모의 인원을 그 기간조차 정하지 않은 채 계속적·반복적으로 전출시킨 것을 두고, 일시적·임시적인 근로자파견행위에 불과하다고 할 수 없다.

② 티밸리 조직은 피고 사장의 직속조직 또는 피고의 '플랫폼 사업부문'의 사업본부로 운영되었고, 피고가 그 운영비용을 모두 부담하였다. 또한 ○○플래닛 등이 원고들을 비롯한 근로자를 전출시키는 외에 티밸리 사업의 운영에 관하여 구체적으로 관여하였다거나, 피고와 ○○플래닛 등이 티밸리 사업 및 그를 통하여 신규로 개발한 수익원의 분배 등에 관하여 어떠한 약정을 체결하였다고 인정할 증거도 없다. 이를 고려하면, ○○플래닛 등이 피고의 자회사인 점을 감안하더라도, 티밸리 사업은 기본적으로 피고가 주도한 피고의 사업이다.

③ 피고는 위와 같이 티밸리 조직을 통하여 근로자를 신규로 채용할 필요성이 있는지를 스스로 판단하고, 나아가 채용 공고부터 최종 합격자 선정까지 그 채용 과정을 총괄 진행하였다. 그럼에도 피고와 ○○플래닛 등이 티밸리 사업에 필요한 인력을 ○○플래닛 등을 통하여 고용하는 것을 원칙으로 정함에 따라, ○○플래닛 등은 피고가 티밸리 사업에 필요하다고 최종적으로 선정한 근로자들을 신규로 고용한 후 바로 피고로 전출시켰다. 위 각 사정을 고려하면, ○○플래닛 등의 전출행위를 인력 교류, 경력 개발 등을 목적으로 하는 계열회사 간의 통상적인 전출행위에 해당한다고 할 수 없다.

④ 비록 ○○플래닛 등이 원고들의 전출을 통하여 수수료 등의 이득을 직접 취하지는 않았다. 그러나 피고와 ○○플래닛 등의 임금 체계가 일부 다름에 따라, 피고는 자신이 원고들을 비롯한 근로자들을 직접 고용하였을 경우에 비하여 초과근로수당, 복지포인트 등을 적게 지급하는 이익을 취하였다. 파견에 영리성·영업성이 있는지는 근로자를 파견하는 사람뿐만 아니라 근로자를 파견받은 사람이 파견을 통하여 이익을 취하였는지도 아울러 고려하여 판단하여야 할 것인데, 피고가 전출행위를 통하여 위와 같이 초과근로수당 등에 관하여 일정 이익을 취하였다고 볼 수 있는 이상, 그 전출행위에 영리성·영업성이 전혀 없다고 할 수도 없다.

⑤ 결국 ○○플래닛 등이 원고들을 전출시킨 것은 실질적으로 근로자파견에 해당하고, ○○플래닛 등은 근로자파견을 업으로 하였다고 인정된다.

5. 대법판결(대법 2022.7.14, 2019다299393)(소극)

① 원고용주가 근로자파견으로 인한 대가나 수수료 혹은 이와 동일시할 수 있는 경제적 이익을 취득하였는지는 근로자파견행위의 영업성을 인정함에 있어 중요한 요소가 된다. 앞서 본 바와 같이 ○○플래닛 등은 전출 근로자에게 임금을 지급한 후 피고와의 비용정산 계약에 따라 피고로부터 임금 상당액 등을 지급 받았을 뿐, 근로자 전출과 관련한 별도의 대가나 수수료는 취득하지 않았고 이와 동일시할 수 있는 경제적 이익을 취득하였다고 보기도 어렵다. ○○테크엑스가 매출의 대부분을 피고에게 의존한다는 사정은 피고가 ○○테크엑스의 지분을 100% 보유한 특수한 관계에서 기인하는 것으로, 위 매출을 근로자 전출의 대가로 평가할 수 없다.(원심이 피고가 원고들을 비롯한 전출 근로자들을 직접 고용하는 경우에 비하여 초과근로수당 등을 적게 지급하는 이익을 얻었다는 사정을 들어 ○○플래닛 등에게 전출 행위의 영업성을 인정한 것은 원고용주가 아닌 전출 후 기업의 사정을 기준으로 판단한 것으로서 잘못이다).

② 앞서 본 ○○플래닛 등의 주된 영업 분야, 자산 규모와 운영조직 등을 감안하면, 원고용주인 ○○플래닛 등의 사업 목적은 근로자파견과 무관하다.

③ 원고 1의 입사 및 전적 시점과 ○○○ 조직으로의 전출 시기 등에 비추어 보면, 원고 1에 대한 근로계약 체결 목적은 근로자파견과 무관하다고 봄이 타당하다. 원고 2를 비롯한 일부 근로자들이 ○○플래닛 등에 입사한 후 바로 ○○○ 조직으로 전출되기는 하였으나, 이는 동일한 기업집단에 속한 피고와 ○○플래닛 등이 각 회사의 주된 사업 분야와 ○○○ 사업의 내용 및 특성, 신규 채용 인력의 향후 활용 가능성 등을 감안한 결정으로 보이는바, 원고 2 등에 대한 근로계약 체결의 목적 또한 근로자파견을 위한 것이라고 판단되지 않는다.

④ ○○○ 사업의 내용과 특성상 플랫폼 사업에 관한 경험과 지식을 보유한 다수의 인력이 필요하였을 것인바, 피고의 계열회사이자 플랫폼 관련 전문성을 보유한 ○○플래닛 등 소속 근로자는 위 사업에 적합한 인력이었고, 피고와 ○○플래닛 등이 속한 기업집단의 사업상 필요와 인력 활용의 효율성 등을 고려한 기업집단 차원의 의사결정에 따라 원고들의 전출이 이루어진 것으로 보인다.

6. 근로자파견의 '업'으로서의 판단기준

가. 근로자파견의 영업성 판단주체는 원고용주

원고용주가 근로자파견으로 인한 대가나 수수료 혹은 이와 동일시할 수 있는 경제적 이익을 취득하였는지는 근로자파견행위의 영업성을 인정함에 있어 중요한 요소가 된다. 원심이 피고가 원고들을 비롯한 전출 근로자들을 직접 고용하는 경우에 비하여 초과근로수당 등을 적게 지급하는 이익을 얻었다는 사정을 들어 ○○플래닛 등에게 전출 행위의 영업성을 인정한 것은 원고용주가 아닌 전출 후 기업의 사정을 기준으로 판단한 것으로서 잘못이다(대법 2022.7.14, 2019다299393).

나. 사업 운영의 주도성

① ○○텔레콤 사건의 경우, 티밸리 사업의 주도권은 ○○텔레콤에 있었고, ○○플래닛 등은 인력파견외 어떠한 개입을 하지 아니하였다. 이와 같이 파견의 목적이 ○○텔레콤에서 추진하는 티밸리 사업에 인력을 공급한 것에 불과한 경우에는 파견사업을 한 것으로 보기에는 어려울 것이다.

② 한편, 통상 컨소시움 방식으로 사업을 추진하는 경우에 파견 보내는 기업이나 파견 받는 기업 전부 주도성을 가지는데, 이러한 경우에도 영리목적이 아닌 기술지도 등에 있다면, 근로자파견으로 보기에는 어렵다고 할 것이다.

③ 고용노동부 행정해석에서도,

- "도시개발사업을 추진하면서 공기업과 민간기업으로 구성된 컨소시엄이 공동출자를 하여 개발사업의 주체(시행사)가 될 '명목회사'를 설립하고 개발사업을 위탁하기 위하여 '자산관리회사'를 설립한 바, 동 '자산관리회사'의 인적 구성원은 공기업 임직원과 컨소시엄의 주사업자인 'A민간기업'(개발전문인력을 보유한 건설업체) 소속의 임직원을 신규채용(전적) 방법으로 충원하려고 하였으나, A민간기업 소속 임직원들이 신규채용(전적)을 거부하고 있어, 이들은 신규채용의 형태가 아닌, 계열사간의 '사외파견(전출, 출향)'의 형태로 충원하여 업무를 수행하게 하는 경우('A민간기업'에 지급하는 대가는 A민간기업의 해당인력에 대한 고용비용을 집계하여 산정하되 추가적인 마진(margin)을 부가하지 않음) '근로자파견'에 해당하는지"

에 대한 질의에 대해,

- "컨소시엄의 주사업자인 'A민간기업'이 도시개발사업을 위탁받은 '자산관리회사'가 원활하게 업무를 수행할 수 있도록 영리목적이 아닌 기술지도 등을 위해, 소속 근로자(핵심인력)를 '자산관리회사'에서 동 회사의 업무상의 지시·명령을 받아 근무토록 하는 것이라면, 이는 파견법상의 근로자파견과는 다른 이른바 사외파견(전출)에 해당된다(차별개선과-2172, 2008.11.7.)."고 하고 있다.

다. 영업성이 아닌 인력교류 등의 합목적성 존재 여부

고용노동부 행정해석에서는 "외국법인 간의 통합으로 국내에 있는 각 지점 소속 근로자가 합병과정에서 일정기간 합병된 새로운 회사의 지휘·감독을 받는 경우 파견법 적용 여부"에 대하여, 근로자파견을 업으로 행하지 아니하는 외국법인(A 및 B)의 각 국내지점이 단일법인체의 지점으로 합병하기에 앞서 내부적으로 특정 사업부문의 업무를 통합·운영한다면 이는 파견법으로 규율할 성질은 아니다(비정규직대책팀-659, 2007.7.27.)고 한 바 있다.

라. 계속성과 반복성

① 특정한 소수의 근로자를 특정한 기업에 파견하여 지속·반복적으로 근로하게 하고, 기술제휴·경력개발 등 목적없이 오로지 인건비 및 수수료 등의 대가를 받는다면 근로자파견에 해당할 수 있을 것이다.

② 그러나, 계열사간 사외 전출 또는 기기설치업체의 경우, 지속·반복적으로 직원들을 타 회사에 근무케 한다고 해서 파견에 해당된다고 볼 수는 없을 것이다. 예를 들면, 컴퓨터 설치유지업체의 경우, 상당수 근로자들을 컴퓨터 기기설치를 위해 장기간 타 회사에 근무케 하더라도 이는 인력 파견으로 인한 수수료가 아니라 컴퓨터 기기설치에 대한 용역의 대가로 보아야 할 것이다.

1일차

노동법 전문가로 가는 지/름/길

3일노동법

제2장

근로계약

Freelancer의 어원(語源)

한 회사에 소속되지 않고 여러 회사 업무를 처리하는 사람을 '프리랜서(freelancer)'라고 한다.

원래 freelancer는 중세기의 용병 기사단이었다. 유럽 중세기 후반에는 전쟁터마다 쫓아다니며 돈 받고 싸워주는 용병이 많았다. 용병은 창으로 적진을 부수는 숙련된 기사 한 명을 중심으로 활로 지원 사격을 해줄 궁수, 말과 갑옷을 유지 보수하는 인력을 포함해 6~9명이 한 팀이었는데 이 한 팀을 창, 즉 'lance'라고 불렀다.

중세기에는 기사가 왕을 찾아가 자기의 조직을 상징하는 창(lance)을 그 국가만을 위해 쓴다는 서약식을 했다. 스콧은 이런 의식을 용병은 할 필요가 없어 창을 자유롭게 쓸 수 있다고 해서 'free lancers'라고 불렀다.

1900년대 문인은 기자가 아니면서 신문사에 글을 기고해서 생계를 유지했다. 오늘날에는 모든 자유직업인을 지칭하는 의미로 확장되었다.

14 채용절차의 공정화에 관한 법률

1
일
차

1. 모집 · 채용 시 관련법률

구분	남녀고용 평등법	고령자 고용촉진법	장애인 차별금지법	고용정책 기본법
금지사항	성별차별, 여성근로자에 신체적 조건, 미혼 조건 등 요구	합리적 이유없는 연령차별	장애를 이유로 한 차별	성별, 신앙, 연령, 신체조건, 사회적 신분, 출신지역, 학력, 출신학교, 혼인, 임신 또는 病歷 등에 의한 차별
처벌	500만원 이하 벌금	500만원 이하 벌금	3년 이하 징역 또는 3천만원 이하 벌금	권고사항

2. '채용절차공정화 법률' 제정(2014.1.21.) 및 개정(2019.7.16.)

제3조 【적용범위】 이 법은 상시 30명 이상의 근로자를 사용하는 사업 또는 사업장의 채용절차에 적용한다. 다만, 국가 및 지방자치단체가 공무원을 채용하는 경우에는 적용하지 아니한다.

제4조 【거짓 채용광고 등의 금지】 ① 구인자는 채용을 가장하여 아이디어를 수집하거나 사업장을 홍보하기 위한 목적 등으로 거짓의 채용광고를 내서는 아니 된다.
② 구인자는 정당한 사유 없이 채용광고의 내용을 구직자에게 불리하게 변경하여서는 아니 된다(단, 사회복지사업의 경우 30인 미만 적용 : 사회복지사업법 제35조의3).
③ 구인자는 구직자를 채용한 후에 정당한 사유 없이 채용광고에서 제시한 근로조건을 구직자에게 불리하게 변경하여서는 아니 된다(단, 사회복지사업의 경우 30인 미만 적용).
④ 구인자는 구직자에게 채용서류 및 이와 관련한 저작권 등의 지식재산권을 자신에게 귀속하도록 강요하여서는 아니 된다.

제4조의2 【채용강요 등의 금지】 누구든지 채용의 공정성을 침해하는 다음 각 호의 어느 하나에 해당하는 행위를 할 수 없다.
1. 법령을 위반하여 채용에 관한 부당한 청탁, 압력, 강요 등을 하는 행위

2. 채용과 관련하여 금전, 물품, 향응 또는 재산상 이익을 제공하거나 수수하는 행위

제4조의3【출신지역 등 개인정보 요구 금지】 구인자는 구직자에 대하여 그 직무의 수행에 필요하지 아니한 다음 각 호의 정보를 기초심사자료에 기재하도록 요구하거나 입증자료로 수집하여서는 아니 된다.
1. 구직자 본인의 용모·키·체중 등의 신체적 조건
2. 구직자 본인의 출신지역·혼인여부·재산
3. 구직자 본인의 직계 존비속 및 형제자매의 학력·직업·재산

제8조【채용일정 및 채용과정의 고지】 구인자는 구직자에게 채용일정, 채용심사 지연의 사실, 채용과정의 변경 등 채용과정을 알려야 한다. 이 경우 고지방법은 제7조제2항을 준용한다.

제9조【채용심사비용의 부담금지】 구인자는 채용심사를 목적으로 구직자에게 채용서류 제출에 드는 비용 이외의 일체의 금전적 비용(이하 "채용심사비용"이라고 한다)을 부담시키지 못한다. 다만, 사업장 및 직종의 특수성으로 인하여 불가피한 사정이 있는 경우 고용노동부장관의 승인을 받아 구직자에게 채용심사비용의 일부를 부담하게 할 수 있다.

제10조【채용 여부의 고지】 구인자는 채용대상자를 확정한 경우에는 지체 없이 구직자에게 채용 여부를 알려야 한다. 이 경우 고지방법은 제7조제2항을 준용한다.

제11조【채용서류의 반환 등】 ① 구인자는 구직자의 채용 여부가 확정된 이후 구직자(확정된 채용대상자는 제외한다)가 채용서류의 반환을 청구하는 경우에는 본인임을 확인한 후 대통령령으로 정하는 바에 따라 반환하여야 한다. 다만, 제7조제1항에 따라 홈페이지 또는 전자우편으로 제출된 경우나 구직자가 구인자의 요구 없이 자발적으로 제출한 경우에는 그러하지 아니하다.

시행령 제4조【채용서류의 반환 청구기간】 법 제11조제4항에 따른 채용서류의 반환 청구기간은 구직자의 채용 여부가 확정된 날 이후 14일부터 180일까지의 기간의 범위에서 구인자가 정한 기간으로 한다. 이 경우 구인자는 채용 여부가 확정되기 전까지 구인자가 정한 채용서류의 반환 청구기간을 구직자에게 알려야 한다.
④ 구인자는 대통령령으로 정한 반환의 청구기간이 지난 경우 및 채용서류를 반환하지 아니한 경우에는 「개인정보 보호법」에 따라 채용서류를 파기(통상 5일내)하여야 한다.

3. '민감정보'와 '고유식별정보'

개인정보보호법 제23조 【민감정보의 처리 제한】 ① 개인정보처리자는 사상 · 신념, 노동조합 · 정당의 가입 · 탈퇴, 정치적 견해, 건강, 성생활 등에 관한 정보, 그 밖에 정보주체의 사생활을 현저히 침해할 우려가 있는 개인정보로서 대통령령으로 정하는 정보(이하 "민감정보"라 한다)를 처리하여서는 아니 된다. 다만, 다음 각 호의 어느 하나에 해당하는 경우에는 그러하지 아니하다.

1. 정보주체에게 제15조제2항 각 호 또는 제17조제2항 각 호의 사항을 알리고 다른 개인정보의 처리에 대한 동의와 별도로 동의를 받은 경우
2. 법령에서 민감정보의 처리를 요구하거나 허용하는 경우

개인정보보호법 제24조 【고유식별정보의 처리 제한】 ① 개인정보처리자는 다음 각 호 외에는 주민등록번호, 여권번호, 운전면허번호, 외국인등록번호를 처리할 수 없다.

1. 정보주체에게 제15조제2항 각 호 또는 제17조제2항 각 호의 사항을 알리고 다른 개인정보의 처리에 대한 동의와 별도로 동의를 받은 경우
2. 법령에서 구체적으로 고유식별정보의 처리를 요구하거나 허용하는 경우

4. 채용광고 내용 변경금지(제4조 제2항)

가. 채용공고 이후 서류합격자에 대한 1차 면접이 예정되어 있었는데, 면접 당일 오전 회사가 이메일 · 문자를 통해 회사 내부 사정을 이유로 채용중단을 고지하였다면, 법 위반이 아닌지

정당한 사유 없이 채용공고와 달리 채용 절차를 중단한 것이라면 채용광고의 불리한 변경으로 볼 수 있어 법 위반의 소지가 있음. 채용광고에는 채용일정이 포함되어야 하고 구직자가 채용광고를 신뢰하고 응시하는 것임. 채용광고의 내용인 채용절차는 구직자의 보호이익에 해당하므로, 채용절차의 중단은 절차의 완결과 채용가능성을 기대하고 시험에 응시한 구직자의 기대를 귀책없이 박탈하는 것이므로 채용광고의 불리한 변경에 해당될 수 있음.

나. 경력직 채용을 공고하면서 근무형태를 정규직, 수습기간 3개월로 기재하였으나, 구직자가 채용에 응시하여 면접을 본 다음날 회사의 채용담자로부터 사내 규정상 계약직 채용 진행이 원칙인데 담당자 실수로 채용공고를 잘못

올렸다면서 모집하고 있는 직렬의 고용형태가 계약직으로 변경되었다는 통보를 받은 경우, 법 위반이 아닌지

채용단계에서 구직자에게 불리한 형태로 채용광고 내용의 변경이 이루어졌고, 담당자의 실수로 오기재한 것으로 정당한 사유도 없으므로, 법 위반에 해당함.

5. 채용 후, 광고 제시 근로조건의 불리한 변경(제4조의 3항)

가. "채용한 후" 까지 정당한 사유 없이 근로조건을 불리하게 변경하는 것을 금지하고 있는데, 정확히 어느 시점 까지를 의미하는 것인지

채용절차법은 근로계약 체결 전까지의 채용과정을 규율하는 법으로, "채용한 후"의 의미는 합격자를 내정한 후 근로계약을 체결하기 전까지의 단계를 의미함.

나. 채용광고에 고용 형태가 기간의 정함이 없는 근로계약이고, 경력 조건으로 경력 5년 이상을 우대한다는 내용이 있는 경우, 경력 2년의 구직자에 대하여 면접 과정에서 경력이 짧아 시용기간을 두고 급여는 재협상하기로 당사자간 합의한 후 시용근로계약을 체결하였다면, 채용한 후 정당한 사유 없는 불리한 변경으로 위법이 아닌지

채용광고에서 제시한 근로조건이 채용된 후에 구직자에게 불리하게 변경된 것은 사실이나, 채용한 후가 아닌 채용 전 면접 과정에서 경력 등을 고려하여 임금 및 시용 등에 대해 당사자간 합의 후 근로계약서를 작성하는 등 채용이 결정되었다면, 정당한 사유의 소지가 있다고 보여짐.

다. 채용공고에는 정규직 채용으로 되어 있으나 채용 후 수습 근로계약을 체결한 경우, 위법한지

정규직 근로자라고 하더라도 수습 기간은 둘 수 있는 것이므로 수습 근로계약을 체결하였다는 이유만으로 근로조건의 불리한 변경으로 볼 수 없음. 다만, 수습계약이 실질적으로 정규직 채용을 부정하게 되거나, 시용 및 기간의 정함이 있는 근로계약을 체결한 것으로 간주되는 경우 등 사안에 따라 근로조건의 불리한 변경으로 볼 수도 있음.

6. 채용강요 등의 금지(제4조의2)

가. 부당한 청탁의 대상이 되는 채용담당자는 채용업무를 실무적으로 맡고 있는 채용 담당자만을 의미하는지

해당 조항의 주요 법익인 채용담당자의 직무상 독립성에서 채용담당자란 채용절차의 의사결정 과정에 참여하는 모든 사람들로, 채용 업무를 위임한 법인 등 사업장의 대표자, 의사결정과정에 있는 임원, 채용업무담당자뿐만 아니라 면접과정에 참여하는 면접위원 등을 포함하는 개념임. 의사결정의 과정에 참여하는 면접위원 등의 선정·탈락에 개입하거나 영향을 미치려는 행위 역시 부당한 청탁으로 볼 수 있음.

나. A가 지인 B를 통해 기업의 인사담당자 C에게 법령을 위반하여 부당한 채용 청탁을 한 경우, 채용 청탁을 전달(또는 유인)한 B도 처벌 대상이 되는지

제4조의2에서는 누구든지 법령을 위반하여 채용에 관한 부당한 청탁, 압력, 강요 등의 행위를 하지 못하도록 규정하고 있으므로 최종적으로 청탁을 받은 C를 제외하고 채용 청탁을 한 A와 이를 전달(또는 유인)한 B 모두 법령을 위반하였다고 볼 수 있음.

7. 출신지역 등 개인정보 요구 금지(제4조의3)

가. 신체적 조건 중 혈액형, 시력, 색맹, 왼손잡이 여부와 취미, 특기 정보 수집은 가능한지

채용절차법에서 요구 금지하는 신체적 조건은 외견상 드러나는 신체적 특징을 의미하므로 혈액형, 시력, 색맹, 왼손잡이 여부 정보를 수집하더라도 채용절차법 위반은 아님. 취미, 특기에 관한 정보는 법에서 금지하는 개인정보가 아니므로 요구 가능함.

나. 구직자 본인의 주소정보는 요구 가능한지

채용절차법에서 수집을 금지하고 있는 '출신지역'은 출생지, 등록기준지, 성년이 되기 이전의 주된 거주지 등 사회통념상 일반적으로 출신지역을 의미하는 정보를 말함. 대부분의 국민이 성인이 되면 대학진학, 취업준비 등의 사유로 출신지역을 떠나 다른 지역에서 생활하는 현실을 감안할 때 현 거주지 주소나 주민등록상 주소는 '출신지역'에 포함되지 않으므로 요구 가능함.

다. 대학에서 연구원 채용을 진행하며, 입사지원서에 "가족사항"으로 가족 관계, 성명, 생년월일을 기재하도록 하였는데, 위반이 아닌지

채용절차법 제4조의3은 구직자 본인의 혼인여부 등 개인정보 수집을 금지(제2호)하고 있고, 혼인여부에는 기혼 뿐만 아니라 미혼인 경우 역시 수집금지 대상 정보에 해당하므로, 혼인 유무가 드러나는 정보를 기재하도록 하는 경우 동 조항에 위반(단, 채용 후에는 가족수당 등 지급을 위해 가족관계 수집 가능).

라. 구직자의 동의를 받는다면 요구 금지된 직무와 무관한 개인정보의 수집이 가능한지

동 조항은 강행규정으로 구직자의 동의 여부와 상관없이 요구 금지된 정보가 직무수행과 무관하다면 수집이 불가하며, 구직자의 동의를 받더라도 과태료 대상에서 제외되지 않음.

마. 채용기관이 건강상태와 직무수행의 관계가 없음에도 신체검사 결과에 따라 채용 여부를 결정하는 것이 법 위반이 아닌지

법에 채용심사 기준에 대하여 별도 규정을 두고 있지는 않으나, 제4조의3 조항의 취지를 고려할 때, 직무 관련성이 없음에도 불구하고 불필요한 관행에 따른 일괄적인 신체검사서 제출은 지양하는 것이 바람직함.

8. 채용심사비용의 부담금지(제9조)

가. 행정기관의 비공무원 및 공직유관단체 직원 채용시 구직자 부담으로 '채용신체검사서'를 제출하도록 하는 것이 가능한지

'채용신체검사서'는 채용서류(기초심사자료, 입증자료, 심층심사자료)에 해당되지 않아 신체검사 비용을 구직자에게 부담시키는 것은 부적절(구인자 부담).

나. 채용절차가 종료된 후 입사 시기 조율을 위해 "최종 채용 합격자"를 대상으로 건강검진을 실시할 경우 건강검진 비용부담 주체는 회사인지

현재 건강검진을 실시하려는 시기는 채용절차가 모두 종료되어 '채용절차'상에 있지 않은 점, 건강검진 목적이 채용심사가 아니라 최종 합격된 근로자의 입사 시기를 확정·조율하기 위한 점 등을 고려할 때, 건강검진 비용은 채용절차법에 따른 채용심사비용에 해당하지 않음.

다. 구직자가 원거리에서 면접에 응시할 경우, 사업장에서 교통비나 숙박비 등 면접비를 지불하여야 하는지

구직자가 취업을 위해 구인자에게 채용서류를 제출하는 비용과 채용서류 준비비용은 채용심사비용에 해당하지 않으므로 구직자가 부담해야 함. 아울러, 왕복교통비, 숙박비 등 필기시험, 면접시험 등에 응시하는데 지출되는 실비도 구직자가 부담해야 하는 비용으로, 채용심사비용에 포함되는 것으로 보기 어려움.

* (채용서류 준비비용) : 증명사진 등 촬영비, 졸업증명서 · 성적증명서 등 각종 증명서의 발급수수료, 포트폴리오 제작비, 제본비, 각종 자료의 출력 · 복사 · 스캔 등에 따른 비용 등.
* (채용서류 제출비용) : 오프라인의 경우 왕복교통비, 우편요금, 택배요금, 퀵서비스요금 등, 온라인의 경우 인터넷 사용 요금 등.

9. 채용서류의 반환 등(제11조)

가. 채용서류가 홈페이지 또는 전자우편으로 접수된 경우 반환 · 보관 · 파기 의무가 없는지

반환 및 보관의 의무는 없으나 파기 의무는 있으며, 법 제11조제1항부터 제5항까지의 사실을 구인자에게 고지하여야 함

* 대통령령이 정하는 채용서류 보관기간 : 구직자의 채용 여부가 확정된 날 이후 14일부터 180일까지의 기간의 범위 내에서 구인자가 정한 기간.

나. 구직자가 반환을 청구하지 않은 모든 채용서류는 예외 없이 파기해야 하는지

채용절차법에서는 반환청구 기간이 지난 경우 및 채용서류를 반환하지 않은 경우에는 '개인정보 보호법'에 따라 채용서류를 파기하도록 규정하고 있으며, 개인정보 보호법에서는 다른 법령에 따라 보존해야 하는 경우에는 파기하지 않는다고 규정하고 있으므로 다른 법령상 보존대상인지에 따라 다름

* 공공기관의 경우, '공공기록물법'을 적용받으며 공공기관이 접수한 채용서류는 공공기록물에 해당하므로, 공공기관의 장은 채용서류의 반환청구기간이 경과하면 채용되지 않은 구직자의 채용서류가 개별법에 따라 관리될 필요가 있는지, 인사 · 감사 등의 목적으로 활용될 여지가 있는지 등을 종합 판단하여 '공공기록물법'에 따른 등록 · 관리 여부를 결정해야 함.

15 채용내정 취소의 효력

채용내정은 그 실태가 다양하게 나타나고 있어 일률적으로 법적 성격을 규명하기는 매우 어렵다. 채용내정 의사표시가 계약의 성립이라고 판단하기 위해서는 회사내부의 취업규칙 규정, 관행 등을 종합적으로 살펴보아야 할 것이다. 채용내정의 법적 성격에 대해서는 근로계약체결과정설, 예약설, 근로계약성립설 등이 있으나, 현실적으로 채용내정의 단계별 진행과정상 예약단계인지 또는 계약성립단계인지에 따라 법적성격이 달라지므로 채용내정을 일률적으로 근로계약 성립이라고 단정 지을 수는 없다. 그러나, 2015년부터는 채용절차의 공정화에 관한 법률이 시행됨에 따라 채용절차가 투명해지고 그로 인한 법률효과가 명확해질 것으로 보인다. 따라서 채용내정의 각 단계별 취소시 법적 효력을 살펴보기로 한다.

1. 근로계약성립 이전 채용내정자를 채용취소할 경우

회사가 정한 전형절차에 의해 합격이 결정되었으나 채용시기·임금 등 근로조건 등에 관하여 회사와 아무런 약정한 사실이 없이 단지 임용대기만 하였다면 근기법상 근로자로 보기가 어려워 같은 법에 의한 보호는 받을 수 없다고 할 것이나 다만, 회사에서 일정기간 대기토록 한 후 합격을 취소할 경우에는 우선 당사자간 협의하여 문제를 해결하는 것이 바람직하며, 그렇지 못할 경우 민사절차에 따라 손해배상 청구소송을 제기하는 방안도 있을 수 있다(1999.11.18, 근기 68207-650).

2. 근로계약 성립된 채용내정자를 채용취소할 경우

가. 입사예정일이 통보되지 않은 경우

① 채용내정에 있어서 근로계약의 성립시기는 졸업예정자가 채용시험에 응시하는 것을 청약으로, 사용자에 의한 채용내정통지를 승낙으로 보아야 하므로, 근로계

약은 채용내정통지를 발송한 때에 성립한다고 본다. 채용내정의 취소 또는 해지는 실질적으로 직장의 상실이라는 효과를 가져오는 것이므로 근기법상 해고제한규정이 적용된다. 다만, 채용내정의 정당한 취소사유는 시용의 경우처럼 정식근로자의 경우보다 그 정당성의 범위가 넓게 인정될 수 있을 것이다(대법 1991.5.31, 90가합18673).

② 정리해고과정에서 채용내정자들을 우선 해고대상자로 한 경우, 판례는 "원고들과 같이 피고회사와 사이에 근로계약관계는 성립되어 있으나 아직 대학을 졸업하지 아니하는 등의 사유로 현실적으로 근로를 제공하지 아니하고 있는 경우에는, 합리적이고 상당한 이유가 있는 한 기존의 근로를 제공하려면 근무하고 있는 근로자들과 비교하여 그 정리해고의 요건에 관하여 이를 다소 완화하고 동시에 기존 근로자들보다 우선적인 정리해고의 대상자로 삼는다 하여 이를 위법하다고 볼 수 없다고 할 것이다"(대법 2000.11.28, 2000다51476)라고 하고 있다.

③ 채용내정자에 대하여 정당한 해고라고 하더라도 손해배상여부에 대하여, 판례는 "피고로서는 당초 채용내정 과정에서부터 피고회사의 계획사업의 내용 및 규모, 그 진행전망 등 피고의 제반 사정을 면밀히 검토하여 채용할 직원의 수와 그 구성을 정하고 그에 따라 적정한 수의 합격자만을 발표 및 채용내정해야 할 주의의무가 있음에도 불구하고, 이를 게을리 한 과실로 그 실행 가능성이 충분히 검토되지 아니한 사업부문의 영선인력으로 원고를 채용내정하여 그와 같은 통지를 한 후, 뒤늦게 해당부문 사업을 진행할 수 없게 되었다는 사유로 원고를 정식채용하지 않기로 하였으니, 피고는 원고가 위 기간동안 피고의 직원으로 정식 채용되기를 기대하면서 다른 취업의 기회를 포기함으로써 입게 된 손해를 배상할 책임이 있다. 그러나 채용내정만으로 정식채용이 확정된 것은 아니고, 회사가 구체적인 입사예정일을 정하여 통보한 것은 아니어서, 그 정식채용 여부에 대한 분명한 답변과 그 대책 등에 대하여 지속적으로 문의하거나, 피고가 정식채용을 거절할 것에 대비하여 다른 일자리를 구하는 등의 조치를 강구하였어야 함에도 불구하고 원고는 그러한 노력을 소홀히 한 잘못이 있으므로, 이를 피고가 배상할 손해액을 산정함에 있어 참작하기로 하되, 원고의 과실비율을 50%정도로 봄이 상당하므로, 피고의 책임을 나머지 50%로 제한한다"(서울지법 2003.8.27, 2002나40400)라고 하고 있다.

나. 입사예정일이 통보된 채용내정자

채용내정취소가 정당한 해고라고 하더라도 출근일 이후부터 채용취소 이전까지의 임금지급 여부에 대하여, 판례는 "피고회사가 1997년 11월경 원고들에 대하여 채용내정통지를 함으로써 원고들과 피고회사 사이에는 근로계약관계가 유효하게 성립되었다고 볼 것이므로, 이 사건에서 원고들은 적어도 최종입사예정일인 1998. 4.6부터는 피고회사의 종업원의 지위에 있었다고 할 것이고, 피고회사가 원고들을 현실적으로 취업시켜 원고들이 노무를 제공하였는지 여부와는 상관없이 피고회사가 원고들에 대하여 한 이 사건 채용내정취소는 실질적으로 해고에 해당한다 할 것이다. 따라서 원고들이 1998.4.6부터 채용내정이 확정적으로 취소된 1999.6.30까지의 임금을 구하는 것은 정당하다"(대법 2002.12.10, 2000다25910)고 한다.

표 채용내정 취소시 법적용

구분		법 적용
근로계약 성립 이전 (합격되었으나, 채용시기 · 임금 등 근로조건 약정 부존재 상태)		민법상 손해배상
근로계약성립 이후 (합격발표시, 임금 등 근로조건 사실상 결정 상태)	입사예정일 통보 이전	• 근기법 제24조에 의한 정리해고 정당성 (공정한 해고대상자 선발기준) • 민법상 손해배상
	입사예정일 통보 이후	• 근기법 제24조에 의한 정리해고 정당성 (공정한 해고대상자 선발기준) • 입사예정일 이후 임금지급

3. 채용통지 당시 통보한 내용과 달리 근로조건이 바뀌어 채용을 취소한 경우 부당해고에 해당한다.

가. 사실관계

① '○○제약 주식회사' 채용담당 A 대리는 2020년 6월에 헤드헌팅 업체 '○○플러스'에 마케팅 총괄업무를 담당할 인력채용을 의뢰했고, ○○플러스는 오랜 마케팅업무 경력이 있는 '차 부장'에게 입사를 제안했다. 차 부장은 ○○제약에서 두

차례 면접을 본 뒤 헤드헌팅 업체로부터 최종 합격통지를 받았다.

② ○○플러스는 ○○제약이 제시한 기본급 1억원에 인센티브 5%~10%와 '10월 초순 입사'를 차 부장에게 전달했다. 차 부장은 10월 1일부터 ○○제약에 출근하는 것으로 이해하고 재직하던 회사에 사직서를 제출했다.

③ ○○제약은 입사예정일의 2개월 전인 8월초에 ○○플러스를 통해 기본급을 6천만 원으로 조정하고, 입사 일정도 변경하려 했다. 차 부장이 항의하며 거부하자 ○○제약은 10월 1일 차 부장에게 채용 불합격을 전격 통보했다.

나. 판결

① 회사가 채용 합격을 통지하면 이는 근로계약 승낙의 의사표시를 한 것이고, 채용을 미리 결정하는 경우에도 마찬가지이다.

② 입사지원자가 회사에 지원하여 면접 절차를 거쳤고, 회사는 채용 의사를 외부에 객관적으로 표명하여 통지했기 때문에 둘 사이에 근로계약이 성립했다고 보는 것이 타당하다.

③ 특별한 사정이 없는 한 회사가 입사지원자의 채용을 내정했는데 아직 근로 제공이 이뤄지지 않았다는 사정만으로 회사에게 해약권이 있다고 볼 수는 없다.

④ 또한 회사는 일방적으로 채용을 취소하면서 해고 사유와 해고시기를 서면으로 통지하지 않았기 때문에 부당해고이다.

16 시용과 수습은 어떻게 다른가

대법 2015.11.27, 2015두48136

1. 시용

가. 시용과 수습의 차이

확정적인 근로계약을 체결하기 전의 고용관계라는 점에서 채용내정과 같으나, 사용종속관계하에 근로제공이 있다는 점에서 채용내정과 구분된다. 시용은 정식채용이 유보된 상태에서 작업능력과 기업에의 적응성을 판단하는 기간이지만, 수습기간은 정식채용 후에 근로자의 직업능력의 양성교육을 목적으로 하는 기간이다.

표 수습(修習)과 시용(試用)의 차이

구분	수습(修習)	시용(試用)
의 의	• 본채용 후에 실무에 필요한 기술과 지식을 가르침	• 본채용 전에 일정기간 근로자의 적격성을 시험함
대 상	• 해당실무 무경력자	• 유경력자도 필요
적용요건	• 근로계약에 명시 불필요(수습기간동안 임금수준이 다른 경우에 명시 필요)	• 취업규칙에 필수적 사항으로 규정하거나 근로계약에 명시 필요
기간의 단축	• 가능	• 원칙적으로 불가능
기간 중 본채용 거절	• 불가(일반근로자 해고절차 가능)	• 불가(일반근로자 해고절차 가능)
기간만료 후 본채용 거절	• 불가	• 가능(단, 사회적 상당성 필요)
기간만료 효과	• 정식사원 자동전환 또는 발령	• 정식사원 전환 또는 계약해지

나. 취업규칙 또는 근로계약서상 명시가 반드시 필요

시용은 근기법에서 규정된 바는 없으나, 일반적인 계약법리에 따라 법원의 판례나 고용노동부의 행정해석에서 인정되고 있다. 시용(試用)기간은 이미 채용된 근로자를 불안정한 지위에 놓이게 하는 것이므로 "근로계약서에 명시"하거나 "취업규칙에 필수적 사항으로 규정"된 경우에만 인정된다.

서식 시용기간과 근로계약 해지조건을 명시한 근로계약서 예시

> **근 로 계 약 서**
>
> 1. 근로계약기간 :　　　년　　　월　　　일부터　　　년　　　월　　　일까지
> 　다만, 업무적격성 여부를 판단하기 위하여 시용기간을 근로계약 시작일로부터 3개월로 하며, 업무적격성 평가결과 80점 미만인 경우 근로계약을 해지한다.
>
> – 이하 생략 –

다. 시용기간의 연장

① 사회통념상 합리성이 있는 경우에는 비교적 장기(6개월)의 시용기간을 약정하였더라도 무효로 볼 수 없다.

② 근로자의 법적 지위에 중대한 영향을 미치고, 근로계약의 중요한 일부를 이루는 사항이므로 최소한 시용기간 연장은 그에 대하여 근로자가 동의하거나 근로자에게 통보되어야 그 효력이 있다(서울행법 2006.9.26, 2006구합20655).

라. 시용에 있어서 정식채용 거부

근기법 제23조의 해고에 해당되는데, 시용근로자에 대한 정식채용 거부의 정당한 사유의 범위는 정식근로자에 대한 해고의 정당한 사유보다 넓게 보아야 된다. 다만, 그 사유는 앞으로 맡게 될 직무에의 적격성 판단에 기초를 두어야 하고, 객관적이고도 합리적인 이유가 있어 사회통념상 상당하다고 인정되어야 한다. 판례는 "시용기간 중의 근로자를 대상으로 피고 은행이 각 지점별로 C나 D의 평정등급 해

당자 수를 할당한 점, 피고 은행이 근무성적평정표 제출 후 일부 지점장들에게 재작성을 요구하고, 이에 따라 일부 지점장들이 평정자와 확인자를 달리하도록 한 근무성적평정요령에 어긋나게 혼자서 근무성적평정표를 다시 작성하기도 한 점, 원고들에 대한 근무성적평정표와 평정의견서만으로 원고들의 업무수행능력이 얼마나, 어떻게 부족했는지, 그로 인하여 업무수행에 어떠한 차질이 있었는지를 알 수 없는 점 등에 비추어, 피고 은행이 원고들과 맺은 이 사건 근로계약을 해지한 데에 정당한 이유가 있다고 보기 어렵다"(대법 2006.2.24, 2002다62432)고 하고 있다.

마. 본 채용거절 절차

① 시용근로관계에서 사용자가 본 근로계약을 거부하는 경우 해당 근로자에게 그 거부사유를 파악하여 대처할 수 있도록 구체적·실질적 거부사유를 서면으로 통지하여야 한다. ○○회사는 해고통지서를 서면으로 교부하였으나 해고의 사유를 단순히 '1개월 시용기간이 만료됨에 따라 2014.1.29자로 해고한다'라고 할 뿐, 구체적으로 근로자가 인지할 사유가 명시되지 않았기 때문에 부당해고에 해당한다(대법 2015.11.27, 2015두48136).

② 그러나, 시용근로자에게는 일반근로자에게 적용되는 취업규칙상의 징계절차 규정이 적용되지 않는다(대법 2006.8.25, 2006두6956).

③ 또한, 시용근로자는 일반적으로 근로기준법 제26조제1호 "계속 근로한 기간이 3개월 미만인 경우"에 해당되므로 해고예고가 적용되지 않는다.

2. 수습

최저임금법 시행령 제3조【수습 중에 있는 근로자에 대한 최저임금액】 1년 이상의 기간을 정하여 근로계약을 체결하고 수습 중에 있는 근로자로서 수습을 시작한 날로부터 3개월 이내인 자에 대하여는 시간급 최저임금액에서 100분의 10을 감한 금액을 시간급 최저임금액으로 한다.

가. 수습기간 중 임금감액

정식 채용된 근로자의 직업능력이나 사업장에서의 적응능력을 키우는 기간으로서 단지 임금을 감액할 수 있는 것 외 수습근로자에게도 노동법이 전면 적용된다. 다만 3개월 미만인 수습근로자에 대하여는 해고예고가 적용되지 않으며, 수습기간은 평균임금산정기간 및 그 기간의 임금을 제외하고 평균임금을 계산한다. 또한 수습기간 3개월간 최저임금 10% 감액할 수 있으나, 1년 미만 기간제근로자에게는 이 감액규정이 적용되지 않는다.

나. 수습기간

① 근기법령에서는 수습기간의 길이에 대하여는 규정한 바 없으므로, 수습기간은 당해 직무의 성질을 감안하여 사회통념상 인정되는 범위 내에서 단체협약 또는 취업규칙 등에 정하면 될 것이다. 수습기간에 대하여는 인사규정 및 단체협약에 규정되어 있는 바, 동 협약에서 정한 수습기간의 길이가 3개월을 초과하였다는 이유만으로는 이를 근기법 위반으로 볼 수 없다(1993.2.9, 근기 01254-221).

② 수습기간의 부당한 장기화로 인한 근로자의 불이익 예방차원에서 가능한 수습기간을 3월 이하로 하도록 행정지도하고 있다(1991.10.10. 근기 01254-14914).

표 인턴, 수습(修習)과 시용(試用) 구분

구분	개요	근로자성
인턴	• 교육 또는 훈련을 목적으로 사업 또는 사업장에서 일(업무)를 경험하는 자와의 일정기간 체결하는 계약 • 순수한 의미의 인턴(일경험 수련생)	부정 (단, 명칭만 인턴 : 기간제 근로자로 간주)
시용	• 본 채용 이전에 근무역량 등을 평가하고 그 결과에 따라 근로계약을 확정적으로 체결하는 계약	인정
수습	• 이미 정식 채용이 확정된 상태에서 기업에 근무할 역량을 갖추기 위해 내부 교육을 받는 상태	인정 (단, 계약서 내용 상 '시용'에 해당할 수 있음.)

17 근로계약기간을 마음대로 정할 수 있는지

기간제법 제4조 【기간제근로자의 사용】 ① 사용자는 2년을 초과하지 아니하는 범위 안에서(기간제근로계약의 반복갱신 등의 경우에는 그 계속근로한 총기간이 2년을 초과하지 아니하는 범위 안에서) 기간제근로자를 사용할 수 있다. 다만, 다음 각 호의 어느 하나에 해당하는 경우에는 2년을 초과하여 기간제근로자로 사용할 수 있다.

1. 사업의 완료 또는 특정한 업무의 완성에 필요한 기간을 정한 경우
2. 휴직・파견 등으로 결원이 발생하여 당해 근로자가 복귀할 때까지 그 업무를 대신할 필요가 있는 경우
3. 근로자가 학업, 직업훈련 등을 이수함에 따라 그 이수에 필요한 기간을 정한 경우
4. 「고령자고용촉진법」 제2조제1호의 고령자와 근로계약을 체결하는 경우
5. 전문적 지식・기술의 활용이 필요한 경우와 정부의 복지정책・실업대책 등에 따라 일자리를 제공하는 경우로서 대통령령이 정하는 경우
6. 그밖에 제1호 내지 제5호에 준하는 합리적인 사유가 있는 경우로서 대통령령이 정하는 경우

② 사용자가 제1항 단서의 사유가 없거나 소멸되었음에도 불구하고 2년을 초과하여 기간제근로자로 사용하는 경우에는 그 기간제근로자는 기간의 정함이 없는 근로계약을 체결한 근로자로 본다.(상시 5인 이상의 근로자를 사용하는 사업 또는 사업장에 적용)

고평법 제19조제5항 【육아휴직】 기간제근로자 또는 파견근로자의 육아휴직기간은 「기간제 및 단시간근로자 보호 등에 관한 법률」 제4조에 따른 사용기간 또는 「파견근로자 보호등에 관한 법률」 제6조에 따른 근로자파견기간에 산입하지 아니한다.

1. 사용기간의 2년 제한

① 사용자는 2년을 초과하지 않는 범위 안에서(기간제근로계약의 반복・갱신 등의 경우에는 그 계속 근로한 총기간이 2년을 초과하지 아니하는 범위 안에서) 기간

제근로자를 사용할 수 있다.

② 사용자가 2년을 초과하여 기간제근로자를 사용할 때에는 기간의 정함이 없는 근로계약(무기계약)을 체결한 근로자로 간주(의제)된다.

③ 2년 초과 사용시 사용자가 종전에 체결한 근로계약기간의 만료를 이유로 고용을 종료하면 '해고'에 해당되므로, 근기법 제23조의 '정당한 이유'가 있어야 한다.

2. 사용기간 제한의 예외

가. 사업의 완료 또는 특정한 업무의 완성에 필요한 기간을 정한 경우

건설공사 등의 유기사업, 특정프로그램의 개발 또는 프로젝트 완수의 경우, 비록 근로계약기간이 2년을 초과하더라도 그 사업이 끝나는 때까지의 기간을 정하여 근로계약을 체결하는 것이 인정된다.

나. 휴직 · 파견 등으로 결원이 발생하여 당해 근로자가 복귀할 때까지 그 업무를 대신할 필요가 있는 경우

다. 근로자가 학업 · 직업훈련 등을 이수함에 따라 그 이수에 필요한 기간을 정한 경우

라. 「고령자법」 제2조제1호의 고령자(만 55세 이상, 무기계약전환 시점이 아니라, 최초 또는 갱신시점)와 근로계약을 체결하는 경우

① 사용자가 기간제 근로계약을 최초로 체결할 당시 근로자가 만55세 이상인 경우 또는 기간제 근로계약을 갱신할 당시 근로자가 만55세 이상이고 기존 근로기간이 2년 이하인 경우에 비로소 기간제법 제4조제1항제4호에 해당되어 기간제법 제4조제2항에 따른 무기근로자로의 전환이 배제되는 것으로 해석하는 것이 기간제법 제4조제1항제4호의 문언에 부합할 뿐 아니라 기간제근로자의 보호라는 기간제법의 입법목적에도 합치된다(대법 2013.5.23, 2012두18967).

② 위 대상판례 해당사건 원고는 2008.10.1. 계약직 근로자로 ○○대학에 입사해 업무를 담당하던 중 2011.2.28. 근로계약이 만료되었다. 최초 작성된 근로계약기간은 2008.10.1.~2009.3.31.이었고, 두 번째 갱신된 근로계약기간은 2009.1.1.~

2011.2.28.이었다. 원고가 고령자(55세)가 되는 시점은 2010.3.11.이었다. 그렇다면, 원고는 최초계약 시와 두 번째 갱신계약 당시 만55세가 되지 않았으므로 기간제법 제4조제1항제4호의 고령자에 해당되지 않는다는 것이다.

마. 전문적 지식 · 기술의 활용이 필요한 경우(기간제법시행령 제3조제1항)

① 박사학위(외국에서 수여받은 박사학위 포함)를 소지, 해당분야 종사자
② 국가기술자격법에 따른 기술사 등급의 국가기술자격소지, 해당분야종사자
③ 다음의 전문자격을 소지하고 해당분야에 종사하는 경우

건축사, 공인노무사, 공인회계사, 관세사, 변리사, 변호사, 보험계리사, 손해사정사, 감정평가사, 수의사, 세무사, 약사, 한약사, 한약업사, 한약조제사, 의사, 치과의사, 한의사, 경영지도사, 기술지도사, 사업용 조종사, 운송용조종사, 항공교통관제사, 항공기관사, 항공사(25개)

바. 정부의 복지정책 · 실업대책 등에 의하여 일자리를 제공하는 경우(기간제법 시행령 제3조제2항)

①「고용정책기본법」, 「고용보험법」 등 다른 법령에 따라 국민의 직업능력 개발, 취업 촉진 및 사회적으로 필요한 서비스 제공 등을 위하여 일자리를 제공하는 경우
②「제대군인지원에관한법률」 제3조에 따라 제대군인의 고용증진 및 생활안정을 위하여 일자리를 제공하는 경우
③「국가보훈기본법」 제19조제2항에 따라 국가보훈대상자에 대한 복지증진 및 생활안정을 위하여 보훈도우미 등 복지지원 인력을 운영하는 경우

사. 그 밖에 위에 준하는 합리적인 사유가 있는 경우로서 대통령령이 정하는 경우(기간제법시행령 제3조제3항)

① 다른 법령에서 기간제근로자의 사용기간을 법 제4조제1항과 달리 정하거나 별도의 기간을 정하여 근로계약을 체결할 수 있도록 한 경우
② 국방부장관이 인정하는 군사적 전문적 지식 · 기술을 가지고 관련 직업에 종사하거나 「고등교육법」 제2조제1호에 따른 대학에서 안보 및 군사학 과목을 강의

하는 경우

③ 특수한 경력을 갖추고 국가안전보장, 국방·외교 또는 통일과 관련된 업무에 종사하는 경우

④「고등교육법」 제2조에 따른 학교(같은 법 제30조에 따른 대학원 대학을 포함)에서 다음의 업무에 종사하는 경우

㈎「고등교육법」 제14조에 따른 조교의 업무

㈏「고등교육법시행령」 제7조에 따른 겸임교원, 명예교수, 시간강사, 초빙교원 등의 업무

⑤「통계법」 제22조에 따라 고시한 한국표준직업분류의 대분류 1과 대분류 2 직업에 종사하는 자의 「소득세법」 제20조제1항에 따른 근로소득(최근 2년간의 연평균근로소득을 말함)이 고용노동부장관이 최근 조사한 고용형태별근로실태조사의 한국표준직업분류 대분류 2 직업에 종사하는 자의 근로소득 상위 100분의 25에 해당하는 경우

⑥「근로기준법」 제18조제3항에 따른 1주 동안의 소정근로시간이 뚜렷하게 짧은 단시간근로자(주 15시간 미만)를 사용하는 경우

⑦「국민체육진흥법」 제2조제4호에 따른 선수와 같은 조 제6호에 따른 체육지도자 업무에 종사하는 경우

⑧ 다음 각 목의 연구기관에서 연구업무에 직접 종사하는 경우 또는 실험·조사 등을 수행하는 경우 등 연구업무에 직접 관여하여 지원하는 업무에 종사하는 경우

㈎ 국공립연구기관

㈏ 정부출연연구기관

㈐ '특정연구기관육성법'에 따른 특정연구기관

㈑ 자방자치단체출연 연구기관

㈒ 공공기관의 부설 연구기관

㈓ 기업 또는 대학의 부설 연구기관

㈔ '민법' 또는 다른 법률에 따라 설립된 법인인 연구기관

3. "특정사업의 완료"

가. 근로계약 반복갱신 시, 각 근로관계의 계속성 인정 여부

사용자가 기간제법 제4조제2항의 적용을 회피하기 위하여 형식적으로 사업의 완료 또는 특정한 업무의 완성에 필요한 기간을 정한 근로계약을 반복갱신하여 체결하였으나 각 근로관계의 계속성을 인정할 수 있는 경우에는 기간제법 제4조제1항 단서 제1호에 따라 사용자가 2년을 초과하여 기간제근로자를 사용할 수 있는 '사업의 완료 또는 특정한 업무의 완성에 필요한 기간을 정한 경우'에 해당한다고 할 수 없다(대법 2017.2.3, 2016다255910).

나. "특정사업 용역계약 해지 시 근로계약 자동종료된다는 약정"의 효력

① 사용자가 어떤 사유의 발생을 당연퇴직 또는 면직사유로 규정하고 그 절차를 통상의 해고나 징계해고와 달리한 경우에 그 당연퇴직사유가 근로자의 사망이나 정년, 근로계약기간의 만료 등 근로관계의 자동소멸사유로 보이는 경우를 제외하고는 이에 따른 당연퇴직처분은 근로기준법의 제한을 받는 해고라고 할 것이다. 따라서 사용자가 아파트의 위탁관리업무를 주요 사업으로 하는 회사로서 그 근로자와 사이에, 근로자가 근무하는 아파트의 관리주체 등과 사용자 사이의 위탁관리계약이 해지될 때에 그 근로자와 사용자 사이의 근로계약도 자동 종료되는 것으로 한다고 약정하였다고 하여 그와 같은 해지사유를 근로관계의 자동소멸사유라고 할 수는 없다.

② 원고와 피고 사이의 이 사건 근로계약에서 정한 '근로계약기간 중이라도 사업장의 위탁관리계약이 해지(종료)되는 경우 근로계약은 자동 종료되는 것으로 한다'는 약정은 근로계약의 자동소멸사유를 정한 것으로 볼 수 없고, 따라서 피고의 이 사건 아파트에 대한 위탁관리계약이 종료되었다고 하더라도 원고와 피고 사이의 근로관계가 당연히 종료된 것으로 단정할 수 없다(대법 2017.10.31, 2017다22315).

4. 기간제 근로계약기간 도중 정년에 도달한 경우

근로계약서에 시기만 있고 정규직 근로자라고 기재되어 있으나 단서에 "1년마다 계약갱신을 할 수 있다."라고 규정하고 있으며, 운영규정에도 "근로계약기간의 명시가 있는 것을 제외하고는 1년으로 한다."라고 규정하고 있어 1년간 기간의 정함이 있는 근로계약이라 할 것이고, 근로계약서에 정년 도달 시 퇴직된다는 명시 없이, 운영규정에 "계약기간이 만료되거나 정년에 달하였을 때"라고 병렬적으로 규정하였다면, 사용자가 계약기간의 이익을 누릴 수 있는 근로자를 정년도달이라는 이유만으로 퇴직시킨 것은 근로자의 의사에 반한 해고로 정당한 이유가 없다(중노위 2016.1.28, 중앙2015부해1101)

5. 사용기간제한의 예외적용 기간제근로계약서(견본)

기 간 제 근 로 계 약 서

__________(이하 "화사"라 함)과 __________(이하 "근로자"라 함)은 ○○○○ Project의 완성 또는 육아휴직자 대체 또는 일시적 주문량 해소 또는 ○○부서의 한시적 운영을 위하여 다음과 같이 근로계약을 체결한다.

1. 근로계약기간 : 년 월 일부터 년 월 일까지
   다만, Project의 완성이 지연되는 경우 계약기간이 연장될 수 있음
   육아휴직자 복귀가 늦어지는 경우 계약기간이 연장될 수 있음
   주문량 해소가 늦어지는 경우 계약기간이 연장될 수 있음
   ○○부서의 운영이 연장되는 경우 계약기간이 연장될 수 있음

- 이하 중략 -

년 월 일

사업주 : (직인) 근로자 : (서명)

6. 단시간 근로자

근기법 제2조제1항제8호 【정의】 "단시간근로자"란 1주 동안의 소정근로시간이 그 사업장에서 같은 종류의 업무에 종사하는 통상 근로자의 1주 동안의 소정근로시간에 비하여 짧은 근로자를 말한다.

근기법 제18조 【단시간근로자의 근로조건】 ① 단시간근로자의 근로조건은 그 사업장의 같은 종류의 업무에 종사하는 통상 근로자의 근로시간을 기준으로 산정한 비율에 따라 결정되어야 한다.
③ 4주 동안(4주 미만으로 근로하는 경우에는 그 기간)을 평균하여 1주 동안의 소정근로시간이 15시간 미만인 근로자에 대하여는 제55조(휴일)와 제60조(연차유급휴가)를 적용하지 아니한다(참고 : 근로자퇴직급여보장법 제4조 '퇴직금'도 적용제외).

기간제법 제6조제3항 : 사용자는 제1항(단시간근로자의 소정근로시간 초과근로)에 따른 초과근로에 대하여 통상임금의 100분의 50 이상을 가산하여 지급하여야 한다.

가. 초과근로

사용자는 단시간근로자를 소정근로일이 아닌 날에 근로시키거나 소정근로시간을 초과하여 근로시키고자 할 경우에는 (법내근로라 하더라도) 사용자는 초과근로에 대하여 통상임금의 100분의 50 이상을 가산하여 지급하여야 한다(2014.9.19. 시행). 다만, 사업장 대부분 근로자가 1일 7시간 근무하는 사업장은 단시간 근로자가 아니므로 법내 초과근로에 대하여 통상임금 50% 가산하여 지급할 필요가 없다.

나. 휴일 · 휴가의 적용

① 사용자는 단시간근로자에게 법 제55조에 따른 유급휴일을 주어야 한다.

② 사용자는 단시간근로자에게 법 제60조에 따른 연차유급휴가를 주어야 한다. 이 경우 유급휴가는 다음의 방식으로 계산한 시간단위로 하며, 1시간 미만은 1시간으로 본다.

$$\text{통상 근로자의 연차유급휴가일수} \times \frac{\text{단시간근로자의 소정근로시간}}{\text{통상 근로자의 소정근로시간}} \times 8\text{시간}$$

18 기간제근로자의 갱신 · 전환기대권

1. 갱신기대권

기간의 정함이 없는 근로자의 지위에 있다고 볼 수 없는 경우라도, 그 고용이 계절적 · 임시적인 것이 아니고 상당기간 반복 및 갱신되어 계속적인 고용이 기대되고 있는 때에는(이때의 근로계약기간은 존속기간이 아니라 갱신기간이라 할 것이다) 해고제한의 법리가 유추적용 되어 경제사정의 변동에 의한 잉여인력의 발생 등과 같은 사회통념상 상당하다고 인정되는 합리적인 이유없이 근로계약의 갱신을 거절하는 것은 신의칙상 허용될 수 없다고 할 것이다(대법 2005.9.9, 2005두6003/서울행법 2004.4.8, 2003구합32275 이유 인용).

2. 갱신기대권 인정에 있어 평가기준의 객관성

① 최근 기간제계약의 갱신기대권에 관한 대법원 판례들에서는 그 인정기준에 대해 평가의 공정성 · 합리성을 심사함으로써 그 판단의 실질화를 도모하고 있다. 장기간에 걸친 심사결과를 바탕으로 하여 갱신거절시 기준에 미달하는 평가점수가 나오게 된 배경을 평가하고 있다. 그리하여 평가대상 근로자와 접근도가 낮은 일부 평정자의 현저히 저조한 점수의 불공정성에 유의하고 있고, 장기간의 점수에 비하여 낮게 나오게 되기에 업무수행능력이나 업무수행태도의 문제가 있었는지 그 실질적 내용을 판단근거로 삼고 있다(대법 2011.4.14, 2007두1729 참조).

② 공정성 내지 합리성이 결여된 심사과정을 거쳐 재계약기준 점수 미달이라는 점을 들어 재계약 거절을 한 것은 부당해고에 해당되어 그 효력을 인정할 수 없다(대법 2011.7.28, 2009두4180).

③ 오로지 사용자의 재량적 판단에 따라 근로계약의 갱신 여부를 결정해 온 경우 근로계약의 갱신에 관한 기대권이 인정된다고 보기 어렵다(대법 2011.9.8, 2009두9765).

3. 갱신기대권이 인정되는 경우 재계약 아닌 공개채용절차 통한 선발은 부당

사용자인 피고 보조참가인이 기존 직원들의 동의절차를 거치지 않음은 물론 기존 직원들에게 가점을 주는 것에 대하여 구체적인 기준도 마련하지 않은 채, 근로계약 갱신에 대한 정당한 기대권이 인정되는 원고에게 재계약 절차가 아닌 공개채용절차를 통하여 선발되어야만 계약 갱신을 해주겠다고 주장하면서, 공개채용절차에 응시하지 않았다는 이유만으로 원고와의 이 사건 근로계약의 갱신을 거절한 것은 부당하게 근로계약의 갱신을 거절하는 것으로서 부당해고에 해당한다(대법 2012.6.14, 2010두8225).

4. 갱신기대권이 인정되는 경우 갱신거부의 법적 성격

종전에는 '사회통념상 인정되는 합리적 이유없이'라고 하여 갱신기대권을 침해하였다고 하였으나, 최근 판례에서는 '그 실질에 있어서 부당해고에 해당되어 그 효력을 인정할 수 없다'고 하여 근기법상의 정당한 이유없는 해고의 한 유형으로 파악하고 있다(대법 2011.4.14, 2007두1729 참조).

5. 정년경과 이후, 촉탁직 재고용 기대권

가. 인정 판례(대법 2017.2.3, 2016두50563)

(1) 사실관계

① ○○회사의 인사규정에는 "임 · 직원의 정년은 만55세가 되는 해의 12월31일로 하고, 업무상 특별히 필요하다고 인정된 자에 대해서는 인사위원회의 결정에 의하여 촉탁계약으로 그 기간을 연장할 수 있다"라고 규정하고 있고, 참가인은 2011.11.경 일부원고들을 비롯한 20명의 근로자들에게 정년퇴직 안내를 통지하였으나 퇴직절차를 진행하지 않고 계속 근무하게 하였고, 원고들은 2014.3.1. 근로계약서 작성 당시 정년을 이미 경과한 상태였다.

② 참가인은 2015.1.경 정년이 된 근로자 2명에게 정년 해당 사실을, 2015.1.5.

원고들을 포함한 근로자 15명에게 같은 해 2.28. 근로계약기간이 만료될 예정인 사실을 각각 서면으로 통지했는데, 위 17명 중 원고들 5명에 대해서만 근로계약을 갱신하지 아니하였다.

(2) 판단

① 기간제법 제4조제2항은 제4조제1항 단서의 예외사유에 해당하지 않는 한 2년을 초과하여 기간제근로자로 사용하는 경우 기간의 정함이 없는 근로계약을 체결한 것으로 간주하고 있으나, 기간제법의 입법 취지가 기간제근로자 및 단시간근로자에 대한 불합리한 차별을 시정하고 근로조건 보호를 강화하기 위한 것임을 고려하면, 기간제법 제4조제1항 단서의 예외 사유에 해당한다는 이유만으로 갱신기대권에 관한 위 법리의 적용이 배제된다고 볼 수는 없다.

② 정년을 이미 경과한 상태에서 기간제근로계약을 체결한 경우에도, 해당직무의 성격에 의하여 요구되는 직무수행능력과 당해 근로자의 업무수행 적격성, 연령에 다른 작업능률 저하나 위험성 증대의 정도, 해당 사업장에서 정년을 경과한 고령자가 근무하는 실태 및 계약이 갱신되어 온 사례 등을 종합적으로 고려하여 근로계약 갱신에 관한 정당한 기대권이 인정되는지 여부를 판단하여야 한다.

나. 부정 판례(대법 2023.6.29. 2018두62492)

원고의 단체협약과 취업규칙 규정은 정년퇴직자의 촉탁직 재고용 여부에 관해 원고에게 재량을 부여하고 있고 일정한 기준을 충족할 경우 재고용이 보장된다는 취지가 아니며, 2014.1.1.부터 2017.3.27.까지 사이에 정년에 달한 원고의 근로자 23명 중 참가인 2 외에도 적어도 8명 이상이 원고와 촉탁직 근로계약을 체결하지 못한 것으로 보이는데 이들이 촉탁직으로 재고용되지 못한 이유가 무엇이었는지 기록상 분명하지 않다는 등의 사정을 종합하면 원고의 사업장에는 정년에 도달한 근로자를 촉탁직(기간제) 근로자로 재고용하여야 한다는 규정이 존재하거나 그에 준하는 정도의 재고용 관행이 확립되어 있었다고 볼 수 없으므로, 참가인 2에게 정년 경과 후 기간제 근로자로 재고용되리라는 기대권을 인정하기 어렵다

6. 기간제법 시행이후에도 갱신기대권은 인정

가. 판례(대법 2015.1.15, 2012두18868)

① 원고가 마련한 정규직 전환을 위한 기준상으로는 기간제 근로자인 부서원의 정규직 전환에 관한 근무평가는 부서장, 담당임원, 대표이사로 이어지는 3단계 평가절차를 거치게 되어 있는데, 참가인들에 대한 부서장 평가 결과 의견이 만 2년 근무자에게는 부적절한 '계약직 유지'임에도 담당임원은 의견란에 아무런 기재나 표시를 하지 않은 채 서명만 하였으므로, 참가인들에 대한 담당임원의 평가가 없었다고 보아야 하고, ② 여러 사정에 비추어 볼 때 참가인들에 대한 담당임원의 의견 제시가 매우 중요한 상황이었는데도 그것이 없었던 평가절차 상의 잘못은 중대하다고 할 수 있으며, ③ 부서장이 법률전문가나 인사전문가가 아닌 등의 이유로 그 평가가 합리적이고 공정하였는지 의구심이 들 뿐만 아니라, 계약직 유지'라는 평가 결과의견이 반드시 정규직 전환 대상이 아니라는 취지라고 해석할 수도 없고, ④ 이와 달리 보게 되면 사용자인 원고는 평가 결과의견을 자신 마음대로 해석할 수 있게 되어 정규직 전환 기준과 절차는 객관성과 공정성을 상실하게 된다는 것이다.

나. 분석

① 갱신기대권의 법리와 관련하여, 기간제법이 시행(2007.7.1.)되기 이전에는, "근로계약 당사자 사이에 일정한 요건이 충족되면 근로계약이 갱신된다는 신뢰관계가 형성되어 있어 근로자에게 그에 따라 근로계약이 갱신될 수 있으리라는 정당한 기대권이 인정되는 경우에는 사용자가 이에 위반하여 부당하게 근로계약의 갱신을 거절하는 것은 부당해고와 마찬가지로 아무런 효력이 없다"(대법 2011.4.14, 2007두1729)고 하여 왔으나,

② 기간제법 시행이후에는, "기간제법의 입법취지가 기간제 근로계약의 남용을 방지함으로써 기간제근로자 지위의 안정화라는 목표와 사용자가 경기 변동에 따라 고용량을 조절할 수 있는 노동시장의 유연성 제고라는 목표를 조화롭게 추구하기 위함이고, 이러한 입법취지 등에 비추어 볼 때 법 제4조제2항은 강행규정으로 봄이 타당하고, 기간제법 시행 이후에 신규로 체결되는 기간제 근로계약은 근로관계가

2년의 기간 내에 종료될 것이 예정되어 있는 반면 근로자에게 총 사용기간이 2년을 초과하는 재계약이 체결될 수 있으리라는 기대권이 인정될 수 없다고 봄이 타당하다"(서울고법 2011.8.18, 2011누9821)고 하여 온 바,

③ 대상판결은 기간제법 시행이후에도 갱신기대권이 성립된다는 판결이며, 기간제법 제4조를 강행규정으로 볼 수 없어 기간만료의 법리보다 갱신기대권의 법리가 우선한다는 것을 의미한다.

다. 시사점

① 기간제근로자 사용이 불가피할 경우, 최초 계약시 "계약만료시 재계약 유·무"를 분명히 명시하여야 한다.

② 일정한 평가에 따라 계약갱신을 하고자 할 경우, 계약갱신의 기준과 절차를 객관적·공정하게 규정하여야 할 것이다.

표 복수 기간제 채용 후 선별 갱신.전환 시 탈락자에게 갱신기대권 발생

채용	갱신 여부	갱신기대권	갱신기준·평가객관성
1명	탈락	×	×
복수	선별 갱신·전환	○	○

19 근로계약상의 차별금지의무

근기법 제6조 【균등한 처우】 사용자는 근로자에 대하여 남녀의 성(性)을 이유로 차별적 대우를 하지 못하고, 국적·신앙 또는 사회적 신분을 이유로 근로조건에 대한 차별적 처우를 하지 못한다.

고령자법 제4조의4 【모집·채용 등에서의 연령차별 금지】 ① 사업주는 다음 각 호의 분야에서 합리적인 이유 없이 연령을 이유로 근로자 또는 근로자가 되려는 사람을 차별하여서는 아니된다.

고령자법 제21조 【정년퇴직자의 재고용】 ② 사업주는 고령자인 정년퇴직자를 재고용할 때 당사자 간의 합의에 의하여 「근로기준법」 제34조에 따른 퇴직금과 같은 법 제60조에 따른 연차유급(年次有給) 휴가일수 계산을 위한 계속근로기간을 산정할 때 종전의 근로기간을 제외할 수 있으며 임금의 결정을 종전과 달리할 수 있다

장애인차별금지법 제10조 【차별금지 등】 사용자는 모집·채용, 임금 및 복리후생, 교육·배치·승진·전보, 정년·퇴직·해고에 있어 장애인을 차별하여서는 아니 된다.

장애인고용촉진 및 직업재활법 제2조 제5호 【정의】 "근로자"란 「근로기준법」 제2조 제1항제1호에 따른 근로자를 말한다. 다만, 소정근로시간이 대통령령으로 정하는 시간 미만인 사람(중증장애인은 제외한다)은 제외한다.

1. 사회적 신분에 의한 차별 : 무기계약직

가. 차별시정 신청대상 불가

(1) 무기계약직이 순수정규직과 다른 직무를 수행할 경우

기간제법상 기간제근로자를 2년 초과하여 사용할 수 있는 사유가 없거나 소멸되었음에도 불구하고 2년을 초과하여 기간제근로자로 사용함으로써 기간의 정함이 없는 근로계약을 체결한 근로자로 간주되는 자인 바, 단지 형식적으로 1년 단위로 근로계약을 반복하여 체결하나 고용이 보장되어 있다는 점에서, 기간제근로자가

아니므로 원칙적으로 기간제법에 의한 차별시정 신청대상이 되지 못한다.

(2) 정규직 공무원과 무기계약직 민간인 간 유사업무를 수행할 경우

① '국도관리원'인 원고들은 피고 대한민국 산하 국토교통부 소속 각 지방국토관리청장과 기간의 정함이 없는 근로계약을 체결하고 도로의 유지·보수 업무 또는 과적차량을 단속하는 업무를 수행한 근로자들임. 피고는 가족수당과 성과상여금 등을 지급하는 국토교통부 소속 운전직 및 과적단속직 공무원들과 달리, 원고들에게는 위 수당 등을 지급하지 않았음.

② 원고들의 무기계약직이라는 고용상 지위가 공무원에 대한 관계에서 사회적 신분에 해당한다거나 공무원이 원고들의 비교대상이 될 수 없으므로, 피고가 가족수당, 성과상여금 등을 원고들에게 지급하지 않은 것이 근로기준법 제6조가 금지하는 차별적 처우에 해당한다고 볼 수 없다(대법 2023.9.21, 2016다255941).

나. 차별시정 신청대상 가능 : 순수정규직과 유사 직무를 수행할 경우

(1) 기초사실

① 피고는 방송사업 및 문화서비스업, 광고사업 등을 영위하는 회사이고, 원고들은 피고 회사에 기간제(계약직) 근로자로 입사하여 계약기간이 만료될 때마다 계약을 갱신하다가 업무직 또는 연봉직 근로자로 전환되거나 업무직 근로자로 입사하여 피고 회사에서 근로하는 피고 회사의 직원들이다.

② 피고는 2004.5.31. 계약직 노동조합과 총 계약횟수 3회 이상 또는 총 근속연수 6년 이상의 한시계약직 근로자를 업무직(상시계약직) 근로자로 전환하기로 합의하였고, 2004.11.30. 업무직(상시계약직) 근로자 총 인원의 5%를 연봉직 근로자로 전환하기로 합의하였다. 또한 피고는 2007.12.10. 업무직 노동조합과 직제 등 관련 규정을 개정하여 업무직 근로자를 별정직이 아닌 피고 회사의 직원으로 전환하기로 합의하였다. 이에 따라 원고들은 피고 회사의 업무직 또는 연봉직 근로자로 피고 회사에서 근무하고 있다.

(2) 고용형태나 근로형태가 '사회적 신분'에 해당하는지 여부

① 직업 뿐 아니라 사업장 내의 직종, 직위, 직급도 상당한 기간 점하는 지위로서 사회적 평가를 수반하거나 사업장 내에서 근로자 자신의 의사나 능력발휘에 의해서 회피할 수 없는 사회적 분류에 해당하는 경우 이를 사회적 신분이라 할 수 있다.

② 이 사건에 관하여 보건대, 이처럼 채용절차 단계에서부터 각자의 직역이 결정되어 업무직이나 연봉직의 경우 자신의 의사나 능력과 상관없이 일반직처럼 보직을 부여받을 수도 없고 직급승진도 할 수 없는 구조에서는 피고 회사의 업무직 또는 연봉직이라는 고용형태 내지 근로형태는 피고 회사 내에서 자신의 의사나 능력발휘에 의해 회피할 수 없는 사회적 신분에 해당한다고 봄이 타당하다(서울남부지법 2016.6.10, 2014가합3505).

표 무기계약직과 순수정규직과의 차별

유사 직무	• 무기계약직이 순수정규직과 유사 직무를 수행할 경우	차별 불가
	• 민간인 무기계약직이 공무원 정규직과 유사직무를 수행할 경우	차별 가능
다른 직무	• 무기계약직이 순수정규직과 다른 직무를 수행할 경우	차별 가능

2. 국적에 의한 차별

가. 항공기 기장이 턱수염을 길러 항공사의 '임직원 근무복장 및 용모규정'을 위반하고, 면도 지시에 불이행하였다는 이유로 감급 1개월의 징계 처분을 한 것은 위법하다(대법 2018.9.13, 2017두62549)

① 국내외 항공운송업 등을 영위하는 회사인 원고의 취업규칙인 「임직원 근무복장 및 용모규정」 제5조는 "임직원의 용모는 단정하고 청결을 유지하여야 한다"고 하면서, 제1항제2호에서 남자 직원의 경우 "안면은 항시 면도가 된 청결한 상태를 유지하며, 수염을 길러서는 아니 된다. 다만, 관습상 콧수염이 일반화된 외국인의 경우에는 타인에게 혐오감을 주지 않는 범위 내에서 이를 허용한다"고 규정하고 있다.

② 원고는 '참가인(항공기 기장)이 턱수염을 길러 이 사건 조항을 위반하고, 면도 지시에 불이행하였다'는 이유로 인사위원회의 의결을 거쳐 참가인에게 감급 1개월

의 징계 처분을 하였다.

③ 원고가 헌법상 영업의 자유 등에 근거하여 제정한 "안면은 항시 면도가 된 청결한 상태를 유지하며, 수염을 길러서는 아니 된다."는 이 사건 조항은 참가인의 헌법상 일반적 행동자유권을 침해하므로 근로기준법 제96조제1항, 민법 제103조 등에 위반되어 무효이고, 참가인이 이 사건 조항을 준수하지 않았음을 전제로 이루어진 이 사건 징계처분 또한 위법하다.

나. 국적에 의한 차별에 있어서 고려요소

외국인 근로자의 경우 근로에 대한 비숙련성, 언어소통의 불편, 장기근속 불가능 및 생산성 향상 곤란 등 업무수행 능력과 관련된 제반요소 등을 종합적으로 고려하여 판단하여야 할 것이다(2008.3.26, 차별개선과-176).

3. 퇴직금 차등지급금지

하나의 사업에 포함되는 본사·지사·공장간에 퇴직금 지급조건을 달리하는 제도를 둘 수 없다. 하나의 사업내에서 직위별·직급별·직종별로 차등을 두거나 누진율을 달리하는 것은 법위반이다. 그러나, 취업규칙 불이익변경 후 입사자와 변경 전 근로자 사이에 지급률이 차이 나는 것은 차등이 아니다(대법 1992.12.22, 91다45165).

참고 근로자퇴직급여보장법

> **제4조 【퇴직급여제도의 설정】** ② 제1항에 따라 퇴직급여제도를 설정하는 경우에 하나의 사업에서 급여 및 부담금 산정방법의 적용 등에 관하여 차등을 두어서는 아니 된다.

1
일
차

4. 전업과 비전업으로 구분하여 시간당 강의료차등지급은 부당하다.

시간강사에 대해 전업·비전업에 따라 강사료를 차등지급하는 이 사건 근로계약은 근로기준법 제6조에서 정하고 있는 균등대우원칙 및 남녀고용평등법 제8조에서 정하고 있는 동일가치노동 동일임금 원칙 등에 위배되므로 근로자에게 불리한 부분은 무효로 보아야 한다(대법 2019.3.14, 2015두46321 ○○국립대학교 사건)

5. 수당의 지급에 관하여 월급제 교육공무직원을 호봉제 교육공무직원들과 달리 처우한 것은 합리적 이유가 있다

피고가 이 사건 각 수당의 지급에 관하여 월급제 교육 공무직원인 원고들을 호봉제 교육공무직원들과 달리 처우한 것은 2007년부터 학교회계직원을 신규채용하면서 고용형태를 연봉제 계약으로 변경하는 과정에서 종전의 호봉제 교육공무직원이 가지고 있는 기득의 권리나 이익을 보호하기 위한 조치로서 차별에 합리적 이유가 있으므로, 근로기준법 제6조, 헌법 제11조제1항, 민법 제103조, 제104조 등을 위반한 것은 아니다(대법 2021.2.4, 2019다230134).

20 비정규직 차별판단기준

기간제법 제2조제3호 【정의】 '차별적 처우'라 함은 다음 각 목의 사항에 있어서 합리적 이유없이 불리하게 처우하는 것을 말한다.

가. 근로기준법 제2조제1항제5호에 따른 임금
나. 정기상여금, 명절상여금 등 정기적으로 지급되는 상여금
다. 경영성과에 따른 상여금
라. 그 밖에 근로조건 및 복리후생 등에 관한 사항

(위 규정은 파견법 제2조제7호 동일 적용)

기간제법 제8조 【차별적 처우의 금지】 ① 사용자는 기간제근로자임을 이유로 당해 사업 또는 사업장에서 동종 또는 유사한 업무에 종사하는 기간의 정함이 없는 근로계약을 체결한 근로자에 비하여 차별적 처우를 하여서는 아니된다.
② 사용자는 단시간근로자임을 이유로 당해 사업 또는 사업장의 동종 또는 유사한 업무에 종사하는 통상근로자에 비하여 차별적 처우를 하여서는 아니된다.

제13조 【조정 · 중재 또는 시정명령의 내용】 ① 제11조의 규정에 따른 조정 · 중재 또는 제12조의 규정에 따른 시정명령의 내용에는 차별적 행위의 중지, 임금 등 근로조건의 개선(취업규칙, 단체협약 등의 제도개선 명령을 포함한다) 또는 적절한 배상 등이 포함될 수 있다.
② 제1항에 따른 배상액은 차별적 처우로 인하여 기간제근로자 또는 단시간근로자에게 발생한 손해액을 기준으로 정한다. 다만, 노동위원회는 사용자의 차별적 처우에 명백한 고의가 인정되거나 차별적 처우가 반복되는 경우에는 손해액을 기준으로 3배를 넘지 아니하는 범위에서 배상을 명령할 수 있다.

기간제법 제15조의2 【고용노동부장관의 차별적 처우 시정요구 등】 ① 고용노동부장관은 사용자가 제8조를 위반하여 차별적 처우를 한 경우에는 그 시정을 요구할 수 있다.
② 고용노동부장관은 사용자가 제1항에 따른 시정요구에 응하지 아니할 경우에는 차별적 처우의 내용을 구체적으로 명시하여 노동위원회에 통보하여야 한다.

기간제법 제15조의3 【확정된 시정명령의 효력 확대】 ① 고용노동부장관은 제14조(제15조의2제4항에 따라 준용되는 경우를 포함한다)에 따라 확정된 시정명령을 이행할 의무가 있는 사용자의 사업 또는 사업장에서 해당 시정명령의 효력이 미치는 근로자 이외

의 기간제근로자 또는 단시간근로자에 대하여 차별적 처우가 있는지를 조사하여 차별적 처우가 있는 경우에는 그 시정을 요구할 수 있다.

파견법 제21조 【차별적 처우의 금지 및 시정 등】 ① 파견사업주와 사용사업주는 파견근로자임을 이유로 사용사업주의 사업 내의 동종 또는 유사한 업무를 수행하는 근로자에 비하여 파견근로자에게 차별적 처우를 하여서는 아니 된다.
② 파견근로자는 차별적 처우를 받은 경우 노동위원회에 그 시정을 신청할 수 있다.

1. 노동위원회의 차별시정명령과 근로감독관의 차별시정지도권

가. 근로감독관 차별시정지도(기간제법 제15조의2)

근로감독관은 근로자의 신청이 없더라도 사업장을 대상으로 차별 존재여부를 직권으로 조사하여 차별이 있을 경우 이를 지도하되, 사업주가 시정지도를 이행하지 않을 경우 해당 사건을 노동위원회에 통보하여, 노동위원회가 차별여부를 판정하여 시정 명령하도록 할 수 있다.

나. 노동위원회의 차별시정 명령(기간제법 제9조)

노동위원회는 차별적 처우에 해당한다고 판정한 때에는 사용자에게 시정명령을 내려야 한다.

2. 차별금지 영역 : “그 밖에 근로조건 및 복리후생 등에 관한사항”

가. 근기법이 규율하는 근로조건

(1) 근기법 제17조

① 임금
② 소정근로시간
③ 제55조에 따른 휴일
④ 제60조에 따른 연차유급휴가

⑤ 그 밖에 대통령령으로 정하는 근로조건(취업의 장소와 종사하여야할 업무에 관한 사항, 근기법 제93조제1호부터 제12호까지의 규정에 관한 사항, 기숙사규칙에서 정한 사항)

(2) 근기법 제93조

① 업무의 시작과 종료 시각, 휴게시간, 휴일, 휴가 및 교대근로 사항
② 임금의 결정·계산·지급 방법, 임금의 산정기간·지급시기 및 승급
③ 가족수당의 계산·지급 방법에 관한 사항
④ 퇴직에 관한 사항
⑤ 퇴직급여, 상여 및 최저임금에 관한 사항
⑥ 근로자의 식비, 작업 용품 등의 부담에 관한 사항
⑦ 근로자를 위한 교육시설에 관한 사항
⑧ 출산전후휴가·육아휴직 등
⑨ 안전과 보건에 관한 사항
⑨의2 사업장 환경의 개선에 관한 사항
⑩ 업무상과 업무 외의 재해부조(災害扶助)에 관한 사항
⑪ 표창과 제재에 관한 사항
⑫ 직장 내 괴롭힘의 예방 및 발생 시 조치에 관한 사항
⑬ 그 밖에 해당 사업 또는 사업장의 근로자 전체에 적용될 사항

나. 단체협약, 취업규칙, 근로계약, 관행 등에 의한 근로조건

① 사업장 내 복지제도가 취업규칙, 단체협약 등에 그 지급 및 제공 등에 대하여 규정되어 있고, 사용자와 근로자간의 사용종속관계를 전제로 제공된다면 차별이 금지되는 '그 밖의 근로조건'에 해당될 수 있다.

② 관행에 의한 지급 또는 조건 등이 일정한 요건을 갖추는 경우 근로조건화 되거나 근로계약의 내용을 이루고 있다고 보고 있으므로 관행에 의해 제도화된 '임금 그 밖의 근로조건'도 차별금지영역에 포함된다.

3. “합리적 사유”가 있을 경우 차별가능

가. 기간제근로자와 취업기간

사용자가 기간제근로자에 대하여 취업기간에 따라 임금 그 밖의 근로조건을 비례적으로 적용한 결과, 비교대상 근로자에 비해 불리한 처우가 발생하는 경우 합리적 이유가 인정될 수 있을 것이다. 다만, 취업기간을 감안하는 것은 모든 근로조건의 영역에서 적용되는 것은 아니며, 취업기간에 비례한 분할적 보호가 합리적인 경우에만 적용될 것이다.

나. 기간제근로라는 단기고용의 특성에 따른 불리한 처우

기간제근로라는 고용형태, 즉 단기고용이라는 특성에 따른 임금 및 근로조건 등에서의 차이는 합리적 이유가 있는 것으로 본다. 또한 장기고용 및 계속근로를 전제로 지급하는 임금 및 근로조건, 예컨대 장기근속수당, 장기근속 퇴직자에 대한 공로보상적 특별지급금품 등에서 기간제근로자를 배제하는 것은 합리적 이유가 있는 것으로 볼 수 있을 것이다.

다. 채용조건 · 기준에 불리한 처우의 근거를 두는 경우

사용자가 불리한 처우를 정당화하는 합리적 이유로서 채용조건 · 기준(경력 및 자격증 등의 요건)이 다름을 주장하는 경우, 채용조건 · 기준이 당해 사업장의 임금결정요소라면 이 범위 내에서 불리한 처우는 정당화될 수 있을 것이다. 즉 차별시정이 신청된 경우, 사용자는 합리적 이유(채용조건 · 기준이 당해 사업장의 임금결정요소임)가 있음을 입증하여야 한다. 또한 채용조건 · 기준이 업무수행과 관련이 있고 이에 근거해 근로조건을 달리 한 경우에도 합리적인 이유로 인정될 수 있을 것이다.

라. 채용방법 · 절차에 불리한 처우의 근거를 두는 경우

채용방법 · 절차는 다르나(공개채용/비공개채용, 필기시험/면접 등), 기간제 · 단시간근로자가 비교대상근로자와 동일한 조건 및 내용의 근로를 제공하는 경우 채

1
일
차

용방법 · 절차가 다르다는 사정만으로는 불리한 처우를 정당화하는 합리적 이유가 될 수 없다. 다만 사용자가 상이한 업무수행능력을 반영하기 위해 채용방법 · 절차를 달리 한 것이라면 이는 업무수행능력 차이를 뒷받침하는 간접적인 증거로 활용될 수 있을 것이다.

마. 업무의 범위가 다른 경우

업무범위는 근로의 양 · 질과 직결되고 임금결정의 중요한 요소가 되므로 업무범위의 차이를 엄격하게 고려하여 비교대상근로자를 선정하여야 하며, 업무범위의 차이로 인한 임금 및 근로조건 등에서 불리한 처우는 합리적인 이유가 있는 것으로 볼 수 있다.

바. 업무의 권한 · 책임 등이 다른 경우

권한 · 책임의 정도에 따라 임금에 차이를 두는 것도 합리적 이유로 인정될 수 있다. 권한 · 책임의 정도를 임금결정에는 반영하지 않더라도 그에 상응하는 대가를 별도의 수당명목(직책수당, 직급수당 등)으로 지급하는 경우, 만약 기간제 · 단시간근로자가 이러한 권한과 책임을 갖고 있지 않다면 당해 기간제 · 단시간근로자를 수당 지급대상에서 제외하여도 합리적 이유가 인정될 수 있을 것이다.

사. 노동생산성이 낮은 경우

기간제 · 단시간근로자의 노동생산성이 낮다는 것이 직접적인 근로의 결과에서 확인된 것이 아니라 선험적 평가 및 편견에 의한 것이라면 이는 합리적인 이유로 인정될 수 없다. 그렇지만 실제 업무수행 결과인 근로의 질과 양이 비교대상근로자에 비해 낮음을 이유로 임금체계에 따라 차등을 두었다면 이는 합리적 이유로서 인정될 수 있을 것이다. 즉, 기간제 · 단시간근로자의 노동생산성이 비교대상근로자보다 낮다는 것이 객관적으로 입증되는 경우에는 합리적 이유가 인정될 것이다.

아. 임금 및 근로조건의 결정요소에 따른 불리한 처우

임금을 결정함에 있어 근로제공에 관련된 요소들(직무, 능력, 기능, 기술, 자격,

경력, 학력, 근속년수, 책임, 업적, 실적 등) 중 어떠한 요소에 따라 결정되는지를 확인하고 그 요소의 차이로 인하여 불리한 임금을 받는 경우는 합리적 이유가 있다고 볼 수 있다.

자. 법정수당의 경우

법정수당은 법에 의해 지급할 의무가 있는 수당으로 연장·야간·휴일근로 가산수당, 연차유급휴가수당 등이 있다. 법정수당은 합리적인 이유가 없는 한 동일한 기준에 따라 지급되어야 하며, 법정수당 산정의 기초가 되는 통상임금 혹은 평균임금의 산정방식을 정규직 근로자와 비정규직 근로자 사이에 다르게 적용하는 경우 불리한 처우에 해당하며, 사용자는 이에 대한 별도의 합리적인 이유를 제시해야 한다.

4. '합리적 이유'의 판단 범위

임금 그 밖의 근로조건 등에서 합리적인 이유 없이 불리하게 처우하는 것을 차별적 처우로 정의하고 있는 기간제법 제2조제3호의 규정 내용을 고려하면, 임금 세부항목별이 아닌 <u>각 범주별</u>로 기간제 근로자에게 불리한 처우가 존재하는지를 판단하여야 할 때에는 합리적 이유가 있는지 여부도 <u>범주별로</u> 판단하여야 한다. 여기에서 합리적인 이유가 없는 경우란 기간제 근로자를 달리 처우할 필요성이 인정되지 않거나, 달리 처우할 필요성이 인정되더라도 그 방법·정도 등이 적정하지 않은 것을 뜻한다. 합리적인 이유가 있는지는 개별 사안에서 문제가 된 불리한 처우의 내용과 사용자가 불리한 처우의 사유로 삼은 사정을 기준으로, 급부의 실제 목적, 고용형태의 속성과 관련성, 업무의 내용과 범위·권한·책임, 노동의 강도·양과 질, 임금이나 그 밖의 근로조건 등의 결정요소 등을 종합적으로 고려하여 판단하여야 한다(대법 2019.9.26, 2016두47857).

21 이중취업 제한가능여부

대법 2006.6.16, 2006두5335

1. 겸직금지규정의 효력

① 근로자는 자유로이 근로시간외 시간을 활용할 수 있으므로 겸직을 전면적으로 금지하는 것은 특별한 경우를 제외하고는 허용될 수 없다. 그러나, 겸직은 피로가 쌓여 다음날 본 직장에서의 근무에 영향을 끼치거나, 기업의 대외적 신용 또는 명예를 훼손하는 경우도 있어 취업규칙등에 회사의 승낙을 받도록 규정함은 무방하다. 근로자가 회사의 승낙없이 퇴근후 카바레에 취업한 것은 기업질서를 저해하여 사용자와의 신뢰관계를 파괴하고 소속회사에 대한 성실한 노무제공에 지장을 초래할 개연성이 높으므로 이러한 징계해고는 타당하다(동경지법 1982.11.19, 판결).

② 회사의 윤리강령이 강제적인 규범력을 가지는 것이 아니고 구성원의 자발적인 실천의지에 의존할 수밖에 없는 등 이러한 윤리강령이나 서약서가 근로자를 포함한 직원들에게 새로운 의무사항을 부과하는 것이므로 헌법상 비례의 원칙, 행복을 추구할 권리, 과잉금지의 원칙 등에 반한다는 근로자의 주장은 받아들일 수 없으며, 원고가 위 서약서에 서명함으로 인하여 윤리강령과 서약서는 원고가 직원으로서 준수하여야 할 규범 및 의무가 되었다 할 것인데, 원고가 서약서의 규정을 위반하여 사용자의 승인을 얻지 않고 출강을 강행한 것은 인사규정을 위반한 징계사유에 해당한다(대법 2006.6.16, 2006두5335).

2. 규정없이 이중취업이유 징계가능여부

근로자는 직업선택의 자유가 있으므로 부업을 하거나 제2의 직장을 가질 수 있다. 그러나 근로자는 신의칙상 근로계약의 부수적 의무로서 성실의무를 지므로 사용자의 이익을 침해하는 겸직은 금지될 수 있다. 근로자의 이중취업 행위가 기업의 경영질서를 해할 뿐만 아니라 기업의 대외적 신용과 체면을 손상하여 사용자와의 신뢰관계를 파괴하고 소속회사에 대한 성실한 노무제공에 지장을 초래하는 등 사회통념상 당해 근로자와의 계속적인 근로관계의 유지를 기대하기 어려울 정도의 사정이 있어야 정당한 이유가 있는 것으로 인정될 수 있을 것이다(2002.6.8, 근기 68207-2165).

3. 업무 수행 중 취득한 지식과 정보를 활용하여 개인 사업을 추진하고, 회사 비밀을 누설하기까지 하여 징계해고한 것은 정당하다.

원고가 이사로 재직하면서 회사로부터 그에 상응하는 대우와 보수를 받고 있으면서도, 처를 내세워 개인기업을 설립하여 회사의 사업목적 중 하나인 신재생에너지사업과 중복되는 사업을 추진한 것은 근로자로서 근로계약상의 기본적인 의무를 저버린 것이다(서울고법 2013.6.28, 2012누35346 소 확정)

표 겸직금지와 경업금지 약정의 효력

구분		효력
재직중	포괄적 겸직금지 약정	무효
	경업금지 약정	유효
퇴사후 경업금지 약정		유효(단, 영업비밀 종사자에 한함)

22 경업금지약정의 유효요건 '보호할 가치있는 사용자의 이익'

부정경쟁방지법 제2조제2호 【정의】 "영업비밀"이란 **공공연히 알려져 있지 아니**하고 **독립된 경제적 가치를 가지는 것**으로서, 비밀로 관리된 생산방법, 판매방법, 그 밖에 영업활동에 유용한 기술상 또는 경영상의 정보를 말한다.

부정경쟁방지법 제10조 【영업비밀 침해행위에 대한 금지청구권 등】 ① 영업비밀의 보유자는 영업비밀 침해행위를 하거나 하려는 자에 대하여 그 행위에 의하여 영업상의 이익이 침해되거나 침해될 우려가 있는 경우에는 법원에 그 행위의 금지 또는 예방을 청구할 수 있다.
② 영업비밀 보유자가 제1항에 따른 청구를 할 때에는 침해행위를 조성한 물건의 폐기, 침해행위에 제공된 설비의 제거, 그 밖에 침해행위의 금지 또는 예방을 위하여 필요한 조치를 함께 청구할 수 있다.

부정경쟁방지법 제11조 【영업비밀 침해에 대한 손해배상책임】 고의 또는 과실에 의한 영업비밀 침해행위로 영업비밀 보유자의 영업상 이익을 침해하여 손해를 입힌 자는 그 손해를 배상할 책임을 진다.

1. 경업금지약정의 유효성 판단기준 : 보호할 가치있는 사용자 이익

① 사용자와 근로자 사이에 경업금지약정이 존재한다고 하더라도, 그와 같은 약정이 헌법상 보장된 근로자의 직업선택의 자유와 근로권 등을 과도하게 제한하거나 자유로운 경쟁을 지나치게 제한하는 경우에는 민법 제103조에 정한 선량한 풍속 기타 사회질서에 반하는 법률행위로서 무효라고 보아야 하며,

② 이와 같은 경업금지약정의 유효성에 관한 판단은 보호할 가치 있는 사용자의 이익, 근로자의 퇴직 전 지위, 경업 제한의 기간·지역 및 대상 직종, 근로자에 대한 대가의 제공 유무, 근로자의 퇴직 경위, 공공의 이익 및 기타 사정 등을 종합적으로 고려하여야 하고,

③ 여기에서 말하는 '보호할 가치 있는 사용자의 이익'이라 함은 부정경쟁방지 및 영업비밀보호에 관한 법률 제2조 제2호에 정한 '영업비밀'뿐만 아니라 그 정도에 이르지 아니하였더라도 당해 사용자만이 가지고 있는 지식 또는 정보로서 근로자와 이를 제3자에게 누설하지 않기로 약정한 것이거나 고객관계나 영업상의 신용의 유지도 이에 해당한다(대법 2010.3.11, 2009다82244).

2. '보호할 가치있는 사용자의 이익' 부정 판례

가. 미용셋트 납품회사 창업(대법 2010.3.11, 2009다82244)

이 사건 각 정보는 이미 동종업계 전반에 어느 정도 알려져 있었던 것으로, 설령 일부 구체적인 내용이 알려지지 않은 정보가 있었다고 하더라도 이를 입수하는데 그다지 많은 비용과 노력을 요하지는 않았던 것으로 보이므로, 이 사건 경업금지약정에 의해 보호할 가치가 있는 이익에 해당한다고 보기 어렵거나 그 보호가치가 상대적으로 적은 경우에 해당한다.

나. 병원위탁 검체검사기관 영업사원(서울동부지법 2010가합10588)

피고가 원고의 영업사원으로 근무하면서 습득한 이 사건 각 정보는 이미 동종업계 전반에 어느 정도 알려져 있던 것이거나, 설령 일부 구체적인 내용이 알려지지 않은 정보가 있다 하더라도 이를 입수하는데 그다지 많은 비용과 노력이 필요하지 않을 것으로 보이는 점, 전문수탁검사기관의 거래처인 병·의원은 여러 전문수탁검사기관 중 가격이나 서비스 등 경쟁력이 있는 조건을 제시하는 전문수탁검사기관과 거래를 하게 될 것이므로, 비록 원고의 기존 거래처라 하더라도 원고가 그 거래처들과 다른 전문수탁검사기관 사이의 거래를 막는 등의 방법으로 그 거래를 독점할 수는 없는 점, 거래처인 병·의원과 전문수탁검사기관 영업사원 사이의 신뢰관계는 그 업무수행 과정에서 자연스럽게 형성되는데 불과한 점, 피고가 원고의 영업사원으로 근무하면서 특별한 영업비밀을 지득하였다고 보이지도 않는 점, 경업금지약정은 일반적으로 사용자에 비하여 경제적으로 약자인 근로자에 대하여 헌법상의 직업선택의 자유 및 영업의 자유를 제한하고 그 생존을 위협할 우려가 있고,

특히 쉽게 다른 직종으로 전직할 수 있는 기술이나 지식을 갖지 못한 피용자는 종전의 직장에서 습득한 기술이나 지식을 이용하는 업무에 종사하지 못할 경우 그 생계에 상당한 위협을 받을 수 있는 점 등을 종합하여 보면, 이 사건 각 정보나 피고 등 영업사원과 거래처 사이의 인적관계는 경업금지약정을 통해 보호할 가치가 있는 이익에 해당한다고 보기 어렵거나 그 보호가치가 상대적으로 적은 경우라고 보인다.

3. '보호할 가치있는 사용자 이익' 긍정 판례

가. 의료기기 판매회사 영업사원(서울중앙지법 2016.10.11, 2016가합540484)

1990년부터 2016년 3월까지 보청기를 구매한 약 6,200명 고객의 인적사항, 구매모델명과 금액, 구입년도가 기재된 엑셀파일을 USB에 저장해 가지고 나온 후 경쟁사를 창업해 영업활동을 한 경우, 위 고객정보가 영업비밀에 해당되지 않는다고 하더라도 부정경쟁방지법상 보호되는 상당한 투자나 노력으로 만들어진 성과에 해당된다.

나. 학원강사의 경쟁학원 이직(서울중앙지법 2019.11.14, 2019가합531436)

소속 강사가 경쟁학원으로 이직하거나 인근에서 학원을 설립할 경우 학습의 연속성을 위해 학생들이 강사를 따라 이동할 가능성이 크므로, 원고 학원으로서는 이 사건 경업금지약정을 통해 이와 같은 고객관계를 유지할 필요성이 인정되고, 원고 학원에서 학생들이 피고의 강의를 수강한 것이 전적으로 피고의 개인적인 자질이나 능력에 의한 것이라 보기 어렵고, 원고 측의 영업활동, 조력에 의한 성과를 이용한 측면도 적지 않을 것이므로, 그 과정에서 원고가 들인 노력과 비용도 제한된 범위에서 보호할 필요가 있어 보인다.

4. 희망퇴직신청 근로자와 사용자간 체결한 확약서(경업금지의무 위반 시 희망퇴직위로금 반환약정)의 효력

가. 「약관의 규제에 관한 법률」

제2조제1호 : 「약관의 규제에 관한 법률」(이하 '약관법'이라 한다)이 정한 '약관'은 그 명칭이나 형태 또는 범위에 상관없이 계약의 한쪽 당사자가 여러 명의 상대방과 계약을 체결하기 위하여 일정한 형식으로 미리 마련한 계약의 내용을 의미한다.

제6조 【일반원칙】 ① 신의성실의 원칙을 위반하여 공정성을 잃은 약관 조항은 무효이다.
② 약관의 내용 중 다음 각 호의 어느 하나에 해당하는 내용을 정하고 있는 조항은 공정성을 잃은 것으로 추정된다.
1. 고객에게 부당하게 불리한 조항
2. 고객이 계약의 거래형태 등 관련된 모든 사정에 비추어 예상하기 어려운 조항
3. 계약의 목적을 달성할 수 없을 정도로 계약에 따르는 본질적 권리를 제한하는 조항

제30조제1항 : 이러한 약관이 근로기준법 또는 그 밖에 대통령령으로 정하는 비영리사업의 분야에 속하는 계약에 관한 것인 경우에는 약관법을 적용하지 아니한다.

나. 사실관계

① 이 사건 확약서는 피고(반소원고, 이하 '피고'라 한다)가 희망퇴직을 사유로 한 특별퇴직위로금 등 금품을 지급하는 것을 전제로 하여, 희망퇴직 근로자에 대해 비밀유지의무와 퇴직 후 1년 동안 경업금지의무를 부과함과 동시에 그 위반에 대한 손해배상의 예정으로 특별퇴직위로금 등 지급받은 금품의 반환을 규정한 사실,

② 원고(반소피고, 이하 '원고'라 한다)들이 이 사건 확약서를 작성한 당시에 적용된 단체협약에는 노사 합의로 희망퇴직을 실시할 수 있되 그 기준・대상・보상수준에 대해서는 노동조합과 성실하고 충분하게 협의할 것이 명시되어 있었고(고용안정협약 제11조), 희망퇴직 근로자가 경업금지의무를 위반한 경우에는 퇴직일로부터 1년 이내 범위에서 희망퇴직 사유로 지급했던 퇴직위로금의 반환을 청구할 수 있음이 규정되어 있었던 사실(제102조),

③ 원고들은 이에 따라 피고에게 희망퇴직을 신청하면서 이 사건 확약서를 작

성하여 제출함으로써 위로금 및 지원금 명목으로 각 2억 9천만 원 가량 지급받고 퇴직을 하였음에도 그 후 4달 만에 피고의 경쟁 생명보험회사 지점장으로 취업한 사실이 인정된다.

다. 판결(대법 2022.6.30, 2019다246696)

① 이 사건 확약서는 피고와 소속 근로자 사이에 체결된 근로계약이 합의해지로 종료되는 경우의 권리·의무관계를 정한 것으로, 근로기준법의 적용 대상인 근로계약 관계를 전제로 하여 그 종료 시의 퇴직금 지급 외에도 퇴직위로금 기타 각종 경제적 지원에 수반되는 법률관계에 관한 것이므로, 널리 '근로기준법의 분야에 속하는 계약에 관한 것'에 해당할 뿐만 아니라,

② 그 체결 경위 및 내용과 실질에 있어서도 단체협약과 이에 따른 피고와 노동조합 사이의 협의는 물론 원고들을 비롯한 이를 작성한 개별 근로자와 피고 사이의 합의 및 상당한 액수의 경제적 급부를 대가로 하는 개별 근로자의 자발적 신청 등에 근거를 두고 있어 근로기준법이 정한 근로조건의 기준 및 상호 동등한 지위하의 자유로운 의사결정의 취지(근로기준법 제3, 4조)에 반하지 아니하고,

③ 이 사건 확약서의 전제가 되는 희망퇴직의 유효성 여부와 조건 등이 문제가 될 경우에는 근로기준법에 의하여 그 유효성이 판단될 것이므로, 약관법 제30조제1항에 따라 약관법의 적용 대상에서 제외된다고 봄이 타당하다.

서식 비밀유지 및 전직금지서약서(견본)

비밀유지 및 전직금지서약서

1. 본인은 (주) ○○○의 핵심부서인 ○○○에 근무하면서 알게 되는 아래의 사항은 (주) ○○○의 영업비밀에 해당하는 것을 주지하고 있습니다.

- 아 래 -

- 기술기밀에 관한 사항
- 수주방법, 견적방법 등 영업기밀에 관한 사항
- 연구, 개발, 사업계획 및 교육, 훈련 등에 관한 기밀사항
- 타사와의 제휴사업에 관한 기밀사항
- 회원정보 등 기타 영업비밀로 분류되는 사항

2. 본인이 업무수행 중 생산한 지적 자산 및 회원정보에 관한 권리는 회사가 소유합니다.

3. 본인은 회사의 서면허가 없이는 어떠한 자료나 정보라도 다음의 기간에는 외부로 유출, 발설, 공표하지 아니하며, 만일 이를 위반하였을 경우 어떠한 처벌도 감수함은 물론 회사에 손해를 끼친 경우 해당 손해액을 지체없이 변상합니다.
   - 근로계약기간 및 근로계약 종료 이후 3년

4. 본인은 불공정거래의 방지를 위하여 근로계약 종료 이후의 3년 까지는 다음과 같은 동종업종의 재취업을 하지 아니하며, 만일 이를 위반하였을 경우 어떠한 처벌도 감수함은 물론 회사에 손해를 끼친 경우 해당 손해액을 지체없이 변상합니다.

2026. 1.

서약인 (인)

주식회사 ○○○ 귀중

23 근로자에게 근로계약서를 반드시 교부해야 하는지

근기법 제17조 【근로조건의 명시】 ① 사용자는 근로계약을 체결할 때에 근로자에게 다음 각 호의 사항을 명시하여야 한다. 근로계약 체결 후 다음 각 호의 사항을 변경하는 경우에도 또한 같다.

1. 임금
2. 소정근로시간
3. 제55조에 따른 휴일
4. 제60조에 따른 연차유급휴가
5. 그 밖에 대통령령으로 정하는 근로조건

② 사용자는 제1항제1호와 관련한 임금의 구성항목 · 계산방법 · 지급방법 및 제2호부터 제4호까지의 사항이 명시된 서면(「전자문서 및 전자거래 기본법」 제2조제1호에 따른 전자문서를 포함한다)을 근로자에게 교부하여야 한다. (2021.1.5. 시행) 다만, 본문에 따른 사항이 단체협약 또는 취업규칙의 변경 등 대통령령으로 정하는 사유로 인하여 변경되는 경우에는 근로자의 요구가 있으면 그 근로자에게 교부하여야 한다.

근기법 제48조 【임금대장 및 임금명세서】 ① 사용자는 각 사업장별로 임금대장을 작성하고 임금과 가족수당 계산의 기초가 되는 사항, 임금액, 그 밖에 대통령령으로 정하는 사항을 임금을 지급할 때마다 적어야 한다.

② 사용자는 임금을 지급하는 때에는 근로자에게 임금의 구성항목 · 계산방법, 제43조제1항 단서에 따라 임금의 일부를 공제한 경우의 내역 등 대통령령으로 정하는 사항을 적은 임금명세서를 서면('전자문서'를 포함한다)으로 교부하여야 한다. (2021.11.19.)

근로감독관집무규정 개별근로관계법 위반사항조치기준 별표3

기간제 · 단시간근로자에 대한 근로조건 서면명시의무 위반시 즉시 과태료부과

1. 2012년 1월 1일 이후 입사자에 대한 당연교부의무

근로계약서 교부 시 추후 분쟁에 대비, 수령확인을 받아두거나, 전자문서 작성 · 서명 후 이메일 발송, 표준근로계약서 작성 등이 바람직할 것이다.

2. 2021년 11월 19일 이후 '급여명세서' 서면교부의무

① 근로시간 · 휴일 · 연차유급휴가 등이 변경될 경우, 그 변경내용을 서면교부하여야 한다(단, 단체협약 · 취업규칙 변경 시에는 근로자 요구 시 교부).

② 급여명세서(임금의 구성항목 · 계산방법 등 기재)도 서면교부하여야 한다.

1일차

서식 **표준근로계약서**

표 준 근 로 계 약 서

__________(이하 "사업주"라 함)과(와) _________(이하 "근로자"라 함)은 다음과 같이 근로계약을 체결한다.

1. 근로계약기간 : 　　년　　월　　일부터　　년　　월　　일까지
   ※ 근로계약기간을 정하지 않는 경우에는 "근로개시일"만 기재
2. 근무장소 :
3. 업무의 내용 :
4. 소정근로시간 : 　시　분부터　시　분까지(휴게시간 : 　시　분부터　시　분)
5. 근무일 / 휴일 : 매주　　일(또는 매일단위)근무, 주휴일 : 매주　　요일
6. 임금
   - 월(일, 시간)급 : 　　　　　　원
   - 상여금 : 있음 (　　)　　　　　　원, 없음 (　　)
   - 기타급여(제수당 등) : 있음 (　　), 없음 (　　)
     \-　　　　원,　　　　원　-　　　　원,　　　　원
   - 임금지급일 : 매월(매주 또는 매일)　　일(휴일의 경우는 전일 지급)
   - 지급방법 : 근로자에게 직접지급(　　), 근로자 명의 예금통장에 입금(　　)
7. 연차유급휴가
   - 연차유급휴가는 근로기준법에서 정하는 바에 따라 부여함
8. 근로계약서 교부
   - 사업주는 근로계약을 체결함과 동시에 본 계약서를 사본하여 근로자의 교부요구와 관계없이 근로자에게 교부함(근로기준법 제17조 이행)
9. 기타 : 이 계약에 정함이 없는 사항은 근로기준법령에 의함

2026년　　월　　일

사업체명 : 　　　　(직인)	성　　명 : 　　　　(서명)
주　　소 :	주　　소 :
대 표 자 :	주민등록번호 :

서식 단시간근로자 표준근로계약서

단 시 간 근 로 자 표 준 근 로 계 약 서

__________(이하 "사업주"라 함)과(와) __________(이하 "근로자"라 함)은 다음과 같이 근로계약을 체결한다.

1. 근로개시일 : 년 월 일부터
   ※ 근로계약기간을 정하는 경우에는 " 년 월 일부터 년 월 일까지" 등으로 기재
2. 근무장소 :
3. 업무의 내용 :
4. 근로일 및 근로일별 근로시간

구분	( )요일	( )요일	( )요일	( )요일	( )요일
근로시간	시간	시간	시간	시간	시간
시업	시 분	시 분	시 분	시 분	시 분
종업	시 분	시 분	시 분	시 분	시 분
휴게시간	시 분 ~ 시 분	시 분 ~ 시 분	시 분 ~ 시 분	시 분 ~ 시 분	시 분 ~ 시 분

- 주휴일 : 매주 요일

5. 임금
   - 시간(일, 월)급 : 원(해당사항에 ○표)
   - 상여금 : 있음 ( ) 원, 없음 ( )
   - 기타급여(제수당 등) : 있음 ( ) 원(내역별 기재), 없음 ( )
   - 초과근로에 대한 가산임금률 : %
     ※ 단시간근로자와 사용자 사이에 근로하기로 정한 시간을 초과하여 근로하면 법정 근로시간 내라도 통상임금의 100분의 50%이상의 가산임금 지급
   - 임금지급일 : 매월(매주 또는 매일) 일(휴일의 경우는 전일 지급)
   - 지급방법 : 근로자에게 직접지급( ), 근로자 명의 예금통장에 입금( )
6. 연차유급휴가 : 통상근로자의 근로시간에 비례하여 연차유급휴가 부여
7. 사회보험 적용여부(해당란에 체크)
   □ 고용보험 □ 산재보험 □ 국민연금 □ 건강보험
8. 근로계약서 교부 : "사업주"는 근로계약을 체결함과 동시에 본 계약서를 사본하여 "근로자"의 교부요구와 관계없이 "근로자"에게 교부함(근로기준법 제17조 이행)
9. 근로계약, 취업규칙 등의 성실한 이행의무 : 사업주와 근로자는 각자가 근로계약, 취업규칙, 단체협약을 지키고 성실하게 이행하여야 함
10. 기타 : 이 계약에 정함이 없는 사항은 근로기준법령에 의함

2026년 월 일

(사업주) 사업체명 : (직인) (근로자) 성 명 : (서명)
주 소 : 주 소 :
대 표 자 : 주민등록번호 :

〈단시간근로자의 경우 "근로일 및 근로일별 근로시간"을 반드시 기재〉

- (예시 ①) 주5일, 일 6시간(근로일별 근로시간 같음)
  - 근로일 : 주 5일, 근로시간 : 매일 6시간
  - 시업 시각 : 09시 00분, 종업 시각 : 16시 00분
  - 휴게 시간 : 12시 00분부터 13시 00분까지
  - 주휴일 : 일요일

- (예시 ②) 주 2일, 일 4시간(근로일별 근로시간 같음)
  - 근로일 : 주 2일(토, 일요일), 근로시간 : 매일 4시간
  - 시업 시각 : 20시 00분, 종업 시각 : 24시 30분
  - 휴게 시간 : 22시 00분부터 22시 30분까지
  - 주휴일 : 해당 없음

- (예시 ③) 주 5일, 근로일별 근로시간이 다름

구분	월요일	화요일	수요일	목요일	금요일
근로시간	6시간	3시간	6시간	3시간	6시간
시업	09시 00분	09시 00분	09시 00분	09시 00분	09시 00분
종업	16시 00분	12시 00분	16시 00분	12시 00분	16시 00분
휴게시간	12시 00분 ~ 13시 00분	-	12시 00분 ~ 13시 00분	-	12시 00분 ~ 13시 00분

  - 주휴일 : 일요일

- (예시 ④) 주 3일, 근로일별 근로시간이 다름

구분	월요일	화요일	수요일	목요일	금요일
근로시간	4시간	-	6시간	-	5시간
시업	14시 00분	-	10시 00분	-	14시 00분
종업	18시 30분	-	17시 00분	-	20시 00분
휴게시간	16시 00분 ~16시 30분	-	13시 00분 ~ 14시 00분	-	18시 00분 ~ 19시 00분

  - 주휴일 : 일요일

24 근로계약 체결시 위약금을 명시할 수 있는지

근기법 제20조 【위약예정의 금지】 사용자는 근로계약 불이행에 대한 위약금 또는 손해배상액을 예정하는 계약을 체결하지 못한다.

직업능력개발법 제9조제2항 【훈련계약과 권리의무】 사업주는 제1항에 따른 훈련계약을 체결할 때는 해당 직업능력개발훈련을 받는 사람이 직업능력개발훈련을 이수한 후에 사업주가 지정하는 업무에 일정기간 종사하도록 할 수 있다. 이 경우 그 기간은 5년으로 하되, 직업능력개발훈련기간의 3배를 초과할 수 없다.

근기법 제7조 【강제근로의 금지】 사용자는 폭행, 협박, 감금, 그 밖에 정신상 또는 신체상의 자유를 부당하게 구속하는 수단으로써 근로자의 자유의사에 어긋나는 근로를 강요하지 못한다.

1. 위약금약정금지의 취지

① 근기법 제20조는 장차 근로자가 회사에서 근무하는 중에 회사에 어떤 손해를 입힐 것에 대비하여 미리 일정액의 배상금액을 정하는 행위를 금지하고 있다. 회사가 근로자를 채용하면서 이러한 계약을 하는 이유는 나중에 근로자가 계약을 위반하거나 손해가 발생하였을 때 손해의 정확한 입증과 손해액의 산정절차를 생략하고 바로 근로자에 대해 손해배상을 청구하거나 임금·퇴직금에서 공제하고자 하기 때문인데 근로자입장에서는 위약금이 회사를 떠나고 싶어도 떠날 수 없는 강제근로의 족쇄로 작용되므로 이를 금지하는 것이다.

② 그러므로 미리 손해배상액을 정해놓는 것이 아니라 '근로자의 불법행위로 실제 손해가 발생했을 때 회사가 근로자에게 손해배상을 청구할 수 있다'는 것을 취업규칙이나 단체협약에 정하는 것은 근기법에서 금지하는 행위에 해당하지 않으며

(1993.6.4, 근기 01254-1160), 회사가 근로자의 행위로 구체적으로 피해를 입은 경우 민법에 의한 손해배상청구는 언제든지 가능한 일이다.

2. 구체적 사례

가. 무사고승무수당은 근로기준법 상의 임금에 해당하고, 근무 중 교통사고가 발생한 경우 무사고승무수당을 임금에서 공제하기로 하는 약정은 무효이다.

피고인과 김○○ 사이에 작성된 근로계약서에는 무사고승무수당 200,000원을 매월 고정적으로 지급하는 것으로 기재되어 있고 달리 김○○의 실제 근무성적에 따라 그 지급 여부와 지급액이 달라지는 것은 아니므로, 위 무사고승무수당도 근로기준법에서 정하는 '임금'에 해당한다고 봄이 상당하다. 그런데 근무 중 교통사고가 발생한 경우 실제 손해 발생 여부 및 손해의 액수에 관계없이 3개월 동안 매월 무사고승무수당 200,000원을 임금에서 공제하기로 하는 약정은 근로기준법 제20조가 금지하는 근로계약 불이행에 대한 위약금 또는 손해배상액의 예정에 해당할 뿐만 아니라 근로기준법 제43조가 정하는 임금의 전액 지급 원칙에도 반하므로 무효이다. 따라서 피고인은 김○○에게 무사고승무수당 합계 1,200,000원을 지급할 의무가 있다(대법 2019.6.13, 2018도17135)

나. 근로계약기간 도중에 근로자가 전직하는 경우 위약금 조항의 효력

근로계약기간 도중에 근로자가 전직하는 등 근로계약을 이행하지 아니하는 경우에 일정액의 위약금을 정하거나 근로계약 불이행에 대한 일정액의 손해배상을 지급할 것을 근로자와 약속한다는 것은 근기법 제20조 위약예정의 금지조항에 저촉된다(1980.8.22, 법무 811-21265).

다. 근로자 채용시 보증금을 예치하게 하는 경우

근로자를 채용할 때 위약금 또는 손해배상액을 예정할 목적으로 보증금을 받는 경우에는 위약금 예정금지에 위배된다(노정근 1455.5-1275).

라. 고객미수금을 대납하게 하는 경우

근로자가 퇴직할 때 고객의 상품미수금을 고객대신 지불한다는 취지의 약정을 하는 것은 무효이다.

마. 부정수입행위시 임금을 지급하지 않는다고 한 경우

사용자가 근로계약체결시 근로자로부터 부정 수입행위를 하다 적발된 경우에는 임금 및 퇴직금을 지급하지 않겠다는 각서를 받은 경우에, 근로자의 부정행위는 해고 등 징계요건으로 할 수 있지만 금품을 지급하지 아니한다고 한 약정은 근기법 제20조 위반이다(1982.7.23, 근기 1455-20480).

3. 위약금약정금지의 예외

가. 신원보증계약과의 관계

근기법 제20조는 근로계약 불이행에 대한 위약금 또는 손해배상액을 예정하는 계약의 체결을 금지하는데 그치는 것이므로, 근로자가 실제 손해발생시 그 손해를 담보하기 위한 신원보증계약을 금지하는 것은 아니다.

나. 퇴직 후 동종업체 취업금지위반에 대한 손해배상예정

손해배상의 예정이 금지되는 것은 근로계약 유지기간 중에 한하는 것이므로, 전직금지약정 또는 영업비밀보호계약처럼 퇴직 후의 손해배상을 예정하는 것은 손해배상을 예상한 주된 목적이 근로관계를 강제하는데 있는 것이 아니라 영업비밀을 보호하는데 있는 것이므로 손해배상액 예정이 아니다(1992.10.17, 근기 01254-1732, 반대설 있음).

다. 해외 · 국내 교육연수 후 일정기간 근무의무 부과

① 회사에서 소속직원에 대한 교육·훈련비용을 부담·지출하여 해외연수나 국내위탁교육을 시키고, 이를 이수한 직원이 교육·훈련을 수료한 날부터 일정기간

동안 근무하지 않을 경우에는 기업체가 부담한 해당 교육관련비용의 전부 또는 일부를 상환하도록 하되, 의무기간동안 근무하는 경우에는 이를 면제하기로 하는 약정은 근기법 제27조에서 금지하고 있는 위약금 또는 손해배상액을 예정하는 계약이라고 보지 않는다(대법 1996.12.20, 95다52222).

② 그러나, 최근에는 종전 판례보다 연수비 등의 상환약정의 유효성에 관한 구체적이고 엄격한 판단기준을 제시하고 있다. 즉, "그러한 약정의 필요성이 인정되고, 근로자의 자발적 희망과 이익까지 고려하여 근로자가 전적으로 또는 공동으로 부담하여야 할 비용을 사용자가 대신 지출한 것으로 평가되며, 약정 근무기간 및 상환해야 할 비용이 합리적이고 타당한 범위내에서 정해져 있는 등 위와 같은 약정으로 인하여 근로자의 의사에 반하는 계속근로를 부당하게 강제하는 것으로 평가되지 않는다면 근기법 제27조에 위반되는 것은 아니다(대법 2008.10.23, 2006다37274).

라. 일명 '리텐션보너스' 약정의 효력

'싸이닝보너스'와 달리 '리텐션보너스'는 재직중인 근로자가 타 회사로 이직하고자 할 경우 이를 저지하고 계속 근무케 하는 대가로 지급하는 금품이다. '리텐션보너스'의 지급사유가 연장되는 근무기간에 한해 발생하는 등 사용자가 일시적으로 또는 임의로 지급하는 경우라면 근로기준법상 임금으로 볼 수 없다(2010.4.27, 근로기준과-883).

마. 일명 '싸이닝보너스' 약정의 효력

유능한 타 회사 소속근로자를 스카우트하면서 연봉 외 일정액을 지급하되 일정기간 근무하지 않고 퇴직시 반환케 하는 약정을 이른바 '싸이닝보너스 약정'이라고 한다.

바. 대법 2015.6.11, 2012다55518 삼지전자 사건

(1) 사실관계

근로자 A는 2009.2. 삼지전자 사업부장으로 스카웃되면서 회사로부터 '사이닝보너스 1억원을 지급하되, 회사는 반환약정은 없이 7년간 고용을 보장한다'는 계약을 체결하였으나, 2010.4. 개인사유로 퇴직하자, 회사는 위 사이닝보너스의 반환을 청구한 바, 근로자A는 반환할 의무가 있는지?

(2) 판결

① 사이닝보너스의 법적 성격 : 기업이 경력있는 전문 인력을 채용하기 위한 방법으로 근로계약 등을 체결하면서 일회성의 인센티브 명목으로 지급하는 이른바 사이닝보너스가

• 이직에 따른 보상이나 근로계약 등의 체결에 대한 대가(이직사례금)로서의 성격만 가지는 경우	반환의무 없음
• 의무근무기간 동안의 이직금지 내지 전속근무 약속에 대한 대가 또는 임금 선급으로서의 성격도 함께 가지는 경우	반환의무 있음

해당 계약이 체결된 동기 및 경위, 당사자가 계약에 의하여 달성하려고 하는 목적과 진정한 의사, 계약서에 특정 기간 동안의 전속근무를 조건으로 사이닝보너스를 지급한다거나 그 기간의 중간에 퇴직하거나 이직할 경우 이를 반환한다는 등의 문언이 기재되어 있는지 및 거래의 관행 등을 고려하여 판단하여야 할 것이다.

② 사이닝보너스가 반환의무가 없는 이직사례금으로 해석되는 경우 효과 : 만약 해당 사이닝보너스가 이직에 따른 보상이나 근로계약 등의 체결에 대한 대가로서의 성격에 그칠 뿐이라면 계약 당사자 사이에 근로계약 등이 실제로 체결된 이상 근로자 등이 약정근무기간을 준수하지 아니하였더라도 사이닝보너스가 예정하는 대가적 관계에 있는 반대급부는 이행된 것으로 볼 수 있을 것이다.

③ 구체적 판단 기준 : 이 사건 채용합의서에는 7년간의 전속근무를 조건으로 사이닝보너스를 지급한다거나 피고가 약정근무기간 7년을 채우지 못하였을 경우 이를 반환하여야 한다는 등의 내용은 기재되어 있지 아니한 점 등을 감안하면, 이직사례금으로 해석된다.

표 사이닝보너스 약정의 효력(판례)

• 이직금지기간 2~3년, 위반시 해당금액 반환	유효
• 이직금지기간 5년 이상, 위반시 해당금액 이상 반환 약정	무효

25 근무시간 중에 투표 등 공민권행사를 보장해야 하는지

1 일차

근기법 제10조 【공민권행사의 보장】 사용자는 근로자가 <u>근로시간 중에</u> 선거권, 그 밖의 공민권(公民權)행사 또는 공(公)의 직무를 집행하기 위하여 필요한 시간을 청구하면 거부하지 못한다. 다만, 그 권리 행사나 공(公)의 직무를 수행하는 데에 지장이 없으면 청구한 시간을 변경할 수 있다.

국민투표법 제4조 【투표권행사에 대한 보장】 공무원 · 학생 또는 다른 사람에게 고용된 자가 투표인명부의 열람 또는 투표에 필요한 시간은 휴무 또는 휴업으로 보지 아니한다.

공직선거법 제6조제3항 【선거권행사의 보장】 공무원 · 학생 또는 다른 사람에게 고용된 자가 선거인명부를 열람하거나 투표하기 위하여 필요한 시간은 보장되어야 하며, 이를 휴무 또는 휴업으로 보지 아니한다.

향토예비군설치법 제10조 【직장 보장】 다른 사람을 사용하는 자는 그가 고용한 사람이 예비군대원으로 동원되거나 훈련을 받을 때에는 그 기간을 휴무로 처리하거나 그 동원이나 훈련을 이유로 불리한 처우를 하여서는 아니 된다.

민방위기본법 제27조 【직장 보장】 타인을 고용하는 자는 고용하는 자가 민방위대원으로 동원되거나 교육 또는 훈련을 받은 때에는 그 기간을 휴무로 하거나 이를 이유로 불이익이 되는 처우(處遇)를 하여서는 아니 된다.

1. 공(公)의 직무를 집행하기 위하여 필요한 시간

근로시간 중 근로자가 지방선거투표를 위해 필요한 시간을 청구하는 경우에는 사용자는 이를 거부하지 못한다(근기법 제10조 본문). 이 때 필요한 시간은 투표행위에 필요한 최소한의 시간뿐만 아니라 왕복시간 등 부수적 시간, 사전준비나 사후정리가 필요한 경우 이를 포함한 충분한 시간을 의미한다.

2. 사용자의 청구시각변경권

다만, 근로자가 투표행위를 함에 지장이 없는 한 사용자는 청구한 시각을 변경할 수 있다(법 제10조 단서). 예컨대, 사용자가 근로자로 하여금 소정근로시간 이내에서 뿐만 아니라 소정근로시간 이외의 시간에 투표를 하도록 하더라도 현실적으로 투표가 가능한 경우에는 위법한 것으로 볼 수 없다.

3. 공민권행사시간에 대한 임금지급의무

근로자가 소정근로시간 중에 투표행위를 한 시간에 대해서는 유급 처리하여야 한다. 공직선거법에 따라 근로자가 대통령선거·국회의원선거·지방의회의원 및 지방자치단체장 선거일에 투표하기 위하여 필요한 시간은 휴무 또는 휴업으로 보지 아니하며, 따라서, 지방선거의 투표행위를 위해 필요한 시간에 대해서는 임금지급의무가 있다(월급제인 경우 임금공제를 하지 않는다는 의미).

4. 구제신청 당사자로서 노동위원회에 참석하는 경우

근로자가 노동위원회에 부당노동행위 구제신청의 당사자로 출석하는 것은 공권이 아닌 사권의 성질이 강하므로 공의 직무로 볼 수 없다(2007.8.8, 근로기준팀-5828).

26. 현행법상 1일 및 1주간 근로시간
27. 대기시간과 교육시간 등이 근로시간에 포함되는지
28. 일 · 숙직근무가 근로시간에 해당되는지
29. 근로시간에서 제외되는 휴게시간의 한도와 사용방법
30. 1주간 연장근로시간 한도 및 연장근로 한도제외업종
31. 연장근로시간의 입증
32. 근기법 제17조의 예외로서의 포괄임금제
33. 감시 · 단속적근로자는 연장 · 휴일근로가 무제한 가능한지
34. 연장 · 휴일근로가 제한없이 가능한 관리감독자의 범위
35. 탄력근로시간제의 도입 및 설계
36. 선택적근로시간제는 어떻게 운용하는지
37. 사업장밖 간주근로시간제란 무엇인가
38. 재량간주근로시간제란 무엇인가
39. 휴일과 휴가는 어떻게 다른가
40. 연장근로와 휴일근로와의 관계
41. 연장 · 휴일근로시 임금대신 휴가로 대체하는 제도
42. '휴일의 대체'와 '보상휴가'는 어떻게 다른가
43. 주5일근무시 토요일은 '휴일'인지 '휴무일'인지

제3장
근로시간 · 휴일 · 휴가

Charge의 어원(語源)

'charge'는 '무거운 것을 싣다'라는 뜻이었는데, '짐' 또는 '화물'을 뜻하는 'cargo', '손에 들고 간다'는 'carry'와 같은 어원에서 나왔다.

그리스와 로마 정부는 항구에서 내리는 물건에 관세를 물려서 국가 재정을 충당했는데 화물, 즉 cargo의 무게를 기준으로 세금을 부과했다.

관세 제도를 물려받은 영국인들은 이후 이 세금을 cargo에 부과하는 세금이라고 해서 charge라고 불렀다. 관세는 물건의 양과 비례했기 때문에 점점 전화료, 전기료처럼 사용량에 비례해서 부과하는 요금의 총칭으로 발전했다.

고대 로마인은 임무나 책임도 등에 지고 다니는 물건에 비유했는데, 이 개념이 영어로 들어왔다. 그래서 비즈니스에서 charge는 '중책' 또는 '임무'라는 의미로 쓰인다.

막중한 책임을 지면 '어깨가 무겁다'라고 말하듯 'charge someone with'는 '(~에게) 책임을 물리다'이며, 'person in charge'는 '책임지는 자리에 있는 사람'을 뜻한다.

26 현행법상 1일 및 1주간 근로시간

근기법 제2조제1항제7호 【정의】 "소정(所定)근로시간"이란 제50조, 제69조 본문 또는 「산업안전보건법」 제46조에 따른 근로시간의 범위에서 근로자와 사용자 사이에 정한 근로시간을 말한다.

근기법 제50조 【근로시간】 ① 1주간의 근로시간은 휴게시간을 제외하고 40시간을 초과할 수 없다.
② 1일의 근로시간은 휴게시간을 제외하고 8시간을 초과할 수 없다.

근기법 제70조 【야간근로와 휴일근로의 제한】 ① 사용자는 18세 이상의 여성을 오후 10시부터 오전 6시까지의 시간 및 휴일에 근로시키려면 그 근로자의 동의를 받아야 한다.
② 사용자는 임산부와 18세 미만자를 오후 10시부터 오전 6시까지의 시간 및 휴일에 근로시키지 못한다. 다만, 다음 각 호의 어느 하나에 해당하는 경우로서 고용노동부장관의 인가를 받으면 그러하지 아니하다.
1. 18세 미만자의 동의가 있는 경우
2. 산후 1년이 지나지 아니한 여성의 동의가 있는 경우
3. 임신 중의 여성이 명시적으로 청구하는 경우
③ 사용자는 제2항의 경우 고용노동부장관의 인가를 받기 전에 근로자의 건강 및 모성 보호를 위하여 그 시행 여부와 방법 등에 관하여 그 사업 또는 사업장의 근로자대표와 성실하게 협의하여야 한다.

근기법 제71조 【시간외근로】 사용자는 산후 1년이 지나지 아니한 여성에 대하여는 단체협약이 있는 경우라도 1일에 2시간, 1주일에 6시간, 1년에 150시간을 초과하는 시간외근로를 시키지 못한다.

1. 근로시간

가. 법정근로시간

실제근로시간이 법정근로시간을 초과할 경우 연장근로수당을 지급해야 하는 기준시간을 말한다.

나. 소정근로시간

법정근로시간의 범위 내에서 당사자가 근무하기로 약정한 시간을 말한다.

2. 1일과 1주간

가. 1일

원칙적으로 오전 0시부터 오후 12시까지를 말하며, 하나의 근로가 2일에 걸쳐 계속적으로 행해지는 경우에도 1일 근로로 보아 8시간 근로원칙을 적용한다(1989. 12.14, 근기 01254-20752).

나. 1주간

① 일반적으로 7일간(일요일~토요일)을 뜻하나, 주휴일에 해당하는 1일은 실제로 제외되므로 6일간이 된다.

② 1주간의 기준일은 반드시 일요일로 할 필요는 없고, 취업규칙 등에 근거하여 특정일을 기준일로 할 수 있다.

③ 교대제에서 2일에 걸친 근로 시 휴일근로

평일 → 휴일 또는 휴일 → 평일 등 2일에 걸쳐 근로할 경우, 휴일근로일은 '시작일' 또는 '종료일' 기준으로 처리하여도 무방하다.

④ 교대제에서의 1주 근로시간(x) 산정(예 : 6근2휴, 1일 8시간 근로)

i) 규칙적인 경우

8일 : 48시간 = 7일 : x,

x=42시간

ii) 불규칙적인 경우

x=1주기 총 근로시간÷7일

참고 근로자 유형별 근로시간

구분	법정기준 근로시간	연장근로	야간근로	휴일근로
남성근로자	1주 40시간, 1일 8시간	1주 12시간	제한없음	합의
여성근로자	1주 40시간, 1일 8시간	1주 12시간	동의	동의
임신 중인 자	1주 40시간, 1일 8시간	금지	명시적 청구, 고용노동부장관 인가	명시적 청구, 고용노동부장관 인가
산후 1년 이하인 자	1주 40시간, 1일 8시간	1주 6시간 (1일 2시간, 1년 150시간)	동의, 고용노동부장관 인가	동의, 고용노동부장관 인가
18세 미만자	1주 35시간, 1일 7시간	1주 5시간 (1일 1시간)	동의, 고용노동부장관 인가	동의, 고용노동부장관 인가

27 대기시간과 교육시간 등이 근로시간에 포함되는지

근기법 제50조제3항 【근로시간】 제1항 및 제2항에 따른 근로시간을 산정함에 있어 작업을 위하여 근로자가 사용자의 지휘·감독 아래에 있는 대기시간 등은 근로시간으로 본다.

1. 근로시간과 대기시간

가. 근로시간

근로자가 사용자에게 근로를 제공하기 시작한 시각부터 종료한 시각에서 휴게시간을 제외하고, 근로계약 또는 사용자의 지휘·감독하에서 정해진 업무 또는 그 업무수행에 필요불가결한 활동을 하는 실근로시간 및 실근로에 부수된 작업 예를 들면 옷을 갈아입는 시간, 작업도구 준비·점검·정비·교체시간, 보안교육·작업지시·작업조 편성을 위한 작업 전 회의, 교대시간, 작업 후 목욕시간, 작업종료 후 정돈시간 등을 말한다(대법 1993.3.9, 92다22770).

나. 대기시간

근로자가 작업시간 도중에 현실적으로 작업을 하지 않고 다음 작업을 위하여 대기하고 있는 시간을 말한다. 따라서 근로자가 작업시간 도중에 현실적으로 작업에 종사하지 않은 대기시간이나 휴식·수면시간 등이라 하더라도 그것이 휴게시간으로서 근로자에게 자유로운 이용이 보장된 것이 아니고 실질적으로 사용자의 지휘·감독하에 놓여 있는 시간이라면, 이를 당연히 근로시간에 포함시켜야 한다(대법 2006.11.23, 2006다41990). 그러나 단체협약·취업규칙·근로계약 등에서 시업시각(출근시간)과 종업시각(퇴근시간)을 정하고 작업량이 없는 시간을 별도로 정하여 '취침시간으로서 휴게시간으로 본다'고 규정하면서 실제로 취침시간을 부여하였다면 동 취침시간은 근로시간으로 볼 수 없다(2000.9.25, 근기 68207-2917).

2. 교육시간

가. 온라인 교육시간

온라인 교육 이수 실적이 승진·승급에 반영되는 등 사실상 강제화 되어 있다면 근로시간에 포함되어야 할 것이다.

나. 합숙집합교육시간

① 워크샵 등의 행사가 소정근로시간 외에 실시될 경우는 불참자에게 결근처리하는 등 참석의무여부에 따라 근로시간 포함여부가 결정되며, 설령 참석이 의무화되어 근로시간에 포함되더라도 근로기준법 제58조제1항에 의한 사업장밖 간주근로시간제를 적용하여 근로자대표와 연장 또는 휴일근무수당지급여부 등에 대하여 합의할 수 있다.

② 다만, 합숙교육이 사용자의 지시·명령에 의해 강제되는 경우에도 정상적인 근무와 달리 근로자들의 장기업무공백에 따른 업무복귀시 적응훈련 및 업무능력향상, 근로자들의 자기계발 등 복합적인 목적으로 실시하는 경우에는 정상근로와 동일하게 볼 수 없으므로 근기법 제56조에 의한 연장근로수당 지급의무가 당연히 발생한다고 보기 어렵다(2002.2.24, 근기 68207-214).

3. 출장지이동시간

가. 출장지로의 이동에 필요한 시간

출퇴근에 갈음하여 출장지로 출근 또는 출장지에서 퇴근하는 경우는 근로시간에서 제외할 수 있을 것이다. 다만, 장거리 출장의 경우 사업장이 소재하는 지역에서 출장지가 소재하는 지역까지의 이동시간은 근로시간에 포함시키는 것이 타당하다

(2001.6.14, 근기 68207-1909).

나. 해외출장의 경우, 출입국 비행시간 등 이동시간

① 해외출장의 경우, 비행시간, 출입국 수속시간, 이동시간 등 통상 필요한 시간에 대한 객관적 원칙을 근로자 대표와 서면합의하고 그에 따른 근로시간을 인정하는 것이 바람직하다(근로기준혁신추진팀 2018.5.18, 근로시간해당여부 판단기준 및 사례)

② 해외출장(출·입국 절차, 비행대기 및 비행, 현지 이동 및 업무 등 포함) 중 소비한 시간은 근로시간으로 보아야 한다. 원고가 2013.1.~2015.2.까지 해외출장 업무로 소정 근로시간(평일 08:30~17:30)을 초과하여 연장, 야간, 휴일 근로한 사실을 인정할 수 있다(수원지법 2016.11.24, 2016가단505758 소 확정)

참고 초과 근로시간 산정 기준

- 소정근로일 이외(평일 08:30~17:30)의 연장, 야간, 휴일근로에 대한 시간외근로시간을 산출함.
- 해외출장의 각 시간은 현지 지역시간을 기준으로 함.
- 한국과 해외의 시차는 입국과 출국시 시차가 상쇄되므로 고려하지 아니하고 각 지역시간을 기준으로 근로시간을 산정함(실 근로시간은 입출국 시차 고려 배제).
- 국내에서 해외출국시 공항의 출국수속 2시간, 입국수속 1시간을 적용함.
- 해외에서 해외국내선 이용시 출국과 입국에 필요한 시간은 각 1시간을 적용함.
- 비행 등 연속되는 해외출장 과정으로 인하여 역일을 달리하는 경우 업무시작일을 기준으로 연장, 휴일근로 여부를 판단함.
- 비행 및 환승 등을 위한 대기시간 등 4시간 마다 30분의 휴게시간을 적용하고, 휴게시간은 근로시간으로 계산하지 않음.
- 출장업무를 위하여 렌터카 등을 이용한 해외 지역간 이동시간은 실 소요시간을 적용함.

다. 출장지에서의 이동하는 시간

출장 중인 근로자가 물품감시나 기타 특별한 지시없이 단순히 다음 목적지로 이동하기 위한 휴일 또는 야간의 여행은 휴일근로 또는 야간근로로 보지 않아도 무방할 것이다(1986.6.14, 근기 01254-9659).

4. 접대시간

업무수행과 관련이 있는 제3자를 소정근로시간 외에 접대하는 경우, 이에 대한 사용자의 지시 또는 최소한 승인이 있는 경우에 한하여 근로시간으로 인정이 가능하다(근로기준혁신추진팀 2018.5.18, 근로시간해당여부 판단기준 및 사례)

5. 회식

① 회식은 노동자의 기본적인 노무제공과 관련없이 사업장 내 구성원의 사기진작, 조직의 결속 및 친목 등을 강화하기 위한 차원임을 고려할 때, 근로시간으로 인정하기는 어렵다.

② 사용자가 참석을 강제하는 언행을 하였다고 하더라도 그러한 요소만으로는 회식을 근로계약 상의 노무제공의 일환으로 보기는 어려울 것이다(근로기준혁신추진팀 2018.5.18. 근로시간해당여부 판단기준 및 사례)

6. 흡연시간

① "현실적으로 작업은 하지 않지만 사용자로부터 언제 취로요구가 있을지 불명한 상태에 있는 대기시간은 근로시간으로 보아야 하므로"(고용노동부 1980.5.15, 법무 811-28682), 사전에 계획된 휴게가 아니라 커피・화장실・흡연 등의 용무를 10-20분 정도 불규칙적으로 본 후 사후적으로 근로시간에서 배제하는 것은 법 위반이 된다.

② 다만, 근무시간에 건물밖 흡연 등 15분 이상 계획적으로 업무에 이탈하는 경우에는 근무시간에서 제외된다는 회사 규정・지침에 의거, 건물출입 내역확인시스템이 구축된 경우라면, 근무시간에서 제외될 수 있을 것이다.

7. 노사협상시간

일과 후 노사협상시간도 근무시간에 포함하여 임금을 지급하여야 하는지 여부에 대해 "근로시간"이라 함은 근로자가 사용자의 지배관리하에서 근로를 제공하는 시간을 의미하는 바, 노사협의 또는 협상이 소정근로시간이 아닌 일과 후에 이루어지는 경우 단체협약이나 취업규칙에 유급으로 한다는 별도의 규정이 없는 한, 별도의 임금지급의무는 없다(2004.10.25, 임금정책과-4119).

8. 근로시간을 측정 · 기록해두지 않으면 자료가 없으므로 근로감독을 받더라도 지적받지 않는지?

① 고용노동부 광역근로감독과에는 디지털증거분석팀이 배치되어 가동되고 있다. 이 팀은 디지털포렌식 기법을 통해 1년간 건물출입기록, 시스템접속기록, 컴퓨터 사용기록, 야근교통비 및 식대지급내역 등을 전수조사함으로써 근로시간을 정확하게 파악해 낼 수 있다.

② 또한 근로기준법 시행령 제27조 제1항 제8호에는 임금대장 작성시 연장·야간·휴일 근로시간 수를 기재토록 규정하고 있고, 미기재 시 과태료가 부과될 수 있다.

28 일 · 숙직근무가 근로시간에 해당되는지

1. 일숙직근로와 유사일숙직근로

가. 일 · 숙직근로

정기적 순찰, 전화와 문서의 수수, 기타 비상사태 발생 등에 대비하여 시설 내에서 대기하고 있는 경우로서 이러한 업무는 원래 근로계약에 부수되는 의무로 이행되어야 하는 것이어서 정상근무에 준하는 임금을 지급할 필요가 없으며 연장 · 야간 · 휴일근로수당 등이 지급되어야 하는 것도 아니다(대법 1995.1.20, 93다46254).

나. 유사일숙직근로

일 · 숙직근로가 여러 가지 사정에 비추어 통상의 근로에 해당하는 경우에는 근기법 제56조 소정의 가산임금을 지급하여야 할 것이다. 즉, 일 · 숙직시의 근로가 통상의 근로시간의 구속으로부터 완전히 벗어난 것인가 또는 통상의 근로의 태양이 그대로 계속되는 것인가, 일 · 숙직근로 중 본래의 업무에 종사하게 되는 빈도 내지 시간의 장단, 숙직근로시 충분한 수면시간이 보장되는지의 여부 등을 충분히 심리하여 ① 일 · 숙직근로의 태양이 그 내용과 질에 있어서 통상근로의 태양과 마찬가지라고 인정될 때에는 일 · 숙직근로를 통상의 근로로 보아 이에 대하여 가산임금을 지급하여야 할 것이고, ② 일 · 숙직근로가 전체적으로 보아 근로의 밀도가 낮은 대기성의 단속적 업무에 해당할 경우에는 일 · 숙직근로 중 실제로 업무에 종사한 시간에 한하여 가산임금을 지급하여야 할 것이다(대법 1990.12.26, 93다카13465).

2. 병원의 야간응급환자 내원 및 직영 장례식장 망자 입관 등을 위해 방사선사, 임상병리사, 장례지도사 등 각 순번제로 당직근무하고 익일 휴무토록 하는 경우

가. 당사자 주장

① 근로자 주장

당직근무라고 하지만 통상 주간근무와 동일하고 휴식시간이나 수면시간이 제공되지 않았으니 시간외 근무수당과 야간근무수당을 추가로 지급하여야 한다.

② 사용자 주장

당직 근무 중 실제 업무를 하기도 하였지만 일부에 불과하고 나머지 시간은 업무 없이 대기하거나 휴식을 취하였고, 실제 업무시간에 대한 대가로 당직수당 50,000원을 지급하고 다음날 휴무를 보장하였으므로 임금미지급은 없다.

나. 판단

① 병원 당직근무의 내용이 근무밀도가 낮은 대기성 단속업무에 해당한다고 할지라도, 실제로 주간근무와 동일한 업무에 종사한 시간에는 통상임금 및 가산임금을 지급해야 하고, 당직근무 시 실제로 종사한 근무시간 증빙자료가 없으므로, 근무시간 산정 방식은 주간근무 8시간 동안 근로자 1인당 담당했던 환자 수와 당직 시 근로자 1인당 담당한 환자 숫자를 서로 대비해서 계산해야 한다.

② 구체적으로는 영상의학과의 경우 당직근무 15시간 중 6시간 36분, 진단검사의학과는 당직근무 15시간 중 8.9시간, 장례지도사는 업무 중 비중이 큰 입관 건수를 기준으로 계산한 6시간 12분에 대해서 주간근무와 동일한 근로시간으로 인정된다(춘천지법 영월지원 2020.8.13, 2018가합10649).

표 휴일출근 시 당직근무수당 지급의 효력

① 본래 업무와 달리 비상대기 등 : 유효
② 본래 업무 수행 : 무효(휴일근무수당 지급 要)

29 근로시간에서 제외되는 휴게시간의 한도와 사용방법

근기법 제54조 【휴게】 ① 사용자는 근로시간이 4시간인 경우에는 30분 이상, 8시간인 경우에는 1시간 이상의 휴게시간을 근로시간 도중에 주어야 한다.
② 휴게시간은 근로자가 자유롭게 이용할 수 있다.

1. 휴게시간

사용자의 지휘나 명령으로부터 이탈되는 시간이므로, 작업상의 사정으로 대기하는 대기시간과는 다르다. 취업규칙상 근로형태는 아니지만 사업주의 묵시적인 동의하에 관례적으로 근로자들 스스로 2시간 단위로 작업을 하고 작업을 하지 않는 근로자들은 대기실에서 장기·바둑·TV시청 등을 하는 형태로써, 그 대기시간 중에는 사업장 밖으로 나갈 수는 없지만 사용자의 지휘·감독을 벗어나 자유로이 이용할 수 있다면 이는 휴게시간으로 인정할 수 있다(2000.10.25, 근기 68207-3298).

2. 휴게시간의 자유이용 원칙과 한계 : 법제처 2016.8.19, 안건번호-0432

① 휴게시간 자유이용이라 할지라도 근로 내지 사용자의 취업명령으로부터 해방되어 있을 뿐, 휴게시간은 업무의 시작시간과 종료시각에 이르는 동안의 일부이므로, 건물이나 시설 등의 관리상 필요한 규제에 따라야 하고, 기업질서를 침해하거나 동료근로자의 자유로운 휴게를 방해하는 일 등은 금지된다.

② 즉, 휴게시간은 근로할 의무가 없는 시간이긴 하지만 작업의 시작으로부터 종료까지 제한된 시간 중 일부이므로 사업장의 직장규율과 시설관리 상의 제약을 받는 것(예컨대, 외출을 어느 정도 제한하거나, 휴게시간의 이용장소와 이용방법을

어느 정도 제한하는 것)은 부득이한 것이다. 근기법 제64조 제2항에 따라 근로자에게 휴게시간의 자유로운 허용이 인정된다고 하더라도 그 이용장소와 방법에 있어 일체의 제약이 없는 무제한의 자유가 인정되는 것은 아니라고 할 것이다.

3. 강의시간 중간의 쉬는 시간의 휴게시간 여부

매 50분 강의마다 10분씩 단속적으로 휴식시간을 부여하는 형태로 보이는 바, 이러한 휴식시간이 근무시간과 명백히 구분될 뿐만 아니라 근로자가 사전에 휴식시간임을 알고 있고, 그 시간 중에는 사용자의 지휘·감독 하에서 벗어나 자유로이 이용할 수 있다면 근기법 제54조의 휴게시간으로 볼 수 있을 것이다. 그러나 다음 강의를 위한 준비시간으로 정해져 있고, 이를 소홀히 할 경우 제재가 가해지는 등 사용자의 지휘·감독 하에서 벗어난 시간으로 볼 수 없다면 이는 근로시간으로 보아야 할 것이다(2002.8.9, 근기 68207-2676).

4. 제조업에서의 작업도중 10분 쉬는 시간의 휴게시간 여부

① 단체협약과 근태관리규정은 2시간 간격으로 10분~15분의 휴게시간을 규정하고 있으나, 노사 양측은 명시적·묵시적 합의하에 생산직 근로자의 휴게시간을 근로시간으로 인정하였고 오랫동안 이를 유지하였다.

② 한편 생산직 근로자가 약 2시간씩 제공하는 근로시간 중간중간에 부여받은 10분 또는 15분의 짧은 휴게시간은 피고 회사의 자동차 생산공장의 규모, 작업 특성, 한꺼번에 휴게시간을 부여받는 생산직 근로자의 인원수 등을 고려할 때, 이를 자유롭게 이용하는 데 근본적으로 한계가 있을 수밖에 없다.

③ 위와 같은 휴게시간은 생산직 근로자가 기본적인 생리현상을 해결하는 데 필요한 최소한의 시간이거나, 피고의 사업장 내 안전보건 및 효율적 생산을 위하여 작업중단 및 생산장비의 운행 중지와 정비 등에 필요한 시간으로도 볼 수 있다. 생산업무에 종사하는 근로자에 대해서는 일반직·영업직·기술직 근로자와 달리 근로시간 중간에 작업 중단 시간을 구체적으로 설정한 것이고, 이는 다음 근로를 위한 대기시간 또는 준비시간으로 보는 것이 타당하다(대법 2020.8.20, 2019다14110).

5. 장시간의 휴게시간을 부여하는 경우

근기법에서는 휴게시간의 최저기준만을 규정하고 있을 뿐 최장시간에 대한 규제 규정이 없으므로 법정시간 이상 상당히 긴시간(2~4시간)을 휴게시간으로 부여하는 것은 무방하나 휴게제도의 본래 취지에 어긋난 무제한 인정은 부당하다. 이러한 장시간의 휴식시간을 근기법상 휴게시간으로 보기 위해서는 작업의 성질 또는 사회통념상 필요하고도 타당성이 있다고 일반적으로 인정될 수 있는 객관적인 사유가 있어야 할 것이다(1992.8.11, 근기 01254-1344).

1
일
차

6. '1일 4시간' 근로의 경우, 휴게시간 부여

'1일 4시간' 근로하는 이른바 '시간선택제'의 경우, 휴게시간의 취지가 근로자의 피로회복에 있으므로 노·사 합의로 4시간 근무 후 바로 퇴근하더라도 인정함이 타당하는 견해도 있으나, '1일 3시간 50분'으로 근로계약을 하므로서 위반의 소지를 없애는 것이 바람직할 것이다.

7. 연장근로시 휴게시간 부여의무

근기법 제54조에 따른 휴게시간은 근로자의 건강을 위하여 최소한도 필요한 시간을 정한 것으로서 1일 8시간을 초과하여 발생한 연장근로에 대하여도 동 규정이 적용된다(2009.2.6, 근로조건지도과-722).

참고 휴게시간과 대기시간

휴게시간	대기시간
근무시간 제외	근무시간 포함
지시·감독(×)	지시·감독(○)

30 1주간 연장근로시간 한도 및 연장근로 한도제외업종

근기법 제53조 【연장 근로의 제한】 ① 당사자 간에 합의하면 1주 간에 12시간을 한도로 제50조의 근로시간을 연장할 수 있다. (※ 선택근로시간제 : '1월 평균 1주 12시간')
④ 사용자는 특별한 사정이 있으면 고용노동부장관의 인가와 근로자의 동의를 받아 제1항과 제2항의 근로시간을 연장할 수 있다. 다만, 사태가 급박하여 고용노동부장관의 인가를 받을 시간이 없는 경우에는 사후에 지체 없이 승인을 받아야 한다.

근기법 시행규칙 제9조 【특별한 사정이 있는 경우의 근로시간 연장 신청 등】 ① 법 제53조제4항 본문에서 "특별한 사정"이란 다음 각 호의 어느 하나에 해당하는 경우를 말한다. 〈신설 2020.1.31.〉

1. 「재난 및 안전관리 기본법」에 따른 재난 또는 이에 준하는 사고(이하 이 호에서 "재난등"이라 한다)가 발생하여 이를 수습하기 위한 조치가 필요하거나 재난등의 발생이 예상되어 이를 예방하기 위하여 긴급한 조치가 필요한 경우
2. 인명을 보호하거나 안전을 확보하기 위하여 긴급한 조치가 필요한 경우
3. 갑작스런 시설·설비의 장애·고장 등 돌발적인 상황이 발생하여 이를 수습하기 위한 긴급한 조치가 필요한 경우
4. 통상적인 경우에 비해 업무량이 대폭적으로 증가한 경우로서 이를 단기간 내에 처리하지 않으면 사업에 중대한 지장이 초래되거나 손해가 발생되는 경우
5. 「소재·부품전문기업 등의 육성에 관한 특별조치법」 제2조제1호 및 제1호의2에 따른 소재·부품 및 소재·부품 생산설비의 연구개발 등 연구개발을 하는 경우로서 고용노동부장관이 국가경쟁력 강화 및 국민경제 발전을 위하여 필요하다고 인정하는 경우

② 사용자는 법 제53조제4항에 따라 근로시간을 연장하려는 경우와 연장한 경우에는 별지 제5호서식의 근로시간 연장 인가 또는 승인 신청서에 근로자의 동의서 사본 및 근로시간 연장의 특별한 사정이 있음을 증명할 수 있는 서류 사본을 첨부하여 관할 지방고용노동관서의 장에게 제출해야 한다.

근기법 제56조 【연장·야간 및 휴일 근로】 ① 사용자는 연장근로(제53조·제59조 및 제69조 단서에 따라 연장된 시간의 근로를 말한다)에 대하여는 통상임금의 100분의 50

이상을 가산하여 근로자에게 지급하여야 한다.
② 제1항에도 불구하고 사용자는 휴일근로에 대하여는 다음 각 호의 기준에 따른 금액 이상을 가산하여 근로자에게 지급하여야 한다.
1. 8시간 이내의 휴일근로 : 통상임금의 100분의 50
2. 8시간을 초과한 휴일근로 : 통상임금의 100분의 100
③ 사용자는 야간근로(오후 10시부터 다음 날 오전 6시 사이의 근로를 말한다)에 대하여는 통상임금의 100분의 50 이상을 가산하여 근로자에게 지급하여야 한다.

1. 1주 연장근로 한도의 판단기준(대법 2023.12.7, 2020도15393)

근로기준법 제53조제1항은 연장근로시간의 한도를 1주간을 기준으로 설정하고 있을 뿐이고 1일을 기준으로 삼고 있지 아니하므로, 1주간의 연장근로가 12시간을 초과하였는지는 근로시간이 1일 8시간을 초과하였는지를 고려하지 않고 1주간의 근로시간 중 40시간을 초과하는 근로시간을 기준으로 판단하여야 한다. 그 이유는 다음과 같다.

① 근로기준법 제53조제1항은 1주 단위로 12시간의 연장근로 한도를 설정하고 있으므로 여기서 말하는 연장근로란 같은 법 제50조제1항의 '1주간'의 기준근로시간을 초과하는 근로를 의미한다고 해석하는 것이 자연스럽다. 구 근로기준법 제53조제1항이 '제50조의 근로시간'을 연장할 수 있다고 규정하여 제50조제2항의 근로시간을 규율 대상에 포함한 것은 당사자 간에 합의하면 1일 8시간을 초과하는 연장근로가 가능하다는 의미이지, 1일 연장근로의 한도까지 별도로 규제한다는 의미가 아니다.

② 1일 8시간을 초과하거나 1주간 40시간을 초과하는 연장근로에 대해서는 통상임금의 50% 이상을 가산한 임금을 지급하도록 정하고 있는데(구 근로기준법 제56조), 연장근로에 대하여 가산임금을 지급하도록 한 규정은 사용자에게 금전적 부담을 가함으로써 연장근로를 억제하는 한편, 연장근로는 근로자에게 더 큰 피로와 긴장을 주고 근로자가 누릴 수 있는 생활상의 자유시간을 제한하므로 이에 상응하는 금전적 보상을 해 주려는 데에 그 취지가 있는 것으로서(대법 2013.12.18, 2012다89399 전원합의체 판결 참조), 연장근로 그 자체를 금지하기 위한 목적의 규정

은 아니다. 이와 달리 구 근로기준법 제53조제1항은 당사자가 합의하더라도 원칙적으로 1주간 12시간을 초과하는 연장근로를 하게 할 수 없고, 이를 위반한 자를 형사처벌(제110조제1호)하는 등 1주간 12시간을 초과하는 연장근로 그 자체를 금지하기 위한 것이다. 따라서 가산임금 지급 대상이 되는 연장근로와 1주간 12시간을 초과하는 연장근로의 판단 기준이 동일해야 하는 것은 아니다.

표 일 단위 및 주 단위 연장근로시간 수 산정 비교

산정예시	월	화	수	목	금	토	일	계
실 근로시간	15	12	14	-	-	-	-	41
일단위 연장근로	7	4	6	-	-	-	-	17
주단위 연장근로	대법 2023.12.7, 2020도15393							1

2. 합의의 방법

사용자와 근로자 개인간의 합의로 연장근로가 가능하며 개별근로자와의 연장근로 합의는 연장근로를 할 때마다 할 필요는 없으므로, 근로계약 등으로 미리 약정할 수 있다. 연장근로 합의는 근로자 개인의 합의권을 박탈하지 않는 범위에서 노동조합 또는 노사협의회 등 근로자단체와 할 수도 있다(대법 1993.12.21, 93누5796).

3. 법내 연장근로

법정기준근로시간 범위 내에서 사업장의 소정근로시간(예 : 1일 7시간)을 초과하여 근로한 시간(예 : 8시간)을 말하는데, 법내연장근로는 연장근로시간으로 보지 않으므로 가산수당을 지급할 필요는 없다. 그러나, 단시간근로자에게는 법내연장근로에 대하여 가산수당을 지급하여야 한다(2014.9.19. 시행).

4. 지각한 근로자가 업무의 종료시각후 추가근무시

지각한 근로자가 업무의 종료시간 후에 근무를 더한 경우, 그 날의 실 구속시간이 8시간을 넘지 않으면 연장근로로 볼 수 없다(2002.8.21, 근기 68207-2776)고 하여, 과거 행정해석(1980.7.25, 법무 811-18337)을 변경하였다.

5. 주 중에 휴일 · 휴가 등이 있었을 경우

주 중에 휴일 또는 휴가가 있어 근로를 제공하지 않은 경우 그러한 휴일 또는 휴가기간은 실근로시간에 포함되지 않으므로, 그 시간을 제외하고 1주 40시간을 초과한 경우에 연장근로가 된다(대법 1992.10.9, 91다14406).

6. 노동조합에 의해 시간외근로가 거부된 경우

시간외근로가 노사간의 근로계약 · 취업규칙 · 단체협약 등을 통해 합의하고 사실상 관행적으로 행하여진 경우, 노동조합에 의한 시간외근로 거부는 업무의 정상운영을 저해하는 것으로써 쟁의행위에 해당되고, 노동관계법상 제반절차를 준수한 이후 행하여야 한다(대법 1996.2.27, 95도2970).

7. 연장근로를 폐지하거나 축소하는 경우

사용자가 경영상의 이유 등으로 연장근로를 축소 또는 폐지하는 것은 근로조건의 불이익변경에 해당하지 않으므로 사용자가 기왕에 실시하던 연장근로를 폐지하겠다는 의사표시를 분명히 하고 실제 연장근로를 시키지 않았다면 연장근로수당을 지급할 필요가 없다(2003.3.13, 근기 68207-286).

8. 연장근로가 날짜를 달리하여 익일의 소정근로시간대까지 계속되는 경우

주휴일에 시작된 근로가 역일을 달리하여 계속되어 익일의 소정근로시간 종료

후 퇴근한 경우 그 익일의 소정근로 시업시각 전까지에 대하여는 전일(휴일)의 근로의 연장으로 보아 휴일근로수당을 지급하여야 하며, 월요일 시업시각 이후의 근로는 휴일근로와 연장근로로 볼 수 없다(2003.3.31, 근기 68207-402).

9. 교대제 변경으로 다음날 근로가 계속 이어지는 경우

교대조의 변경으로 인하여 전일의 근로와 다음날의 근로가 연속하여 이어지는 경우라면(예 : 야간근무 후 바로 주간근무로 이어지는 경우) 계속근로가 인정되는 한 전일의 근로의 연속으로 보아 8시간을 초과하는 부분에 대하여는 연장근로가산수당을 지급하는 것이 타당하다(2002.2.27, 근기 68207-811).

10. 1주 연장근로한도 제외 업종

근기법 제59조 【근로시간 및 휴게시간의 특례】 ① 사용자가 근로자대표와 서면으로 합의한 경우에는 주(週) 12시간을 초과하여 연장근로를 하게 하거나 휴게시간을 변경할 수 있다.

1. 육상운송 및 파이프라인 운송업. 다만, 「여객자동차 운수사업법」 제3조제1항제1호에 따른 노선(路線) 여객자동차운송사업은 제외한다.
2. 수상운송업
3. 항공운송업
4. 기타 운송관련 서비스업
5. 보건업

31 연장근로시간의 입증

1. 연장근로시간의 입증책임

가. 연장근로시간의 입증책임

근로자들이 소송을 통해 연장근로수당을 지급받기 위해서는 근로자들이 연장근로시간을 증명하여야 한다(대법 2009.3.26, 2007다63102).

나. 연장근로시간은 '임금산정 기준시간'이 아니라 '실 근로시간'을 의미

원심은 이 사건 회사와 운전근로자들이 격일 17시간을 근무시간으로 합의하였다는 점을 근거로 윤○○의 실제 근로시간이 1일 8.5시간, 주당 59.5시간이라고 판단하였다. 그러나 위 17시간은 회사가 운전근로자들의 임금을 충분히 보장하고 구체적인 임금산정 과정에서의 편의를 위하여 설정한 임금산정의 기준시간에 불과하다. 따라서 회사가 격일 17시간을 기준으로 임금을 지급하여 왔다는 사정만을 근거로 다른 객관적인 자료나 신뢰할만한 유력한 정황 없이 윤○○의 실제 근로시간이 주당 59.5시간이라고 단정할 수는 없다(대법 2019.7.25, 2018도16228).

2. 사용자가 작성하거나 승인한 기록을 바탕으로 한 근로시간 입증

가. 회사가 작성한 근무시간표

피고회사가 근무시간표에 근무시작·종료시간을 기재하고 이에 따라 정상근무, 연장근무, 야간근무시간을 관리해온 점, 약정 연장근로에 미달하는 시간도 기재되어 있는 점 등을 감안하여 볼 때, 근무시간표는 실 근로시간을 기준으로 작성된 것이므로 연장근로시간에 상응하는 수당을 지급하는 것이 타당하다(창원지법 2016.2.4, 2014가단28452)

나. 교통비신청시스템

피고 회사는 근로자들의 교통비 신청내역은 2시간/4시간 등 시간 단위로 지급된 것이어서 실제 연장근로시간을 정확히 반영하지 못하며, 회사는 근로자들의 교통비 청구가 사실에 부합하는지 여부에 대해 검증하지 않은 채 근로자들의 신청내역대로 교통비를 지급하였다고 주장하나, 교통비신청시스템에 근로자들이 해당 시간에 수행한 업무내용이 구체적으로 기록되어 있는 점, 규정 상 근로자들이 교통비를 신청하면 부서장이 일 단위로 그 신청을 확인하여 승인하는 절차를 거치는 점 등을 감안하여 볼 때, 교통비신청 내역을 연장근로시간의 산정근거로 인정할 수 있다(부산고법(창원) 2021.1.21, 2020나11097).

3. 전자기록을 바탕으로 한 근로시간 입증

가. 근태관리 앱 'OO시계' 사건

(1) 사용자의 주장

연장근로에 관하여 사용자로서는 근로자가 근무시간 중에 열심히 일하지 않고 연장근로를 발생시키는 것을 원하지 않고, 또 연장근로의 경우 지급할 임금에 할증률이 적용되므로 연장근로를 가급적 방지할 필요가 있으며, 연장근로가 필요한 경우에도 사용자측의 승인을 받도록 하여 사용자의 지휘, 감독하에 연장근로가 이루어지도록 통제할 필요가 있다. 따라서 근로자들이 연장근로를 하기 전에 회사의 승인을 얻은 후에 연장근로를 하거나 연장근로를 한 후에 연장근로를 신청할 수 있도록 피고의 연장근무 매뉴얼에 규정하고 있는바, 이러한 절차를 거치지 아니한 연장근로는 피고의 지시·감독하에 이루어진 것이 아니므로 연장근로수당을 청구할 수 없다.

(2) 근로자의 주장

불가피하게 연장근로가 발생하는 경우에도 회사에서 연장근로의 발생을 달가워하지 아니하므로 연장근로신청을 하지 아니하였을 뿐이다.

(3) 원심판결(서울중앙지법 2014.1.7, 2013가소5258885)(적극)

① 현실적으로 연장근로가 필요함에도 불구하고 사용자측이 싫어하기 때문에 사실상 연장근로신청을 포기하는 분위기에 있는 직장이라면 연장근로에 대한 사용자의 승인을 얻지 않았다거나 연장근로신청을 하지 않았다고 하더라도 실제로 연장근로한 시간에 대하여는 그에 상당한 임금을 지급하여야 할 것이다.

② 본 사건은 야근 근로자가 야근시간과 위치정보, 야근하는 사진 등을 '야근○○'라는 앱에 올리면 정보가 자동으로 자신의 전자우편 등으로 전송되어 야근 근로자가 이를 근거로 회사를 상대로 야근수당을 지급하라는 소송을 제기한 바, 전자우편 내역 등에 따르면, 원고들이 다섯달간 연장근로를 한 사실을 인정할 수 있다.

③ 다만, 원고들이 출근시간보다 빨리 출근한 경우에는 사용자의 요구에 의하여 출근시간보다 빨리 출근하였다는 사실에 대한 입증이 없는 이상 그 시간만큼 연장근로를 한 것으로 인정할 수는 없고, 퇴근시간이 30분 이내로 늦어진 경우에도 퇴근준비를 위한 시간일 수 있다는 사정을 고려하여 연장근로를 한 것으로 인정하지는 않는다.

(4) 항소심판결(서울중앙지법 2015.8.26, 2014나9327)(소 확정)(소극)

근로자들이 야근을 하였다고 주장하는 시각에 동인들이 사업장 밖에 소재하는 것으로 기록된 사례가 다수 존재하여, 어플리케이션의 과학적 객관성 및 신뢰성이 부족하여, 위치조작 어플리케이션을 다운받아 실행시킴으로써 퇴근장소를 임의로 조작할 수 있는 등 특수한 장치나 전문적 기술없이도 쉽게 내용의 조작이 가능하므로 앱 기록에 의한 연장근로가 부인된다.

나. 화물운송업에서의 운행기록장치(Digital Tachograph)(소극)

대형 화물트럭에 장착된 전자식 운행기록장치(Digital Tachograph)의 운행기록은 차량의 시동을 켜고(ON) · 끈(OFF) 시점이 기록된 것일 뿐이어서 이를 곧바로 근로제공의 개시 · 종료시점으로 보기는 어렵다(청주지법 2019.10.18, 2018나8485).

다. 지문인식 출퇴근시스템(소극)

근로자들은 지문인식시스템으로 직원들의 사무실 출입시간을 확인할 수 있으므로 이를 통해 연장근로시간을 산정할 수 있다고 주장하나, 지문인식시스템은 애초 직원들의 출퇴근관리가 아닌 보안의 필요성 때문에 도입된 것이고, 게임 소프트웨어 업무성격 상 이들에 대한 출퇴근 관리가 엄격하게 이뤄진 것으로 보이지는 않은바, 지문인식시스템으로 확인되는 사무실 출입시간만으로는 연장근로시간을 객관적으로 산정하기는 어렵다(대법 2019.1.31, 2017도21336).

4. 간접자료를 바탕으로 한 근로시간 입증

가. 대중교통 이용내역(서울중앙지법 2016.4.7, 2015나10355)(적극)

① 원고들은 피고의 교육행정업무에 종사하였고, 근로시간은 오전 9시부터 오후 6시까지로 되어 있으나 통상 학교수업시간인 09:00부터 19:00까지는 수업준비, 수강생 출석 점검, 교·강사 출강확인, 회의 참석, 각종 하달 업무 처리, 19:00이후부터는 수강생 중 결시자 및 지각자 확인 후 전산 집계, 담당 지도교수에게 명단 전달, 지도교수의 상담내용 교학처장에게 보고, 학부회의 참석 등을 수행하였다.

② 원고들은 피고와 연봉계약을 체결할 때 위와 같은 근로시간의 유동적 업무량을 고려하여 연장근로 월 52시간, 야간근로 월 18시간, 휴일근로 월 16시간 분을 O/T(over time) 연봉으로 하되, 피고 법인의 승인을 얻은 소정의 근로에 대해서는 별도의 수당을 지급하기로 하였다.

③ 피고는 시간외근무의 승인권자를 사무처(F 이사)로 하고, 사전 시간외근무 신청 없이 시간외 근무를 한 경우 및 신청서에서 정한 시간보다 초과하여 근무한 경우에는 해당 시간분에 대한 시간외근무수당을 지급하지 아니하였다. 또 F 이사는 원고들이 시간외근무 신청서를 제출한 경우 1주일 전에 신청하지 아니하였다는 이유로 반려하거나 신청서를 제출하지 말도록 지시하기도 하였고, 원고들로부터 시간외근로수당 및 연차휴가미사용수당 반납신청서를 작성받기도 하였다. 한편 피고는 출퇴근 확인을 위해 사업장에 2009.12.19.까지는 지문인식기를 설치하였으나 이후에는 출퇴근부에 자필로 출퇴근시간을 적고 서명하는 방식으로 변경하였다가

2010.11.3.부터는 출퇴근부도 회사에서 제거하였다.

④ 서울지방고용노동청 서울강남지청 소속 근로감독관은 원고들이 보낸 인트라넷 쪽지 전송내역, 수업시간표, 업무 관련 회의 및 미팅 공지사항 등을 참고하여 원고 A, C가 대중교통을 이용한 내역을 근거로 지하철 2호선 삼성역에 체크된 신용카드 시간에서 20분을 제거한 시간을 위 원고들의 퇴근시간으로 보고, 원고들의 시간외근로시간을 산정하였다.

⑤ 사용자가 시간외근로에 대한 사전 사후 승인내역을 형식적으로 관리해 온 사정이나 근로자들의 업무가 임의로 연장근로를 할 수 있는 것이 아니라 정형화된 업무라는 사정에 비추어 보면 근로자들의 시간외근로를 교통카드 내역을 근거로 산정한 것은 타당하다(소 확정).

나. 동료근로자의 증언(서울동부지법 2016.11.15, 2014가합6723)(소극)

① 연장, 야간근로의 시간 수는 근로자가 실제 근로를 제공한 시간을 기준으로 산정해야 하고, 실제근로를 제공한 시간에 대하여 다툼이 있는 때에는 근로를 제공하였음을 주장하는 자가 근로를 제공한 일자와 근로 제공 시간을 특정하여 주장·입증해야 하는 것으로 보아야 하는 사정,

② 위 인정한 사정에 비추어 보면, 피고의 근로자들 중 많은 작업원들이 상차 작업의 편의를 위한 사전 수거 작업을 위하여 약정 시업시각 전에 사전 수거 작업을 한 것으로 볼 수 있으나, 작업자별, 요일별, 계절별, 날짜별로 시업시각이 달라 이를 근거로 원고 A, B, C, D, E, G가 특정 일자에 특정 시간 동안 근로를 제공하였다고 인정할 수는 없다는 사정,

③ 아파트 단지의 쓰레기 등을 수거할 때에는 사전 수거 작업을 하지 않았다는 사정에 비추어 보면, 위 인정한 사실 및 제출된 나머지 증거들만으로는 원고들이 이 사건 2013년 단체협약, 임금협정에서 약정한 시업시각에 앞서 출근을 하여 수거 작업을 하였다는 점을 인정하기에 부족하고, 달리 이를 인정할 만한 증거가 없다.

다. 대표이사 운전기사의 대표이사 일정표 및 회사명의 카드사용내역 (서울남부지법 2013.1.18, 2011가합11147)(소극)

① 대표이사 일정표는 피고 회사에서 미리 정하여진 대표이사 C의 일정을 출력하여 제공한 것으로 보이기는 하나 이를 작성한 자의 서명, 날인 등이 없는 서류이다. 또한 1주일 단위로 일정이 출력되므로 출력 당시에 정하여진 대표이사 C의 일정이 이후 취소, 변경되었을 가능성이 얼마든지 존재한다.

② 또한 연장근로, 야간근로, 휴일근로의 입증과 관련한 출퇴근 시각의 상당 부분은 해당 근로자가 수기로 가필한 부분의 기재를 근거로 하고 있는데, 위와 같이 수기로 작성된 부분은 원고가 임의로 작성한 것이고, 사후에 얼마든지 변경, 조작이 가능하다.

결국 원고가 들고 있는 증거들만으로는 원고가 주장하는 연장근로, 야간근로, 휴일근로가 있었음을 인정하기에 부족하다.

32 근기법 제17조의 예외로서의 포괄임금제

대법 2016.9.8, 2014도8873

근기법 제17조 【근로조건의 명시】 ① 사용자는 근로계약을 체결할 때에 근로자에게 다음 각 호의 사항을 명시하여야 한다. 근로계약 체결 후 다음 각 호의 사항을 변경하는 경우에도 또한 같다.
1. 임금
2. 소정근로시간
3. 제55조에 따른 휴일
4. 제60조에 따른 연차유급휴가
5. 그 밖에 대통령령으로 정하는 근로조건

② 사용자는 제1항제1호와 관련한 임금의 구성항목·계산방법·지급방법 및 제2호부터 제4호까지의 사항이 명시된 서면(전자문서 포함)을 근로자에게 교부하여야 한다.

1. 근로시간 측정이 가능한 경우 포괄임금제는 무효

가. 법 위반 포괄임금제

(1) 실제 근로시간 무관, 월 급여에 모든 근로대가 포함 약정

예를 들어, 〈'월 급여 300만원(제수당 포함)' 등 실제 근로시간과 무관하게 월 급여에 모든 근로의 대가가 포함되어 있다〉는 약정은 '간주근로자' 등 특수한 경우를 제외하고 무효이다.

(2) 미리 일정액 연장수당 포함 약정 : 실제 연장근로 부족분 재산정

① 예를 들어, "기본급 : 월 250만원, 연장수당 : 기본급의 20%"로 약정하였으나, 실제로는 월 40시간 연장근로를 하였을 경우, 추가 지급액은 217,703원[(250만원÷209시간×40×1.5)-50만원]이다

② 판례(대법 2010.5.13, 2008다6052)

포괄임금제는 근로시간 측정이 어려운 경우에만 그 효력이 인정되고, 근로시간 측정이 가능한 경우에는 그 포괄임금에 포함된 정액의 법정수당이 근로기준법이 정한 기준에 따라 산정된 법정수당에 미달하는 때에는 그에 해당하는 포괄임금제에 의한 임금지급계약 부분은 근로자에게 불이익하여 무효라 할 것이므로, 사용자는 근로자에게 그 미달되는 법정수당을 지급할 의무가 있다.

나. 합법적 고정OT 수당제 : 연장근로시간 수 특정, 임금의 구성항목 명시

① 월급금액이 기준근로시간을 넘는 근로시간으로 정해진 경우, 근기법 제17조에 따라 임금의 구성항목·계산방법 등이 명시되어야 하므로

※ 시간급통상임금 = 월급금액 ÷ [209시간 + (월간 시간외근로시간 수 × 1.5)]로 산출한다.

실습 근로자 홍길동은 매월 정액으로 300만원을 지급받는데, 여기에는 1일 1시간 월 22시간의 연장근로수당이 포함되어 있다고 한다. 그런데 2026년 3월에는 해외수주물량 처리로 일요일 4회 출근하여 추가로 휴일근로수당을 지급받게 된 바, 휴일근로수당을 산정하기 위한 홍길동의 시급 통상임금은 얼마인가?(월 209시간 전제)

◦ 시급 산정 : 300만원÷[209시간+(22시간×1.5)]=12,396원

◦ 임금구성항목 : 기본급 12,396원×209시간=2,590,937원
　　　　　　　연장수당 12,396원×33(환산)시간=409,068원

② 연차수당이 당사자 사이에 미리 그러한 소정기간의 근로를 전제로 하여 연차수당을 일당 임금이나 매월 일정액에 포함하여 지급하는 것이 불가능한 것이 아니며, 포괄임금제란 각종 수당의 지급방법에 관한 것으로서 근로자의 연차휴가권의 행사 여부와는 관계가 없다(대법 2023.11.30, 2019다29778).

2. 근로시간 측정이 불가능한 경우 포괄임금제 가능

가. 개념

근기법 제56조의 예외로서 연장, 야간, 휴일근로수당으로 매월 일정액을 지급하는 내용의 근로계약이며, 영업사원 등 실근로시간의 측정이 어려운 경우나 재량의 여지가 많은 경우 실제 연장・야간・휴일근로시간에 의한 수당보다 포괄산정된 수당이 적다하더라도 그 차액을 지급하지 않아도 무방한 임금제도이다. 예를 들면, 기본급 2,200,000원・제수당 800,000원으로 정하는 경우이다.

나. 대상

① 근기법 제63조에 따른 기후나 기상 때문에 근로시간이나 휴게시간이 불규칙적인 업무, 감시・단속적 근로

② 근기법 제58조제1항에 따른 사업장 밖 업무

③ 근기법 제58조제2항에 따른 재량근로업무

다. 판례(대법 2022.2.11, 2017다238004)

① 연장 · 야간근로수당

고속버스 운전기사들이 버스회사를 상대로 미지급된 연장・야간근로수당에 관해서는, 2011년도 임금협정에서 "임금내역은 법정 제 수당을 포함한 포괄역산 방식의 체계를 유지한다. 노선수당은 근무실적에 따라 발생하는 연장・야간・휴일근로수당을 포괄한 수당이며, 노선수당을 지급함에 있어서 실제 근로시간과의 차이에 대하여는 노・사간 이의를 제기치 않기로 한다."라고 규정한 점, 그에 따라 피고(버스회사)가 연장・야간근로수당 명목으로 지급하는 돈은 실제 연장・야간근로시간의 수와 상관없이 운행실적에 따라 산출된 노선수당을 사전에 합의한 비율대로 나누어 역산하는 방식으로 결정될 뿐이고, 버스운송사업의 특수한 근무내용, 근무형태, 근무시간 등을 함께 고려하면, 2011년도 임금협정은 연장・야간근로수당에 관한 포괄임금약정을 포함하고 있다고 볼 수 있다.

② 휴일근로수당

그러나 휴일근로수당에 관해서는, 2011년도 임금협정이 기본급, 노선수당과 별도로 휴일근로수당을 구분하고 있고, 휴일근로수당은 위 임금협정에서 정한 소정근로일수를 초과한 날마다 1일당 8시간의 근로에 대해 기본시급에 150%의 가산율을 고려하여 산정되었는바, 위 임금협정은 시간급의 개념을 출발점으로 두고 휴일근로수당의 액수를 위 시간급을 기준으로 산정하고 있다는 등의 이유로 휴일근로수당에 관하여는 포괄임금약정이 성립하였다고 보기 어렵다

3. 포괄임금제의 성립요건 : 근로시간 측정이 불가능한 업무 (대법 2016.9.8, 2014도8873 소극)

가. 쟁점

노인요양센터의 대표와 일체의 법정수당과 상여금 등이 포함된 월정액을 급여로 지급받기로 하는 등의 근로계약을 체결한 노인센터 요양보호사의 업무가 근로시간 산정이 불가능한 업무인지 여부

나. 사실관계

① 이 사건 근로자들이 요양보호사로서 이 사건 노인센터의 대표와 일체의 법정수당과 상여금 등이 포함된 월정액을 급여로 지급받기로 하는 등의 근로계약을 체결하고 3교대로 이 사건 노인센터에서 근무하였는데,

② 주간에는 08:30에 출근하여 1시간의 휴게시간을 제외하고는 18:30까지 9시간 동안 상당한 밀도의 업무를 하였으며,

③ 야간에는 18:30에 출근하여 다음날 08:30까지 근무하면서, 요양대상자의 기저귀를 갈아주고 요양대상자가 비상벨을 누르면 가서 돌보았으며 새벽에 물수건으로 요양대상자의 얼굴을 닦아주고 아침식사를 도와주는 등의 업무를 하였다.

다. 판단

이 사건 근로자들의 근로계약서에는 야간근무시간 중 4시간의 휴게시간을 정하

였으나, 요양보호사는 야간에 요양대상자가 비상벨을 누르는 경우가 많아 잠을 자지 못하고 늘 대기상태에 있었고, 야간근무시간에도 휴게시간으로 인정하는 1시간을 넘는 휴게시간은 없어서 육체적 · 정신적 부담이 상당하였던 것으로 보이는 점 등을 종합하면, 이 사건 노인센터의 요양보호사들의 업무가 근로시간 산정이 어려운 것으로 볼 수 없다.

4. 1일 1시간 · 월22시간 고정OT수당 임금제에서, 특정일 2시간 연장근로 시, 1시간 연장수당을 추가로 지급해야 하는지 여부

매일매일의 실제 연장근로시간이 반드시 미리정한 1일분 고정OT수당과 일치하여야 하는 것은 아니다. 1주 연장근로가 12시간 범위 내라면, 특정일에 1시간 이상 연장근로하더라도 다른 날에 연장근로가 없는 등으로 인해 월22시간 범위 내라면 특정일 추가 연장근로수당은 지급하지 않아도 무방하다(고용노동부 2005.6.13, 근로기준과-3172).

표 포괄임금 VS 고정OT 비교

구분	포괄임금	고정OT
정의	• 각각 산정해야 할 복수의 임금항목을 포괄하여 일정액으로 지급하는 계약	• 기본임금 외 법정수당 모두 · 일부를 수당별 정액으로 지급하기로 하는 계약
형태 및 구분 방법	• (정액급) 기본임금과 수당이 구분 안됨 예) 임금 100만원(연장, 야간, 휴일 포함) • (정액수당) 기본임금과 수당 총액은 구분되나 개별 수당 간 금액은 구분 안됨 예) 기본임금 70만원+법정수당 30만원(연장, 야간, 휴일 포함) =100만원	• 기본임금과 개별 수당이 구분됨 예) 기본임금 70만원+연장 10만원+야간 10만원+휴일 10만원 =100만원 예) 기본임금 90만원+연장 10만원(고정OT)=100만원, 야간, 휴일은 근로시간만큼 지급

서식 고정OT 수당제 근로계약서(예시)

고정OT 수당제 근로계약서(예시)

〈○○레스토랑〉 대표 김○○과(와) ________(이하 “근로자”라 함)은 다음과 같이 근로계약을 체결한다.

1. 근로계약기간 : 년 월 일부터 년 월 일까지
2. 근무장소 및 내용 : 본 사업장 업무 일반
3. 근로시간 : 13시~23시(1일 8.5시간, 1주 51시간)
   (휴게시간 : 14:30~16:00, 단 사정에 따라 변동가능)
4. 근무일 / 휴일 : 매주 6일(월~토), 주휴일 : 매주 일요일
5. 공휴일 : 명절연휴외 공휴일은 근무일로 하되, 그 휴일근무(2026년도 8일분)수당은 년 평균하여 월 급여에 포함하여 지급한다.
6. 연차휴가 : 당해연도 발생 연차휴가일수(16일분)에 대한 수당은 미리 월급여(16일÷12일)에 포함하여 지급한다(근속년수 4년까지 16일분 반영).
7. 임금 : 월 3,500,000원(월 총 312시간분)
8. 월 임금구성항목(기본급+연장수당+야간수당+공휴일수당+연차수당)
   - 기본급 : 2,344,562원[11,218원×209H]
   - 연장수당 : 796,478원[11,218원×71H(월47.3H×1.5)]
   - 야간수당 : 145,834원[11,218원×13H(월25.8H÷0.5)]
   - 공휴일수당 : 89,744원[11,218원×월8H(8일÷12일×8.5H×1.5)]
   - 연차수당 : 123,397원[11,218원×월11H(16일×8H÷12일)]
9. 근로계약서 교부
   - 사업주는 근로계약을 체결함과 동시에 본 계약서를 사본하여 근로자의 교부요구와 관계없이 근로자에게 교부함(근로기준법 제17조 이행)

2026년 월 일

사업체명 : (직인) 성 명 : (서명)
주 소 : 주 소 :
대 표 자 : 주민등록번호 :

33 감시 · 단속적근로자는 연장 · 휴일근로가 무제한 가능한지

근기법 제63조 【적용의 제외】 이 장과 제5장에서 정한 근로시간, 휴게와 휴일에 관한 규정은 다음 각 호의 어느 하나에 해당하는 근로자에 대하여는 적용하지 아니한다.

1. 토지의 경작 · 개간, 식물의 재식(栽植) · 재배 · 채취 사업, 그 밖의 농림 사업
2. 동물의 사육, 수산 동식물의 채포(採捕) · 양식 사업, 그 밖의 축산, 양잠, 수산 사업
3. 감시(監視) 또는 단속적(斷續的)으로 근로에 종사하는 자로서 사용자가 고용노동부장관의 승인을 받은 자
4. 대통령령으로 정하는 업무에 종사하는 근로자(관리 · 감독업무 또는 기밀을 취급하는 업무)

근기법 시행규칙 제10조 【근로시간 등의 적용제외 승인 신청 등】 ① 사용자는 법 제63조제3호에 따라 감시(監視) 또는 단속적(斷續的)으로 근로에 종사하는 자에 대한 근로시간 등의 적용 제외 승인을 받으려면 별지 제7호서식의 감시적 또는 단속적 근로종사자에 대한 적용 제외 승인 신청서를 관할 지방고용노동관서의 장에게 제출하여야 한다.
④ 관할 지방고용노동관서의 장은 제1항에 따른 신청에 대하여 승인을 할 경우에는 별지 제8호서식의 감시적 또는 단속적 근로종사자에 대한 적용 제외 승인서를 내주어야 한다.

1. 감시 · 단속적근로자

가. 감시적근로자

단순한 감시업무에 종사하는 자로서 상대적으로 정신적 긴장이나 심신의 피로가 적은 업무(수위, 경비원, 물품감시원, 계수기감시원, 보일러공, 청원경찰 등)에 종사하는 자를 말한다.

나. 단속적근로자

간헐적 · 단속적 업무로서 업무시간 중에 대기시간이 많고 실근무시간이 적은 업무(승용차 · 통근버스의 전용운전원, 기계전기수리공, 보일러공, 취사부, 화물적하 종사자 등)에 종사하는 자를 말한다.

2. 근로시간 적용제외

가. 야간근로시간도 포함되는지

법정근로시간을 초과한 연장근로 및 휴일근로에 대해서는 가산수당을 지급할 필요가 없으나, 야간근로에 대해서는 가산수당이 지급되어야 한다(2001.9.20, 근기 68207-3172).

나. '휴일'에 '근로자의 날' 포함여부

'근로자의날제정에관한법률'에 따른 '근로자의 날'은 근기법에 의한 유급휴일로 한다고 규정하고 있으나 이는 '근로자의 날'의 정신을 기리고 기념하기 위한 것이므로, 근기법 제63조의 휴일에 '근로자의 날'이 포함된다고 해석하기는 어려울 것이다(2005.2.4, 근로기준과-669).

3. 감시 · 단속적근로자의 최저임금

1일 16시간(야간 4시간 포함) 격일근무경비원의 2026년도 월 최저임금계산식

- 2026년도 시급최저임금 10,320원
- 월근로시간 산정
  - 1일 : 18시간[(16시간+야간근로 가산수당 환산분 2시간)]
  - 1월 : 272.8시간[(18시간×365÷2)÷12월]
- 월최저임금은 10,320원×272.8시간=2,815,296원

1
일
차

4. 공동주택 경비원의 감시 · 단속적 근로자 승인 판단 기준 (고용노동부 2021.10.25.)

공동주택관리법 제65조의2 【경비원 등 근로자의 업무 등】 ① 공동주택에 경비원을 배치한 경비업자(「경비업법」 제4조제1항에 따라 허가를 받은 경비업자를 말한다)는 「경비업법」 제7조제5항에도 불구하고 대통령령으로 정하는 공동주택 관리에 필요한 업무에 경비원을 종사하게 할 수 있다. (2021.10.21.시행)

공동주택관리법 시행령 제69조의2 【경비원이 예외적으로 종사할 수 있는 업무 등】 ① "대통령령으로 정하는 공동주택 관리에 필요한 업무"란 다음 각 호의 업무를 말한다.
1. 청소와 이에 준하는 미화의 보조
2. 재활용 가능 자원의 분리배출 감시 및 정리
3. 안내문의 게시와 우편수취함 투입

② 공동주택 경비원은 공동주택에서의 도난, 화재, 그 밖의 혼잡 등으로 인한 위험발생을 방지하기 위한 범위에서 주차 관리와 택배물품 보관 업무를 수행할 수 있다.

가. 승인받지 않은 24시간 격일제 근무

근기법 제63조에 의한 감시·단속적근로자로 승인을 받지 않은 경우에는 근기법상 근로시간 및 휴게·휴일에 관한 규정이 적용되므로, 24시간 격일제 근무는 근기법에 위반된다(2003.9.1, 근기 68207-1096).

나. 대상근로자의 동의 필요여부

사용자가 감시적 근로에 종사하는 자에 대한 근로시간 등의 적용제외승인을 얻고자 하는 경우 근로자의 동의를 필요로 하지 않는다.

서식 근로기준법 시행규칙 [별지 제7호서식]

[ ] 감시적 / [ ] 단속적 근로종사자에 대한 적용제외 승인 신청서

※ [ ]에는 해당되는 곳에 √ 표시를 합니다.

접수번호	접수일	처리기간 10일

신청인	①사업장명	②사업의 종류
	③대표자성명	④생년월일
	⑤근로자수	⑥전화번호
	⑦소재지	

신청 내용	⑧종사업무		
	⑨근로자수	감시적 근로종사자	명 (남: 명, 여: 명)
		단속적 근로종사자	명 (남: 명, 여: 명)
	⑩근로형태	감시적 근로종사자	
		단속적 근로종사자	

「근로기준법」 제63조제3호와 같은 법 시행규칙 제10조제1항에 따라 위와 같이 [[ ] 감시적, [ ] 단속적] 근로종사자에 대한 「근로기준법」 제4장 및 제5장에서 정한 근로시간, 휴게와 휴일에 관한 규정의 적용 제외 승인을 신청합니다.

년 월 일

신청인 (서명 또는 인)

대리인 (서명 또는 인)

○○지방고용노동청(지청)장 귀하

첨부서류	없 음	수수료 없음

처 리 절 차

신청서 제출	→	접 수	→	내용검토	→	결 재	→	통 보
신청인		지방고용노동청(지청)장 (민원실)		지방고용노동청(지청)장 (근로개선지도과)		지방고용노동청(지청)장 (청장 · 지청장)		

※ 붙임 : 근로계약서, 근로자 및 사용자 근무실태 확인서, 근무일지, 휴게시설 사진 등

34 연장 · 휴일근로가 제한없이 가능한 관리감독자의 범위

근기법시행령 제34조 【근로시간 · 휴게 · 휴일 등의 적용제외 근로자】 법 제63조제4호에서 "대통령령으로 정한 업무"란 사업의 종류에 관계없이 관리 · 감독 업무 또는 기밀을 취급하는 업무를 말한다.

1. 관리 · 감독업무 종사 근로자

사업의 종류에 관계없이 일반적으로 부장 · 공장장 등 근로조건의 결정을 비롯한 노무관리에 있어 사용자와 일체적인 입장에 있는 자로서 명칭이 어떠하든지 간에 근무실태에 따라 판단하여야 할 것인데, 그 판단기준으로는

① 노무관리방침의 결정에 참여하거나 노무관리상의 지휘권한을 가지느냐 여부,

② 자기의 근로에 대하여 자유재량권을 가지고 출 · 퇴근 등에 엄격한 제한을 받지 않는지 여부,

③ 그 지위에 따른 특별수당을 받고 있는 지 여부이다.

(대법 1989.2.28, 88다카2974).

2. 점장의 관리감독직 해당 여부(적극)

점장이 그가 관리하는 점포에 대한 운영 · 감독권한과 함께 직원들의 인사고과와 근태관리 등 노무관리에 대한 권한을 가지고 있으며, 자신의 직무수행에 대하여 상당한 재량권을 가지고 근무시간을 조정할 수 있는 등 사실상 사업(장)에 대한 관리 · 감독업무를 주된 업무내용으로 하고 있다면 '관리 · 감독업무에 종사하는 근로자'로 볼 수 있을 것이다(2004.5.10, 근로기준과-2326).

35 탄력근로시간제의 도입 및 설계

근기법 제51조 【탄력적근로시간제】 ① 사용자는 취업규칙(취업규칙에 준하는 것을 포함한다)에서 정하는 바에 따라 2주 이내의 일정한 단위기간을 평균하여 1주간의 근로시간이 제50조제1항의 근로시간을 초과하지 아니하는 범위에서 특정한 주에 제50조제1항의 근로시간을, 특정한 날에 제50조제2항의 근로시간을 초과하여 근로하게 할 수 있다. 다만, 특정한 주의 근로시간은 48시간을 초과할 수 없다.
② 사용자는 근로자대표와의 서면합의에 따라 다음 각 호의 사항을 정하면 3개월 이내의 단위기간을 평균하여 1주간의 근로시간이 제50조제1항의 근로시간을 초과하지 아니하는 범위에서 특정한 주에 제50조제1항의 근로시간을, 특정한 날에 제50조제2항의 근로시간을 초과하여 근로하게 할 수 있다. 다만, 특정한 주의 근로시간은 52시간을, 특정한 날의 근로시간은 12시간을 초과할 수 없다.
1. 대상 근로자의 범위
2. 단위기간(3개월 이내의 일정한 기간으로 정하여야 한다)
3. 단위기간의 근로일과 그 근로일별 근로시간
4. 그 밖에 대통령령으로 정하는 사항

③ 제1항과 제2항은 15세 이상 18세 미만의 근로자와 임신 중인 여성근로자에 대하여는 적용하지 아니한다.
④ 사용자는 제1항 및 제2항에 따라 근로자를 근로시킬 경우에는 기존의 임금 수준이 낮아지지 아니하도록 임금보전방안(賃金補塡方案)을 강구하여야 한다.

근기법 제51조의2 【3개월을 초과하는 탄력적 근로시간제】 ① 사용자는 근로자대표와의 서면 합의에 따라 다음 각 호의 사항을 정하면 3개월을 초과하고 6개월 이내의 단위기간을 평균하여 1주간의 근로시간이 제50조제1항의 근로시간을 초과하지 아니하는 범위에서 특정한 주에 제50조제1항의 근로시간을, 특정한 날에 제50조제2항의 근로시간을 초과하여 근로하게 할 수 있다. 다만, 특정한 주의 근로시간은 52시간을, 특정한 날의 근로시간은 12시간을 초과할 수 없다.
1. 대상 근로자의 범위
2. 단위기간(3개월을 초과하고 6개월 이내의 일정한 기간으로 정하여야 한다)
3. 단위기간의 주별 근로시간
4. 그 밖에 대통령령으로 정하는 사항

② 사용자는 제1항에 따라 근로자를 근로시킬 경우에는 근로일 종료 후 다음 근로일 개시 전까지 근로자에게 연속하여 11시간 이상의 휴식 시간을 주어야 한다.
③ 사용자는 제1항제3호에 따른 각 주의 근로일이 시작되기 2주 전까지 근로자에게 해당 주의 근로일별 근로시간을 통보하여야 한다.
⑤ 사용자는 제1항에 따라 근로자를 근로시킬 경우에는 기존의 임금 수준이 낮아지지 아니하도록 임금항목을 조정 또는 신설하거나 가산임금 지급 등의 임금보전방안(賃金補塡方案)을 마련하여 고용노동부장관에게 신고하여야 한다. 다만, 근로자대표와의 서면합의로 임금보전방안을 마련한 경우에는 그러하지 아니하다.

제51조의3 【근로한 기간이 단위기간보다 짧은 경우의 임금 정산】 사용자는 제51조 및 제51조의2에 따른 단위기간 중 근로자가 근로한 기간이 그 단위기간보다 짧은 경우에는 그 단위기간 중 해당 근로자가 근로한 기간을 평균하여 1주간에 40시간을 초과하여 근로한 시간 전부에 대하여 제56조제1항에 따른 가산임금을 지급하여야 한다.

1. 개념

가. 의의

① '탄력적근로시간제'란 어떤 근로일의 근로시간을 연장시키는 대신에 다른 근로일의 근로시간을 단축시킴으로써, 일정기간의 평균근로시간을 법정기준근로시간 내로 맞추는 근로시간제를 말한다.

② 운영이 가능한 '단위기간'은 취업규칙으로 정하여 실시할 수 있는 '2주 이내', 노사 서면합의가 필요한 '3개월 이내' 및 '6개월 이내'가 있다.

참고 **법정기준근로시간(근기법 제50조제1항) : 1주 40시간**

❑ 탄력적근로시간제 '단위기간'

- 2주 이내 단위 : 취업규칙(이에 준하는 것 포함)으로 도입
- 3월 이내 단위 : 근로자 대표와 서면합의
- 6월 이내 단위 : 근로자 대표와 서면합의

1 일차

나. 탄력적근로시간제의 장점

① 근로자 입장에서는 실근로시간 단축, 출·퇴근일수의 감소 및 휴일증가로 여가활용이 손쉬워지고,

② 사용자 입장에서는 수주량 변화 및 계절적 업무 등 경영여건에 따라 근로시간의 탄력적 운용이 가능하며 연장근로수당의 지급감소에 따른 인건비 절감이 가능하다.

참고 탄력적근로시간제 활용가능업종

- 근로시간을 연속하여 근로하는 것이 효율적이거나 고객의 편리를 도모할 수 있는 업종(예 : 운수, 통신, 의료서비스업 등)
- 업무량이 주기적으로 많은 업종(예 : 음식서비스, 접객업 등)
- 토요격주 휴무제를 실시하는 사업장 또는 계절적 업종(예 : 빙과류제조업 등)
- 기계를 쉬지 않고 가동시키기 위하여 근로가 연속하여 필요한 업종(예 : 철강, 석유화학 등)

2. 유형별 도입요건

가. 2주 단위 탄력적근로시간제 : '취업규칙' 또는 '이에 준하는 것'에 정하여야 함

① 상시 10명 이상의 근로자를 사용하는 사용자(법 제93조에 따른 취업규칙의 작성의무자)는 취업규칙의 작성 및 변경을 통하여 2주 이내 탄력적근로시간제를 도입할 수 있다.

② 인천국제공항 내 ○○항공 항공기 기내청소 용역 업무 종사자들에게 적용된 2주단위 탄력근로시간제는 법률에서 정한 방식, 즉 취업규칙에 의하여만 도입이 가능할 뿐 근로계약이나 근로자의 개별적 동의를 통하여 도입할 수 없다(대법 2023. 4.27, 2020도16431 ○○맨파워 주식회사 사건).

나. 3월 단위 탄력적근로시간제 : 노사 서면합의로 정하여야 함

사용자가 서면합의 하여야 할 대상은 근로자의 과반수로 조직된 노동조합이 있는 경우에는 그 노동조합, 그렇지 않은 경우에는 근로자 과반수를 대표하는 자가

이에 해당하며, 해당 사업 또는 사업장 단위에 노사협의회가 설치되어 있으면 노사협의회의 근로자위원을 근로자 과반수를 대표하는 자로 볼 수 있다.

(1) 서면합의 내용에 포함되어야 할 사항 : 대상근로자의 범위

반드시 전체 근로자를 대상으로 하여야 하는 것은 아니다. 일정 사업부문, 업종, 직종 등에 따라서 그에 종사하는 일부 근로자에 한하여만 적용할 수 있으나, 연소근로자(15세 이상 18세 미만) 및 임신 중인 여성근로자에게는 적용할 수 없다.

(2) 서면합의 내용에 포함되어야 할 사항 : 단위기간

단위기간은 3개월 이내의 기간이므로 3개월 단위, 2개월 단위, 1개월 단위, 3주 단위 등 다양한 단위기간으로 실시 가능하다.

(3) 서면합의 내용에 포함되어야 할 사항 : 근로일 및 그 근로일별 근로시간

교대제 등 근무일정표에 의해 1일 근무시간이 달라지는 경우에는 서면합의서에 각 근무형태별 1일 근무시간 및 근무일정표의 작성절차 및 주지방법 등을 정해 두고 구체적인 근무일정은 단위기간 개시 전까지 근로자에게 고지하면 된다.

(4) 서면합의 내용에 포함되어야 할 사항 : 서면합의의 유효기간

노사가 합의하는 서면합의의 유효기간의 길이에 대해서는 특별한 제한이 없으며, 또한 유효기간이 경과할 경우를 대비하여 자동갱신 조항을 두거나 자동연장조항을 둘 수도 있다.

<table>
<tr><th colspan="2">노사 서면합의의 당사자</th></tr>
<tr><td>사용자</td><td>근로자대표 : • 노동조합(근로자 과반수),
• 근로자 과반수를 대표하는 자</td></tr>
<tr><th colspan="2">노사 서면합의의 사항</th></tr>
<tr><td colspan="2">① 대상근로자의 범위
② 단위기간
③ 단위기간에 있어서의 근로일 및 그 근로일별 근로시간
④ 사용자 근로자대표 서면합의의 유효기간</td></tr>
</table>

3. 운영상 유의할 점

가. 개별 근로자의 동의가 없어도 시행이 가능한 지

① 탄력적근로시간제는 개인의 업무특성이나 희망과 관계없이 집단적으로 근로시간의 형태를 변경하는 것이다.

② 또한 법 규정에서도 동 제도의 도입은 취업규칙이나 이에 준하는 것에 정하거나(2주 단위) 사용자와 근로자대표와의 서면합의(3월 단위)에 의해 실시할 수 있도록 하고 있다.

③ 따라서 탄력적근로시간제는 개별근로자의 동의가 없어도 실시할 수 있으나, 반면 3월 단위의 경우에는 해당 근로자의 동의가 있더라도 근로자대표와의 서면합의가 없다면 실시할 수 없다.

나. 탄력적근로시간제를 실시하려면 그때마다 근로자의 동의를 받아야 하는지

① 탄력적근로시간제의 유효기간을 어떻게 정할 것인가는 전적으로 노사가 협의하여 결정할 사항이다(예 : 1년간 또는 2년간 등).

② 따라서 2주 단위의 경우 취업규칙 또는 노사협의를 통해 별도로 유효기간을 정하지 않았다면 그 기간에 제한 없이 실시할 수 있다.

③ 다만, 3월 단위의 경우 서면합의의 유효기간은 노사의 서면합의 사항이므로 서면합의의 유효기간이 만료된 이후에도 동 제도를 계속하여 실시하려면 다시 노사간에 서면합의를 하여야 한다.

다. 2주 단위 탄력적근로시간제를 도입하기 위해 노동조합과 충분히 협의하였음에도 의견이 일치하지 않은 경우, 회사가 일방적으로 취업규칙을 변경 신고하고 실시할 수 있는지

① 취업규칙을 변경하려면 근로자 과반수로 조직된 노동조합이 있는 경우 그 노동조합, 근로자의 과반수로 조직된 노동조합이 없는 경우에는 근로자의 과반수의 의견을 들어야 하되, 불이익하게 변경되는 경우에는 동의를 얻어야 한다.

② 따라서 근로자 과반수로 조직된 노동조합이 있는 경우 2주 단위 탄력적근로

시간제에 대한 의견이 일치하지 않더라도 의견서를 첨부하여 신고하고 실시할 수 있다.

③ 그러나 동 제도 도입으로 근로자에게 불이익하게 변경하는 경우에 해당한다면 이들의 동의를 얻지 않는 한 취업규칙 변경은 무효가 된다.

라. 탄력적근로시간제를 실시하기로 한 후 작업량에 따라 임의로 전일, 반일근무 등을 변경하여 실시할 수 없으며, 탄력적근로시간제를 실시하려면 반드시 각일 · 각주의 근로시간을 사전에 미리 정하여야 한다.

마. 탄력적근로시간제를 분기 · 반기 · 계절별로 다르게 실시할 수 있는지

① 탄력적근로시간제는 단위기간을 평균하여 1주간 근로시간이 일정한 요건(2주 단위 : 1주 48시간, 3월 단위 : 1주 52시간, 1일 12시간)을 충족하면서 40시간이내에 있으면 된다.

② 따라서 이러한 조건을 충족하는 범위 내에서 각주 · 각일별 근로시간이 미리 결정되어 있는 한 월별 · 분기별 · 계절별로 상이한 근로시간 형태로 운영할 수 있다.

행정해석 2004.4.6, 근로기준과-1662

> 사용자가 탄력적근로시간제를 실시하고자 하는 경우에는 그 단위기간을 미리 정하여야 하므로, 사용자와 근로자대표가 복격일제 근무(2근무일+1휴무일이 반복되는 근로형태)를 실시하기로 임금협정서상 합의하였다면, 이는 일정한 단위기간을 정하여 탄력적근로시간제를 실시하기로 합의한 것으로 보기는 어렵다고 사료된다.

바. 3월 단위 탄력적근로시간제의 도입시 근로자 과반수로 조직된 노동조합이 없는 경우 노사협의회의 근로자위원이 서면합의의 근로자대표가 될 수 있는지

① 「근참법」 제6조제2항 및 같은법시행령 제3조제1항에 따르면 근로자 과반수로 조직된 노동조합만이 노사협의 근로자위원의 위촉권을 가지며, 이러한 노동조합이 없는 경우 근로자의 직접 · 비밀 · 무기명 투표로 근로자위원을 선출하여야 한다.

② 따라서 근로자 과반수로 조직된 노동조합이 없는 경우의 근로자위원은 탄력

적근로시간제의 도입시 근로자 과반수를 대표하는 자가 될 수 있다.

사. 탄력적근로시간제하에서 연장근로가 되는 시간은

① 탄력적근로시간제를 실시하면 특정주, 특정일에 각각 40시간, 8시간을 초과하더라도 미리 정하여진 시간까지는 연장근로가 되지 않음. 그러나 단위기간을 평균하여 1주간 근로시간이 40시간을 초과하면 연장근로가 된다.

② 따라서 탄력적근로시간제를 도입하는 경우에 있어 연장근로가 되는 시간은 다음의 시간을 초과하는 경우다.

㈎ 법정근로시간(1주 40시간, 1일 8시간)을 초과하여 근로하기로 정한 날이나 주는 그 정한 시간(예 : 1일 9시간, 1주 48시간을 정한 주는 각각 9시간, 48시간 초과시 연장근로)

㈏ 단위기간을 평균한 1주간의 근로시간이 40시간 즉, 단위기간 내 총법정허용시간(예 : 2주 단위 경우 첫째주의 소정근로시간이 48시간이면 둘째주는 32시간을 넘는 시간이 연장근로). 결국 단위기간을 평균한 1주간의 근로시간을 40시간으로 정했다면 어느 날의 근로시간을 8시간 보다 적게 정했다 하더라도 그 시간을 넘으면 연장근로가 된다.

그림 2주 단위 탄력적근로시간제

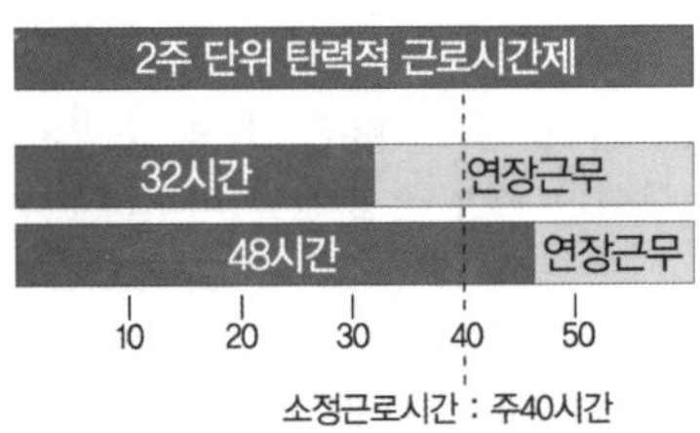

아. 탄력적근로시간제하에서 연장근로의 법정한도는

① 연장근로는 탄력적근로시간제를 도입하였는지 여부와 관계없이 당사자간의 합의가 있는 경우 1주에 12시간까지 가능하다.

② 따라서 탄력적근로시간제를 도입한 경우 1주 40시간을 초과하여 근로시간을

정한 주는 「근로시간+12시간」이 연장근로의 한도가 되므로, 2주 단위는 최대 60시간(48시간+12시간)까지 가능하고, 3월 단위는 최대 64시간(52시간+12시간)까지 가능하다.

자. 토요격주휴무제의 경우, 주휴일 아닌 토요일에 해당하는 날에 근로하면 휴일근로수당을 지급해야 하는지

① 토요격주휴무제의 실시에 따라 추가로 발생되는 토요일은, 이 날을 '휴일'로 정할 것인지 아니면 단순히 근로의무가 면제된 '무급휴무일'로 할 것인지에 대해 노사가 정하는 바에 따르나, 다만 노사가 별도로 정하지 않은 경우에는 무급휴무일로 본다.

② 따라서 토요일에 근무가 이루어지는 경우에 반드시 휴일근로수당을 지급할 법적 의무가 발생되는 것은 아니며, 처리방식(무급휴무일, 무급휴일, 유급휴일)에 따라 임금산정이 달라진다.

차. 근로자대표를 선출하는 근로자의 범위는

① 노동조합이 근로자의 과반수로 조직되어 있는지 여부를 판단함에 있어 '근로자의 범위'와 근로자대표를 선출함에 있어 투표에 참여하는 '근로자의 범위'는 '근기법상 근로자'에 한정된다.

근로자의 범위 = 근기법상 근로자-근기법상 사용자

② 따라서 근로자와 사용자의 이중적 지위를 갖는 자는 제외되는 바, 이는 이들이 근로자로서 향후 합의내용의 적용을 받더라도 노사 서면합의 과정에서는 사용자를 위해 행위하는 자로 볼 수 있기 때문이다.

표 탄력근로시간제 단위기간별 근로시간(예시)

단위기간	1일 · 1주 · 1개월 당 근로시간(예시)	비고
1주	12+12+12+4(40)	
2주	48+32(80)	
10주	28+28+28+52+52+52+52+52+28+28	

1개월	32+32+32+52+24(172)	365/12/7일=4.3주 4.3주×40=174 4.3주×8=35 (174+35=209)
3개월	228+175+113(516)	
6개월	122+122+122+226+226+226 226+226+226+122+122+122	

카. 임금보전방안 및 위반시 조치방안

① 상시적으로 연장근로가 이루어지는 경우는 동 제도를 도입하더라도 임금수준이 저하되지 않으며, 임금수준이 저하되는 경우에는 사용자가 임금보전 방안을 강구하도록 의무화하고 있다.

② 현재 소정근로시간이 40시간 이내이고 특정일에 연장근로가 이루어지는 경우 등은 극히 예외적으로 임금수준의 저하가 수반될 수 있다.

③ 동 제도의 도입에 따른 임금보전의 형태는 기본급 또는 수당의 조정, 여타 복지혜택의 확충 등 근로자가 수용할 수 있는 적정한 방법이면 된다.

④ 법에서는 임금보전의 시기, 방법, 절차 등에 대해 특별한 제한을 두고 있지 않고 있다.

4. 유형별 탄력적근로시간제 정리

구분	2주 단위 탄력적근로시간제	3·6월 단위 탄력적근로시간제
의의	① 2주 이내의 단위기간을 평균하여 1주의 근로시간이 40시간을 초과하지 아니하는 범위에서 특정주에 40시간, 특정일에 8시간을 초과하여 근로할 수 있는 제도 ② 2주 단위 탄력적근로시간제는 특히 토요격주휴무제를 실시할 경우 유용하게 활용	① 3월 이내의 단위기간을 평균하여 1주의 근로시간이 40시간을 초과하지 아니하는 범위에서 특정주에 40시간, 특정일에 8시간을 초과하여 근로할 수 있는 제도 ② 이 제도는 2주 단위 탄력적근로시간제보다 탄력성의 범위를 넓힌 것으로서 주로 계절적 사업, 건설업, 수출산업 등에서 유용하게 활용
실시요건	① 취업규칙(10인 이상 사업) 또는 이에 준하는 것(10인 미만 사업)에 규정해야 함 ② 특정주, 특정일을 명확히 지정	① 근로자대표와 서면합의(대상근로자 범위, 단위기간, 근로일 및 근로일별 근로시간, 서면합의 유효기간) ② 3월 이내

	③ 특정주의 48시간을 초과 못함	③ 1주 52시간·1일 12시간을 초과 못함
유효기간	기간 제한없음	기간 제한있음(노사 서면합의)
실시효과	① 가산임금 적용제외 : 특정주 또는 특정일에 법정근로시간(1주40시간,1일8시간)을 초과하여 근로하더라도 연장근로가 아니므로 가산임금을 지급할 의무가 없음 ② 임금보전방안 강구 • 사용자는 탄력적근로시간제를 도입할 경우 기존의 임금수준이 저하되지 않도록 임금보전방안을 강구해야 함 • 고용노동부장관은 필요한 경우 임금보전방안을 제출하게 하거나 이를 직접 확인할 수 있음 • 위의 조항은 벌칙규정이 없는 훈시규정으로서 행정지도의 대상일 뿐임	
연장근로가 되는 경우 (가산임금지급)	① 법정근로시간을 초과하여 근로하기로 정한 주·일에 그 근로시간을 초과하여 근로하는 경우 • 예 : 1일 9시간, 1주 48시간을 정한 주는 각각 9시간, 48시간을 초과하는 시간이 연장근로 ② 법정근로시간 미만을 근로하기로 정한 주·일에 그 근로시간을 초과하여 근로하는 경우 • 예 : 2주 단위의 경우 첫째 주의 근로시간이 48시간이면 둘째 주가 32시간을 초과하는 시간이 연장근로	
1주간 연장근로 법정 최고한도	60시간(48+12시간)	64시간(52시간+12시간)
적용제외	① 연소자(15세 이상 18세 미만자), ② 임신 중인 여성근로자	

5. 탄력적근로시간제(6월 단위) 노사합의서(예시)

탄력근로시간제 노사합의서

제1조 【적용대상】 ① 디자인부서 소속 근로자에 대해서 6개월 단위기간 탄력근무제를 시행한다. 단, 디자인부서 수석실장은 별도 재량간주근로시간제를 적용한다.
② 또한, 위 탄력근로시간제 적용 기본근무시간외 근로자와의 사전합의를 전제로, 1주 12시간, 월52시간 범위 내 연장근로를 병행키로 한다.

제2조 【단위기간】 ① 탄력근로시간제 단위기간은 2월~7월(6개월) 및 8월~익년1월(6개월)로 한다

② 다만, 연봉계약서 체결 시 급여와 관련한 단위기간은 당해연도 2월~7월(6개월) 및 1월, 8월~12월(6개월)로 한다.

제3조 【탄력근무제 단위기간별 근로시간】 ① 탄력근무제 단위기간별 근로시간은 아래 표와 같다.

〈탄력근무제 단위기간별 근로시간표〉

구분	법정근로시간 미달기간 (일명 : '다운' 기간)	법정근로시간 초과기간 (일명 : '업' 기간)
단위기간	8월~익년 1월(6개월) *단, 연봉계약 적용 : 1월, 8월~12월	2월~7월(6개월)
	• 5,6,7 / 8,9,10 • 11,12,1 / 2,3,4	• 11,12,1 / 2,3,4 • 5,6,7 / 8,9,10
기본 근무시간	09:30~16:30(6H) 휴게시간 12:30~13:30(1H)	09:30~21:00(10H) 휴게시간 : 12:30~13:30(1H) 18:30~19:00(0.5H)
사전합의 연장근로	16:30~18:30(2H) (18:30이전 퇴근가능)	21:00~23:00(2H) (23:00이전 퇴근가능)

② 그 구체적 내용은 [별첨 1]과 같다.

제4조 【탄력근로시간제 적용 기본근로시간외 추가 연장근로 운용】 ① 기본근무시간은 법정근로시간 미달기간 근무월 기간(1월, 8월-12월)에는 09:30~16:30, 법정근로시간 초과기간 근무월 기간(2월-7월)에는 09:30~21시로 한다.
② 근로자로부터 사전 연장근로 동의를 전제로, 위 탄력근로시간제 적용 기본근무시간 외 1주 12시간, 월 52시간 연장근로 포함 포괄임금제를 시행하되, 특정일 2시간 이상 초과근로하더라도, 1주12시간 / 1월52시간 초과하지 않는다면 무방하며, 특정주 실 근무시간은 64시간을 초과할 수는 없다.
③ 법정근로시간 초과기간 근무월 기간(2월-7월) 업무가 없을 경우, 팀장(또는 팀장의 경우에는 수석실장)의 승인하에 18:30분 以後 21시 以前 퇴근이 가능하되, 21시 以前 퇴근 월 합산 시간이 21시 以後퇴근 월 합산시간에 미달될 경우, 미달되는 시간분 만큼 월 급여에서 공제한다.
④ 법정근로시간 초과기간 근무월 기간(2월-7월) 21시 以後퇴근 월 합산 근무시간이 21시 以前퇴근 월 합산시간을 초과할 경우, 그 초과 시간분 만큼, 아래와 같이 직급별 추가 인센티브 수당을 지급한다.

제5조 【퇴근시간】 ① 근로자는 원칙적으로 23시 이전에 퇴근하여야 한다.

② 불가피한 경우 23시 이후 연장근로 할 수 있되, 이 경우에는 〈23시 이후 연장근로 사유서〉를 제출하여 회사로부터 사후승인을 받아야 하며, 이 경우에도 해당 주 64시간 이상 초과근로를 할 수 없다.
③ 근로일 종료 후 다음 근로일 개시 전까지 근로자에게 연속하여 11시간의 휴식시간을 부여하되, 다만, 천재지변 등 예외적인 경우, 근로자대표와 서면 합의로 11시간 미만의 휴식이 허용될 수 있다.

제6조 【조기출근】 ① 조기출근시간은 자발적으로 출근한 것으로서 근무시간에서 제외한다.
② 다만, 업무상 필요성이 명백하여 출근 1시간 이전 조기출근 시 근무시간으로 인정될 수 있다.

제7조 【연차휴가】 ① 연차휴가 사용은 법정근로시간 초과 또는 미달기간 근무월 기간과 상관없이 1일 8시간으로 본다.
② 따라서 반(半)차 사용 시에는 법정근로시간 초과 또는 미달기간 근무월 기간과 상관없이 4시간 근무외 잔여시간이 반(半)차 사용이 된다.
③ 당해연도 연차가 소진되어 잔여 연차일수가 없을 경우, 연차사용 시에는 해당 근로자의 동의하에 차년도 연차일수에서 공제할 수 있다.

제8조 【연봉계약서 작성】 월 급여액 산정에 있어 법정근로시간 초과기간(6개월)과 법정근로시간 미달기간(6개월) 간 차이가 있으므로, 연봉 근로계약서 체결 시, 기간별 월 급여 산정방법 등 구분하여 기재하되, 구체적 산정방법은 [별첨 2]와 같다

제9조 【시행방법】 본 탄력근로시간제는 근로기준법 제51조의 2에 따라, 근로자대표와 합의하여 시행한다.

제10조 【시행시기】 본 탄력근로시간제는 2026년 1월 1일부터 시행한다.

2025. 12. 3.

대 표 이 사 ○ ○ ○
근로자대표 ○ ○ ○

1 일차

참고 [별첨 1] 6개월 단위 탄력근무제 구체적 내용

<table>
<tr><th colspan="2">구분</th><th>8월~익년 1월(6개월)
(법정근로시간 미달기간)</th><th>2월~7월(6개월)
(법정근로시간 초과 기간)</th></tr>
<tr><td colspan="2">단위기간</td><td>5, 6, 7 /
8, 9, 10, 11, 12, 1
/ 2, 3, 4</td><td>11, 12, 1 /
2, 3, 4, 5, 6, 7
/ 8, 9, 10</td></tr>
<tr><td colspan="2">소정근무시간</td><td>09:30~16:30(6H)</td><td>09:30~21:00(10H)</td></tr>
<tr><td colspan="2">휴게시간</td><td>12:30~13:30(1H)</td><td>12:30~13:30(1H)
18:30~19:00(0.5H)</td></tr>
<tr><td colspan="2">연장근로(사전합의서)</td><td>16:30~18:30(2H)</td><td>21:00~23:00(2H)
※ 야간수당 22시~23시(1H)</td></tr>
<tr><td colspan="2">1일 실 근로시간</td><td>6H~8H</td><td>10H~12H</td></tr>
<tr><td colspan="2">1주 근무일</td><td>주5일(월~금)</td><td>주5일(월~금)</td></tr>
<tr><td colspan="2">최대 실 근로시간(월)</td><td>174H
[〈(8H×5일)×52주〉÷12]</td><td>260H
[〈(12H×5일)×52주〉÷12]</td></tr>
<tr><td rowspan="4">급여 반영 근로 시간 (월)</td><td>기본급</td><td>156H
[{〈(6H×5일)+6〉×52주}÷12]</td><td>251H
[{〈(10H×5일)+8〉×52주}÷12]</td></tr>
<tr><td>고정OT</td><td>65H
[〈(2H×1.5×5일)×52주〉÷12]</td><td>65H
(좌동)</td></tr>
<tr><td>야간수당</td><td>없음</td><td>11H(22H×0.5)
[〈(1H×0.5×5일)×52주〉÷12]</td></tr>
<tr><td>계</td><td>221H</td><td>327H</td></tr>
<tr><td colspan="2">월 최저임금(2026년)</td><td>2,280,720(10,320원×221H)</td><td>3,374,640(10,320원×327H)</td></tr>
</table>

참고 [별첨 2] 탄력근무 근로자 2026년도 월 급여산정방법

〈예시 : 연봉 지급총액 38,000,000원(식대 포함)〉

급여 산정 단위기간(월)		1월, 8월~12월(6개월)	2월~7월(6개월)
단위기간		5, 6, 7 / 8, 9, 10, 11, 12, 1 / 2, 3, 4	11, 12, 1 / 2, 3, 4, 5, 6, 7 / 8, 9, 10
급여반영 근로시간(월)		221H	327H
단위기간별 6개월 근로시간 수		221H×6개월=1,326H	327H×6개월=1,962H
		3,288H	
기간별 비율		0.4(1,326H÷3,288H)	0.6(1,962H÷3,288H)
2개월 급여		6,333,333 (38,000,000원÷6개월)	좌동
월 급여		2,533,333원 (6,333,333×0.4)	3,800,000원 (6,333,333×0.6)
월 급여 구성	기본급 (식대 등 포함)	1,798,430원 2,533,000원×(156H÷221H)	2,926,000 3,800,000원×(251H÷327H)
	고정OT	734,903원 2,533,000원×(65H÷221H)	760,000원 3,800,000원×(65H÷327H)
	야간수당	없음	114,000원 3,800,000원×(11H÷327H)
	계	2,533,333원	3,800,000원

※ 기본급 1,798,430원은 1일 6시간, 월 156시간분에 대한 임금이므로, 최저임금법 위반이 아님.

36 선택적근로시간제는 어떻게 운용하는지

근기법 제52조 【선택적근로시간제】 ① 사용자는 취업규칙(취업규칙에 준하는 것을 포함한다)에 따라 업무의 시작 및 종료 시각을 근로자의 결정에 맡기기로 한 근로자에 대하여 근로자대표와의 서면 합의에 따라 다음 각 호의 사항을 정하면 1개월(신상품 또는 신기술의 연구개발 업무의 경우에는 3개월로 한다) 이내의 정산기간을 평균하여 1주간의 근로시간이 제50조제1항의 근로시간을 초과하지 아니하는 범위에서 1주 간에 제50조제1항의 근로시간을, 1일에 제50조제2항의 근로시간을 초과하여 근로하게 할 수 있다.

1. 대상 근로자의 범위(15세 이상 18세 미만의 근로자는 제외한다)
2. 정산기간
3. 정산기간의 총 근로시간
4. 반드시 근로하여야 할 시간대를 정하는 경우에는 그 시작 및 종료 시각
5. 근로자가 그의 결정에 따라 근로할 수 있는 시간대를 정하는 경우에는 그 시작 및 종료 시각
6. 그 밖에 대통령령으로 정하는 사항

② 사용자는 제1항에 따라 1개월을 초과하는 정산기간을 정하는 경우에는 다음 각 호의 조치를 하여야 한다.

1. 근로일 종료 후 다음 근로일 시작 전까지 근로자에게 연속하여 11시간 이상의 휴식 시간을 줄 것. 다만, 천재지변 등 대통령령으로 정하는 불가피한 경우에는 근로자대표와의 서면 합의가 있으면 이에 따른다.
2. 매 1개월마다 평균하여 1주간의 근로시간이 제50조제1항의 근로시간을 초과한 시간에 대해서는 통상임금의 100분의 50 이상을 가산하여 근로자에게 지급할 것. 이 경우 제56조제1항은 적용하지 아니한다.

1. 개념

가. 선택적근로시간제란

① 1월 이내의 정산기간의 총 근로시간만 정하고 각일, 각주의 근로시간과 각일의 시작 및 종료시각을 근로자의 자유에 맡기는 제도이다.

② 따라서 근로자는 1주 40시간, 1일 8시간의 근로시간 제한없이 자신의 선택에 따라 자유롭게 근무에 종사할 수 있으나, 다만, 의무적 시간대(core time)나 선택적 시간대를 정한 경우에는 이에 따라야 한다.

그림 선택적근로시간제의 예시

나. '완전선택적근로시간제'와 '부분선택적근로시간제' 비교

① '완전선택적근로시간제'는 정산시간 중 업무의 시작시각과 종료시각이 근로자의 자유로운 결정에 맡겨져 있고 사용자가 관여하지 않는 것을 말하는 바, 즉, 의무적 근로시간대는 없고 선택적 근로시간대만 있는 경우이다.

② 이에 비하여 '부분선택적근로시간제'는 일정한 시간대를 정하여 그 시간(의무근로시간대, Core Time)에는 근로자가 사용자로부터 시간적 구속과 구체적인 업무지시를 받고 나머지 시간(선택적 근로시간대)은 근로자가 자유롭게 결정하는 것을 말한다.

2. 도입 필요성

① '선택적근로시간제(flexitime system)'란 노사합의로 일정한 기간동안 근로해

야 할 총 근로시간만 정하고 각 근로일에 있어서의 근로시간과 그 시작 및 종료시각을 근로자의 자유에 맡김으로써, 효율적인 시간활용을 통해 업무효율을 증대 시키고자 하는 제도이다.

② 선택적근로시간제는 근로자 스스로 가장 효율적으로 업무를 수행하고 성과를 높일 수 있는 업무시간을 선택하여 생산성을 높임으로써 노사 모두에게 유익한 제도이다.

그림 '완전선택적근로시간제'와 '부분선택적근로시간제' 비교

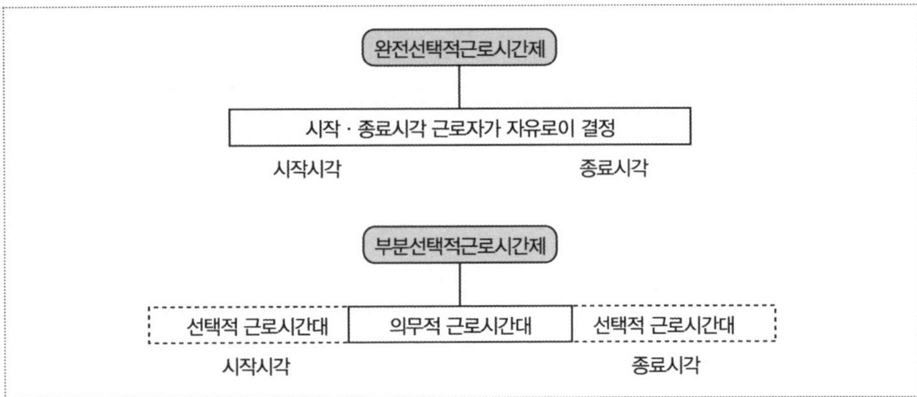

3. 도입 요건

선택적근로시간제를 도입하려면 근로자의 과반수를 대표하는 노동조합 또는 근로자대표와 서면합의하여야 하며, 해당 사업 또는 사업장 단위에 노사협의회가 설치되어 있으면 노사협의회의 근로자위원을 근로자 과반수를 대표하는 자로 볼 수 있다.

가. 서면합의 내용에 포함되어야 할 사항

(1) 대상근로자의 범위

일반적으로 출퇴근 등에 엄격한 제한을 받지 않는 관리・감독업무 종사자, 근로의 양보다는 질이 중시되는 전문직, 연구직, 사무직 종사자 등에 제도 적용이 용이

하나, 사업장 여건이 허락되는 경우 대부분 사업장에서 도입 가능하다.

(2) 정산기간, 총 근로시간

① 정산기간은 1개월(IT업종 3개월) 이내에서 2주, 4주 등으로 설정할 수 있다.

② 총 근로시간은 일반적으로 제도 도입 전을 기준으로 정산기간 상당의 소정근로시간 수 합계로 계산한다(예 : 40시간 × 30일 ÷ 7일 = 171.4시간).

월별 역일 수에 따른 1개월 단위 선택적 근로시간제 근로시간 한도			
역일 수	소정근로	연장근로	총근로
	40×역일수÷7	12×역일수÷7	52×역일수÷7
28	160	48	208
30	171.4	51.4	222.9
31	177.1	53.1	230.3

③ 총 근로시간을 정하게 되면 정산기간의 총 근로시간 범위 내에서 <u>일, 주단위 법정근로시간을 초과하여 근무하더라도 연장근로가 되지 않는다</u>.

④ 표준근로시간 : 표준근로시간은 선택적근로시간제하에서 노사가 유급휴가 등의 계산기준으로 정한 1일의 근로시간을 말한다(유급휴가사용시 1일의 표준근로시간을 사용한 것으로 취급).

선택, 탄력근로제下 법정근로시간 산정 방법 검토
〈고용노동부 지침(임금근로시간과-2021.3.16)〉

❑ 질의요지 : 정산기간이 1개월인 선택근로제에서 해당 월(역일수 30일, 근로일수 22일 전제)의 법정근로시간 산정 방법은?

- 방법 1 : 171.4시간 〈40시간×(30일÷7일)〉
- 방법 2 : 176시간 〈22일(근로일 수)×8시간〉

❑ 고용노동부 지침 : 선택(탄력)근로제는 정산(단위)기간을 평균하여 1주간의 근로시간이 주 40시간을 초과하지 않는 범위에서 운영하도록 규정(근기법 제51조)하고 있으므로, 〈방법 1〉에 따라 산정하여야 함.

※ 명절 연휴 등 공휴일이 많은 월(月)의 경우, 예를 들면 1월 소정근로일수가 16일인 경우, 연장근로 개시는 128시간(16일×8시간) 초과 시점이 아니라 171.4시간 초과 시점부터 연장근로가 되므로, 월(月) 연장근로 52시간 이상, 최대 223시간(역일수 30일의 경우)까지 근로가 가능.

4. 시차출 · 퇴근제(시차근무제) : 1일 8시간 근무를 전제

기존 근무시간	변경 근무시간	
	A그룹	B그룹
시작시간 09:00	시작시간 08:00	시작시간 10:00
종료시간 18:00	종료시간 17:00	종료시간 19:00

5. 운영상 유의할 점

가. 선택적근로시간제에 있어서도 야간근로수당을 지급하여야 하는지

① 선택적 근로시간대에 야간근로시간(오후 10시부터 오전 6시까지 사이의 근로)이 포함되어 있는 경우에는 통상임금의 50%를 야간근로수당으로 지급하여야 한다.

② 선택적 근로시간대에 야간근로시간이 포함되어 있지 않은 경우에는 ㈎ 사용자가 사전에 요청하였거나 근로자가 사전에 이를 통지하고 사용자의 승인을 받은 경우에는 야간근로수당을 지급해야 하고, ㈏ 근로자가 사용자에 대한 통지나 사전 승인 또는 묵시적 동의없이 자발적으로 근로한 경우에는 야간근로수당에 대한 지급의무가 없다.

선택적 근로시간대
야간근로시간
➲ 야간근로수당 지급

선택적 근로시간대 | 야간근로시간
야간근로수당 지급여부
▶ 사용자 사전 요청(○)
▶ 근로자 사전 통지+사용자 승인(○)
▶ 자발적 근로(×)

나. 선택적근로시간제에 있어 근태관리는 어떻게 하여야 하나

① 선택적근로시간제의 경우 선택적 근로시간대와 코어타임이 설정되어 있지 않다면 근태를 관리할 수 있는 범위가 크게 줄어든다.

② 그러나 코어타임이 설정되어 있는 경우 코어타임까지 출근하지 않거나 코어타임 이전에 퇴근하면 징계 사유가 될 수 있다.

다. 선택적근로시간제하에서의 연장근로는 어떻게 계산하는지

① 선택적근로시간제하에서는 정산기간에 있어 총 근로시간만 정해지므로 각일, 각주에 있어 연장근로는 계산될 수 없으며, 연장근로가 필요한 경우에는 정산기간 전 또는 정산기간 도중 해당 근로자와 별도로 합의하여야 한다.

② 따라서 실제 연장근로를 하였는지 여부는 정산기간 이후에 알 수 있으며, 연장근로로 계산되는 시간은 정산기간에 있어 미리 정한 총 근로시간을 넘는 시간이며, 이 경우 가산수당이 지급되어야 하는 시간은 정산기간에 있어 총 법정근로시간을 초과하는 시간이다(예 : 월을 정산기간으로 정한 경우, 그 월이 30일이라면 총 법정근로시간은 171.4시간(40 × 30/7)이므로 이 시간을 넘는 시간이 법상 가산수당이 지급되는 연장근로가 된다).

③ 연장근로의 한도는 정산기간을 평균하여 1주에 12시간을 초과해서는 안된다.

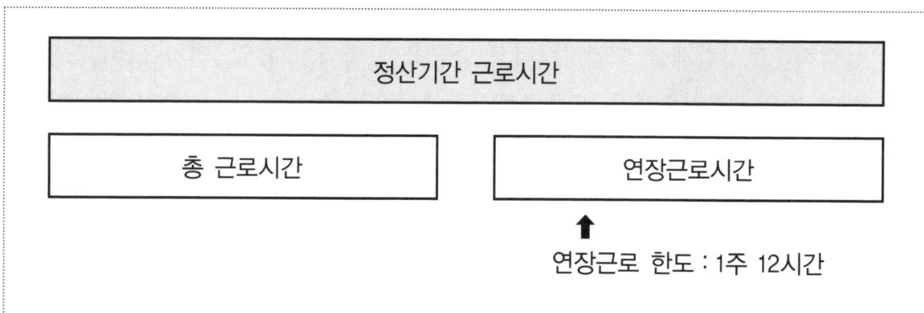

라. 선택적근로시간제에 있어 연장근로수당 지급은 어떻게 하여야 하는지

① 선택적근로시간제는 정산기간의 근로시간만 정하면 되고 각 일, 각 주에 대한 근로시간은 근로자가 스스로 배정하므로 각 일, 각 주에 있어서는 연장근로에 대한

의미가 없다.

② 대신 정산결과 약정한 시간을 넘어서 근로한 경우는 연장근로의 문제가 발생할 수 있다. 즉, 법정근로시간(정산기간을 평균한 1주간의 근로시간이 40시간)을 넘어서면 가산임금을 지급하여야 한다.

③ 다만, 사용자가 연장근로를 요청하였거나 근로자의 연장근로 통지에 대해 사용자가 승인한 경우에만 연장근로수당에 대한 지급의무가 있으므로 이에 대해서는 취업규칙 또는 서면합의서에 포괄적으로 규정해 놓으면 된다.

표 선택적근로시간의 정산기간 비교(1개월 : 3개월)

<table>
<tr><th>정산기간
구분</th><th>1개월</th><th colspan="3">3개월</th></tr>
<tr><td>연장근로시간 포함 월 최대 근로시간</td><td>226(174+52)</td><td colspan="3">174×3=522시간 범위 내 특정 월 226시간 초과 가능</td></tr>
<tr><td colspan="5">※ 선택근로시간제 : 특정 일·주단위 법정근로시간을 초과 무방</td></tr>
<tr><td rowspan="2">연장근로시간</td><td rowspan="2">52시간</td><td>① 278시간(226+52)</td><td>② 174</td><td>③ 122</td></tr>
<tr><td>104시간</td><td>×</td><td>×</td></tr>
</table>

마. 휴일 · 휴가의 부여는 어떻게 해야 하는지

① 선택적근로시간제를 도입하더라도 출근율에 따라 주휴일, 연차유급휴가를 주어야 하며 휴일·휴가수당은 표준근로시간에 해당하는 임금을 기초로 계산한다.

② 주휴일에 선택적 근로시간대가 설정되어 있다면 그 시간대의 근로는 휴일근로가 되어 가산수당을 지급해야 한다.

③ 만약, 주휴일에 선택적 근로시간대가 설정되어 있지 않다면 주휴일에 근로하였더라도 사용자의 지시나 동의가 있어야 휴일근로가 되며 휴일근로의 합의는 합의서 또는 취업규칙에 규정하면 된다.

6. 선택적근로시간제 노사합의서(예시)

선택적 근로시간제 노사합의서

제1조 【선택적 근로시간제 개념】 〈1개월 정산기간 선택적 근로시간제〉란, 1개월 단위로 정해진 총 근로시간 범위 내에서 업무의 시작 및 종료시간, 1일의 근로시간 중 의무근로시간대를 제외하고 근로자가 출퇴근시간을 자율적으로 결정할 수 있는 제도를 의미한다.

제2조 【적용대상】 디자인부서 소속 근로자에 대해서 〈1개월 정산기간 선택적 근로시간제〉를 시행한다.

제3조 【정산기간】 선택적 근로시간제 정산기간은 1개월로 하되, 매월 초일부터 말일까지로 한다.

제4조 【1일 의무근로시간대】 ① 의무근로시간대(일명 '코어타임')는 10:30~17:30(6시간)으로 하되, 휴게시간(12:30~13:30)은 제외한다.
② 의무근로시간대 이외 출퇴근 시간은 개인 또는 팀별로 선택할 수 있다.

제5조 【지각, 조퇴】 ① 지각은 의무근로시간대 이후 출근, 조퇴는 의무근로시간대 이전 퇴근이며, 월 2회 이상 지각·무단조퇴 시 징계할 수 있다.
② 단, 이전 근로일 종료 후 다음 근로일 시작 전까지 연속하여 11시간 이상의 휴식으로 인하여, 의무근로시간 이후 출근 시에는 지각으로 보지 아니한다.
※ 1개월 이하 정산기간의 선택적 근로시간제에서는 11시간 연속휴식권 보장은 법적 의무사항이 아님.

제6조 【1일 표준근로시간】 ① 1일 임금산정, 연차 등에 있어서 1일 표준근로시간은 8시간으로 한다.
② 반차사용은 4시간 근무(의무근로시간 3시간 포함)외 시간을 말한다.

제7조 【월 기본 총근로시간】 월 기본급 산정 총 근로시간은 〈40시간×해당월의 역일수÷7〉로 산정한다.

월 역일 수	월 기본 총 근로시간	산정근거
28일	160	40시간×28일÷7
30일	171.4	40시간×30일÷7
31일	177.1	40시간×31일÷7

제8조 【월 최대 근로시간】 월 최대 근로시간은 〈52시간×해당월의 역일수÷7〉로 산정한다.

월 역일 수	1개월 법정 근로시간	산정근거
28일	208	52시간×28일÷7
30일	222.9	52시간×30일÷7
31일	230.3	52시간×31일÷7

제9조 【연장 · 휴일 · 야간 · 근로】 ① 연장 · 휴일근로는 위 제7조에 의한 월 기본 총 근로시간을 초과근무한 시간을 말하며, 매월 정산한다. 즉 1일 또는 1주 단위 연장근로는 근로기준법 제52조에 따라 별도 산정하지 아니한다.

② 휴일근로는 반드시 회사가 사전승인을 한 경우에 한하여 인정된다.

③ 야간근로는 22:00~익일 06시 간 근무시간을 말한다.

제10조 【월 최소 의무근로시간】 ① 월 최소 의무근로시간은 〈해당 월 소정근무일수×8시간〉이며, 소정근무일수란 〈해당월 역일수-(토 · 일+공휴일+연차사용시간)〉을 말한다.

월 소정근무일수	최소의무근무시간	연차사용시
16	128	연차사용 시간 만큼 최소 의무근무시간에서 공제
17	136	
18	144	
19	152	
20	160	
21	168	
22	176	

② 위 제1항의 월 최소 의무근로시간에서 미달하여 근무하였을 경우, 해당시간 만큼 해당 월 임금에서 공제한다.

제11조 【포괄임금제】 월 급여액 산정에 있어, 위 제7조의 월 기본 총근로시간 외 연장 · 휴일근로(고정OT) 30시간분(임금환산 45시간) 및 야간근로 30시간분(임금환산 15시간)의 수당을 미리 포함하여 지급하여 지급한다.

제12조 【시행방법】 본 선택적근로시간제는 근로기준법 제52조에 따라, 근로자대표와 합의하여 시행한다.

제13조 【시행시기】 본 선택적 근로시간제는 2026년 1월 1일부터 시행한다.

2025. 12. 3.

대 표 이 사 ○ ○ ○

근로자대표 ○ ○ ○

37 사업장밖 간주근로시간제란 무엇인가

근기법 제58조 【근로시간 계산의 특례】 ① 근로자가 출장이나 그 밖의 사유로 근로시간의 전부 또는 일부를 사업장 밖에서 근로하여 근로시간을 산정하기 어려운 경우에는 소정근로시간을 근로한 것으로 본다. 다만, 그 업무를 수행하기 위하여 통상적으로 소정근로시간을 초과하여 근로할 필요가 있는 경우에는 그 업무의 수행에 통상 필요한 시간을 근로한 것으로 본다.
② 제1항 단서에도 불구하고 그 업무에 관하여 근로자대표와의 서면합의를 한 경우에는 그 합의에서 정하는 시간을 그 업무의 수행에 통상 필요한 시간으로 본다.

1. 개념

가. 사업장밖 근로시간제란

① 근로자가 출장 그 밖의 사유로 근로시간의 전부 또는 일부를 사업장 밖에서 근로하여 근로시간을 실제적으로 산정하기 어려운 경우에 있어서 근로시간을 인정하는 제도이다. 따라서 사업장 밖에서 근로하더라도 근로시간의 산정이 가능하면 제외된다.

② 이 경우에 원칙적으로 소정근로시간을 근로한 것으로 보나, 당해 업무의 수행을 위해 통상적으로 소정근로시간을 초과한 근로가 필요한 경우에는 통상 필요한 시간을 근로시간으로 인정하며, 통상 필요한 시간을 노사가 따로 서면합의한 경우에는 그 시간을 근로시간으로 인정한다.

나. 탄력적근로시간제 및 선택적근로시간제와 차이

① 탄력적·선택적근로시간제는 근로시간 조정 및 배분 등을 통한 근로시간 형

태의 변화가 있으나,

② 사업장밖근로시간제는 현재 근로시간 형태의 변경없이 근로시간을 계산하는 방법만 편리하게 정하는 것이다.

표 탄력적 · 선택적근로시간제와 비교

구분	탄력적 · 선택적근로시간제	사업장밖근로시간제
근로시간 형태 변경 여부	변경 있음	변경 없음
근로시간 산정	실제 근로시간으로 산정	근로시간 산정이 어려워 '근로한 것으로 인정하는 시간'으로 산정

2. 의의

① 사업장밖근로시간제는 인정근로제 또는 간주근로제로 표현하기도 하는데 서비스산업의 발달과 자동화의 진전 등으로 사업장 밖에서 근로하는 사례가 증가하고 있는 현실을 반영하여 근로시간을 보다 합리적으로 정하기 위한 것이다. 근로시간의 산정이 어려운 업무로 영업직, A/S업무, 출장업무, 택시운송업, 재택근무 등을 들 수 있다.

② 이 제도 아래서는 근로자가 실제 근로한 시간과 관계없이 '소정근로시간', '업무수행에 통상적으로 필요한 시간', '노사가 서면으로 합의한 시간' 중 어느 하나를 근로시간으로 본다.

③ 사업장밖근로시간제를 도입시 특례가 적용되는 범위는 '근로시간 계산'에 관한 부분에 한하므로, 휴일 및 휴가 등은 그대로 적용되며, 휴일근로 및 야간근로가 발생한 경우 가산수당을 지급하여야 한다.

3. 도입요건

가. 사업장 밖의 근로일 것

① 사업장 밖의 근로는 '근로의 장소적 측면'과 '근로수행의 형태적 측면'을 종합적으로 고려하여 판단해야 한다.

② '근로의 장소적 측면'에서는 소속 사업장에서의 장소적 이탈을 전제로 하여 근로자가 자신의 본래 소속 사업장의 근로시간 관리로부터 벗어나 있는 상황을 말하므로, 따라서 근로시간을 전부 사업장 밖에서 근로하는 경우는 물론 일부만 사업장 밖에서 근로하는 경우도 포함된다.

③ '근로수행의 형태적 측면'에서는 사용자의 근로시간이란 관리조직으로부터의 구체적인 지휘감독을 받지 않고 근로를 수행하는 것을 말한다.

1
일
차

나. 근로시간을 산정하기 어려울 것

① 근로시간 산정이 어려운 경우는 사업장 밖 근로의 시업시각과 종업시각이 해당 근로자의 자유에 맡겨져 있고, 근로자의 조건이나 업무상태에 따라 근로시간의 장단이 결정되는 경우를 말한다.

② 따라서 사업장 밖의 근로라 하더라도 사용자의 구체적인 지휘·감독이 미치는 경우에는 근로시간의 산정이 가능하므로 그 적용대상에서 제외된다(예 : 사업장 밖 근로에 종사할 때 그 구성원 중에 근로시간의 관리를 하는 자가 있는 경우, 휴대폰 등에 의하여 수시로 사용자의 지시를 받으면서 근로를 하는 경우, 미리 회사로부터 방문처와 돌아오는 시간 등 당일 업무를 구체적으로 지시받아 근무를 하고 사업장에 돌아오는 경우 등).

다. 취업규칙 또는 근로자대표와 서면합의로 근로한 것으로 인정하는 시간을 규정

(1) 소정근로시간으로 보는 경우

① 사업장 밖에서 근무하기 때문에 근로시간을 산정하기 어려운 경우에는 소정근로시간을 근로한 것으로 인정한다.

② 소정근로시간이라 함은 법정근로시간(1주 40시간, 1일 8시간)의 범위 내에서 노사간에 근무하기로 정한 근로시간을 말한다.

(2) 통상 필요한 시간으로 보는 경우

① 해당 업무를 수행하기 위하여 통상적으로 소정근로시간을 초과하여 근로할

필요가 있는 경우에는 그 업무의 수행에 통상 필요한 시간을 근로한 것으로 인정한다.

② 통상 필요한 시간은 통상적 상태에서 그 업무를 수행하기 위해 객관적으로 필요한 시간을 말한다.

(3) 노사가 서면합의한 시간으로 보는 경우

① 사용자와 근로자대표가 서면합의를 한 경우에는 그 합의에서 정한 시간을 그 업무수행에 통상 필요한 시간으로 인정한다.

② 합의는 서면으로 작성하여 권한있는 노사 당사자가 서명, 날인해야 한다.

사업장밖근로시간제 도입요건
1. 사업장 밖의 근로일 것 2. 근로시간 산정이 어려울 것 3. 근로한 것으로 인정하는 시간 규정(취업규칙/노사 서면합의) ① 소정근로시간 ② 통상 필요한 시간 ③ 노사가 서면합의한 시간

4. 운영상 유의할 점

※ 다음과 같이 사업장 밖에서 근로하더라도 근로시간의 산정이 가능한 경우에는 근로시간의 간주규정이 적용되지 않는다.

① 여러 명이 그룹으로 사업장 밖 근로에 종사하는 경우로서 그 멤버 중에 근로시간의 관리를 하는 자가 있는 경우

② 사업장 밖에서 업무에 종사하는 사람이 휴대폰이나 무선 등에 의하여 수시로 사용자의 지시를 받으면서 근로하는 경우

③ 사업장에서 방문처, 귀사시간 등 당일 업무의 구체적인 지시를 받은 다음, 사업장 밖에서 회사 지시대로 업무를 수행하고 그 후 사업장에 돌아오는 경우

5. 사업장밖근로시간제 노사합의서 예시

주식회사 ○○ 대표이사 ________와 근로자 대표 ________는 취업규칙 제○○조에 기초하여 근로자에 대하여 사업장 밖 근로를 시키는 경우의 근로시간 산정에 관하여 다음과 같이 합의한다.

제1조【대상의 범위】 이 합의서는 영업부, 판매부 등에 소속하는 사업으로 주로 사업장 밖의 업무에 종사하는 자에게 적용한다.

제2조【인정근로시간】 제1조에 정한 직원이 통상근로시간의 전부 또는 일부를 사업장 밖에 있어서의 업무에 종사하고, 근로시간을 산정하기 어려운 경우에는 휴게시간을 제외하고 9시간을 근로한 것으로 본다.

제3조【휴게시간】 제1조에 정한 직원에 대해 취업규칙 제○○조에 정한 휴게시간을 적용한다. 다만, 업무에 따라서는 정해진 휴게시간에 휴게할 수 없는 경우는 별도의 시간대에 소정의 휴게를 부여하는 것으로 한다.

제4조【휴일근로】 제1조에 정한 직원이 특별한 지시에 따라 취업규칙 제○○조에 정한 휴일에 근무한 경우에는 회사는 취업규칙 제○조에 기초하여 휴일근로 가산수당을 지급한다. 다만, 출장중인 경우에는 그러하지 아니하다.

제5조【야간근로】 제1조에 정한 직원이 특별한 지시에 따라 야간(22:00~06:00)에 근무한 경우에는 취업규칙 제○조에 기초하여 야간근로 가산수당을 지급한다.

제6조【연장근로】 제2조에 따라 근무로 인정된 시간 중 소정근로시간을 넘는 시간에 대해서는 취업규칙 제○조에서 정한 연장근로 가산수당을 지급한다.

제7조【시행일】 이 합의서의 유효기간은 2026년 1월 2일부터 1년간으로 하되, 유효기간 만료 1개월 전까지 개정 관련 별도 의견이 없는 경우에는 그 후 1년간 자동갱신되는 것으로 하며, 그 이후에도 또한 같다.

2026. 1. 2.

주식회사 ○○ 대 표 이 사 (인)

근로자대표 (인)

38 재량간주근로시간제란 무엇인가

근기법 제58조【근로시간 계산의 특례】 ③ 업무의 성질에 비추어 업무수행방법을 근로자의 재량에 위임할 필요가 있는 업무로서 대통령령으로 정하는 업무는 사용자가 근로자대표와 서면 합로 정한 시간을 근로한 것으로 본다. 이 경우 그 서면합의에는 다음 각 호의 사항을 명시하여야 한다.

1. 대상 업무
2. 사용자가 업무의 수행 수단 및 시간 배분 등에 관하여 근로자에게 구체적인 지시를 하지 아니한다는 내용
3. 근로시간의 산정은 그 서면합의로 정하는 바에 따른다는 내용

④ 제1항과 제3항의 시행에 필요한 사항은 대통령령으로 정한다.

근기법시행령 제31조【재량근로의 대상업무】 법 제58조제3항 전단에서 "대통령령으로 정하는 업무"란 다음 각 호의 어느 하나에 해당하는 업무를 말한다.

1. 신상품 또는 신기술의 연구개발이나 인문사회과학 또는 자연과학분야의 연구 업무
2. 정보처리시스템의 설계 또는 분석 업무
3. 신문, 방송 또는 출판 사업에서의 기사의 취재, 편성 또는 편집 업무
4. 의복・실내장식・공업제품・광고 등의 디자인 또는 고안 업무
5. 방송 프로그램・영화 등의 제작 사업에서의 프로듀서나 감독 업무
6. 그 밖에 고용노동부장관이 정하는 업무

고용노동부고시 제2019-6호(2019.7.31.)

근로기준법 시행령 제31조제6호에서 '그 밖에 고용노동부장관이 정하는 업무'란, 회계・법률사건・납세・법무・노무관리・특허・감정평가・금융투자분석・투자자산운용 등의 사무에 있어 타인의 위임・위촉을 받아 상담・조언・감정 또는 대행을 하는 업무를 말한다.

1. 의의

① 재량근로시간제란 업무의 성질에 비추어 업무수행방법을 근로자의 재량에 위임할 필요가 있는 업무로서 사용자가 근로자대표와 서면합의로 정한 근로시간을

소정근로시간으로 인정하는 제도이다.

② 산업전반에서 기술혁신, 정보화, 서비스업 비중 증가, 지식노동 증가 등에 따라 일하는 방식에 있어서 근로자의 재량 여지가 많고, 그 보수도 근로시간의 양보다 근로의 질(성과)에 따라 결정되는 것이 적합한 전문적 업무가 증가하고 있다.

③ 연구개발업무, 정보처리시스템 분석, 설계업무, 기사의 취재, 편집업무 등 창의성 발휘가 필요한 전문적 업무에 대해서는 일반근로자와 같이 근로시간의 양(量)으로 동일하게 규제하는 것이 부적절하므로 사용자의 구체적 지시에 따라 업무를 수행케 하는 것보다 근로자의 재량에 맡기는 것이 노사 쌍방을 위하여 바람직하다.

2. 도입요건

가. 재량근로의 대상업무에 해당할 것

재량근로의 대상으로 할 수 있는 업무는 근기법시행령 제31조에서 규정한 업무에 한정된다.

나. 노사간 서면합의로 구체적인 내용을 정할 것

서면합의 사항
• 대상업무 • 사용자가 업무의 수행수단 및 시간배분 등에 관하여 근로자에게 구체적인 지시를 하지 아니한다는 내용 • 근로시간의 산정은 그 서면합의로 정하는 바에 따른다는 내용

(1) 대상업무

합의대상은 시행령 제31조에서 지정한 업무에 종사하는 근로자로 한정된다.

(2) 업무의 수행방법을 근로자의 재량에 맡긴다는 내용

회사측이 그 업무의 수행수단이나 시간배분의 결정 등에 대하여 구체적인 지시를 하지 않는다는 것을 합의해야 한다.

(3) 노사 서면합의로 인정한 근로시간

재량근로자의 근로시간 산정은 서면합의로 정한 내용에 따른다는 취지를 합의해야 하며, 이때 산정방법은 대상근로자 중 일부를 표본추출하여 그간의 실근로시간을 집계, 분석하고, 분석한 결과에 따라 근로시간을 일별 또는 월별 또는 요일별로 결정하는 방법이 있을 수 있다.

3. 재택근무와의 차이

① 재량근로는 업무수행 방법과 근로시간 배분을 근로자의 재량에 맡기는 반면, 재택근무는 업무수행 방법에 대한 재량 여지와 관계없이 근무장소가 사업장 밖의 주택인 경우를 말한다.

② 또한 재량근로는 근로장소에 대한 법적 제한은 없지만 대부분 실제 사업장에 나와서 근로하거나 출장 등의 형태를 취한다는 점에서 재택근로와 차이가 있다.

③ 다만, 근로시간의 배분이나 휴게시간의 설정 등에 있어서 상당부분은 양자 모두 근로자의 자유에 맡겨져 있다 할 것이다.

4. 운영상 유의할 점

① 서면합의에서 정한 재량근로시간이 법정근로시간을 초과하는 경우에는 연장근로에 대한 가산수당을 지급해야 한다.

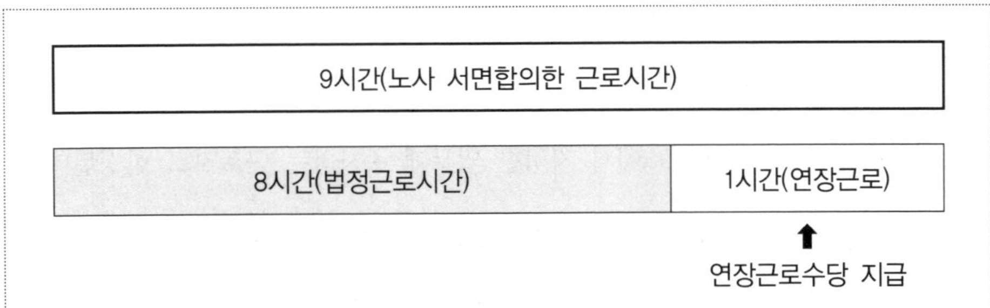

② 사용자는 서면합의에서 정한 재량근로시간 중에 야간근로(22:00~06:00)가 포함되어 있는 경우에는 가산수당을 지급해야 하나, 서면합의 내용에는 야간근로가 포함되어 있지 않고, 근로자 개인이 야간근로를 선호하여 근로를 실시하는 경우

에는 야간근로에 해당하지 않아 야간근로수당을 지급할 필요는 없다.

③ 운영 예시

유형	출·퇴근시간	필요근무시간대
출·퇴근시간 지정형	① 출근 09시, 퇴근 자율 ② 출근 자율, 퇴근 20시	없음
완전 자율근무형	별도 기준 없음	14시~16시

5. 사례별 업무지시 가능 여부 판단 : 고용노동부, 재량간주근로시간제 가이드(2019.8)

가. 업무보고 등

- 업무의 목표·내용·기한 등 기본적인 내용에 대한 지시 ························ (○)
- 일정 단계에서 진행경과 확인, 정보공유 등을 위한 업무보고 지시 ········ (○)
- 업무의 완성이 임박한 단계에서 완성도 확보를 위한 보고 지시 ············· (○)
- 업무의 성질에 비추어 보고 주기가 지나치게 짧고, 보고 불이행 시 징계 등 불이익 조치가 있는 경우 ·· (×)

나. 회의참석, 출장

- 업무진행 상황 확인, 정보공유 등을 위한 회의참석 지시 ························ (○)
- 중대한 결함 발생 등 긴급업무 발생 시 회의참석·출장 등 지시 ··········· (○)
- 업무의 완성을 위해 필요한 출장·외부회의·행사 등 참석 지시 ··········· (○)
- 근로자 스스로 재량에 따른 회의 소집·참석, 출장 등 ··························· (○)
- 근로자의 시간 배분을 사실상 제한할 정도의 빈번한 회의참석 지시 ······ (×)

다. 복무관리

- 소정근로일 출근의무를 부여하고 이를 확인하는 경우 ···························· (○)
- 장시간근로 차단 등 건강보호, 연차휴가 산정 등 복무관리 목적의 출·퇴근 기록 의무 부여 ··· (○)

- 출·퇴근 기록을 토대로 임금산정, 평가 반영 등 불이익 조치 ··············· (×)

라. 업무부여 주기

- 통상 1주 단위 이상으로 업무를 부여하거나, 일(日) 단위로 업무를 부여하더라도 업무의 성질 등에 비추어 합리적 사유가 있는 경우 ········· (○)
- 통상 소요되는 기간에 미치지 못하는 완료기한을 정하는 등 과도한 업무 부여 ··· (×)

마. 출·퇴근 시각 등

- 사업장의 설비·시스템 도입·교체 및 수리, 사고 발생(위험)에 따른 안전확보 등의 사유로 한시적으로 출·퇴근 시각을 정하여 엄격히 적용·관리하는 경우 ··· (○)
- 재량근로에서 통상적인 시업·종업 시각을 엄격히 적용·관리하는 경우 ··· (×)
- 서면합의로 업무의 완성을 위해 필요한 근무시간대를 정하는 경우 ······· (○)
- 사실상 출·퇴근 시각을 정하는 것과 같이 필요 근무시간대를 지나치게 넓게 설정·배치하는 경우 ·· (×)

6. 재량근로시간제 노사합의서(예시)

주식회사 ○○ 대표이사 ________와 근로자 대표 ________는 재량근로의 산정에 관하여 다음과 같이 합의한다.

제1조 【적용대상업무】 재량근로에 해당하는 업무 및 재량근로에 종사하는 직원은 다음과 같다.

1. 연구소에서 연구개발의 업무에 종사하는 자
2. 정보처리시스템의 분석 또는 설계의 업무에 종사하는 자

제2조 【업무의 수행방법】 제1조에서 정한 근로자에 대해서는 원칙적으로 그 업무수행의 방법 및 시간배분의 결정을 본인에 위임하고 회사측은 구체적 지시를 하지 않는다. 다만, 연구과제의 선택 등 종사할 업무의 결정 및 내용 등에 관한 지시, 직장질서 및 시설관리상의 지시는 이에 해당하지 않는다.

제3조 【근로시간의 산정】 제1조에서 정한 직원의 근로시간은 1일 9시간으로 본다.

제4조 【휴일 및 야간근로】 ① 재량근로 종사자가 휴일 또는 야간(22:00~06:00)에 업무를 행하는 경우에는 미리 소속 부서장의 허가를 받아야 한다.

② 전항에 따른 허가를 받고서 휴일 또는 야간에 업무를 행한 경우는 회사는 취업규칙이 정한 바에 따라 가산수당을 지급한다.

제5조 【근태관리】 ① 재량근로업무 종사자는 출근 및 퇴근시 소정의 타임카드를 이용하여야 한다.

② 휴가·결근에 관한 절차는 취업규칙이 정한 바에 따른다.

제6조 【시행일】 이 합의서의 유효기간은 2026년 1월 2일부터 1년간으로 하되, 유효기간 만료 1개월 전까지 개정 관련 별도 의견이 없는 경우에는 그 후 1년간 자동갱신되는 것으로 하며, 그 이후에도 또한 같다.

2026. 1. 2.

주식회사 ○○ 대 표 이 사 (인)

근로자대표 (인)

39 휴일과 휴가는 어떻게 다른가

근기법 제55조 【휴일】 ① 사용자는 근로자에게 1주에 평균 1회 이상의 유급휴일을 보장하여야 한다.
② 사용자는 근로자에게 대통령령으로 정하는 휴일(공휴일)을 유급으로 보장하여야 한다. 다만, 근로자대표와 서면으로 합의한 경우 특정한 근로일로 대체할 수 있다.

근기법시행령 제30조 【주휴일】 법 제55조에 따른 유급휴일은 1주 동안의 소정근로일을 개근한 자에게 주어야 한다.

관공서의 공휴일에 관한 규정 제3조 【대체공휴일】 ① 구정연휴 또는 추석연휴 공휴일이 다른 공휴일(주휴일 포함)과 겹칠 경우, 명절연휴일 다음의 첫 번째 비공휴일을 공휴일로 한다.
② 5월 5일 어린이날, 국경일 중 3·1절·광복절·개천절·한글날, 석가탄신일·성탄절에 따른 공휴일이 토요일이나 다른 공휴일과 겹칠 경우, 그 다음의 첫 번째 비공휴일을 공휴일로 한다.

1. 휴일·휴가·휴무(일)의 구분

가. 휴일

- 근로의무가 없는 날(비근로일)

나. 휴가

- 근로의무가 있는 날(근로일)에 근로자의 휴가청구에 의해 근로의무가 면제된 날

다. 휴무(일)

한편, 실무에서는 '휴무'라는 용어를 많이 사용하고 있는데, '휴무(일)'란 소정근로일에 사용자가 근로의무를 면제해 준 날이므로 처음부터 근로의무가 없는 '휴일'과 근무의무가 있는 날에 근로자의 신청에 의해 근로가 면제되는 '휴가'와 구분된다. 전형적인 '휴무'의 예는 주5일제근무에서 주휴일을 일요일로 한 경우 추가로 쉬게 된 토요일이 휴무일이 된다. 휴무일에 근로할 경우에 대한 취업규칙 등에서 별도로 정한 바가 없다면 휴일근로 가산수당은 발생하지 않으나 휴무일 근로로 주 40시간이 초과되는 시간에 대해서는 연장근로가산수당을 지급하여야 한다.

2. 법정 휴일 · 휴가

구분	종 류	법적 근거	비 고
법정 휴일	• 주휴일, 공휴일 • 근로자의 날	• 근기법 제55조, • 근로자의날제정에관한법률	• 의무적 부여 • 법정기준 이상이면 무방 • 임금을 지급해야 함(단, 육아휴직과 생리휴가는 무급)
법정 휴가	• 연차유급휴가 • 생리휴가 • 산전후휴가 • 육아휴직	• 근기법 제60조 • 근기법 제73조 • 근기법 제74조 • 고평법 제19조	

가. 유급 휴일 · 휴가수당

법정 휴일 · 휴가 중 주휴일, 근로자의 날, 연차유급휴가, 산전후휴가는 사용자에게 임금지급 의무가 있다. 월급제 직원인 경우 취업규칙에 별도의 규정이 없다면 휴일 · 휴가를 부여하고 정해진 월급액을 지급하면 유급휴일 · 휴가수당을 지급한 것으로 간주된다. 유급휴일 · 휴가수당 산정기준에 대하여 현행법상 정함이 없으므로 단체협약, 취업규칙, 근로계약의 정함에 따라 평균임금, 통상임금, 기타 임금으로 지급하면 된다(1985.3.11, 근기 1254-4503).

나. 주휴일

사용자는 1주일간 소정의 근로일수를 개근한 근로자에 대하여 1주일에 평균 1회 이상의 휴일을 부여하여야 한다. 여기서 '1주일'이라 함은 연속된 7일의 기간을 의미하고 그 기간 중 1일을 주휴일로 부여하면 되므로, 주휴일간의 간격이 반드시 7일이 되어야 하는 것은 아니다(2002.12.2, 근기 68207-3309). 그러나 월단위로 4~5일을 일괄 부여할 수는 없다(1990.7.10, 근기 01254-9675).

다. 주중에 결근한 경우

근로자에게는 주휴일을 청구할 권리가 발생하지 않으므로 주중 결근자가 주휴일에 근로한 경우 휴일수당은 지급되지 않는다(1987.6.10, 근기 01254-9370). 또한 근로자가 지각·조퇴·외출 등의 사유로 소정근로의 근로시간 전부를 근로하지 못하였다 하더라도 소정근로일을 단위로 그 날에 출근하여 근로를 제공하였다면 이를 결근으로 취급할 수 없는 것이므로, 지각·조퇴·외출 3회를 결근 1일로 취급하여 주휴·연차유급휴가 등에 영향을 미치게 함은 부당하나(1984.10.20, 근기 1451-21279), 지각·조퇴·외출 누계 8시간의 경우 연차유급휴가 1일 사용한 것으로 한다는 규정은 유효하다.

라. 주 소정근로일을 만근하고 퇴사하는 경우

① 다음 주 근무가 예정되어 있지 않은 경우에는 주휴일이 발생하지 않으므로 주휴수당을 지급할 의무가 없다(2005.3.3, 근로기준과-1186).

② 다만, 주5일 근무 사업장에서 기간을 정하여 근로계약을 체결한 일용직 또는 시급제 근로자가, 당초 계약만료일은 일요일이나, 실제로는 금요일까지 근무한 후 퇴사할 경우, 당초 계약만료일인 일요일 다음날인 월요일을 근로관계 종료일로 간주하므로, 이러한 경우에는 일요일 주차수당을 지급하여야 한다.

행정해석 2021.8.4, 임금근로시간과-1736

주휴일을 주어야 하는 1주일이라 함은 연속된 7일의 기간을 의미하는 바, 1주간의 근로관계가 지속되는 기간 동안의 소정근로일에 개근하였다면 1주를 초과한 날(8일째) 근로가 예정되어 있지 않더라도 주휴수당 발생한다.

예를 들어 소정근로일이 월~금까지이며, 개근했고, 주휴일은 일요일인 경우

- 월~금까지 근로관계 유지(토요일에 퇴직) : 주휴수당 미발생
- 월~일까지 근로관계 유지(그 다음 월요일에 퇴직) : 주휴수당 발생.

마. 노동절(5.1.)에 '휴일의 대체' 인정 여부

휴일의 대체(변경)은 '노동절'에는 적용되지 않는다(2007.11.13, 임금근로시간정책팀-3356). 다만, 노동절이 '공휴일'로 지정될 경우에는 휴일의 대체가 허용된다.

1
일
차

3. 약정 휴일 · 휴가

구분	종류	비고
약정휴일	회사창립일, 기타 휴무일	※ 약정휴일 중 공휴일(일요일 제외)은 2020년부터 사업장 규모별로 순차적으로 법정 유급휴일로 전환 완료
약정휴가	하계휴가, 경조휴가	

가. 공휴일

「관공서의 공휴일에 관한 규정」(2021.8. 일부 개정)

관공서의 공휴일은 다음 각 호와 같다. 다만, 재외공관의 공휴일은 우리나라의 국경일 중 공휴일과 주재국의 공휴일로 한다.

① 일요일, ② 국경일중 3·1절, 광복절, 개천절 및 한글날, ③ 1월 1일, ④ 설날 전날, 설날, 설날 다음날, ⑤ 삭제, ⑥ 부처님오신날(음력 4월8일), ⑦ 5월 5일(어린이날), ⑧ 6월 6일(현충일), ⑨ 추석 전날, 추석, 추석 다음날, ⑩ 12월 25일(기독탄신일), ⑩의2 공직선거법 제34조에 따른 임기만료에 의한 선거의 선거일, ⑪ 기타 정부에서 수시 지정하는 날, ⑫ 대체공휴일(명절연휴가 다른 공휴일과 겹칠 경우 연휴다음 비공휴일, 5월 5일 어린이날, 국경일 중 3·1절, 광복절, 개천절, 한글날, 석가탄신일·성탄절에 따른 공휴일이 토요일이나 다른 공휴일과 겹칠 경우 그 다음 비공휴일)

나. 약정 휴일 · 휴가 및 수당

기업이 인사방침 등에 따라 휴일·휴가를 부여할 것인지, 며칠을 부여할 것인지, 유급으로 할 것인지 여부를 취업규칙 등에 임의로 정할 수 있다.

40 연장근로와 휴일근로와의 관계

근기법 제2조 【정의】 ① 이 법에서 사용하는 용어의 뜻은 다음과 같다.
1~6. 생략
7. "1주"란 휴일을 포함한 7일을 말한다.

근기법 제53조 【연장 근로의 제한】 ① 당사자 간에 합의하면 1주 간에 12시간을 한도로 제50조의 근로시간을 연장할 수 있다.

근기법 제55조 【휴일】 사용자는 근로자에게 1주에 평균 1회 이상의 유급휴일을 보장하여야 한다.

근기법 제56조 【연장 · 야간 및 휴일근로】 ① 사용자는 연장근로(제53조 · 제59조 및 제69조 단서에 따라 연장된 시간의 근로를 말한다)에 대하여는 통상임금의 100분의 50 이상을 가산하여 근로자에게 지급하여야 한다.
② 제1항에도 불구하고 사용자는 휴일근로에 대하여는 다음 각 호의 기준에 따른 금액 이상을 가산하여 근로자에게 지급하여야 한다. (2018.3.20. 신설)
1. 8시간 이내의 휴일근로 : 통상임금의 100분의 50
2. 8시간을 초과한 휴일근로 : 통상임금의 100분의 100
③ 사용자는 야간근로(오후 10시부터 다음 날 오전 6시 사이의 근로를 말한다)에 대하여는 통상임금의 100분의 50 이상을 가산하여 근로자에게 지급하여야 한다.

1. 1주 12시간 연장근로 한도에 휴일근로도 포함된다.

가. 기존 행정해석

근기법 제53조의 '1주간에 12시간을 한도로 제50조의 근로시간을 연장할 수 있다'는 규정에서의 연장근로시간에는 휴일근로시간이 포함되지 않는다(2000.9.19, 근기 68207-2 / 2002.10.28, 근기 68207-3125 등).

나. 2018년도 개정 근로기준법

"'1주'란 휴일을 포함한 7일을 말한다"라고 법 규정 신설되었으므로, 1주 연장근로 12시간에는 휴일근로도 포함되는 바, 1주 총 근로시간 한도는 52시간이다.

2. 휴일근로 시 휴일근로수당

가. 휴일 8시간 근로 시

휴일근로도 1주 연장근로 한도 12시간 범위 내이므로 휴일근로수당도 연장근로수당과 동일하게 1.5배이다.

나. 휴일 8시간 초과 근로 시

휴일근로수당 1.5배에다, 연장근로수당 0.5가 추가되므로 2배를 지급해야 한다.

표 시급제 · 월급제 휴일근로수당 비교

시간대별	시급제 · 일급제	월급제
09시~18시	2.5	1.5
18시~22시	3.0	2.0
22시~06시	3.5	2.5

※ 월급제의 경우, 월 급여에 '유급주휴수당'이 포함.

41 연장 · 휴일근로시 임금대신 휴가로 대체하는 제도

근기법 제57조 【보상휴가제】 사용자는 근로자대표와의 서면합의에 따라 제56조에 따른 연장근로 · 야간근로 및 휴일근로에 대하여 임금을 지급하는 것을 갈음하여 휴가를 줄 수 있다.

1. 보상휴가 부여시간

연장 · 야간 · 휴일근로에 대한 임금과 이에 갈음하여 부여하는 휴가사이에는 동등한 가치가 있어야 하므로, 근기법 제56조에 의한 가산임금까지 감안되어야 한다. 따라서 연장근로를 2시간 한 경우 가산임금을 포함하면 총 3시간분의 임금이 지급되어야 하므로 3시간의 휴가가 발생한다. 야간근로에 대해 이 규정을 적용하는 것에 대하여는 논란이 있다.

2. 노사 서면합의사항

① 법 규정에는 노사 서면합의로 보상휴가제를 도입할 수 있는 근거만 있으므로 휴가청구권과 임금청구권의 선택권을 인정할 것인지, 임금청구권을 배제하고 휴가청구권만 인정할 것인지, 어느 정도의 기간동안 연장 · 야간 · 휴일근로시간을 적치하여 언제까지 휴가로 사용할 수 있는지 등에 대해 노사 서면합의에 의해 노사가 자율적으로 정할 수 있다.

② 그러나 법 규정의 "제56조에 따른 연장근로 · 야간근로 및 휴일근로에 대해서 임금을 지급하는 것"의 의미가 50% 할증임금만을 의미하고, 각 100%의 통상임금을 전부 휴가로 대체한다는 것은 근로계약의 본질 및 근로자의 생존권을 침해한다는 이유로 반대하는 견해가 있다.

3. 보상휴가 부여기간

보상휴가의 대상이 되는 연장근로·야간근로 및 휴일근로의 범위와 보상휴가를 부여하는 기간 등에 대하여는 노사가 서면합의로 정할 수 있다고 보아야 할 것이므로, 사용자가 근로자대표와의 서면합의에 의하여 1년간의 연장근로·야간근로 및 휴일근로시간을 계산하여 다음년도에 1년간 휴가를 사용하게 하고, 미사용한 휴가에 대하여 그 다음년도 첫 번째 달의 임금정기지급일에 금전으로 보상하기로 합의한다하더라도 이를 반드시 위법하다고 보기는 어려울 것이다(2005.2.14, 근로기준과-779).

4. 미사용 보상휴가에 대해 임금지급의무가 없다고 합의한 경우

노사가 '보상휴가 사용기간 내에 사용자의 귀책사유 없이 근로자가 사용하지 않은 보상휴가에 대해 사용자는 임금지급의무가 없다'고 합의하더라도 그러한 합의는 효력이 없으므로, 사용자는 미사용 휴가에 해당하는 임금을 지급해야 할 것이다(2004.12.10, 근로기준과-6641).

서식 보상휴가 대체 합의서 예시

보상휴가 대체 합의서

○○주식회사 대표 ________와 근로자 대표 ________는 근로기준법 제57조 규정에 따른 보상휴가제 시행에 대해 다음과 같이 합의한다.

- 다 음 -

1. 보상휴가의 적용 대상은 연장근로, 야간근로, 휴일근로의 기본임금과 가산임금을 포함한 임금을 대상으로 한다.
2. 보상휴가는 1일(8시간) 단위 사용을 원칙으로 하되, 매월 3일(24시간분) 한도 내에서 사용한다.
3. 월단위로 사용할 수 없는 경우, 분기별로 적치하여 사용할 수 있으며 분기별 9일 한도 내에서 사용한다.
4. 보상휴가는 휴가사용 2일전에 휴가신청서를 부서장에 제출하여 승인을 득한 후 사용한다.
5. 보상휴가는 전체근로자를 대상으로 일률적으로 적용한다. 단, 근로자가 청구하는 보상휴가는 개인별로 적용할 수 있다.
6. 근로자가 보상휴가를 사용하지 않은 경우 해당임금을 지급한다.
7. 본 합의서는 새로운 합의가 이루어질 때까지 유효하며, 합의서 작성 이후에 입사한 자에게도 적용된다.

2026년 1월 2일

○○주식회사 대표 (서명 또는 날인)

근로자 대표 (서명 또는 날인)

42 '휴일의 대체'와 '보상휴가'는 어떻게 다른가

대법 2008.11.13, 2007다590

1. 휴일의 대체

① 지정된 휴일에 근로를 하고 다른 날에 휴일이 부여되도록 그 내용과 사유가 취업규칙 등에 정하여져 있고 "24시간 이전에"(사전변경) 해당 근로자에게 알려줄 경우, 당초의 휴일은 평일의 근로가 되고, 대체된 다른 날이 휴일이 되는 제도를 말한다. 그러나 사전에 통보하지 않고 휴일근로 후 "사후에 대체되는"(사후부여) 휴일을 줄 경우에는 이른바, '보상휴가(대휴)'가 되어 휴일근로가산수당이 지급되어야 한다. 구분의 핵심은 사전대체 24시간前 근로자의 동의 有·無에 있다.

② 한편, 공휴일 대체의 유효요건으로서, 근기법 제55조 제2항에서 '근로자 대표와 서면합의'를 명문화하였다.

표 "휴일의 변경제"과 "보상휴가제" 비교

구분	휴일의 변경(근기법 제55조②)	보상휴가제(근기법 제57조)
대상	휴일근로	연장·야간·휴일근로
운영 요건	• 공휴일 : 근로자대표 서면합의(법 제55조②) • 주휴일 : 24시간前 대체일 개별합의(판례)	근로자 대표와 서면합의
운영효과	1:1	1:1.5

2. 판례

가. 사실관계

원고 사업장은 단체협약에 "○○회관 운영상 필요한 경우 근로자 동의를 얻어 휴일근로를 명할 수 있으며, 그에 따른 대휴일을 지정할 수 있다"고 규정하고 있다. 사용자는 매월 25일경 소속 근로자 의사를 물어 그 다음 달 공휴일에 근로할 자를 선정해 '스케줄 표'를 작성하게 했다. 공휴일에 근로하기로 한 근로자는 '스케줄표'를 작성할 때 의견을 제출해 공휴일 대신 쉬는 날을 미리 정했다. '스케줄표'에 반영되지 않은 경우에는 대휴원 등을 제출하고 별도로 자신이 원하는 날을 정해 쉬었다.

나. 판결(대법 2008.11.13, 2007다590)

① 원고 사업장은 단체협약에 휴일대체에 관한 근거 규정을 두고 있고 근로자들이 자율적으로 그 다음 달 공휴일에 근로할 일정 수의 근로자를 이전 달에 미리 정하고, 그 공휴일 대신 쉬는 날을 근로자 본인이 정해 이를 '스케줄표'에 표시하도록 했다. 이는 결국 휴일 대체 근무에 대한 근로자 동의를 받은 것으로 봐야 할 것이어서 결국 적법한 휴일대체로 인정할 수 있는 모든 요건을 갖췄다 할 것이다.

② 그런데 이러한 휴일 대체는 근로자 사정에 따라 불이익하게 작용할 수도 있어 미리 단체협약 등에 그러한 규정을 두거나 근로자 동의를 받도록 하는 것인 바, 즉, '단체협약 등 규정'이나 '근로자 동의' 가운데 선택적으로 한 가지만 충족하면 가능하며, 여기서 '근로자의 동의'의 해석에 있어서 휴일대체에 동의한 사실에 대한 것이면 충분하고, 실제로 휴일대체를 원하는지에 대한 의사의 진정성까지는 필요없다.

3. 근로자대표와 서면합의로 대체한 공휴일(12.25.) 前에 퇴직한 경우 휴일근로(8.15.) 가산수당을 지급하여야 하는지

대체 前의 휴일(원래의 휴일)(8.15.)이 소정근로일이 되었으므로, 그 날(8.15)에 근로한 시간에 해당하는 임금(가산수당없이 실 근로시간 분)을 지급하면 된다(고용노동부 2021.11.12, 임금근로시간과-2571).

43 주5일근무시 토요일은 '휴일'인지 '휴무일'인지

근기법시행령 제6조 【통상임금】 ① 법과 이 영에서 "통상임금"이란 근로자에게 정기적이고 일률적으로 소정(所定)근로 또는 총 근로에 대하여 지급하기로 정한 시간급금액, 일급금액, 주급금액, 월급금액 또는 도급금액을 말한다.
② 제1항에 따른 통상임금을 시간급금액으로 산정할 경우에는 다음 각 호의 방법에 따라 산정된 금액으로 한다.
3. 주급금액으로 정한 임금은 그 금액을 주의 통상임금 산정기준시간 수(법 제2조제1항 제7호에 따른 주의 소정근로시간과 소정근로시간 외에 유급으로 처리되는 시간을 합산한 시간)로 나눈 금액
4. 월급금액으로 정한 임금은 그 금액을 월의 통상임금 산정기준시간 수(주의 통상임금 산정기준시간 수에 1년 동안의 평균 주의 수를 곱한 시간을 12로 나눈 시간)로 나눈 금액

표 토요일의 성격

구분		월 통상근로시간 산정	실제근로시 수당지급
"휴일" (명시 ○)	유급	$\frac{(40+8+8)\times 52+8}{12}=243$	휴일근로 2.5(1.5)배
	무급	$\frac{(40+8)\times 52+8}{12}=209$	휴일근로 1.5배
"휴무일" (명시 × 무급)		$\frac{(40+8)\times 52+8}{12}=209$	연장근로 1.5배

1. 주5일근무제에 있어서 토요일에 대하여 아무런 규정을 두지 않은 경우

'휴무일'로서 월통상근로시간은 209시간이 되며, 만일 토요일 실제 근무시에는 연장근로수당 1.5배를 지급하여야 한다. 다만, 주중에 연장근로 한도는 12시간이므로 주중(월~금)에 이미 연장근로 12시간하였다면, 토요일 실제 근로시 연장근로 한도초과로 근기법 위반이 되며, 휴일의 대체(변경)은 불가하다.

2. 토요일을 유급휴일로 취업규칙에 명시할 경우

월급제일 경우 월급에 8시간 유급근로수당이 포함된 개념으로서 월통상근로시간이 243시간이 되어 통상시급이 저하되어 월급근로자에게는 불리하게 작용될 수 있으나, 토요일 실제 근무시 휴일근무가 되며, 휴일의 대체(변경)도 가능하다.

3. 토요일을 무급휴일로 취업규칙에 명시할 경우

무급이므로 월통상근로시간은 209시간이 되어 통상시급이 저하되지 않으며, 토요일 실제 근무시 휴일근무가 되며, 휴일의 대체(변경)도 가능하다.

44 연차유급휴가제도의 운영원리

근기법 제60조 【연차유급휴가】 ① 사용자는 1년간 80퍼센트 이상 출근한 근로자에게 15일의 유급휴가를 주어야 한다.
② 사용자는 계속하여 근로한 기간이 1년 미만인 근로자 또는 1년간 80퍼센트 미만 출근한 근로자에게 1개월 개근시 1일의 유급휴가를 주어야 한다.
③ ~~사용자는 근로자의 최초 1년간의 근로에 대하여 유급휴가를 주는 경우에는 제2항에 따른 휴가를 포함하여 15일로 하고, 근로자가 제2항에 따른 휴가를 이미 사용한 경우에는 그 사용한 휴가일수를 15일에서 뺀다.~~(삭제 : 2018.5.29.)
④ 사용자는 3년 이상 계속하여 근로한 근로자에게는 제1항에 따른 휴가에 최초 1년을 초과하는 계속근로연수 매 2년에 대하여 1일을 가산한 유급휴가를 주어야 한다. 이 경우 가산휴가를 포함한 총 휴가 일수는 25일을 한도로 한다.

1. 연차유급휴가

가. 휴가일수

① 연차휴가는 근로자에게 전년도 출근에 대한 보상으로 일정기간 근로의무를 면제함으로써 정신적·육체적 휴양의 기회를 제공하고 문화적 생활의 향상을 기하려는데 그 의의가 있다(대법 2008.10.9, 2008다41666).

② 사용자는 1년간 80퍼센트(1년의 소정근로일을 250일로 정한 경우 200일 이상) 이상 출근한 근로자에 대하여는 "다음년도에" 15일의 휴가를 주어야 한다.

나. 출근율

연차유급휴가는 1년의 단위기간 중 일하기로 정한 날에 80퍼센트 이상으로 출근하여 근로한 자에게 "다음년도에" 주어지는 것이다. 출근이나 개근여부를 판단은 소정근로일을 기준으로 산정한다. 그러므로 유급주휴일이나 근로자의 날, 취업규칙 등에 의한 약정휴일과 휴가, 특별한 사유로 근로제공의무가 정지되는 날 또는 정지되는 기간 등은 소정근로일이 아니므로 제외하고 나머지 일수를 기준으로 출근율을 산정하고, 실제 근로를 하지 않았어도 관련법에 정하여 불이익한 처우를 할 수 없거나 선거투표일, 예비군훈련 등과 관련되는 소정근로일은 해당일을 소정근로일에 포함하되 출근한 것으로 간주한다.

※ 출근율(%) = 근로한 날 수 ÷ 소정근로일수 ×100

다. 결근

개인적 사유로 휴직기간, 불법쟁의 기간, 개인적 목적의 해외연수기간, 기타 개인사정으로 인한 결근 등은 그 날이나 기간을 결근으로 보아서 출근율을 판단한다. 다만, 정직기간에 대해서는 근로자의 귀책사유로 인한 징계기간은 소정근로일수에 포함하여 결근 처리하고, 이를 다투어 확정된 부당 징계기간에 한하여 소정근로일수에서 제외하고 나머지 기간에 비례하여 연차유급휴가를 부여하는 것이 타당하다(대법 2008.10.9, 2008다41666).

2. 가산휴가

사용자는 3년 이상 계속 근로한 근로자에 대하여는 기본 15일의 휴가에 최초 1년을 초과하는 계속근로연수 매 2년에 대하여 1일을 가산한 유급휴가를 주어야 한다. 이 경우 가산휴가를 포함한 총 휴가일수는 25일을 한도로 한다.

가. 근속년수에 따른 가산일수 산정공식

(근속년수 - 1년) ÷ 2 = 가산일수(소수점 이하 절사)
근속 10년의 경우 : (10 - 1) ÷ 2 = 4.5일, 총 19일(15 + 4일)의 연차유급휴가 발생

표 근속년수별 휴가일수

근속년수	0년	1년	2년	3년	4년	5년	10년	15년	21년	25년
휴가일수	11일	15일	15일	16일	16일	17일	19일	22일	25일	25일

나. 가산휴가와 기본휴가와의 관계

① "전년도에" 최소한의 출근율인 80퍼센트 이상을 충족시키지 못하면 "다음년도에" 가산휴가의 전제가 되는 기본휴가 자체가 발생하지 않으므로 연차유급휴가가 하루도 발생하지 않는다(대법 2002.12.22, 99다10806).

② 다만, 2012.8.2부터 개정법에 따라 "전년도에" 최소한의 출근율인 80퍼센트 이상을 충족시키지 못하더라도, 전년도 1개월 개근에 비례하여 다음년도에 1일씩의 연차유급휴가가 발생된다. 예를 들면 "전년도" 개근월수가 6개월이라면 "다음년도에" 6일이 발생된다.

③ 한편, "전년도" 출근율 80%미만이고 개근달이 전무한 경우, "당해 년도"에는 연차휴가는 발생치 않으나, "당해 년도" 출근율 80% 이상이라면, "다음 연도"에는 기본연차 15일부터 시작하는 것이 아니라, 기본·가산 연차휴가일수가 회복된다.

3. 산정 기산일

근속기간 단절없이 인턴 등 임시직에서 정식직원으로 전환한 경우 및 회사의 방침으로 일단 퇴사하고 다시 입사한 경우에도 연차유급휴가 산정을 위한 기산점은 최초입사일이 된다. 다만, 정년퇴직 후 촉탁직으로 재고용될 경우에는 촉탁직 고용일부터 최초입사일이 된다.

45 1년 미만 및 1년 초과근무자의 연차유급휴가

근기법 제60조 【연차유급휴가】 ② 사용자는 계속하여 근로한 기간이 1년 미만인 근로자 또는 1년간 80퍼센트 미만 출근한 근로자에게 1개월 개근시 1일의 유급휴가를 주어야 한다.

※ 주의 : "1년 미만 근로자"에게는 "당해년도"에 연차유급휴가 발생.
"1년간 80퍼센트 미만 출근자"에게는 "다음년도"에 연차유급휴가 발생.

③ ~~사용자는 근로자의 최초 1년간의 근로에 대하여 유급휴가를 주는 경우에는 제2항에 따른 휴가를 포함하여 15일로 하고, 근로자가 제2항에 따른 휴가를 이미 사용한 경우에는 그 사용한 휴가일수를 15일에서 뺀다~~. (삭제 : 2018.5.29.)

1. 1년 미만 근무 후 퇴사시

1년 미만 근속기간 중에 월별로 발생하는 연차유급휴가는 매월 발생일로부터 1년간(1월 1일~1월 31일 개근, 2월 1일~이듬해 1월 31일까지) 사용할 수 있다. 따라서 1년 미만 근무 후 퇴사시, 예를 들면, 6개월 만근 후 6월 30일 퇴사시 5일분의 연차유급휴가수당을 지급하여야 한다.

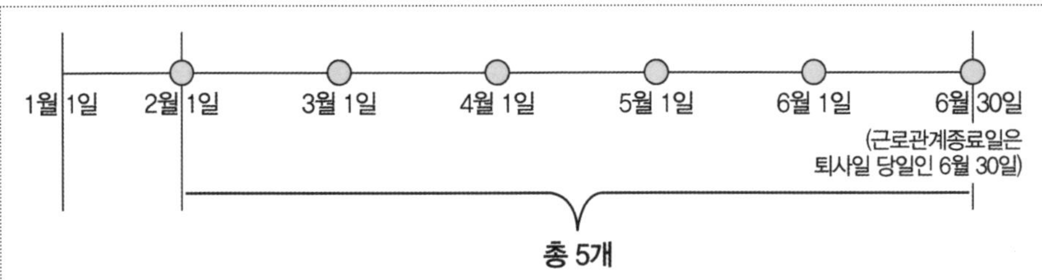

2. 1년 근무 후 퇴사시 : 총 11일분 연차 발생

기간을 정하여 근로계약을 체결한 근로자의 경우 그 기간이 만료됨으로써 근로자로서의 신분관계는 당연히 종료되는 것이 원칙이다(대법 2006.2.24, 2005두5673 판결 참조). 연차휴가를 사용할 권리는 다른 특별한 정함이 없는 한 그 전년도 1년간의 근로를 마친 다음 날 발생한다고 보아야 하므로, 그 전에 퇴직 등으로 근로관계가 종료한 경우에는 연차휴가를 사용할 권리에 대한 보상으로서의 연차휴가수당도 청구할 수 없다. 피고 최○○의 경우 마지막 근로일인 2018.7.31.이 지나면서 원고와의 근로관계가 종료되었고, 그 다음 날인 2018.8.1.에는 근로자의 지위에 있지 않으므로, 근로기준법 제60조제1항이 규정한 연차휴가를 사용할 권리에 대한 보상으로서의 연차휴가수당을 청구할 수 없다고 봄이 타당하다(대법 2021.10.14, 2021다227100).

3. 1년 초과 계속근무시

입사 1년 미만동안 80%이상 출근하였다면 2년차 첫째일부터 15일이 추가 발생하여 1년간의 사용기간이 주어진다. 다만, 최초 1년간의 기간 동안 80퍼센트 미만 출근한 경우에는 원칙적으로 다음년도에 15일의 연차유급휴가가 발생하지 않는다.

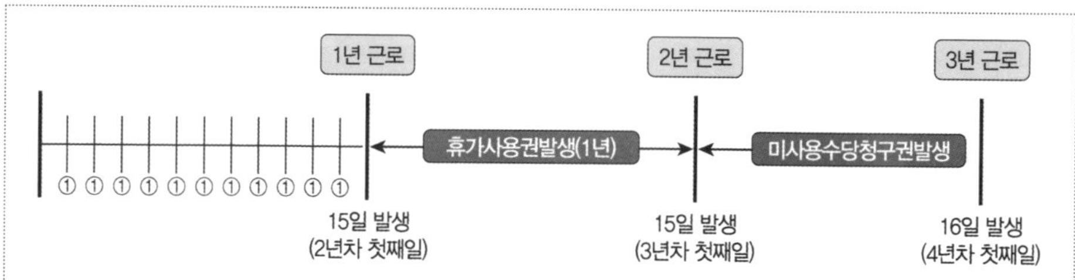

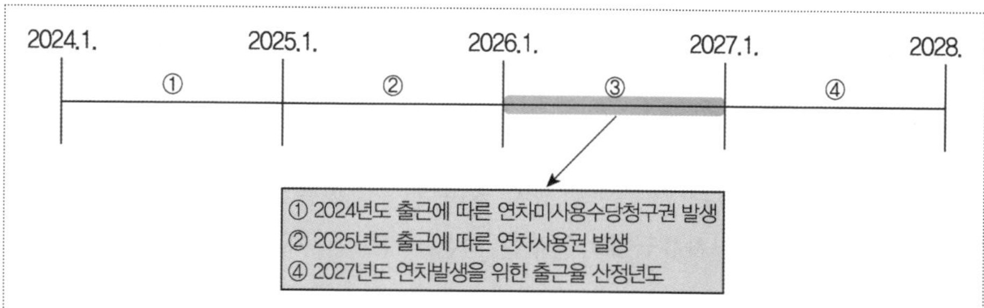

46

결근으로 인한 80퍼센트 미만 출근자의 다음년도 연차유급휴가

> **근기법 제60조제2항 【연차유급휴가】** 사용자는 1년간 80퍼센트 미만 출근한 근로자에게 1개월 개근시 1일의 유급휴가를 주어야 한다.

1. 전년도 출근율이 80퍼센트 미만일 경우

전년도 출근율이 80퍼센트 미만이라도 개근한 개월수마다 1일씩 "다음년도"에 연차유급휴가가 발생된다. 예를 들면, 2010.1.1. 입사하여 2026.1.1.부터 6.30.간 6개월 만근 후 7.1.~12.31.간 결근(개인사유 배낭여행 · 해외연수 등)(병가 제외) 후, 2027.1.1. 복귀 시 2027년도 연차일수는 6일이다.

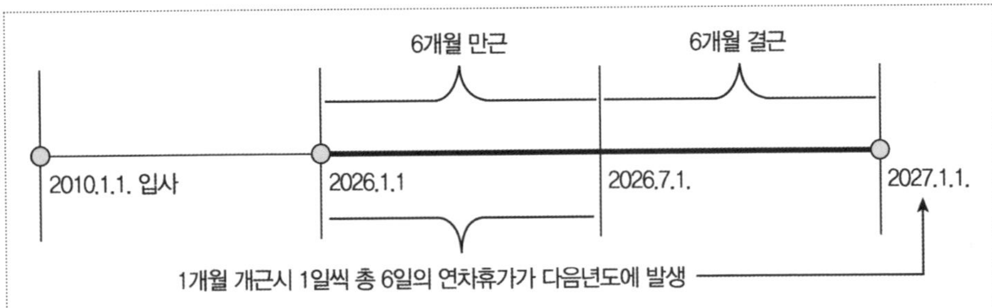

2. 위 예시에서 2026년도에 결근(병가 제외)으로 개근 월이 전무하고, 80퍼센트 미만 출근시

2027년도 연차유급휴가일수는 발생치 않는다. 이 경우 2026년도 80퍼센트 이상 출근시 2027년도 연차유급휴가일수는 기본 · 가산연차유급휴가가 회복되어 23일이다.

47 출산 · 산재 · 1년 이하 육아휴직자의 다음년도 연차유급휴가

1 일차

> **근기법 제60조제6항 【연차유급휴가】** 제1항부터 제3항까지의 규정을 적용하는 경우 다음 각 호의 어느 하나에 해당하는 기간은 출근한 것으로 본다.
> 1. 근로자가 업무상의 부상 또는 질병으로 휴업한 기간
> 2. 임신 중의 여성이 제74조제1항 또는 제2항에 따른 보호휴가로 휴업한 기간
> 3. 고평법 제19조제1항에 따른 육아휴직으로 휴업한 기간(1년)
> 4. 「남녀고용평등과 일 · 가정 양립 지원에 관한 법률」 제19조의2제1항에 따른 육아기 근로시간 단축을 사용하여 단축된 근로시간
> 5. 제74조제7항에 따른 임신기 근로시간 단축을 사용하여 단축된 근로시간

1. 출산 · 산재 · 1년 육아휴직 등의 경우, 출근한 것으로 간주

① 2001.1.1. 입사하여 2026.7.1.부터 2027.6.30.까지 육아휴직 후 2027.7.1. 복귀자의 2027년도 연차유급휴가일수는?

→ 가산년차 : 2027−2001=(26−1)÷2=12일(상한 10일)

→ 기본년차 : 15일을 더하면 25일

② 2028년도 연차유급휴가일수는?

→ 가산년차 : 2028−2001=(27−1)÷2=13일(상한 10일)

→ 기본년차 : 15일을 더하면 25일이 된다.

2. 참고사항

근기법 제60조(업무상 부상으로 인한 휴업으로 해당 연도의 총일수를 출근하지

않은 경우 연차유급휴가를 부여해야 하는지 여부)관련 법제처 유권해석

질의 (고용노동부 근로조건지도과)

근로자가 업무상의 부상으로 휴업하여 연차유급휴가의 부여 기준이 되는 해당 연도의 총일수 전부를 출근하지 않은 경우 사용자는 근로자에게 「근로기준법」 제60조제1항부터 제3항까지의 연차유급휴가를 주어야 하는지

회시 (2009.2.18, 법제처 08-0410)

연차유급휴가권은 사용자의 부여가 있어야 비로소 근로자에게 주어지는 권리가 아니라, "1년간 8할 이상 출근한 근로자"라는 「근로기준법」 제60조제1항의 객관적 요건만 갖추어지면 근로자에게 당연히 발생하는 법률상 권리이므로 이러한 연차유급휴가권을 제한하기 위해서는 법률상 근거가 있어야 한다고 할 것이며, 같은 법 제60조제6항제1호는 근로자가 업무상 부상이나 질병으로 휴업한 기간은 출근한 것으로 본다고 규정함으로써 법률상의 의제규정을 두고 있어 법률상의 명시적인 예외 규정 없이 달리 해석할 수는 없다고 할 것인데, 같은 법 제60조의 연차유급휴가 관련 규정상 연차유급휴가의 부여 기준이 되는 해당 연도의 총일수 전부를 출근하지 아니한 경우에는 연차유급휴가의 부여 기준으로 삼고 있는 출근율의 판단에 있어서 달리 본다는 규정 또는 이러한 경우에는 연차유급휴가를 부여하지 아니한다는 예외를 정하고 있는 규정도 없습니다.

아울러, 연차유급휴가의 부여 기준이 되는 해당 연도의 총일수 전부를 출근하지 아니한 경우와 일부라도 출근한 경우를 나누어 전자의 경우에는 연차유급휴가를 부여하지 않아도 되고, 후자의 경우에는 연차유급휴가를 부여한다고 하는 것은, 업무상의 부상이나 질병으로 인한 휴업기간에 실제로 출근하여 사실상의 노무를 제공한 일수에 대한 연차유급휴가의 산정에 관한 법령상의 명확한 규정과 합리적인 기준 없이 자의적인 해석에 의존하여 연차유급휴가제도를 운용하는 것이라 할 것입니다.

따라서 근로자가 업무상의 부상으로 휴업하여 연차유급휴가의 부여 기준이 되는 해당 연도의 총일수 전부를 출근하지 않은 경우에는 「근로기준법」 제60조제6항제1호에 따라 그 휴업기간은 근로 여부에 관계없이 출근한 것으로 보아야 하므로 사용자는 근로자에게 같은 법 제60조제1항부터 제3항까지의 연차유급휴가를 주어야 합니다.

48 병가·1년 초과 육아휴직 등의 경우 다음년도 연차유급휴가

1. "복귀년도" 연차유급휴가일수에서 "전년도 출근비율" 곱하여 산정

① 1년 초과 육아휴직('약정 육아휴직') 사용기간
② 사용자의 책임으로 인한 휴업기간
③ 정직기간
④ 직장폐쇄기간, 적법한 쟁의행위기간(대법 2013.12.26, 2011다4629)
⑤ 업무관련 해외연수 휴직기간
⑥ 가족돌봄휴무
⑦ 병가(2021.8.4, 임금근로시간정책과-1736) 등의 경우에는,

'복귀연도' 연차휴가일수에서, 전년도 소정근로일 대비 위 기간을 공제하고, 즉, "전년도 출근비율"을 곱하여 산정한다.

2. 산식(원칙)

2000.1.1. 입사한 직원이 2026.7.1.~2027.6.30. 업무관련 해외연수를 실시하였다면 연차유급휴가 부여를 위한 출근율 산정시 소정근로일에서 제외하고 나머지 기간의 출근율을 기준으로 휴가일수를 산정해야 한다. 2027년도와 2028년도의 연차유급휴가일수는(연간소정근로일수를 250일로 가정) 다음과 같다.

가. 2027년도 연차유급휴가일수

[전년도 출근기간] : 2026.1.1~6.30, [소정근로일] : 124일 개근으로 가정
→ 가산년차 : 2027−2000=(27−1)÷2=13일(상한 10일)

→ 기본년차 : 15일을 더하면 25일이므로
→ 출근비율을 곱할 경우 25일 × 124/250 = 12.5일이 된다.

나. 2028년도 연차유급휴가일수

[전년도 출근기간] : 2027.7.1~12.31, [소정근로일] : 125일 개근으로 가정
→ 15일 + 10일 = 25일 × 125/250 = 12.5일

다. 산식(간편)

2000.1.1. 입사하여 2026.7.1.부터 2027.6.30.간 해외연수(병가, 1년 초과 육아휴직, 휴업, 적법파업, 직장폐쇄 등)를 받은 후, 2027.7.1. 복귀자의 2027년도 연차유급휴가는 12.5일이며, 2028년도 연차유급휴가일수도 12.5일이 된다(소정근로일수로 산정하여야 하나 편의상 역월로 통산).

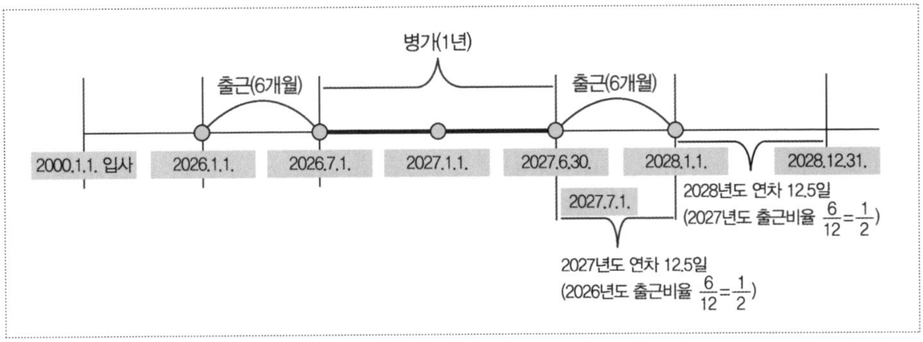

3. "1년 미만 근로자에게 부여되는 익월1일 연차 산정 시"에도, 전월에 적법 쟁의행위로 인해 개근하지 않았더라도, 〈다음달 발생연차(1일 8시간)×전월 출근비율〉만큼 "시간 단위" 연차 발생

가. 판례

연간 소정근로일수에서 쟁의행위 등 기간이 차지하는 일수를 제외한 나머지 일수를 기준으로 근로자의 출근율을 산정하여 연차유급휴가 취득 요건의 충족 여부

를 판단하되, 그 요건이 충족된 경우에는 본래 평상적인 근로관계에서 8할의 출근율을 충족할 경우 산출되었을 연차유급휴가일수에 대하여 '연간 소정근로일수에서 쟁의행위 등 기간이 차지하는 일수를 제외한 나머지 일수'를 '연간 소정근로일수'로 나눈 비율을 곱하여 산출된 연차유급휴가일수를 근로자에게 부여함이 합리적임.

나. 행정해석 변경

<u>연차휴가 부여 시, 정당한 쟁의행위기간 등이 포함된 경우,</u>
<u>법 제60조제2항(1년 미만 근로자)에 따른 연차휴가 산정 방법</u>

변경전 (근로기준정책과-8676, 2018.12.28)	• 연차휴가 산정기간에 적법한 쟁의행위기간이 포함된 경우라 하더라도 제60조제2항에 따른 연차휴가는 1일(日) 단위로 부여 및 사용이 원칙이므로 비례하여 부여할 수 없음
변경 후 (임금근로시간과-1736, 2021.8.4.)	• 연차휴가를 "일" 단위로 주어야 한다는 명문의 규정이 있는 것이 아니고, 실무상으로도 시간단위 연차사용이 활발하게 이뤄지고 있는 것이 현실이며, 쟁의행위의 법적 성질 및 효과는 제60조제1항이나 제2항에서 동일하게 평가되어야 하므로, 연차휴가 비례적 산정 방법에 대한 대법원 판결(2011다4629, 2015다66052 등) 법리는 제60조제1항 및 제2항 모두 동일하게 적용하는 것이 타당함 • 연차휴가일수(시간)=1일(소정근로시간)×[월 실질 소정근로일수(월 소정근로일수-쟁의행위 등의 기간의 소정근로일수)]/월 소정근로일수

참고 '휴직' 유형별 복귀년도 연차휴가일수 산정방법

휴직 유형	연차휴가일수 산정방법
① 결근(개인 연수 등)으로 1년 80% 미만 출근	전년도 개근월 수 만큼, 다음년도에 연차일수 발생
② 출산·산재·1년 이하 육아휴직	출근으로 간주
③ 휴업·병가·1년 초과 육아휴직	복귀년도 연차유급휴가일수×전년도 출근비율 (단, 전년도 80% 이상 출근 시 복귀년도 정상적 연차발생)

49 부당해고기간의 연차유급휴가일수 산정

대법 2014.3.13, 2011다95519

1. 요약

① 판례는 복직후 연차휴가일수 및 부당해고기간중 연차휴가수당의 액수를 산정함에 있어서 사용자의 부당해고로 인하여 근로자가 출근하지 못한 기간을 전체 근로일 및 출근일에 모두 산입해야 한다고 하고 있음에 반하여,

② 행정해석은 년도 도중에 복직하게 되면, 그 복직하는 해의 출근비율에 따라 다음연도부터 연차휴가가 발생할 뿐, 부당해고기간에 대한 연차휴가미사용수당청구권이 발생될 여지는 없다고 한다.

2. 대상판결 : 전체 연차일수 발생

① 사용자가 근로자를 해고하였으나 그 해고에 정당한 이유가 없어 무효인 경우에 근로자는 그 부당해고기간 동안에 정상적으로 일을 계속하였더라면 받을 수 있었던 임금을 모두 지급받을 수 있다. 해고 근로자가 해고기간 동안 근무를 하지는 않았다고 하더라도 해고가 무효인 이상 그동안 사용자와의 근로관계는 계속되고 있는 것이고, 근로자가 해고기간 동안 근무를 하지 못한 것은 근로자를 부당하게 해고한 사용자에게 책임있는 사유로 인한 것이기 때문이다(대법 1981.12.22, 81다626 판결 참조).

② 따라서 근로자가 부당해고로 인하여 지급받지 못한 임금이 연차휴가수당인 경우에도 해당 근로자의 연간 소정근로일수와 출근일수를 고려하여 근로기준법 제60조제1항의 요건을 충족하면 연차유급휴가가 부여되는 것을 전제로 연차휴가수

당을 지급하여야 하고, 이를 산정하기 위한 연간 소정근로일수와 출근일수를 계산함에 있어서 사용자의 부당해고로 인하여 근로자가 출근하지 못한 기간을 근로자에 대하여 불리하게 고려할 수는 없으므로 그 기간은 연간 소정근로일수 및 출근일수에 모두 산입되는 것으로 보는 것이 타당하며, 설령 부당해고기간이 연간 총 근로일수 전부를 차지하고 있는 경우에도 달리 볼 수는 없다.

3. 행정해석 : 연차 미발생

부당해고기간은 근로자가 근로를 제공할 수 있음에도 사용자의 부당한 징계권의 행사로 근로를 제공하지 못한 기간으로 위의 '특별한 사유로 근로제공의무가 정지된 날 또는 기간'에 해당되어 소정근로일수 계산에서 제외하여야 하므로, 부당해고기간을 제외한 나머지 소정근로일수에 대한 출근율에 따라 산출된 일수에 당해 사업장의 연간 총 소정근로일수에 대한 출근일수 비율을 곱하여 산정하여야 함. 다만, 부당해고 기간이 해당연도의 전부에 해당될 경우, 사용자는 연차유급휴가를 부여하지 않아도 된다(2009.12.1, 근로기준과-5084).

4. 판례와 행정해석의 차이

가. 1년 단위기간 전체를 출근치 못한 경우

① 행정해석에 따르면, 전년도 부당해고로 인하여 1년 전체를 출근치 못한 경우 복직하는 해에는 연차휴가가 발생치 않는다.

② 판례에 따르면, 1년 전체를 출근치 못하였다고 하더라도 연차휴가는 정상적으로 발생한다.

나. 연도 중에 복직하는 경우

① 행정해석에 따르면, 년도 도중에 복직하게 되면, 그 복직하는 해의 출근비율에 따라 다음연도부터 연차휴가가 발생할 뿐, 부당해고기간에 대한 연차휴가미사용수당청구권이 발생될 여지는 없다.

② 판례에 따르면, 부당해고쟁송이 장기간 계속되어 2~3년 후 부당해고로 복직

하는 경우에도 매년 정상적으로 연차휴가가 발생되고, “부당해고기간중의 임금상당액”에는 매년 발생된 연차휴가미사용수당도 포함된다.

5. 판례와 행정해석 비교

쟁점 : “부당해고기간에 대한 임금상당액”의 임금성 해당여부	
대법 2012.2.9, 2011다20034	2008.10.31, 근로조건지도과-4843
• 근로자가 지급을 청구할 수 있는 임금은 근로기준법 제2조에서 정하는 “임금”을 말한다.	• 임금상당액은 근로의 대상으로 지급되는 것이 아니라 사용자의 귀책사유로 근로자가 노무를 제공하지 못한데 따른 “민법상의 손해배상금” 성격이므로 근로기준법상 임금이 아니다.
• 부당해고기간은 사용자의 책임으로 근로를 제공하지 못한 것이므로 “그 전체를 출근한 것으로 보아” 전 기간에 상응한 연차휴가가 발생된다.	• 부당해고기간은 “정상적으로 근로가 제공된 것이 아니고” 법원의 판결에 의거 결과적으로 사용자의 책임에 의한 것으로 간주할 수 있으므로 근로기준법시행령 제2조제1항제8호에 준하는 것으로 보아 동 기간과 임금상당액은 평균임금산정시 각각 제외하는 것이 타당하다.

50 퇴사자의 연차유급휴가 및 연차유급휴가수당의 평균임금산입

1. 퇴직 시 근로관계종료일은 “퇴직 다음날”이 아니라 “퇴직 당일”

연차휴가를 사용할 권리는 다른 특별한 정함이 없는 한 그 전년도 1년간의 근로를 마친 다음 날 발생한다고 보아야 하므로, 그 전날에 퇴직 등으로 근로관계가 종료한 경우에는 연차휴가를 사용할 권리에 대한 보상으로서의 연차휴가수당도 청구할 수 없다(대법 2021.10.14, 2021다227100).

2. 퇴직근로자의 경우

퇴직 전년도(예 : 2026년도) 출근율에 의하여 퇴직년도(예 : 2027년)에 발생한 연차유급휴가청구권이 근로관계가 종료됨에 따라 발생하며, 이 경우 사용자는 퇴직년도의 휴가사용가능일수에 상관없이 미사용한 연차유급휴가일수에 대하여 퇴직일로부터 14일 이내에 취업규칙이나 그 밖의 정하는 바에 의한 통상임금 또는 평균임금을 지급하여야 한다(연차유급휴가청구권 · 수당 · 근로수당과 관련된 지침, 개정 : 2007.11.5, 임금근로시간정책팀-3295).

연차유급휴가 산정 기산일은 개별근로자의 입사일 등 실제로 근로제공을 개시한 날이 되는 것이 원칙이나, 노무관리의 편의상 단체협약 · 취업규칙 등에 의하여 전 근로자에 대하여 일률적으로 회계년도를 기준으로 연차유급휴가를 산정하는 경우 연차유급휴가미사용수당청구권은 연차유급휴가 사용가능년도 다음해의 첫날 발생함.

① 2026.1.1. 입사하여 12.31. 퇴사(1년 계약직 포함)할 경우 연차유급휴가수당은 11개이다.

② 2026.1.1. 입사하여 2027.12.31. 퇴사할 경우 연차유급휴가수당은 총 26개이다.

③ 2026.1.1. 입사하여 2028.1.2. 퇴사할 경우 연차유급휴가수당은 총 41개이다.

④ 2026.1.1. 입사하여 2028.12.1. 퇴사할 경우도 연차유급휴가수당은 총 41개이다.

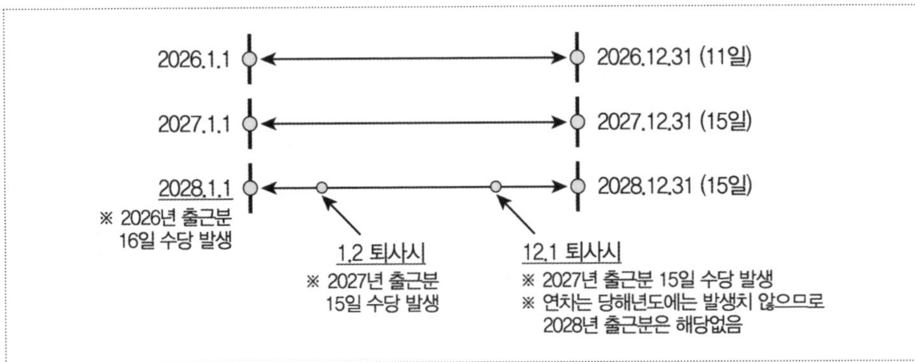

3. 연차유급휴가수당의 평균임금 포함여부

가. 재직근로자의 퇴직연금 납입금

재직근로자가 전전년도(2026년) 출근율에 의해 발생한 연차유급휴가를 전년도(2027년)에 사용하지 않고 근로를 제공한 경우 연차유급휴가청구권은 2027.12.31에 소멸하고 2028.1.1에 연차유급휴가미사용수당청구권이 발생한다. 대체로 휴가청구권이 소멸된 후 2027년 12월의 임금을 기준으로 최초의 임금지급일(2028년 1월 임금지급일)에 수당을 지급한다. 이 금액은 3개월분(3/12)을 퇴직연금(D.C형) 납입금산정을 위한 평균임금에 산입한다.

나. 퇴직근로자

(1) 퇴직하기 전해 이미 발생한 연차유급휴가

퇴직 전전년도(2026년) 출근율에 의해 퇴직 전년도(2027년)에 발생한 연차유급휴가(15일)를 사용하지 않았을 경우 2028년 1월 임금지급일에 미사용일수 전부를 평균임금이나 통상임금으로 환산하여 지급받았고 2028년도에 퇴직하는 경우 지급받은 수당액의 3/12을 퇴직금산정을 위한 평균임금산정 기준임금에 포함한다. 예를 들면, 근로자의 1일 통상임금이 200,000원인 경우는 20만원×미사용일수(15일)×(3/12)=750,000원을 산입한다.

1일차

(2) 퇴직으로 인해 지급사유가 발생한 경우

① 법정퇴직금 · 확정급여형(DB) 퇴직연금제도

퇴직전년도인 2027년도 한 해의 출근율을 기초로 2028.1.1에 발생한 연차유급휴가일수를 사용하지 못하고 2028년도 초 혹은 년도 중간에 퇴직한다면, 미사용일수에 대하여는 퇴직년도인 2028년도에 실제 휴가를 사용할 수 있을 만큼 근무일수가 있었는지 여부에 상관없이 미사용한 일수 전부를 평균임금이나 통상임금으로 환산하여 퇴직일로부터 14일 이내에 전액 지급해야 한다. 이와 같이 퇴직으로 인해 비로소 지급사유가 발생한 연차유급휴가 미사용수당은 평균임금의 정의상 "산정사유 발생일 이전에 그 근로자에 대하여 지급된 임금"이 아니므로 퇴직금산정을 위한 평균임금산정 기준임금에 포함되지 않는다(2007.11.5, 임금근로시간정책팀-3295 연차유급휴가청구권 · 수당 · 근로수당과 관련된 지침).

② 확정기여형(DC) 퇴직연금제도

「근로자퇴직급여보장법」 제20조제1항에 따라 사용자는 가입자의 연간 임금총액의 12분의 1 이상에 해당하는 부담금을 현금으로 가입자의 확정기여형퇴직연금제도 계정에 납입하여야 한다.

"연간임금총액"이란 당해 사업연도 중에 근로자에게 지급된 임금 총액을 의미합니다. 연차유급휴가는 1년간 8할 이상 출근하였을 때 비로소 부여받을 수 있는 것이므로 다른 특별한 정함이 없는 이상 이는 1년간의 근로에 대한 대가라 볼 수 있고, 근로자가 연차유급휴가를 사용하지 못하게 됨에 따라 사용자에게 청구할 수 있는 연차휴가수당은 임금(대법 2013.12.26, 2011다4629 판결 참조)이라고 할 것이므로, 근로자의 퇴직으로 인해 비로소 지급사유가 발생한 연차유급휴가미사용수당도 DC형 부담금 산정시 산입하여야 한다(2017.8.11, 퇴직연금복지과-3396).

51 노조전임자의 연차유급휴가

1. 노조전임제도의 변경

기존의 유급노조전임제도는 2010.7.1부터 무급노조전임자와 유급근로시간면제자로 나눠지게 되었다.

2. 노조전임자제도

가. 무급노조전임자

무급노조전임자에 대해서는 장기휴직자이므로 사용자가 휴가, 휴일 등을 부여할 의무가 없다.

나. 유급근로시간면제자(이른바 '타임오프'제도)

풀타임 또는 파트타임이든 노조법 제24조제4항에 의한 유급근로시간면제자는 노동조합활동시간을 근로시간으로 보는 것이므로 일반근로자와 동일하게 연차유급휴가가 발생된다.

유급노조전임자 —(2010.7.1 변경)→
- 무급노조전임자(장기휴직자) (2021.7.6. 용어 삭제)
- 유급근로시간면제자(재직근로자)

52 회계연도단위기준의 연차유급휴가제도

1. 회계연도단위 연차유급휴가제도

가. 고용노동부 방식(실제 입사일 방식) : 2023.7.1. 입사자

연차산정기간(근속)	연차휴가 사용기간	연차부여일수
2023.7.1.~2023.12.31	실제 입사일로부터 1년	5일
2024.1.1.~2024.6.30 2023.7.1.~2023.12.31	실제 입사일로부터 1년 2024.1.1.~2024.12.31	6일 7.5일(15일×6/12)
2024.1.1.~2024.12.31	2025.1.1.~2025.12.31	15일
2025.1.1.~2025.12.31	2026.1.1.~2026.12.31	15일
2026.1.1.~2026.12.31	2027.1.1.~2027.12.31	16일

나. "○○웍스" 방식(입사시점 분기별 할인방식) : 2023.7.1. 입사자

연차산정기간(근속)	연차휴가 사용기간	연차부여일수
2023.7.1.~2023.12.31	2023.8.1.~2023.12.31.	5일(매월1일) ※ 2023.12.31.정산
2024.1.1.~2024.12.31	이론상 입사일로부터 1년 2024.1.1.~2024.12.31	13일 (전년도 1/4분기 입사자 : 15일, 2/4분기 입사 : 14일, 3/4분기 입사 : 13일, 4/4분기 입사 : 12일)
2024.1.1.~2024.12.31	2025.1.1.~2025.12.31	15일
2025.1.1.~2025.12.31	2026.1.1.~2026.12.31	16일
2026.1.1.~2026.12.31	2027.1.1.~2027.12.31	16일

다. 이원희 노무사 방식(익년 1.1. 이론상 입사일 방식) : 2023.7.1.입사자

① 연차유급휴가는 "실제 입사일"을 기준으로 산정해야 함이 원칙이나 회사의 노무관리의 편의를 위해 회계연도(예를 들어, 1월 1일) 등을 기준으로 전 근로자에게 일률적으로 부여할 수도 있다. 예를 들면, 2023.7.1. 입사자의 경우 근속기간이 연차유급휴가 산정대상기간의 절반에 해당하므로 i) 2023.12.31.에 7.5일(15일×근속기간의 총일수/365일이다)의 이른바 '조정연차'를 미리 부여하든지 또는 ii) 매월 1일씩 이른바 '조정연차' 부여한 후 추가로 2023.12.31.에 1.5일 '추가조정연차' 부여하고,

② 2024.1.1.을 "이론상 입사일"로 간주하여 2024년도에 개근 월당 1일씩 연차 발생은 물론, 2024.1.1.~12.31. 80퍼센트 이상 출근할 경우, 2025.1.1.부터 15일의 휴가를 부여하는 등 1년 단위의 정상적인 휴가산정을 하면 된다.

연차산정기간(근속)	연차휴가 사용기간	연차부여일수
2023.7.1.~2023.12.31	보상연차 2023.8.1.~2023.12.31.	7.5일(15일×6/12) ※ 2023.12.31.정산
2024.1.1.~2024.12.31	이론상 입사일로부터 1년 2024.1.1.~2024.12.31	11일(매월1일)
2024.1.1.~2024.12.31	2025.1.1.~2025.12.31	15일
2025.1.1.~2025.12.31	2026.1.1.~2026.12.31	15일
2026.1.1.~2026.12.31	2027.1.1.~2027.12.31	16일

2. 회계연도단위로 일률적으로 연차유급휴가를 부여하였으나 1~2년 근무 후 퇴사할 경우

이 경우에는 다시 "실제" 입사일로 되돌아가 연차유급휴가를 계산한 후, 그동안 지급받은 조정의미의 연차유급휴가를 공제하여 정산하여야 한다. 예를 들어 2026.7.1. 입사하여 회계연도단위로 일률적으로 부여하기 위해 2026.12.31. 조정의미의 연차유급휴가수당을 7.5개를 지급받은 후 2027.6.30. 퇴사할 경우, 연차유급휴가수당은 실제 입사일로 되돌아가서 2026.7.1.~2027.6.30. 개근월 당 1일씩 총 11일의 연차유급휴가가 발생되나, 조정연차 수당(휴가) 7.5개를 공제하면 3.5개의 연차유

급휴가수당이 정산차액으로 발생되는 것이다.

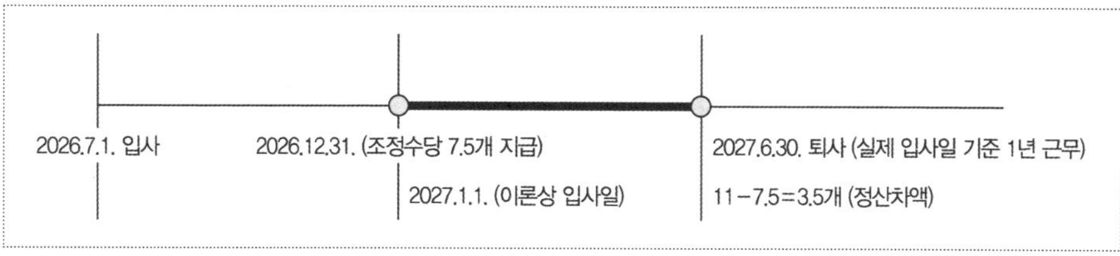

3. 연습문제

A사는 연차제도를 운용함에 있어 "실제 입사일"을 기준으로 적용하여 왔으나, 너무 번거로워 2027.1.1.부터는 "회계연도단위(1월 1일 기준)"로 변경하고자 한다.

(1) 2017.7.1. 입사한 P사원에게 부여할 2026.12.31. 조정연차 및 2027년도에 발생될 연차는?

① P사원의 이론상 입사일은 2018.1.1.(2018년도부터 매월 1일씩 발생)

② 2026.12.31. 조정연차는 9.5(일, 개)

③ 2027.1.1. 19일의 연차발생

(2) 1998.4.20. 입사한 K부장에게 부여할 2026.12.31. 조정연차 및 K부장에게 2027년도 발생될 연차는?

① K부장의 이론상 입사일은 1999.1.1.

② 2026.12.31. 조정연차는

$$25\text{일} \times \frac{250}{365} = 17(\text{일, 개})$$

③ 2027.1.1. 근속연수 29년이므로 25일의 연차발생

53 연차유급휴가신청에 대해 사용자가 그 시기를 변경할 수 있나

근기법 제60조제5항 【연차유급휴가】 사용자는 제1항부터 제4항까지의 규정에 따른 휴가를 근로자가 청구한 시기에 주어야 하고, 그 기간에 대하여는 취업규칙 등에서 정하는 통상임금 또는 평균임금을 지급하여야 한다. 다만, 근로자가 청구한 시기에 휴가를 주는 것이 사업 운영에 막대한 지장이 있는 경우에는 그 시기를 변경할 수 있다.

1. 시기변경권

사용자의 시기변경권 행사에 있어서 사업운영에 심대한 지장이 있었는지 여부는 기업의 규모, 담당업무의 성질, 작업의 형편, 대행자의 난이도, 같은 시기에 청구하는 근로자의 수 등을 고려하여 합리적으로 판단한다. 근로자가 지정한 시기에 휴가를 사용하게 된다면 담당업무를 포함한 단위업무의 운영이 불가능하고 대체근로가 용이하지 않은 경우가 될 것이다. 법령에는 사용자의 시기변경권의 행사방법에 관한 별도의 구체적인 규정이 없으므로 취업규칙 또는 단체협약 등에 미리 정해두는 것이 바람직하다. 사용자가 회사운영에 막대한 지장이 있어 시기변경권을 행사하였음에도 불구하고 일방적으로 연차유급휴가를 사용한 경우에 사용자는 해당일을 결근으로 처리할 수 있다.

2. 시기변경권의 입증책임

회사운영에 막대한 지장이 없는 경우에는 시기변경권이 인정될 수 없으며, 회사운영에 막대한 지장이 있다는 입증책임은 사용자에게 있다.

3. 사용자의 시기변경권 행사는 변경된 연차휴가일을 별도 지정하여야 완성되는지

사용자의 시기변경권은 그 시기를 변경함에 그치는 것이고, 변경된 또 다른 시기를 특정하여야 하는 것은 아닌 것으로 해석된다. “취업규칙에 ‘휴가를 받고자 할 때에는 사전에 그 사유를 신고하여 허가를 받아야 한다’고 규정한 것은 근로자의 휴가시기지정권을 박탈하기 위한 것이 아니라 단지 사용자에게 유보된 시기변경권의 적절한 행사를 위한 규정이므로 이에 따른 회사의 불승인 조치는 정당한 연차휴가 시기변경권 행사에 해당된다”(서울행법 2014.7.17, 2013구합61708 확정)

4. 휴가사용 신청, 승낙

따라서, 휴가를 사용하고자 할 경우에는 일정기간 전에 신청서를 제출하도록 하는 등 시기지정을 일부 제한하는 절차적인 규정을 두거나, 사전에 신청서를 제출하여 승낙을 받아야 하는 것으로 정하는 것은 불합리하다고 볼 수 없으며, 불승인시 근로자가 다시 다른 시기를 제시하여 신청할 수 있도록 하여야 할 것이다.

5. 시기변경권 행사요건 ‘사업 운영에 막대한 지장이 있는 경우’

참가인이 연차휴가를 신청한 2017.5.2.과 2017.5.4.이 업무폭증이 예상되는 극성수기도 아니고, 참가인 이외에 다른 근로자들이 집단으로 연차휴가를 신청하여 근로 인력이 현저하게 감소된 기간도 아니었다. 단순히 참가인이 연차휴가를 사용함으로써 근로 인력이 감소되어 남은 근로자들의 업무량이 상대적으로 많아진다는 일반적 가능성만으로 시기변경권이 인정되지 않는다(서울고법 2019.4.4, 2018누57171)

6. 근로자가 반반차(2시간) 단위로 연차사용을 신청하는 경우

“사업 운영에 막대한 지장이 있는 경우” 외의 사유로 근로자가 청구한 휴가의 시기를 변경할 수 없다(2024.11.20, 법제처 24-0775).

54 연차유급휴가의 사용기간과 미사용시 수당지급

근기법 제60조【연차유급휴가】 ⑤ 사용자는 제1항부터 제4항까지의 규정에 따른 휴가를 근로자가 청구한 시기에 주어야 하고, 그 기간에 대하여는 취업규칙 등에서 정하는 통상임금 또는 평균임금을 지급하여야 한다.
⑦ 제1항·제2항 및 제4항에 따른 휴가는 1년간(계속하여 근로한 기간이 1년 미만인 근로자의 제2항에 따른 유급휴가는 최초 1년의 근로가 끝날 때까지의 기간을 말한다) 행사하지 아니하면 소멸된다. 다만, 사용자의 귀책사유로 사용하지 못한 경우에는 그러하지 아니하다.

근기법시행령 제33조【휴가수당의 지급일】 법 제60조제5항에 따라 지급하여야 하는 임금은 유급휴가를 주기 전이나 준 직후의 임금지급일에 지급하여야 한다.

1. 연차휴가수당의 산정기준

연차휴가기간에 근로자가 근로를 제공하지 않더라도 근로를 제공한 것으로 보아 지급되어야 하는 연차휴가수당은 취업규칙 등에서 산정 기준을 정하지 않았다면, 그 성질상 통상임금을 기초로 하여 산정하여야 한다. 그리고 근로자가 연차휴가에 관한 권리를 취득한 후 1년 이내에 연차휴가를 사용하지 아니하거나 1년이 지나기 전에 퇴직하는 등의 사유로 인하여 더 이상 연차휴가를 사용하지 못하게 될 경우에 연차휴가일수에 상응하는 임금인 연차휴가수당을 청구할 수 있는데(대법 2017.5.17, 2014다232296, 232302 판결 등 참조), 이러한 연차휴가수당 역시 취업규칙 등에 다른 정함이 없다면 마찬가지로 통상임금을 기초로 하여 산정할 수당으로 보는 것이 타당하다(대법 2019.10.18, 2018다239110 파기환송)

2. 수당지급 기준시점

유급휴가를 주기 전, 준 직후의 임금지불일에 그 당시의 임금을 기준으로 연차유급휴가수당을 지급한다(2007.11.5, 임금근로시간-3295). 따라서 2026.1.1.~12.31. 1년 중 소정근로일에 대한 출근율을 계산하여 연차유급휴가일수를 산정하고 그 일수에 대해 2027.1.1.~12.31. 1년 동안 실제로 휴가를 사용하는 권리가 발생하는 것이며, 미사용한 휴가일수는 마지막달(2027년 12월)의 임금지급일의 임금을 기준으로 산정하여 그 달이나 다음년도인 2028년 1월 임금에 포함하여 지급한다(2007. 11.5, 임금근로시간-3295).

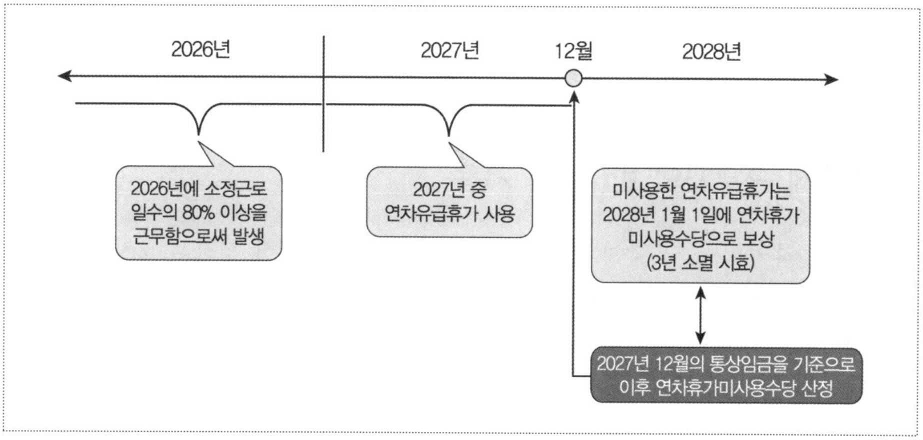

3. 연차유급휴가미사용수당청구권의 소멸시효

연차유급휴가미사용수당은 휴가청구권이 소멸된 직후의 임금지급일에 발생하며(근기법시행령 제33조), 청구권의 소멸시효는 휴가청구권이 소멸한 때로부터 3년이다.

4. 연차유급휴가 미사용분의 이월사용

사용자 귀책 등 특별한 사유가 없다면, 2026년 한 해 동안 출근율에 의거 2027년 1년간 사용할 수 있는 휴가청구권은 2028.1.1에 소멸하고 수당청구권으로 바뀐다. 그러나 근로자 집단의 과반수 동의가 아닌 개별근로자의 동의를 얻었을 경우는 2028년도에 남아있는 휴가를 실제로 사용할 수 있도록 기간을 연장할 수 있다.

5. 연차유급휴가 자진반납

연·월차유급휴가를 사용할 권리는 일정한 요건에 해당하면 당연히 부여하여야 하는 것으로서 근로자가 반납을 결의하였다 하더라도 강행규정 위반으로 무효가 된다. 다만, 연·월차유급휴가근로수당을 일부 또는 전부를 반납하는 것은 이미 근로자 개인의 재산적인 부분에 귀속되었다고 할 것이므로 근로자 개인의 동의를 얻은 경우에만 유효하다(2000.5.31, 근기 68207-1666). 반납된 금액은 평균임금 산정시 임금총액에 포함한다(2002.5.9, 근기 68207-1875).

6. 교대제 근무자의 반(半)차 사용

연차유급휴가 사용시 당해 유급휴가일의 유급처리를 위한 시간은 노사 당사자간에 정한 1일 소정근로시간(교대제의 경우에도 1일 8시간)을 기준으로 하는 것이 원칙이다. 교대제의 경우 특정일 근로시간이 12시간이든, 6시간이든지 여부에 관계없이, 4시간 근로외 잔여시간이 반(半)차 사용이 된다.

7. 감시 · 단속근로자 중 24시간 격일제 근로자

그러나, 24시간 격일제근무자는 당일 24시간 근로를 전체로 다음 날 비번일에 완전히 휴무하는 것이므로 근로의무가 있는 날 1일을 연차유급휴가로 사용하는 경우는 2일(당일과 비번일 합계 2일)을 휴가로 사용한 것과 같다. 24시간 격일제 감시·단속적 근로자의 1일의 휴가사용 시간은 12시간이므로 12 × 시간급통상임금이 1일 연차유급휴가수당이다(2006.12.27, 임금근로시간-3961).

55 연차유급휴가는 근로자가 자유롭게 사용가능한지

1. 지각 · 조퇴 · 외출시간을 합하여 연차유급휴가 사용으로 간주가능 여부

지각 · 조퇴 · 외출 등의 사유로 소정근로일의 근로시간 전부를 근로하지 못하였다 하더라도 소정근로일을 단위로 그날에 출근하여 근로를 제공하였다면 이를 결근으로 처리할 수 없는 것이므로, 단체협약 · 취업규칙 등에 지각 · 조퇴 · 외출을 몇 회 이상 하면 결근 1일로 취급한다고 규정하고, 일정횟수 이상의 지각 · 조퇴 · 외출시 결근 1일로 취급하여 주휴일 · 연차유급휴가 등에 영향을 미치게 하는 것은 근기법 취지에 비추어 타당하지 않다. 다만, 단체협약 또는 취업규칙 등에서 '질병이나 부상외의 사유로 인한 지각 · 조퇴 및 외출은 누계 8시간을 연차유급휴가 1일로 계산한다'라는 규정을 두는 것은 당해 사업장 근로자의 인사 · 복무관리 차원에서의 노사간 특약으로 볼 수 있으며, 해당자가 부여받을 수 있는 연차유급휴가일수에서 공제하는 것이므로 근기법에 위반된다고 볼 수 없다(2000.1.22, 근기 68207-157).

2. 연차유급휴가 중 집회에 참석시 무단결근 처리여부

가. 개인적으로 사용한 경우

연차유급휴가의 시기나 목적 등은 근로자가 자유롭게 결정할 수 있는 것이 원칙이고, 다만 사용자는 '사업운영에 막대한 지장이 있는 경우'에 한하여 예외적으로 그 시기변경권을 행사할 수 있다. 회사는 원고가 신청한 일시에 별다른 이의나 유보 없이 연차유급휴가를 승인하였다가 원고가 신청사유와 달리 위 연차유급휴가

중 집회에 참석하였다는 이유만으로 이 사건 무단결근처리를 한 것은 법에서 정한 연차유급휴가의 시기변경권을 행사할 수 있는 사유에 해당하지 아니함이 명백하고, 그와 같이 정당한 시기변경권에 근거하지 아니한 이 사건 무단결근처리는 위법하다(서울행법 1999.7.16, 99구2832).

나. 집단적으로 일시에 사용한 경우

근기법상 연차유급휴가의 사용이 근로자의 자유의사에 맡겨진 것이긴 하나 본인들의 요구사항을 관철시킬 목적으로 다수의 근로자들로 하여금 집단적으로 연차유급휴가를 사용하도록 한 경우에는 그 의도가 사용자의 정상적인 업무수행을 저해할 목적으로 이루어진 근로자들의 연차유급휴가 사용 및 근로제공 거부라면 이는 이른바 '준법투쟁'으로서 노조법상 소정의 쟁의행위에 해당한다고 할 것이다(다만, 결과적으로 손해가 발생하지 않았다면 정당한 연차휴가 사용으로 보아야 할 것이다). 이와 같이 준법투쟁의 일환으로 근로자들이 집단적으로 일제히 연차유급휴가를 신청하여 결근하거나 사업장을 이탈하여 취업하지 않는 것은 근기법상 정당한 휴가권의 행사로 볼 수 없을 것이다.

56 개별적으로 연차유급휴가 사용을 촉진하는 제도

근기법 제61조 【연차유급휴가의 사용촉진】 사용자가 제60조제1항 · 제3항 및 제4항에 따른 유급휴가의 사용을 촉진하기 위하여 다음 각 호의 조치를 하였음에도 불구하고 근로자가 휴가를 사용하지 아니하여 제60조제7항 본문에 따라 소멸된 경우에는 사용자는 그 사용하지 아니한 휴가에 대하여 보상할 의무가 없고, 제60조제7항 단서에 따른 사용자의 귀책사유에 해당하지 아니하는 것으로 본다.

1. 제60조제7항 본문에 따른 기간이 끝나기 6개월 전을 기준으로 10일 이내에 사용자가 근로자별로 사용하지 아니한 휴가일수를 알려주고, 근로자가 그 사용 시기를 정하여 사용자에게 통보하도록 서면으로 촉구할 것
2. 제1호에 따른 촉구에도 불구하고 근로자가 촉구를 받은 때부터 10일 이내에 사용하지 아니한 휴가의 전부 또는 일부의 사용 시기를 정하여 사용자에게 통보하지 아니하면 제60조제7항 본문에 따른 기간이 끝나기 2개월 전까지 사용자가 사용하지 아니한 휴가의 사용 시기를 정하여 근로자에게 서면으로 통보할 것

② 사용자가 계속하여 근로한 기간이 1년 미만인 근로자의 제60조제2항에 따른 유급휴가의 사용을 촉진하기 위하여 다음 각 호의 조치를 하였음에도 불구하고 근로자가 휴가를 사용하지 아니하여 제60조제7항 본문에 따라 소멸된 경우에는 사용자는 그 사용하지 아니한 휴가에 대하여 보상할 의무가 없고, 같은 항 단서에 따른 사용자의 귀책사유에 해당하지 아니하는 것으로 본다.

1. 최초 1년의 근로기간이 끝나기 3개월 전을 기준으로 10일 이내에 사용자가 근로자별로 사용하지 아니한 휴가 일수를 알려주고, 근로자가 그 사용 시기를 정하여 사용자에게 통보하도록 서면으로 촉구할 것. 다만, 사용자가 서면 촉구한 후 발생한 휴가에 대해서는 최초 1년의 근로기간이 끝나기 1개월 전을 기준으로 5일 이내에 촉구하여야 한다.
2. 제1호에 따른 촉구에도 불구하고 근로자가 촉구를 받은 때부터 10일 이내에 사용하지 아니한 휴가의 전부 또는 일부의 사용 시기를 정하여 사용자에게 통보하지 아니하면 최초 1년의 근로기간이 끝나기 1개월 전까지 사용자가 사용하지 아니한 휴가의 사용 시기를 정하여 근로자에게 서면으로 통보할 것. 다만, 제1호 단서에 따라 촉구한 휴가에 대해서는 최초 1년의 근로기간이 끝나기 10일 전까지 서면으로 통보하여야 한다.

1. 사용자의 휴가사용촉진 시행시기

연차유급휴가 사용기간 만료일 6월전을 기준으로 10일 이내(12.31. 기준, 7.1.~7.10.)에 사용자가 근로자별로 미사용 휴가일수를 알려 주고 근로자가 휴가사용시기를 정하여 사용자에게 통보하도록 서면으로 촉구한다. 근로자가 사용자로부터 사용촉구를 받은 때부터 10일 이내(7.11.~7.20.)에 미사용 휴가의 전부 또는 일부의 사용시기를 정하여 사용자에게 통보하지 아니한 경우에는, 휴가청구권이 발생한지 1년이 끝나기 2월전까지(7.21.~10.31.) 사용자가 미사용 휴가의 사용시기를 정하여 근로자에게 서면으로 통보하여야 한다.

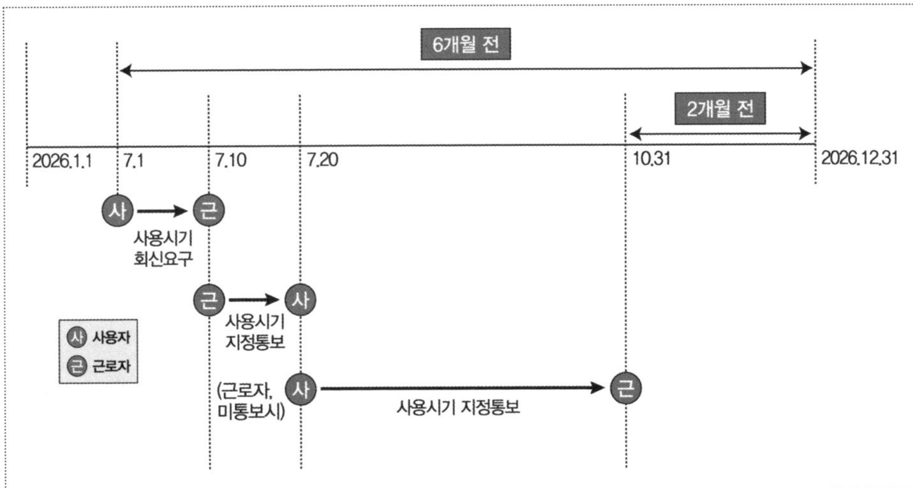

2. 미사용 휴가일수 통보를 회사 E-mail이나 사내 게시판에 게재하는 경우

연차유급휴가사용촉진조치를 취할 때 사용자로 하여금 '서면'으로 촉구 또는 통보하도록 규정한 것은 휴가사용촉진조치가 명확하게 이행되도록 하여 근로자의 권리보호를 보다 충실하게 하고 불명확한 조치로 인한 당사자간의 분쟁을 방지하려는 취지로 볼 수 있는 것이다. 따라서 회사 내 E-mail을 활용하여 통보하거나 근로자별 미사용 휴가일수를 게재한 공문을 사내게시판에 게재하는 것은 인정되기 어렵다고 할 것이다(2004.7.27, 근로기준과-3836).

3. 특정집단의 근로자에 대해서만 휴가사용촉진조치를 취할 수 있는지

휴가사용촉진조치는 동일한 사업 또는 사업장 내의 모든 근로자를 대상으로 실시함이 바람직하나, 직종 또는 근로형태 등을 감안하여 특정집단의 근로자에 대해서는 휴가사용촉진조치의 적용을 제외할 수 있다(2004.1.26, 근로기준과-407).

1 일차

4. 연차유급휴가사용촉진조치를 의무적으로 실시해야 하는지

사용자가 연차유급휴가사용촉진조치를 반드시 실시해야 할 의무는 없다.

5. 단체협약 상, '연차휴가의무사용제' 규정의 유효성

근로기준법 제60조 제5항은 "휴가를 근로자가 청구한 시기에 주어야 한다"고 규정하는바, 연차휴가의 사용 여부 및 사용일 지정은 원칙적으로 근로자의 자유의사에 달려 있다. 따라서, 연차휴가의 의무 사용을 정하는 단체협약의 규정(예 : "연차휴가 중 10일을 의무적으로 사용해야 한다")은 사용자가 사용촉진 절차를 이행하지 않은 이상 근로기준법 위반으로 무효이다.

6. 근로자가 지정된 휴가일에 출근하는 경우

사용자는 지정된 휴가일에 근로자가 출근한 경우 노무수령 거부의사를 명확히 표시하여야 하며, 명확한 노무수령 거부의사에도 불구하고 근로를 제공한 경우에는 연차유급휴가미사용수당을 지급할 의무가 없다. 그러나 사용자가 노무수령 거부의사를 명확히 표시하지 않았거나 근로자에 대하여 업무지시 등을 하여 근로자가 근로를 제공한 경우에는 휴가일 근로를 승낙한 것으로 보아야 하므로, 연차유급휴가미사용수당을 지급해야 한다.

7. 연차휴가사용촉진 절차에서 적법한 노무수령 거부의사방법

연차휴가일에 해당근로자의 책상위에 '노무수령 거부통지서'를 올려놓거나, 컴퓨터를 켜면 '노무수령 거부통지' 화면이 나타나도록 하여 해당 근로자가 사용자의 노무수령 거부의사를 인지할 수 있는 정도라면 달리 볼 사정이 없는 한 노무수령거부의사를 표시한 것으로 볼 수 있다(2010.3.22, 근기-351).

서식 미사용 연차유급휴가일수 통지(사용자1차)

미사용 연차유급휴가일수 통지(1차)(사용자)
휴가사용시기지정통보촉구

성명	김 중 앙	소속	경영지원팀	직급	과장

2023년 6월 30일 기준

연차휴가 발생 출근율 기간	연차휴가 사용가능 기간	발생연차 (A)	사용연차 (B)	잔여연차 (A–B)
2025.1.1.~ 2025.12.31	2026.1.1.~ 2026.12.31	20	5	15

- 김중앙님의 통지일 현재 사용가능한 미사용 연차유급휴가일수는 15일임을 알려드립니다.
- 2026.7.20까지 미사용 연차유급휴가일수의 사용시기를 지정하여 "미사용 연차유급휴가 사용시기 지정통보서"를 작성하여 관리팀으로 서면통보하여 주시기 바랍니다.
- 동기한내에 붙임서식에 의한 "미사용 연차유급휴가 사용시기 지정통보"가 제출되지 아니한 경우 관련 규정에 의해 추후 회사가 임의지정할 예정이며, 그럼에도 불구하고 사용하지 아니한 연차유급 휴가일수에 대하여는 향후 연차유급 휴가수당이 지급되지 않음을 알려드립니다.

2026년 7월 10일

(주) 3일노동 대표이사

서식 미사용 연차유급휴가 사용시기 지정통보서(근로자)

미사용 연차유급휴가 사용시기 지정통보서

성명	김 중 앙	소속	경영지원팀	직급	과장

2026.7.10. 통지받은 "미사용연차유급휴가일수" 및 "휴가사용시기지정통보촉구"에 의거하여 아래와 같이 연차유급휴가 사용시기를 통보드립니다.

- 아　　래 -

1. 통지받은 내역

연차휴가 발생 출근율 기간	연차휴가 사용가능 기간	발생연차	사용연차	잔여연차
		(A)	(B)	(A–B)
2025.1.1.~ 2025.12.31	2026.1.1.~ 2026.12.31	20	5	15

2. 미사용 연차유급휴가 사용시기 지정 통보내역(추후 변경 가능)

구분	사용시기 지정일	구분	사용시기 지정일	비고
7월		10월		
8월		11월		
9월		12월		

2026년 7월 15일

상기본인 김 중 앙 (인)

(주) 3일노동 귀중

서식 미사용 연차유급휴가 사용촉진 지정통보서(사용자2차)

미사용 연차유급휴가 사용촉진 지정통보서(2차)

성명 : 김중앙
소속 : 경영지원팀
통보일자 : 2026.9.30.

귀하의 2026년 미사용 연차유급휴가를 아래와 같이 지정하여 통보하오니 사용하시기 바라며, 사용하지 아니할 경우 근로기준법 제62조에 의거 귀하의 연차유급휴가와 수당은 소멸됨을 알려드립니다.

- 아 래 -

휴가 지정일	년 월 일 ~ 년 월 일 (일간)
	년 월 일 ~ 년 월 일 (일간)
	년 월 일 ~ 년 월 일 (일간)
	년 월 일 ~ 년 월 일 (일간)

노무수령거부 통지서(3차)

성명 : 부서 : 사번 :

근로기준법 제61조에 의거 회사는 귀하에게 미사용 연차유급휴가일수를 알려주고, 그 사용시기를 정하여 회사에 통보하도록 촉구하였음에도 불구하고 아무런 통보를 하지않아 부득이 회사가 귀하의 연차휴가 사용일을 정하여 통보한 바, 금일부터 ○월○일까지는 회사가 귀하의 연차휴가일로 지정한 기간이므로 귀하는 이 기간 회사에 근로를 제공할 의무가 없고, 회사에서는 노무수령을 거부하오니 즉시 퇴근바랍니다.

2026. 10. 15.

(주) 3일노동

1 일차

57 집단적으로 근로일에 연차유급휴가를 사용케하는 제도

근기법 제62조 【유급휴가의 대체】 사용자는 근로자대표와의 서면합의에 따라 제60조에 따른 연차유급휴가일을 갈음하여 특정한 근로일에 근로자를 휴무시킬 수 있다.

1. 연차유급휴가의 대체사용제도

연차유급휴가의 대체사용이라 함은 특정 근로일에 휴무하면서 일제히 연차유급휴가를 사용한 것으로 하는 것을 말한다. 예를 들면, 징검다리휴일을 연휴로 하거나, 추석·설날 등 명절을 전후하여 며칠 더 추가하여 쉬게 하고 연차유급휴가사용으로 처리하는 것이다. 특히, 주문량이 갑자기 줄거나, 생산설비의 고장으로 휴업을 하여야 할 경우에도 휴업수당 대신 연차유급휴가를 대체사용하게 할 수 있다.

2. 근로자대표와 합의

연차유급휴가의 대체는 사용자가 근로자대표와 합의하여 시행하는 것이므로 반대하는 근로자에게도 적용된다.

3. 근로자대표의 선출방법

① 과반수 노동조합이 있는 경우 : 노동조합위원장

② 과반수 노동조합이 없는 경우 : 선출방법 관련 근기법상 명시규정 없음

근로자 과반수가 찬성하였다는 것을 확인하기 위하여 다음과 같이 전체 근로자가 확인서에 연명으로 서명하도록 하는 것이 필요하다.

확 인 서

성명 :
소속 :
직책 :

위 사람을 근로기준법상 사용자와 합의가 필요한 모든 절차에서 근로자대표로서 권한을 행사할 수 있도록 하기 위하여 2026.1.3. 전체 근로자 과반수의 찬성으로 선출하였음을 확인합니다.

2026. 1. .

위 확인자 :

연번	성명	소속 및 직책	서명

참고 근로자대표제도 개선에 관한 노사정합의문(2020.10.16. 경제사회노동위원회)

과반수 노동조합이 있는 경우	노동조합위원장
과반수 노동조합이 없고 노사협의회가 있는 경우	노사협의회 근로자위원으로 구성된 '근로자위원 회의'가 근로기준법 상 근로자 대표의 지위를 가지는 것으로 하고, 근로자 위원회의 의결은 재적위원의 과반수 의결을 원칙으로 한다.
노사협의회가 없는 경우	근로자 대표는 직접 비밀 무기명 투표에 의해 선출한다.
근로자 대표의 임기	3년으로 하되, 노사합의가 있는 경우 3년의 한도에서 자율적으로 정할 수 있다.

4. 취업규칙(또는 단체협약)에 규정하였을 경우

취업규칙 변경절차를 거쳐 유급휴가의 대체를 취업규칙에 규정하였다면 별도 서면합의가 없어도 유급휴가의 대체규정은 유효하다(2000.5.24, 근기 68207-1585).

5. 유통산업발전법상 의무휴업일은 휴일이 아니라 근로일에 해당

유통산업발전법 상 의무휴업일은 휴일이 아니라 근로일에 해당하고, 전사 노사협의회 근로자대표와 연차휴가를 의무휴업일에 대체사용하기로 합의하였다면, 유효하다(서울고법 2024.2.2, 2023나2035761).

서식 연차유급휴가 대체 합의서 예시

연차유급휴가 대체 합의서

○○주식회사와 근로자들의 권한을 위임 받은 근로자대표 김중앙은 근로기준법 제62조(유급휴가의 대체)에 따라, 연차유급휴가일에 대신하여 다음과 같이 합의한다.

- 다 음 -

1. 휴가 대체의 범위 : 2026년도 하계휴가 5일 및 명절연휴 전후 각 1일(총 9일)
2. 합의적용기간 : 2026.1.1. ~ 2026.12.31.
3. 제1항의 휴가로 대체하여 휴무하는 특정일은 다음 각호와 같다.
   ① 하계휴가 : 5일(8월 첫째주 월요일~금요일)
   ② 설날 연휴 전후 2일
   ③ 추석 연휴 전후 2일

2026년 1월 2일

○○주식회사 대표 (인)
근로자 대표 (인)

※ 2020.1.1.부터 공휴일이 유급휴일로 됨에 따라, 공휴일의 연차급휴가 대체사용은 불가

58 출산전후휴가와 배우자출산휴가

근기법 제74조 【임산부의 보호】 ① 사용자는 임신 중의 여성에게 출산 전과 출산 후를 통하여 90일(한 번에 둘 이상 자녀를 임신한 경우에는 120일)의 출산전후휴가를 주어야 한다. 이 경우 휴가 기간의 배정은 출산 후에 45일(한 번에 둘 이상 자녀를 임신한 경우에는 60일) 이상이 되어야 한다.
② 사용자는 임신 중인 여성 근로자가 유산의 경험 등 대통령령으로 정하는 사유로 제1항의 휴가를 청구하는 경우 출산 전 어느 때 라도 휴가를 나누어 사용할 수 있도록 하여야 한다. 이 경우 출산 후의 휴가 기간은 연속하여 45일(한 번에 둘 이상 자녀를 임신한 경우에는 60일) 이상이 되어야 한다.
③ 사용자는 임신 중인 여성이 유산 또는 사산한 경우로서 그 근로자가 청구하면 대통령령으로 정하는 바에 따라 유산·사산휴가를 주어야 한다. 다만, 인공임신중절수술(「모자보건법」 제14조제1항에 따른 경우는 제외한다)에 따른 유산의 경우는 그러하지 아니하다.
⑤ 사용자는 임신 중의 여성근로자에게 시간외근로를 하게 하여서는 아니 되며, 그 근로자의 요구가 있는 경우에는 쉬운 종류의 근로로 전환하여야 한다.
⑥ 사업주는 제1항에 따른 출산전후휴가 종료 후에는 휴가 전과 동일한 업무 또는 동등한 수준의 임금을 지급하는 직무에 복귀시켜야 한다.
⑦ 사용자는 임신 후 12주 이내 또는 32주 이후에 있는 여성 근로자가 1일 2시간의 근로시간 단축을 신청하는 경우 이를 허용하여야 한다. 다만, 1일 근로시간이 8시간 미만인 근로자에 대하여는 1일 근로시간이 6시간이 되도록 근로시간 단축을 허용할 수 있다.
⑧ 사용자는 제7항에 따른 근로시간 단축을 이유로 해당 근로자의 임금을 삭감하여서는 아니 된다.

고평법 제18조의2 【배우자출산휴가】 ① 사업주는 근로자가 배우자의 출산을 이유로 휴가(이하 "배우자 출산휴가"라 한다)를 청구하는 경우에 20일의 휴가를 주어야 한다. 이 경우 사용한 휴가기간은 유급으로 한다.
② 제1항 후단에도 불구하고 출산전후휴가급여등이 지급된 경우에는 그 금액의 한도에서 지급의 책임을 면한다.
③ 배우자 출산휴가는 근로자의 배우자가 출산한 날부터 120일이 지나면 청구할 수 없다.
④ 배우자 출산휴가는 3회에 한정하여 나누어 사용할 수 있다.

1
일
차

1. 출산전후휴가

가. 분할사용 가능여부

근기법시행령 제43조(유산·사산휴가의 청구 등)제1항에서는 1. 임신한 근로자에게 유산·사산의 경험이 있는 경우, 2. 임신한 근로자가 출산전후휴가를 청구할 당시 연령이 만 40세 이상인 경우, 3. 임신한 근로자가 유산·사산의 위험이 있다는 의료기관의 진단서를 제출한 경우, 출산전후휴가의 분할사용이 가능하다고 명시하고 있다.

나. 출산전후휴가기간(90일)에 휴일 포함여부

산전후휴가기간은 개별회사의 단체협약이나 취업규칙 등에 별도의 규정이 없는 한 산전후휴가기간 중에 법정휴일 기타 회사의 약정휴일 등이 포함되어 있다하더라도 역일상 90일을 부여하면 된다(2000.4.7, 여원 68240-97).

다. 출산휴가 중 근로계약기간이 만료되는 경우

1인 이상 사업장에 근무하는 근로자는 계약직 등 근로형태와 관계없이 산전후휴가를 사업주로부터 부여받을 수 있으나, 산전후휴가기간 중 계약기간이 만료되면 사업주의 의무도 함께 종료되므로 출산전후휴가는 종료된다(2003.3.31, 평정 68240-116).

라. 출산전후휴가기간 만료 전에 업무복귀를 원하는 경우

산전후휴가는 강행규정으로 사업주의 시기변경권이나 근로자의 권리포기가 인정되지 않으므로 사업주는 반드시 산전후를 통하여 90일 이상을 부여하여야 하며, 기간의 배치는 산후에 45일 이상이 보장되도록 하여야 한다. 따라서 근로자가 산전후휴가 중에 복귀를 원한다고 하여 90일의 산전후휴가기간을 단축할 수 없다(2002.11.7, 평정 68240-249).

2. 출산전후휴가수당

가. 출산전후휴가에 대한 임금 및 상여금 지급

출산전후휴가기간에 대한 임금지급은 근기법에서 "산전후휴가 90일 중 최초 60일은 유급으로 한다"고 규정하고 있어, 단체협약이나 취업규칙 등에 별도의 정함이 없는 경우에는 최종 30일분의 급여 및 상여금은 사용자가 무급처리하여도 위법으로 볼 수는 없다. 다만, 유급산전후휴가기간(최초 60일) 중 급여지급액은 취업규칙·단체협약 등에서 정하고 있는 경우에는 그에 대해 지급하여야 하나, 정한 바가 없는 경우에는 최소한 통상임금을 지급하여야 한다(우선지원대상기업의 경우, 국가가 월 150만원 지급 / 2002.1.24, 여원 68240-40).

나. 근로시간불규칙 근로자의 출산전후휴가수당 계산

월간 또는 주간 (소정)근로일수가 불규칙하게 이루어지는 근로자에 대한 산전후휴가 중의 임금은 일급통상임금을 기준으로 60일간 지급하는 것이 바람직할 것이다. 이때 일급통상임금은 시간급 임금에 1일 소정근로시간 수(산전후휴가 직전 4주간의 (소정)근로시간 수를 그 기간의 총일수로 나눈 시간 수)를 곱하여 산정하여야 하고, 만약 시간급 임금을 정하지 아니하고 일급으로만 정해진 경우에는 일급액(소정근로 외에 유급처리되는 임금은 제외)을 1일의 소정근로시간 수로 나눈 금액이 시간급 임금에 해당한다(2001.12.15, 여원 68240-565).

3. 임신 중인 여성

가. 합의 또는 단체협약에 의해 연장근로를 하게 할 수 있는지

① 직급별로 시간외근무 인정시간 범위 내에서 시간외근무를 할 수 있도록 노사가 단체협약 등에 규정하고 있다 할지라도 임신 중인 여성의 경우는 근기법에 의거 시간외근무를 시킬 수 없다(2002.11.28, 평정 68240-272).

② 시간외 근로수당이 실제 '시간외 근무'와 상관없이 매월 정액(20시간분)을 지급하는 것이라면, 임신 중의 여성근로자가 실제로 시간외근로를 하지 않더라도 이

를 지급하는 것은 무방하다(2008.10.15, 근로조건지도과-4492).

나. 임신 중인 여성의 연장근로금지 시점

임신 중인 여성근로자를 시간외근로 대상에서 제외해야 하는 시기는 현실적으로는 사업주가 임신한 근로자의 통보, 체형의 변화, 고충처리상담 중 인지 등 당해 근로자의 임신사실을 알게 된 때부터 시간외근로를 시키지 않을 경우 법위반에 해당하지 않는다(2001.9.8, 여원 68240-375).

다. 임신 중 여직원의 전환배치

근기법에서는 임신 중인 여성근로자로부터 쉬운 근로로 전환해 줄 것을 청구받은 경우 며칠 이내에 전환시켜야 한다는 규정은 없으나, 사용자는 임신 중인 여성근로자의 정당한 배치전환 청구를 수용해야 할 법적 의무가 있다(2001.3.31, 여원 68240-113).

4. 생리휴가

근로자가 생리휴가를 청구하는 경우 휴가사용일에 대하여 사용자는 임금지급 의무가 없으나 단체협약 · 취업규칙 · 근로계약으로 달리 정한 경우 그에 따른다(2007.11.6, 여성고용팀-4078).

5. 배우자출산휴가

출산 후 120일의 내에서 “휴무일 또는 휴일은 제외”하고 20일을 유급으로 보장하여야 하며, 3회에 한하여 분할사용할 수 있다.

59 육아휴직 복귀 후 불이익 처우

고평법 제19조【육아휴직】 ① 사업주는 근로자가 만 8세 이하 또는 초등학교 2학년 이하의 자녀(입양한 자녀를 포함한다)를 양육하기 위하여 휴직(이하 "육아휴직"이라 한다)을 신청하는 경우에 이를 허용하여야 한다. 다만, 대통령령으로 정하는 경우에는 그러하지 아니하다.
② 육아휴직의 기간은 1년 이내로 한다. 다만, 다음 각 호의 어느 하나에 해당하는 근로자의 경우 6개월 이내에서 추가로 육아휴직을 사용할 수 있다.
1. 같은 자녀를 대상으로 부모가 모두 육아휴직을 각각 3개월 이상 사용한 경우의 부 또는 모
2.~3. 생략
③ 사업주는 육아휴직을 이유로 해고나 그 밖의 불리한 처우를 하여서는 아니 되며, 육아휴직기간에는 그 근로자를 해고하지 못한다.
④ 사업주는 육아휴직을 마친 후에는 휴직 전과 같은 업무 또는 같은 수준의 임금을 지급하는 직무에 복귀시켜야 한다. 또한 제2항의 육아휴직기간은 근속기간에 포함한다.
⑤ 기간제근로자 또는 파견근로자의 육아휴직기간은 「기간제 및 단시간근로자 보호 등에 관한 법률」 제4조에 따른 사용기간 또는 「파견근로자보호 등에 관한 법률」 제6조에 따른 근로자파견기간에 산입하지 아니한다.

고평법 제19조의2【육아기근로시간 단축】 ① 사업주는 근로자가 만 12세 이하 또는 초등학교 6학년 이하의 자녀를 양육하기 위하여 근로시간의 단축(이하 "육아기 근로시간 단축"이라 한다)을 신청하는 경우에 이를 허용하여야 한다. 다만, 대체인력 채용이 불가능한 경우, 정상적인 사업 운영에 중대한 지장을 초래하는 경우 등 대통령령으로 정하는 경우에는 그러하지 아니하다.
② 제1항 단서에 따라 사업주가 육아기 근로시간 단축을 허용하지 아니하는 경우에는 해당 근로자에게 그 사유를 서면으로 통보하고 육아휴직을 사용하게 하거나 출근 및 퇴근 시간 조정 등 다른 조치를 통하여 지원할 수 있는지를 해당 근로자와 협의하여야 한다.
③ 사업주가 제1항에 따라 해당 근로자에게 육아기 근로시간 단축을 허용하는 경우 단축 후 근로시간은 주당 15시간 이상이어야 하고 35시간을 넘어서는 아니 된다.
④ 육아기 근로시간 단축의 기간은 1년 이내로 한다. 다만, 제19조제1항에 따라 육아휴

직을 신청할 수 있는 근로자가 제19조제2항에 따른 육아휴직 기간 중 사용하지 아니한 기간이 있으면 그 기간의 두 배를 가산한 기간 이내로 한다.

고평법 제19조의4 【육아휴직과 육아기근로시간 단축의 사용형태】 ① 근로자는 육아휴직을 3회에 한정하여 나누어 사용할 수 있다.

1. 육아휴직 일반

가. 육아휴직불허 사유(고평법시행령 제10조)

육아휴직을 시작하려는 날(휴직개시예정일)의 前날까지 해당 사업에서 계속 근로한 기간이 6개월 미만인 근로자

나. 기간제 및 파견기간에서 육아휴직기간이 제외되는지

출산휴가기간 및 육아기근로시간 단축기간은 포함되나, 육아휴직기간은 기간제 및 파견기간에 산입하지 않는다.

다. 육아휴직기간 중의 상여금 지급 여부

상여금 지급과 관련하여 상여금 산정기준을 총 근속년수로 정할 때에는 육아휴직기간을 이에 포함하여야 하나, 일정기간동안 근로한 대가(출근성적)로 지급되고, 육아휴직기간이 그 기간의 일부 또는 전부 포함되어 있는 경우 상여금 지급의 일부 또는 전부를 지급하지 않는다 하더라도 법 위반이라 할 수 없다(1998.8.17, 근정 68240-285).

라. 육아휴직 본래 목적에 사용하지 않은 경우 복귀 명령이 가능한지

법에 의한 육아휴직인지의 여부는 육아휴직 중인 근로자가 그 영아의 양육을 위하여 아무런 기여를 하지 않았다는 사실이 객관적으로 명백하고 입증이 있는지 등을 종합적으로 고려하여 판단하여야 할 것이며, 단지 노동조합 업무를 보고 있다는 이유만으로는 법에 의한 영아의 양육을 위한 휴직이 아니라고 볼 수는 없다(2002.

3.12, 여원 68240-117). 육아휴직 기간 중 부득이한 사유로 해외체류 등을 했다는 이유로 육아휴직급여 반환처분한 것은 위법하다(대법 2017.8.23, 2015두51651).

2. 판례 : 육아휴직 복귀자에 대한 '불리한 처우' 판단기준

① '같은 수준의 임금을 지급하는 다른 직무'로 복귀시키는 경우에도 복귀하는 근로자에게 실질적인 불이익이 있어서는 아니 된다. 사업주가 위와 같은 책무를 다 하였는지 여부는 근로환경의 변화나 조직의 재편 등으로 인하여 다른 직무를 부여해야 할 필요성 여부 및 정도, 임금을 포함한 근로조건이 전체적으로 낮은 수준인지, 업무의 성격과 내용・범위 및 권한・책임 등에 불이익이 있는지 여부 및 정도, 대체 직무를 수행하게 됨에 따라 기존에 누리던 업무상・생활상 이익이 박탈되는지 여부 및 정도, 동등하거나 더 유사한 직무를 부여하기 위하여 휴직 또는 복직 전에 사전 협의 기타 필요한 노력을 하였는지 여부 등을 종합적으로 고려하여 판단하여야 한다(대법 2022.6.30, 2017두76005).

② 판례 : 육아휴직 전 팀장에서 복귀 후 팀원으로 인사발령한 사건

대법 2022.6.30, 2017두76005 ○○마트 사건	대법 2022.9.16, 2019두38571 ○○광고기획 사건
① 기존 관례상 발탁매니저로 일하다 육아휴직을 사용한 경우 복귀 얼마지나지 않아 다시 발탁매니저 직책이 부여되었으나, ② 해당 근로자의 경우 육아휴직 전 맡았던 생활문화매니저 업무와 복귀 후 맡게 된 냉동냉장영업담당 업무는 형식적 직급은 같더라도 그 성격과 내용・범위 및 권한・책임 등에 상당한 차이가 있어 같은 업무에 해당한다고 보기 어렵다.	① 원고는 이 사건 인사발령 후에도 종전과 같은 수준의 급여를 받은 점, ② 원고가 이 사건 인사발령으로 광고팀에서 팀원으로 근무하면서 수행한 참가인 및 타 회사의 광고, 식음료 시장 관련 모니터링 업무, 편의점 및 마트 현장조사 업무가 광고팀의 업무와 전혀 무관하다고 보기 어려운 점, ③ 원고가 근무한 장소는 이 사건 인사발령 전과 동일한 건물인 점 등에 비추어 볼 때, 인사발령으로 인해 원고에게 감내할 수 없는 수준의 생활상의 불이익이 있다고 보기는 어렵다.

60 가족돌봄휴직 · 휴가제도

고평법 제22조의2 【근로자의 가족 돌봄 등을 위한 지원】 ① 사업주는 근로자가 조부모, 부모, 배우자, 배우자의 부모, 자녀 또는 손자녀(이하 "가족"이라 한다)의 질병, 사고, 노령으로 인하여 그 가족을 돌보기 위한 휴직(이하 "가족돌봄휴직"이라 한다)을 신청하는 경우 이를 허용하여야 한다. 다만, 대체인력 채용이 불가능한 경우, 정상적인 사업 운영에 중대한 지장을 초래하는 경우, 본인 외에도 조부모의 직계비속 또는 손자녀의 직계존속이 있는 경우 등 대통령령으로 정하는 경우에는 그러하지 아니하다.
② 사업주는 근로자가 가족(조부모 또는 손자녀의 경우 근로자 본인 외에도 직계비속 또는 직계존속이 있는 등 대통령령으로 정하는 경우는 제외한다)의 질병, 사고, 노령 또는 자녀의 양육으로 인하여 긴급하게 그 가족을 돌보기 위한 휴가(이하 "가족돌봄휴가"라 한다)를 신청하는 경우 이를 허용하여야 한다. 다만, 근로자가 청구한 시기에 가족돌봄휴가를 주는 것이 정상적인 사업 운영에 중대한 지장을 초래하는 경우에는 근로자와 협의하여 그 시기를 변경할 수 있다.
④ 가족돌봄휴직 및 가족돌봄휴가의 사용기간과 분할횟수는 다음 각 호에 따른다.
1. 가족돌봄휴직 기간은 연간 최장 90일로 하며, 이를 나누어 사용할 수 있을 것. 이 경우 나누어 사용하는 1회의 기간은 30일 이상이 되어야 한다.
2. 가족돌봄휴가 기간은 연간 최장 10일로 하며, 일단위로 사용할 수 있을 것. 다만, 가족돌봄휴가 기간은 가족돌봄휴직 기간에 포함된다.

제22조의3 【가족돌봄 등을 위한 근로시간 단축】 ① 사업주는 근로자가 다음 각 호의 어느 하나에 해당하는 사유로 근로시간의 단축을 신청하는 경우에 이를 허용하여야 한다. 다만, 대체인력 채용이 불가능한 경우, 정상적인 사업 운영에 중대한 지장을 초래하는 경우 등 대통령령으로 정하는 경우에는 그러하지 아니하다.
1. 근로자가 가족의 질병, 사고, 노령으로 인하여 그 가족을 돌보기 위한 경우
2. 근로자 자신의 질병이나 사고로 인한 부상 등의 사유로 자신의 건강을 돌보기 위한 경우
3. 55세 이상의 근로자가 은퇴를 준비하기 위한 경우
4. 근로자의 학업을 위한 경우

③ 사업주가 제1항에 따라 해당 근로자에게 근로시간 단축을 허용하는 경우 단축 후 근로시간은 주당 15시간 이상이어야 하고 30시간을 넘어서는 아니 된다.
④ 근로시간 단축의 기간은 1년 이내로 한다. 다만, 제1항제1호부터 제3호까지의 어느

하나에 해당하는 근로자는 합리적 이유가 있는 경우에 추가로 2년의 범위 안에서 근로시간 단축의 기간을 연장할 수 있다.

1. 가족돌봄휴직의 의의

사업주는 근로자가 자녀양육, 부모・배우자・자녀 또는 배우자의 부모(가족)의 질병, 사고, 노령으로 인하여 그 가족을 돌보기 위한 휴직을 신청하는 경우 이를 허용하여야 한다. 다만 ① 돌봄휴직개시예정일의 전날까지 해당 사업에서 계속 근로한 기간이 6개월 미만인 근로자가 신청한 경우, ② 가족돌봄휴직을 신청한 근로자 외에 돌봄이 필요한 가족의 부모, 자녀, 배우자 등이 돌봄이 필요한 가족을 돌볼 수 있는 경우, ③ 사업주가 직업안정기관에 구인신청을 하고 14일 이상 대체인력을 채용하기 위하여 노력하였으나 대체인력을 채용하지 못한 경우. ④ 근로자의 가족돌봄휴직으로 인하여 정상적인 사업 운영에 중대한 지장이 초래되는 경우로서 사업주가 이를 증명하는 경우, 불허할 수 있다.

2. 가족돌봄휴직기간

1년을 나누는 기준은 회사에서 회계연도, 입사일, 가족돌봄휴직 사용의 간격 등으로 정할 수 있으나, 특별히 정한 바가 없다면, "해당 근로자의 입사일"이 기준이 될 것이다.

3. 가족돌봄휴직 중 근로조건

① 사업주는 제22조의3에 따라 근로시간 단축을 하고 있는 근로자에게 단축된 근로시간 외에 연장근로를 요구할 수 없다. 다만, 그 근로자가 명시적으로 청구하는 경우에는 사업주는 주 12시간 이내에서 연장근로를 시킬 수 있다.

② 근로시간 단축을 한 근로자에 대하여 평균임금을 산정하는 경우에는 그 근로자의 근로시간 단축 기간을 평균임금 산정기간에서 제외한다.

61 직장 내 성희롱 · 직장괴롭힘 예방 및 발생 시 조치

고평법 제2조제2호 【정의】 '직장 내 성희롱'이란 사업주 · 상급자 또는 근로자가 직장 내의 지위를 이용하거나 업무와 관련하여 다른 근로자에게 성적 언동 등으로 성적 굴욕감 또는 혐오감을 느끼게 하거나 성적 언동 또는 그 밖의 요구 등에 따르지 아니하였다는 이유로 근로조건 및 고용에서 불이익을 주는 것을 말한다.

고평법 제13조 【직장 내 성희롱 예방교육 등】 ① 사업주는 직장 내 성희롱을 예방하고 근로자가 안전한 근로환경에서 일할 수 있는 여건을 조성하기 위하여 직장 내 성희롱의 예방을 위한 교육(이하 '성희롱 예방 교육'이라 한다)을 매년 실시하여야 한다.
③ 사업주는 성희롱 예방 교육의 내용을 근로자가 자유롭게 열람할 수 있는 장소에 항상 게시하거나 갖추어 두어 근로자에게 널리 알려야 한다.

고평법시행령 제3조 【직장 내 성희롱 예방교육】 ③ 제1항에 따른 예방교육은 사업의 규모나 특성 등을 고려하여 직원연수 · 조회 · 회의, 인터넷 등 정보통신망을 이용한 사이버 교육 등을 통하여 실시할 수 있다. 다만, 단순히 교육자료 등을 배포 · 게시하거나 전자우편을 보내거나 게시판에 공지하는 데 그치는 등 근로자에게 교육 내용이 제대로 전달되었는지 확인하기 곤란한 경우에는 예방교육을 한 것으로 보지 아니한다.

고평법 제14조 【직장 내 성희롱 발생시 조치】 ① 누구든지 직장 내 성희롱 발생 사실을 알게 된 경우 그 사실을 해당 사업주에게 신고할 수 있다.
② 사업주는 제1항에 따른 신고를 받거나 직장 내 성희롱 발생 사실을 알게 된 경우에는 지체 없이 그 사실 확인을 위한 조사를 하여야 한다. 이 경우 사업주는 직장 내 성희롱과 관련하여 피해를 입은 근로자 또는 피해를 입었다고 주장하는 근로자(이하 '피해근로자등'이라 한다)가 조사 과정에서 성적 수치심 등을 느끼지 아니하도록 하여야 한다. (위반 시 500만원 이하 과태료)
③ 사업주는 제2항에 따른 조사 기간 동안 피해근로자등을 보호하기 위하여 필요한 경우 해당 피해근로자등에 대하여 근무장소의 변경, 유급휴가 명령 등 적절한 조치를 하여야 한다. 이 경우 사업주는 피해근로자등의 의사에 반하는 조치를 하여서는 아니 된다. (위반 시 벌칙 없음)

④ 사업주는 제2항에 따른 조사 결과 직장 내 성희롱 발생 사실이 확인된 때에는 피해근로자가 요청하면 근무장소의 변경, 배치전환, 유급휴가 명령 등 적절한 조치를 하여야 한다. (위반 시 500만원 이하 과태료)
⑤ 사업주는 제2항에 따른 조사 결과 직장 내 성희롱 발생 사실이 확인된 때에는 지체없이 직장 내 성희롱 행위를 한 사람에 대하여 징계, 근무장소의 변경 등 필요한 조치를 하여야 한다. 이 경우 사업주는 징계 등의 조치를 하기 전에 그 조치에 대하여 직장 내 성희롱 피해를 입은 근로자의 의견을 들어야 한다. (위반 시 500만원 이하 과태료)
⑥ 사업주는 성희롱 발생 사실을 신고한 근로자 및 피해근로자등에게 다음 각 호의 어느 하나에 해당하는 불리한 처우를 하여서는 아니 된다.
1. 파면, 해임, 해고, 그 밖에 신분상실에 해당하는 불이익 조치
2. 징계, 정직, 감봉, 강등, 승진 제한 등 부당한 인사조치
3. 직무 미부여, 직무 재배치, 그 밖에 본인의 의사에 반하는 인사조치
4. 성과평가 또는 동료평가 등에서 차별이나 그에 따른 임금 또는 상여금등의 차별지급
5. 직업능력 개발 및 향상을 위한 교육훈련 기회의 제한
6. 집단 따돌림, 폭행 또는 폭언 등 정신적·신체적 손상을 가져오는 행위를 하거나 그 행위의 발생을 방치하는 행위
7. 그 밖에 신고를 한 근로자 및 피해근로자등의 의사에 반하는 불리한 처우
(위반 시 3년 이하 징역 또는 3천만원 이하 벌금).

고평법 제14조의2 【고객 등에 의한 성희롱 방지】 ① 사업주는 고객 등 업무와 밀접한 관련이 있는 자가 업무수행 과정에서 성적인 언동 등을 통하여 근로자에게 성적 굴욕감 또는 혐오감 등을 느끼게 하여 해당 근로자가 그로 인한 고충 해소를 요청할 경우 근무장소 변경, 배치전환, 유급휴가의 명령 등 적절한 조치를 하여야 한다.
② 사업주는 근로자가 제1항에 따른 피해를 주장하거나 고객 등으로부터의 성적 요구 등에 불응한 것을 이유로 해고나 그 밖의 불이익한 조치를 하여서는 아니 된다.

근기법 제76조의2 【직장내괴롭힘의 금지】 사용자 또는 근로자는 직장에서의 지위 또는 관계 등의 우위를 이용하여 업무상 적정범위를 넘어 다른 근로자에게 신체적·정신적 고통을 주거나 업무환경을 악화시키는 행위(이하 "직장내괴롭힘"이라 한다)를 하여서는 아니 된다.

근기법 제76조의3 【직장내괴롭힘 발생 시 조치】 ① 누구든지 직장내괴롭힘 발생 사실을 알게 된 경우 그 사실을 사용자에게 신고할 수 있다.
② 사용자는 제1항에 따른 신고를 접수하거나 직장내괴롭힘 발생 사실을 인지한 경우에는 지체 없이 그 사실 확인을 위하여 객관적으로 조사를 실시하여야 한다. (위반 시 과태료)

③ 사용자는 제2항에 따른 조사 기간 동안 직장내괴롭힘과 관련하여 피해를 입은 근로자 또는 피해를 입었다고 주장하는 근로자(이하 "피해근로자등"이라 한다)를 보호하기 위하여 필요한 경우 해당 피해근로자등에 대하여 근무장소의 변경, 유급휴가 명령 등 적절한 조치를 하여야 한다. 이 경우 사용자는 피해근로자등의 의사에 반하는 조치를 하여서는 아니 된다. (위반 시 벌칙 없음)
④ 사용자는 제2항에 따른 조사 결과 직장내괴롭힘 발생 사실이 확인된 때에는 피해근로자가 요청하면 근무장소의 변경, 배치전환, 유급휴가의 명령 등 적절한 조치를 하여야 한다. (위반 시 과태료)
⑤ 사용자는 제2항에 따른 조사 결과 직장내괴롭힘 발생 사실이 확인된 때에는 지체 없이 행위자에 대하여 징계, 근무장소의 변경 등 필요한 조치를 하여야 한다. 이 경우 사용자는 징계 등의 조치를 하기 전에 그 조치에 대하여 피해근로자의 의견을 들어야 한다. (위반 시 과태료)
⑥ 사용자는 직장내괴롭힘 발생 사실을 신고한 근로자 및 피해근로자등에게 해고나 그 밖의 불리한 처우를 하여서는 아니 된다. (위반 시, 3년 이하 징역 또는 3천만원 이하 벌금)
⑦ 제2항에 따라 직장 내 괴롭힘 발생 사실을 조사한 사람, 조사 내용을 보고받은 사람 및 그 밖에 조사 과정에 참여한 사람은 해당 조사 과정에서 알게 된 비밀을 피해근로자등의 의사에 반하여 다른 사람에게 누설하여서는 아니 된다. 다만, 조사와 관련된 내용을 사용자에게 보고하거나 관계 기관의 요청에 따라 필요한 정보를 제공하는 경우는 제외한다.

남녀고용평등법 제26조 【차별적 처우등의 시정신청】 ① 근로자는 사업주로부터 다음 각 호의 어느 하나에 해당하는 차별적 처우 등을 받은 경우 「노동위원회법」 제1조에 따른 노동위원회에 그 시정을 신청할 수 있다. 다만, 차별적 처우등을 받은 날(제1호 및 제3호에 따른 차별적 처우등이 계속되는 경우에는 그 종료일)부터 6개월이 지난 때에는 그러하지 아니하다. (2022.5.19. 시행)
1. 제7조부터 제11조까지 중 어느 하나를 위반한 행위("차별적 처우")
2. 제14조제4항・제14조의2제1항에 따른 적절한 조치를 하지 아니한 행위
3. 제14조제6항을 위반한 불리한 처우 또는 제14조의2제2항을 위반한 해고나 그 밖의 불이익한 조치

1. 파견법 상 사용사업주 소속 근로자도 파견근로자에 대한 직장괴롭힘 행위자로 인정될 수 있는지?

「파견근로자보호 등에 관한 법률」 제34조제1항 본문에 따라 파견 중인 근로자에 대하여 파견사업주 및 사용사업주를 「근로기준법」에 따른 사용자로 볼 수 있으므로, 사용사업주도 파견근로자에 대하여 직장 내 괴롭힘 행위자로 인정된다.

2. '직장 내 성희롱'과 '직장 내 괴롭힘' 비교

구분	직장 내 성희롱	직장 내 괴롭힘
법적 근거	남녀고용평등법 제2조 제2호	근로기준법 제76조의2
행위자	사업주·상급자 또는 근로자	사용자 또는 근로자
관계우위성 유·무	직장 내의 지위를 이용하거나 업무와 관련하여(관계우위성 ×)	직장에서의 지위 또는 관계 등의 우위를 이용하여 업무상 적정범위를 넘어
정서적 고통 유·무	성적 언동으로 성적 굴욕감 또는 혐오감을 느끼게 하거나, 성적 언동 또는 그 밖의 요구 등에 따르지 아니하였다는 이유로 근로조건 및 고용에서 불이익을 주는 것	다른 근로자에게 신체적·정신적 고통을 주거나 근무환경을 악화시키는 행위(정서적 고통×)
사용자의 조치의무	피해자 보호, 가해자 징계 등 조치의무	좌동
조치의무 위반에 대한 처벌	과태료 또는 형벌	좌동
노동위원회 구제절차 유·무	노동위원회 구제절차 있음	노동위원회 구제절차 없음

3. 직장괴롭힘 발생 시 조사 및 조치

순서	내용
사전조사	• 신고인 또는 피해자 상담을 통해 사건개요 및 피해자의 요구를 파악한다.

순서	내용
대면조사	• 사건 개요를 바탕으로 당사자 및 참고인과 대면 인터뷰를 하고, 사건과 관련된 입증자료를 조사한다.
보충조사, 협의타진	• 추가적인 조사 필요 시 보충조사를 실시하며, 조사된 내용을 바탕으로 당사자간 협의점이 있는지 검토 후 협의를 타진한다.
조사보고서 작성	• 판례 및 사례 등을 검토해 조사보고서를 작성한 후 사업주에게 보고한다.
인사조치	• 근로기준법 제76조의3 제4항 및 제5항에 따라 행위자와 피해자에 대한 조치를 한다.
사후조치	• 직장 내 괴롭힘 예방교육을 실시하고, 행위자의 괴롭힘 재발 및 보복 등이 발생하지 않도록 피해자를 지원한다.

4. 직장괴롭힘 조사자가 신고내용을 누설할 경우, 비밀유지의무 위반을 묵인한 회사도 책임져야 한다(대법 2017.12.22, 2016다202947).

가. 조사참여자의 비밀누설금지 취지

개인의 인격권, 사생활의 비밀과 자유를 보장하는 위 헌법 규정, 직장 내 성희롱의 예방과 피해근로자등을 보호하고자 하는 남녀고용평등법의 입법취지와 직장 내 성희롱의 특성 등에 비추어, 직장 내 성희롱 사건에 대한 조사가 진행되는 경우 조사참여자는 특별한 사정이 없는 한 비밀을 엄격하게 지키고 공정성을 잃지 않아야 한다. 조사참여자가 직장 내 성희롱 사건을 조사하면서 알게 된 비밀을 누설하거나 가해자와 피해자의 사회적 가치나 평가를 침해할 수 있는 언동을 공공연하게 하는 것은 위법하다고 보아야 한다. 위와 같은 언동으로 말미암아 피해근로자등에게 추가적인 2차 피해가 발생할 수 있고, 이는 결국 피해근로자등으로 하여금 직장 내 성희롱을 신고하는 것조차 단념하도록 할 수 있기 때문에, 사용자는 조사참여자에게 위와 같은 의무를 준수하도록 하여야 한다.

나. 조사참여자의 비밀누설 시, 사용자책임 부담 근거

민법 제756조에 규정된 사용자책임의 요건인 '사무집행에 관하여'라 함은 피용자의 불법행위가 외형상 객관적으로 사용자의 사업활동, 사무집행행위 또는 그와 관련된 것이라고 보일 때에는 행위자의 주관적 사정을 고려하지 않고 사무집행에 관하여한 행위로 본다는 것이다. 피용자가 고의로 다른 사람에게 성희롱 등 가해행위를 한 경우 그 행위가 피용자의 사무집행 그 자체는 아니더라도 사용자의 사업과 시간적·장소적으로 근접하고 피용자의 사무의 전부 또는 일부를 수행하는 과정에서 이루어지거나 가해행위의 동기가 업무처리와 관련된 것이라면 외형적·객관적으로 사용자의 사무집행행위와 관련된 것이라고 보아 사용자책임이 성립한다(대법 2009.10.15, 2009다44457 판결 등 참조).

참고 '비밀유지 등 서약서'에 포함되어야 사항

○○○는 신고인(피신고인, 참고인)으로서 아래의 사항을 지킬 것을 서약합니다.
① 조사과정에서 알게 된 일체의 비밀
② 사건 내용 및 신고인 신상 정보에 관한 비밀유지
③ 조사기간 중 신고인 및 참고인에 대한 사적 접촉 금지
④ 신고인 및 주변인에 대한 보복행위 금지

5. '성인지 감수성' 이론

직장 내에서도 상하관계에 있어서 피해자가 직장괴롭힘 사실을 알리고 문제를 삼는 과정에서 오히려 부정적 반응이나 여론, 불이익한 처우 또는 그로 인한 정신적 피해 등에 노출되는 이른바 '2차 피해'를 입을 수 있다는 점, 피해자는 이러한 2차 피해에 대한 불안감이나 두려움으로 인하여 피해를 당한 후에도 가해자와 종전의 관계를 계속 유지하는 경우도 있고, 피해사실을 즉시 신고하지 못하다가 다른 피해자 등 제3자가 문제를 제기하거나 신고를 권유한 것을 계기로 비로소 신고를 하는 경우도 있다는 점 등을 감안하여, 피해자의 오랜기간 침묵·피해자의 명시적 거부의사 표시 전무·다소 거친 직장문화 관행 등을 이유로 직장괴롭힘 성립을 쉽게 부정해서는 안된다(대법 2018.4.12, 2017두74702).

6. 사용자가 직장괴롭힘이 없었던 것으로 판단했더라도, 직장괴롭힘 피해를 입었다고 주장하는 근로자에게 의사에 반하는 전보발령 시, '불이익 처우'에 해당된다(대법 2022.7.12, 2022도4925).

가. 사실관계

① 피해근로자는 2019.7.27. 직장괴롭힘 피해사실(욕설, 폭언, 사직강요)을 회사에 신고하였는데, 사용자는 직장괴롭힘 조사를 하지 않은채, 2019.8.27. 인사위원회를 개최하여 가해자로 지목된 상급자에 대하여는 '관리자로서 조직관리 미흡'을 이유로 징계(견책)하였고, 피해근로자에 대해서는 근무장소를 '청원군 소재지'에서 '음성군 소재지'로 변경하는 전보명령을 하였다.

② 변경된 근무장소는 개관적 근무환경은 좋은 편이었으나, 피해근로자에게는 주거지까지의 거리가 매우 멀어서 첫 버스를 타더라도 출근시간 전에 도착할 수 없었고, 피해근로자는 간병이 필요한 가족이 있음에도 출퇴근의 어려움으로 인해 기숙사 생활을 해야 하는 불이익이 있었다.

③ 이에 검찰에서는 사업주에 대하여 근로기준법 제76조의3 제6항 위반으로 벌금 200만원 약식기소하였으나, 1심, 2심, 3심 전부 징역 6월 · 집행유예 2년을 선고하였다.

나. 쟁점

사용자가 직장괴롭힘이 없었던 것으로 판단했더라도, 직장괴롭힘 피해를 입었다고 주장하는 근로자에게 의사에 반하는 전보발령 시, '불이익 처우'에 해당될 수 있는지

다. 사용자 주장

외부인사 포함된 회사의 인사위원회에서 피해근로자에 대한 직장괴롭힘 사실이 없었다고 판단하였으므로 그 후의 전보조치에 대해 근로기준법 제76조의3 제6항을 적용해 처벌할 수 없다.

라. 판결

① 근로기준법 제76조의3 제6항 규정은 사용자에 대해 피해근로자의 해고 그밖의 불리한 처우를 금지할 뿐, 그 적용범위 또는 기간을 제한하거나 사용자의 사실확인 조사여부에 따라 적용 여부를 달리하는 규정을 두고 있자 아니하다. 따라서 직장괴롭힘 사실이 없었던 것으로 조사되었다고 하더라도 그로써 근로기준법에서 규정하고 있는 피해근로자로서의 지위를 상실한다고 볼 수 없다(대법 2022.7.12, 2022도4925).

② 부실한 사실확인 조사로 직장괴롭힘을 인정하지 않은 경우라면, 그 사후 조치가 피해근로자에게 불리한 처우인지 판단함에 있어 피해근로자의 주관적 의사를 마땅히 고려함이 타당하다(청주지법 충주지원 2021.4.6, 2020고단245)

마. 시사점

① 추후 피해근로자에게 징계사유가 발생하여 정당한 징계를 하기 위해서는, 선행적인 직장괴롭힘 신고(피해) 사건과 단절하는 조치를 취해야 할 것이다. 그렇지 아니할 경우 사용자가 추후 정당한 징계조치를 하더라도 해당 근로자는 최초 직장괴롭힘 신고자 또는 피해자 라는 지위에서 '불이익 처우(보복)'라고 주장할 수 있을 것이다.

② 따라서 사용자가 직장괴롭힘 사실을 확인하고 가해자에 대한 징계, 피해근로자에 대한 보호조치를 했음에도 피해근로자가 무리한 요구를 계속한다고 판단되는 경우라면, 피해근로자의 요구를 거절하는 조치(가해자에게 추가적인 불이익 처분을 하는 것은 이중징계 또는 과다하여 부당하다는 내용의 이메일, 문서 등)를 취하여야 할 것이다.

7. 피해자의 문제해결을 도와준 근로자에 대하여 징계 등 불리한 조치를 한 경우에도 피해근로자에 대한 보호의무를 위반한 것으로 볼 수 있다(대법 2017.12.22, 2016다202947).

사업주가 피해근로자등을 가까이에서 도와준 동료 근로자에게 불리한 조치를 한 경우에 그 조치의 내용이 부당하고 그로 말미암아 피해근로자등에게 정신적 고통을 입혔다면, 피해근로자등은 불리한 조치의 직접 상대방이 아니더라도 사업주에게 민법 제750조에 따라 불법행위책임을 물을 수 있다. 사업주가 피해근로자등을 도와준 동료 근로자에게 부당한 징계처분 등을 하였다면, 특별한 사정이 없는 한 사업주가 피해근로자등에 대한 보호의무를 위반한 것으로 볼 수 있다. 피해근로자등을 도와준 동료 근로자에 대한 징계처분 등으로 말미암아 피해근로자등에게 손해가 발생한 경우 이러한 손해는 특별한 사정으로 인한 손해에 해당한다.

8. 성폭력행위 가해자가 잘못을 부인함에도 징계절차를 생략하고 임의사직으로 처리한 것은 법적인 의무를 다하지 않은 것으로 사용자책임을 부담한다(대법 2024.11.14, 2023다276823).

피용자가 다른 피용자를 성추행 또는 간음하는 등 고의적인 가해행위를 한 경우, 그 행위가 피용자의 사무집행 자체는 아니라 하더라도, 피용자가 사용자로부터 채용, 계속고용, 승진, 근무평정과 같은 다른 근로자에 대한 고용조건을 결정할 수 있는 권한을 부여받고 있음을 이용하여 그 업무수행과 시간적, 장소적인 근접성이 인정되는 상황에서 피해자를 성추행하는 등과 같이 외형상, 객관적으로 사용자의 사무집행행위와 관련된 것이라고 볼 수 있는 사안에서도 민법 제756조 사용자책임이 성립할 수 있다(대법 2009.2.26, 2008다89712 판결 참조).

62 직장괴롭힘 행위 성립을 위한 3대 성립요건

근기법 제76조의2 【직장내괴롭힘의 금지】 사용자 또는 근로자는 직장에서의 지위 또는 관계 등의 우위를 이용하여 업무상 적정범위를 넘어 다른 근로자에게 신체적·정신적 고통을 주거나 업무환경을 악화시키는 행위(이하 "직장내괴롭힘"이라 한다)를 하여서는 아니 된다.

1. 지위 또는 관계의 우위

가. 직장괴롭힘 행위에 해당되기 위해서는 3가지 요건을 전부 충족하여야 한다.

직장괴롭힘 행위에 해당되기 위해서는 "① 사용자 또는 근로자가 직장에서의 지위 또는 관계 등의 우위를 이용하여, ② 업무상 적정범위를 넘어, ③ 다른 근로자에게 신체적·정신적 고통을 주거나 근무환경을 악화"라는 3가지 요건을 전부 충족하여야만 직장괴롭힘이 성립되고, 나아가 고의·과실이 있다면 민사상 불법행위책임의 원인이 될 수도 있다(대법 2021.11.25. 2020다270503)

나. 총무구매실장이 사내변호사인 근로자에게, 종전에 자율적으로 처리하던 업무에 대해서 자신의 지휘와 감독을 받아 처리할 것을 강제하였다면, 지위의 우위를 이용한 직장괴롭힘 행위에 해당된다고 볼 수 있다(대전고법 2022.5.12, 2021나13620).

다. 하급자가 부서내 최선임자와 합세하여, 메신저를 통하여, 상급자인 피해자를 지칭하면서 "미친X", "X또라이", "노답", "극혐" 등 비하적 표현을 사용한 행위는, 관계의 우위를 이용한 직장괴롭힘에 해당된다(서울행법 2021.9.9,

2020구합74627 소 확정).

라. 나이가 많은 청원경찰 조원인 원고(가해자)가 조장인 피해자에게 부당한 업무지시를 한 행위는 관계의 우위를 이용한 직장괴롭힘에 해당된다(서울행법 2022.1.18, 2020구합84143 소 확정).

마. 그룹원 19명이 집단적으로 그룹장에게 사임을 요구한 행위는 관계 우위를 이용한 직장괴롭힘에 해당된다(중노위 2022.12.7, 중앙부해1388).

바. 피해자보다 20살이 많은 소수노조의 '지부장'은 피해자에 대하여 관계의 우위가 인정된다(경기지노위 2023.1.3, 경기2022부해2706).

사. '관계의 우위'는 사실상 우위를 점하고 있다고 판단되는 모든 관계를 의미하며, 또한 가해자와 피해자 사이에 존재하는 특별한 사정(입사일 등)도 고려될 수 있다(대전지법 천안지원 2022.6.24, 2021가합103276 소 확정).

2. 업무상 적정범위 초과

가. 가해자의 모욕행위가 업무관련성이 없을 경우에는, 근로기준법 상의 직장괴롭힘에 해당되지 않는다.

① 피고 B(가해자)은 2017.11.22. ⅰ) 21:00경 D과 원고(피해자) 사이의 12월 근무일정과 관련한 대화에 끼어들었다가, 원고가 참견하지 말라고 하자, "가만 안 둔다.", "죽여 버린다."라며 원고를 협박하였고, ⅱ) 23:05경 원고의 퇴근을 기다렸다가 피고 주식회사 C(이하 '피고 회사'라 한다) 건물 엘리베이터 1층 출입구를 막고 원고를 협박하고 원고에게 폭언하였으며, ⅲ) 23:06경 5층 근무지에서 원고에게 "병신아, 꺼져라."라는 말을 하여 원고를 공연히 모욕하였다.

② 사용자가 직장 내 모든 인간관계의 갈등상황에 대하여 근로기준법에 따른 조

치를 해야 하는 것은 아니므로, 문제된 행위가 직장 내 괴롭힘으로 인정되려면 사용자의 관리 영역 안에서 발생해야 한다. 즉 문제된 행위가 사용자의 제재나 조치가 가능한 업무관련성 있는 상황에서 발생한 것이어야 한다(대법 2020.11.26, 2020다249967).

나. 상급자와 하급자간 사적 인간관계 갈등에서 비롯된 행위는 직장괴롭힘에 해당되지 않는다.

① 원고가 피고 C 등의 단체 대화방에 초대받지 못하였다거나 원래 원고 옆이었던 피고 E의 자리가 원고의 스위스 여행 후 다른 위치로 이동되었다는 것만으로 피고 C 등에 의하여 업무상 적정범위를 넘은 따돌림 내지 괴롭힘이 있었다고 단정하기 어렵다.

② 또한 피고 C가 원고의 서울남부고용노동지청 진정 후 원고에게 "외부에 뭘 한다고 했다며? 하려던 거 해라.", "내가 왜 모든 걸 너한테 공유해야 되냐? 말꼬리 잡지 말고 하려던 거나 마저 해라."라는 등의 말을 하였다고 하여,

③ 앞서 살핀 사정들에 비추어 그것만으로 피고 C와 원고 간 누적된 갈등관계의 표출을 넘어 직장 내 괴롭힘에 해당하는 모욕적인 언동이 있었다고 보기는 어렵다(서울남부지법 2022.3.11, 2020가단262704 소확정).

다. 정당한 질책 과정에서 고성 등 부적절한 언행이 있었다는 사실만으로 직장 내 괴롭힘에 해당한다고 볼 수 없다.

① 피고 C가 원고에게 질책을 한 것 자체는 근무의 수행 과정 및 내용에 관해 나무라고 개선을 지시하는 것으로, 피고 C가 부서의 업무를 총괄하는 중간관리자인 과장의 지위에서 할 수 있는 행위였다고 할 것이다.

② 또한 당시 원고는 지시에 따라 출장을 다녀온 이후 담당 사무관에게 별거 없었다고만 이야기한 것으로 보이고, 사무관을 통해 이러한 말을 전해들은 피고 C로서는 그러한 업무수행 내용과 과정 등에 관해 충분히 질책할 만했다고 보이므로, 피고 C가 이에 관해 잘못을 지적하며 질책한 것 자체가 사적인 복수심 등의 감정(피해자가 가해자 남편과 '썸' 의혹에 대한 불편한 감정)을 실현하기 위해 우월적

지위를 이용한 부당한 행위였다고 보기 어렵다.

③ 다만, 위 질책 과정에서 고성을 지르며 녹음을 지울 것을 요구한 것 등은 부적절한 언행이고, 이와 관련하여 피고 C는 경고 처분을 받기도 했다. 그런데 위와 같이 정당한 질책 과정에서 고성 등 부적절한 언행이 있었다는 사실만으로 이를 우월적 지위를 이용해 사적 복수를 하기 위한 직장 내 괴롭힘에 해당한다고 보기 어렵다(대법 2022.6.16, 2022다215333).

라. 1회성 욕설만으로 직장괴롭힘에 해당되지 않는다.

직장상사 B가 2021.1.11. 부하직원 A와 업무관련 전화통화를 하던 중, "내 얘기 들어, 이 새끼가"라고 욕설한 사실은 인정되나, 당시 화가 나서 "우발적으로 1회 욕설"한 사실 만으로 직장내 괴롭힘에 해당하는 행위를 하였다고 보기에는 어렵다(서울남부지법 2023.5.19, 2022나63476).

참고 Harassment와 Bullying

구분	Harassment	Bullying
의미	일회성 구체적 괴롭힘	지속·반복적 포괄적 괴롭힘
관점	피해자 입장에서 주관적 관점	평균인 입장에서 객관적 관점
외국입법과 차이	외국에서는 Harassment와 Bullying을 구분하여 규제	우리나라 근기법 76조의 2은 Bullying을 규제(판례도 동일 취지)

3. 정신적 고통 또는 업무환경 악화

가. 피해자가 행위자의 행위로 인하여 '정신적 고통'을 받았다고 주장한다고 해서 직장괴롭힘 행위가 성립되지 않는다.

① 성희롱이 성립하기 위해서는 행위자에게 반드시 성적 동기나 의도가 있어야 하는 것은 아니지만, 당사자의 관계, 행위가 행해진 장소 및 상황, 행위에 대한 상대방의 명시적 또는 추정적인 반응의 내용, 행위의 내용 및 정도, 행위가 일회적 또는 단기간의 것인지 아니면 계속인 것인지 여부 등 구체적 사정을 참작하여 볼 때,

② 객관적으로 상대방과 같은 처지에 있는 일반적이고도 평균적인 사람으로 하

여금 성적 굴욕감이나 혐오감을 느낄 수 있게 하는 행위가 있고, 그로 인하여 행위의 상대방이 성적 굴욕감이나 혐오감을 느꼈음이 인정되어야 한다(대법 2018.4.12, 2017두74702).

나. 교장의 술잔 권유에 대해, 회식에 참석한 여자교사 3명 중 2명이 성적인 굴욕감을 느끼지 않았다고 진술하였다면, 나머지 1명의 주장에도 불구하고, 성희롱이 성립하지 않는다.

① ○○초등학교 3학년 담임교사들의 회식 자리에서 교감인 원고가 교장인 소외 1(가해자), 교무부장인 소외 2와 함께 참석하여 학생지도, 전국 초등학교 3학년 기초학력평가 및 1학기 영어 선도수업 등 학습에 관한 대화를 하던 중, 소외 1(가해자)이 3학년 담임교사 중 여자교사 3명에게는 소주잔에 맥주를 따라 주었고, 남자교사 3명에게는 소주잔에 소주를 따라 주었는데, 남자교사 3명만 소외 1에게 답례로 술을 권하고, 여자교사 3명은 술을 권하지 않자 두 차례에 걸쳐 여자교사들에게 교장선생님께 술 한잔씩 따라 줄 것을 권유하였다.

② 이에 여자교사 3명 중 1명이 성적 굴욕감을 느꼈다고 하여 진정을 제기하였는 바, 회식에 참석한 여자교사 3명 중 2명이 원고의 언행으로 인하여 성적인 굴욕감 또는 혐오감을 느끼지 않았다고 진술하고 있는 점 등에 비추어, 객관적으로 상대방과 같은 처지에 있는 일반적이고도 평균적인 사람으로 하여금 성적인 굴욕감 또는 혐오감을 느끼게 한 것으로 볼 수는 없다고 할 것이다(대법 2007.6.14, 2005두6461).

다. 공식적인 행사에서 진행자로부터 갑작스럽게 "나이가 몇이냐"에 관한 질문을 받았을 때, 비하발언 여부에 대해 19명 중 14명이 부정 또는 판단을 유보하였다면, "나이가 몇이냐"에 관한 질문 그 자체로는 직장괴롭힘이 성립되지 않는다.

① 피고의 고충담당부서가 조사한 참고인 19명은 전반적으로 원고의 이 사건 비위행위가 행사 분위기와 맞지 않았다는 점에는 동의를 하면서도, 그것이 상대방을 비하하는 발언이었는지 여부에 관하여는 5명이 비하발언에 해당한다고, 5명은 비하발언에 해당하지 않는다고 대답하였고, 나머지 9명은 듣는 사람에 따라 기분이

나쁠 수도 아닐 수도 있다고 판단을 유보하는 답변을 한 사실을 알 수 있다.

② 여기에다가 공식적인 행사에서 진행자(내지 사회자)로부터 갑작스럽게 질문을 받을 때 이에 대하여 어떻게 반응할 것인지는 질문을 받는 사람에 따라서 다양할 수 있다는 점 등을 더하여 보면, 피고가 제출한 증거들만으로는 이 사건 비위행위로 인하여 E과 같은 처지에 있는 일반적이고도 평균적인 사람이라면 고통을 느낄 수 있다는 사실이 인정된다고 보기 어렵다(광주고법 2021.7.22, 2021나20889)(소확정).

2일차

제4장
임 금

Pay의 어원(語源)

지급한다는 뜻의 'pay'는 '평화(peace)를 유지한다'라는 뜻에서 비롯됐다. 평화는 라틴어로 'pax'이다. pax를 유지하는 행동이라고 해서 평화에 대한 금전적 지급을 pay라고 했다.

중세 초기, 북유럽에서는 복수(復讐)가 중요한 문화였다. 5~10세기에 기독교가 영국에 전파되면서 로마법도 같이 들어왔고, 이런 법 체계는 북유럽으로 퍼졌다. 그런데 로마법은 복수(復讐)로 사람을 상해하는 것을 불법으로 규정했다. 복수는 해야겠는데, 뭔가 해결책이 필요했다. 고민 끝에 예외적인 경우에만 적용하던 관습 하나를 법으로 만들었다.

이 관습은 추장이나 법관의 재량에 따라 육체적·정신적·물질적 피해를 돈으로 보상할 수 있도록 한 것이다. 7세기, 아일랜드의 경우 '왕에게 모욕을 준 사람은 목숨 대신 소 21마리로 갚을 수 있다'는 법이 있었다. 소 21마리를 pay 하면 빚이 청산되고 평화(pax)가 돌아왔던 것이다. 이처럼 초기엔 분쟁의 해결과 평화 유지를 위한 지급이라는 좁은 의미였으나, 지금은 서비스, 물건, 세금, 노동 등에 대해 돈을 지급한다는 의미로 확대되었다.

63 임금의 개념

근기법 제2조제1항제5호 【정의】 "임금"이란 사용자가 근로의 대가로 근로자에게 임금, 봉급, 그 밖에 어떠한 명칭으로든지 지급하는 일체의 금품을 말한다.

소득세법 제20조 【근로소득】 ① 근로소득은 해당 과세기간에 발생한 다음 각 호의 소득으로 한다.
1. 근로를 제공함으로써 받는 봉급·급료·보수·세비·임금·상여·수당과 이와 유사한 성질의 급여
2. 법인의 주주총회·사원총회 또는 이에 준하는 의결기관의 결의에 따라 상여로 받는 소득
3. 「법인세법」에 따라 상여로 처분된 금액
4. 퇴직함으로써 받는 소득으로서 퇴직소득에 속하지 아니하는 소득
5. 종업원등 또는 대학의 교직원이 지급받는 직무발명보상금(제21조제1항제22호의2에 따른 직무발명보상금은 제외한다)

③ 근로소득의 범위에 관하여 필요한 사항은 대통령령으로 정한다.

소득세법시행령 제38조제1항 【근로소득의 범위】 ① 법 제20조에 따른 근로소득에는 다음 각 호의 소득이 포함되는 것으로 한다.
1. 기밀비(판공비를 포함한다. 이하 같다)·교제비 기타 이와 유사한 명목으로 받는 것으로서 업무를 위하여 사용된 것이 분명하지 아니한 급여
2. 종업원이 받는 공로금·위로금·개업축하금·학자금·장학금(종업원의 수학중인 자녀가 사용자로부터 받는 학자금·장학금을 포함한다) 기타 이와 유사한 성질 급여
3. 근로수당·가족수당·전시수당·물가수당·출납수당·직무수당 기타 이와 유사한 성질의 급여
4. 보험회사, 「자본시장과 금융투자업에 관한 법률」에 따른 투자매매업자 또는 투자중개업자 등의 종업원이 받는 집금(集金)수당과 보험가입자의 모집, 증권매매의 권유 또는 저축을 권장하여 받는 대가, 그 밖에 이와 유사한 성질의 급여
5. 급식수당·주택수당·피복수당 기타 이와 유사한 성질의 급여
6. 주택을 제공받음으로써 얻는 이익. 다만, 다음 각 목의 어느 하나에 해당하는 사람이 기획재정부령으로 정하는 사택을 제공받는 경우는 제외한다.
   가. 주주 또는 출자자가 아닌 임원

2일차

나. 소액주주인 임원
다. 임원이 아닌 종업원(비영리법인 또는 개인의 종업원을 포함한다)
라. 국가 또는 지방자치단체로부터 근로소득을 지급받는 사람

7. 종업원이 주택(주택에 부수된 토지를 포함한다)의 구입 · 임차에 소요되는 자금을 저리 또는 무상으로 대여 받음으로써 얻는 이익
8. 기술수당 · 보건수당 및 연구수당, 그 밖에 이와 유사한 성질의 급여
9. 시간외근무수당 · 통근수당 · 개근수당 · 특별공로금 기타 이와 유사한 성질의 급여
10. 여비의 명목으로 받는 연액 또는 월액의 급여
11. 벽지수당 · 해외근무수당 기타 이와 유사한 성질의 급여
12. 종업원이 계약자이거나 종업원 또는 그 배우자 기타의 가족을 수익자로 하는 보험 · 신탁 또는 공제와 관련하여 사용자가 부담하는 보험료 · 신탁부금 또는 공제부금(이하 이 호에서 "보험료등"이라 한다). 다만, 다음 각 목의 보험료등을 제외한다.
가. 삭제(2000.12.29)
나. 종업원의 사망 · 상해 또는 질병을 보험금의 지급사유로 하고 종업원을 피보험자와 수익자로 하는 보험으로서 만기에 납입보험료를 환급하지 아니하는 보험(이하 "단체순수보장성보험"이라 한다)과 만기에 납입보험료를 초과하지 아니하는 범위 안에서 환급하는 보험(이하 "단체환급부보장성보험"이라 한다)의 보험료중 연 70만원 이하
다~라. 삭제(2013.2.15)
마. 임직원의 고의(중과실을 포함한다)외의 업무상 행위로 인한 손해의 배상청구를 보험금의 지급사유로 하고 임직원을 피보험자로 하는 보험의 보험료
바. 삭제(2009.2.4)

13. 「법인세법 시행령」 제44조제4항에 따라 손금에 산입되지 아니하고 지급받는 퇴직급여
14. 휴가비 기타 이와 유사한 성질의 급여

- 이하 생략 -

고용 · 산재보험료징수법 제2조제3호 【정의】 "보수"란 「소득세법」 제20조에 따른 근로소득에서 대통령령으로 정하는 금품을 뺀 금액을 말한다.

국민건강보험법 제70조제1항 【보수월액】 제69조제4항제1호에 따른 직장가입자의 보수월액은 직장가입자가 지급받는 보수를 기준으로 하여 산정하되, 대통령령으로 정하는 기준에 따라 상한과 하한을 정할 수 있다.

국민연금법 제3조제1항제3호 【정의 등】 "소득"이란 일정한 기간 근로를 제공하여 얻은 수입에서 대통령령으로 정하는 비과세소득을 제외한 금액 또는 사업 및 자산을 운영하여 얻는 수입에서 필요경비를 제외한 금액을 말한다.

그림 급여 및 임금의 종류(급여 vs 평균임금 vs 통상임금)

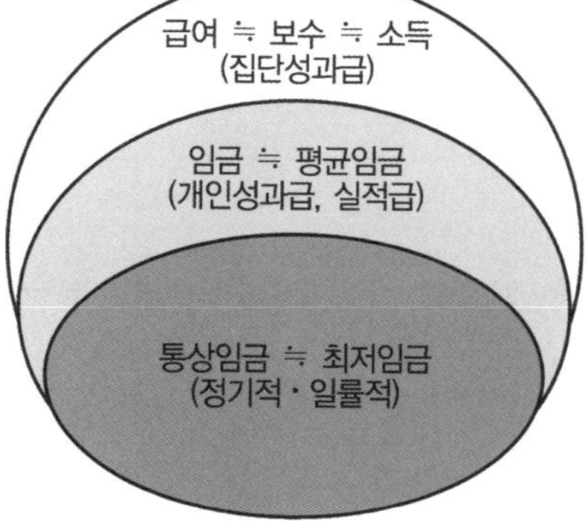

참고 임금과 소득(보수, 급여)

구분	임금	소득(보수, 급여)
성격	근로의 대가로 근로자가 받는 금품	근로를 제공함으로써 근로자 또는 사용자 등이 받는 금품
용도	퇴직금, 연장근로수당 등 산정	근로소득세 및 4대보험료 산정

1. 근로자가 수령

근로자가 아닌 사용자에게 지급하는 것은 이 법상의 임금이 아니다. 임금은 사용자가 '근로자'에게 지급하는 것이므로, 상법상 등기임원과 같이 회사로부터 일정한 사무처리의 위임을 받고 있는 자는 근기법상의 근로자가 아니라 민법상의 수임인이기 때문에 이들에 대한 보수는 임금으로 볼 수 없다.

2. 근로의 대가

가. 은혜적 · 호의적으로 지급되는 금품

① 경조금 · 위문금 등 임의적 · 의례적 · 호의적 의미에서 지급되는 금품, QC활동 등에 대한 공로금, 회사창립일 등 경축일에 호의적으로 특별히 지급되는 금품과

같이 은혜적으로 지급되는 금품은 임금이 아니다.

② 개인연금보험료의 지원여부가 개인연금보험 가입 및 유지여부, 보험료지원종료 횟수, 연금지원등록 신청일자, 보험료 선납 및 자동이체 등에 좌우된다면 이는 임금이 아니다(서울중앙지법 2014.9.19, 2014가합22487).

나. 복지포인트

① 사용자가 선택적 복지제도를 시행하면서 이 사건과 같이 직원 전용 온라인 쇼핑사이트에서 물품을 구매하는 방식 등으로 사용할 수 있는 복지포인트를 단체협약, 취업규칙 등에 근거하여 근로자들에게 계속적·정기적으로 배정한 경우라고 하더라도, 이러한 복지포인트는 근로기준법에서 말하는 임금에 해당하지 않고, 그 결과 통상임금에도 해당하지 않는다(대법 2019.8.22, 2016다48785 등).

② "복지포인트는 소득세법상 근로소득에는 해당된다."(대법 2024.12.24, 2024두34122)

다. 실비변상적인 금품

① 보안장비 구입비 등과 같이 생산수단 구입을 위한 실비변상적인 금품은 임금이 아니다. 작업복 구입비, 작업용품 대금, 출장비, 여비, 판공비, 기밀비, 정보비 등도 마찬가지이다. 그러나 어떤 실적에 따른 실비변상적인 성격이 강한 경비(출·퇴근교통비, 연구수당, 학생지도수당 등)도 모든 근로자에게 일정액을 계속적·정기적으로 지급하였다면 임금으로 본다(대법 1997.9.28, 77다300).

② 자가운전보조비 명목의 금원은 일정 직급 이상의 직원 중 자기 차량을 보유하여 운전한 자에 한하여 지급되고 있다는 것이어서, 위 자가운전보조비는 단순히 직급에 따라 일률적으로 지급된 것이 아니고, 그 지급여부가 근로제공과 직접적으로 또는 밀접하게 관련됨이 없이 오로지 "일정 직급 이상의 직원이 자기 차량을 보유하여 운전하고 있는지 여부"라는 개별 근로자의 특수하고 우연한 사정에 따라 좌우되는 것임을 알 수 있으므로, 계속적·정기적으로 지급된 것이라 하더라도 근로의 대상으로 지급된 것으로 볼 수 없다고 할 것이다(대법 1995.5.12, 94다55934).

라. 현물로 주어지는 보상

사용자가 실제 근무를 한 근로자들에 한하여 현물로 제공한 식사는 근로자의 복지후생을 위하여 제공된 것으로서 근로의 대가인 임금이라고 보기 어렵다(대법 2002.7.23, 2000다29370). 그러나, 식사를 하지 않은 자에게 구판장 상품권을 주거나, 선물을 받지 못한 자에게 일정한 금액을 주는 것처럼 환가가 가능하고 다른 기준을 충족하면 임금이 될 수 있다(대법 2005.9.9, 2004다41217).

마. 개인성과급 : 근무성적평가에 따른 업적연봉

① 확정된 업적연봉액을 12개월로 나누어 매달 고정적인 액수를 지급하는 것은 업적연봉액을 지급하는 방법에 불과한 것이고, 결국 업적연봉 총액은 전년도 근무성적에 따라 지급 여부 및 지급액이 달라지는 것이므로 이는 고정적인 임금이라 할 수 없고, 따라서 통상임금의 범위에 포함되지 않는다(서울고법 2011.12.23, 2009나6914).

② 그러나, 업적연봉도 기본급과 마찬가지로 당해 연도의 근무성적과는 상관없이 모두 전년도의 근무성적에 따라 결정되고, 이를 12개월로 나누어 매월 지급한다면 이러한 업적연봉은 정기성·일률성·고정성을 모두 갖추었다고 할 것이므로 통상임금에 해당한다(서울고법 2017.9.1, 2015나31393 / 환송판결 대법 2015.11.26, 2013다69705)고 하고 있다. 과거 판례는 업무성적이나 경영성과라는 변동성을 이유로 임금 해당성을 부인하다가, 최근 판례는 변동성이 있더라도 정기성이 있으면 임금성을 인정하는 경향을 보이고 있는 바, 이러한 배경에는 성과급만으로 급여를 받는 일명 '도급근로자'에게도 연장근로수당 등 통상임금으로 결정되는 근로조건을 부여하기 위한 이론적 근거를 제시하고자 함이 깔려 있다.

③ 다만, 업적연봉의 전제가 되는 개인성과급의 재원(財源)이 'Profit Sharing' 또는 'Productivity Incentive'에서 산출되는 것이라면, 매년 변동됨은 물론, 이윤 등이 발생치 않을 경우 지급되지 않을 수 있어 임금으로 볼 수 없다.

바. 실적급에 따라 반드시 지급하는 경우

① 회사가 인센티브(성과급) 지급규정이나 영업 프로모션 등으로 정한 지급기준

2
일
차

과 지급시기에 따라 인센티브(성과급)를 지급하여 왔고, 차량판매는 피고 회사의 주업으로서 영업사원들이 차량판매를 위하여 하는 영업활동은 피고 회사에 대하여 제공하는 근로의 일부라 볼 수 있어 인센티브(성과급)는 근로의 대가로 지급되는 것이라고 보아야 하며, 이 사건 인센티브(성과급)는 퇴직금산정의 기초가 되는 평균임금에 해당한다(대법 2011.7.14, 2011다23149).

② 다만, 영업사원의 성과급은 그 지급근거가 되는 실적이 영업사원의 근로제공이 있다고 해서 곧바로 발생한다고 보기 어렵고 오히려 재화 또는 서비스에 대한 전사적 마켓팅 노력, 상품의 독점성, 시장상황 등 외적 요인에 영향을 받게 되는 바, 재화 또는 용역의 특수성 및 외적 경영여건 여하에 따라 임금성 여부가 달라질 수도 있을 것으로 판단된다.

사. 실적에 비례하는 성과포상금

의사들에게 기본급과 제 수당 외에 '진료포상비 지급기준' 또는 '진료성과급 지급기준'에 따라 계속적・정기적으로 진료포상비를 지급하여 왔는데, 위 진료포상비에는 기본포상비와 특진포상비, 진료수익의 다과에 비례하는 성과포상비, 협진료 및 전과포상비 등이 포함되어 있었던 사실, 피고가 소속 의사의 실적을 판단하는 기준으로 삼은 진료와 특진, 협진 등의 업무는 매달 이를 수행하는 횟수에 차이는 있을지언정 그 자체는 의사 고유의 업무로서 병원을 운영하는 피고에게 제공된 근로의 일부이므로, 그에 대한 포상비는 근로의 대가로 지급된 것으로 보아야 할 것으로 봄이 상당하다(대법 2011.3.10, 2010다77514).

3. 어떠한 명칭으로든지 : 주로 복리후생 명칭 금품

가. 특정 사용용도 증빙없이 후생복지 명칭으로 지급되는 경우

식대, 교통비, 체력단련비, 효도휴가비, 사택수당, 월동수당, 연말특별소통장려금, 개인연금지원금 등 복리후생 명칭의 금품은 임금에 해당된다.

나. 특정 사용용도 증빙을 요건으로 지급되는 경우

헬스장 이용영수증 첨부 체력단련비, 통신요금 납부 영수증 첨부 통신지원비, 본인이나 자녀가 재학할 때만 지급되는 학자금, 주택자금대여금 등 순수한 의미의 복리후생비는 임금으로 볼 수 없다.

4. 버스운전근로자에게 지급한 '인사비'는 통상임금에 해당한다.

① 피고들(운수회사)은 버스운전근로자들의 승객에 대한 친절 행위를 촉진하기 위해 지급한 인사비는 해당 근로자의 친절서비스 불이행 등 개인적인 특수성을 고려하여 징계로서 그 지급이 제한되는 것에 불과할 뿐, 정상적인 근로관계를 유지하는 근로자가 임의의 날에 소정근로를 제공하기만 하면 근무실적이나 성과 등 추가적인 조건의 충족 여부와 관계없이 해당일의 근로의 대가로 일정액을 지급받을 것이 확정되어 있는 고정적인 임금으로서 통상임금에 해당한다고 할 것이다(대법 2019.8.14, 2016다9704).

② '무사고승무수당'은 근로기준법 상의 임금에 해당하고, 근무 중 교통사고가 발생한 경우 무사고승무수당을 임금에서 공제하기로 하는 약정은 무효이다(대법 2019.6.13, 2018도17135).

참고 임금과 과세대상(소득 · 보수 · 급여)

구분	임금	비임금
과세대상	• 기본급, 상여금, 효도휴가비 • 교통비, 직책 · 자격수당 • 체력단련비(증빙×), 통신지원비(증빙×)	• 사기업 경영성과급(PS, PI) • 복지포인트 등 • 체력단련비(증빙○), 통신지원비(증빙○)
비과세	• 식대(20만원) • 야간수당, 보육 · 연구 · 벽지수당	• 차량유지비(자운보조비)(20만원) • 국외근무수당 · 경조금 · 출장비 등

※ 비과세대상 수당에는 비과세 한도 액수가 정해져 있음(예 : 식대 20만 원)

2일차

64 경영성과급(PS, PI)의 임금성

> **근기법 제2조제5호 【정의】** "임금"이란 사용자가 근로의 대가로 근로자에게 임금, 봉급, 그 밖에 어떠한 명칭으로든지 지급하는 일체의 금품을 말한다.

1. 사기업 경영성과급(집단적 성과상여금)

전사평가 성과급(영업이익 등)	부서평가 성과급(생산성 향상, 목표달성 등)
임금해당 가능성 낮음	임금해당 가능성 높음
'Profit Sharing(PS)'	'Productivity Incentive(PI)'
'Overall Performance Incentive(OPI)'	'Target Achievement Incentive(TAI)'

가. 종전 대법원 판례 : 임금에 비해당

① 매출증가액의 몇%, 순이익의 몇% 등 기업의 경영실적에 따라 지급여부나 지급액이 변동할 경우

성과상여금 지급사유의 발생이 불확정적이고, 지급조건이 경영성과나 노사관계의 안정 등과 같이 근로자 개인의 업무실적이나 근로의 제공과는 직접적인 관련이 없는 요소에 의하여 결정되도록 되어 있어 그 지급여부 및 대상자 등이 유동적인 경우는 이를 임금으로 볼 수 없다(대법 2011.10.13, 2009다86246 / 대법 2013.4.11, 2012다48077 등).

② 무쟁의달성 등 집단목표달성을 조건으로 지급되는 경우

"1997년 이후에는 200%의 성과금이 일정하게 지급되었으나, 이는 위 기간 동안 무분규 조건이 달성됨에 따라 피고회사가 최저지급률 보장약속을 지켰기 때문일 뿐, 불황이나 분규발생 등으로 인한 경영실적 악화시에도 피고회사가 일정률의 성과금을 계속 지급할 의사가 있다거나 그와 같은 관행이 성립되었다고 보기는 어려

운 점, 등에 비추어 보면, 피고회사가 원고들에게 지급한 성과금은 경영실적이나 무쟁의 달성 여부에 따라 그 지급 여부나 지급금액이 달라지는 경영성과의 일부 분배로 볼 수 있을 뿐, 근로의 대상으로서의 임금이라 할 수 없다"(대법 2006.2.23, 2005다54029). 즉 최저지급률이나 지급의 하한선 즉 고정적 부분이 설정되어 있어도 그 부분을 포함해서 임금에 포함되지 않는다.

나. 최근 하급심 판례

① 부정판례

이 사건 PI 및 PS를 포함한 경영성과급은 지급기준과 조건 등은 동종 업계의 동향, 전체 시장 상황, 피고 회사의 영업상황과 재무상태, 경영자의 경영 판단 등과 같이 개별 근로자가 통제할 수 없는 불확정적, 외부적 요인에 의해 좌우되며, 매년 노사 간 합의에 따라 구체적인 지급 조건이 정해지고, 그 해의 생산량 또는 영업실적에 따라 지급 여부나 지급률도 달라지고, 근로의 제공과 직접적이거나 밀접하게 관련되어 있다고 볼 수 없어 임금에 해당되지 아니한다(수원지법 여주지원 2020.1.21).

② 긍정판례

- 어느 한 근로자의 근로만으로는 경영성과 달성이 어려운 것은 사실이나, 개별 근로자들의 근로제공과 생산성 향상을 위한 노력이 모이지 않으면 피고의 사업 수행자체가 불가능하므로 개별 근로자들이 경영성과에 직접적으로 큰 영향을 미치기 어렵다는 사정만으로 인센티브가 근로의 대가가 아니라고 단정할 수는 없다(서울중앙지법 2021.6.17, 2019가합542535).
- 사용자가 근로자 집단에 대해 회사의 목표나 성과달성을 위한 근로 동기와 의욕을 고취하고 장려하기 위해 집단적인 성과급을 지급했다면, 이는 협업의 질까지 포함해 회사가 요구하는 근로의 질을 높인 것에 대한 대가로도 볼 수 있으므로, 경영실적에 기초해 지급되었다는 사정만으로 이 사건 경영성과급이 근로제공과 밀접한 관련이 없다고 단정하기 어렵다(서울고법 2022.1.21, 2021나2015527).

표 최근 하급심 판결 현황(2023.12. 기준)

회사	1심	2심	대법원
삼성전자 (1차)	임금 비해당 (수원지법 2020.11.26.)	임금 비해당 (수원고법 2021.6.17)	-
삼성전자 (2차)	임금 해당 (서울중앙지법 2021.6.17)	계류 중	-
삼성 디스플레이	임금 비해당 (서울중앙지법 2021.1.12)	계류 중	-
SK 하이닉스	임금 비해당 (수원지법 여주지원2020.1.2.)	임금 비해당 (수원지법 2021.2.4)	계류중
LG 디스플레이	임금 비해당 (서울남부지법 2020.12.8)	임금 비해당 (서울남부지법 2020나72056)	계류중
현대해상 화재보험	임금 해당 (서울중앙지법 2021.4.15)	임금 해당 (서울고법 2022.1.21)	계류중
서울보증 보험	임금 비해당 (서울중앙지법 2021.5.25)	임금 해당 (서울중앙지법 2022.6.23)	계류중
한국유리 공업	임금 해당 (서울중앙지법 2018가합507283)	임금 해당 (서울고법 2020나2012736)	계류중
발레오전장	임금 해당 (경주지원 2019가합2438)	임금 비해당 (대구고법 2020나26233)	계류중

2. 공공기관 경영평가성과급 : 임금에 해당

① 기획재정부장관이 매년 발표하는 공기업·준정부기관 예산편성지침에는 공공기관 경영평가성과급의 예산 편성에 관한 내용이, 공기업·준정부기관 예산집행지침에는 경영실적 평가결과의 후속조치로서 확정된 기준에 따라 공공기관 경영평가성과급을 산정·지급하는 구체적인 방법이 포함되어 있다. 이에 따라 대부분의 공기업과 준정부기관은 단체협약이나 취업규칙 등에 경영실적 평가결과에 따라 경영평가성과급을 지급하는 시기, 산정방법, 지급 조건 등을 구체적으로 정하고 있다.

② 공공기관 경영평가성과급이 계속적·정기적으로 지급되고 지급대상, 지급조건 등이 확정되어 있어 사용자에게 지급의무가 있다면, 이는 근로의 대가로 지급되는 임금의 성질을 가지므로 평균임금 산정의 기초가 되는 임금에 포함된다고 보아

야 한다(대법 2018.10.12, 2015두36157 판결 등 참조).

③ 한편 2012년부터는 공공기관 경영평가성과급의 최저지급률과 최저지급액이 정해져 있지 않아 소속 기관의 경영실적 평가결과에 따라서는 경영평가성과급을 지급받지 못할 수도 있다. 이처럼 경영평가성과급을 지급받지 못하는 경우가 있다고 하더라도 성과급이 전체 급여에서 차지하는 비중, 그 지급 실태와 평균임금 제도의 취지 등에 비추어 볼 때 근로의 대가로 지급된 임금으로 보아야 한다(대법 2018.12.13, 2018다231536)

참고 민간 · 공공기관 경영성과급 비교

구분	민간기업	공공기관
지급 규정	지급할 수 있다	지급하여야 한다
지급율 결정방법	매년 노사합의 또는 노사협의회 의결(사후)	보수규정(사전)
사용자 지급의무	×	○

2
일
차

65 평균임금의 용도와 산정방법

근기법 제2조제1항제6호 【정의】 "평균임금"이란 이를 산정하여야 할 사유가 발생한 날 이전 3개월 동안에 그 근로자에게 지급된 임금의 총액을 그 기간의 총일수로 나눈 금액을 말한다. 근로자가 취업한 후 3개월 미만인 경우도 이에 준한다.
② 제1항제6호에 따라 산출된 금액이 그 근로자의 통상임금보다 적으면 그 통상임금액을 평균임금으로 한다.

1. 근기법상의 평균임금

사용자에게 근로를 제공하고 지급받은 실제 임금이 아니라 실제 근로자의 평균 소득을 기준으로 임금을 계산할 필요가 있는 경우에 사용하고자 만든 개념이라고 할 수 있다.

표 근기법에서 사용자에게 평균임금지급의무를 부여하고 있는 규정

구분	관련내용
퇴직급여 제도	• 계속근로기간 1년에 대하여 30일분 이상의 평균임금을 지급하는 제도 설정 (근로자퇴직급여보장법 제8조)
휴업수당	• 사용자의 귀책사유로 인하여 휴업하는 경우 평균임금의 100분의 70이상의 수당 지급
연차유급 휴가수당	• 휴가사용기간 동안 취업규칙 등에서 정하는 통상임금 또는 평균임금을 지급
재해보상금	• 휴업보상, 장해보상, 유족보상, 장의비 등은 평균임금의 ○○일분 지급
감급액의 제한	• 감급의 제재를 정할 경우, 그 감액은 1회의 액이 평균임금의 1일분의 1/2을 초과할 수 없으며, 감급 총액이 1 임금지급기의 임금총액의 1/10을 초과할 수 없음

2. 평균임금 산정기간 : 평균임금을 산정해야 할 사유가 발생한 날

구분	산정사유 발생일
퇴직금	퇴직일 : 사직서 제출시 사직서 수리로 근로계약이 해지된 날 • 근로자의 퇴직의 의사표시에 대하여 사용자가 수리하지 아니하거나 또는 계약종료기에 관한 별단의 특약이 없다면 사용자가 당해 퇴직의 의사표시를 통고받은 날부터 1개월이 경과될 때까지는 계약해지의 효력이 발생치 않으므로 고용종속관계는 존속되는 것으로 취급하여야 한다(민법 제660조 제2항) • 단, 기간으로 보수를 정한 때에는 상대방이 해지통고를 받은 당기 후의 1기를 경과함으로써 해지의 효력이 발생(민법 제660조제3항)
재해보상금	재해발생일
휴업수당	휴업개시일

3. 산정사유가 발생한 날 "이전 3월간"

기간의 계산은 민법 규정에 따라 역(曆)에 의하여 과거로 소급하여 계산하며, 초일불산입 원칙이므로 산정사유 발생일은 산입하지 않는다.

❑ 산정예시

- 2015.7.27. 업무상 사고를 당하였다면 평균임금 산정기간은 2015.7.26.부터 이전 3개월인 2015.4.27.부터 2015.7.26.까지임
- 근로계약기간이 2015.1.1.부터 2015.12.31.까지라면 근로계약이 해지된 날은 2016. 1.1.이므로 퇴직금산정기간은 2015.10.1.부터 2015.12.31.까지임.

※ 민법의 기간계산의 일반원칙도 초일은 산입하지 않는 것이 원칙이기 때문에(민법 제157조 참조) 사유가 발생한 날은 평균임금을 산정함에 있어서 포함되지 않는다고 해석함이 타당할 것임(법무 811-4208, 대법 96누5469)

4. 평균임금산정에서 제외되는 기간

① 산정기간 중 다음에 해당하는 기간이 있는 경우에는 그 일수와 그 기간 중에 지급된 임금은 근기법시행령 제2조의 규정에 따라 평균임금 산정기간 및 임금에서 공제되며,

② 공제기간이 3개월을 초과하여 공제시 산정할 기간 및 임금이 없는 경우에는

2일차

평균임금의 정의 규정의 취지를 살려 제외사유 발생 이전 3월간의 기간으로 계산하는 것이 타당할 것이다(2003.2.27, 임금 68207-132).

❑ 평균임금산정에서 제외되는 기간(근기법시행령 제2조)

1. 수습 중에 있는 근로자가 수습을 시작한 날부터 3개월 이내의 기간
2. 사용자의 귀책사유로 인하여 휴업한 기간
3. 산전후휴가기간
4. 업무수행으로 인한 부상·질병의 요양을 위하여 휴업한 기간
5. 육아휴직기간
6. 쟁의행위기간
7. 병역법·향토예비군설치법 또는 민방위기본법에 의한 의무이행을 위하여 휴직하거나 근로하지 못한 기간(다만, 그 기간 중 임금을 지급받은 경우에는 그러하지 아니함)
8. 업무외 부상·질병 기타의 사유로 인하여 사용자의 승인을 얻어 휴업한 기간

③ 수습기간이 끝나기 전에 평균임금 산정사유가 발생한 경우에는 위 시행령 규정과 무관하게 수습사원으로서 받는 임금을 기준으로 평균임금을 산정하는 것이 타당하다(대법 2014.9.4, 2013두1232).

④ 근로기준법 시행령 제2조제1항의 입법취지와 목적을 감안하면, 사용자가 쟁의행위로 적법한 직장폐쇄를 한 결과 근로자에 대해 임금지급의무를 부담하지 않는 기간은 원칙적으로 같은 조항 제6호의 기간에 해당한다. 다만 이러한 직장폐쇄기간이 근로자들의 위법한 쟁의행위 참가기간과 겹치는 경우라면 근로기준법 시행령 제2조제1항제6호의 기간에 포함될 수 없다. 위법한 직장폐쇄로 사용자가 여전히 임금지급의무를 부담하는 경우라면, 근로자의 이익을 보호하기 위해 그 기간을 평균임금 산정기간에서 제외할 필요성을 인정하기 어려우므로 근로기준법 시행령 제2조제1항제6호에 해당하는 기간이라고 할 수 없다(대법 2019.6.13, 2015다65561)

표 파업·직장폐쇄 기간의 평균임금 및 연차휴가 산정 방법

구분	적법파업	불법파업
적법 직폐	기간제외	결근
불법 직폐	출근(임금지급의무)	결근

5. 감봉 등으로 임금이 줄어든 경우

징계에 의한 감봉·휴직·대기발령 등으로 임금이 줄었어도 적게 받은 그 임금을 기준으로 평균임금을 산출하고, 그 결과 평균임금이 통상임금보다 저액이면 통상임금으로 한다.

6. 이전 3월간의 임금총액

근로자에게 실제로 지급된 임금뿐만 아니라 동 기간 중 당연히 지급되어야 할 임금 중 지급되지 않는 임금도 포함시켜야 한다. 그러나, 월의 중도에 퇴직하고서도 그 달의 임금전액을 지급받는 경우 퇴직일까지의 임금만 포함한다(대법 1999.5.12, 97다5015).

7. 3개월간 근무가 비정상적인 경우

가. 평균임금 산정 시점 자체를 변화시키는 방법

근로자의 의도적인 행위로 인하여 근기법의 관계규정에 따라 평균임금을 산정할 수 없게 된 경우에는 그 근로자의 퇴직금의 기초가 되는 평균임금은 그 기간을 뺀 그 직전 3개월간의 임금을 기준으로 하여 근기법이 정하는 방식에 따라 산정한 금액 상당이라고 할 것이다(대법 1995.2.28, 94다8631).

나. 3개월보다 긴 기간을 기준으로 산정하는 방법

퇴직 전 3개월간 평균임금이 통상의 수준보다 현저히 높거나 적을 경우, 퇴직 전 1년 간의 평균임금을 기준으로 산정하는 것이 타당하다(대법 2024.3.12, 2023다302579).

다. 근로자에게 지급된 임금이 여러 항목으로 구성되어 있고 그 중 일부 항목이 퇴직 전 3개월간 임금이 특별한 사유로 인해 통상의 경우보다 현저하게 많은 경우, 수당 항목별로 산정기준을 달리하는 방법

택시기사인 근로자가 퇴직금을 더 많이 받기 위하여 의도적으로 퇴직 직전 5개월 동안 평소보다 많은 사납금 초과 수입금을 납부한 사안에서, 근로자가 지급받은 임금의 항목들 중 평균임금을 높이기 위한 행위로 통상의 경우보다 현저하게 많아진 것은 사납금 초과 수입금 부분에 그치므로, 그 부분에 대하여는 의도적인 행위를 하기 직전 3개월 동안의 임금을 기준으로 평균임금을 산정하되 '의도적인 행위를 한 기간 동안의 동종 근로자들의 평균적인 사납금 초과 수입금의 증가율'을 곱하여 산출하고, 이를 제외한 나머지 임금 항목들에 대하여는 퇴직 전 3개월 동안 지급받은 임금총액을 기준으로 평균임금을 산정함이 적절하다(대법 2009.10.15, 2007다72519).

8. 평균임금 산식

$$\text{(1일분) 평균임금} = \frac{\text{사유가 발생한 날 이전 3개월간의 임금총액}}{\text{사유가 발생한 날 이전 3월간의 총일수}}$$

9. 통상 1개월을 넘는 기간을 단위로 지급되는 임금의 경우

상여금, 연차유급휴가수당, 정근수당, 체력단련비 등 격월, 반기, 분기, 연1회 지급되는 금품이 평균임금 산정에 포함되는 금품일 경우, 산정사유 발생일에 따라 포함 여부가 달라지기 때문에 "상여금은 이를 지급받았을 때 (월)만의 임금으로 취급하여 일시에 전액을 평균임금에 산입할 것이 아니고 평균임금을 산정하여야 할 사유가 발생한 때 이전 12개월 중에 지급받은 상여금 전액을 그 기간동안의 근로월수로 분할계산하여 평균임금 산정에 산입하여야 한다.

$$\text{평균임금} = \frac{\text{매월 지급된 이전 3월간의 임금합계} + \text{월단위초과지급된 이전 1년간의 임금의 3/12}}{\text{사유가 발생한 날 이전 3월간의 총일수}}$$

66 2024년도 대법원 판례에 따라 변경된 통상임금 판단기준

대법 2024.12.19, 2020다247190(전합)

근기법 시행령 제6조 【통상임금】 ① 법과 이 영에서 "통상임금"이란 근로자에게 정기적이고 일률적으로 소정(所定)근로 또는 총 근로에 대하여 지급하기로 정한 시간급금액, 일급금액, 주급금액, 월급금액 또는 도급금액을 말한다.

근기법 제56조 【연장 · 야간 및 휴일 근로】 사용자는 연장근로(제53조 · 제59조 및 제69조 단서에 따라 연장된 시간의 근로를 말한다), 휴일근로, 야간근로에 대하여는 통상임금의 100분의 50 이상을 가산하여야 한다.

1. 종전 통상임금 개념 : 대법 2013.12.18. 전합 판결(요지)

❑ 2013.12.18. 대법원 전원합의체 판결(요지)

야간, 휴일, 연장근무 등 초과근로수당 산정 등의 기준이 되는 통상임금이 되기 위해서는, 초과근무를 하는 시점에서 보았을 때, 근로계약에서 정한 근로의 대가로 지급될 어떤 항목의 임금이, 일정한 주기에 따라 정기적으로 지급이 되고(정기성), '모든 근로자'나 '근로와 관련된 일정한 조건 또는 기준에 해당하는 모든 근로자'에게 일률적으로 지급이 되며(일률성), 그 지급 여부가 업적이나 성과 기타 추가적인 조건과 관계없이 '사전에 이미 확정되어 있는 것'(고정성)이어야 하는데, 이러한 요건을 갖추면 그 명칭과 관계없이 통상임금에 해당한다.

2. 변경된 통상임금 개념 : 대법 2024.12.19. 전합 판결

가. 통상임금 개념 및 판단 기준 : '고정성' 요건 폐지

① 근로기준법 시행령 제6조제1항은 통상임금을 "근로자에게 정기적이고 일률적으로 소정근로 또는 총 근로에 대하여 지급하기로 정한 시간급 금액, 일급 금액, 주급 금액, 월급 금액 또는 도급 금액"이라고 규정한다. 법령의 정의와 취지에 충실하게 통상임금 개념을 해석하면, 통상임금은 소정근로의 대가로서 정기적, 일률적으로 지급하기로 정한 임금을 말한다. 통상임금은 근로기준법이 규정한 여러 임금을 산정하는 기준이 되므로, 그 본질은 근로자가 소정근로시간에 제공하기로 정한 근로의 가치를 평가한 기준임금이라는 데에 있다. 정기성과 일률성은 그 임금이 소정근로의 대가인 임금임을 뒷받침하는 개념적 징표이다.

② 근로자가 소정근로를 온전하게 제공하면 그 대가로서 정기적, 일률적으로 지급하도록 정해진 임금은 그에 부가된 조건의 존부나 성취 가능성과 관계없이 통상임금에 해당한다. 임금에 부가된 조건은 해당 임금의 객관적 성질을 실질적으로 판단하는 과정에서 소정근로 대가성이나 정기성, 일률성을 부정하는 요소 중 하나로 고려될 수는 있지만, 단지 조건의 성취 여부가 불확실하다는 사정만으로 통상임금성이 부정된다고 볼 수는 없다.

③ 고정성이란 잣대 없이도, 근로자와 사용자가 소정근로시간에 제공하기로 정한 근로의 대가라는 '소정근로 대가성', 임금의 지급 시기와 지급 대상이 미리 일정하게 정해졌을 것을 요구하는 '정기성'과 '일률성'의 개념을 통하여 통상임금에 해당하는지 여부를 올바르게 판단할 수 있다. 이러한 통상임금을 이루는 개념에는 '임금 지급에 관한 일정한 사전적 규율'의 의미가 내포되어 있으므로, 소정근로의 제공과 관계없이 일시적이거나 변동적으로 지급되는 금품은 여전히 통상임금에서 제외된다. 고정성을 통상임금의 개념적 징표에서 제외하더라도 성질상 통상임금을 기초로 산정되는 주휴수당(대법원 2010.1.28. 선고 2009다74144 판결 등 참조) 등과 같은 법정수당은 개념적으로 통상임금이 될 수 없으므로, 통상임금에 속하지 않는다.

나. 재직조건부 임금

① 통상임금은 실근로와 구별되는 소정근로의 가치를 반영하는 도구개념이므로, 계속적인 소정근로의 제공이 전제된 근로관계를 기초로 산정하여야 한다. 근로자가 재직하는 것은 근로계약에 따라 소정근로를 제공하기 위한 당연한 전제이다.

② '퇴직'은 정년의 도래, 사망, 해고 등과 함께 근로관계를 종료시켜 실근로의 제공을 방해하는 장애사유일 뿐, 근로자와 사용자가 소정근로시간에 제공하기로 정한 근로의 대가와는 개념상 아무런 관련이 없다. 따라서 어떠한 임금을 지급받기 위하여 특정 시점에 재직 중이어야 한다는 조건이 부가되어 있다는 사정만으로 그 임금의 소정근로 대가성이나 통상임금성이 부정되지 않는다.

다. 근무일수 조건부 임금

① 소정근로를 온전하게 제공하는 근로자라면 충족할 근무일수 조건, 즉 소정근로일수 이내로 정해진 근무일수 조건의 경우, 그러한 조건이 부가되어 있다는 사정만으로 그 임금의 통상임금성이 부정되지 않는다. 설령 근로자의 실제 근무일수가 소정근로일수에 미치지 못하여 근로자가 근무일수 조건부 임금을 지급받지 못하더라도, 그 임금이 소정근로 대가성, 정기성, 일률성을 갖추고 있는 한 이를 통상임금에 산입하여 연장근로 등에 대한 법정수당을 산정하여야 한다. 통상임금은 실제 근무일수나 실제 수령한 임금에 관계없이 소정근로의 가치를 반영하여 정한 기준임금이기 때문이다. 반면 소정근로일수를 초과하는 근무일수 조건부 임금은 소정근로를 제공하였다고 하여 지급되는 것이 아니고 소정근로를 넘는 추가 근로의 대가이므로 통상임금이 아니다.

② 근무일수 조건부 임금을 지급하는 사업장 중에서는 휴가를 사용한 날을 근무일수에 포함시켜 조건 충족 여부를 판단하는 곳이 있고, 실제 근무한 날만을 근무일수에 산입하는 이른바 '실근무일수 조건부 임금'을 둔 곳도 있다. 후자의 경우 예를 들면 소정근로일수 전부를 실제 근무할 것을 조건으로 지급하는 임금은 휴가를 사용하지 않은 채 소정근로일수를 개근할 것을 요구한다는 점에서 소정근로를 초과하는 추가적인 조건이 부가되어 있다고 볼 여지가 전혀 없지는 않다. 그러나 근로자마다 계속근로기간이 달라 근로기준법이 부여하는 연차유급휴가일수가 다르

고, 사업장마다 정해진 약정휴가가 다르다. 같은 근로자도 연도별 발생하는 연차유급휴가일수가 다르고, 월별로 실제 사용하는 휴가일수도 다르다. 이와 같이 휴가의 발생과 사용이 사업장이나 근로자별로 개별적, 유동적인 상황에서 근로자가 며칠의 휴가를 사용하고 나머지 소정근로일을 개근하는 것이 '소정근로의 온전한 제공'에 해당하는지를 명확히 제시하기 어렵다. 이를 해당 근로자나 사업장의 다른 근로자들의 근무실태 현황을 참고하는 등의 방법으로 산출해 낼 수 있다고 하더라도 그 순간 통상임금 판단이 '실근로'와 연계됨으로써 통상임금의 사전적 산정 가능성을 현저히 떨어뜨린다. 따라서 통상임금이 법정수당 산정을 위한 기준임금이자 소정근로의 가치를 반영한 가상의 도구개념이라는 점에서, 실근무일수 조건부 임금도 휴가의 발생이나 실제 사용 여부를 고려하지 않고 조건으로 부여된 근무일수가 소정근로일수를 초과하는지에 따라 통상임금성을 일괄적으로 판단함이 타당하다.

③ 한편 소정근로일수는 근로기준법이 정한 범위 내에서 근로자와 사용자가 근로의무 있는 날로 정한 일수를 말하므로 당사자가 자유롭게 정할 수 있는 사항이기는 하다. 그러나 소정근로일수의 정함이 기본적으로 '자율'의 영역에 속하더라도 그것이 탈법행위에 해당하는 경우에는 '후견'이 작동할 수 있다. 오로지 어떤 근무일수 조건부 임금을 통상임금에서 제외할 의도로 근무실태와 동떨어진 소정근로일수를 정하는 경우와 같이 통상임금의 강행성을 잠탈하고자 하는 경우에는 그러한 합의의 효력이 부정될 수 있다.

라. 성과급

근로자의 근무실적에 따라 지급되는 성과급은 단순히 소정근로를 제공하였다고 지급되는 것이 아니라 일정한 업무성과를 달성하거나 그에 대한 평가결과가 어떠한 기준에 이르러야 지급되므로, 일반적으로 '소정근로 대가성'을 갖추었다고 보기 어렵다. 따라서 고정성을 통상임금의 개념적 징표에서 제외하더라도 위와 같은 순수한 의미의 성과급은 여전히 통상임금에 해당한다고 볼 수 없다. 다만 근무실적과 무관하게 최소한도의 일정액을 지급하기로 정한 경우 그 금액은 소정근로에 대한 대가에 해당한다.

마. 변경하여야 할 판결

2013년 전원합의체 판결 중 고정성을 통상임금의 개념적 징표로 삼은 부분, 그에 따라 재직조건부 임금, 근무일수 조건부 임금, 성과급의 통상임금성을 고정성 인정 여부를 기준으로 판단한 부분, 재직조건부 임금이 조건의 부가로 인하여 소정근로 대가성을 갖추지 못하였다고 판단한 부분과 그와 같은 취지의 종전 판결들은 이 판결의 견해와 배치되는 범위 내에서 모두 변경하기로 한다.

표 통상임금 해당요건 판례 비교

2013.12.18. 대법 판결	2024.12.19. 대법 판결
소정근로의 대가+정기성+일률성+고정성	소정근로의 대가+정기성+일률성

3. 통상임금의 판단기준

가. 소정근로의 대가

① 소정근로의 대가는 "근로자가 소정근로시간에 통상적으로 제공하기로 정한 근로에 관하여 사용자와 근로자가 지급하기로 약정한 금품"이라고 정의된다.

② 따라서 소정근로의 대가로 볼 수 없는 임금은 아래와 같다.

㈎ 근로자가 소정근로시간을 초과하여 근로를 제공하여 지급받는 임금

㈏ 근로계약에서 제공하기로 정한 근로 외의 근로를 특별히 제공함으로써 사용자로부터 추가로 지급받는 임금

㈐ 소정근로시간의 근로와는 관련 없이 지급받는 임금

나. 정기성

① 정기성은 미리 정해진 일정한 기간마다 정기적으로 지급되는지 여부에 관한 것으로서, 1개월을 초과하는 기간마다 지급되더라도 일정한 간격을 두고 계속적으로 지급되는 것이면 통상임금이 될 수 있다.

② 따라서 1개월을 넘어 2개월, 분기(3개월), 반기(6개월), 년 단위로 지급되더라도, 정기적으로 지급되는 것이면 '정기성' 요건은 충족된다.

다. 일률성

① 일률성은 '모든 근로자'에게 지급되는 것뿐만 아니라 '일정한 조건 또는 기준에 달한 모든 근로자'에게 지급되는 것도 포함하는 개념으로서, 일률적으로 지급되어야 통상임금이 될 수 있다. '일정한 조건 또는 기준'은 작업 내용이나 기술, 경력 등과 같이 소정근로의 가치 평가와 관련된 조건이어야 한다.

② '일률성' 요건의 구체적 적용

㈎ 단체협약이나 취업규칙 등에서 휴직이나 복직자, 징계대상자에 대한 지급제한 사유를 규정한 임금이라도 이는 해당 근로자의 개인적 특수성을 고려한 것일 뿐이므로 정상적인 근로관계를 유지하고 있는 근로자에 대하여 그 해당 임금의 일률성이 부정되지 않는다.

㈏ 가족수당 : 부양가족 수에 따라 차등 지급되는 경우는 근로와 관련된 일정한 조건 또는 기준에 따른 것이라 할 수 없어 일률성이 부정되나(眞性 가족수당), 다만, 모든 근로자에게 일정금액을 기본금액으로 지급하는 가족수당은 통상임금에 포함된다.

㈐ 단체협약이나 취업규칙 등에서, '출근 시 마다 일정금액을 일할지급'키로 한 경우, 일률성이 인정되므로 통상임금에 포함된다.

4. 기타 통상임금관련 쟁점

가. 연장근로수당을 고정급으로 지급할 경우 통상임금 여부

미리 고정급으로 지급하는 고정OT수당은 실제 연장근로수당의 성격을 가지고 있어, 통상임금으로 볼 수 없다(대법 2021.11.11, 2020다224739 ○○SDI 사건).

표 실무상 흔히 발생하는 통상임금 산정오류 사례(단위 : 원)

기본급	고정OT수당(월 22H)	식대	직책수당
2,090,000	330,000	200,000	200,000

※ 기본급+식대+직책수당을 합하여 시급 산정 후 고정OT수당을 재산정하여야 함.

나. 통상임금에서 제외되는 임금 및 금품을 통상임금에 포함하기로 한 경우, 이는 유효('유리조건우선 원칙' 적용, 이른바, '약정통상임금'). 그러나, 근기법상 통상임금으로 전환되었다고 볼 수 없다.

근기법상 통상임금에 포함되지 않는 임금이라 하더라도 노사가 단체협약 등에 이를 통상임금으로 보아 각종 수당의 산정대상으로 삼을 수는 있으나, 산전후휴가급여의 경우 고용보험법 제55조의8의 규정에 의해 "근기법상 통상임금에 상당하는 금액"을 지급토록 되어 있으므로 근기법상 통상임금만을 기준으로 산전후휴가급여를 지급하여야 한다(2002.10.8, 임금 69207-735).

다. 통상임금에 산입되어야 할 각종 수당을 통상임금에서 제외하기로 하는 노사간 합의는 무효('상위규범우선 원칙'에 위배)이되, 법과의 차액만 무효다.

다만, 그 전부가 무효로 되는 것이 아니라 위 법에 정한 기준과 전체적으로 비교하여 그에 미치지 못하는 근로조건이 포함된 부분에 한하여 무효로 된다(대법 2007.11.29, 2006다81523).

연장수당 = ① 1.5× 시급 통상임금 = $\dfrac{\text{월 통상임금}}{\text{② 209시간(월 통상 기준근로시간 수)}}$

따라서 기존 통상임금 산정방식에 있어서, ① 가산임금할증률이 1.5를 초과하는지 여부 ② 월 통상임금 산정기준근로시간 수가 209시간이하 인지 여부 등을 검토하여, 법정통상시급보다 이상일 경우, 상여금을 통상임금에 제외하여도 무방하다.

라. 통상임금 산정의 기준시간 수 재설정을 통한 통상시급 조정

① 월급 금액으로 정한 통상임금을 시간급 금액으로 환산하면 "그 금액을 월의 통상임금 산정 기준시간 수(=주의 통상임금 산정 기준시간 수에 1년 동안의 평균 주의 수를 곱한 시간을 1년에 해당하는 개월 수인 12로 나눈 시간)로 나눈 금액"이 되는데, 이때 '주의 통상임금 산정 기준시간 수'란 '주의 소정근로시간과 소정근로시간 외에 유급으로 처리되는 시간을 합산한 시간'을 의미한다(근로기준법 시행령 제6조 제2항 제3호, 제4호).

② 그리고 여기에서 말하는 '유급으로 처리되는 시간'의 의미와 관련하여, 판례(서울고법 2020. 6. 19. 2018나2037060)는 "유급휴일에 근무한 것으로 의제하여 총근로시간에 포함되는 시간은 근로기준법 등 법령에 의하여 유급으로 처리되는 시간에 한정되지 않고, 근로계약이나 취업규칙 등에 의하여 유급으로 처리하기로 정해진 시간도 포함된다. 근로기준법 제55조는 사용자는 근로자에게 1주일에 평균 1회 이상의 유급휴일을 주어야 한다고 규정하고 있을 뿐이므로 토요일 유급휴일 여부 및 유급처리 근무시간은 노사 간의 합의에 따라 정할 수 있다"라고 판시하고 있는 바, 토요일을 유급휴일로 정한 경우 243시간[={주 소정근로시간 40시간+유급처리시간 16시간(토요일 8시간+일요일 8시간)}÷7일×365일÷12개월]이 된다.

③ 또한, 유급 처리시간은 근로기준법 등 법령에 의해 유급으로 처리되는 시간에 한정되는 것이 아니므로, 노사는 당사자 간 합의를 통해 토요일뿐만 아니라 일반적으로는 무급으로 처리되는 휴게시간을 유급으로 처리하는 것도 가능하다. 만일 토요일이 유급휴일인 경우 265시간[=(주 소정근로시간 40시간+유급처리시간 휴게시간 5시간+토요일 8시간+일요일 8시간)÷7일×365일÷12개월]이 된다.

④ 결론적으로 개별 기업에서 노사 간의 합의를 통해 통상시급 산정의 기준시간 수를 조정함으로써 전체 인건비 상승 규모를 합리적인 수준으로 감축시킬 수도 있을 것이다.

67 통상임금 산정방법

근기법시행령 제6조 【통상임금】 ② 제1항에 따른 통상임금을 시간급금액으로 산정할 경우에는 다음 각 호의 방법에 따라 산정된 금액으로 한다.

1. 시간급금액으로 정한 임금은 그 금액
2. 일급금액으로 정한 임금은 그 금액을 1일의 소정근로시간 수로 나눈 금액
3. 주급금액으로 정한 임금은 그 금액을 주의 통상임금 산정 기준시간 수(법 제2조제1항제7호에 따른 주의 소정근로시간과 소정근로시간 외에 유급으로 처리되는 시간을 합산한 시간)로 나눈 금액
4. 월급금액으로 정한 임금은 그 금액을 월의 통상임금 산정 기준시간 수(주의 통상임금 산정 기준시간 수에 1년 동안의 평균 주의 수를 곱한 시간을 12로 나눈 시간)로 나눈 금액
5. 일·주·월 외의 일정한 기간으로 정한 임금은 제2호부터 제4호까지의 규정에 준하여 산정된 금액
6. 도급금액으로 정한 임금은 그 임금산정기간에서 도급제에 따라 계산된 임금의 총액을 해당 임금산정기간(임금 마감일이 있는 경우에는 임금 마감 기간을 말한다)의 총 근로시간 수로 나눈 금액
7. 근로자가 받는 임금이 제1호부터 제6호까지의 규정에서 정한 둘 이상의 임금으로 되어 있는 경우에는 제1호부터 제6호까지의 규정에 따라 각각 산정된 금액을 합산한 금액

③ 제1항에 따른 통상임금을 일급금액으로 산정할 때에는 제2항에 따른 시간급금액에 1일의 소정근로시간 수를 곱하여 계산한다.

2 일차

1. 일급으로 정금

가. 법정시간 이내로 정한 경우

일급금액으로 정해진 경우에는 그 금액을 1일의 소정근로시간 수로 나눈 금액, 즉, 예를 들어 일당을 4만원으로 정한 경우 ÷ 1일 소정근로시간이 4시간 = 시간급

12,500원 등을 말한다.

나. 법정시간을 초과한 경우

당사자간 약정으로 소정근로시간 수를 초과한 시간으로 일급을 정한 경우는 근기법 제56조에 정한 할증률을 감안하여 산정한 시간으로 산정해야 정확한 시간급통상임금을 산출할 수 있다. 즉 예를 들면, 1일 10시간을 근로하고 일당 15만원을 받기로 한 경우에는 법정기준 8시간+연장근로 2시간+연장근로에 대한 가산임금 1시간분=합계 11시간이 된다. 따라서 시간급 임금은 150,000원÷11시간=13,636원이다.

2. 주급으로 정해진 경우

주급으로 정해진 경우는 소정근로시간에 유급으로 처리된 시간(주휴 등)을 더하여 그 합한 시간으로 주급임금을 나눈다. 이것은 주단위 소정근로시간을 개근한 근로자에게는 반드시 유급주휴일을 부여해야 하므로 주급개념에는 당연히 유급휴일수당이 포함되어 있기 때문에 유급으로 처리되는 시간을 포함하는 것이다. 주40시간제 적용사업장의 경우, 예를 들면 주당 500,000원을 받기로 하고 ÷ 주에 40시간을 근로하기로 정했다면, 1주의 통상임금 산정기준시간 수는 48시간(40시간+유급주휴 8시간)이고 시간급임금은 10,410원(50만원÷48시간)이다. 만약 주급금액이 "기준근로시간을 초과한 근로시간에 대한 금액으로 정해진 경우"는 1주일 기준근로시간 수+유급으로 처리된 시간(주휴 등)+시간외근로시간 수 × 1.5로서 주급금액을 나눈다. 예를 들면, 주50시간에 70만원으로 정했다면, 70만원 ÷ 63시간(40시간+유급주휴8시간+10시간×1.5) = 시간급통상임금은 11,110원이다.

3. 월급으로 정해진 경우

가. 기본적인 산정방식

근로자에 대한 임금을 월급으로 지급할 경우 월급통상임금에는 법 제56조에 의한 소정의 유급휴일에 대한 임금도 포함된다고 할 것이므로, 월급통상임금을 월 소정근로시간 수로 나누는 방법에 따라 시간급통상임금을 산정하기 위해서는 월 유급휴일에 해당 근로시간 수도 월 소정근로시간 수에 포함되어야 할 것이다(대법 1990.12.26, 90다카12493). 유급휴일에 대한 임금이 월급에 포함된 경우는 월 단위 통상임금 산정기준시간을 산출하여 그 시간으로 월급금액을 나누면 시간급통상임금이 산출된다. 즉, 209시간({(40+8)×52+8}÷12)이 소정근로시간이다.

나. 토요일을 유급휴일로 하는 경우

표 토요일의 성격

구분		월통상근로시간 산정	실제근로시 수당지급
"휴일" (명시 ○)	유급	$\frac{(40+8+8)\times 52+8}{12}=243$	휴일근로 2.5(1.5)배
	무급	$\frac{(40+8)\times 52+8}{12}=209$	휴일근로 1.5배
"휴무일" (명시 × 무급)		$\frac{(40+8)\times 52+8}{12}=209$	연장근로 1.5배

다. 유급주휴일 근로시간 산정

월 소정근로시간을 계산할 때, 1일의 소정근로시간과 월 소정근로시간에는 평균 개념을 사용하여야 하며, 이때 소정근로시간 외에 주휴일 등 유급으로 처리되는 시간을 합산하여야 하므로, 만일 1일 근로시간을 7시간으로 하였다면, 주휴일도 7시간이 된다(대법 1990.12.26, 90다카12493).

라. 단시간근로이거나 주의 근로시간이 불규칙할 경우

예를 들면, 주5일근무제하에서 1주 16시간, 2주 18시간, 3주 19시간, 4주 20시간 일할 경우,

① 1주 평균근로시간은 합계 73시간 ÷ 4주 = 18.4시간이고,

② 1일 평균근로시간은 합계 73시간 ÷ 20일(4주 × 5일) = 3.7시간이다.

③ 월통상근로시간은 {[18.4시간+3.7시간(주휴)] × 52 + 3.7} ÷ 12월 = 96시간이 된다. 월급이 100만원일 경우 100만원 ÷ 96시간 = 10,417원이 시간급통상임금이 된다.

마. 월급금액이 기준근로시간을 넘는 근로시간으로 정해진 경우

근기법 제17조에 따라 임금의 구성항목・계산방법 등이 명시되어야 하므로, 시간급통상임금=월급금액÷[209시간+(월간 시간외근로시간 수×1.5)]로 산출한다.

실습 근로자 홍길동은 매월 정액으로 300만원을 지급받는데, 여기에는 1일 1시간 월22시간의 연장근로수당이 포함되어 있다고 한다. 그런데 2026년 3월에는 해외수주물량 처리로 일요일 4회 출근하여 추가로 휴일근로수당을 지급받게 된 바, 휴일근로수당을 산정하기 위한 홍길동의 시급 통상임금은 얼마인가?(월 209시간 사업장 전제)

- 시급 산정 : 300만원÷[209시간+(22시간×1.5)]=12,396원
- 임금구성항목 : 기본급 12,396×209=2,590,937원
- 연장수당 12,396×33=409,068원

68 임금전액지급의 원칙

근기법 제43조 【임금지급】 ① 임금은 통화(通貨)로 직접 근로자에게 그 전액을 지급하여야 한다. 다만, 법령 또는 단체협약에 특별한 규정이 있는 경우에는 임금의 일부를 공제하거나 통화 이외의 것으로 지급할 수 있다.
② 임금은 매월 1회 이상 일정한 날짜를 정하여 지급하여야 한다. 다만, 임시로 지급하는 임금, 수당, 그 밖에 이에 준하는 것 또는 대통령령으로 정하는 임금에 대하여는 그러하지 아니한다.

민사집행법 제246조제1항 【압류금지채권】 다음 각 호의 채권은 압류하지 못한다.
4. 급료·연금·봉급·상여금·퇴직연금, 그 밖에 이와 비슷한 성질을 가진 급여채권의 2분의 1에 해당하는 금액. 다만, 그 금액이 국민기초생활보장법에 의한 최저생계비를 감안하여 대통령령이 정하는 금액에 미치지 못하는 경우 또는 표준적인 가구의 생계비를 감안하여 대통령령이 정하는 금액을 초과하는 경우에는 각각 당해 대통령령이 정하는 금액으로 한다.
5. 퇴직금 그 밖에 이와 비슷한 성질을 가진 급여채권의 2분의 1에 해당하는 금액

민사집행법시행령 제3조 【압류금지 최저금액】 법 제246조제1항제4호 단서에서 "국민기초생활 보장법」에 의한 최저생계비를 감안하여 대통령령이 정하는 금액"이란 월 185만원을 말한다.

1. 전액지급의 원칙

임금은 전액을 지급해야 하므로, 일부를 제하고 지급할 수 없다. 근로자에 대한 채권 또는 채무불이행으로 인한 손해배상채권과 임금채권을 상계할 수 없으며(대법 1989.11.24, 88다카25038), 불법행위를 원인으로 하는 채권과 임금·퇴직금과의 상계도 금지된다(대법 1976.9.29, 75다1768).

2일차

2. 전액지불의 예외로서 공제허용

① 법령에 의해 공제가 인정되는 경우는 근로소득세(소득세법), 주민세(지방세법), 건강보험료(건강보험법), 국민연금(국민연금법), 고용보험료(고용보험법), 민사소송법 또는 행정관청이 국세징수법에 의하여 임금을 압류처분한 경우 등이며,

② 단체협약에 의해 공제가 인정되는 경우는 복리후생시설 이용비, 조합비 일괄공제제도 등인데, 특히 단체협약에 조합비 일괄공제 제도가 규정되어 있고, 노조규약에 근거가 있거나 총회(대의원회) 의결이 있는 경우에는 개별 조합원이 거부하더라도 공제 가능하다(2004.4.10, 임금정책과-1249)(하급심판결 · 학설異見 有).

3. 근로자 동의 시 회사로부터 받은 대출금 등의 임금 공제 가능 여부

가. 근로자의 동의시 임금에서 공제 가능

근로자의 "자유로운 의사에 터 잡아 이루어진 동의"를 얻어 근로자의 임금채권에 대하여 상계하는 경우인데, 실무에서 주로 문제되는 것은 근로자가 사용자로부터 주택자금 등의 지원을 받으면서 임금과 상계에 대하여 사전에 동의하는 경우이다. 주택자금 등 사용자의 사규에 따른 재정지원 자체가 근로자의 신청에 따라 근로자의 이익을 위하여 이루어지는 것이므로 유효하다(대법 2001.10.23. 2001다25184).

나. 근로자 동의를 전제로 '퇴직금'에서 공제 가능여부

① 근로자퇴직급여보장법 개정(시행일 2022.4.14.) 이전 : 가능

재직 중 퇴직금 청구권을 포기하는 것은 불가능하지만, 퇴직후 퇴직금청구권을 포기하고, 퇴직금 전액을 회사의 대출채권과 상계하는 것은 가능하다(대법 2018.7.12. 2018다21821)

② 근로자퇴직급여보장법 개정(시행일 2022.4.14.) 이후 : 불가

참고 근로자퇴직급여보장법 제9조(시행일 2022.4.14.)

제9조 【퇴직금의 지급 등】 ① 사용자는 근로자가 퇴직한 경우에는 그 지급사유가 발생한 날부터 14일 이내에 퇴직금을 지급하여야 한다.
② 제1항에 따른 퇴직금은 근로자가 지정한 개인형퇴직연금제도의 계정 또는 제23조의8에 따른 계정(이하 "개인형퇴직연금제도의 계정등"이라 한다)으로 이전하는 방법으로 지급하여야 한다. 다만, 근로자가 55세 이후에 퇴직하여 급여를 받는 경우 등 대통령령으로 정하는 사유가 있는 경우에는 그러하지 아니하다.

근로자가 퇴직 후 근로자의 자유로운 의사에 따른 동의가 있는 경우 근로자의 자유로운 의사에 터잡아 이루어진 동의를 근거로 퇴직금을 공제 또는 상계하는 것이 법규에 위반된다고 할 수 없다는 취지의 해석(대법원 2018.7.12, 2018다21821 판결, 대법원 2001.10.23, 2001다25184 판결 등)은 2022.4.14.부터 시행된 법률 제18038호「근로자퇴직급여 보장법」 일부개정법률이 시행되기 이전의 판결인 바,

- 이 법 제9조제1항 및 제2항에도 불구하고 근로자의 자유로운 의사에 따라 퇴직금의 일부를 공제하고 개인형퇴직연금제도 계정으로 이전할 수 있다는 취지의 판결은 아니며, 같은 법 시행령 제3조의2에서 규정한 이전 예외사유에 해당하지 않으므로 퇴직금을 개인형퇴직연금제도 계정으로 이전하지 않을 수 있다고 해석할 수는 없을 것이므로, 근로자의 자유로운 의사에 따른 근로자의 동의가 있다고 하더라도 퇴직금 전액을 개인형 퇴직연금제도 계정으로 이전하여야 한다(퇴직연금복지과-1808, 2022.4.28.).

4. 기(旣) 초과 지급된 임금을 당월임금에서 상계가능 여부

계산착오 등으로 임금이 초과지급되었을 때 ① 그 행사시기가 초과지급된 시기와 임금의 정산·조정의 실질을 잃지 않을 만큼 합리적으로 밀접되어 있고 ② 금액과 방법이 미리 예고되는 등 근로자의 경제생활의 안정을 해할 염려가 없는 경우에 한하여 초과지급된 임금의 반환청구권을 자동채권으로 하여 상계하는 것은 무방하다(대법 1995.12.21, 94다26721)(일명, 조정적 상계 요건).

5. 법원의 임금 압류명령시 압류금액의 범위

민사집행법 제246조에서는 임금채권 및 퇴직금 등에 대한 압류한도액을 규정하고 있는데, 그 2분의 1을 초과하여 압류할 수 없도록 제한하고 있다. 또한 임금채권(퇴직금 이외의 금품)에 대하여는 국민기초생활보장법 등에 의한 최저생계비 및 표준생계비를 감안하여 다음과 같이 급여압류 가능금액(압류한도액)을 따로 정하고 있다. 여기서 해당급여는 제세공과금을 제외한 실수령액을 말한다.

- 월급여 185만원 이하 : 전액 압류 금지(생계비 계좌예치 시 : 250만원)
- 월급여 185만원~300만원 : 185만원을 제외한 나머지 금액
- 월급여 300만원~600만원 : 월급여의 2분의 1을 제외한 나머지 금액
- 월급여 600만원 초과 : 300만원+{(급여/2)-300만원}/2 제외 잔액

6. 퇴직연금채권에 대한 전액압류 금지

퇴직연금 채권에 대한 양도와 담보제공은 근퇴법 제7조에 의해 금지되고, 압류도 금지된다. 근퇴법상 양도금지규정은 민사집행법과의 관계에서 특별법이라는 논거로 퇴직연금에 대해서는 전액 압류가 금지된다(대법 2014.1.23, 2013다71180).

7. 근로계약으로 임금의 일부를 공제할 수 없다

원고들이 피고(택시회사)와 근로계약을 체결할 당시 기준운송수입금에 미달하는 수입금이 발생한 경우, 그 차액을 기본급에서 공제하는 내용의 약정을 하였는데, 이후 피고가 원고들의 기본급에서 기준운송수입금 미달액을 공제하고 월급여를 지급한 것은 위법하다. 법령 또는 단체협약이 아닌 취업규칙이나 근로계약으로 임금 일부를 공제할 수 있는 근거를 마련하더라도 이는 효력이 없다(대법 2022.12.1, 2022다219540).

69 임금통화불지급의 원칙과 예외

대법 2005.9.9, 2004다41217

> **근기법 제43조 【임금지급】** ① 임금은 통화(通貨)로 직접 근로자에게 그 전액을 지급하여야 한다. 다만, 법령 또는 단체협약에 특별한 규정이 있는 경우에는 임금의 일부를 공제하거나 통화 이외의 것으로 지급할 수 있다.

2 일차

1. 통화불지급 원칙의 예외

평균임금 산정의 기초가 되는 임금총액에는 사용자가 근로의 대상으로 근로자에게 지급하는 일체의 금품으로서, 근로자에게 계속적·정기적으로 지급되고 그 지급에 관하여 단체협약, 취업규칙 등에 의하여 사용자에게 지급의무가 지워져 있으면 그 명칭 여하를 불문하고 모두 포함되는 것이고, 비록 현물로 지급되었다 하더라도 근로의 대가로 지급하여 온 금품이라면 평균임금의 산정에 있어 포함되는 임금으로 봄이 상당하다(대법 1990.12.7. 선고 90다카19647).

2. 현물로 지급되었다 하더라도 근로의 대가로 지급하여 온 금품이라면 임금에 포함된다(대법 2005.9.9. 2004다41217)

원심이 그 채용 증거를 종합하여, 피고 회사는 단체협약에 따라 원고들을 포함한 전 사원들에게 매년 설 휴가비, 추석 휴가비 각 150,000원, 하기 휴가비 250,000원을 각 지급하여 왔고, 노사합의에 따라 선물비를 연 200,000원 상당으로 책정한 후 그에 상응하는 선물을 현품으로 지급하여 온 사실을 인정하고, 위 각 휴가비 및 선물비는 단체협약, 노사합의 및 관행에 따라 일률적 · 계속적 · 정기적으로 지급된 것으로서 그 월평균액이 퇴직금 산정의 기초가 되는 평균임금에 포함된다고 할 것이라고 판단한 것은 정당하고 거기에 상고이유에서 주장하는 바와 같은 평균임금 산입에 관한 법리오해의 위법이 없다.

70 임금의 삭감 · 반납 · 동결에 관한 해석기준

2009.3.26, 근로기준과-797

❑ 일반적으로 임금의 반납 · 삭감 등의 용어가 혼용되어 사용되고 있으나, 판례나 해석상 다음과 같이 구분됨

① 반납 : 기왕의 근로에 대하여 발생된 임금 또는 향후 근로에 대해 발생할 임금의 일부에 대한 청구권을 포기하기로 약정하고 회사에 반납하는 것

② 삭감 : 장래 일정시점 이후부터 현재와 동일한 내용의 근로제공에 대해 종전보다 임금을 낮추어 지급하는 것

③ 동결 : 임금을 인상하지 않고 현재의 임금수준을 장래에도 계속 지급하는 것

2 일차

1. 임금반납

임금의 반납은 적법하게 발생한 임금청구권의 포기로써 적법절차에 의한 임금반납은 가능하나, 다만, 퇴직금청구권을 사전에 포기하는 것은 무효이다.

판례 **대법** 2002.7.26, 2000다27671

최종 퇴직시 발생하는 퇴직금청구권을 사전에 포기하는 약정은 근기법 위반으로 무효이다.

판례 대법 2003.4.16, 2002나20291

사무직 근로자들이 취업규칙상의 임금채권 중 일부를 회사의 경영이 정상화될 때까지 한시적으로 자진 반납의 형식으로 포기하는 것은 단독행위이므로 근기법 제97조(위반의 효력)의 규정과도 관계가 없고, 달리 직원들의 회사 갱생을 위한 자발적인 노력을 부정해야 할 아무런 합리적인 이유를 찾아보기도 어려워 당연 무효라 할 수 없다.

가. 적법절차

① 근기법상 전액불 원칙에 의해 임금전액에 대한 처분권은 근로자 개인에게 있으므로 그 반납결정은 개별근로자와 사용자간의 명시적인 계약에 의해야 한다.

② 설사 집단적 의사결정 방식(노조 또는 근로자대표)에 의해 합의가 있었다 하더라도 개별 근로자의 동의가 필요하고 동의하지 않는 한 근로자의 임금부분에 대한 집단적 합의는 무효이다. 다만, 임금반납에 대한 집단적 의사결정 방식이 반드시 단체협약 갱신이나 취업규칙 변경 절차에 따라야 하는 것은 아니다.

행정해석 1999.12.13, 근기 68207-843

임금의 반납은 권리포기에 해당되어 집단적 의사결정 방식에 따랐다 하더라도 개별근로자의 자유의사에 기초할 때만 유효하므로 개별근로자의 동의가 필요하다.

나. 향후 반환책임

반납분은 근로자의 소득으로 귀속되었다가 자진 반납한 것으로서 당사자간의 특약이 없는 한 향후 반환책임은 없다.

- 채무면제(채권포기)의 의사표시에 의해 채권이 소멸되며, 의사표시에 하자가 없는 한 다시 채권을 청구할 수 없다(민법 제506조).
- 임금채권의 일부 포기는 단독행위(채권포기)로서 다시 돌려줄 필요가 없다(서울지법 2003.4.16, 2002나20291).

다. 평균임금 산정

임금반납액에 대한 반환청구권은 없다 하더라도 반납한 임금은 기왕의 근로에 대한 임금채권이므로 평균임금산정에 포함해야 한다.

판례 **대법 2001.4.10, 99다39531**

IMF 관리체제 하의 어려운 회사 경영 상황을 인식하고 그 고통분담의 차원에서 단체교섭의 합의내용에 따라 근로자가 급여의 일부를 회사에 반납한 사실이 있는 경우, 위 반납분은 그 금액만큼 근로자의 임금이 삭감된 것이 아니라, 일단 근로자의 소득으로 귀속되었다가 근로자가 자진하여 반납한 것으로 보는 것이 상당할 것이므로 위 반납분은 근로자의 일실수입 및 일실퇴직금 산정의 기초가 되는 소득에 포함되어야 할 것이다.

2. 임금삭감

임금삭감은 장래 일정시점 이후부터 종전보다 임금을 낮추어 지급하는 것으로서 노사가 자율적으로 결정할 사항이다.

가. 적법절차

집단적 의사결정 방식에 의해 단체협약이나 취업규칙 변경절차에 따라 결정이 가능하며, 반드시 개별 근로자의 동의를 받아야 하는 것은 아니며, 원칙적으로 단체협약이 적용되는 경우 단체협약 갱신만으로 가능하며, 단체협약이 없거나 단체협약 비적용자에게는 취업규칙 변경(불이익변경) 절차를 거치거나, 근로계약으로 임금수준을 정하고 있는 경우에는 근로계약을 갱신해야 한다.

나. 삭감수준

최저임금 수준 이하로 삭감할 수 없으며(최저임금법), 근기법에서 정하고 있는 법정수당에 대해서는 법정기준 미만으로 삭감할 수 없다.

다. 평균임금 산정

삭감액은 근로자의 임금채권으로 볼 수 없어 평균임금을 산정하는 임금총액에 포함되지 않는 것이 원칙이나, 다만, 퇴직금을 계산함에 있어 삭감전의 임금으로 평균임금을 산정하기로 당사자간 약정하면 삭감전의 금액으로 퇴직금을 산정해야 한다. 이 경우 당사자의 약정을 분명히 하기 위해서는 단체협약·취업규칙 또는 근로계약에 명확히 명시할 필요가 있다.

라. 근로시간 단축에 의한 임금감소

① 소정근로시간 이내에서 근로시간을 줄이는 경우, 근로시간 단축은 부분휴업에 해당되어 휴업수당을 지급해야 하며, 휴업을 실시하기 위해 단체협약이나 취업규칙 또는 근로계약을 별도로 갱신할 필요는 없으나, 일시적인 근로시간 단축(일시적인 휴업)이 아니라 상당기간 근로시간을 줄여야 할 경우에는 관련규정을 개정하여 소정근로시간을 단축하는 것이 바람직하다.

행정해석 2009.2.13, 근로기준과-387, "휴업수당제도 해석기준" 참고

줄어든 근로시간은 부분휴업에 해당되며, 사용자에게 귀책사유가 있으면 휴업수당이 발생하고, 부분휴업에 대하여도 평균임금 70%에 못 미치는 휴업수당을 지급하려면 노동위원회의 승인을 받아야 한다.

② 소정근로시간을 줄이고 소정근로시간만 근로하기로 하는 경우 실제로 근무한 시간에 대해서만 임금을 지급함이 원칙이지만, 소정근로시간 축소와 그에 따른 임금감소는 근로조건의 불이익변경에 해당될 수 있으므로 단체협약, 취업규칙 또는 근로계약을 적법절차에 따라 변경해야 한다.

③ 소정근로시간 변경없이 연장근로시간을 단축(미실시·축소·폐지)하는 것은 생산계획, 작업물량 등에 따라 사용자가 결정할 사항으로 근로조건의 불이익변경으로 볼 수 없고, 연장근로수당 지급의무도 없다.

행정해석 2003.3.13, 근기 68207-286 · 2002.11.16, 68207-3235 · 2000.10.12, 68207-3155

사용자가 경영상의 이유 등으로 법정근로시간을 초과하는 연장근로를 축소 또는 폐지하는 것은 근로조건의 불이익변경에 해당하지 않으므로 그에 따른 취업규칙 변경시 근기법 제94조(규칙의 작성, 변경절차) 단서에 의해 근로자의 집단적 동의를 얻을 필요가 없고 의견만 청취하면 될 것으로 사료되며, 연장근로 폐지의 의사표시를 분명히 하고 노무수령 거부 등 실제 연장근로를 시키지 않았다면 연장근로수당을 지급할 필요가 없다. 다만, 단체협약이나 취업규칙 또는 근로계약 등에 의해 고정적으로 일정한 시간을 연장근로 한 것으로 인정하여 실질적인 연장근로 발생 여부와 관계없이 연장근로수당을 지급하고 있는 경우, 연장근로수당을 지급하지 않으려면 단체협약, 취업규칙(불이익변경) 또는 근로계약을 변경해야 한다.

3. 임금동결

임금동결은 임금을 인상하지 않고 현재의 임금수준을 장래에도 계속 유지시키는 것으로써 노사가 자율적으로 결정할 사항이다.

가. 적법절차

집단적 의사결정 방식에 의해 단체협약이나 취업규칙 변경절차에 따라 결정이 가능하며, 반드시 개별 근로자의 동의를 받아야 하는 것은 아니다. 단체협약이 적용되는 경우 단체협약 갱신만으로 가능하며, 단체협약이 없거나 단체협약 비적용자에게는 취업규칙 변경(불이익변경) 절차를 거치면 된다(취업규칙에 정하고 있는 경우에 한함).

나. 임금동결 방식

(1) 정기 호봉승급이 명시적으로 규정된 경우 호봉승급 중지

① 취업규칙으로 정하고 있는 경우, 근로조건 불이익변경에 해당하는 적법한 절차에 의해 정기 호봉승급을 중지할 수 있다.

② 단체협약으로 정하고 있는 경우, 단체협약 갱신이나 노동조합과 별도의 협약

등을 통해 호봉승급을 유효하게 중지할 수 있을 것이다.

(2) 정기 호봉승급이 명시적으로 규정된 경우 호봉승급만 인정하고 임금인상률을 동결할 경우

① 임금인상률 결정은 물가상승률, 기업경영 사정 등을 고려하여 사업주 재량으로 행하는 것이 원칙으로 사업주가 임금인상률을 동결하는 것은 근로조건의 불이익변경이 아니다. ② 따라서 근로자가 임금인상을 요구하더라도 사업주가 이에 응할 법적 의무는 없으나, 노사화합 도모와 사기진작을 위해 노사협의를 통해 충분히 설명하는 것이 바람직하다. ③ 노동조합이 임금인상을 위한 단체협약을 요구할 경우 경영악화를 이유로 교섭 자체를 거부하는 행위는 부당노동행위에 해당될 수 있지만, 사용자는 반드시 임금인상에 응할 의무는 없다.

(3) 정기 호봉승급이 명시적으로 규정되어 있지 않은 경우 호봉승급 중지

① 사용자가 임금인상(호봉승급 포함)을 하지 않았다 하여 당연히 법위반으로 볼 수 없다. ② 매년 일정시기에 인상한 관행이 있는 경우에는 분쟁예방 차원에서 집단적 합의를 거치는 것이 바람직하다.

표 임금 삭감, 반납, 동결 절차

<table>
<tr><th colspan="2">구분</th><th>절차</th></tr>
<tr><td colspan="2">(사전)삭감</td><td>근로자 과반수 동의</td></tr>
<tr><td colspan="2">(사후)반납</td><td>근로자 개별 동의</td></tr>
<tr><td rowspan="2">동결</td><td>자동호봉승급 동결</td><td>근로자 과반수 동의</td></tr>
<tr><td>호봉승급 및 인상 동결</td><td>사용자 일방적 시행 가능</td></tr>
</table>

71 징계에 의한 임금삭감의 한도

근기법 제23조 【해고 등의 제한】 ① 사용자는 근로자에게 정당한 이유 없이 해고, 휴직, 정직, 전직, 감봉, 그 밖의 징벌(懲罰)(이하 "부당해고등"이라 한다)을 하지 못한다.

근기법 제95조 【제재 규정의 제한】 취업규칙에서 근로자에 대하여 감급(減給)의 제재를 정할 경우에 그 감액은 1회의 금액이 평균임금의 1일분의 2분의 1을, 총액이 1임금지급기의 임금 총액의 10분의 1을 초과하지 못한다.

2
일
차

1. 1회의 감급사유에 대한 감급액의 적용방법

근기법상 감급의 취지는 근로자의 임금에 대한 감급의 제재를 정함에 있어 이중적 제한을 규정하고 있는 것인 바, "1회의 감급액은 평균임금의 1일분의 반액 이하일 것"과 "감급의 총액은 1임금지급기에 있어서의 임금총액의 10분의 1 이하일 것"을 모두 충족시켜야 한다.

예 시 1일 평균임금 : 100,000원, 1임금지급기(월) 평균임금 : 3,000,000원

① 감급 1회의 액은 1일 평균임금 100,000원의 반액인 50,000원을 초과하지 않는 범위 내에서 6월동안 분할 감액할 수 있으며,

② 6월간의 감급총액은 1임금지급기 임금총액의 10분의 1인 300,000원을 초과하여 감액할 수 없다(근기법 상 감급제재의 효과가 미미하나, 공무원법에는 감급제재 범위가 크다).

2. 감급기간 중에 또 다른 징계사유로 감급제재가능여부

감급제재의 입법취지상 불가하며, 첫 감급기간 종료 후 감급이 가능하다.

3. 징계자에 대해 상여금지급 제한할 경우, 감급제재규정 적용여부

가. 변동적 상여금

상여금제도를 설정하면서 결근이나 징계들을 기준으로 차등지급토록 하고 차등폭이 감급의 제한을 초과할 수 있다(1989.12.4, 임금 32240-20781).

나. 고정적 상여금

감급의 제재를 정하는 경우 감급의 최고한도를 정함으로써 근로자의 생계를 보호하고자 하는 규정으로 해석되는 바, 근기법 제95조의 적용을 받는다(2006.3.29, 근로기준팀-1394).

4. 강등의 결과 임금저하의 경우, 감급제재규정 적용여부

강등이 종전업무를 계속 유지하면서 임금만을 저하시키는 경우라면 감급제재규정을 받게 되나, 종전업무를 바꾸는 취지라면 임금저하는 직무변경에 따른 결과에 불과하므로 감급제재규정을 적용받지 않는다(2011.9.19, 근로개선정책과-3035).

표 강등시 감급제재규정 적용여부

구분	월급(만원)		적법여부
부장	500	부장 → 과장으로 강등	◦ 영업부장에서 영업과장으로 강등은 위법 ◦ 영업부장에서 관리과장으로 강등은 적법
과장	400		

5. 업무상 필요성에 따라, 새로운 직무부여에 따른 보수감액 정당성

① 지점장에서 비보직부장으로 전보되어 급여가 12%가량 감소한 것은 정당하다(서울행법 2004.7.20, 2004구합2851).

② 일반 전화국장에서 전문위원으로 전보되어 급여가 감소하는 경우 정당하다(서울행법 2002.5.21, 2001구46187).

72 휴업기간 중의 임금지급

근기법 제46조 【휴업수당】 ① 사용자의 귀책사유로 휴업하는 경우에 사용자는 휴업기간 동안 그 근로자에게 평균임금의 100분의 70 이상의 수당을 지급하여야 한다. 다만, 평균임금의 100분의 70에 해당하는 금액이 통상임금을 초과하는 경우에는 통상임금을 휴업수당으로 지급할 수 있다.
② 제1항에도 불구하고 부득이한 사유로 사업을 계속하는 것이 불가능하여 노동위원회의 승인을 받은 경우에는 제1항의 기준에 못 미치는 휴업수당을 지급할 수 있다.

고용보험법 시행령 제19조제1항 【고용유지지원금의 지급 대상】 ① 고용노동부장관은 법 제21조제1항에 따라 고용조정이 불가피하게 된 사업주가 그 사업에서 고용하여 피보험자격 취득 후 90일이 지난 피보험자(일용근로자, 「근로기준법」 제26조에 따라 해고가 예고된 자와 경영상 이유에 따른 사업주의 권고에 따라 퇴직이 예정된 자는 제외한다. 이하 이 장에서 같다)에게 다음 각 호의 어느 하나에 해당하는 조치(이하 "고용유지조치"라 한다)를 취하여 그 고용유지조치 기간과 이후 1개월 동안 고용조정으로 피보험자를 이직시키지 않은 경우에 지원금(이하 "고용유지지원금"이라 한다)을 지급한다.
1. 근로시간 조정, 교대제[근로자를 조(組)별로 나누어 교대로 근무하게 하는 것을 말한다. 이하 같다] 개편 또는 휴업 등을 통하여 역(曆)에 따른 1개월 단위의 전체 피보험자 총근로시간의 100분의 20을 초과하여 근로시간을 단축하고, 그 단축된 근로시간에 대한 임금을 보전하기 위하여 금품을 지급하는 경우. 이 경우 전체 피보험자 총근로시간 등 근로시간의 산정방법에 관하여 필요한 사항은 고용노동부령으로 정한다(휴업형).
2. 1개월 이상 휴직을 부여하고 그 휴직기간에 대하여 임금을 보전하기 위해 금품을 지급하는 경우(휴직형)

② 제1항에도 불구하고 사업주가 제1항에 따른 고용유지조치 기간 동안 근로자를 새로 고용하거나 3년 이상 연속하여 같은 달에 고용유지조치를 실시하는 경우에는 관할 직업안정기관의 장이 불가피하다고 인정하는 경우를 제외하고는 해당 달에 대한 고용유지지원금을 지급하지 아니한다.

1. 사용자의 귀책사유

근기법 제46조의 귀책사유는 민법 제538조에 규정된 귀책사유와 달리 사용자의 고의·과실 등을 요건으로 하지 않으며 사용자의 세력범위 안에서 생긴 경영장애로서, 자금난·원자재 부족·주문량 감소·시장불황과 생산량 감축·모회사의 경영난에 따른 하청공장의 자재 및 자금난에 의한 조업단축 등으로 인한 휴업을 말한다. 다만 천재지변·전쟁 등과 같은 불가항력, 기타 사용자의 세력범위에 속하지 않는 기업외적인 사정과 통상 사용자로서 최대의 주의를 기울여도 피할 수 없는 사고 등 부득이한 사유로 인하여 사업계속이 불가능하게 된 경우에는 사용자에게 경영위험의 책임을 물을 수 없으므로 사용자의 귀책사유로 볼 수 없다.

2. 사용자의 귀책사유가 아닌 경우

유일한 원료공급원 상실, 전체공장의 침수, 계절적 사업인 천일염업체의 하기휴업, 불법정치파업으로 인한 휴업, 정당한 직장폐쇄, 제3자의 방화로 인한 화재, 천재 기타 자연현상 등에 의한 휴업 등을 들 수 있다.

3. 천재지변 · 전쟁 등과 같은 불가항력적인 사유로 휴업하는 경우

노동위원회의 승인여부와 관계없이 근기법상의 휴업수당 지급대상이 아니므로 노동위원회의 승인을 받을 필요가 없다(2000.2.28, 근기 68207-598).

4. 대기명령 · 휴직 등의 명칭으로 근로자의 의사에 반하여 노무수령을 거부시

실질적으로 휴업으로서의 요건을 갖춘 경우에는 휴업수당을 지급해야 할 것으로 사료된다(2002.2.5, 근기 68207-148).

5. 해고회피노력으로 해고대신 무급휴직을 실시한 경우 휴업수당 지급 여부

① 사용자는 긴박한 경영상의 필요가 있는 경우에는 경영상의 이유에 의한 해고를 할 수 있으며, 이 경우에는 근기법 제24조에서 규정한 절차를 거쳐야 한다. 따라서 근기법에서 정한 요건과 절차에 따라 선정된 해고대상자에 대하여 사용자가 해고를 할 수 있음에도 해고회피노력의 일환으로써 해고 대신 무급휴직을 실시한다면, 이는 결과적으로 근로자에게 유리한 것으로 보아야 할 것이고 이 경우 휴업수당을 지급하지 않더라도 근기법 위반은 아니다.

② 그러나 근기법 제24조 규정을 준수하는 등 법적 요건과 절차에 따라 무급휴직자를 선정하지 아니하고 단지 노사가 무급휴직 실시에 합의한 후 개별근로자의 신청없이 특정근로자에게 휴직을 강제한다면 이는 사실상의 휴업으로서 사용자는 당해 근로자에게 근기법상의 휴업수당을 지급해야 할 것이다(2001.3.8, 근기 68207-780).

6. 휴업수당과 중간수입공제

① 근기법상 휴업수당규정은 민법과 달리 근로자의 생존권을 보장하는 규정이므로 중간수입공제가 적용될 여지는 없다. 그러나 판례는 휴업기간 중에 중간수입이 있으면 휴업수당 초과부분에 대하여 공제가 가능하다(대법 1968.9.17, 68누151)고 하고 있다. 예를 들면,일 평균임금 10만원인 근로자가 휴업할 경우, 평균임금의 100분의 70인 7만원을 휴업수당으로 지급하여야 하는데, 만약, 해당 근로자가 휴업기간중 8만원의 중간수입이 있는 경우, 휴업수당7만원을 초과하는1만원을 휴업수당 7만원에서 공제하고 나머지 6만원을 지급하면 될 것이다.

② 한편, 근기법시행령 제26조에서는 "휴업기간 중에 임금의 일부를 지급받은 경우에는 휴업기간에 해당하는 평균임금에서 이미 지급된 임금을 뺀 나머지 금액에 100분의 70을 곱하여 휴업수당을 산정한다"고 규정하고 있다.

도표 휴업과 휴직의 차이

<table>
<tr><th colspan="2">구분</th><th>내용</th></tr>
<tr><td rowspan="3">휴업</td><td>발생</td><td>사용자 귀책 사유로 강제적으로</td></tr>
<tr><td>급여</td><td>유급</td></tr>
<tr><td>근거 법령</td><td>근기법 제46조제1항 【휴업수당】 사용자의 귀책사유로 휴업하는 경우에 사용자는 휴업기간 동안 그 근로자에게 평균임금의 100분의 70 이상의 수당을 지급하여야 한다. 다만, 평균임금의 100분의 70에 해당하는 금액이 통상임금을 초과하는 경우에는 통상임금을 휴업수당으로 지급할 수 있다.

근기법에서 정한 요건과 절차에 따라 선정된 해고대상자에 대하여 해고를 할 수 있음에도 해고회피 노력의 일환으로써 해고 대신 근로자 신청에 의해 무급휴직을 실시한다면, 휴업수당을 지급하지 않아도 무방하다(2001.3.8, 근기 68207-780).</td></tr>
<tr><td rowspan="3">휴직</td><td>발생</td><td>근로자의 신청에 의해</td></tr>
<tr><td>급여</td><td>무급 또는 유급</td></tr>
<tr><td>근거 법령</td><td>근기법 제23조제1항 【해고 등의 제한】 사용자는 근로자에게 정당한 이유 없이 해고, 휴직, 정직, 전직, 감봉, 그 밖의 징벌(懲罰)(이하 "부당해고등"이라 한다)을 하지 못한다.

고평법 제19조 【육아휴직】 ① 사업주는 근로자가 만 8세 이하 또는 초등학교 2학년 이하의 자녀(입양한 자녀를 포함한다. 이하 같다)를 양육하기 위하여 휴직(이하 "육아휴직"이라 한다)을 신청하는 경우에 이를 허용하여야 한다.

고평법 제22조의2 【근로자의 가족 돌봄 등을 위한 지원】 ① 사업주는 근로자가 조부모, 부모, 배우자, 배우자의 부모, 자녀 또는 손자녀(이하 "가족"이라 한다)의 질병, 사고, 노령으로 인하여 그 가족을 돌보기 위한 휴직(이하 "가족돌봄휴직"이라 한다)을 신청하는 경우 이를 허용하여야 한다.</td></tr>
</table>

73 퇴직금제도와 퇴직금중간정산

근퇴법 제8조 【퇴직금제도의 설정 등】 ① 퇴직금제도를 설정하려는 사용자는 계속근로기간 1년에 대하여 30일분 이상의 평균임금을 퇴직금으로 퇴직근로자에게 지급할 수 있는 제도를 설정하여야 한다.
② 제1항에도 불구하고 사용자는 주택구입 등 대통령령으로 정하는 사유로 근로자가 요구하는 경우에는 근로자가 퇴직하기 전에 해당 근로자의 계속근로기간에 대한 퇴직금을 미리 정산하여 지급할 수 있다. 이 경우 미리 정산하여 지급한 후의 퇴직금산정을 위한 계속근로기간은 정산시점부터 새로 계산한다.

근퇴법 제5조 【새로 성립된 사업의 퇴직급여제도】 2012.7.26. 이후 새로 성립(합병·분할된 경우는 제외한다)된 사업의 사용자는 근로자대표의 의견을 들어 사업의 성립 후 1년 이내에 확정급여형퇴직연금제도나 확정기여형퇴직연금제도를 설정하여야 한다.

근퇴법 제9조 【퇴직금의 지급】 사용자는 근로자가 퇴직한 경우에는 그 지급사유가 발생한 날부터 14일 이내에 퇴직금을 지급하여야 한다. 다만, 특별한 사정이 있는 경우에는 당사자 간의 합의에 따라 지급기일을 연장할 수 있다.

근퇴법 제10조 【퇴직금의 시효】 이 법에 따른 퇴직금을 받을 권리는 3년간 행사하지 아니하면 시효로 인하여 소멸한다.

상법 제388조 【이사의 보수】 이사의 보수는 정관에 그 액을 정하지 아니한 때에는 주주총회의 결의로 이를 정한다.

1. 퇴직금 산식

퇴직금 = 평균임금 × 30일(이상) × 계속근로년수이며, 여기서 총 근로기간을 연단위로 계산하고 남은 기간 월, 일수는 계산하여 합산하여야 하므로 예를 들어, 10년6개월15일 근무하였을 경우 10년에 대한 30일분 이상의 평균임금과, 30일분을 12개월로 분할한 6개월분, 30일분을 365일로 분할한 15일분을 각각 산정하여 지급하여야 하므로, 퇴직금 = 30일분 평균임금×(10년+6/12개월+15/365일), 또는 30일분 평균임금×재직일수/365가 된다.

2. 내부 승진한 등기임원의 퇴직금 산정

해당 근로자로 15년간 근무하다가 이사(등기임원)로 승진하여 14년간 근무후 퇴사한 자에 대하여, 회사는 근로자로 근무한 기간에 대한 퇴직금 청구권은 근기법상 소멸시효 3년이 경과하여 시효소멸하였다고 항변하나, 해당 근로자는 이사로 계속 근무하다가 퇴직할 때 근로자로 근무한 기간에 관한 퇴직금도 지급받을 것으로 신뢰했다고 추인할 수 있고, 회사 스스로 중간퇴직에 따른 퇴직금정산 조치를 취하지 않음으로써 그러한 신뢰를 심어 준 것으로 볼 수 있으므로, 그럼에도 불구하고 14년 이상 이사로 근무한 후 퇴사한 후에 소멸시효를 원용하는 것은 권리남용 내지 신의칙에 위반된다(대법 1997.8.1, 97다25736).

3. 계속근로기간

① "계속근로기간"란 "계속하여 근로를 제공한 기간"이라는 주장과 "근로계약을 체결하여 해지될 때까지의 기간"이라는 주장이 있으나, 행정해석(1987.5.4, 근기 01254-7175)과 판례(대법 1994.4.12, 94다20309)는 실근로연수 및 개근·출근율에 관계없이 그 사업 또는 사업장에 적을 가지고 있는 한 근로기간에 포함된다고 한다. 따라서 개인의 병으로 인한 휴직기간, 노조전임기간, 수습기간, 직무와 관련된 해외연수기간 등이 포함된다.

② 근로기준법 적용을 받던 국가기관 등의 임시직근로자가 공무원의 신분을 갖는 기능직으로 임명되어 '공무원연금법'의 적용을 받으면 이 두 기간은 단절된다(대법 1981.1.13, 80다2395).

4. 계속근로기간 제외기간

① 현역 또는 실역에 복무하게 되어 휴직된 자는 복무 후 그 직장에 복직을 보장하고, "군복무로 인하여 휴직"된 때에는 승진에 있어서 복무기간을 실무의 종사기간으로 보아야 한다고 규정하고 있으므로, 위 개정된 병역법이 시행된 이후에는 위 휴직기간을 승진의 경우 이외에 퇴직금의 지급기간에까지 가산할 수 없을 것이다(대법 1993.1.15, 92다41968).

② 그러나, 군 복무를 위해 회사방침에 따라 사직서를 제출하고 퇴직하였다가 제대후 재입사한 경우에는 사직서 제출이 무효이므로 군 복무기간도 계속근로기간에 포함된다(대법 2012.10.25, 2012다41045).

③ "해외유학기간"이 본연의 직무와 관계가 있는 경우는 통산하며, 근로와 무관한 경우는 산입할 수 없다(대법 1976.3.9, 75다872).

④ "개인적인 사유로 휴업한 기간"은 원칙적으로 계속근로기간에 포함되나, 단체협약, 취업규칙 등의 규정으로 합산치 않을 수 있다(2015.1.15, 근로복지과-234).

⑤ 사용자가 명예퇴직 신청을 받아 명예퇴직을 명함으로써 명예퇴직자로 확정시킴과 동시에 일정기간 전직지원교육을 실시키로 하고 그 기간을 유급휴직기간으로 처리하되 퇴직금 산정을 위한 근속기간에서 제외키로 한 단체협약이나 취업규칙은 유효하다(대법 2007.11.29, 2005다28358).

5. 1개월에 5일 내지 15일 정도 근무한 경우

최소한 1개월 4~5일 내지 15일 정도 계속해서 근무하였다면 근기법상 퇴직금지급의 전제가 되는 근로자의 상근성 · 계속성 · 종속성의 요건을 충족시켰다고 볼 수 있다(대법 1995.7.11, 93다26168).

6. 등기임원이 퇴직금 중간정산금을 지급받기 위해서는 주주총회결의에 의해야 한다.

가. 사실관계

피고가 임원의 퇴직금 지급기준을 "근속연수 2배수"로 상향하는 것으로 원고 정관이 변경된 이후, 이사회에서 제정된 임원퇴직급여규정에 "회사는 임원의 신청이 있으면 퇴직금 중간정산을 실시할 수 있다"라고 규정하고, 위 급여규정 부칙의 경과조치에서 "이 규정 시행 전 퇴직금을 중간정산한 경우에는 본 규정에 의해 산출된 퇴직금에서 기정산 지급한 금액을 공제한 금액으로 지급한다"라고 규정하고 있는 점 등을 근거로 하여 퇴직금 중간정산금을 지급받았다.

나. 판결

이는 정관 또는 주주총회 결의를 통해 임원의 퇴직금 중간정산을 정하지 않고 있음에도 불구하고 이사회에서 제정된 임원퇴직급여 규정만을 근거로 지급받은 것이어서 강행규정인 상법 제388조의 규정 취지 등에 비추어 허용될 수 없다. 따라서 정관 등에서 이사의 퇴직금에 관하여 주주총회의 결의로 정한다고 규정하면서 퇴직금의 액수에 관하여만 정하고 있다면, 퇴직금 중간정산에 관한 주주총회의 결의가 있었음을 인정할 증거가 없는 한 이사는 퇴직금 중간정산금 청구권을 행사할 수 없다. 따라서 기 지급된 중간정산금은 부당이득이므로 회사에 반환하여야 한다(대법 2019.7.4, 2017다17436).

7. 퇴직금중간정산

가. 퇴직금중간정산의 법적 요건(2012.7.26. 시행)

근퇴법시행령 제3조 【퇴직금의 중간정산 사유】 ① 법 제8조제2항 전단에서 "주택구입 등 대통령령으로 정하는 사유"란 다음 각 호의 어느 하나에 해당하는 경우를 말한다.

1. 무주택자인 근로자가 본인 명의로 주택을 구입하는 경우
2. 무주택자인 근로자가 주거를 목적으로 「민법」 제303조에 따른 전세금 또는 「주택임대차보호법」 제3조의2에 따른 보증금을 부담하는 경우. 이 경우 근로자가 하나의 사업에 근로하는 동안 1회로 한정한다.
3. 근로자가 6개월 이상 요양을 필요로 하는 다음 각 목의 어느 하나에 해당하는 사람의 질병이나 부상에 대한 의료비를 해당 근로자가 본인 연간 임금총액의 1천분의 125를 초과하여 부담하는 경우
   가. 근로자 본인
   나. 근로자의 배우자
   다. 근로자 또는 그 배우자의 부양가족
4. 퇴직금 중간정산을 신청하는 날부터 거꾸로 계산하여 5년 이내에 근로자가 「채무자 회생 및 파산에 관한 법률」에 따라 파산선고를 받은 경우
5. 퇴직금 중간정산을 신청하는 날부터 거꾸로 계산하여 5년 이내에 근로자가 「채무자 회생 및 파산에 관한 법률」에 따라 개인회생절차개시 결정을 받은 경우
6. 사용자가 기존의 정년을 연장하거나 보장하는 조건으로 단체협약 및 취업규칙 등을

통하여 일정나이, 근속시점 또는 임금액을 기준으로 임금을 줄이는 제도를 시행하는 경우

6의2. 사용자가 근로자와의 합의에 따라 소정근로시간을 1일 1시간 또는 1주 5시간 이상 변경하여 그 변경된 소정근로시간에 따라 근로자가 3개월 이상 계속 근로하기로 한 경우

6의3. 법률 제15513호 근로기준법 일부개정법률의 시행에 따른 근로시간의 단축으로 근로자의 퇴직금이 감소되는 경우

7. 재난으로 피해를 입은 경우로서 고용노동부장관이 정하여 고시하는 사유에 해당하는 경우

나. 법정 요건을 갖추지 않은 중간정산의 효력

① 시행령 제3조제1항 각 호의 중간정산 요건을 갖추지 않은 근로자에게 퇴직금을 중간정산하여 지급한 경우, 유효한 중간정산 퇴직금으로 볼 수 없으므로 퇴직시 유효한 중간정산이 이루어지지 않은 기간을 포함한 전체 계속근로기간에 대하여 퇴직금 전액을 지급해야 한다.

② 퇴직금 중간정산제한 관련 규정은 고용형태와 관계없이 기간제근로자에게도 동일하게 적용되므로, 근로관계가 실질적으로 종료되지 않았음에도 불구하고 매년 또는 매 계약기간 종료시마다 퇴직금을 지급하는 경우 중간정산제한 규정에 위반된다.

③ 계속근로기간 전체에 대한 퇴직금을 지급하지 않는 경우 퇴직금 체불로 인한 민·형사상 책임을 지게 되며, 기 지급한 금품은 근로자에게 착오로 과다 지급한 금품에 해당하므로 부당이득반환소송 등 민법상으로 해결해야 한다.

❑ 유효하지 않은 중간정산을 실시한 경우에 사용자는 근로자에게 부당이득 반환청구소송을 제기하는 등 민법상으로 해결해야 하나,

- 근로감독관은 당사자 간 합의하여 유효하지 않게 중간정산한 퇴직금을 전체 퇴직금 중 일부금액을 먼저 지급한 것으로 보고, 사업주가 전체 계속근로기간에 대한 퇴직금과 기지급한 퇴직금의 차액만큼을 지급하기로 하였다면 별도의 사법처리를 하지 않도록 하여 불필요한 소송을 지양
- 당사자 합의가 이루어지지 않아 부득이 사법처리 하게 되는 경우 사용자에게 해당 금품에 대하여 민사소송을 할 수 있음을 서면으로 안내

표 DB와 DC

구분	퇴직연금	
	DB(확정급여형)	DC(확정기여형)
적립방법	부분 사외적립(60%이상)	전액 사외적립(연간임금총액의 1/12)
운영주체	사용자	근로자
퇴직급여	퇴직 전 1개월 평균임금 ×근속연수	운영결과에 따라 변동
이직 시 퇴직금 합산	불가	가능(IRP활용)
법인세	퇴직급여충당금한도내 손비인정	전액 손비인정
적합기업	대기업	중소기업
중간정산	담보대출	담보대출+중도인출

74 정년60세에 따른 임금피크제

고령자법 제19조 【정년】 ① 사업주는 근로자의 정년을 60세 이상으로 정하여야 한다. ② 사업주가 제1항에도 불구하고 근로자의 정년을 60세 미만으로 정한 경우에는 정년을 60세로 정한 것으로 본다.

고령자법 제19조의2 【정년연장에 따른 임금체계 개편 등】 ① 제19조제1항에 따라 정년을 연장하는 사업 또는 사업장의 사업주와 근로자의 과반수로 조직된 노동조합(근로자의 과반수로 조직된 노동조합이 없는 경우에는 근로자의 과반수를 대표하는 자를 말한다)은 그 사업 또는 사업장의 여건에 따라 임금체계 개편 등 필요한 조치를 하여야 한다.

구분	이슈	내용(예시)
임금피크제 대상	◦ 임금피크제 적용대상을 어떻게 할 것인가	◦ 유형 1. 전 직원에 대해 적용 ◦ 유형 2. 특정 직종 직원에 대해 선택적으로 적용(생산직 · 사무직 · 연구직 등)
임금감액 유형	◦ 임금감액은 어떤 방법으로 할 것인가	◦ 유형 1. 단계적으로 임금감액 ◦ 유형 2. 최초 임금감액 이후 임금수준 유지
임금감액 시점	◦ 임금감액 시점은 언제부터 할 것인가	◦ 유형 1. 기존 정년 이전부터 감액 ◦ 유형 2. 기존 정년 이후부터 감액
임금감액률	◦ 임금감액률은 어느 정도 수준으로 할 것인가	◦ 인력현황, 임금체계 및 수준 등을 반영하여 기업에 적합한 감액률 설정
	◦ 감액 기준이 되는 임금은 어떻게 설정할 것인가	◦ 유형 1. 임금 총액을 기준으로 감액 ◦ 유형 2. 기본급 기준으로 감액 ◦ 유형 3. 특정수당, 상여금 등을 기준으로 감액
근로조건 등 조정	◦ 임금피크제 적용대상자의 근로조건 및 복리후생을 조정할 것인가	◦ 유형 1. 근로조건 및 복리후생 유지 ◦ 유형 2. 근로조건 및 복리후생 조정
	◦ 임금피크제 적용 이후 매년 발생하는 임금인상률 등 변동요소를 적용할 것인가	◦ 유형 1. 임금인상률 및 호봉승급분 반영 ◦ 유형 2. 임금인상률 및 호봉승급분 미반영
직무 · 직책 등 조정	◦ 임금피크제 적용 대상자들의 담당직무와 직책은 어떻게 조정할 것인가	◦ 유형 1. 직무 · 직책 유지 ◦ 유형 2. 직무 · 직책 변경 ◦ 유형 3. 새로운 직무개발, 별도 직군으로 분리

1. 임금피크제 적용대상 설정

① 임금피크제 설계 시 가장 먼저 결정해야 하는 것은 '적용대상을 어떻게 할 것인가'인 바, 임금피크제를 시행하고 있는 대부분의 기업들은 전체 근로자를 대상으로 적용하는 것이 일반적이나, 기업 여건에 따라 특정 직종에만 적용하는 경우도 있다.

② 특정 직종 근로자만을 대상으로 선택적으로 적용할 경우에는 인력현황, 임금체계 등을 종합적으로 고려하여 제도를 설계하는 것이 필요하다.

③ 전 근로자를 대상으로 임금피크제를 적용하더라도 직종 등에 따라 임금피크제 세부내용(감액시점, 감액률, 감액기간 등)을 달리 적용하는 것도 가능하다.

④ 직종 등에 따라 임금피크제 세부내용(감액시점, 감액률, 감액기간 등)을 달리 적용할 경우에는 불합리한 차별이 발생하지 않도록 하는 것이 필요하다.

표 임금피크제 적용대상자 결정 시 고려사항

구분	전 직원 적용	선택적 적용
기준	◦ 전 직원에게 일괄 적용	◦ 직종에 따라 선택적으로 적용 (예시 : 생산직 · 사무직 · 연구직 등)
참고사항	◦ 전 직원에게 일괄적으로 적용할 경우에는 직종 간 특성을 반영하거나 직무성과가 우수한 직원에 대한 유인방안 등 보완사항도 함께 검토 필요	◦ 직종별로 선택적으로 적용할 경우에는 직종별 인력현황(이직률, 근속연수, 연령 등), 임금체계 등을 고려하여 설정 ◦ 직종 간 갈등이 발생하지 않도록 제도설계 과정에서 폭넓은 의견수렴 등을 통해 신중하게 검토 필요

2. 임금감액 유형

① 임금피크제 적용기간동안 매년 단계적으로 감액하는 방법, 최초 적용시점에 임금을 감액 한 후 더 이상 감액하지 않고 임금수준을 유지하는 방법 등이 있다.

② 기업의 인력현황, 임금수준, 향후 인력현황 및 인건비 변화 추이 등을 예측하여 기업에 적합한 유형을 설정하여야 한다.

표 임금감액 유형별 내용 및 특징

구분	내용	특징
단계적 감액유형	◦ 피크시점을 기준으로 임금을 단계적으로 감액하는 유형 – 예시 : 1년차 10%, 2년차 15%, 3년차 20%, 4년차 25%, 5년차 30%	◦ 단계적 감액으로 근로자들의 소득감소 충격을 완화
감액 후 유지 유형	◦ 피크시점을 기준으로 임금을 감액한 이후 추가 감액 없이 계속하여 유지하는 유형 – 예시 : 1년차에 20% 감액한 후 유지	◦ 단기적으로 인건비 절감효과는 있으나 근로자들의 일시적인 소득감소 충격이 있음

3. 임금 감액시점 및 감액기간 결정

① 임금 감액시점은 임금피크제 적용으로 최초 임금이 감액되기 시작하는 시점을 의미한다.

② 감액시점의 설정기준으로는 직급, 호봉, 근속연수, 연령 등을 사용할 수 있으나, 일반적으로 연령을 기준으로 설정하므로 이를 '피크연령'이라고 한다.

※ 예시 : 직급별·연령대별 임금현황을 파악한 후 특정 직급·연령대에 임금 상승률이 높아지는 구간이 있는지 등을 분석하여 설정

③ 임금피크 시점을 기존 정년 이후 또는 기존 정년 이전으로 설정하고 임금을 감액하는 유형이 있으며, 임금감액 시점에 따라 전체적인 임금 감액기간이 설정된다.

- 기존 정년 이후로 설정할 경우 임금피크제 적용기간은 상대적으로 짧은 반면 임금 감액률은 높은 것이 특징
- 기존 정년 이전으로 설정할 경우 임금피크제 적용기간은 상대적으로 긴 반면 임금감액률은 낮은 것이 특징

※ 임금 감액시점은 감액률 및 감액기간 등과 함께 고려하여 설정하는 것이 필요

2일차

4. 임금감액률 결정

① 임금감액률은 근로자의 임금에 직접적인 영향을 미치는 중요한 요소이므로 인력현황, 임금체계 및 임금수준, 향후 인력현황 및 인건비 변화 추이, 동종・유사 업종 및 기업의 도입 사례 등을 종합적으로 고려하여 설정한다.

② 특히, 임금감액률은 임금 감액시점, 감액유형, 감액기간 등과 연동되므로 다른 요소들을 종합적으로 고려하여 결정해야 한다. 또한, 임금감액률은 임금피크제 지원금 지급요건을 고려하여 설정하는 것이 필요하다.

③ 임금감액은 임금총액을 기준으로 감액하는 방법, 기본급을 기준으로 감액하는 방법, 특정수당・상여금 등을 기준으로 감액하는 방법 등 다양한 형태로 가능한 바, 일반적으로 기본급 또는 임금총액 기준으로 감액하며, 기본급 기준으로 감액할 경우에는 기본급과 연동되는 수당, 상여금 등을 고려하여 감액률을 설정한다.

5. 근로조건 등의 조정

임금피크제 적용에 따라 퇴직급여 등 근로조건, 복리후생 등에서 근로자의 불이익 및 차별이 없도록 조정하며, 임금피크제 적용 이후 임금인상률 등 변동요소 적용여부를 노사가 협의하여 결정한다.

가. 임금

임금피크제 적용 이후 매년 발생하는 임금인상률 등 변동요소를 반영할지 등에 대해 노사가 사전에 협의하여 확정하는 것이 필요한 바, 물가인상률 등을 감안하여 인상할지, 임금교섭 결과에 따른 임금인상률(base-up)을 반영 할지, 승급분을 반영할지 등을 결정한다.

나. 복지

복리후생 항목은 임금에 비해 근로의 대가성이 낮고, 보통 개인의 성과나 능력에 관계없이 제공된다는 점에서 차별이 없어야 한다. 특히 업무의 내용 및 난이도 등과 관계없이 지급되는 기본적인 복리후생 등은 근로자 간 차별이 없도록 하여야 한다.

다. 퇴직급여 : 퇴직금

임금피크제 적용 전 퇴직금 중간정산을 실시하고, 임금피크제 기간 동안 연단위로 퇴직금을 정산하여야 한다.

라. 퇴직급여 : 퇴직연금

사용자는 근로자에게 퇴직급여 수령액이 감소됨을 알려야 하고, 근로자대표와 협의하여 확정급여형(DB) 퇴직연금에서 확정기여형(DC)으로의 변경 또는 별도의 퇴직급여 산정기준 마련 등을 통해 근로자의 불이익이 없도록 하여야 한다. 임금피크제 도입 시 퇴직급여는 임금피크제가 실시되는 날을 기준으로 산정. 다만, 임금피크제 감액비율이 단계적으로 달라지는 경우에는 감액비율이 달라지는 시점마다 각각 산정 가능하다.

6. 직무 · 직책의 조정

① 정년연장 및 임금피크제 도입 이후 고용기간이 늘어난 근로자의 신체적 조건, 직무특성 등을 고려하여 기존 직무 · 직책을 그대로 유지할지 여부 등을 결정

② 직무 · 직책을 조정할 경우에는 구성원들이 수용할 수 있도록 정확한 직무분석과 평가를 통해 합리적인 범위 내에서 조정

③ 장년근로자의 특성이 반영될 수 있도록 적합한 직무 발굴이 필요함

※ ○○기업 사례 : 장년근로자의 현장 실무경험을 바탕으로 '문제해결형 혁신팀'을 구성하여 현장에서 발생하는 문제점을 개선하는 '개선리더' 역할 부여

조정 방식	기존 직무의 성격
기존 직무 · 직책 유지	장년근로자의 숙련된 기술 활용이 필요하거나 연령과의 관련성이 적은 직무를 수행하는 경우
직무 · 직책 조정(범위, 권한)	장년근로자가 수행하기에 부담이 될 수 있는 직무를 수행하는 경우
적합 직무 개발 별도 직군 분리	직무가 다양하여 장년근로자에게 적합한 직무 개발이 가능한 경우

7. 직무 · 직책의 조정 절차

가. 1단계 : 직무분석 및 적합직무 개발

회사 내 장년근로자의 적합직무 확인을 위해 직무분석을 바탕으로 적합직무 유무 파악한다. 즉, 직무를 구체적 · 세부적으로 구분한 뒤 직무별 난이도, 요구되는 숙련도, 직무별 연관성, 장년근로자의 직무적합도 등을 파악한다.

나. 2단계 : 장년근로자의 희망직무 파악

회사가 선정한 적합직무를 해당 근로자에게 알린 후 이에 대한 근로자의 선호도 파악한다. 즉, 회사의 일방적 직무부여는 장년근로자의 생산성 저하 및 노사갈등을 야기할 수 있으므로 사전에 노사 간 충분한 협의가 필요하다.

다. 3단계 : 노사 협의를 통해 적합직무 선정

장년근로자의 강 · 약점, 선호도 등을 고려하여 노사협의를 통해 적합 직무를 선정하고, 부서배치 및 업무부여하여야 하며, 임금 등 근로조건이 변경되는 경우 단체협약, 취업규칙, 근로계약 등을 변경하고 노사 간 충분한 협의를 통해 노사갈등 예방한다.

라. 4단계 : 평가 및 환류시스템 구축

장년근로자 및 타 직원을 대상으로 직무전환에 따른 문제점 및 애로 사항 등을 논의 · 개선하여야 하며, 장년근로자의 고충과 함께 직원들의 의견을 수렴하고 수행직무의 적합성, 조직문화에 미치는 영향 등을 논의 · 개선한다.

8. 임금피크제 시뮬레이션 및 최종안 설정

가. 임금피크제 제도설계(예시 1)

- 적용 대상 : 전 직원에게 공통적으로 적용
- 감액 유형 : 일정비율을 단계적으로 감액하는 유형으로 설정
- 감액시점 및 기간 : 만 56세가 되는 해의 1.1부터 만 60세까지 5년간 임금 조정

• 감액률
  – 2가지 안으로 설정, 노사협의를 통해 최종 결정
  – 피크연령 기본급 기준으로 단계적으로 조정

구분	1년차	2년차	3년차	4년차	5년차	총 감액률	평균 감액률
1안	○%	○%	○%	○%	○%	○%	○%
2안	○%	○%	○%	○%	○%	○%	○%

• 근로조건 조정
  – 임금피크제 적용 전 퇴직금 중간정산 실시
  – 임금피크제 적용 후 연단위로 퇴직금 정산
• 직무·직책 조정 : 기존 직무·직책 변경(문제해결혁신팀을 새롭게 구성·운영)

나. 임금피크제 제도설계(예시2)

• 적용 대상 : 생산직·사무직 적용, 영업직 제외
• 감액유형 : 최초 적용시점에서 임금감액 후 계속 유지하는 유형으로 설정
• 감액시점 및 기간 : 만 58세가 되는 연도의 1.1부터 만 60세까지 3년간 임금 조정
• 감액률 : 피크연령 임금총액 기준으로 ○% 감액 후 유지
• 근로조건 조정 : 확정급여형(DB) 퇴직연금제도를 확정기여형(DC) 퇴직연금제도로 변경
• 직무·직책 조정 : 기존 직무·직책 유지

9. 실행관리

① 임금피크제를 도입하기 위해서는 임금 등 근로조건에 관한 사항을 정한 취업규칙, 단체협약 등을 변경할 필요가 있으며, 취업규칙 또는 단체협약을 변경할 때는 임금피크제의 세부사항(적용대상, 임금 감액시점, 임금감액률, 임금감액기간, 시행시기 등)을 구체적으로 포함하여야 한다.

② 취업규칙 작성·변경 절차(참고)

임금피크제 도입시, 사회통념상 합리성이 있을 경우 과반수동의가 없더라도 유효한 바, '사회통념상 합리성'이란 취업규칙 불이익변경에 대하여 근로자집단의 동

2
일
차

의를 받지 않았더라도 변경의 필요성과 내용의 법적 규범성을 시인할 수 있을 정도로 사회통념상 합리성이 있는 경우 변경된 취업규칙의 효력을 인정하는 판례(대법 2005.11.10, 2005다21474 / 대법 2010.1.28, 2009다32362 등) 법리를 말한다.

10. 임금피크제 관련 취업규칙 내용(예시)

제1조 【임금피크제 용어정의】 임금피크제 관련 사용하는 용어의 정의는 다음과 같다.
1. '임금피크제'란 직원이 만 ○세에 도달하면 임금을 단계적으로 조정하고 고용을 보장하는 제도를 말한다.
2. '피크임금'이란 임금피크제가 적용되기 직전 연도의 [기본급 / 임금총액]을 말한다.
3. '피크연령'이란 임금피크제가 적용되기 직전 연도의 연령을 말한다.
4. '해당연도 임금'이란 임금피크제 적용으로 임금이 감액된 연도에 지급받은 [기본급 / 임금총액]을 말한다.

제2조 【임금피크제 적용범위】 연령이 만 ○세에 도달하는 전 근로자는 임금피크제를 적용한다.

제3조 【임금피크제 적용시기】 임금피크제 최초 적용은 만 ○세에 [도달하는 날 / 도달하는 연도의 1월 1일 / 도달하는 날이 속하는 다음 달]부터로 한다.

제4조 【임금조정률】 임금피크제 적용 직원의 해당연도 임금[기본급 / 임금총액]은 피크임금[기본급 / 임금총액]을 기준으로 다음과 같이 지급한다.
1. 1년차(만 ○세) : 피크임금 대비 ○% 지급
2. 2년차(만 ○세) : 피크임금 대비 ○% 지급
3. 3년차(만 ○세) : 피크임금 대비 ○% 지급
4. 4년차(만 ○세) : 피크임금 대비 ○% 지급
5. 5년차(만 ○세) : 피크임금 대비 ○% 지급

제5조 【퇴직금】 ① 임금피크제 적용 근로자의 퇴직금은 임금피크제 적용 직전 연도까지 중간정산을 실시한다.
② 임금피크제 적용 기간중에는 매년 단위로 퇴직금 중간정산을 실시한다.

제6조 【복리후생】 ① 임금피크제 적용 직원의 근무시간 및 휴가 등 근로조건과 기타 사항에 대하여는 취업규칙 등 제 규정이 정하는 바에 따른다.
② 임금피크제 적용 직원의 복리후생은 다른 직원과 동일하게 적용한다.

제7조 【시행시기】 임금피크제는 2024. 1. 1.부터 시행한다.

75 정년유지형 임금피크제와 고령자차별

대법 2022.5.26, 2017다292343

고령자법 제4조의4 【모집 · 채용 등에서의 연령차별 금지】 ① 사업주는 다음 각 호의 분야에서 합리적인 이유 없이 연령을 이유로 근로자 또는 근로자가 되려는 사람을 차별하여서는 아니 된다.

1. 모집 · 채용
2. 임금, 임금 외의 금품 지급 및 복리후생
3. 교육 · 훈련
4. 배치 · 전보 · 승진
5. 퇴직 · 해고

② 제1항을 적용할 때 합리적인 이유 없이 연령 외의 기준을 적용하여 특정 연령집단에 특히 불리한 결과를 초래하는 경우에는 연령차별로 본다.

고령자법 제4조의5 【차별금지의 예외】 다음 각 호의 어느 하나에 해당하는 경우에는 제4조의4에 따른 연령차별로 보지 아니한다.

1. 직무의 성격에 비추어 특정 연령기준이 불가피하게 요구되는 경우
2. 근속기간의 차이를 고려하여 임금이나 임금 외의 금품과 복리후생에서 합리적인 차등을 두는 경우
3. 이 법이나 다른 법률에 따라 근로계약, 취업규칙, 단체협약 등에서 정년을 설정하는 경우
4. 이 법이나 다른 법률에 따라 특정 연령집단의 고용유지 · 촉진을 위한 지원조치를 하는 경우

제21조 【정년퇴직자의 재고용】 ① 사업주는 정년에 도달한 사람이 그 사업장에 다시 취업하기를 희망할 때 그 직무수행 능력에 맞는 직종에 재고용하도록 노력하여야 한다.
② 사업주는 고령자인 정년퇴직자를 재고용할 때 당사자 간의 합의에 의하여, 근로기준법 상 퇴직금과 연차유급(年次有給) 휴가일수 계산을 위한 계속근로기간을 산정할 때 종전의 근로기간을 제외할 수 있으며 임금의 결정을 종전과 달리할 수 있다.

1. 대상판례 사건의 경위와 쟁점

가. 사건의 경위

① 피고는 2008.6.10. 전국공공연구노동조합 ○○부품연구원지부(이하 '이 사건 노동조합'이라 한다)와 신인사제도를 시행하기로 합의하였다(이하 '이 사건 합의'라 한다). 신인사제도의 내용은 승진·승급 방식을 변경하고 성과연급제를 도입하며 명예퇴직제를 시행한다는 것이었다. 피고는 이 사건 합의에 따라 2008년 6월 무렵 '성과연급제 운영요령'을 만들어 2009.1.1.부터 시행하였고, 2009.1.1. 인사평가 기준에 관한 성과연급제 운영기준을 만들어 같은 날부터 시행하였다. 피고는 2013.1.1. '성과연급제 운영요령'을 '임금피크제 운영요령'으로 대체하였다(이하 피고의 성과연급제와 임금피크제를 '이 사건 성과연급제'라 한다).

② 피고 정규직 직원들의 직급은 원, 전임, 선임, 책임 및 수석의 5단계로 나누어지고, 각 직급별로 역량등급이 세분화되어 선임 직급은 1에서 21등급, 책임 직급은 1에서 23등급, 수석 직급은 1에서 33등급으로 구분되어 있다. 직원들은 직급별 역량등급에 따라 정해지는 기준연급과 평가 결과 등에 따라 정해지는 변동연급을 지급받게 된다.

③ 이 사건 성과연급제는 피고의 만 55세 이상 정규직 직원들에게만 적용되는 것으로서, 그 핵심적인 내용은 직원들이 만 55세 이상이 되면 그 이전까지의 직급과 역량등급과 무관하게 2009년부터는 선임 14 역량등급, 2013년부터는 책임 2 역량등급을 적용하여 기준연급을 지급하도록 하는 것이다. 그 밖에 성과 평가 결과에 따른 변동연급의 비율이 기존과 비교해 일부 조정되었다.

④ 원고는 이 사건 성과연급제가 구 「고용상 연령차별금지 및 고령자고용촉진에 관한 법률」(2020.5.26. 법률 제17326호로 개정되기 전의 것, 이하 '구 고령자고용법'이라 한다)에 위반되어 무효라고 주장하면서, 이 사건 성과연급제가 시행되지 않은 경우 원고가 받을 수 있었던 임금 등과 이미 지급받은 임금 등의 차액을 구하는 소를 제기하였다.

나. 쟁점

① 구 고령자고용법 제4조의4 제1항제2호의 규정이 강행규정인지

② 이 사건 성과연급제가 구 고령자고용법 제4조의4 제1항제2호에서 금지하고 있는 연령을 이유로 한 합리적인 이유 없는 차별에 해당하는지 여부

2. 고령자법 상 차별금지규정은 강행규정인지 여부

① 2008.3.21. 법률 제8962호로 개정된 구 고령자고용법은 제4조의4를 신설하여 제1항에서 "사업주는 모집・채용(제1호), 임금, 임금 외의 금품 지급 및 복리후생(제2호), 교육・훈련(제3호), 배치・전보・승진(제4호), 퇴직・해고(제5호) 분야에서 합리적인 이유 없이 연령을 이유로 근로자 또는 근로자가 되려는 자를 차별하여서는 아니 된다."라고 규정하고, 제2항에서 "제1항을 적용할 때 합리적인 이유 없이 연령 외의 기준을 적용하여 특정 연령집단에 특히 불리한 결과를 초래하는 경우에는 연령차별로 본다."라고 규정하고 있다.

② 연령차별을 당한 사람은 국가인권위원회법 제30조에 따라 국가인권위원회에 그 내용을 진정할 수 있다(제4조의6 제1항). 국가인권위원회로부터 구제조치 등의 권고를 받은 사업주가 정당한 사유 없이 권고를 이행하지 아니하는 등 일정한 경우에 고용노동부장관은 해당 사업주에게 시정명령을 할 수 있고(제4조의7 제1항), 시정명령을 정당한 사유 없이 이행하지 아니하는 자에게는 3천만 원 이하의 과태료를 부과한다(제24조제1항). 한편 모집・채용에서 합리적인 이유 없이 연령을 이유로 차별한 사업주는 500만 원 이하의 벌금에 처한다(제23조의3 제2항).

③ 이와 같은 규정들의 내용과 고용의 영역에서 나이를 이유로 한 차별을 금지하여 헌법상 평등권을 실질적으로 구현하려는 구 고령자고용법상 차별 금지 조항의 입법 취지를 고려하면, 구 고령자고용법 제4조의4 제1항은 강행규정에 해당한다. 따라서 단체협약, 취업규칙 또는 근로계약에서 이에 반하는 내용을 정한 조항은 무효이다.

2일차

3. 이 사건 임금피크제가 합리적 이유가 없는 고령자 차별인지

가. 정년유지형 임금피크제의 유효 요건

사업주가 근로자의 정년을 그대로 유지하면서 임금을 정년 전까지 일정기간 삭감하는 형태의 이른바 '임금피크제'를 시행하는 경우 연령을 이유로 한 차별에 합리적인 이유가 없어 그 조치가 무효인지 여부는 임금피크제 도입 목적의 타당성, 대상 근로자들이 입는 불이익의 정도, 임금 삭감에 대한 대상 조치의 도입 여부 및 그 적정성, 임금피크제로 감액된 재원이 임금피크제 도입의 본래 목적을 위하여 사용되었는지 등 여러 사정을 종합적으로 고려하여 판단하여야 한다.

나. 원심판결의 이유와 기록에 따르면 다음 사실을 알 수 있다.

① 이 사건 성과연급제는 기존의 정년 61세를 그대로 유지하면서 55세 이상의 근로자를 대상으로 임금을 조정하는 내용으로서 경영혁신과 경영효율을 높이기 위한 목적으로 도입되었다.

② 이 사건 성과연급제가 도입됨에 따라 2011.1.1.부터 2013.3.31.까지는 수석 5 역량등급 이상, 2013.4.1.부터는 수석 8 역량등급 이상인 55세 이상 정규직 직원들의 급여가 성과와 관계없이 삭감되게 되었다. 따라서 이 사건 성과연급제로 인해 피고의 정규직 직원들은 만 55세 이상이 되면 연령을 이유로 불이익을 받게 된다.

③ 원고(1955.9.1.생)의 경우 수석 20 역량 등급이었다가 만 55세가 된 다음해인 2011년 4월부터 이 사건 성과연급제를 적용받게 되면서 역량등급만을 기준으로 보면 약 50 등급이 일시에 하락한 것과 같은 결과가 되었다. 그리고 이 사건 성과연급제의 시행에 따라 선임 14 역량등급이 적용되어 2011년의 경우 성과 평가 결과가 S등급일 경우에는 월 급여가 약 93만 원 감소하고, D등급일 경우에는 월 급여가 약 283만 원이 감소하게 되었다.

④ 피고가 제출한 자료에 따르면, 51세 이상 55세 미만 정규직 직원들의 수주목표 대비 실적 달성률이 55세 이상 정규직 직원들에 비하여 떨어지는 것으로 보인다.

⑤ 명예퇴직제도는 이 사건 성과연급제가 도입되기 전부터 인사급여규정에서 정하고 있던 것이었는데 이 사건 성과연급제 시행과 함께 상시적인 제도로서 시행되

었다.

⑥ 이 사건 성과연급제 시행에 따라 55세 이상 근로자의 업무 내용이 변경되지는 않았다. 연구직의 경우 이 사건 성과연급제 시행에 따라 피고가 실제로 이 사건 성과연급제 대상 근로자의 목표 수준을 낮게 설정하고 그에 따라 평가를 하였는지에 관하여 이를 확인할 만한 자료가 없다. 원고와 같은 행정직의 경우 이 사건 성과연급제 시행에 따라 구체적으로 목표 수준이 어떻게 낮게 설정되어 업무량이 감소한다는 것인지를 알 수 있는 자료가 없다.

다. 결론

이 사건 정년유지형 성과연급제는 연령을 이유로 임금 분야에서 원고를 차별하는 것으로 그 차별에 합리적인 이유가 있다고 볼 수 없다.

4. 시사점

① 정년유지형 임금피크제는 직무조정 등 다른 합리적 조치 또는 이유가 없는 한, 고령자 차별에 해당된다. 고령자법 차별금지 규정은 강행규정이므로 정년유지형 임금피크제는 노사가 합의하더라도 법 위반이다.

② 그러나, 정년연장형 임금피크제는 '정년연장' 자체가 임금삭감에 대응하는 가장 중요한 보상으로서 합리적 이유가 있는 정당한 차별이라고 할 것이나(서울중앙지법 2022.6.16, 2020가합505662), 임금피크제 적용시점이 연장된 정년과 비교해 지나치게 조기에 설정되는 경우, 또는 정년연장에 따른 임금총액이 기존 정년까지 보장된 임금총액보다 적을 정도로 임금삭감율이 과도한 정년연장형 임금피크제는 무효이다. 임금피크제 시행으로 근무기간이 2년 늘어났음에도 만 55세 이후로 지급받을 수 있는 임금 총액은 오히려 삭감될 가능성이 크다는 점을 고려할 때, 임금삭감의 폭이 큼에도 업무량이나 업무강도를 저감하는 등 불이익에 대한 대상조치를 적절하게 마련하지 않은 정년연장형 임금피크제는 무효이다(서울중앙지법 2023.5.11, 2020가합575036).

2
일
차

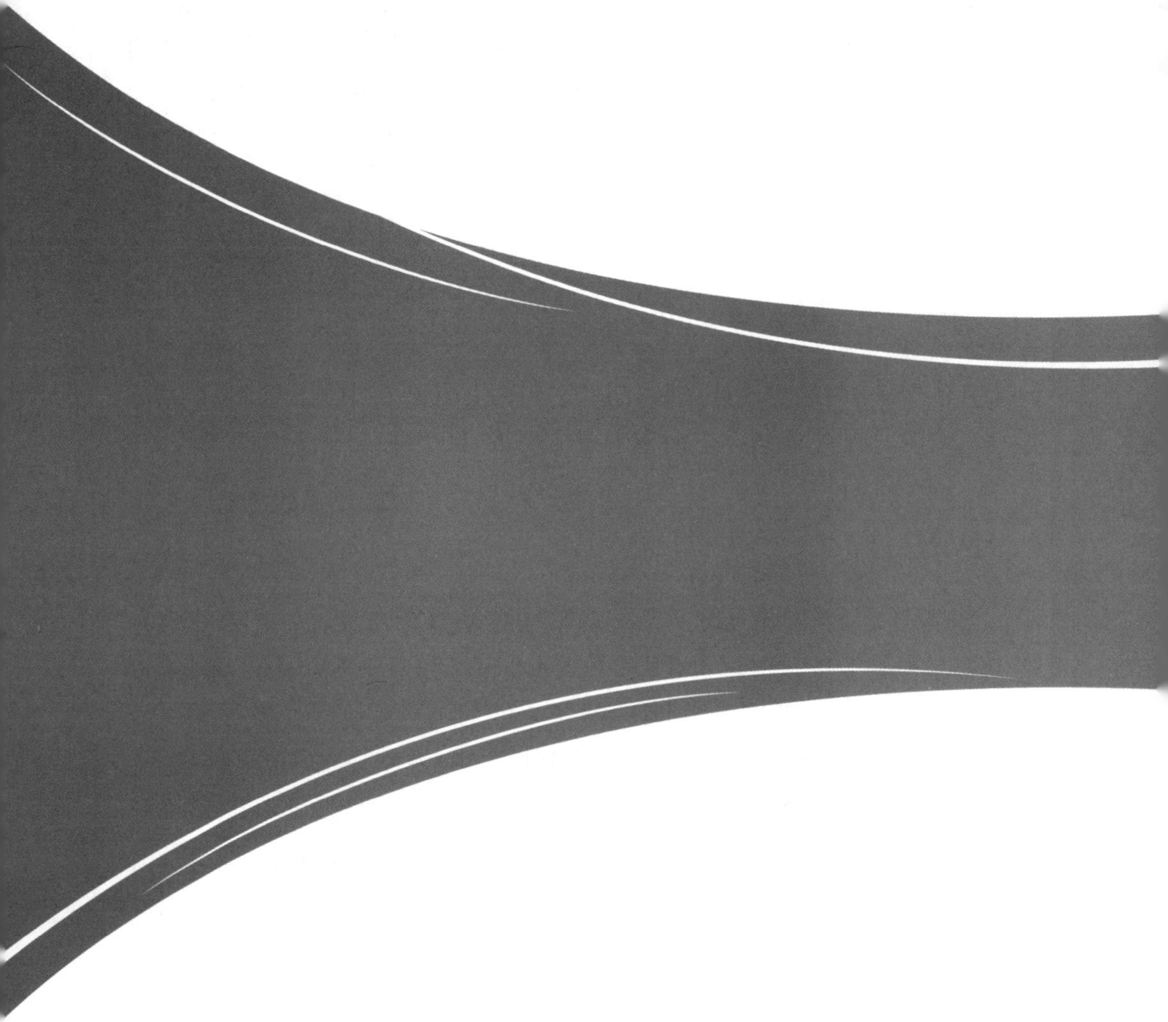

2일차

노동법 전문가로 가는 지/름/길

3일노동법

제5장 취업규칙

76. 취업규칙의 법적 성격
77. 취업규칙의 불이익변경 절차 및 의견취합 단위
78. 취업규칙의 불이익변경 판단기준
79. 근기법 제94조 단서규정의 예외인 '사회통념상 합리성이론' 폐지
80. 과반수 동의없는 취업규칙 불이익변경 효력

Salary의 어원(語源)

'salary'는 원래 라틴어로 '소금 살 돈'이었다. 영어의 소금(salt)과 접두어가 같다. 로마 군대가 병사들에게 소금 구입 돈을 균일하게 지급한 데에서 유래한 단어다.

로마 군대의 의무복무기간은 20년이었다. 병사들이 무거운 군장을 지고 행군을 하는 동안 땀을 너무 많이 흘려 탈진하는 일이 속출했다. 야채나 고기 등은 행군 중에 농가의 지원을 받거나 약탈로 해결할 수 있었지만 소금은 전량 수입품이어서 돈을 주고 사먹어야 했다. 로마 군대는 병사들의 탈진을 막기 위해 소금을 사서 음식에 더 넣어 먹으라는 의미로 소금 구입 돈을 지급하기로 했다. 라틴어로 소금이 'sals'였다. 그래서 병사들에게 균등하게 지급한 소금 용돈을 'salary'라고 불렀다. 역사상 최초로 조직에서 계급별로 일정한 급여를 지급하였던 사례이기 때문에 이후 '봉급'이라는 뜻으로 발전했다.

이와 같이 소금이 매우 중요했기 때문에 소금에서 파생된 단어가 많다. 로마인들은 간단히 식사를 해결해야 할 때는 생야채에 소금만 버물러서 먹었는데, sals를 쳤다고 해서 'salad'라고 했다. 오늘날에는 생야채 요리를 salad라고 한다.

76 취업규칙의 법적 성격

근기법 제93조 【취업규칙의 작성 · 신고】 상시 10명 이상의 근로자를 사용하는 사용자는 다음 각 호의 사항에 관한 취업규칙을 작성하여 고용노동부장관에게 신고하여야 한다. 이를 변경하는 경우에도 또한 같다.

1. 업무의 시작과 종료시각, 휴게시간, 휴일, 휴가 및 교대 근로에 관한 사항
2. 임금의 결정 · 계산 · 지급 방법, 임금의 산정기간 · 지급시기 및 승급(昇給)에 관한 사항
3. 가족수당의 계산 · 지급 방법에 관한 사항
4. 퇴직에 관한 사항
5. 「근로자퇴직급여보장법」 제4조에 따라 설정된 퇴직급여, 상여 및 최저임금에 관한 사항
6. 근로자의 식비, 작업 용품 등의 부담에 관한 사항
7. 근로자를 위한 교육시설에 관한 사항
8. 출산전후휴가 · 육아휴직 등 근로자의 모성 보호 및 일 · 가정 양립 지원에 관한 사항
9. 안전과 보건에 관한 사항

9의2. 근로자의 성별 · 연령 또는 신체적 조건 등의 특성에 따른 사업장 환경의 개선에 관한 사항

10. 업무상과 업무 외의 재해부조(災害扶助)에 관한 사항
11. 표창과 제재에 관한 사항
12. 직장 내 괴롭힘의 예방 및 발생 시 조치에 관한 사항
13. 그 밖에 해당 사업 또는 사업장의 근로자 전체에 적용될 사항

근기법 제96조 【단체협약의 준수】 ① 취업규칙은 법령이나 해당 사업 또는 사업장에 대하여 적용되는 단체협약과 어긋나서는 아니 된다.

② 고용노동부장관은 법령이나 단체협약에 어긋나는 취업규칙의 변경을 명할 수 있다.

근기법 제97조 【위반의 효력】 취업규칙에서 정한 기준에 미달하는 근로조건을 정한 근로계약은 그 부분에 관하여는 무효로 한다. 이 경우 무효로 된 부분은 취업규칙에 정한 기준에 따른다.

1. '취업규칙'이란

각 사업장에서 근로자가 준수해야 하는 취업상의 규율과 직장질서 및 근로조건에 대한 구체적인 사항을 정한 규칙을 말한다.

2. 취업규칙의 법적 성격

① 법규범설 중 수권설

판례에서는 '취업규칙은 근기법이 종속노동관계의 현실에서 실질적으로 불평등한 근로자의 입장을 보호・강화하여 그들의 기본적 생활을 보호・향상시키려는 목적으로 그 작성을 강제하고 이에 법규성을 부여한 것'(대법 1977.12.27, 77다1378 '회사내부규정메뉴얼이 취업규칙에 해당된다'는 판례)이다. 이 견해는 취업규칙 자체로는 법규범성을 가지지 않으나, 근기법상의 취업규칙관련 규정이 취업규칙에 근로자와 사용자를 구속할 힘을 실어주어 법규범으로 작용한다는 것이다.

② 계약설

취업규칙에 대하여 근로자가 동의하였기 때문에 그에 구속된다는 견해인 바, 다만, 취업규칙의 변경에 반대한 근로자에게도 취업규칙이 구속력을 가지는 이유를 설명하지 못한다는 한계를 가지고 있다.

3. 취업규칙의 형식

가. 취업규칙의 존재 형태

사규・규정・세칙 등 그 명칭에 관계가 없고, 그 형식에서도 하나의 서면으로 작성해야 할 필요가 없다(대법 1992.2.28, 91다30828).

나. '자구계획서'의 취업규칙 해당 여부

경영상의 위기에 처한 회사가 경영이 정상화될 때까지 임직원들의 상여금, 휴가비 등을 반납하는 내용이 포함된 자구계획서를 작성한 경우, 이는 근로조건변경을 내용으로 하는 것으로서 취업규칙에 해당한다(대법 2005.5.12, 2003다52456).

다. '기구 및 정원표'의 취업규칙해당 여부

직제상의 기구 및 직급별 정원을 규정한 사항(기구 및 정원표)은 근로조건을 직접 규율하는 내용이 아니고 기업경영 차원에서 근로자들의 적정한 운용과 배치를 위한 기준으로 삼기 위하여 각 부서별・직급별로 배치할 정원의 기준을 정해 둔 것에 불과하므로 원칙적으로 사용자의 경영권에 속하고 근기법 제93조에 의한 취업규칙으로 보기는 어렵다(2002.8.12, 근기 68207-2687).

4. 취업규칙의 효력

가. 단체협약에 징계조항이 있는 경우 취업규칙 징계조항의 효력

동일한 내용(예 : 동일한 징계사유나 징계절차)에 대해 단체협약상 규정과 취업규칙상 규정이 상호 저촉될 경우 단체협약이 우선 적용되는데, 다만, 취업규칙에 단체협약상 규정과 관련이 없는 새로운 규정(예 : 단체협약 징계사유에는 없으나 취업규칙에만 있는 새로운 징계사유)이 독자적으로 있는 경우라면 이는 유효한 것으로 보아야 한다(대법 1993.1.15, 92누13035). 따라서 단체협약에 반하지 않는 한 사용자는 취업규칙에서 새로운 징계사유를 정할 수 있고 그 징계사유를 터잡아 징계를 할 수도 있다(대법 1993.4.27, 92다48697).

나. 취업규칙에 규정된 사항과 노사협의회 합의사항과의 관계

취업규칙에 규정된 사항과 노사협의회의 합의사항은 그 성질이 별개의 사항으로서 각각 별도의 효력이 있다. 다만, 노사협의회 합의사항이 노동조합법상의 단체협약이 아니라면 근기법상의 취업규칙에 우선할 수는 없으며(1994.10.14, 근기 68207-1625), 노사협의회에서 취업규칙 내용을 변경키로 합의한 후 동 합의사항을 이행치 않았을 경우, 근참법에 규정된 합의사항 불이행으로 인해 동법상의 벌칙 적용을 받는 것은 별론으로 하고, 노사협의회의 합의만으로는 취업규칙에 규정된 근로조건의 효력에 영향을 미치지 않는다(1990.6.20, 근기 01254-8641).

77 취업규칙의 불이익변경 절차 및 의견취합 단위

대법 2009.5.28, 2009두2238

근기법 제94조 【규칙의 작성, 변경 절차】 ① 사용자는 취업규칙의 작성 또는 변경에 관하여 해당 사업 또는 사업장에 근로자의 과반수로 조직된 노동조합이 있는 경우에는 그 노동조합, 근로자의 과반수로 조직된 노동조합이 없는 경우에는 근로자의 과반수의 의견을 들어야 한다. 다만, 취업규칙을 근로자에게 불리하게 변경하는 경우에는 그 동의를 받아야 한다.
② 사용자는 제93조에 따라 취업규칙을 신고할 때에는 제1항의 의견을 적은 서면을 첨부하여야 한다.

1. 근로자 의견이나 동의를 구하는 방식

① 사용자가 기존의 근로조건을 근로자에게 불리하게 변경하려면 종전 취업규칙의 적용을 받고 있던 근로자의 '집단적 의사결정방법에 의한 동의'를 요하고, 그 동의의 방법은 노동조합이 없는 경우에는 근로자들의 회의방식에 의한 과반수의 동의를 요하는 바, 회의방식에 의한 동의라 함은 사업 또는 한 사업장의 기구별 또는 단위 부서별로 사용자측의 개입이나 간섭이 배제된 상태에서 근로자간에 의견을 교환하여 찬반을 집약한 후 이를 전체적으로 취합하는 방식도 허용된다(대법 2004. 5.14, 2002다23185・23192).

② 이 사건 취업규칙 변경의 동의대상 근로자들은 449명이었는데, 원고는 이들을 66개의 팀별 단위로 분리하여 의견을 취합한 바, 이는 평균 6.8명 정도(=449명÷66팀)가 1개 단위가 되어 찬반 회의를 거친 셈이다. 업무의 특성, 사업의 규모,

사업장의 산재(散在) 등의 사정으로 전체 근로자들이 회합하기 어려운 경우에도, 사용자는 전체 근로자들의 회합이 있었던 것과 마찬가지로 근로자들이 집단 의사를 확인, 형성할 수 있도록 상당한 조치를 할 의무를 부담한다고 봄이 타당하다. 그런데 위 6.8명은 위 449명의 약 1.5%에 불과하므로 이는 집단적 의사확인을 위한 의미 있는 최소 단위로 볼 수 없다(서울고법 2022.10.12, 2022나2004418).

2. 노사협의회 근로자위원의 동의의 효력

비록 회사가 근로조건에 관한 사항을 그 협의사항으로 규정하고 있다 하더라도 근로자들이 노사협의회를 구성하는 근로자위원들을 선출함에 있어 그들에게 근로조건을 불이익하게 변경함에 있어서 근로자들을 대신하여 동의를 할 권한까지 포괄적으로 위임한 것이라고 볼 수 없으며, 근로자위원들의 동의를 얻은 것을 근로자들 과반수의 동의를 얻은 것과 동일시할 수 없다(대법 1994.6.24, 92다28556).

3. 이원화된 취업규칙의 경우 : 해당 근로자집단 과반수동의

개정 퇴직금규정이 사원과 노무원으로 이원화 되어 있었다는 것이므로, 노동조합원인 근로자 중 85%가 넘는 수를 차지하는 노무원이 퇴직금 개정안에 완전히 동의하였다고 하더라도 이는 노무원에 국한하여 효력이 있을 뿐, 사원에 대한 부분을 포함한 개정안 전체에 유효한 동의가 있었다고 볼 수 없다(대법 1990.12.7, 90다카19647).

4. 특정집단 불이익변경시 : 전체근로자 과반수동의

가. 판례(대법 2015.8.13, 2012다43522)

① 특정직급 이상 또는 비조합원을 대상으로 정년을 달리하거나 연봉제를 도입할 경우 그 이하 직급자 또는 조합원도 승진을 통해 향후 변경된 제도를 적용받을 수 있으므로 해당 근로자집단에 포함되어야 한다(대법 2009.5.28, 2009두2238).

② 여러 근로자 집단이 하나의 근로조건 체계 내에 있어 비록 취업규칙의 불이익 변경 시점에는 일부 근로자 집단만이 직접적인 불이익을 받더라도 그 나머지 다른

근로자 집단에게도 장차 직급의 승급 등으로 변경된 취업규칙의 적용이 예상되는 경우에는 일부 근로자 집단은 물론 장래 변경된 취업규칙 규정의 적용이 예상되는 근로자 집단을 포함한 전체 근로자 집단이 동의주체가 될 수 있는데도, 피고는 간부사원들 및 일부 3급 사원들을 대상으로 설명회를 개최하고 일부 사원들로부터만 동의를 받은 점 등을 함께 고려할 때, 원고들에 대하여 아무런 대상조치나 경과조치를 두지 않은 채 일방적인 불이익만을 감수하도록 한 이 사건 취업규칙 개정에 사회통념상 합리성이 있다고 볼 수 없다.

나. 판례(대법 2009.11.12, 2009다49377)

여러 근로자 집단이 하나의 근로조건 체계 내에 있어 비록 취업규칙의 불이익변경 시점에는 일부 근로자 집단만이 직접적인 불이익을 받더라도,

① 그 나머지 다른 근로자 집단에게도 장차 직급의 승급 등으로 변경된 취업규칙의 적용이 예상되는 경우에는(예 : 차장 → 부장 승진 예상되는 경우, "부장" 상여금 삭감) 일부 근로자 집단은 물론 장래 변경된 취업규칙 규정의 적용이 예상되는 근로자 집단을 포함한 전체 근로자 집단이 동의주체가 되고,

② 그렇지 않고 근로조건이 이원화되어 있어 변경된 취업규칙이 적용되어 직접적으로 불이익을 받게 되는 근로자 집단 이외에 변경된 취업규칙의 적용이 예상되는 근로자 집단이 없는 경우에는(예 : 생산직 → 사무직 전환 불가 시, "사무직" 상여금 삭감) 변경된 취업규칙이 적용되어 불이익을 받는 근로자 집단만(예 : 사무직)이 동의주체가 된다(대법 2009.5.28, 2009두2238 판결 참조).

5. 유리조건 우선 원칙이 적용되는 경우

근로자에게 불리한 내용으로 변경된 취업규칙은 집단적 동의를 받았다고 하더라도 "그보다 유리한 근로조건을 정한 기존의 개별 근로계약" 부분에 우선하는 효력을 갖는다고 할 수 없다. 이 경우에도 근로계약의 내용은 유효하게 존속하고, 변경된 취업규칙의 기준에 의하여 유리한 근로계약의 내용을 변경할 수 없으며, 근로자의 개별적 동의가 없는 한 취업규칙보다 유리한 근로계약의 내용이 우선하여 적용된다(대법 2019.11.14, 2018다200709 문경레저타운 사건).

78 취업규칙의 불이익변경 판단기준

대법 2022.3.11, 2018다255488

1. 일정직위를 담당할 수 있는 직급을 신설하여 임금을 삭감하는 경우

사용자가 취업규칙으로 볼 수 있는 「인사규정(또는 직급규정)」을 개정하여 일정직위(예 : 소속장급)를 담당할 수 있는 직무등급(A1, A2, B1, B2)에 그보다 연봉액이 낮은 새로운 등급(Ba)을 추가하여 기존의 직무등급에 소속된 근로자를 신설된 등급으로 배치할 수 있도록 정하고, 실제로도 특정한 근로자가 회사측이 정한 일정한 사유(업적부진, 능력부족 등)에 해당한다는 이유만으로 구체적인 징계절차 등이 없이 해당 신설 직무등급으로 발령하여 결과적으로 임금이 삭감(약 14%)되었다면, 그와 같은 인사규정(직급규정)의 개정은 취업규칙의 불이익변경으로 볼 수 있다(2006.2.16, 근로기준팀-750).

2. 통상근무를 교대제근무로 변경하는 경우(불이익변경 ○)

취업규칙 개정을 통해 직종별 근무형태를 새로이 정하여 통상근무를 해 온 특정 직종 근로자를 교대제근무자로 변경하는 것은 가능할 것이나, 이 경우에는 생활리듬의 파괴 등을 고려할 때 근로자에게 불이익한 변경에 해당하므로 근기법 제94조에 의한 불이익변경절차를 거쳐야 한다. 다만, 변경된 취업규칙의 내용이 단체협약에 반할 경우에는 효력이 없다(2003.7.23, 근기 68207-935).

3. 교대제 근무를 주간근무로 변경하는 경우(불이익변경 ×)

① 주간근무로 변경됨에 따라 결과적으로 야간근로수당이나 휴일근로수당이 발

생치 않은데 따른 금전적 손실이 있어도 불이익변경이 아니다(2003.6.11, 근기 68207-691).

② 교대제변경으로 연장근로수당이 감소하게 되나, 소정근로시간이 단축되고, 소정근로에 대한 기존 임금이 저하되지 않는다면, 불이익변경에 해당되지 않는다(1994. 11.4, 근기 68207-1732).

4. 교대제에서의 교대형태 개편(불이익변경 ×)

피고가 2017.2.13. 전국의 지역총국과 지역국에서 방송기술업무(TV조정실, 라디오조정실, 송출센터)를 담당하는 피고 소속 기술직 근로자들에 대하여 TV조정실의 근무형태를 '4조 3교대의 교대근무제'에서 '3조 3시차와 4조3교대의 병합근무제'로 변경하는 등 근무형태 전면 개편조치를 시행하였는데, 이로 인하여 원고들을 포함한 기술직 근로자들의 근무형태가 크게 불규칙해졌다거나 업무부담이 증가하였다고 보기 어렵고, 설령 일부 근로조건에서 다소 저하된 부분이 있다고 하더라도 위와 같은 조치 이후로 밤샘근무가 대폭 축소되는 등 오히려 근로조건이 향상된 부분도 있으므로 여러 요소들을 종합적으로 고려해 보면 취업규칙이 불이익하게 변경되었다고 보기 어렵다(대법 2022.3.11, 2018다255488 KBS사건).

5. 연 2회 실시하던 정기승급을 연 1회로 하는 경우

매년 2회(1.1자 및 7.1자) 실시하던 정기승급제도를 매년 1회(4.1자)로 통합하고, 일부 근로자(1.1자 승급대상자)에 대하여는 승급지연에 따른 차액분을 통합 첫해에 한하여 보존해 주더라도 기존의 승급규정에 의한 것보다도 매년 3개월씩 승급지연에 따른 불이익을 받게 되는 결과를 초래하므로 전체적으로 보아 불이익변경에 해당한다. 다만, 인사위원회의 의결을 거쳐 연 2회 실시하는 승진 및 특별승급제도는 정기승급제도와 달리 불특정 근로자를 대상으로 하며, 인사위원회의 결정으로 승진 또는 승급을 시키지 않을 수도 있다고 볼 수 있는 경우라면 이를 통합하여 연 1회 실시하더라도 불이익한 변경으로 보기는 어렵다(2003.3.26, 근기 68207-354).

6. 징계규정 신설

① 사용자의 자의적이고 일방적인 행위로 근로자가 불이익을 입을 수 있는 불합리한 기준의 징계규정을 근로자의 동의없이 신설하는 것은 불이익변경에 해당된다(대법 1989.5.9, 85다카4277).

② 그러나, 포괄적 · 추상적으로 규정되어있던 징계의 사유 · 종류 등을 세목화하여 상세히 규정하는 것은 징계양정을 높이거나 징계의 요건을 완화하는 것이 아니므로 불이익변경이 아니다(대법 1999.6.22, 98두6647).

7. 인사제도 신설

취업규칙에서 근무태도나 근무성적이 불량하고 개선여지가 있다고 판단되는 자는 해고할 수 있도록 규정하고 있는 경우, PIP(Performance Improvement Program) 제도를 마련한 바, 이러한 PIP는 불이익변경이 아니므로 노조의 동의가 없어도 유효하다(서울행법 2011.8.25, 2010구합42263 소확정).

8. 평가기간 및 평가횟수 단축

6개월을 단위로 한 1, 2차 평가에서 3개월의 1차 평가만으로 바로 직권면직 할 수 있도록 '부실근무자 관리방안'이 변경된 바, 이는 명백히 근로자에게 불이익변경된 것이고, 회사는 현업복귀기회를 총 2회에서 3회로 확대하였으니 사회통념상 합리성이 있다고 주장하나, 10명 중 8명이 1차 평가 후 바로 복귀한 사실을 감안할 때 근로자에게 유리하게 개선되었다고 볼 수 없다(서울고법 2016.4.14, 2015누50520).

79 근기법 제94조 단서규정의 예외인 '사회통념상 합리성이론' 폐지

대법 2023.5.11, 2017다35588

1. 사회통념상 합리성이론

'사회통념상 합리성이론'이란 "근로조건의 집합적 처리, 특히 통일적이고 획일적인 결정을 기본입장으로 하는 취업규칙의 성질에 비추어 당해 취업규칙 조항이 '합리적'인 경우에는 근로자의 동의가 없어도 효력이 있다"(일본최고재판소 1968.12.25)는 것이다.

종전 판례는 "근기법 제94조제1항 단서에 의하여 취업규칙을 근로자에게 불이익하게 변경하려는 경우 근로자의 동의를 받아야 하지만, 대법원은 사회통념상 합리성이 있다고 인정되는 경우에는 종전 근로조건 또는 취업규칙의 적용을 받고 있던 근로자의 집단적 의사결정방법에 의한 동의가 없다는 이유만으로 취업규칙을 불이익하게 변경할 수 없다고는 할 수 없다"(대법 2010.1.28, 2009다32522 · 32539 / 대법 2004.7.22, 2002다57362)고 하여 왔다.

2. 사회통념상 합리성이론의 유형

가. 경제환경 등의 변화로 인해 취업규칙의 변경이 불가피하다고 판단되는 경우

근로자가 동의하지 않음으로써 발생할 수 있는 사용자의 부담을 조정하기 위해서 '동의권남용이론'이 있다.

나. 정리해고시 노조와의 사전합의를 요건으로 하는 단체협약 규정의 효력

원칙적으로 사전합의를 거치지 않은 해고는 무효라 할 것이지만, 노조측이 합리적 근거나 이유제시 없이 정리해고 자체를 반대하고 불법적인 쟁의행위에 나아감으로써 합의에 이르지 못한 경우는 노동조합이 사전합의권을 남용하거나 스스로 사전합의권의 행사를 포기한 경우에 해당한다고 보아야 할 것이므로 노조와 합의를 거치지 않았다는 사정만으로 무효라고 할 수는 없을 것이다(대법 2012.6.28, 2010다38007).

다. 단체협약상 노조와의 합의조항에도 불구하고 합의없는 인사경영권 행사 효력

사용자가 경영권의 본질에 속하여 단체교섭의 대상이 될 수 없는 사항에 관하여 노동조합과 '합의'하여 결정 혹은 시행하기로 하는 단체협약의 일부 조항이 있는 경우, 그 조항 하나만을 주목하여 쉽게 사용자의 경영권의 일부 포기나 중대한 제한을 인정하여서는 아니되고, 그와 같은 단체협약을 체결하게 된 경위와 당시의 상황, 단체협약의 다른 조항과의 관계, 권한에는 책임이 따른다는 원칙에 입각하여 노동조합이 경영에 대한 책임까지도 분담하고 있는지 여부 등을 종합적으로 검토하여 그 조항에 기재된 '합의'의 의미를 해석하여야 할 것이다(대법 2002.2.26, 99도5380 / 대법 2010.11.11, 2009도4558).

3. '사회통념상 합리성' 판단기준

사회통념상 합리성의 유무는 취업규칙의 변경에 의하여 근로자가 입게 되는 불이익의 정도, 사용자측의 변경 필요성의 내용과 정도, 변경 후의 취업규칙 내용의 상당성, 대상조치 등을 포함한 다른 근로조건의 개선상황, 노동조합 등과의 교섭 경위 및 노동조합이나 다른 근로자의 대응, 동종 사항에 관한 국내의 일반적인 상황 등을 종합적으로 고려하여 판단하여야 한다(대법 2010.1.28, 2009다32362).

표 사회통념상 합리성 판단요소

판단요소	내용
근로자가 입는 불이익의 정도	◦ 임금조정, 퇴직금 개편 등을 함에 있어 근로조건의 저하가 근로자가 받아들이기 어려울 정도로 현저하게 불이익하지 않으면 다른 판단요소를 종합적으로 고려하여 사회통념상 합리성이 인정될 수 있음.
사용자의 취업규칙 변경 필요성의 내용과 정도	◦ 취업규칙 변경 내용이 근로자의 기존 근로조건과 비교하여 불이익한 경우 그 내용이 기업의 경영 사정이나 조직 운영 측면에서 필요한 것이어야 함. ◦ 합병 등 기업조직의 변동시 근로조건의 통일을 위하여 취업규칙을 변경하는 경우 그 필요성이 인정될 수 있음
취업규칙 변경 후 내용이 상당성을 갖추었는지 여부	◦ 취업규칙 변경의 경위나 내용을 종합적으로 고려하였을 때 법적 규범성을 인정할 수 있는 정도인지를 판단 ◦ 불이익한 근로조건의 적용을 완화할 수 있는 경과조치가 있거나 상황변화에 따라 규정을 합리적으로 변경하는 경우 상당성이 인정될 수 있음
대상조치등을 포함한 다른 근로조건의 개선사항이 존재하는지 여부	◦ 근로자에게 일방적으로 불이익만을 감수하도록 하는 것이 아니라 불이익하게 변경된 근로조건에 상응하여 다른 근로조건의 개선 또는 그 밖에 이익이 되는 보완조치가 있는 경우에는 사회통념상 합리성이 인정될 수 있음
노동조합등과의 교섭 경위와 노조나 근로자의 대응	◦ 사용자는 불이익변경에 대하여 근로자들에게 변경의 필요성과 내용 등에 관한 충분한 설명을 하여야 하며, 과반수 노조 및 근로자의 동의를 받기 위하여 최선의 노력을 다하여야 함. ◦ 교섭경위나 근로자측의 대응에 대한 고려없이 사용자가 취업규칙 변경 필요성만으로 무조건 사회통념상 합리성을 인정하기는 어려움
다른 동종업종 회사의 근로조건과 비교하여 상당한지 여부	◦ 변경된 근로조건이 동종업계와 비교할 때 특히 불리하다가 평가할 수 없는 상황에서 경영상의 어려움으로 인하여 불가피하게 이를 변경하고자 하는 경우 다른 판단요소 등을 종합적으로 고려하여 사회통념상 합리성이 인정될 수 있음.

4. 최근 '사회통념상 합리성이론'을 폐지한 판례 (대법 2023.5.11, 2017다35588 전합판결, 현대자동차 사건)

가. 사실관계

① 연차휴가제도 관련 근기법 개정(2004.7.1.)

표 연차휴가제도 관련 근기법 개정(2004.7.1.)전 · 후 비교

구분		개정 전	개정 후
월차휴가		매월 1일 발생	폐지
연차 휴가	기본일수	10일	15일
	가산일수	매년 1일 가산(한도없음)	매2년 1일 가산(25일 한도)

② 피고 회사에서는 과장급 이상의 간부사원에게만 적용되는 〈간부사원 취업규칙〉을 별도로 제정하였다. 간부사원 취업규칙은 구 취업규칙과 달리 2004.7.1.개정된 근로기준법에 따라 월 개근자에게 1일씩 부여하던 월차휴가제도를 폐지하고, 총 인정일수에 상한이 없던 연차휴가에 25일의 상한을 신설하는 내용 등을 포함하였다.

③ 피고 회사는 〈간부사원 취업규칙〉을 제정하면서, 전체 근로자 과반수가 가입한 △△자동차노동조합의 동의를 받지 않고, 2004.8.16. 지역본부별, 부서별로 간부사원들을 모아 전체 간부사원 6,683명 중 약 89%에 해당하는 5,958명으로부터 동의서를 받았다.

③ 원고들은 피고 회사에 입사하여 과장급 이상의 직위에서 근무하던 근로자들인데, 〈간부사원 취업규칙〉 중 연월차휴가와 관련된 부분은 무효라고 주장하면서, 2004년부터 지급받지 못한 연월차휴가수당 상당액을 청구하는 부당이득반환청구 소송을 제기한바, 원심에서는 간부사원 취업규칙 중 연월차휴가와 관련된 부분에 대하여 △△자동차노조의 동의를 받지 않았다고 하더라도 '사회통념상 합리성'이 있으므로 유효하다고 판결.

나. 대상판결(요지)

① 불이익 변경 여부

회사가 간부사원의 감소된 연월차수당액을 2005년10월 경 기본급 인상으로 보전했더라도 이는 간부사원 취업규칙의 제정 · 시행과는 별개의 조치이므로, 취업규칙의 불이익 여부를 판단할 때 고려할 요소가 아니다

② 취업규칙 불이익변경의 동의주체

간부사원 취업규칙 제정당시 간부사원뿐 아니라 장래 간부사원으로 승진할 가능성이 있는 일반직 · 연구직 · 생산직 등 직원들까지 포함한 근로자 집단이 동의주체이다.

③ '사회통념상 합리성' 적용 여부

사용자가 취업규칙을 근로자에게 불리하게 변경하면서 근로자의 집단적 의사결정방법에 따른 동의를 받지 못한 경우, 노동조합이나 근로자들이 집단적 동의권을 남용하였다고 볼 만한 특별한 사정이 없는 한 해당 취업규칙의 작성 또는 변경에 사회통념상 합리성이 있다는 이유만으로 그 유효성을 인정할 수는 없으며, 근로기준법 제94조 제1항 단서를 위반하여 대상 근로자 전체의 과반수 동의를 받지 않고 사회통념상 합리성이 있다는 이유로 작성된 취업규칙은 무효이다.

④ 노조의 동의권 남용 여부에 관한 판단

원심은 종전 판례의 태도에 따라 간부사원 취업규칙 중 연월차휴가와 관련된 부분이 사회통념상 합리성이 있는지를 바탕으로 그 효력을 판단하였을 뿐, 그것이 집단적 동의권 남용에 해당하는지 여부에 관하여는 전혀 판단하지 않았다.

다. '사회통념상 합리성' 폐지 사유

① 헌법 제32조제3항은 "근로조건의 기준은 인간의 존엄성을 보장하도록 법률로 정한다."라고 하고, 근로기준법 제4조는 "근로조건은 근로자와 사용자가 동등한 지위에서 자유의사에 따라 결정하여야 한다."라고 정하고 있다. 한편 근로기준법 제

94조제1항은 사용자에게 취업규칙의 작성 또는 변경 권한을 부여하면서도, 그 단서에서 취업규칙을 근로자에게 불리하게 변경하는 경우에는 근로자의 집단적 동의를 받아야 한다고 규정하고 있다. 위 규정들의 취지와 관계에 비추어 보면, 취업규칙의 불리한 변경에 대하여 근로자가 가지는 집단적 동의권은 사용자의 일방적 취업규칙의 변경 권한에 한계를 설정하고 헌법 제32조제3항의 취지와 근로기준법 제4조가 정한 근로조건의 노사대등결정 원칙을 실현하는 데에 중요한 의미를 갖는 절차적 권리로서, 변경되는 취업규칙의 내용이 갖는 타당성이나 합리성으로 대체될 수 있는 것이라고 볼 수 없다.

② 대법원은 단체협약에 사용자의 조합원에 대한 인사처분 시 노동조합의 동의를 받도록 하는 규정이 있을 때 사용자가 노동조합의 동의 없이 조합원에 대한 인사처분을 하였다면 이는 원칙적으로 무효이고, 다만 노동조합이 동의권을 남용한 것으로 평가할 수 있는 경우 그 인사처분은 유효하다는 견해를 취하였다(대법원 2012.6.28, 2010다38007 판결 등 참조). 단체협약은 법률보다 하위의 규범임에도 대법원은 단체협약에 의하여 발생한 노동조합의 동의권을 침해하여 행해진 인사처분을 무효라고 보았고, 다만 지나치게 경직되게 해석할 경우 발생할 문제점을 유연하게 해결하기 위하여 동의권 남용 법리를 통해 구체적 타당성을 확보하였다. 취업규칙의 불이익변경에 대하여는 단체협약보다 상위규범인 법률에서 근로자의 집단적 동의권을 부여하고 있으므로, 취업규칙을 근로자에게 불리하게 변경하면서 근로자의 집단적 동의를 받지 않았다면 이를 원칙적으로 무효로 보되, 다만 노동조합이나 근로자들이 집단적 동의권을 남용한 경우에 한하여 유효성을 인정하는 것이 단체협약에 의한 노동조합의 동의권에 관한 위 대법원 판례의 태도와 일관되고 법규범 체계에 부합하는 해석이다.

③ 종전 판례는 불리하게 변경된 취업규칙 조항의 법적 규범성을 시인할 수 있을 정도로 사회통념상 합리성이 있다고 인정되는 경우에는 종전 근로조건 또는 취업규칙의 적용을 받고 있던 근로자의 집단적 의사결정방법에 의한 동의가 없다는 이유만으로 그 적용을 부정할 수는 없다고 보면서, 사회통념상 합리성의 유무는 취업규칙의 변경에 의하여 근로자가 입게 될 불이익의 정도, 사용자 측의 변경 필요성의 내용과 정도, 변경 후 취업규칙 내용의 상당성, 대상조치 등 관련된 다른 근로조건의 개선상황, 노동조합 등과의 교섭경위 및 노동조합이나 다른 근로자의 대응,

2일차

동종 사항에 관한 국내의 일반적인 상황 등을 종합적으로 고려하여 판단하여야 한다고 보았다. 그러나 사회통념상 합리성이라는 개념 자체가 매우 불확정적이어서 어느 정도에 이르러야 법적 규범성을 시인할 수 있는지 노동관계 당사자가 쉽게 알기 어려울 뿐만 아니라, 개별 사건에서 다툼의 대상이 되었을 때 그 인정 여부의 기준으로 대법원이 제시한 요소들을 종합적으로 고려한 법원의 판단 역시 사후적 평가일 수밖에 없는 한계가 있다. 이에 취업규칙 변경의 효력을 둘러싼 분쟁이 끊이지 않고 있고, 그 유효성이 확정되지 않은 취업규칙의 적용에 따른 법적 불안정성이 사용자나 근로자에게 끼치는 폐해 역시 적지 않았다.

④ 그럼에도 종전 판례의 해석은 근로자의 집단적 동의가 없더라도 일정한 경우 사용자에 의한 일방적인 취업규칙의 작성 또는 변경으로 기존 근로조건을 낮추는 것을 인정하는 것이어서 강행규정인 근로기준법 제94조제1항 단서의 명문 규정에 반하는 해석일 뿐만 아니라, 근로기준법이 예정한 범위를 넘어 사용자에게 근로조건의 일방적인 변경 권한을 부여하는 것이나 마찬가지여서 헌법 정신과 근로자의 권익 보장에 관한 근로기준법의 근본 취지, 근로조건의 노사대등결정 원칙에 위배된다.

라. 집단적 동의권 남용 법리

노동조합이나 근로자들이 집단적 동의권을 남용한 경우란, 관계 법령이나 근로관계를 둘러싼 사회 환경의 변화로 취업규칙을 변경할 필요성이 객관적으로 명백히 인정되고, 나아가 근로자의 집단적 동의를 구하고자 하는 사용자의 진지한 설득과 노력이 있었음에도 불구하고 노동조합이나 근로자들이 합리적 근거나 이유 제시 없이 취업규칙의 변경에 반대하였다는 등의 사정이 있는 경우를 말한다.

80 과반수 동의없는 취업규칙 불이익변경 효력

1. 과반수 동의를 받지 못한 경우 : 기존근로자

취업규칙을 불이익하게 변경함에 있어 근로자 집단의 동의를 받지 못한 이상, 개인적으로 동의한 근로자에게도 취업규칙 변경의 효력이 발생하지 않는다(대법 1992.12.8, 91다38174).

2. 과반수 동의를 받지 못한 경우 : 신규입사자

퇴직금지급규정을 누진지급제에서 단수지급제(법정퇴직급제)로 변경하는 것과 같이, 근로자 집단의 동의없이 불리하게 변경된 취업규칙이라 하더라도 신규입사자에게는 효력이 있다(대법 1992.12.22, 91다45165). 그러나 이 경우에도 단체협약에 규정된 내용이 종전의 취업규칙에 규정된 내용과 같다면 불리하게 변경된 취업규칙의 내용은 단체협약에 반하는 내용으로서 궁극적으로는 신규입사자에게도 무효가 될 수 있다. 따라서 신규입사자에게는 기존의 근로조건보다 낮아진 근로조건을 적용시킨다는 내용으로 근로자집단 또는 과반수노조의 동의를 받아 취업규칙을 변경하여야 할 것이다.

3. 소급추인의 효력

가. 퇴직자

당초 과반수 동의를 받지 못하였더라도 소급추인을 인정한 단체협약이나 근로자 과반수의 소급추인의견의 효력이 발생하게 된 이후에 그 사업장에 종사하면서 그 적용을 받는 근로자에 대하여만 생기고, 그 이전에 퇴직한 근로자들에 대하여는 효력이 없다(대법 1993.6.11, 92다19316).

나. 재직자

(1) 소급효 부정 판례

근로자들의 이의제기의 시효는 없으며, 아무런 이의를 제기함이 없이 불이익변경된 근로조건을 적용받아왔다고 하더라도 소급추인한 것으로 인정되지 않는다(대법 1995.7.11, 93다26168).

(2) 소급효 인정 판례

① 단체협약 부칙에 "단체협약 시행일 이전에 발생한 모든 사항은 이 협약에 의한 것으로 본다"고 포괄적으로 규정하더라도 소급추인의 효력은 인정된다(대법 1992.7.24, 91다34073).

② 단체협약이나 신보수규정이 구보수규정의 적용을 받고 있는 근로자들에게 불리하더라도 신보수규정은 유효하고, 한편 피고 회사의 노사 쌍방이 임금구조개선에 관한 협약을 맺고 그 협약의 이행시기를 1995.1.1로 정하여 그 이전에 퇴직하는 직원들이 불이익을 받게 되었다 하더라도, 이러한 사유만으로는 그 협약의 이행시기에 관한 부분이 신의성실 및 권리남용금지의 원칙에 위배되어 무효라고 볼 수 없으므로, 그 후에 퇴직한 원고들에 대한 퇴직금과 명예퇴직금은 신보수규정에 따라 산정하여야 한다(대법 2000.12.22, 99다10806). 이 판결은 근로자의 동의없는 취업규칙이 무효로 판결되자 과반수노조가 신취업규칙으로 그러한 내용을 흡수하고 이를 소급적용키로 하였다면 유효하다는 것이다.

(3) 학설

퇴직금 지급청구권이 근속기간 중에 발생한다고 보아 근속기간이 경과한 퇴직금 지급청구권은 이미 성립한 개인의 청구권으로서 개별 근로자에게 귀속되어 단체협약에 의해 침해될 수 없다.

제6장 근로관계종료

Bonus의 어원(語源)

원래 'bonus'는 라틴어로 '좋다'는 뜻이었다.

중세기 초에 왕이 아랫사람을 챙기려고 지급하는 약탈품이나 돈을, 왕이 '좋은 것'을 준다는 의미에서 'bonus' 또는 'bounty(bonus+ty)'라고 했다.

점차 군대 규모가 커지면서 왕이 기사들 개개인의 전투 공헌도를 일일이 확인하기 어려워졌다. 이후 기사들에게 동기를 부여하고 전투적으로 잘 싸웠는지를 평가하기 위해 적의 머리를 자른 숫자에 비례해 bonus를 주기 시작했다.

이런 전통은 미국 개척 시대까지 이어졌다. 미국은 땅이 넓어 개척 시대에는 국가가 전국의 치안을 관리할 수 없었다. 강도・절도・살인범들의 목에 bonus 또는 bounty를 걸고 누구든지 체포해 오면 그 돈을 지급했다. 이 두 단어는 의미가 점차 분화돼 bounty는 국가가 현상범을 잡아오는 사람에게 지급하는 '현상금'을 의미하게 되었다. bonus는 좋은 성과를 올린 군인들에게 주는 포상금의 개념에서, 기업에서 탁월한 능력을 발휘해 기업에 이익을 가져다준 직원에게 주는 추가 수당으로 의미가 확장되었다.

81 정년제와 정년퇴직 후 재고용

1. 정년제에서 정년

가. 정년은 도달한 날

① 정년제는 정년에 도달한 취업규칙이나 단체협약에서 정한 일정한 연령에 달하면 그것을 이유로 근로자의 의사 여하를 불문하고 근로자와의 근로계약을 소멸시키는 제도이다. 단체협약에 정년 60세를 규정하고 그 정년이 정년에 도달(시작)하는 날을 의미하는지 만 60세가 종료되는 날을 의미하는지를 명확히 해놓지 않았다면 원칙적으로 만 60세에 도달한 날(만 60세가 시작된 날)로 보아야 할 것이다(1992.6.26, 근기 01254-886).

② 단체협약, 취업규칙 등에 의하여 근로자의 정년을 만 60세로 정하고 정년퇴직일을 만 60세가 되는 해의 12월 31일로 하도록 정하고 있다면, "12월 31일 0시"에 정년도달로 인하여, 12월 31일, 즉 정년퇴직일을 근로일로 볼 수 없으므로 정년퇴직하는 당해 연도 근무기간에 대한 연차휴가는 발생치 않는다고 판단된다(2007.4.8, 임금근로시간정책팀-1345).

③ 연차휴가를 사용할 권리는 다른 특별한 정함이 없는 한 그 전년도 1년간의 근로를 마친 다음날 발생한다고 보아야 하므로, 그 전에 퇴직 등으로 근로관계가 종료한 경우에는 연차휴가를 사용할 권리에 대한 보상으로서의 연차휴가수당도 청구할 수 없다고 보아야 한다. 원고 등이 가로환경미화원으로 근무하다가 '만 61세가 되는 해의 12월 말일'에 정년퇴직한 사안에서, 다른 특별한 사정이 없는 한 원고 등은 만 61세가 되는 12.31. 정년에 도달하여 근로관계가 당연히 종료하였고, 단체협약에서 정하고 있는 특별유급휴가를 만 61세가 되는 해의 12.31.까지 사용하였다고 하여 그러한 사정만으로 이들의 퇴직일이 다음해 1.1.로 미루어진다고 볼 수

2일차

없으므로 원고 등은 만 61세가 되는 해의 근로에 대한 대가로서의 연차휴가에 관한 권리를 취득할 수 없다(대법 2018.6.28, 2016다48297)

나. 정년계산의 시점은 입사서류에 기재한 생년월일

① 근로자가 입사할 때에 입사서류에 기재한 생년월일은 그 생년월일을 기준으로 사용자와 근로계약을 체결할 것을 청약한 것이고 사용자가 이를 승낙하여 근로관계를 맺기로 합의하였다면, 특별한 사정(법원의 판결이 있을 경우 입사 당시 표기한 생년월일을 고칠 수 있도록 취업규칙에 정하는 등)이 없는 한, 취업규칙상의 정년을 적용함에 있어서도 입사시 표기된 생년월일을 기준으로 정년 시점을 계산하여야 할 것이다(2005.11.18, 근로기준팀-1242).

② 그러나, 정년은 원칙적으로 공부상의 생년월일을 기준으로 일률적으로 산정하는 것이 아니라 법원의 판결에 따른 실제의 연령을 기준으로 삼는 것이 타당하다(서울고법 2014.11.17, 2014나35916). "정년기준일을 임용 시 제출한 서류상의 생년월일로 한다"고 규정되어 있더라도 정정된 가족관계등록부의 생년월일을 기준으로 정년을 산정하여야 한다(대법 2017.3.9, 2016다249236).

2. 근로자가 정년이 지난 후에도 계속 근무할 경우

근로자가 정년이 지난 후에도 사용자의 동의 아래 기간의 정함이 없이 사용자와의 근로관계를 계속 유지하여 왔다면, 사용자는 특별한 사정이 없는 한 단순히 당해 근로자가 정년이 지났다거나 고령이라는 이유만으로 근로관계를 해지할 수는 없고, 당해 근로자를 해고하기 위하여는 근기법 제23조제1항 소정의 정당한 사유가 있어야 한다(대법 2003.12.12, 2002두12809).

3. 정년경과한 상태에서 체결한 촉탁 기간제근로계약의 갱신기대권

정년을 이미 경과한 상태에서 기간제근로계약을 체결한 경우에도, 해당직무의 성격에 의하여 요구되는 직무수행능력과 당해 근로자의 업무수행 적격성, 연령에 다른 작업능률 저하나 위험성 증대의 정도, 해당 사업장에서 정년을 경과한 고령자가 근무하는 실태 및 계약이 갱신되어 온 사례 등을 종합적으로 고려하여 근로계약 갱신에 관한 정당한 기대권이 인정되는지 여부를 판단하여야 한다(대법 2017.2.3, 2016두50563).

4. 정년퇴직 후 1년 경과자를 기간제로 채용시, 비교대상 정규직보다 불리하게 처우할 경우, 기간제 차별에 해당되는지 여부(소극)

① 대법 판결(2012.10.25, 2011두7045)

"기간제 근로자에 대한 합리적인 이유가 없는 차별이라 함은 기간제근로자를 달리 처우할 필요성이 인정되지 아니하거나, 달리 처우할 필요성이 인정되는 경우에도 그 방법·정도 등이 적정하지 아니한 경우를 의미한다고 할 것이다. 그리고 합리적인 이유가 있는지 여부는 개별 사안에서 문제가 된 불리한 처우의 내용 및 사용자가 불리한 처우의 사유로 삼은 사정을 기준으로 기간제근로자의 고용형태, 업무의 내용과 범위·권한·책임, 임금 그밖의 근로조건 등의 결정요소 등을 종합적으로 고려하여 판단하여야 한다."

② 고용노동부 행정해석(2007.5.14, 비정규직대책팀-1776)

"「고령자고용촉진법」 제21조제2항에 따르면 사업주는 고령자인 정년퇴직자를 재고용함에 있어 당사자간의 합의에 의하여 퇴직금 및 연차유급휴가일수 계산을 위한 계속근로기간 산정 및 임금의 결정을 종전과 달리할 수 있도록 규정하고 있음. 이 경우, 「고령자고용촉진법」은 기간제법의 특별법적 성격을 갖는 것으로 보아야 할 것이므로 「고령자고용촉진법」을 적용받는 범위 내에서는 기간제법의 적용을 배제하는 것이 타당함."

5. 정년퇴직 후 1년 경과자를 기간제로 채용시, 비교대상 정규직보다 어느 정도 불리하게 처우할 수 있는지 여부

[서울행법 2013.3.21, 2012구합30738]

"원고들이 정년퇴직 전에 지급받던 임금 내지 비교대상 근로자 정규직이 2011년

2 일차

에 지급받은 임금(4,700만원)에 비하여 적은 액수(2,800만원, 약 40%감소)에 해당하지만, 위와 같은 임금에 관한 합의 및 이로 인한 불리한 처우는 이 사건 단체협약 제22조제3호 및 이 사건 노사합의, 고령자 고용촉진법 제21조에 근거를 둔 것으로 보여 앞서 본 바와 같은 합리적 이유가 있는 것으로 판단된다."

6. 정년퇴직자 재고용 시, 이들의 근로계약상 근로조건(수당, 상여금 등)이 기존 단체협약에 미달될 경우, 단체협약에 따라 차액을 지급하여야 하는지 여부(소극)

① 대법 판례(2005.5.12, 2003다52456)

"하나의 단체협약의 적용을 받는 근로자'란 단체협약의 본래적 적용대상자로서 단체협약상의 적용범위에 드는 자만을 의미한다. 이 사건에서 위 1997.7.29자 노사공동결의서로 상여금・휴가비 등에 관한 기존 단체협약이 변경되었다고 할 것이지만, 위 일자 당시 ○○자동차판매의 노동조합에 가입한 근로자의 수가 노동조합에 가입할 수 있는 총 근로자의 반수에 이르지 못하였던 이상 위 단체협약에 노조법 제35조에 따른 일반적 구속력을 부여할 수 없으니 결과적으로 노동조합원이 아닌 원고들에게 위 단체협약 변경의 효력이 미치지 아니한다고 할 것이다."

② 고용노동부 행정해석(2008.10.23. 노사관계법제과-864)

"호봉제에 관한 단체협약이 체결되어 있는 사업장에 연봉제 계약을 체결하고 입사한 신입사원이 노조에 가입하여 조합원 자격을 취득하였다고 하여 당연히 입사 시의 연봉제 계약이 효력을 상실한다고 할 경우 신의칙과 금반언 원칙에 위배된다. 따라서, 이후 연봉제 계약을 체결한 신입사원의 임금체계에 대해 호봉제 단체협약을 적용하기로 노사간 합의하는 등의 사정이 없는 한, 신입사원은 노조가입에도 불구하고 연봉제 계약이 적용된다."

7. 차등정년제

가. 직무 · 직종에 따른 차등정년제

단체협약 내용 중 직종별 또는 직위별로 정년을 달리하는 제도는 성별, 국적, 신앙, 사회적 신분을 이유로 한 차별적 대우가 아니므로 근기법 제6조의 균등처우에 반하는 것은 아니다(1994.6.29, 근기 68207-1043).

나. 승진소요기간에 따른 직급정년제

그러나, 소위 직급정년제는 일정한 기간 내에 상위직급에 오르지 못한 경우 자동적으로 퇴직토록 하는 것으로 이는 일반적인 정년제의 경우와 같은 근로계약기간 만료로 볼 수 없고 해고로 보아야 하며, 따라서 근기법 제30조에 의한 해고의 정당한 이유가 있어야 할 것이다. 일반적으로 일정기간 내에 상위직급으로 진급하지 못한 것만을 이유로 해고하는 것은 사회통념상 일반적이고도 객관적인 타당성이 있다고 보기 어려우므로 정당성이 인정될 수 없다(2001.5.16, 근기 68207-1571).

2 일차

참고 근로관계 종료 유형

구분	유형	
당연퇴직	정년, 사망, 직권면직 등	
사직	권고사직, 일신상 사직, 명예퇴직 등	
해고 (사유와 시기 서면통지)	징계해고	근로자 귀책(정당한 이유)(해임, 파면)
	정리해고	경영상 이유(긴박한 경영상 필요성+해고회피노력+공정한 기준에 의한 대상자선발+근로자대표와 협의)
	통상해고	질병(진단서), 저성과자(객관적 선발기준+교육훈련 기회부여)

82 사직서 제출은 언제나 유효한가

민법 제107조제1항 【진의 아닌 의사표시】 의사표시는 표의자가 진의아님을 알고한 것이라도 그 효력이 있다. 그러나 상대방이 표의자의 진의아님을 알았거나 이를 알 수 있었을 경우에는 무효로 한다.

민법 제110조 【사기, 강박에 의한 의사표시】 ① 사기나 강박에 의한 의사표시는 취소할 수 있다.
② 상대방있는 의사표시에 관하여 제삼자가 사기나 강박을 행한 경우에는 상대방이 그 사실을 알았거나 알 수 있었을 경우에 한하여 그 의사표시를 취소할 수 있다.

민법 제111조제1항 【의사표시의 효력발생시기】 상대방이 있는 의사표시는 상대방에게 도달한 때에 그 효력이 생긴다.

1. 진의에 의한 사직

가. 경영악화에 의한 자진 사직

참가인(사용자) 조합이 경영여건의 악화로 일정 간부들을 대상으로 명예퇴직을 실시하기로 방침을 정하자 원고(근로자)도 불만을 가진 상태에서 참가인 조합의 방침에 응하여 다른 간부들과 함께 사직서를 제출하였음을 알 수 있는 바, 위와 같이 사직서 제출에 불만을 가졌다는 사정만으로는 원고의 사직서 제출이 비진의 의사표시라 할 수 없고, 설령 원고에게 사직의 내심적 효과의사가 결여되었다 하더라도 앞서 본 사실관계만으로는 참가인 조합이 이를 알았다거나 알 수 있었다고 볼 수도 없으며, 달리 이를 인정할 증거도 없으므로, 원고의 사직서 제출이 비진의 의사표시에 해당하여 효력이 없다는 원고의 주장은 이유 없다(서울행법 2005.10.18, 2005구합16161).

나. 사직서 일괄제출 후 선별수리

회사에 구조조정과 인력감축의 필요성이 생겨, 희망퇴직제를 실시하였고 그 과정에서 퇴직권유에 응하지 않을 경우 어떤 불이익을 입을 수 있다는 취지의 설명을 한 이후, 사용자가 근로자들로부터 일괄적으로 희망퇴직원을 받고 선별적으로 퇴직원을 수리한 경우, 원고(근로자)들이 피고(사용자) 회사에 사직원을 제출함으로써 사직의 의사표시를 한 데에 위 원고들의 내심의 효과의사가 결여되었다고 볼 수 없으므로, 위 원고들의 의사표시가 진의아닌 의사표시라고 할 수 없다(대법 2001.1.19, 2000다51919 · 51926).

2. 비진의에 의한 사직

가. 사직서가 비진의 의사표시이므로 해고에 해당

사직서 제출이 품질경영팀 직원 전원이 품질불량 등 문제에 대하여 근신하고 책임지는 모습을 보이기 위하여 형식상으로 제출한 것으로서, 이에 기한 사직의 의사표시는 "진의 아닌 의사표시"에 해당한다고 할 것이고, 상무를 통한 검토 지시 및 보고경위, 회사의 규모 등에 비추어 사직서 제출이 진의가 아니라는 점을 알았거나 알 수 있었다고 봄이 상당하다고 할 것이다(대법 2010.1.14, 2009두15951). 또한 사용자가 근로자로부터 사직서를 제출받고 이를 수리하는 의원면직의 형식을 취하여 근로계약관계를 종료시킨다고 할지라도, 사직의 의사없는 근로자로 하여금 어쩔 수 없이 사직서를 작성 제출하게 한 경우에는 실질적으로는 사용자의 일방적 의사에 의하여 근로계약관계를 종료시키는 것이어서 해고에 해당하고, 정당한 이유없는 해고조치는 부당해고에 다름없는 것이다(대법 1991.7.12, 90다11554).

나. 강요에 의한 사직서 제출

원고(사용자)가 참가인(근로자)을 비롯한 연구소 직원들에게 사직서를 제출받은 것은 연구소의 사정이 어려워지고 직원들에 대한 임금을 체불하게 되자 이러한 상황을 타개할 의도로 이루어진 것으로 보이고, 이러한 상황에서 연구소의 상황을 비관적으로 보이게 함으로써 연구소 직원들로부터 일괄 사직서를 받아낸 것은 사직서 제출을 강요 내지 종용하여 부당해고이다(대법 2008.8.21, 2009두8987).

다. 특정팀 설치 후 전보

원고(근로자)들이 소속되었던 팀의 근로조건은 다른 근무부서와 비교할 때 정상적인 근로를 제공하기 불가능할 정도로 열악한 것이었다 할 것이고, 원고들이 그와 같은 근로조건 하에서 회사측의 사직서 제출 종용을 견디지 못하고 사직서를 제출한 것이라고 할 것이며, 따라서 원고들이 팀에 전보발령을 받아 결국 사직서 제출에 이르게 된 과정을 전체적으로 고려해 보면, 위 팀은 그 본연의 업무를 수행하기 위해서라기보다는 해고에 따른 잡음과 반발을 최소화하기 위하여 계획적으로 설치된 부서에 불과하고, 위 원고들의 퇴직이 형식적으로는 의원퇴직에 해당한다 하더라도 사직원의 제출이 특정사원에 대한 위법한 해고를 회피하기 위한 회사의 적극적인 강요에 의한 것이었고 사실상 퇴직할 대상 사원이 회사에 의하여 확정되어 있었으며 이들에게는 퇴직이외에는 다른 선택의 여지가 없었다고 봄이 상당하므로, 위 원고들의 퇴직은 실질적으로 사직의 의사가 없는 근로자의 근로계약관계를 사용자가 일방적 의사표시에 의하여 종료시킨 것으로서 사실상 해고에 해당한다(대법 2003.10.10, 2001다76229).

라. 반복적 퇴직종용

참가인(사용자) 회사는 실질적인 경영권을 가지고 있던 주주들로부터 이미 퇴직한 임원들이 선임한 직원이라는 사유로 원고(근로자)를 퇴직시켜야 한다는 지시를 받아 퇴직의 의사가 전혀 없던 원고에 대하여 계속 반복적으로 이를 종용하였고, 일부 주주 역시 직접적으로 원고에 대하여 퇴직할 것을 요구할 뿐만 아니라 원고가 생활하고 있던 기숙사에 새벽에 침입하여 폭언 등을 하면서 퇴직할 것을 요구하였다 할 것이므로 이러한 사실관계 하에서 특히 여자인 원고로서는 퇴직의 의사가 없었음에도 참가인 회사의 강요된 분위기에 위축되어 어쩔 수 없이 사직서를 제출할 수밖에 없었고 참가인 회사는 이를 수리하여 원고를 의원면직하게 한 것이라 할 것이다. 따라서 이 사건 의원면직은 정당한 이유없이 참가인 회사의 일방적인 의사에 의하여 원고와의 근로계약관계를 종료시킨 부당해고라 할 것이다(대법 2006.10.26, 2006두15172).

3. 사직서 제출 후, 사직일자 도래 전 사직의사 철회 가능여부

사회복지법인이 운영하는 어린이집의 원장으로 근무하던 근로자가 비위행위로 인해 전보되자 사직서를 제출한 사안에서, 사직의 의사표시는 특별한 사정이 없는 한 당해 근로계약을 종료시키는 취지의 해약고지로 볼 것이고, 근로계약의 해지를 통고하는 사직의 의사표시가 사용자에게 도달한 이상 근로자로서는 사용자의 동의 없이는 비록 민법 제660조제3항 소정의 기간이 경과하기 이전이라 하여도 사직의 의사표시를 철회할 수 없다(대법 2000.9.5, 99두8657).

4. 기간의 약정이 없는 고용의 해지통고

민법 제660조【기간의 약정이 없는 고용의 해지통고】 ① 고용기간의 약정이 없는 때에는 당사자는 언제든지 계약해지의 통고를 할 수 있다.
② 전항의 경우에는 상대방이 해지의 통고를 받은 날로부터 1월이 경과하면 해지의 효력이 생긴다.
③ 기간으로 보수를 정한 때에는 상대방이 해지의 통고를 받은 당기후의 1기를 경과함으로써 해지의 효력이 생긴다.

2 일차

5. 인수인계를 하지 않고 자료를 삭제한 후, 당일 퇴사하는 경우, 업무방해죄에 해당한다(대법 2022.1.14, 2017도16384)

피고인들은 피해 회사에서 비교적 높은 직책을 맡고 있었는데, 각 업무용 노트북 컴퓨터에는 피해 회사의 개발 업무, 거래처 및 자재구매 등에 관한 자료가 있었고, 이는 매월 피해 회사의 공용폴더로 백업되어 왔다. 피고인들은 매월 피해 회사의 공용폴더에 자료를 백업하도록 한 피해 회사의 방침에도 불구하고 퇴사하기 전 약 3개월간 백업을 하지 않았다. 피고인들은 퇴사 직전 사용하던 노트북 컴퓨터의 드라이브를 포맷한 후 인수인계 없이 퇴사하였는바, 피고인들이 퇴사 직전에 회사의 공용폴더로 백업을 하지 않은 자료를 인수인계 없이 삭제한 행위는 업무방해죄의 '위력'에 해당한다.

83 사용자는 자유롭게 근로자를 배치전환할 수 있는지

근기법 제23조제1항 【해고 등의 제한】 사용자는 근로자에게 정당한 이유없이 해고, 휴직, 정직, 전직, 감봉, 그 밖의 징벌(懲罰)(이하 "부당해고등"이라 한다)을 하지 못한다.

1. 전보조치의 정당성판단기준 : 업무상의 필요성과 생활상의 불이익 비교형량

① 항공회사가 운전원인 근로자에게 소음방지를 이유로 이어폰을 착용하고 교신을 들을 것을 지시했으나 근로자가 안전운전을 이유로 이에 따르지 않자 인사위원회에서 근로자에 대해 견책 및 타부서 전출을 결정하고 이에 근로자에 대하여 아무런 사전 협의를 거치지 아니하고 제주지점으로 전보발령을 한 사안에서,

② 근로자가 근무지를 서울에서 제주로 변경하게 되면 주거나 교통, 자녀교육, 부부생활 등의 점에서 상당한 생활상의 불이익을 입을 것으로 보여지고, 더구나 회사는 제주지점에서 운전원을 필요로 하는 구체적 사정을 주장·입증하지 아니할 뿐만 아니라 제주지점의 운전원은 현지 채용이 원칙으로서 제주지점에서도 마지못해 당해 근로자를 받아들였다는 점 등에 비추어 보면, 근로자에 대한 전보명령은 근로자의 상당한 합리성이 있는 이어폰 착용 거부에 대한 보복의 수단으로서 실질적으로는 징계처분의 일환으로 이루어진 것으로 보이고, 전보로 인하여 근로자가 입은 생활상의 불이익의 정도보다 전보에 대한 업무상의 필요성이 크다고 볼 수 없어 근로자에 대한 전보처분은 무효이다(대법 1997.12.12, 97다36316).

2. 종전 판례 : '업무상 필요성' 넓게 적용

가. 사용자에게 상당한 재량 인정

① 동일기업 내에 있어서 근로자의 직종 · 직무내용 · 직무장소 등을 장기에 걸쳐 변경하는 기업 내 인사이동을 말하는데, 근기법 제23조에서는 이러한 것을 '전직'이라는 용어로 사용하고 있다. 근로자에 대한 전보나 전직은 원칙적으로 인사권자인 사용자의 권한에 속하므로 업무상 필요한 범위 내에서 사용자는 상당한 재량을 가지며, 그것이 근기법 등에 위반되거나 권리남용에 해당되는 등의 특별한 사정이 없는 한 무효라고 할 수 없다(대법 1994.5.10, 93다47677).

② 능력고과를 중심으로 하되 직원의 연령도 감안하여 전보인사를 하였던 점, 원고와 나이가 같거나 또는 고령인 2급 직원들의 상당수가 보직을 받았고 원고보다 나이가 적은 직원 가운데에도 보직을 받지 못한 직원들이 있었던 점, 당해직급 재직기간 단기자 우선이라는 보직부여 기준이 회사의 인사재량권을 제한하는 정도의 규범적 효력을 가진다고 보기 어려운 점 등에다 전직명령은 사용자의 인사권에 속하는 것으로서 업무상 필요한 범위 내에서는 사용자측에 상당한 재량을 인정하여야 할 것인 점을 감안하면, 전보가 자의적이거나 차별적이어서 부당한 것이라고 할 수는 없다(서울고법 2005.6.21, 2004누16494).

2
일
차

나. 조직 내 인화단결 해친 자에 대한 전보의 정당성 인정

업무상의 필요에 의한 전보 등에 따른 생활상의 불이익이 근로자가 통상 감수하여야 할 정도를 현저하게 벗어난 것이 아니라면 이는 정당한 인사권의 범위 내에 속하는 것으로서 권리남용에 해당하지 않는다고 할 것이고, 전보처분 등을 함에 있어서 근로자 본인과 성실한 협의절차를 거쳤는지 여부는 정당한 인사권의 행사인지 여부를 판단하는 하나의 요소라고는 할 수 있으나, 그러한 절차를 거치지 아니하였다는 사정만으로 전보처분 등이 권리남용에 해당하여 당연히 무효가 된다고 볼 수는 없다. 그리고 사용자가 전직처분 등을 함에 있어서 요구되는 업무상의 필요란 인원 배치를 변경할 필요성이 있고 그 변경에 어떠한 근로자를 포함시키는 것이 적절할 것인가 하는 인원선택의 합리성을 의미하는데, 여기에는 업무능률의 증진, 직장질서의 유지나 회복, 근로자 간의 인화 등의 사정도 포함된다(대법 2013. 2.28, 2010다52041).

다. '춘천에서 서울에로'의 전보는 감수해야 할 생활상 불이익

원고가 춘천에 주택을 소유하고 있거나 근로자복지주택을 분양 받은 것도 아닐 뿐만 아니라 이 사건의 경우 원고가 그 생활근거지인 춘천에서 서울 본사까지 원거리 출퇴근을 하는 것은 그 거리나 현재의 교통수단에 의한 소요시간 등에 비추어 현실적인 가능성이 거의 없다고 보여지므로 피고가 원거리 출퇴근자를 위한 교통비 보조 등의 제도를 마련하지 아니하였다 하여 이를 잘못이라 할 수는 없으며, 전보된 근로자들을 위한 기숙사 시설이 일반적으로 보편화되어 있는 것도 아닌 점에서 이 사건 전보에 따라 출퇴근과 숙식이 가능한 숙소나 주택을 새로이 마련하여 원고가 전보지인 서울 본사에 단신 부임하거나 가족을 대동하여 이사를 하여야 하는 생활상의 불이익이 있다고 하더라도 이러한 불이익은 전보나 전직에 따라 근로자가 통상 감수하여야 할 범위 내의 불이익에 불과하고 그것이 현저하게 그러한 범위를 벗어난 생활상의 불이익이라고는 할 수 없다(대법 1995.10.13, 94다52928).

3. 최근 판례 : '업무상 필요설' 엄격 적용

가. 조직변경으로 인한 팀장에서 팀원으로의 전보는 부당 (서울행법 2022.4.8, 2021구합52754, 소확정)

① 사용자인 원고는 종래 2단 4센터 1실 23팀으로 구성되어 있던 조직을 2단 6센터 1실 25팀으로 개편하면서 팀장이었던 근로자 A를 팀원으로 전보하였던 바, 이 사건 조직변경으로 인하여 팀장에서 팀원이 된 사람은 오로지 참가인인 근로자 A뿐이다.

② 원고는 혁신사업팀의 팀장으로 이공계 출신이 필요하였다고 주장할 뿐 원고가 혁신사업팀을 포함하여 다른 팀의 팀장이 될 수 없는 이유에 관하여는 밝히고 있지 않다. 신설된 수송기계부품센터가 원래 균형발전팀의 업무였던 점을 고려하면 참가인이 위 센터에서 팀장을 할 수 없었던 것으로 보이지 않고, 팀장들이 팀을

옮겨 팀장 업무를 수행하는 경우도 있어 참가인을 팀장이 아닌 팀원으로 변경하는 합리적인 이유는 보이지 않는다.

③ 원고는 이 사건 인사명령 이후에도 한동안 혁신사업팀의 팀장을 임명하지 않다가 ○○○을 팀장으로 임명하였다. 그런데 ○○○은 팀장 임명 전에도 균형발전팀과 혁신사업팀의 팀원으로 근무하여 왔다. 원고가 혁신사업팀의 팀장으로 이공계 출신이 필요하여 참가인을 대체할 사람이 필요하다고 생각하였다면 ○○○을 곧바로 임명하였을 것으로 보인다. 그럼에도 이와 같은 공백이 생긴 것은 이 사건 인사명령이 참가인을 팀장에서 배제하는 데 더 주안점을 두고 있었기 때문으로 볼 수 있게 하는 정황으로 평가할 수 있다.

④ 비록 참가인이 감급된 것은 아니지만 팀장에서 팀원으로 변경됨으로 인하여 실질적으로 강등된 것과 같은 지위의 변경이 있게 되었다. 팀장이 되기 위해서는 소속부서장의 추천이 필요하고 원장의 승인도 받아야 한다(원고 직제규정 제12조). 팀장은 팀원에게 지시를 할 수 있는 위치에 있게 되고, 월 60만 원의 직책급 업무추진비를 받게 되는 이익이 있다. 그런데 참가인이 팀장의 지위를 상실하게 되면서 위 업무추진비도 받지 못하게 되었고, 팀장 직위에 있음으로 인해 얻게 될 자긍심이나 리더십을 발휘할 기회 모두 박탈당하게 되었다. 비록 참가인이 팀원이 됨으로 인하여 시간외 근무수당 등을 지급받을 수 있게 되었다고 하더라도, 이는 참가인의 추가적인 근로에 대한 대가이므로 설령 그 수당 등이 업무추진비를 초과할 수 있다고 하더라도 이를 가지고 참가인에게 불이익이 발생하지 않은 것이라고 볼 수는 없다. 따라서 참가인은 이 사건 인사명령으로 인하여 유무형의 생활상 불이익을 받았다고 봄이 타당하다.

나. 신설부서에 희망퇴직 거부자를 전보한 것은 부당 (대법 2018.6.15, 2018두36929)

① 경제적 수익성, 업무능률 증진과 같이 전보의 목적, 근거, 명분 등에 해당하는 추상적, 일반적 필요성이 인정된다고 하더라도 그에 따른 모든 형태의 전보발령이 정당화될 수 없고, 당해 전보발령이 실제로 그와 같은 목적을 달성하기 위한 적합한 수단이어야 실제로 그 필요에 따른 정당한 인사권의 행사라 평가할 수 있다. 따라서 원고는 전보발령을 함에 있어 그 경영상 필요에 맞는 인력을 합리적인 기준에

2 일차

따라 대상자로 선정하고, 그 필요에 적합한 곳으로 전보하여야 한다.

② 원고는, 시장환경 변화에 맞추어 새로운 유통채널을 개척하고 직접 판매 관련 경험과 노하우를 구축하며 고객 직접접촉을 통한 고객의 요구파악 및 제품의 보완 개선 등을 위하여 DS팀을 설치하였다고 주장하였다. 그런데 원고는 스마트 기기나 인공지능 기기 시장에서 그 판매증가 효과가 특별히 검증되었다거나 그 성장 전망이 높다고 보기 어려운 직접 방문판매 방식을 영업방식으로 선택하였고, 이미 자회사 등 별도 법인이나 위탁판매대리점을 통한 판매망과 중복되는 영역이 존재하는 DS팀을 설치하였으며, 실질적 효과를 달성하기 어려운 30명 정도의 소규모 인원만을 배치하였고, 원고가 요구하는 성과를 내더라도 원고에 기여하는 수준이 미미한 제품들을 선정하거나 업무를 부과하였으며, 영업실적이 저조하거나 새로운 판매시장인 스마트 기기나 인공지능 기기에 관한 경험이나 지식이 부족한 인력들을 대부분 배치하였다. 따라서 이 사건 전보발령이 원고가 주장하는 DS팀의 설치 목적과 판매제품 선정 이유에 부합한다고 보기 어렵다.

③ 특히, 해당 근로자들은 기술직으로 입사한 이래 이 사건 전보발령 전까지 대부분 기술 관련 업무만 담당하였을 뿐 영업에 관련된 업무를 담당한 경험이 전혀 없었고, 일부 근로자들은 마케팅 직군으로 입사하였으나 직접 판매하는 업무를 담당한 경험은 없었다. 참가인들이 원고가 주장하는 DS팀의 설치 목적과 판매제품 선정에 적합한 인력이라 보기 어렵다.

4. 취업장소나 종사업무를 특정한 경우 전직시 근로자의 동의 필요여부

사용자는 기업의 인사·경영권에 기하여 업무상 필요에 따라 근로자의 배치전환을 실시할 수 있으나, 근로계약 체결시 취업장소나 종사업무를 명확히 특정한 경우 이를 변경하기 위해서는 원칙적으로 당해 근로자의 동의가 필요하다고 할 것이다. 다만, 경영상 불가피한 사정 등으로 당초 약정한 취업장소 또는 종사업무를 유지토록 할 수 없는 경우에는 근기법 제23조에 위반되지 않는 한 근로자가 동의하지 않더라도 그 배치전환의 효력을 부인할 수는 없다(2004.3.20, 근로기준과-1377).

5. 전보조치로 인한 임금감소

가. 통상근무자를 탄력적근로시간제 실시부서로 배치한 경우

근로자에 대한 근무지시 등은 사용자의 고유한 인사권에 속하는 사항으로서 사용자의 권리남용 등 특별한 사정이 없는 한 정당하다 할 것이므로, 사용자가 통상근무자(오전 출근, 오후 퇴근을 반복하는 근로자)를 정당하게 탄력적근로시간제를 실시하는 부서로 일시적으로 근무지시 하였다면, 취업규칙 등에 근무지정자의 근로조건 등에 대하여 별도의 규정이 없는 한, 해당 근로자는 본인의 동의여부와 관계없이 탄력적근로시간제의 적용 대상에 포함된 것으로 봄이 타당하다(2006.3.29, 근로기준팀-1418).

나. 부당전직을 거부하여 전직발령지에서 근무하지 않은 경우의 임금

무효인 부당전직의 경우 근로자가 이에 불응하여 전직명령의 효력을 다투면서 전직발령지에서 근로를 제공하지 아니하는 경우 이는 부당한 전직명령을 한 사용자의 귀책사유로 말미암은 것이므로, 근로자는 전직명령시부터 원직복귀시까지의 기간 동안 종전 근무지에서 계속 근로하였을 경우에 받을 수 있는 임금의 지급을 청구할 수 있다(대법 2006.9.14, 2006다33531).

2 일차

84 징계성 전보 시 징계절차 거쳐야 유효한지

대법 2021.1.14, 2020두48017

1. 사건 경위와 쟁점

가. 사건 경위

① 원고는 2013.12.10.부터 피고보조참가인(이하 '참가인'이라 한다)의 대형(노선 번호 1번) 버스 노선에서 격일제 기사로 근무하였다.

② 참가인은 대형(노선번호 2번) 버스 노선을 준공영제로 운영하게 되었는데, 2018.4.12. 위 버스 노선에서 근무할 운전기사를 내·외부에서 모집하면서 근무조건으로 '1일 2교대제, 신체 건강한 사람(중도귀가, 무단결근 일체 불허)'이라는 내용을 포함하였다.

③ 참가인은 2018.4.28. 원고를 대형(노선번호 2번) 버스 노선에서 근무하도록 발령하였다. 원고는 2018.5.29. 대형(노선번호 2번) 버스를 1회 운행한 후 참가인에게 '배탈, 설사로 조퇴 신청한다'는 내용의 중도귀가신청서와 '개인사정으로 2018.5.30.부터 2018.5.31.까지 2일간 결근한다'는 내용의 결근계를 제출하고 귀가한 다음, 2018.5.31.까지 출근하지 않았다(이하 '이 사건 조퇴·결근'이라 한다). 참가인은 2018.6.9. 원고에게 이 사건 조퇴·결근을 이유로 대형(노선번호 1번) 버스 노선에서 근무할 것을 명령하였다(이하 '이 사건 전보'라 한다).

④ 원고는 이 사건 전보가 부당하다고 주장하며 노동위원회에 구제신청을 하였다.

⑤ 지방노동위원회가 원고의 구제신청을 기각하고 중앙노동위원회가 원고의 재심신청을 기각하자, 원고는 이 사건 소를 제기하였다.

나. 쟁점

이 사건 전보의 효력과 관련하여 이 사건 전보가 단체협약 등에서 정한 징계절차를 밟아야 하는 징계에 해당하는지 여부

2. 이 사건 전보가 징계절차를 밟아야 하는 징계에 해당하는지 여부

① 일반적으로 근로관계에서 징계란 사용자가 근로자의 과거 비위행위에 대하여 기업질서 유지를 목적으로 하는 징벌적 제재를 말한다(대법 1996.10.29, 95누15926 판결 등 참조). 단체협약 등의 징계규정에 징계대상자에게 소명할 기회를 부여하도록 되어 있는데도 사용자가 이러한 징계절차를 위반하여 징계를 하였다면, 이러한 징계권 행사는 징계사유가 인정되는지 여부와 관계없이 절차적 정의에 반하여 무효라고 보아야 한다(대법 1991.7.9, 90다8077 판결 등 참조). 따라서 사용자가 근로자의 과거 비위행위에 대한 제재로서 하는 불이익 처분이 단체협약 등의 징계규정에 징계절차를 밟아야 하는 징계의 일종으로 규정되어 있다면, 원칙적으로 그 불이익 처분은 징계절차를 밟아야만 유효하다(대법 2015.8.27, 2012두10666 판결 참조).

② 참가인의 취업규칙은 징계와 관련하여 아래와 같이 정하고 있다. 징계는 경고, 견책, 감봉(감급), 승무(출근)정지, 징계해고의 5종으로 구분 실시한다(제42조). 모든 징계는 소명의 기회를 주어야 하며, 이에 의하지 않은 징계는 무효로 간주한다(제43조). 무단결근 연속 2일(휴무일 포함) 또는 1회의 지각이 20분 이상인 사람에 대해서는 감봉(감급)의 징계를 실시한다(제44조제3호).

③ 원고에게 효력이 미치는 단체협약은 징계와 관련하여 아래와 같이 정하고 있다. 징계는 공정성에 입각하여 경고, 견책, 전직 또는 감봉, 승무(출근)정지, 징계해고로 구분 실시한다(제66조제1호). 모든 징계는 해당 조합원에게 소명의 기회를 주어야 하며, 이에 의하지 않은 징계는 무효로 한다(제67조제2호).

④ 참가인은 원고의 이 사건 조퇴·결근 후 얼마 지나지 않아 이를 이유로 이 사건 전보를 명하였다. 실제로 참가인은 노동위원회 심의절차에서 회사 경영의 필요성뿐만 아니라 '원고의 무단조퇴 1회와 무단결근 2일, 열심히 일하는 다른 근로자들과의 형평성'도 고려하여 이 사건 전보를 발령하였다고 주장하였다.

⑤ 원고가 소속되어 있는 노동조합은 참가인에게 이 사건 전보에 대해 이의를 제기하면서 '원고의 중도귀가신청서와 결근계 제출에 충분한 이유와 사정이 있는데도 참가인이 이를 이유로 이 사건 전보를 한 것은 부당한 처우'라는 의견을 제시하였다.

⑥ 이 사건 전보에 따른 근무 내용과 근무 형태의 변경, 원고의 건강 상태 등을 고려하면, 이 사건 전보는 원고에 대한 불이익 처분에 해당한다. 그러나 참가인은 원고에게 미리 의견을 묻지 않은 채 일방적으로 이 사건 전보를 통보하였다.

3. 결론

① 원고에게 적용되는 참가인 사업장의 단체협약과 취업규칙은 '무단결근 연속 2일'을 감봉에 처할 수 있는 징계사유의 하나로 정하면서 전직을 감봉 대신 선택할 수 있는 징계의 종류로 정하고 있고, 참가인은 이러한 징계에 앞서 징계대상자에게 소명의 기회를 주어야 한다. 참가인은 원고의 이 사건 조퇴 · 결근이 징계사유인 '무단결근 연속 2일' 등에 해당한다고 보아 그 제재로서 원고에게 단체협약이 정한 징계처분 중 전직에 해당하는 이 사건 전보를 명한 것으로 볼 수 있다.

② 그런데도 참가인은 이 사건 전보 과정에서 원고에게 소명 기회를 부여하지 않음으로써 단체협약과 취업규칙에서 요구하는 징계절차를 거치지 않았으므로, 이 사건 전보는 무효이다.

85 직위해제(대기발령)기간 중 임금지급

대법 2013.10.11, 2012다12870

1. 직위해제

가. 징계와 구별

일반적으로 근로자가 직무수행능력이 부족하거나 근무성적 또는 근무태도 등이 불량한 경우, 근로자에 대한 징계절차가 진행 중인 경우, 근로자가 형사사건으로 기소된 경우 등에 있어서 당해 근로자가 장래에 있어서 계속 직무를 담당하게 될 경우 예상되는 업무상의 장애 등을 예방하기 위하여 일시적으로 당해 근로자에게 직위를 부여하지 아니함으로써 직무에 종사하지 못하도록 하는 잠정적인 조치로서의 보직의 해제를 의미하므로 과거 근로자의 비위행위에 대하여 기업질서 유지를 목적으로 행해지는 징벌적 제재로서의 징계와는 그 성질이 다르다(대법 2007.5.31, 2007두1460).

나. 대기발령의 정당성 판단기준

대기발령이 정당한 인사권의 범위 내에 속하는지 여부는 대기발령의 업무상의 필요성과 그에 따른 근로자의 생활상의 불이익과의 비교교량, 근로자와의 협의 등 대기발령을 하는 과정에서 신의칙상 요구되는 절차를 거쳤는지의 여부 등에 의하여 결정되어야 하며, 근로자 본인과 성실한 협의절차를 거쳤는지의 여부는 정당한 인사권의 행사인지의 여부를 판단하는 하나의 요소라고는 할 수 있으나 그러한 절차를 거치지 아니하였다는 사정만으로 대기발령이 권리남용에 해당되어 당연히 무효가 된다고는 볼 수 없다(대법 2009.3.12, 2007두22306).

2. 대기발령기간 중 임금감액

가. 근로자의 사정으로 노무제공이 불가능한 경우

사용자의 근로자에 대한 해고가 무효인 경우 근로자는 근로계약관계가 유효하게 존속함에도 불구하고 사용자의 귀책사유로 인하여 근로제공을 하지 못한 셈이므로, 민법 제538조 제1항에 의하여 그 기간 중에 근로제공을 하였을 경우에 받을 수 있는 반대급부인 임금의 지급을 청구할 수 있지만, 해고기간 중 근로자가 징역형의 선고를 받아 상당기간 구속된 경우 해고가 무효라고 하더라도 구속기간 동안에는 근로자가 근로의 제공을 할 수 없는 처지였으므로 구속기간 동안의 임금을 청구할 수 없다(대법 1995.1.24, 94다40987).

나. 노무제공이 가능한 경우

① 직위해제는 근로관계가 종료된 것이 아니므로 사용자가 집에서 대기할 것을 명하는 별도의 지시가 없다면 당연히 출근의무가 있다(대법 2003.5.16, 2002두8138). 대기발령으로 인하여 현실적인 근로제공이 없는 경우에는 본봉은 지급하되 직무관련수당의 지급이 제한될 수 있고, 자택대기 중이라면 현실적인 출근을 전제로 한 교통비나 식대보조비를 지급하지 않아도 될 것이다.

② 원고는 징계 및 변상조치 여부를 확정하기 위하여 인사위원회에 부의되었고, 대기발령을 받은 자에게는 본봉에 직책수당을 합한 고정급여의 80%에 해당하는 금액을 지급하도록 되어 있는 이 사건에서, 원고가 징계사유에 해당하여 인사위원회에 부의되었음을 이유로 한 피고의 8월 20일자 이 사건 대기발령이 근기법 등에 위반되거나 권리남용에 해당한다고 볼 특별한 사정이 있다고 할 수 없으므로, 위 대기발령은 정당한 인사권의 행사로서 적법하다고 보아야 할 것이다(대법 2005.2.18, 2003다63029).

③ '대기발령'은 근로자가 현재의 직위 또는 직무를 장래에 계속 담당하게 되면 업무상 장애 등이 예상되는 경우에 이를 예방하기 위하여 일시적으로 당해 근로자에게 직위를 부여하지 아니함으로써 직무에 종사하지 못하도록 하는 잠정적인 조치를 의미하므로, 대기발령은 근기법 제23조제1항에서 정한 '휴직'에 해당한다고

볼 수 있다. 따라서 사용자가 자신의 귀책사유에 해당하는 경영상 필요에 따라 대기발령하였다면 휴업수당을 지급할 의무가 있다(대법 2013.10.11, 2012다12870).

3. 후행조치인 해고의 효력다툼 중 선행조치인 직위해제에 대한 구제 이익여부

직위해제처분이 효력을 상실한다는 것은 직위해제처분이 소급적으로 소멸하여 처음부터 직위해제처분이 없었던 것과 같은 상태로 되는 것이 아니라 사후적으로 그 효력이 소멸한다는 의미이다. 따라서 직위해제처분에 기하여 발생한 효과는 당해 직위해제처분이 실효되더라도 소급하여 소멸하는 것이 아니므로, 인사규정 등에서 직위해제처분에 따른 효과로 승진·승급에 제한을 가하는 등의 법률상 불이익을 규정하고 있는 경우에는 직위해제처분을 받은 근로자는 이러한 법률상 불이익을 제거하기 위하여 그 실효된 직위해제처분에 대한 구제를 신청할 이익이 있다(대법 2010.7.29, 2007두18406).

4. 대기발령기간의 만료에 의한 당연퇴직의 정당성

이 사건 취업규칙 및 인사규정의 '사원이 무보직으로 3개월이 경과하였을 때는 해고한다'는 규정 등, 대기발령 후 일정 기간이 경과하도록 보직을 다시 부여받지 못한 경우를 취업규칙상 해고사유로 정한 경우에도, "저성과자 해고" 법리(객관적 평가기준, 개선기회 부여 등)를 적용하여야 한다(대법 2022.9.15, 2018다251486).

5. 장기간 대기발령은 무효(대법 2007.2.23, 2005다3991)

가. 사실관계

① 원고는 1986.1. 소외 ○○ 주식회사(이하 소외 회사라 한다)에 입사한 다음 1989.경부터는 같은 회사의 기술연구소 내 차량실험실에서 근무하기 시작하였다.

② 그 후 소외 회사는 회사의 경영이 어려워지자 1998.10.14. 원고를 영업팀인 필드서베이팀으로 전보하는 처분을 하였다가, 2000.12.1. 경영상 과원을 이유로 대

2
일
차

기발령(이하 '이 사건 인사대기처분'이라 한다)을 하였다.

③ 2002.8.7. 설립된 피고 회사는 2002.10.경 소외 회사의 부평공장 일부, 창원공장, 군산공장을 자산양수도 방식으로 인수하였고, 그 소속의 근로자들에 대하여는 소외회사를 퇴사하고, 피고 회사에 재입사하는 형식을 취하여 고용관계를 그대로 승계하기로 하였다.

④ 피고 회사는 위와 같은 방침에 따라 2002.10.11. 원고에게도 '소외 회사와 동일한 근로조건(급여와 후생 등) 하에 소외 회사에서 근무하던 부서에서 동일한 직무를 수행하는 조건으로 근로자들을 신규로 고용하되 피고 회사는 소외 회사의 퇴직금 지급 의무만을 승계하고, 근로자들은 피고 회사를 상대로는 소외 회사와의 고용관계 및 소외 회사로부터의 퇴사와 관련하여 발생하는 어떠한 권리주장이나 청구를 하지 않을 것에 동의한다'는 취지의 내용의 담긴 고용제안서를 제시하였다.

⑤ 이에 원고는 피고 회사가 제시한 고용제안서에 '본인이 처한 특수상황(20개월 이상 지속되는 인사대기의 부당성과 인사상의 불이익)에 국한하여 정당한 권리주장을 할 것입니다'라는 취지의 문구를 추가 기재한 다음 이를 제출하였다가, 2002.10.21. 무렵 피고 회사가 위 고용제안서를 되돌려주면서 새로운 고용제안서 제출을 요구하자, 이의를 유보하는 내용의 문구가 없는 고용제안서에 서명한 후 이를 제출하였다.

⑥ 피고 회사 취업규칙 제67조 제11호는 '대기발령 된 자가 3개월이 경과되도록 보직되지 아니한 때에는 해고한다'고 규정하고 있는데도 원고는 2000.12.1. 소외 회사로부터 대기발령을 받은 이래, 피고 회사가 고용승계를 한 2002.10. 이후에도 보직을 부여받지 못한 채 기본급만 지급받아 오고 있다.

나. 쟁점

(1) 대기발령을 포함한 인사명령은 인사권자인 사용자의 고유권한인지 여부

기업이 그 활동을 계속적으로 유지하기 위하여는 노동력을 재배치하거나 그 수급을 조절하는 것이 필요 불가결하므로, 대기발령을 포함한 인사명령은 원칙적으로 인사권자인 사용자의 고유권한에 속한다 할 것이고, 따라서 이러한 인사명령에 대하여는 업무상 필요한 범위 안에서 사용자에게 상당한 재량을 인정하여야 한다

(대법 2005.2.18, 2003다63029 판결 참조),

(2) 장기간 대기발령의 경우, 근기법 제23조 적용여부

대기발령이 일시적으로 직무에 종사하지 못하도록 하는 잠정적인 조치이고, 근로기준법 제23에서 사용자는 근로자에 대하여 정당한 이유 없이 전직, 휴직, 기타 징벌을 하지 못한다고 제한하고 있는 취지에 비추어 볼 때, 사용자가 대기발령 근거규정에 의하여 근로자에게 대기발령을 한 것이 정당한 경우라고 하더라도 당해 대기발령 규정의 설정 목적과 그 실제 기능, 대기발령 유지의 합리성 여부 및 그로 인하여 근로자가 받게 될 신분상·경제상의 불이익 등 구체적인 사정을 모두 참작하여 그 기간은 합리적인 범위 내에서 이루어져야 하는 것이고, 만일 대기발령을 받은 근로자가 상당한 기간에 걸쳐 근로의 제공을 할 수 없다거나, 근로제공을 함이 매우 부적당한 경우가 아닌데도 사회통념상 합리성이 없을 정도로 부당하게 장기간 동안 대기발령 조치를 유지하는 것은 특별한 사정이 없는 한 정당한 이유가 있다고 보기 어려우므로 그와 같은 조치는 무효라고 보아야 할 것이다.

2
일
차

다. 구체적 판단

피고 회사의 취업규칙 제53조 제1호는 경영형평상 과원으로 인정된 자에 대하여는 대기발령을 할 수 있고, 제53조 제2호는 대기발령된 직원에 대하여는 출근을 금할 수 있으며, 회사의 명에 의하여 출근하는 경우에는 기본급 또는 그에 준하는 임금만을 지급하고 기타의 급여는 지급하지 아니한다고 되어 있으며, 소외 회사에도 동일한 내용이 취업규칙에 정해져 있는 바, 소외 회사가 경영형편상 과원을 이유로 이 사건 인사대기처분을 한 것 자체는 업무상 필요한 범위 안에서 이루어진 것으로서 정당한 이유가 있었다고 보더라도 그 이후 장기간에 걸쳐 인사대기처분을 그대로 유지하고 있다가 피고 회사가 2002.10.11.경 사실상 소외 회사와 원고사이의 고용관계를 그대로 승계하면서 원고와 명시적으로 고용계약까지 체결한 이상 경영형편상 과원이라고 보기도 어려우므로 원고에 대한 대기발령 사유는 일응 해소되었다고 볼 것인데, 그 이후에도 원고에게 아무런 직무도 부여하지 않은 채 기본급 정도만을 수령하도록 하면서 장기간 대기발령 조치를 그대로 유지한 것은 특별한 사정이 없는 한 정당한 사유가 있다고 보기 어렵다할 것이다. 그렇다면, 피고 회사가

2002.10.11.경 이후에도 원고에 대한 대기발령을 그대로 유지한 조치는 특별한 사정이 없는 한 무효라고 볼 것이다.

라. 부당대기발령의 효과

원고가 구하는 바에 따라 원고는 2003.2.1.부터 피고의 귀책사유로 인하여 자신의 근로계약상의 의무인 근로제공을 하지 못하게 된 것이라고 볼 수밖에 없으므로, 위 날짜 이후 계속 근로하였을 경우에 받을 수 있는 임금과 실제 지급받은 돈의 차액의 지급을 청구할 수 있다고 할 것이다.

6. 대기발령이 사회통념상 합리성이 없을 정도로 부당하게 장기간 동안 잠정적 지위의 상태로 유지한 경우, "합리성이 없을 정도로 부당하다고 볼 만한 시점 이후부터"의 대기발령은 무효라고 보아야 한다(대법 2024.9.12, 2024다250873).

86 근로자 징계양정 판단 시 고려사항

1. 시대적 이슈

가. 2001년 9.11테러 사건으로 인한 항공기 안전

일반승객을 항공기 조종실에 탑승시킨 채 항공기를 운항한 항공사 직원을 해고한 것은 정당한 해고이다(서울고법 2012.5.18, 2010나109291).

나. 직장 내 성희롱(괴롭힘) 관련 법령 제정 · 시행

초등학교 교감인 원고가 회식을 마치고 귀가하던 길에 여성인 택시운전기사를 강제추행하였음을 사유로 피고가 원고에게 해임처분을 내린 사안에서, 교육공무원의 성폭력 비위행위에 대하여 강화된 내용으로 도입된 구 징계양정 규칙 제2조제1항 [별표]의 징계양정 기준은, 교원에게 고도의 직업윤리의식 내지 도덕성이 요구될 뿐만 아니라 직무의 내외를 불문하고 가중된 품위유지의무를 부담하여야 한다는 점, 특히 교원이 성폭력의 비위행위를 저지를 경우 이는 품위유지의무를 중대하게 위반한 것으로서 본인은 물론 교원사회 전체에 대한 국민의 신뢰를 실추시킬 우려가 크므로 해당 교원이 비위행위에 상응하는 불이익을 받지 아니하고 교육자로서의 직책을 그대로 수행하도록 하는 것은 적절하지 않다는 점, 성폭력범죄 행위로 징계의 대상이 된 경우 징계를 감경할 수 없도록 한 규정이 객관적 합리성을 결여하였다고 볼 수 없다는 점, 강화된 징계양정 기준이 도입될 당시의 사회적 상황 및 성폭력범죄 행위에 대한 일반 국민의 법감정 등 여러 가지 요소들을 종합적으로 고려하였을 때, 비례의 원칙에 어긋나거나 합리성을 갖추지 못하였다고 단정할 수 없다(대법 2019.12.24, 2019두48684).

2. 회사의 정책

가. 부정행위 근절 교육 · 각서

원고 회사의 경우 그 재정수입은 원고가 공급한 물품의 판매수입에 전적으로 의존하고 있기 때문에 성과급 영업원이 원고가 공급하지 아니한 물품을 판매하는 등의 부정행위는 원고의 재정수입에 결정적인 영향을 미칠 수 있을 뿐만 아니라, 성과급 영업원의 영업활동은 전국에 수백개 산재되어 있는 영업장이나 이동하는 열차 내에서 이루어지는 까닭에 성과급 영업원의 모든 부정행위를 적발하는 것이 사실상 불가능한 점, 원고는 1993년 10월경 원고의 수입실적이 목표에 미달하여 목적사업인 원호 및 복지사업의 수행에 어려움이 발생하자 부정행위를 근절하기 위하여 직원들에게 지속적으로 교육을 실시하는 한편 부정행위 근절 지침을 시달하고, 부정행위가 발각될 경우 어떠한 처벌도 감수하겠다는 내용의 각서까지 제출받아 온 점, 이에 따라 원고는 부정행위에 대한 단속을 강화하여 오면서 실제로 부정행위를 저지른 직원들에 대하여는 비록 적발된 부정행위의 정도가 가벼운 경우에도 징계파면이나 의원면직 등의 방법으로 당해 직원과의 근로관계를 종료함으로써 단호하게 대처하여 온 점, 한편 참가인은 1993.2.11.에도 원고가 지정한 가격보다 신문을 부당하게 높게 판매하는 부정행위를 하다가 적발되어 감봉 3월의 징계처분을 받았고, 이 사건 부정행위가 적발되기 불과 몇시간 전에도 같은 영업장에서 함께 일하는 참가인 처가 부정행위 근절에 관한 특별교육까지 받은 상태였음에도 이 사건 부정행위를 저지른 점등 기록에 나타난 제반사정을 종합하여 보면 참가인의 이와 같은 비위행위는 근로관계를 계속하기 어려운 사유에 해당한다(대법 1996.9.10, 95누13289)

나. 특정 비위행위 무관용 징계 규정

원고 회사의 경우, 전년도 계약 실적에 따라 회사 수익에 기여한 직원 또는 팀을 대상으로 수주포상금을 지급하였는데, 계약 실적이 직원 개인 또는 팀에게 귀속될 것인지 여부는 원고 인사위원회에서 심의를 거쳐 의결하였고, 개인 포상금은 해당 직원의 통장으로, 팀 포상금은 팀의 경비 통장으로 구분하여 지급하였다. 팀 포상금은 통상적으로 팀 운영에 필요한 회식비 및 운영비 등으로 소비하였는 바, 참가인 근로자 A는 사적으로 지출한 유흥비를 되돌려 받고자 부하 직원에게 반복적으로 요구하여 부서운영비 및 민자사업팀에 지급된 수주포상금 중 일부로 이를 되돌려 받았다. 참가인은 부하 직원에게 요구하여 민자사업팀에 지급된 수주포상금 중 잔액 603,700원을 개인적으로 지급받았다. 그 무렵 원고 회사는 직원 개인과 팀의 공로를 구분하여 수주포상금의 지급 여부 및 지급액을 결정하였을 뿐만 아니라, 내부적으로 팀에 지급한 수주포상금을 영업활동비로 지출하는 것을 지양하도록 공지하였으므로 팀에 지급한 수주포상금은 팀원들의 의사를 종합적으로 고려하여 지출하여야 하였음에도 참가인은 민자사업팀 직원들과 아무런 상의 없이 수 주포상금을 개인적으로 지급받아 소비하였다. 이는 지위와 권한을 남용하여 자기의 이익을 도모하고자 공금을 횡령한 경우이자 회계질서를 문란하게 한 경우로서 원고 인사규정 제44조제1항제1호에서 말하는 부패행위를 한 징계사유에 해당한다(서울행법 2019.12.19, 2019구합65351).

2
일
차

3. 업종 · 직무의 특성

가. 금융기관

참가인 회사의 취업규정 제10조에서는 "직원은 거래처와 금전대차의 주선 또는 직접 대차관계를 맺거나 금품수수가 따르는 오락행위를 하여서는 아니 된다."고 규정하고 있는 사실이 인정된다. 그런데 원고는 C와의 친분관계로 인하여 자신이 지점장으로 재직중인 참가인의 B 지점의 지정 법무사를 P로 정한 것으로 보이고, C는 P로부터 지휘 · 감독을 받아 P 법무사사무실의 업무를 총괄하는 사무장의 직위에 있다. 또 C는 원고에게 연 18%에 이르는 고율의 이자를 지급하였는데, 이러한 이자 지급이 P가 참가인의 B 지점 지정 법무사라는 사정과 전혀 무관하다고는 보이지 않는다. 여기에다가 참가인 소속 임직원과 거래처의 사적인 금전대차 등을 엄격하게 금지함으로써 참가인 소속 임직원 등이 부당하게 사익을 도모하거나 금융사고가 발생하는 것을 예방하고자 하는 참가인의 취업규정 제10조의 취지를 더하여 볼 때, 원고와 C의 금전거래는 참가인의 취업규정 제10조에 의하여 금지되는 사적거래에 해당한다고 봄이 옳다(서울고법 2015.11.18, 2015누47463).

나. 교원

교원직무의 전문성은 다른 전문직인 의사·변호사 또는 성직자와 마찬가지로 사회적 역할을 수행함에 있어 고도의 자율성과 사회적 책임성을 가져야 한다는 사회적·윤리적 특성이 있으므로, 교원은 그 직무수행에 높은 수준의 직업윤리의식을 갖추어야 한다. 헌법 제31조제6항은 교원의 지위에 관한 기본적인 사항은 법률로 정한다고 규정하고 있다. 이처럼 교원의 보수 및 근무조건 등을 포함하는 '교원의 지위'에 관한 기본적인 사항을 법률로 정하도록 한 것은, 같은 조제1항이 정하는 국민의 교육을 받을 기본적 권리를 보다 효과적으로 보장하기 위한 것이다(대법 2018.3.29, 2017두34162 판결, 헌재 1991.7.22, 89헌가106 결정 참조).

4. 목장갑 무단반출 (서울행법 2022.7.21, 2021구합58202, 항소심 동일 판결)

구분	내용
사실관계	• 근로자 A는 목장갑을 월 20켤레씩 가져가 합계 약 100~120켤레를 무단으로 반출하였는 바, 회사는 근로자 A에 대하여 출근정지 30일 징계
근로자 주장	① 회사로부터 매달 목장갑 20켤레를 소모품으로 지급받았고, 그 소유권이 참가인에게 귀속되기 때문에 참가인이 지급받은 목장갑을 회사 밖으로 반출한 행위는 징계사유에 해당하지 않는다. ② 설령 근로자A에게 징계사유가 인정된다고 하더라도 참가인은 목장갑을 자신의 소유로 오인하여 아껴서 사용한 후 남는 것을 모아서 반출한 것이며, 다른 직원의 사례에 비추어 참가인만 징계하는 것은 형평성에 어긋나는 등 이 사건 징계는 그 양정이 과중하다.
판결	• 회사는 업무상 필요하다는 전제에서 월 20켤레의 목장갑을 가져가도록 한 것이므로 참가인이 업무상 필요가 없음에도 목장갑을 월 10켤레씩 더 받는 것이나 이를 모아서 시가 2~5만원 상당의 목장갑을 회사 밖으로 반출하는 것이 허용되어 있다고 볼 수 없으며, 30일 출근정지는 징계양정에 있어 과다하다고 볼 수 없다.

5. 징계양정 참작 요소(대법 2022.11.17, 2022두52782)

근로자에게 여러 가지 징계혐의 사실이 있는 경우에는 징계사유 하나씩 또는 그 중 일부의 사유만을 가지고 판단할 것이 아니고 전체의 사유에 비추어 판단하여야 하며, 징계처분에서 징계사유로 삼지 아니한 비위행위라도 징계종류 선택의 자료로서 피징계자의 평소 소행과 근무성적, 해당 징계처분 사유 전후에 저지른 비위행위사실 등은 징계양정을 하면서 참작자료로 삼을 수 있고(대법원 2011.3.24, 2010다21962 판결 등 참조), 징계처분 이후의 비위행위라 하더라도 그것이 사회통념상 근로계약관계를 계속시킬 수 없을 정도의 비위행위에 해당하는 경우에는 그러한 비위행위도 징계양정의 판단자료로 삼을 수 있다(대법원 2004.6.25, 2002다51555 판결 참조).

6. 형사적으로 무죄판결을 받았다고 하여 징계해고가 부당하다고 볼 수는 없다(서울고법 2021.12.10, 2021나2014005 소확정)

관련 형사사건의 판결에서 인정된 사실은 특별한 사정이 없는 한 민사재판에서 유력한 증거자료가 되나, 민사재판에서 제출된 다른 증거 내용에 비추어 형사판결의 사실판단을 그대로 채용하기 어렵다고 인정될 경우에는 이를 배척할 수 있다. 그리고 형사재판에서의 유죄판결은 공소사실에 대하여 증거능력 있는 엄격한 증거에 의하여 법관으로 하여금 합리적인 의심을 배제할 정도의 확신을 가지게 하는 증명이 있다는 의미인 반면, 무죄판결은 그러한 증명이 없다는 의미일 뿐이지 공소사실의 부존재가 증명되었다는 의미도 아니다(대법원 2015.10.29, 2012다84479 판결 참조). 살피건대, C에 대한 유출행위에 관한 관련 형사사건에서 '원고가 유출한 자료가 영업비밀에 해당한다고 단정할 수 없고, 원고가 부정한 이익을 얻거나 영업비밀 보유자에 손해를 입힐 목적이 있다고 인정할 증거가 부족하다'는 이유로 원고에 대하여 무죄판결이 선고되어 그대로 확정된 사실이 인정되나, 원고가 보안관리규정을 위반하여 대외비로 분류된 정보자산에 관하여 보안관리 책임자의 승인 없이 이를 유출한 사실은 명백하고, 이는 보안관리규정에 위배된다.

87 권고사직과 묵시적 해고

대법 2023.2.2, 2022두57695

근기법 제27조 【해고사유 등의 서면통지】 ① 사용자는 근로자를 해고하려면 해고사유와 해고시기를 서면으로 통지하여야 한다.
② 근로자에 대한 해고는 제1항에 따라 서면으로 통지하여야 효력이 있다.

1. 사실관계

① 원고(근로자)는 2020.1.30. 15:00 및 2020.2.11. 15:30 통근버스를 운행하도록 되어 있었으나 무단 결행하였다.

② 회사의 관리팀장은 2020.2.11. 17:00경 원고의 무단 결행을 지적하는 과정에서 원고와 말다툼을 하였는데, 원고에게 '사표를 쓰라'는 말을 수차례 반복하였고, '해고하는 것이냐'는 원고의 물음에도 '응'이라고 답하면서 '사표 쓰고 가라'는 말을 반복하였다. 원고는 다음 날부터 출근하지 않았다.

③ 회사의 관리팀장은 원고가 출근하지 않는 것을 문제 삼지 않다가, 2020.5.18.에 이르러서야 비로소 원고에게 해고한 사실이 없으니 복귀하여 근무하고자 한다면 즉시 근무할 수 있다는 취지로 '무단결근에 따른 정상근무 독촉 통보'를 하였다.

④ 원고는 2020.5.28. 참가인에게 '2020.2.11.자 해고가 부당해고임을 인정하고 이에 대해 사과하며, 복직통보가 진정성 있는 내용임을 증명하기 위해 원고의 복직 전 부당해고 기간 동안의 임금 상당액을 먼저 지급하면 복직하겠다.'는 취지의 내용증명을 발송하였다.

⑤ 회사는 2020.6.1. 원고에게 '해고한 적이 없으니 원고가 원하면 언제든지 출근하여 근무할 수 있으므로 속히 출근하여 근무하기 바란다.'는 취지의 통지를 하

였다.

2. 원심 판결(대전고법 2022.9.16, 2022누10205 누리관광 사건)

① 참가인(회사)의 관리팀장이 원고에게 '사표를 쓰라'고 한 것은 원고가 무단 결행 후 자신에게 무례한 언행을 한 것에 대해 화를 내는 과정에서 우발적으로 한 표현이고, 이는 사직서의 제출을 종용하는 것일 뿐 근로계약관계를 종료시키겠다는 것이 아니며, 이 발언에 대하여 원고가 사직서를 제출하는 등 분명한 사직의 의사표시를 한 적도 없으므로, 참가인의 관리팀장의 위 발언만으로 참가인과 원고 사이의 근로계약관계가 종료되었다고 보기 어렵다.

② 참가인의 관리팀장에게 해고를 할 수 있는 권한이 없고, 참가인의 대표이사가 원고에 대한 해고를 승인한 적도 없으며, 참가인은 원고에 대하여 서면 해고 통지를 하지 않은 채 원고에게 복직을 촉구하기도 한 점 등에 비추어 참가인이 원고를 해고하였다고 볼 수는 없다.

3. 대법 판결(대법 2023.2.2, 2022두57695)(적극)

가. 묵시적 의사표시에 의한 해고처분의 판단 기준

① 참가인의 관리팀장과 원고 사이에 말다툼을 하기 직전인 2020.2.11. 10:48경 참가인의 관리팀장은 원고에게 버스 키를 반납하라는 문자메시지를 보냈고, 원고는 '왜요?'라는 문자메시지를 보냈다. 참가인의 관리팀장은 원고가 위 문자메시지를 받고도 버스 키를 반납하지 않자 참가인의 관리상무를 대동하여 원고를 찾아가 버스 키를 직접 회수한 것은 근로자의 노무를 수령하지 않겠다는 의미로 평가할 수 있고, 그와 동시에 원고에게 사표를 쓰고 나가라는 말을 여러 차례 반복하는 등의 언행을 한 것은 참가인이 원고의 의사에 반하여 일방적으로 근로관계를 종료시키고자 하는 의사표시를 한 것으로 봄이 상당하다.

② 참가인의 관리팀장은 참가인의 관리상무를 대동한 상태에서 위와 같은 언행을 하였는바, 적어도 참가인의 관리상무의 일반적 지위·권한에 해고에 관한 조치를 취할 권한이 있었다고 볼 여지가 많다.

③ 소규모 회사인 참가인의 임원진 구성과 운전원 수 및 모집 현황 등을 볼 때 원고의 노무 수령을 확정적으로 거부하는 경우에는 참가인이 인력 운영에 어려움을 겪게 될 가능성이 많았던 상황임에도 위와 같은 조치가 이루어진 것은 참가인 차원의 결단으로 볼 여지가 많다.

④ 원고에게 아무런 출근 독려도 하지 않다가 원고가 부당해고 구제신청을 한 직후에 이르러서야 갑자기 '무단결근에 따른 정상근무 독촉 통보'를 한 점 등을 고려하면, 참가인의 관리팀장이 2020.2.11. 원고에게 노무 수령을 거부하겠다는 언행을 할 당시 이미 참가인의 대표이사가 묵시적으로나마 이를 승인하였거나 적어도 추인하였을 가능성이 높아 보인다.

나. 서면통지와 해고의 의사표시 존부와의 관계

(1) 묵시적 해고 부정 : 권고사직

① 대법 2011.10.27, 2011다42324 판결

근로기준법 제27조는 사용자가 근로자를 해고하려면 해고사유와 해고시기를 서면으로 통지하여야 그 효력이 있다고 규정하고 있는데, 이는 해고사유 등의 서면통지를 통해 사용자로 하여금 근로자를 해고하는 데 신중을 기하게 함과 아울러, 해고의 존부 및 시기와 그 사유를 명확하게 하여 사후에 이를 둘러싼 분쟁이 적정하고 용이하게 해결될 수 있도록 하고, 근로자에게도 해고에 적절히 대응할 수 있게 하기 위한 취지라고 할 것이다.

② 서울행법 2009.7.16, 2008구합50049

원고는 2008.3.16. 참가인이 원고를 해고하였다는 것이나, 2008.3.12.경부터 원고와 참가인 사이에 자유직업소득자 계약 체결과 관련하여 의견불일치가 있어왔고, 같은 달 15.경에는 원고의 고모까지 가세하여 참가인과 사이에 심한 언쟁이 있었던 점에 비추어 보면, 그와 같이 참가인이 원고 등과 서로 언쟁을 벌이는 과정에서 원고 주장과 같이 '당장 그만두고 나가'라고 소리쳤다 할지라도 그것이 참가인이 원고에게 한 확정적인 해고의 의사표시로 보기 어렵고, 원고는 2008.3.16. 이후부터 스스로 출근하지 않으면서도 참가인에게 해고를 철회할 것을 요구하는 등 적극적

인 이의제기가 없었던 점, 원고는 미용실에 있던 자신의 미용도구를 모두 챙겨간 다음, 2008.4. 초순경부터 지인이 운영하는 미용실에서 근무하였고, 참가인으로부터 정산된 급여를 수령하기도 한 점, 원고는 2008.6.5.에야 비로소 부당해고 구제신청을 한 점 등에 비추어 보면, 원고가 스스로가 계약방식의 변경에 따른 의사불일치 등으로 참가인과의 근로계약관계를 유지하기 어렵다는 판단 하에 미용실을 그만둘 의사로 근로제공을 더 이상 하지 아니한 것으로 봄이 상당하다.

③ "힘들어하는 것 같으니 좀 더 수월한 자리를 알아봐라, 월급 때까지 아니면 사람구할 때까지 나와라"는 발언 내용이 근로관계를 종료하고자 하는 의사였던 것은 인정된다고 하더라도, 원고의 의사에 반하는 경우에까지 일방적으로 강행하겠다는 것인지 명확하지 않고 일정기간의 유예를 두고 근로관계 종료의 의사를 타진한 것은 근로관계 종료의 확정적 의사로 보기 어렵다(서울행법 2009.9.3, 2009구합23495 항소 후 기각으로 소확정)

(2) 묵시적 해고 인정 : 대상판례(대법 2023.2.2, 2022두57695)

참가인이 원고에게 서면으로 해고사유 등을 통지한 적은 없으나, 서면 통지 여부는 해고의 효력 여부를 판단하는 요건일 뿐 해고 의사표시의 존부를 판단하는 기준이 되는 것은 아니다.

4. 시사점

① 해고가 아닌 권고사직의 경우 반드시 사직서를 받아야할 것이다.

② 해고 사실이 없음에도 근로자가 출근하지 않는 경우에는 해고사실이 없음(출근 요구, 언제까지 미출근 시 자진사직 처리하겠다 등)을 명확히 통지(전화, 이메일, 문지메시지 등)하여야 할 것이다.

88 사생활 비위로 유죄판결을 이유로 한 해고의 정당성

대법 1997.5.23, 97다9239

1. 유죄판결을 이유로 한 당연퇴직 정당성 판단 기준

가. 사실관계

A회사는 상시 500명의 근로자를 고용하여 자동차 부품 제조업을 영위하는 회사이고, 근로자 甲은 A회사의 생산직 사원으로 근무하고 있다. 근로자 甲은 A회사에 입사후 10년 동안 징계없이 성실하게 근무하였고, 대표이사로부터 모범 사원 표창을 3회 받은 바 있다. 근로자 甲은 친구들과 저녁모임을 하던 중 옆 테이블에 앉은 손님 2명과 싸움을 한 것 때문에 폭행죄 혐의로 불구속 상태로 기소 되었고, 법원으로부터 150만원의 벌금형을 선고받아 그 판결이 확정되었다.

❏ A회사의 취업규칙인 [인사 및 징계규정] 중 관련 조항

제20조 【징계해고 사유】 회사는 다음 각 호의 경우에 근로자를 징계해고할 수 있다.

1~4. 생략

5. 형사상 유죄판결받은 경우

나. 당연퇴직 정당성 요건

(1) 실형판결만을 의미

근로계약에 따른 근로자의 기본적인 의무인 근로제공의무를 이행할 수 없는 상태가 장기간 계속되어 왔음을 근거로 하여 사용자가 근로자를 해고하여도 근로자

측에서 이의를 제기할 여지가 없을 정도의 상태, 즉 형사상 범죄로 구속되어 있는 근로자가 현실적인 근로제공이 불가능한 신체의 구속상태가 해소되지 아니하는 내용의 유죄판결(예컨대 실형판결)을 받은 경우를 의미한다고 풀이함이 상당하다(대법 1994.6.24, 93다28584)

(2) 실형판결외 유죄판결로 명예훼손 또는 근로계약상 신뢰관계 상실

① 근로자가 범죄행위로 인하여 유죄의 확정판결을 받은 사실을 징계규정에 해고사유(당연 퇴직사유나 휴직 중에 있는 근로자에 대한 퇴직사유의 경우와는 다르다)로 규정하는 것은 그 범죄행위로 인하여 근로자의 기본적인 의무인 근로제공의무를 이행할 수 없는 상태가 장기화되어 근로계약의 목적이 달성될 수 없는 경우뿐만 아니라 그 범죄행위로 인하여 사용자인 회사의 명예나 신용이 심히 실추되거나 거래관계에 악영향을 끼친 경우 또는 사용자와 근로자간의 신뢰관계가 상실됨으로써 근로관계의 유지가 기대될 수 없는 경우에도 근로계약상의 의무를 침해한 것으로 보기 때문이라고 할 것이므로, 징계규정상의 해고사유인 '유죄의 확정판결을 받은 자'(근로기준법 제27조 제1항에 의한 제한은 별론으로 한다)를 '근로제공이 불가능한 신체의 구속상태가 해소되지 아니하는 내용의 유죄판결(예컨대 실형판결)을 받은 자'만을 의미하는 것으로 볼 수는 없다.

② 그러나, 이 사건 사고로 인하여 인명이 희생되고 피고 회사가 적지 않은 재산상 손해를 입었다고 하더라도 이 사건 사고에 이르게 된 경위, 사고 관계자들의 과실의 정도, 원고 외 사고 작업장의 안전관리자들이 받은 징계수준 등에 비추어 볼 때 이 사건 사고와 관련한 원고의 행위가 피고 회사가 원고와의 고용계약관계를 계속 유지하는 것이 객관적으로 보아 심히 부당하거나 현저히 불공평한 경우가 되는 정도의 것이라고 할 수는 없다고 할 것이므로 피고 회사가 이 사건 사고를 들어 판시와 같은 근무경력을 가진 원고를 해고까지 한 조치는 그 정도가 지나쳐 재량의 범위을 일탈한 것이거나 형평의 원칙에 어긋난 것이라고 하지 않을 수 없고, 따라서 피고 회사의 원고에 대한 이 사건 해고는 무효이다(대법 1997.5.23, 97다9239)

2. 또 다른 판례(대법 1994.12.13, 93누23275)

가. 사생활 비행의 정당한 징계사유 요건

사용자가 근로자에 대하여 징계권을 행사할 수 있는 것은 사업활동을 원활하게 수행하는데 필요한 범위내에서 규율과 질서를 유지하기 위한 데에 그 근거가 있다고 할 것이므로, 근로자의 사생활에서의 비행은 사업활동에 직접 관련이 있거나 기업의 사회적 평가를 훼손할 염려가 있는 것에 한하여 정당한 징계사유가 될 수 있다.

사용자의 징계권의 법적 근거와 관련하여, 고유권설, 공동규범설, 계약설, 법규범설(취업규칙설) 등이 있는 바, 이 판례는 고유권설에 따라 기업질서유지를 위한데서 근거를 찾고 있고, 고유권설에 따르면, 취업규칙 상 징계사유 규정외에도 징계가 가능하다(취업규칙설에 따르면 취업규칙 상 징계사유만 징계가 가능)

나. 구체적 판단

원고에 대한 징계사유인 부동산투기행위가 원고의 사생활에서의 비행에 불과하다고 볼 여지가 없지 아니하다 하더라도, 택지의 개발과 공급, 주택의 건설, 개량, 공급 및 관리 등을 통하여 시민의 주거생활의 안정과 복지향상에 이바지함을 목적으로 지방공기업법 제49조에 의하여 서울특별시가 전액 출자하여 설립할 피고보조참가인공사의 설립목적, 그 업무의 종류와 태양, 부동산보상 관련업무를 담당하는 원고의 업무내용 등의 여러 사정을 종합적으로 고려하면, 원고의 위 비행행위는 객관적으로 피고보조참가인공사의 사회적 평가에 심히 중대한 악영향을 미치는 것으로 평가될 수 있는 경우라고 할 것이다.

3. 최근 사생활 관련 해고

원고는 피고(○○은행)에 근무하면서, 장기간 유부녀와 불륜관계(부정행위)를 맺었고, 그 유부녀 남편의 소송으로 위자료를 지급하라는 판결이 확정되었으며, 피고에 대하여도 소송이 제기되었고, 피고는 국정감사에서 직원들 관리가 부실하다는 질책을 받자, 팀장급이었던 원고를 팀원으로 인사발령 하였고, 이후 면직처분한 것은 정당하다(서울중앙지법 2019.6.27, 2018가합582086).

4. 정당한 사유로 해고당한 근로자가 회사 대표 등이 부당해고를 했다고 비방하는 내용의 현수막을 게시한 행위는 명예훼손에 해당한다

① 일반적으로 '부당해고'는 '근로기준법 등의 법률과 단체협약 및 사내규정 등에 정한 해고사유와 절차에 따르지 아니한 해고'라는 의미로 사용되며, 특정한 해고가 법률 등에 위반되는지 여부는 증거에 의하여 구체적 증명이 가능하다. '부당해고'라는 이 부분 표현은 단순한 의견 표명으로 보기 어렵고, 구체적인 사실을 적시한 것이라고 봄이 타당하다.

② 피고인은 '부당해고 자행하는 ○○교통 규탄한다!'는 현수막 및 피켓 옆에 '택시 노동자들이여 빼앗긴 우리 권리 찾기에 같이 합시다'라고 기재된 피켓도 게시하였다. 위 두 피켓의 기재 내용을 연결하여 보면, 피고인이 기재한 '부당해고'는 단순히 '적절하지 아니한 해고이다'라는 의견 내지 논평으로서의 의미를 넘어, '노동자의 정당한 권리를 빼앗는 해고이다'라는 의미로 사용된 것으로 보이는바, 이는 허위 여부를 판단할 수 있는 구체적 사실의 적시라 할 것이다.

③ 피고인은 해고된 후 중앙노동위원회에서 부당해고 및 부당노동행위 구제신청에 대하여 기각 판정을 받았고, 서울북부지방법원에서 해고무효확인 등의 소에서 기각 판결을 받았다. 따라서 피고인이 '부당해고'라고 기재한 내용은 허위의 사실이라 할 것이며, 위 구제신청과 민사소송을 수행하였고 그 결과를 인지하고 있는 피고인은 위 기재가 허위임을 인식하고 있었다고 봄이 타당하다. 그러므로 위 '부당해고' 기재 부분은 형법 제310조가 적용되어 위법성이 조각될 여지가 없다(대법 2019.4.25, 2019도1162)

89 이력서허위기재 사건에서의 판례의 변화과정

대법 2012.7.5, 2009두16763

1. 기존 판례(대법 2007.8.20, 2007두11153)

기업이 근로자를 고용하면서 학력 또는 경력을 기재한 이력서나 그 증명서를 요구하는 이유는 단순히 근로자의 근무능력 즉, 노동력을 평가하기 위해서만이 아니라 노사간의 신뢰형성과 기업질서유지를 위해서는 근로자의 지능과 경험, 교육정도, 정직성 및 직장에 대한 정착성과 적응성 등 전인격적 판단을 거쳐 고용여부를 결정하기 위한 판단자료로 삼기 위한 것이고, 이와 같은 목적으로 제출이 요구되는 이력서에 허위의 학력 혹은 경력을 기재한다는 것은 그 자체가 근로자의 정직성에 대한 중요한 부정적인 요소가 되는 점, 그런데 원고(근로자)는 고등학교 졸업자만을 대상으로 신규사원을 모집하는 참가인(사용자) 회사에 입사함에 있어 의도적으로 대졸학력을 은폐하였고, 나아가 면접에 임함에 있어서는 적극적으로 참가인 회사를 기망하였다는 점 등을 종합하면, 참가인 회사가 원고의 학력 허위기재사실을 들어 이 사건 퇴직에 나아간 것은 정당한 이유가 있다고 할 것이다.

2. 기존 판례의 문제점

기존 판례는 민법 제110조제1항 "사기나 강박에 의한 의사표시는 취소할 수 있다"는 규정을 논거로, "채용 당시에" 이력서허위기재(사기)로 인하여 근로자에 대한 전인격적 판단을 그르쳐(착오) 채용하였으므로 그 사실(사기행위)을 알았다면 언제든지 채용을 취소(해고)할 수 있다는 이론 구성을 하여 왔으나, 이는 다음과 같이 많은 문제점을 내포하고 있었다.

① 해고사유의 현재성과 관련하여 기존 판례는 이력서허위기재의 경우 기간의 경과 등에 의해 그 하자가 치유되지 않기 때문에 언제라도 해고가 정당하다는 입장을 취하여 왔으나, 근기법 제23조제1항의 '정당한 이유'의 존부는 해고 당시를 중심으로 하여 객관적으로 판단되어야 하는 것이지, 근로자의 입사시로 소급하여 이력서 허위기재와 사용자의 주관적 판단 사이의 인과관계에 의해 결정될 문제는 아니라는 점,

② 또한 이력서 허위기재는 근로계약 체결시에 문제되는 것이므로 이미 체결된 계약에 대한 의무위반행위라고 할 수는 없으며, 또한 근로계약의 존재를 전제로 하는 직장질서의 위반이라고도 볼 수 없다. 따라서 이력서 허위기재의 경우 상당한 기간의 경과에도 불구하고 언제든지 정당하게 해고할 수 있다는 기존 판례의 태도는 근로계약 체결시 근로자가 사용자에 대해 부담하는 진실고지의무를 무제한으로 확대하고 있다는 점 등의 비판을 받아왔다.

3. 대상판례(대법 2012.7.5, 2009두16763)

가. 사실관계

별 생각없이 대졸학력을 기재하지 않고 2003.1. 고졸 생산직으로 입사한 근로자 A가 3-4년 지난 시점에서 노조비정규 지회를 설립하고 간부활동을 하자, 회사가 채용과정조회를 통해 학력허위기재 사실를 발견하고, 이력서허위기재 시 해고사유로 규정한 취업규칙을 근거로 2007.9. 해고한 바, 근로자 A는 지방노동위원회에 부당해고 및 부당노동행위 구제신청을 하였다.

나. 쟁점

(1) 사용자가 이력서에 근로자의 학력 등의 기재를 요구하는 목적

사용자가 이력서에 근로자의 학력 등의 기재를 요구하는 것은 근로능력의 평가 외에 근로자의 진정성과 정직성, 당해 기업의 근로환경에 대한 적응성 등을 판단하기 위한 자료를 확보하고 나아가 노사간 신뢰관계의 형성과 안정적인 경영환경의

유지등을 도모하고자 하는 데에도 그 목적이 있는 것으로, 이는 고용계약의 체결뿐 아니라 고용관계의 유지에 있어서도 중요한 고려요소가 된다.

(2) 이력서허위기재에 따른 해고정당성 여부에 대한 판단시점

근로자가 입사 당시 제출한 이력서 등에 학력 등을 허위로 기재한 행위를 이유로 징계해고를 하는 경우에도 마찬가지이고, 그 경우 사회통념상 고용관계를 계속할 수 없을 정도인지는 사용자가 사전에 그 허위 기재 사실을 알았더라면 근로계약을 체결하지 않았으리라는 등 고용 당시의 사정뿐 아니라, 고용 이후 해고에 이르기까지 그 근로자가 종사한 근로의 내용과 기간, 허위기재를 한 학력 등이 종사한 근로의 정상적인 제공에 지장을 초래하는지 여부, 사용자가 학력 등의 허위 기재 사실을 알게 된 경위, 알고 난 이후 당해 근로자의 태도 및 사용자의 조치 내용, 학력 등이 종전에 알고 있던 것과 다르다는 사정이 드러남으로써 노사간 및 근로자 상호간 신뢰관계의 유지와 안정적인 기업경영과 질서유지에 미치는 영향 기타 여러 사정을 종합적으로 고려하여 판단할 것이다.

(3) 취업규칙에서 근로자가 고용 당시 제출한 이력서 등에 학력 등을 허위로 기재한 행위를 징계해고사유로 특히 명시하고 있는 경우, 해고의 정당성

취업규칙에서 근로자가 고용 당시 제출한 이력서 등에 학력 등을 허위로 기재한 행위를 징계해고사유로 특히 명시하고 있는 경우에는, 이를 이유로 해고하는 것은, 고용 당시 및 그 이후의 제반사정에 비추어 보더라도 사회통념상 현저히 부당하지 않다면 그 정당성이 인정된다 할 것이다.

90 사내 이메일 · 컴퓨터 조사에서의 적법성 확보방법

대법 2009.12.24, 2007도6243

헌법 제17조 "모든 국민은 사생활의 비밀과 자유를 침해받지 아니한다"

형법 제20조 【정당행위】 "법령에 의한 행위 또는 업무로 인한 행위 기타 사회상규에 위배되지 아니하는 행위는 벌하지 아니한다".

2 일차

1. 정당행위

형법 제20조 소정의 '사회상규에 위배되지 아니하는 행위'라 함은 법질서 전체의 정신이나 그 배후에 놓여 있는 사회윤리 내지 사회통념에 비추어 용인될 수 있는 행위를 말하고, 어떠한 행위가 사회상규에 위배되지 아니하는 정당한 행위로서 위법성이 조각되는 것인지는 구체적인 사정 아래서 합목적적, 합리적으로 고찰하여 개별적으로 판단하여야 할 것이다(대법 2000.4.25, 98도2389 판결 등 참조).

2. 사실관계

이 사건 공소사실의 요지는, 컴퓨터 관련 솔루션 개발업체인 공소외 1 주식회사의 대표이사인 피고인은 영업차장으로 근무하던 피해자 공소외 2가 회사의 이익을 빼돌린다는 소문을 확인할 목적으로, 그 직원인 공소외 3, 공소외 4와 공모하여, 공소외 3은 비밀번호를 설정함으로써 비밀장치를 한 전자기록인 피해자가 사용하던 개인용 컴퓨터의 하드디스크를 떼어낸 뒤, 공소외 4와 함께 이를 다른 컴퓨터에 연결하여 거기에 저장된 파일 중 '○○○원'이라는 단어로 파일검색을 하여 피해자의 메신저 대화 내용과 이메일 등을 출력하여 비밀장치한 전자기록 등 특수매체기록을 기술적 수단을 이용하여 그 내용을 알아냈다.

3. 판결

① 피고인이 피해자가 사용하던 컴퓨터의 하드디스크를 검사할 무렵 피해자의 업무상배임 혐의가 구체적이고 합리적으로 의심되는 상황이었고, 그럼에도 불구하고 피해자가 이를 부인하고 있어 공소외 1 주식회사의 대표이사인 피고인으로서는 피해자가 회사의 무형자산이나 거래처를 빼돌리고 있는지 긴급히 확인하고 이에 대처할 필요가 있었던 점,

② 피고인은 피해자의 컴퓨터 하드디스크에 저장된 정보의 내용을 전부 열람한 것이 아니라 의심이 가는 "○○○원"이라는 단어로 검색되는 정보만을 열람함으로써 조사의 범위를 업무와 관련된 것으로 한정한 점,

③ 피해자는 입사할 때에 회사 소유의 컴퓨터를 무단으로 사용하지 않고 업무와 관련된 결과물을 모두 회사에 귀속시키겠다고 약정하였을 뿐만 아니라, 위 컴퓨터에 피해자의 혐의와 관련된 자료가 저장되어 있을 개연성이 컸던 점,

④ 그리하여 위와 같이 검색해 본 결과 공소외 1 주식회사의 고객들을 빼돌릴 목적으로 작성된 ○○○원 명의의 견적서, 계약서와 ○○○원 명의로 계약을 빼돌렸다는 취지의 메신저 대화자료, 이메일 송신자료 등이 발견된 점,

⑤ 또한 회사의 모든 업무가 컴퓨터로 처리되고 그 업무에 관한 정보가 컴퓨터에 보관되고 있는 현재의 사무환경하에서 부하 직원의 회사에 대한 범죄 혐의가 드러나는 경우 피고인과 같은 감독자에 대하여는 회사의 유지·존속 및 손해방지 등을 위해서 그러한 정보에 대한 접근이 허용될 필요가 있는 점 등을 종합하여 볼 때, 피고인의 행위는 사회통념상 허용될 수 있는 상당성이 있는 행위로서 형법 제20조에 정하여진 정당행위에 해당하여 위법성이 조각된다.

4. 사내 이메일 · 업무용 컴퓨터 조사의 적법성 요건 : 위법하게 수집한 증거의 증거능력 인정요건

① 사내 이메일 · 컴퓨터 조사가 필요할 정도의 비위행위에 대한 합리적 의혹의 존재와 사실관계 확인의 필요성.

② 그러한 상황 하에서 자료 열람에 관해 사전에 근로자의 동의를 구하거나 열람의 범위나 방법에 대한 의견 진술의 기회를 부여.

③ 검색 · 열람 과정에 당해 근로자 본인 또는 객관적 · 중립적 지위에 있는 제3자가 입회할 수 있는 기회를 부여.

④ 검색어를 활용해 검색 · 열람의 범위를 비위 혐의와 관련된 것으로 제한.

⑤ 수집된 정보는 사실관계 확인 및 징계를 위해서만 사용해야 하고, 외부로 유출되지 않기 위한 조치들을 마련.

⑥ 사전에 '감사 목적의 이메일 · 컴퓨터 조사에 동의한다'는 내용의 정보서약서를 받아 두는 것이 바람직.

2
일
차

5. 사용자가 근로자의 컴퓨터 저장정보를 무단으로 탐지한 행위는 불법행위로 근로자가 입은 정신적 고통에 대하여 손해를 배상할 책임이 있다(대구지법 2024.8.21, 2023나320254).

컴퓨터에 저장된 개인의 인터넷 검색기록이나 웹사이트 방문기록, 애플리케이션 로그 등은 개인의 사생활의 비밀에 관한 사항에 해당하므로 이러한 정보에 대한 무단탐지는 사생활의 비밀과 자유, 정보에 대한 자기결정권 등을 침해하는 것으로서 정당한 이유가 없는 한 불법행위를 구성한다. 따라서 사업주인 피고가 원고 부재시 원고의 사무실 컴퓨터 저장정보를 무단으로 탐지한 이 사건 탐지행위는 불법행위에 해당한다 할 것이므로 피고는 원고에게 이로 인하여 원고가 입은 정신적 고통에 대하여 손해를 배상할 책임이 있다.

91 과거의 행위에 대하여 징계할 수 있는 기간의 한계

1. 징계규정의 의미

징계규정은 근로자로 하여금 상당기간 불안정한 지위에 있게 하는 것을 방지하고 아울러 회사가 비교적 장기간에 걸쳐 징계권행사를 게을리 하여 근로자로서도 이제는 회사가 징계권을 행사하지 않으리라는 기대를 갖게 된 상태에서 회사가 새삼스럽게 징계권을 행사하는 것은 신의칙에도 반하는 것이 되므로 징계권행사에 제한을 가하려는 취지에서 둔 규정이다(대법 1995.3.10, 94다14650).

2. 징계규정을 훈시규정으로 본 경우

사용자 취업규칙은 징계는 징계사유가 발생한 날 또는 한 날로부터 3개월 이내에 실시하도록 한 규정은 징계사유의 시효에 관한 것이 아니라 징계절차에 관한 것으로서 징계를 함에 있어 징계처분 대상자의 불안감을 해소하고 직무에 전념하도록 하기 위하여 되도록 빠른 시일 내에 징계절차를 실행하라는 의미의 절차적 훈시규정이라고 할 것이므로, 위 규정에서 정하는 기간이 경과하였다고 하여 징계할 수 없는 것은 아니라고 할 것이다(서울행법 2006.12.12, 2006구합28123).

3. 적정 징계시효(국가공무원법 제83조의2 규정)

징계의결 등의 요구는 징계 등의 사유가 발생한 날로부터 3년이 지나면 하지 못한다(금품 및 향응수수는 5년).

4. 시효도과 또는 징계사유이후 비위사실이 있을 경우

가. 징계시효가 지난 비위행위를 징계양정 결정의 참작자료로 활용할 수 있는지

원고는 영업소 소장으로서 영업소 직원의 업무를 감독하고 지휘함과 아울러 이들에게 모범을 보여야 할 지위에 있음에도 불구하고, 지점 상사의 적법한 업무행위에 항의하면서 그를 폭행하고 후임 영업소장으로 발령받은 사람의 부임을 방해하면서 자신에 대한 정당한 인사명령에 불응하였다. 위 폭행사건이 있은 지 1년이 지난 뒤에 이를 징계사유에 포함시켰다 하여 신뢰이익을 침해한다거나 징계권을 남용한 것이라고 볼 수 없다(대법 2000.8.22, 2000두3634).

나. 징계처분 이후의 비위사실이 징계의 적정성에 대한 판단자료가 될 수 있는지

징계처분의 적정 여부를 판단함에 있어서는 피징계자의 평소의 소행·근무성적·징계처분 전력 이외에도 당해 징계처분사유 전후에 저지른 징계사유로 되지 아니한 비위사실도 징계양정에 있어서 참작자료가 될 수 있다(대법 2001.12.27, 2001다68891).

다. 연장된 징계시효기간을 적용한 징계의 효력

징계시효기간 만료전에 시효가 연장된 것이라면 원칙적으로 소급규정에 의한 권리침해나 징계권 남용에 해당되지 않는다(대법 2014.6.12, 2014두4931).

92 경영상 이유에 의한 해고 (정리해고)

근기법 제24조【경영상 이유에 의한 해고의 제한】 ① 사용자가 경영상 이유에 의하여 근로자를 해고하려면 긴박한 경영상의 필요가 있어야 한다. 이 경우 경영악화를 방지하기 위한 사업의 양도·인수·합병은 긴박한 경영상의 필요가 있는 것으로 본다.
② 제1항의 경우에 사용자는 해고를 피하기 위한 노력을 다하여야 하며, 합리적이고 공정한 해고의 기준을 정하고 이에 따라 그 대상자를 선정하여야 한다. 이 경우 남녀의 성을 이유로 차별하여서는 아니 된다.
③ 사용자는 제2항에 따른 해고를 피하기 위한 방법과 해고의 기준 등에 관하여 그 사업 또는 사업장에 근로자의 과반수로 조직된 노동조합이 있는 경우에는 그 노동조합(근로자의 과반수로 조직된 노동조합이 없는 경우에는 근로자의 과반수를 대표하는 자를 말한다. 이하 "근로자대표"라 한다)에 해고를 하려는 날의 50일 전까지 통보하고 성실하게 협의하여야 한다.
④ 사용자는 제1항에 따라 대통령령으로 정하는 일정한 규모 이상의 인원을 해고하려면 대통령령으로 정하는 바에 따라 고용노동부장관에게 신고하여야 한다.
⑤ 사용자가 제1항부터 제3항까지의 규정에 따른 요건을 갖추어 근로자를 해고한 경우에는 제23조제1항에 따른 정당한 이유가 있는 해고를 한 것으로 본다.

1. 긴박한 경영상의 필요성 판단기준

가. 당기순손실 지속, 인건비 비중 증가, 유휴인력 과다발생(적극)

참가인(사용자)은 2002년 이후 지속적으로 당기순이익의 손실을 보고 있을 뿐 아니라 그에 따라 현금보유액도 급격히 감소되고 있었고, 또한 2002년부터 2005년까지 자기자본수익률이 지속적으로 마이너스 상태에 있는 등 원가에 있어 대부분을 차지하고 있는 인건비의 절감이 절실한 상태에 있었고, 다른 감리업체에 비하여 재택자 비율이 높아 상당수의 유휴인력이 존재하고 있었던 것으로 보이는 점 등에 비추어 상당한 정도의 경영상의 어려움에 처해 있었음이 인정되고, 더욱이 이러한 경영상황에 대하여 노동조합이 공감하고 인력감축에 합의한 사정을 고려하면 참가인 회사는 이러한 경영상의 어려움을 극복하기 위하여 유휴인력을 감축하기 위한 구조조정방안으로 아 사건 해고를 단행할 긴박한 경영상의 필요가 있었다고 할 것이다(대법 2008.8.21, 2008두7663).

나. 장래 도래할 위기(적극)

참가인(사용자) 회사는 비록 손익계산서상 결손이 발생한 것은 아니었지만 2004.4.1부터 2005.3.31까지의 당기순이익이 대폭 감소하였고, 가중부실자산 및 위험가중자산의 비율도 2004년 상반기가 전기에 비하여 증가하였으며, 2004년 해약환급금 비율도 생명보험업계의 평균에 비하여 높았던 점, 참가인 회사는 이 사건 정리해고 이전 자산규모가 유사한 다른 보험회사에 비하여 점포수는 월등히 많은 반면, 매출은 큰 차이가 없어 전반적으로 비능률적이고 비효율적인 영업구조를 가진 것으로 보이는 점, 2003.8.30부터 도입된 방카슈랑스 제도로 인하여 … (중략) … 기존 전속 설계사를 중심으로 이루어지던 영업 및 판매조직의 축소 및 개편이 불가피하였던 점, 방카슈랑스제도의 도입에 즈음하여 국내보험업계는 외국계 보험회사의 공격적인 시장공략으로 외국계 보험회사의 시장점유율은 지속적으로 증가했지만, 참가인 회사를 포함한 중소 규모의 보험회사의 시장점유율은 지속적으로 하락한 점 … (중략) … 등 이 사건 변론에 나타난 제반사정을 종합하여 보면, 참가인 회사로서는 방카슈랑스제도의 도입과 … (중략) … 동종업계에 비해 비능률적이고 취약한 생산성구조를 개혁함으로써 장래 도래할 수 있는 위기에 미리 대처하기 위하여 이 사건 조직개편을 단행하고, 그 과정에서 발생하는 잉여인력에 대하여 구조조정을 단행할 긴박한 경영상의 필요가 있었다고 할 것이다(대법 2008.7.10, 2008두5056).

2
일
차

다. 일부 사업폐지

(1) 종전 판례(대법 2009.5.14, 2009두3897)(적극)

원고(근로자)는 참가인(사용자) 공사 전체적으로는 2006년도 당기순이익이 급증하는 등 경영상 어려움이 전혀 없었으므로, 참가인이 그 조직 중 극히 일부에 불과한 견인사업 부문을 대상으로 정리해고를 실시하여야 할 긴박한 경영상의 필요가 있었던 것으로 볼 수 없다고 주장하나, 사업 전체의 경영사정을 종합하여 볼 때, 전체 경영실적에서 흑자를 기록하고 있다고 하더라도 일부 사업부문의 비효율화로 인하여 그 사업부문에서 만성적인 적자를 기록하고 있고, 그러한 만성적인 적자가 해당 사업부문의 구조적인 문제 등에 기인한 것으로 개선될 가능성이 없는 때에는 해당 사업부문을 폐지하고 그 인원을 삭감하는 것이 불합리한 것이라고 볼 수 없다.

(2) 최근 판례(대법 2021.7.29, 2016두64876 ○○전기 사건)(소극)

① 사용자가 일부 사업 부문을 폐지하고 그 사업 부문에 속한 근로자를 해고하였는데 그와 같은 해고가 경영상 이유에 의한 해고로서의 요건을 갖추지 못하였지만 폐업으로 인한 통상해고로서 예외적으로 정당하기 위해서는, 일부 사업의 폐지·축소가 사업 전체의 폐지와 같다고 볼 만한 특별한 사정이 인정되어야 한다. 이때 일부 사업의 폐지가 폐업과 같다고 인정할 수 있는지는 해당 사업 부문이 인적·물적 조직 및 운영상 독립되어 있는지, 재무 및 회계의 명백한 독립성이 갖추어져 별도의 사업체로 취급할 수 있는지, 폐지되는 사업 부문이 존속하는 다른 사업 부문과 취급하는 업무의 성질이 전혀 달라 다른 사업 부문으로의 전환배치가 사실상 불가능할 정도로 업무 종사의 호환성이 없는지 등 여러 사정을 구체적으로 살펴 종합적으로 판단하여야 한다.

② 원심판결 이유와 기록에 의하면, 다음과 같은 사실 내지 사정을 알 수 있다.

- 원고는 주식회사 ○○전선, 주식회사 ○○, ○○중공업 주식회사를 순차적으로 합병하여, 합병 이전의 사업장과 생산 품목 등을 그대로 유지하면서 전선사업, 통신사업, 재료사업, 중전기사업을 영위하였다. 원고의 전선사업부는 전력선(초고압케이블)을, 통신사업부는 통신선(광케이블과 F/S케이블)을, 재료사업부는 기초 소재를, 중전기사업부는 차단기와 변압기를 생산한다.
- 이 사건 해고 무렵 원고는 그 산하에 전선사업본부, 중전기사업본부, 경영지원실 등을 두고, 전선사업본부 산하에 전력선사업부, 재료사업부, 통신사업부 등을, 중전기사업본부 산하에 변압기사업부, 차단기사업부 등을 편제하여 두고 있었으며, 각 본부 산하에 국내영업담당 및 해외영업담당 조직을 두고 있었다.

전력선사업부는 수원의 전선공장에, 통신사업부와 재료사업부는 안산(반월)공장에 있었다.

- 기록상 확인 가능한 원고의 재무제표는 원고 법인을 기준으로 단일하게 작성·공시된 것으로 보인다.
- 원고는 전선사업본부장 등의 전결에 따라 각 공장에서 근무할 직원의 모집공고 등을 거쳐 직원을 채용한 후 원고 대표이사를 사용자로 기재한 근로계약서를 작성하였다. 원고 소속 근로자들은 근로계약서에 기재된 근무 장소 및 사업부에서 근무하다가 원고의 필요에 따라 다른 업무를 수행하거나 다른 사업부로 전환배치 되기도 하였다. 통신사업부 소속 피고보조참가인 ○○○는 2013년 전선사업부에서 지원 업무를 수행하였고, 김○○은 통신사업부에서 11개월 근무하다가 이 사건 해고에 앞서 전선사업부로 전환배치 되어 업무를 수행하였다.
- 원고의 각 사업부에서 생산하는 제품은 모두 전기 관련 제품이다. 전선사업부에서 생산하는 전력선과 통신사업부에서 생산하는 통신케이블은 그 제조 공정에 유사성이 있다.

③ 위 인정사실에서 알 수 있는 다음과 같은 사정들을 앞에서 본 법리에 비추어 살펴보면, 원고의 통신사업부는 존속하는 다른 사업부와 독립한 별개의 사업체로 보기 어렵다.

- 원고의 각 사업부는 생산하는 제품이 다르기는 하나 본사가 경영을 총괄하여 경영주체가 동일하고, 독립된 별도의 영업조직을 갖추고 있지 않다. 각 사업부는 수원공장, 안산(반월)공장, 홍성공장 등으로 사업장이 분산되어 있으나 이는 합병 이전에 영위하던 생산 업무를 그대로 유지하려는 원고의 경영상 필요에 따른 것으로 보인다.
- 재무와 회계가 독립되어 있는지 여부는 원칙적으로 재무 및 회계에 관한 객관적인 자료를 바탕으로 판단하여야 한다. 그런데 원고가 제출한 재무제표 상 통신사업부, 전선사업부, 재료사업부, 중전기사업부를 각각 재무와 회계가 구분된 독립된 사업 부문으로 운영하고 있는 것으로는 보이지 아니한다. 원고가 제출한 ERP(Enterprise Resource Planning, 기업자원관리 시스템)상으로는 사업부별 영업이익과 매출액이 구별되나, 이는 회계의 편의를 위하여 내부적으

로 작성한 자료에 불과하다. 그 밖에 원고의 위 각 사업부가 재무·회계상 명백히 독립되어 있는 것으로 볼 만한 자료는 찾기 어렵다.

- 원고가 재무를 담당하는 조직을 위 각 사업부 단위로 별도로 두고 있거나 원고의 각 사업부가 독립적인 인사권을 보유 및 행사하고 있는 것으로 보이지 아니한다.
- 원고의 각 사업부 사이에 업무종사의 호환성이 없다고 단정할 수 없다. 특히 전력선과 통신선의 제조 공정이 유사하여 통신사업부에 종사한 근로자는 비교적 단기간의 직무교육을 거쳐 전선사업부에 편입될 수 있다고 보인다.
- 그 밖에 원고의 통신사업부가 다른 사업부와 인적·물적 조직으로 분리되어 있고, 재무·회계가 독립되어 있으며, 각 사업부 사이에 업무종사의 호환성이 없다고 볼 만한 사정을 기록상 찾기 어렵다.

라. 수 개의 사업부로 구성된 법인에서 '긴박성' 판단단위

(1) 쟁점

재무와 회계의 분리에 대한 판단에 있어 공식 재무자료에 따르는지 아니면 기업의 내부 문서만으로 가능한지

(2) 종전 판례(대법 2006.9.22, 2005다30580)(적극)

각 사업부별 경영의 긴박성과 경영상 해고가 인정되는 예외 사유는, ① 각 사업부문이 인적·물적·장소적으로 분리·독립되어 있을 것, ② 재무와 회계도 분리되어 있을 것, ③ 노동조합도 각 사업부문별로 조직되어 있을 것, ④ 경영여건도 서로 달리하고 있을 것 등이다.

(3) 최근 판례(대법 2015.5.28, 2012두25873 ○○호텔 사건)(소극)

공식적인 재무제표는 서울호텔사업부와 부산호텔사업부를 포함한 법인 전체를 기준으로 작성되어 있고, 참가인이 서울호텔사업부와 부산호텔사업부가 재무적으로 분리되어 있다는 근거로 제출한 회계자료는 참가인이 회계의 편의를 위하여 내부적으로 작성한 자료에 불과한 점, 참가인 내부에는 서울호텔사업부와 부산호텔사업부 외에도 외식사업부가 있는데 참가인의 본사에는 이를 사업부 전체의 인사

와 재무를 관장하는 지원담당부서가 있었던 것으로 보이는 점, 참가인은 서울호텔사업부와 부산호텔사업부 소속 직원들에게 일률적으로 성과급을 지급하기도 하였던 점 등에 비추어 보면, 참가인의 서울호텔사업부와 부산호텔사업부의 재무와 회계가 분리되어 있다고 단정하기 어렵다. 따라서 원심 판시와 같이 참가인의 서울호텔사업부와 부산호텔사업부가 인적·물적·장소적으로 분리되어 있고 노동조합이 별도로 조직되어 있더라도, 서울호텔사업부만을 분리하여 '긴박한 경영상 필요' 여부를 판단할 수 있는 경우에 해당한다고 보기 어렵다.

2. 해고회피노력

가. 사회통념상의 노력(적극)

정인원 이상을 재택근무를 활용하여 고용을 유지하여 왔던 것으로 보이고, 희망퇴직 및 이 사건 해고를 실시함에 있어서는 2차례의 조직개편을 통해 본사조직을 슬림화하였으며, 정규직원 채용을 중단하고 사업유지에 꼭 필요한 인력은 계약직으로 채용하였고, 감축대상자로 선정된 직원에 대해서는 위로금을 지급하고 희망퇴직을 실시하는 등 해고를 피하기 위하여 노력하였으며, 특히 이러한 해고회피 방법에 관하여 노동조합과 수차례에 걸쳐 협의한 끝에 합의를 하고 그에 따라 이 사건 해고를 행한 것인 점 등 변론에 나타난 제반 사정을 참작하면, 참가인은 이 사건 해고를 피하기 위하여 가능한 노력을 다한 것이라고 할 것이다(대법 2008.8.21, 2008두7663).

나. 희망퇴직(소극)

원고가 실시한 희망퇴직은 해고회피 노력의 일환으로 평가될 수는 있다고 하더라도, 희망퇴직이 정리해고와 비교하여 법적 분쟁을 최소화하면서 온건한 방법으로 인원 과잉을 해소할 수 있는 장점을 갖고 있을 뿐 본질적으로는 근로자의 고용상실을 초래한다는 측면에서 최후적인 해고회피 수단으로 고려되어야 한다. 원고 스스로 희망퇴직을 시행한 것이 아니라 근로자대표의 요구에 의하여 희망퇴직을 시행하게 된 점, 희망퇴직자 전원이 정리해고대상자로 내정된 근로자였던 점, 구체적인 희망퇴직 보상금 등의 내용도 근로자대표와의 제4차 회의 때에서야 결정되었고 위로금도 예전보다 적은 금액에 불과한 점 등에 비추어 보면, 위 희망퇴직은 이 사건 정리해고의 기회에 정리해고의 일환 내지 보충적 수단으로서 외형적으로 정리해고의 정당성을 부여하기 위하여 시행된 것으로 보인다. 따라서 단지 희망퇴직제를 활용하였다는 것만으로는 원고가 해고회피 노력을 다하였다고 볼 수는 없다(대법 2016.3.24, 2015두56144 / 원심 : 서울고법 2015.10.16, 2015누38483).

다. 해고범위 최소화 부족(소극)

원고(사용자) 지원단이 이 사건 해고를 함에 있어서 먼저 ○○관리관으로 전직을 희망하는 사람들을 파악하여 이들을 제외한 나머지 기사들 중 해고대상자를 선정한 것은 어느 정도 이 사건 해고를 피하기 위한 노력을 한 것으로 볼 수 있다. 그러나 해고를 피하기 위한 노력이란 해고대상자를 선정하기에 앞서 시행하는 임금동결, 휴직, 명예퇴직, 전직 등을 의미하는 것이라고 할 것이므로, 원고 지원단이 이미 이 사건 해고대상자를 선정한 다음 그들을 상대로 ○○관리관이나 다른 복지시설로의 전직 등을 권유하였다고 하여 이것을 해고를 피하기 위한 노력으로 볼 수 없고, 위 ○○관리관 전직희망자 파악 여부만으로 해고를 피하기 위한 노력을 다한 것이라고 볼 수 없다(대법 2008.9.11, 2008두11495).

라. 주주배당금 지급(소극)

원고(사용자)는 경영상 위기를 타개하기 위하여 각종 비용을 절감하고 불필요한 재산을 매각하였으며 임원들의 성과급 등을 감축하고 조직을 개편하여 우대퇴직을 실시하는 등 해고를 회피하기 위하여 노력하여 왔다. 그러나 ○○장학회에 대해서는 계속적으로 8억원의 장학금을 지급하여 왔는바 …(중략)… ○○장학회는 원고의 전 주식을 소유하고 있는 주주이므로 이 장학회에 대한 장학금 지급은 실질적인 배당으로 볼 수도 있는 점, …(중략)… 위 금액은 이 사건 해고당시 명예퇴직 및 정리해고로 인하여 절감된 임금 12억 원의 2/3에 해당하는 점 …(중략)… 등에 비추어 볼 때 위와 같이 ○○장학회에 대한 장학금 지원 사업을 같은 규모로 계속 유지해온 이상 위와 같은 노력만으로 해고범위를 최소화하기 위해 필요한 모든 조치를 다하였다고 보기 어렵다(대법 2009.11.4, 2009두15838).

마. 감원목표 초과 상태에서 추가 정리해고(소극)

이 사건 정리해고 전후로 정규직 55명, 계약직 59명, 임원 6명을 신규로 채용하고 승진인사를 단행하는 한편, 일부 부서에 대하여만 경영성과금의 대부분에 해당하는 성과급을 지급하였을 뿐만 아니라, 대규모 감원에도 불구하고 교육비 예산을 그대로 유지하여 결과적으로 직원 1인당 지출 규모를 증가시켰다. 이러한 조치는 원고의 경영상황과 정리해고의 규모 등을 고려하여 볼 때 이 사건 정리해고를 감수하고서라도 시행했어야 할 회사 경영상 필요한 최소한의 불가피한 것들이었다고 단정하기 어렵고, 그 비용지출 규모가 이 사건 정리해고로 절감되는 경제적 비용에 비해 훨씬 크다고 보이는 점을 아울러 고려하면 적절한 해고회피 노력을 다하지 못하였다고 볼 여지가 있다(대법 2017.6.29, 2016두52194).

2일차

표 해고회피노력 사례

방법	주요내용
① 작업방식 개선	작업방식의 과학화, 합리화
② 임금조정	임금동결, 임금 삭감, 임금피크제, 퇴직금누진제 폐지 등
③ 아웃소싱 내부화	하도급·파견 업무 직접 수행, 기간제 기간만료 시 종료
④ 신규채용 중단	기존인력 최대한 활용
⑤ 근로시간 조정	근로시간 단축을 통해 업무 분할, 잡 쉐어링
⑥ 직무 전환	인력재배치, 인건비 절감
⑦ 교육훈련 실시	직무배정 곤란한 인원에 대해 다양한 직무교육 실시(폴리텍대학) 등
⑧ 휴직 등 실시	휴업, 무급 휴직
⑨ 명예퇴직 및 전직프로그램운영	희망퇴직 유도 및 전직 지원

3. 공정한 해고대상자 선정

가. 연령 및 근속기간

① "감원을 위한 해고대상자를 선정함에 있어서 장기근속자를 우선적인 해고대

상자로 정한 것은 합리성과 공정성을 결여한 것이다."(대법 1993.12.28, 92다34858)

② "단체협약 제16조에 의하면 인원정리의 경우 근무연한이 짧은 사람을 먼저 선정하도록 되어 있음에도 이러한 기준을 전혀 고려하지 아니하였으므로 부당해고이다."(대법 1987.4.28, 86다카1873)

③ "정리해고의 요건으로서 합리적이고 공정한 해고 기준인지 여부의 판단 방법 : 합리적이고 공정한 해고의 기준 역시 확정적·고정적인 것은 아니고 당해 사용자가 직면한 경영위기의 강도와 정리해고를 실시하여야 하는 경영상의 이유, 정리해고를 실시한 사업 부문의 내용과 근로자의 구성, 정리해고 실시 당시의 사회경제상황 등에 따라 달라지는 것이고, 사용자가 해고의 기준에 관하여 노동조합 또는 근로자대표와 성실하게 협의하여 해고의 기준에 관한 합의에 도달하였다면 이러한 사정도 해고의 기준이 합리적이고 공정한 기준인지의 판단에 참작되어야 한다."(대법 2002.7.9, 2001다29452)

☞ 우리나라 독특한 연공서열적 임금체계상 상대적으로 고임금을 받는 높은 직급의 나이많은 직원과 근속기간이 긴 직원을 해고하면 해고 인원을 최소화할 수 있었던 사정을 고려하여 고연령·장기근속자 우선 대상자선정이 합리적이라는 판례

④ "비정규직 상용 근로자들 중 단순노무인력을 감축하여야 할 필요성이 인정된다 하더라도 해고대상자를 선정함에 있어서는 반드시 합리적이고 공정한 기준을 설정하여 이에 의하여야 하고, 해고기준을 결정하기에 앞서 근로자들이 소속된 노동조합이나 근로자들의 과반수를 대표하는 대표자와 사이에 사전에 협의를 거쳐야 할 것인 바, 정리해고가 사용자측의 경영상 필요에 의하여 이루어지고, 그 대상자인 근로자들로서는 아무런 귀책사유 없이 일방적으로 생계수단을 상실하게 되는 중대한 결과를 초래하는 조치로서 참가인들이 짧게는 3년에서 많게는 약 15년간 원고 구청에 소속되어 장기간 근무하여 왔고, 그 작업내용이 단순한 육체적 노무에 불과하지만 특별히 강한 체력을 요구할 정도에 이르는 것으로 보이지 아니하며, 아래에서 보는 바와 같이 근로자 대표 등과 해고기준에 관하여 아무런 협의를 거치지

않은 점 등에 비추어 볼 때, 이 사건에서 원고가 연령이라는 일방적이고 획일적인 기준에 의하여 참가인들을 정리해고대상자로 선정한 것은 참가인들에게 미치는 불이익의 정도나 사회적 보호의 필요성, 근무기간 동안의 기여도나 근무태도 등을 전혀 감안하지 아니한 것으로서 공정하고 합리적인 해고기준을 적용하였다고 볼 수 없다."(서울행법 2001.12.11, 2001구26794)

나. 인사고과

① "원고회사가 피고보조참가인들을 정리해고하기 60일 전10)인 1999.1.14 리무진노동조합에 승무원 중 잉여인력에 대하여 징계, 근태, 근속연수 등의 기준에 따라 정리해고할 계획임을 통보하고, 이어서 리무진노동조합과 3차례 노사협의를 거쳐 고용조정인원의 숫자와 그 선정기준에 대하여 합의에 이른 사실을 인정할 수 있으므로, 비록 고용조정대상자 선정기준을 적용하기 위한 구체적인 평가기간이나 평가항목별 배점에 관하여는 별다른 명시적인 합의가 되지 않았고 버스승무원과 일반관리직원 사이에 징계나 근태 또는 지시이행 등의 평가기간을 달리한 점이 있다고 하더라도, 원고회사와 리무진노동조합이 위와 같은 합의에 이르게 된 경위 및 그 내용 등에 비추어 보면, 리무진노동조합이 선정기준에 대하여 구체적인 평가기간이나 평가항목별 배점 등에 관한 사항을 원고회사에 일임한 것으로 보이고, 또한 버스승무원과 일반관리직원은 각 업무의 성질과 내용이 다른 탓으로 그 평가기간을 다르게 정하였을 뿐이므로, 원고회사의 구조조정대상자 선정기준은 합리적이고 공정하였다."(대법 2004.11.12, 2004두9616, 2004두9623(병합))

② "정리해고 대상자로 인사고과 순위 하위자와 부서가 폐지되면서 달리 보직을 받지 못할 것으로 예상되던 자를 선정하여 정리해고한 것은 정당하다."(서울고법 2005.7.5, 2004누13099)

③ "이 사건 정리해고 대상자 선정기준은 근무태도에 대한 주관적 평가와 객관적 평가 및 근로자 측 요소가 각 1/3씩 비중을 차지하고 있는데, 근무태도라는 단일한 대상을 주관적 평가와 객관적 평가로 나누어 동일하게 배점하고 주관적 평가항목에서 참가인들과 잔존 근로자들 사이에 점수를 현격하게 차이가 나도록 부여

함으로써 결국 근무태도에 대한 주관적 평가에 의하여 해고 여부가 좌우되는 결과가 된 점, 근무태도에 대한 주관적 평가의 개별 항목 중 현장직 근로자들의 업무 특성에 비추어 적절해 보이지 않는 부분이 있고, 참가인들에 대하여 부여된 주관적 평가 점수가 객관적 평가 점수나 잔존 근로자에 대한 주관적 평가 점수와 비교해 볼 때 납득하기 어려울 만큼 차이가 큰 점 등 그 판시와 같은 사정들에 비추어 보면 그 선정기준 자체가 합리적이고 공정하다고 인정하기 어렵고, 그 기준을 정당하게 적용하여 해고 대상자를 선정하였다고 보이지도 아니하므로 이 사건 참가인들에 대한 해고가 위법하다."(대법 2012.5.24, 2011두11310)

④ "정리해고 대상자의 선정기준 및 방법은 근로자의 업무능력만이 아닌 근로자의 생활사정, 근로자 사이의 공평성 등을 기준으로 하는 것도 가능하다."(서울행법 2006.4.28, 2005구합5086)

다. 상병휴직자

"과거의 일정기간에 병결근이나 휴직에 의해 상당일수 노무제공을 할 수 없는 결근기간이 있었던 자는 그러한 병결근이나 휴직을 하지 않고 근무해온 사람과의 대비에 있어서 항소인에 대한 과거의 공헌도가 낮거나 후순위로 평가하는 것은 합리적이다."(오사카고등법원 2016.3.24, 일본항공 객실승무원 사건)

라. 비정규직

"원고들이 계약직 내지 임시직과 같은 비정규직으로서 정규직에 비추어 상대적으로 유동적인 근로계약상의 지위에 있었던 사정을 감안하면, 정규직 직원 20%외에 비정규직 직원을 전원 인력감축 대상에 포함시키되 담당업무의 성질에 따라 폐쇄된 지소에서 근무하던 비정규직 직원들을 우선적으로 계약기간 만료 통지 또는 사무형편상 부득이 한 사유를 이유로 계약직원운용규정이나 임시직원운용요령 등 관련규정에 따라 계약을 해지하는 방법 등으로 고용관계를 종료하기로 한 과정에서 객관적이지 않다거나 합리성을 일탈한 기준에 의하여 해고를 하였다고 보기 어려운 점등을 종합하여 볼 때, 이 사건 해고가 정리해고의 요건을 갖추지 아니한 부

당해고라는 점을 전제로 한 원고의 주장은 이유없다."(대법 2006.2.24, 2005두16499)

4. 근로자 과반수대표와 성실한 협의

가. 과반수미달 노동조합과 협의(적극)

피고(사용자) 회사 건설부문의 노동조합이 근로자들의 과반수로 조직되지는 아니하였지만, 노동조합 설립이후 피고 회사와 노동조합 사이에 체결된 단체협약이 노동조합에 가입하지 아니한 피고 회사의 다른 모든 근로자들에게도 적용되었고 그 단체협약에 회사경영상 종업원의 감원이 불가피할시 조합과 협의하여 인원을 정리한다고 규정되어 있는 사실, 정리해고 과정에서 노동조합에 가입하지 아니한 근로자들이 노동조합의 대표성을 문제 삼은 흔적이 전혀 보이지 아니하고 오히려 정리해고 대상자로 선정된 127명 중 원고(근로자)를 제외한 126명은 대부분 노동조합원이 아님에도 불구하고 모두 노사협의 결과를 수용하여 희망퇴직에 응한 사실을 인정할 수 있는 바, 그렇다면 위 노동조합은 실질적으로 근로자의 의사를 반영할 수 있는 대표자라고 인정할 수 있다고 판단된다(대법 2006.1.26, 2003다69393 / 대법 2012.5.24, 2010두15964).

나. 단체협약상 정리해고시 노조와 '합의'조항이 있는 경우

사용자가 경영권의 본질에 속하여 단체교섭의 대상이 될 수 없는 사항에 관하여 노동조합과 "합의"하여 결정 혹은 시행하기로 하는 단체협약의 일부조항이 있는 경우, 단체협약을 체결하게 된 경위와 당시의 상황, 단체협약의 다른 조항과의 관계, 권한에는 책임이 따른다는 원칙에 입각하여 노동조합이 경영에 대한 책임까지도 분담하고 있는지 여부 등을 종합적으로 검토하여 "합의"의 의미를 해석하여야 할 것이다. 기록에 의하면, …(중략)… 단체협약 조항은 공사가 정리해고 등 경영상 결단을 하기 위하여는 구조조정의 합리성과 공정성을 담보하고자 하는 "협의"의 취지로 해석함이 상당하다 할 것이다(대법 2002.2.26, 99도5380).

※ 이 판결은 2026.3.10. 개정 노조법 시행에 따라 변경되어야 할 것으로 봄.

2
일
차

93 희망퇴직 신청자에 대한 선별수리 가능 여부

1. 희망퇴직의 법적 성격

① 희망퇴직은 근로자가 퇴직의 신청(청약)을 하면 사용자가 요건을 심사한 후 이를 승인(승낙)함으로써 합의에 의해 근로관계를 종료시키는 '근로계약의 합의해지'이고, 원칙적으로 계약의 자유가 보장되는 사적 자치의 영역이다(대법 2003. 6. 27, 선고 2003다1632).

② 기업이 실시하는 희망퇴직의 공고가 '청약의 유인', 근로자의 희망퇴직 신청이 '청약', 기업의 승인이 '승낙'에 해당한다. 이와 같이 사용자와 근로자가 희망퇴직에 합의하게 되는 경우, 퇴직예정일이 도래하면 근로자는 당연히 퇴직하고 사용자는 희망퇴직금(명예퇴직금)을 지급할 의무를 부담하게 된다(대법 2003.4.25, 2002다11458).

2. 합의의 효력이 인정되는 경우

일반적으로 근로자가 경제 상황, 구조조정계획, 희망퇴직의 조건, 퇴직할 경우와 계속 근무할 경우에 있어서의 이해관계 등을 종합적으로 고려해 당시의 상황으로서는 그것이 최선이라고 판단한 결과 사직원 제출했다면, 회사의 권유에 따라 사직의 의사표시를 하고 회사가 이를 받아들임으로써 근로계약은 적법하게 합의해지된다(대법 2003.4.11, 2002다60528).

3. 합의의 효력이 부정되는 경우

① 구조조정 대상자로 선정된 문제 직원들에 대해 스스로 사직원을 제출하지 않

을 경우 총무관리처로의 대기발령, 직위해제 등의 절차를 거쳐 직권면직시킨다는 인사방침이 공고되고, 그에 따라 근로자가 대기발령 받은 뒤 회사의 거듭된 종용에 따라 사직서를 제출한 경우, 회사가 이를 수리해 퇴직 처리한 것은 해고에 해당한다(대법 2002.6.14, 2001두11076).

② 회사가 특정 근로자들을 정상적인 근로를 제공할 수 없을 정도로 열악한 부서로 전속시키고, 근로자들이 그러한 근로조건하에서 회사의 사직서 제출 종용을 견디지 못하고 사직서를 제출한 경우 해당 근로자들에게는 퇴직 이외의 다른 선택의 여지가 없으므로, 근로자들의 퇴직은 실질적으로 해고에 해당한다(대법 2003.10.10, 2001다76229).

4. 근로자가 희망퇴직 신청 후, 이를 철회할 수 있는지 여부

① 명예퇴직은 근로자가 명예퇴직의 신청(청약)을 하면 사용자가 요건을 심사한 후 이를 승인(승낙)함으로써 합의에 의해 근로관계를 종료시키는 것이고, 이러한 합의가 있고 난 후에는 당사자 일방이 임의로 그 의사표시를 철회할 수 없으며, 이 합의에 따라 명예퇴직 예정일이 도래하면 근로자는 당연히 퇴직하고 사용자는 명예퇴직금을 지급할 의무를 부담하게 된다(대법 2003.6.27, 2003다1632).

② 근로자가 희망퇴직 신청서 또는 사직서를 제출해 근로계약의 해지를 청약하는 경우 그에 대한 사용자의 승낙 의사가 형성돼 그 승낙의 의사표시가 근로자에게 도달하기 이전에는 청약의 의사표시를 철회할 수 있으나, 사용자의 승낙 의사표시가 근로자에게 도달했다면 근로자는 사직의 의사표시를 철회할 수는 없으며, 또한 근로자와 사용자가 합의 시 특별히 근로계약 관계를 일정 기간 경과 후 종료키로 약정했다고 해도 마찬가지이다(대법 1994.8.9, 94다14629).

③ 희망퇴직 공고에 "퇴직 신청은 취소 및 철회 불가"라고 기재했더라도, 희망퇴직 공고는 희망퇴직에 대한 청약의 유인에 불과하며, 청약의 유인에 희망퇴직 의사 철회를 제한하는 내용을 포함했다는 사정만으로 희망퇴직 의사의 철회를 배제하는 합의가 있다고 보기 어렵다(서울고법 2018.6.8, 2018나2002613).

5. 사용자가 희망퇴직 신청을 선별적으로 수리할 수 있는지 여부

가. 사용자가 핵심 인력이라 판단해 고용 유지 대상으로 선정한 직원의 희망퇴직 신청을 반려한 것은 정당하다(서울고법 2016.4.8, 2015나2059717).

① 희망퇴직이란 근로자가 희망퇴직의 신청을 하면 사용자가 요건을 심사한 후 이를 승인함으로써 합의에 의해 근로관계를 종료시키는 것이므로, 사용자에게 희망퇴직 심의·결정 권한이 있다고 보는 것이 일반적이다. 다만, 사용자의 희망퇴직 심의·결정 권한은 희망퇴직 제도의 도입 경위, 다른 희망퇴직 신청자들과의 형평성, 희망퇴직신청의 동기 등을 고려해 합리적인 범위 안에서 적절하게 제한적으로 행사돼야 하고, 객관적 자격을 갖춘 근로자의 희망퇴직 신청에 대해 부당한 사유를 내세워 수리를 거부하는 등 이를 남용해서는 안 된다

② 이 사건 명예퇴직 신청자 담당 분야의 인력이 부족한 점, 해외 현장 근무 등을 통해 석유 개발에 관한 충분한 경험을 보유한 명예퇴직 신청자의 명예퇴직을 허용하는 것은 고령화 등으로 업무 수행 능력이 떨어지는 인력의 조기 퇴직을 유도하기 위해 도입된 명예퇴직 제도의 취지에 부합하지 않은 점 등을 고려해, 해당 직원의 명예퇴직 신청을 불허하기로 한 결정이 합리적 범위를 벗어나 부당하다고 보기 어렵다(서울고법 2016.4.8, 2015나2059717).

나. 핵심인재로 선정된 직원을 희망퇴직 신청 대상에서 제외한 것은 정당하다(서울중앙지법 2023.5.11, 2021가합583355 소확정).

① 원고와 같은 인재들이 퇴직해 피고의 인적 자원이 유출되는 것을 방지하기 위해 원고를 포함해 피고의 주요 인재로 선정된 직원들을 희망퇴직 신청 대상에서 제외하도록 결정한 것으로 보이는바, 그러한 결정에는 합리적 필요성이 인정된다고 봄이 타당하다.

② 그리고 명예퇴직제도는 근로자 수 감축에 의한 감량경영이나 인사적체를 해소한다는 차원에서 정년에 도달하지 아니한 근로자들에게 금전적인 보상을 주고 미리 퇴직하도록 유도하는 데 그 취지가 있는 점(대법 2000.7.7, 98다42172 판결 등 참조)에 비춰 보면, 피고가 우수한 평가를 받으면서 왕성하게 일하고 있고 정년까지 많은 시간이 남은 원고를 희망퇴직 신청 대상에서 제외하는 것이 명예퇴직제도의 취지에 반한다고 보기도 어렵다.

94 영업양도와 용역업체 변경시 고용승계기대권

대법 2021.4.29, 2016두57045

근기법 제24조 【경영상 이유에 의한 해고의 제한】 ① 사용자가 경영상 이유에 의하여 근로자를 해고하려면 긴박한 경영상의 필요가 있어야 한다. 이 경우 경영악화를 방지하기 위한 사업의 양도·인수·합병은 긴박한 경영상의 필요가 있는 것으로 본다.

상법 제522조 【합병계약서와 그 승인결의】 ① 회사가 합병을 함에는 합병계약서를 작성하여 주주총회의 승인을 얻어야 한다.

상법 제526조 【흡수합병의 보고총회】 ① 합병을 하는 회사의 일방이 합병후 존속하는 경우에는 그 이사는 제527조의5의 절차의 종료후, 합병으로 인한 주식의 병합이 있을 때에는 그 효력이 생긴 후, 병합에 적당하지 아니한 주식이 있을 때에는 합병후, 존속하는 회사에 있어서는 제443조의 처분을 한 후, 소규모합병의 경우에는 제527조의3 제3항 및 제4항의 절차를 종료한 후 지체없이 주주총회를 소집하고 합병에 관한 사항을 보고하여야 한다.

상법 제527조 【신설합병의 창립총회】 ① 합병으로 인하여 회사를 설립하는 경우에는 설립위원은 제527조의5의 절차의 종료후, 합병으로 인한 주식의 병합이 있을 때에는 그 효력이 생긴 후, 병합에 적당하지 아니한 주식이 있을 때에는 제443조의 처분을 한 후 지체없이 창립총회를 소집하여야 한다.

상법 530조의10 【분할 또는 분할합병의 효과】 단순분할신설회사, 분할승계회사 또는 분할합병신설회사는 분할회사의 권리와 의무를 분할계획서 또는 분할합병계약서에서 정하는 바에 따라 승계한다.

1. 영업양도의 개념

① 영업양도란 영업목적에 의해 조직화된 일체, 즉 인적·물적 조직을 그 동일성을 유지하면서 일체로서 이전하는 행위로 본다(대법 1991.8.9, 91다15225 ; 대법 1997.4.25, 96누19314 등)고 하여, 영업양도의 판단기준은 「동일성의 유지」이다.

② 여기서 '영업의 동일성' 여부는 종래의 영업조직이 유지되어 그 조직이 전부 또는 중요한 일부로서 기능할 수 있는가에 의하여 결정되어야 하는 것이므로, 예컨대 영업재산의 전부를 양도했어도 그 조직을 해체하여 양도했다면 영업의 양도는 되지 않는 반면에, 그 일부를 유보한 채 영업시설을 양도했어도 그 양도한 부분만으로도 종래의 조직이 유지되어 있다고 사회관념상 인정되면 그것을 영업의 양도라 볼 수 있다(대법 2002.3.26, 2000다3347).

③ 구체적 사안이 영업양도인지 물적 시설만의 양도인지에 따라 고용승계가 결정될 것이므로, 사업운영에 필요한 물적 시설만을 매입할 경우에는 이를 영업의 양도라고 할 수 없고, 따라서 근로자 승계의무는 발생하지 않는다.

④ 특정계약이 '영업양도'인가 '물적 시설만의 양도'인가 여부를 판단하기 위하여는 당해계약의 전후배경, 양도자·양수자의 계약목적 등을 종합적으로 판단하여야 할 필요성이 있으며, 기타 양도계약 전후의 생산품목 변화, 거래선의 변화, 무체재산권과의 결합 정도 등이 판단요소로 제시될 수 있다.

2. 동일성 인정여부

가. 동일성 인정 사례

① 장기간 영업을 계속함으로 인해 가지게 된 고객관계·거래상의 기법·소비자 인식 등을 포함해 차재전장부문 사업에 관한 무형의 재산적 가치를 말하고, 이전기술에는 차재전장 사업에 관한 모든 특허권·실용신안권·의장권 등 지적재산권 및 제조·판매 등에 관한 기술과 노하우 등이 포함된 인적·물적 재산을 모두 양수해 이전 영업과 동일한 인적·물적 토대를 형성하였으므로 영업양도로 보아야 한다(대법 2002.3.29, 2000두8448).

② 공동주택관리 형태가 위탁관리에서 자치관리로 변경될 경우 업무의 동질성이

유지되고 근로자의 인수를 배제하는 특약이 없는 한 영업의 양도·양수로 보아 고용은 승계되는 것으로 볼 수 있다(2004.9.8, 근로기준과-4766).

나. '동일성 유지'를 인정하지 않은 사례

① 일부 근로자들의 고용승계가 이루어지고, 일부 사업목적을 그대로 사용했다고 하더라도 기존 양도기업의 주력 생산품을 수정하는 전략을 수립하고, 생상과정에서도 기존 양도기업의 기술이나 노하우를 사용하는 것이 아닌 양수기업의 기술을 도입해 생산했으며, 기존 영업조직이나 영업상 비밀 등을 사용하지 않고 양수기업의 판매망·기술·노하우·전략을 도입한 경우, 기존 조직의 인적·물적 조직의 동일성이 없어 영업양도가 아닌 자산인수로 판단된다(대법 2001.7.27, 99두2680).

② ○○공사가 계약이 해지된 당해 휴게소 영업운영권에 관하여 △△관리공단과 다시 임대차계약을 체결하였다면 신규임차인인 △△관리공단과 전 임차인인 ○○상사간에는 아무런 법률적인 관계가 형성되지 않음. 따라서 당사자간에 별도의 특약이 없는 한 △△관리공단이 ○○상사 소속근로자에 대한 고용승계의무는 발생하지 않으며, 계속근로관계도 문제되지 않음. 다만, 법적 의무와는 별도로 근로자의 고용안정을 도모한다는 차원에서 볼 때 현 임차인이 새로이 근로자를 채용한다면 전 임차인의 소속근로자였던 퇴직자를 우선 고용하는 것이 바람직하다(2000.5.9, 근기 68207-1405).

3. 영업양도에 따른 근로관계 이전

가. 당연승계설(노동법학자의 다수설)

영업양도 당사자의 약정여하에 관계없이 종래의 근로관계가 전체로서 법률상 당연히 영업양수인에게 포괄적으로 자동인수된다는 견해

나. 특약필요설(상법학자들의 다수설)

영업양도 당사자 사이에 근로관계승계에 관하여 명시적인 특약 또는 묵시적 합의가 있고 근로자 역시 이에 동의해야만 근로관계가 양수인에게 승계된다는 견해

다. 원칙승계설(판례)

① 영업양도 당사자 사이에 반대의 특약이 없는 한 원칙적으로 근로관계를 포괄적으로 승계하기로 하는 내용의 합의가 있는 것으로 사실상 추정되고, 근로관계승계를 배제할 만한 합리적 이유가 있으면 승계제외 특약이 유효하다고 보는 견해

② 사업의 일부가 양도되었음에도 근로자가 근로관계 이전에 반대의사표시를 하여 승계를 거부하고 양도기업에 잔류하고자 하는 근로자의 근로관계는 양수회사에 승계되지 않고 양도기업에 존속한다(대법 2002.3.29, 2000두8455).

③ 해고된 근로자로서 해고의 효력을 다투는 근로자와의 근로관계 승계

- 종전판례 : 사업양도에 의해 승계되는 근로관계는 계약체결일 현재 실제로 그 영업부문에서 근무하고 있는 근로자와의 근로관계만을 의미하고 계약체결일 이전에 해당 영업부문에서 근무하다가 해고된 근로자로서 해고의 효력을 다투는 근로자와의 근로관계까지 승계되는 것은 아니다(대법 1993.5.25, 91다41750).
- 최근 판례 : 근로자가 영업양도일 이전에 정당한 이유 없이 해고된 경우 양도인과 근로자 사이의 근로관계는 여전히 유효하고, 해고 이후 영업 전부의 양도가 이뤄진 경우라면 해고된 근로자로서는 양도인과의 사이에서 원직 복직도 사실상 불가능하게 되므로, 영업양도 계약에 따라 영업의 전부를 동일성을 유지하면서 이전받는 양수인으로서는 양도인으로부터 정당한 이유 없이 해고된 근로자와의 근로관계를 원칙적으로 승계한다(대법 2020.11.5, 2018두54705).

4. 근로관계 이전의 효과

가. 개별적 근로관계

① 영업양수인은 양도인과 근로자 사이에 형성된 종전의 근로계약 · 취업규칙 · 단체협약(노동조합 포함)을 통하여 정하여진 근로조건에 따라 임금을 지급하고 근로시간을 정하는 등 사용자로서의 의무를 부담하고, 근로자도 종전과 동일한 내용의 근로관계상의 의무를 부담한다(대법 1991.8.9, 91다15225).

② 2012.7.26자로 퇴직금중간정산사유가 제한되어, 영업양도 시에도 퇴직금중간

정산을 할 수 없게 되었다.

③ 다만, 이미 발생한 임금미지급에 대한 책임의 승계는 민사적 책임에 한정되며, 형사적 책임은 이전되지 않는다.

나. 영업양도가 확정된 상태에서 양도기업과 노동조합이 체결한 단체협약의 효력

① 영업양도를 위한 우선협상대상자가 선정되고 영업양도 계약을 체결하기 위해 양도기업과 양수기업이 협의하는 중에 대개의 경우 노동조합이 신설되어 양도기업과 고용안정협약 등을 체결하게 되는데, 이때 양도기업은 신의칙상 노동조합과 고용안정협약 등 단협체결에 대해 양수기업과 반드시 협의후 체결하여야 한다.

② 영업양도가 확정된 상태에서, 양수기업과 합의없이 양도기업이 노동조합과 고용안정 및 임금인상 등에 대한 협약을 체결하는 경우에, 양수기업이 양도기업과 노동조합이 체결한 단체협약을 부정할 경우, 양도기업과 체결한 단체협약은 그 효력을 인정받기 어렵다(2001.9.3, 노조 68107-10134).

2 일 차

5. 입찰에 의한 용역업체변경 시, 고용관계 승계 여부

가. '묵시적 영업양도'에 입각한 판례(서울고법 2017.6.14, 2016누62223)

(1) 사실관계

① 대한석탄공사 J광업소는 매년 공개경쟁입찰을 통해 선탄관리업무를 담당할 용역업체를 선정해 왔고, 새로이 교체된 용역업체에서는 기존 용역업체의 근로자들 중 대부분을 그대로 고용해 왔다. J광업소의 선탄관리업무를 담당하는 7개 용역업체들은 노동조합과 조합원의 정년을 만 63세에 도달하는 연말로 하는 단체협약을 체결한 바 있고, 이 사건 근로자들은 조합원이었다.

② 선탄관리업무에 새로이 낙찰자로 선정된 M기업(신규용역업체)은 종전 용역업체 근로자 32명을 별도의 근로계약없이 채용하였고, 이 사건 근로자들은 용역업체가 교체될 때마다 새로운 용역업체로 소속을 변경하여 계속 근무해 왔다.

③ 이 사건 신규용역업체는 낙찰이전에는 사업실적이 전혀 없다가 낙찰 후 정년을 만 63세 도달하는 날의 반기말일로 하는 취업규칙을 작성하였고, 이 취업규칙을

이유로 해당 근로자들에게 근로관계 종료를 통보하였다.

④ 쟁송기관별 판정 결과

기관	판정 내용	판정
지방노동위원회	신규채용	정당해고
중앙노동위원회	영업양도, 고용승계	부당해고
서울행정법원	신규채용	정당해고
서울고등법원	영업양도, 고용승계	부당해고
대법원	영업양도, 고용승계	부당해고

(2) 판결(요지)

① 신규용역업체는 특별한 물적 시설없이 J광업소의 물적 시설을 이용하여 용역을 수행할 인력을 공급하는 역할을 담당하였으므로 이 사건 용역 수행과 관련해서는 인적 조직이 제일 중요한 요소라는 점,

② J광업소의 용역을 도급받아 수행하는 용역업체가 변경되는 경우 새로이 선정된 용역업체가 종전 용역업체에 고용되었던 근로자들 중 자진퇴사자, 정년퇴직자 등을 제외하고는 그대로 고용하는 관행이 존재한다는 점,

③ 종전 용역업체의 사업주가 이 신규 용역업체에게 종전 용역업체에 소속된 근로자들의 명부를 교부하였고, 종전 용역업체에 고용되어 용역업무를 수행하던 근로자들 역시 새로 선정된 용역업체를 위해 용역업무를 그대로 수행하였다는 점,

④ 신규 용역업체는 경쟁입찰의 형식을 거쳐 대한석탄공사와 직접 도급계약을 체결하였으나 종전 용역업체의 인적·물적 조직을 그 동일성을 유지하면서 일체로서 이전받는 것을 전제로 입찰에 참여했던 사정이 인정된다는 점 등을 근거로, 종전 용역업체와 신규 용역업체를 운영하는 원고들 사이에 묵시적 영업양도 계약이 성립되었다고 보고, 이를 전제로 종전 용역업체가 이 사건 노조와 체결한 단체협약이 신규 용역업체에게도 적용된다.

나. '고용승계기대권'에 입각한 판례(대법 2021.4.29, 2016두57045)

① 이 사건 청소용역시방서 중 일반시방서 제10조제1항 및 특기시방서 제4의 라항은 원자력 발전소의 특수성을 고려하여 용역업체가 자주 바뀌는 데에 따른 안전

사고 등을 방지하고 근로자들의 고용안정을 보장하기 위하여 특별히 명시된 사항이고, 원고는 이를 수용하는 것을 전제로 이 사건 용역계약을 체결하였던 것으로 보인다. 결국 이 사건 용역계약에 의하면 새로운 용역업체의 운영자인 원고는 특별한 사정이 없는 한 종전 용역업체인 ○○건설에서 근무하던 참가인들에 대한 고용을 승계하여 이 사건 용역계약의 종료 시까지 그들에 대한 고용을 유지할 의무를 부담한다.

② 이 사건 청소용역은 상시·지속적으로 이루어져야 하는 업무이고, 이를 수행하는 용역업체가 변경될 때마다 새로운 용역업체가 종전 용역업체에서 근무한 근로자들에 대한 고용을 대부분 승계하는 관행이 형성되어 있었다.

③ 원고는 이러한 고용승계 관행을 잘 알고 이 사건 용역계약을 체결하였고, 참가인들도 이 사건 용역계약의 내용과 이 사건 청소용역과 관련된 고용승계 관행 등에 따라 특별한 사정이 없는 한 2014.9.1.부터 원고로 고용이 승계되어 이 사건 청소용역 업무를 계속 수행할 것을 신뢰하였다고 보인다.

④ 위와 같은 사정들을 종합하여 보면, 참가인들에게는 새로운 용역업체의 운영자로서 이 사건 용역계약을 체결한 원고로 고용이 승계되리라는 기대권이 인정되었다고 보는 것이 타당하고, 고용승계를 요구하는 참가인들에 대하여 이루어진 이 사건 고용승계 거부에 합리적 이유가 인정되지 않는다면 이는 부당해고와 마찬가지로 참가인들에게 효력이 없다.

다. 결론

용역업체 변경 시 고용승계에 관한 사업장 관행이 있어 왔다면, 종전 용역업체 소속 근로자에게 묵시적 영업양도에 의한 승계 또는 근로관계 승계에 관한 기대권이 인정되고, 이러한 기대권에 상응하여 신규용역업체는 이들을 승계할 의무를 부담한다.

6. 기업분할 시, 신설회사로의 고용승계를 거부하고 기존회사에 잔류할 수 있는지

둘 이상의 사업을 영위하던 회사의 분할에 따라 일부 사업 부문이 신설회사에 승

2
일
차

계되는 경우 그 승계되는 사업에 관한 근로관계는 해당 근로자의 동의를 받지 못한 경우라도 신설회사에 승계되는 것이 원칙이다(대법 2013.12.12, 2011두4282).

표 잔류 가능 여부(예외 有)

부분 영업양도	○
기업분할	×

7. 기업분할 시, 단체협약의 채무적 부분도 승계되는지

근로시간면제자, 근무시간 중 노조활동 등 단체협약의 채무적 부분은 별도의 규정이나 합의가 없는 한, 분할 회사에 승계되지 않는다. 단체협약의 채무적 부분이 그 계약을 체결한 당사자 사이에만 유효함이 원칙인 이상, 채무자 회사가 분할 전 회사와 구분되어 새로운 법인격을 갖는 법적 주체로 설립된 상황에서 이 사건 단체협약이 그 당사자가 아닌 전적된 근로자들이나 채무자 회사에게 효력을 갖기 위해서는 그에 관한 별도의 규정이나 합의가 필요하다(서울고법 2019.8.29, 2019라10010 한국지엠 사건 / 서울중앙지법 2017.9.11, 2017카합80551 현대중공업 사건).

참고 기업변동 유형

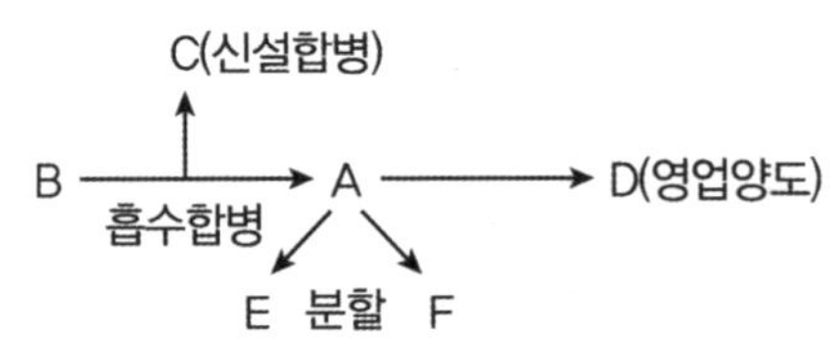

95 저성과자 해고

대법 2021.2.25, 2018다253680

1. 저성과자 선발기준의 객관성

가. 절대평가 아닌 상대평가는 부당

저성과자 선발이 정당성을 갖기 위해서는 사회통념상 근무성적 부진을 인정할 만한 상당기간 동안의 평가결과가 전제되어야 하며, 그 기준이 명확하고 객관적이어야 한다. 회사의 인사고과제도는 절대평가방식이 아닌 상대평가방식이므로 단지 인사고과에서 최하위등급을 받았다는 것만으로 참가인의 업무능력이 객관적으로 불량하다고 단정할 수 없는 점 등을 고려하여 볼 때 참가인이 4회 연속 최하위등급의 인사고과를 받았다는 사정만으로는 참가인의 근무성적이 사회통념상 고용관계를 유지할 수 없을 정도로 객관적으로 불량한 정도에 이르렀다고 보여지지는 않으므로 원고 회사가 이를 이유로 참가인을 징계면직한 것은 사용자의 인사권을 남용한 것이다(서울행법 2006.1.27, 2005구합23879).

나. 1인이 730명의 근로자를 평가한 것은 부당

피고(사용자)가 각 지점별로 C 또는 D의 평정등급 해당자 수를 할당한 점, 피고가 근무성적평정표가 작성·제출된 후 일부 지점장들에게 재작성을 요구하였고, 이에 따라 일부 지점장들이 평정자 및 확인자를 달리하도록 정한 피고의 근무성적평정요령에 어긋나게 혼자서 근무성적평정표를 재작성하기도 한 점, 평정대상자마다 평정자가 상이한 점, 시용조건부 근로계약 해지의 성격상 당해 근로자의 업무적격성 등을 절대적으로 평가하여야 함에도 상당수의 평정자가 다른 직원들과의 비교를 통하여 상대적으로 평가한 점, 원고(근로자)들에 대한 근무성적평정표 및 평정의견서만으로 원고들의 업무수행능력이 어느 정도, 어떻게 부족하였는지 또 그로 인하여 업무수행에 어떠한 차질이 있었는지를 알 수 없는 점, 평정대상자가 730여 명에 이르는 경우에 이를 모두 동일한 평정자가 평정을 하는 것은 사실상 매우 곤란할 것이라는 점, 또한 평가대상자의 근무태도, 업무능력 등을 평가함에 있어 통상의 평균적인 직원의 그것을 기준으로 하여 이와 비교하여 평가하는 것은 가능하다고 할 것인 점에서, 원심이 이 사건 근로계약의 해지가 정당하지 않은 이유로서, 평정대상자마다 평정자가 상이한 점이나, 상당수의 평정자가 다른 직원들과의 비교를 통하여 평가한 것을 상대적인 평가로 보고 이 점을 열거한 점은 부적절하다고 할 것이다(대법 2006.2.24, 2002다62432).

다. 집단적 차별사건에서 인사고과 부당성

1) 인정사실에 비추어 보면, ① 2005년 부진인력 대상자들을 제외한 일반 직원의 인사고과 비율 현황으로 추정되는 위 인사규정 시행세칙의 비율에 비해 2005년 부진인력 대상자들은 A등급의 비율은 1/10, B, C등급의 비율은 각 1/2 수준밖에 되지 않는 반면 D등급은 1.5배, F등급은 6배나 그 비율이 높은 점, ② 인사규정 시행세칙상의 인사고과 평균 등급은 C등급이나, 2005년 부진인력 대상자들의 인사고과 평균 등급은 D등급에 가까운 점{A등급을 5점, B등급을 4점, C등급을 3점, D등급을 2점, F등급을 1점으로 치환하고 평균을 계산하였을 때, 인사규정 시행세칙상의 평균은 3점(표준편차는 0.837)이나, 2005년 부진인력 대상자들의 평균은 2.185점(표준편차는 0.987) 정도이다}, ③ 인사규정 시행세칙상의 인사고과 등급의 중간값(통계 집단의 관측값을 크기순으로 배열했을 때 전체의 중앙에 위치하는 수치) 역시 C등급이나, 2005년 부진인력 대상자들의 중간값은 D등급인 점 등을 알 수 있다. 그렇다면, 통계적으로 볼 때 2005년 부진인력 대상자들의 인사고과가 그 외의 일반직원의 인사고과보다 더욱 불이익한 것으로 보이는 유의미한 외형상 격차가 존재한다고 할 수 있다(대법 2015.6.24, 2013다22195 원심 : 수원지법 2013.1.29, 2012나6377).

2) 이 판결은, 특정집단과 일반집단간 통계적으로 유의미한 격차가 있을 경우, 그 위법성과 부당성이 일단 추정되고, 그 추정을 해소하기 위해서는, 회사가 인사고과의 평가결과가 객관적이고 공정한 평가기준에 따른 것이라는 점을 증명함에

있어 대량관찰방식(민사소송법상 일종의 '일응 추정')이 사용되어야 한다는데 의의가 있다고 보여진다.

2. 저성과자 선발 후 개선기회부여

① 저성과자로 선발된 후 그들이 정상적인 업무수행과정에서 역량을 개선할 수 있는 기회를 부여하여 이를 공정하게 평가하는 절차를 거쳐야 한다. 따라서 저성과자로 선발되었다는 이유만으로 곧바로 인사조치를 취하는 것은 정당성을 인정받기 어렵다.

② 선발된 저성과자에 대하여 적정한 목표를 부여하고 평가관리부서에서 저성과자를 재차 확인한 경우 해고의 정당성을 인정하고 있다(서울행법 2005.4.14, 2004구합27799).

③ 성과향상을 위한 교육기회를 부여하였는지 여부(서울행법 2004.12.24, 2004구합18047)도 해고의 정당성판단의 참작기준이 되고 있다.

④ 배치전환 등을 통해 실질적으로 저성과자가 해당직무에 제대로 적응할 수 있도록 조치하였는지 여부도 참작기준이 되고 있다(서울행법 2004.9.17, 2003구합23769).

3. 저성과자 프로그램의 정당성

가. 부정판례(서울중앙지법 2023.1.12, 2021가합3309)

① 이 사건 평가기준은 후선역 근로자의 평가점수를 사회봉사활동 50점, 연수 또는 자격증 취득 30점, 수익실적 평가 20점을 합한 100점을 총점으로 하며, 3개월 단위 평가결과의 2회 평균치인 6개월 평가결과가 80점 이상이면 현업 복귀, 50점 이상이면 현직 유지, 50점 미만이면 직위 하향을 할 수 있도록 정하고 있는바, 사회봉사활동 점수는 총점 외의 부가적인 평가점수로 부여되는 것이 아니라 총점의 일부를 구성하고, 그 비중 또한 대단히 높다는 점을 고려하면 다시 현업에 복귀하거나 적어도 피고 B은행과 근로관계를 유지하고자 하는 근로자들로서는 위 평가기준에서 정하는 사회봉사활동을 이행하여야 하는 상황에 처한다고 인정되고, 후선

2
일
차

역 근로자가 사회봉사활동 수행여부나 방식을 스스로 정할 수 있다거나 다른 평가 항목에 비하여 사회봉사활동을 수월하게 이행할 수 있다고 하여 그와 같은 강제성이 달리 평가되지는 않는다.

② 사용자는 근로자가 근로계약의 내용대로 제공하는 근로를 어떻게 이용할지에 관한 자유와 재량을 가진다고 하더라도 이러한 사용자의 지시권 행사는 법률 규정 또는 근로계약이 정하는 범위 내에서만 가능한데, 비자발적인 사회봉사활동 강제는 원고와 피고 B은행이 당초 근로계약에서 예정한 은행원으로서의 직무범위에서 벗어났다고 보인다.

③ 원고는 2013.10.4.부터 2016.8.31.까지 총 259회에 걸쳐 883시간의 사회봉사활동을 하였는바, 이 사건 평가기준에 따른 사회봉사활동은 3개월 단위로 새로 평가되고, 이미 평가에 반영된 사회봉사활동 시간은 다시 고려되지 않기 때문에 사회봉사활동을 계속 수행하여야 하는 가능성에 대한 제한이 없어 그 수준이 과중하다. 또한 감봉 3개월 이상의 징계를 받은 근로자에게는 3개월에 120시간, 감봉 6월을 받은 경우 3개월에 200시간, 정직 이상의 징계를 받은 경우 3개월에 250시간의 사회봉사활동을 부과하여 위 평가기준에 따른 사회봉사활동이 징벌적 조치의 일환으로 평가될 여지도 있다.

나. 인정판례

(1) SK하이닉스 사건(대법 2023.1.12, 2022다281194)

피고의 성과향상프로그램은 적자 상태에 있던 K 인수합병 이후 영업성과 제고 등을 위한 경영 조치의 일환으로 개인 역량 강화를 위하여 도입된 것으로 보이고, 종합인사평가 결과에서 최근 3년간 2회 이상 BE 등급 이하를 받은 직원들 등을 대상으로 실시되었으며, 해당 교육 내용 역시 리더십 강화, 커뮤니케이션, 갈등관리, 업무스킬, 관리기술 등을 주제로 한 일반적 역량향상교육과 해당 직원들이 근무하는 부서 업무에 필요한 개별적 직무교육으로 이루어졌다. 또한 2013년경부터 2019년경까지 성과향상프로그램에 참여한 인원 중 약 23% 정도가 GD 이상 등급을 받아 성장한계인력에서 제외되었고, 원고 D 역시 2019년도 인사종합평가에서 GD 등급을 받아 성장한계인력에서 제외되었으며, 원고들 모두 현재까지 피고 회사에 재직하고 있다. 이러한 사정들에 비추어 보면 피고의 성과향상프로그램이 원고들이 주장하는 바와 같은 사실상 퇴출프로그램이라고 보기 어렵다.

(2) LG전자 사건(서울고법 2017.1.11, 2016누58064)

① 원고는 참가인이 부서 내에서 일정 인원은 하위 평가를 받을 수밖에 없는 상대적 평가방식을 사용하여 원고를 이 사건 역량향상 과정의 실시 대상자로 선정하였고 상급자들의 평가도 주관적이고 추상적인 평가기준에 따라 이루어졌으므로 이 사건 해고는 위법하다고 주장한다.

② 보건대 참가인은 상대적 평가방식을 채택하면서도 그로 인한 불합리성을 보완하기 위하여 부서의 특성과 피평가자의 자질 등을 감안하여 평가등급을 조정할 수 있는 장치를 마련하여 두었던 것으로 보인다. 원고가 상대적 평가방식에 의하여 평가를 받았다고는 하나 특정 연도의 평가 결과만에 근거한 것이 아니라 직전 3개년 동안의 성과 평가에서 연속으로 하위 평가를 받았다는 사실은 원고가 객관적인 기준에 의하여 하위 평가를 받았다고 볼 수 있음을 의미한다.

③ 나아가 원고는 상대적 평가기준에 의하여 곧바로 해고가 된 것이 아니라 이 사건 역량향상 과정의 실시 대상자가 되었을 뿐이며, 이후 여러 단계의 평가에서 역량이 향상되었다는 판단을 계속 받지 못함에 따라 사회통념상 고용관계를 계속할 수 없을 정도로 근로자인 원고에게 책임 있는 사유로 취업규칙 제25조에서 정한 해고 사유가 존재한다는 이유로 해고 처분을 받은 것이다. 근무평가 또는 인사평가는 본질상 평가항목과 평가방법에 있어 어느 정도 추상성을 내포하고, 평가자의 주관적 의견이 반영될 수밖에 없다. 이에 의하면 원고가 내세우는 사유만으로 원고가 잘못된 평가기준에 따라 부당한 평가를 받는 바람에 해고를 당하게 된 것이라고 볼 수는 없다.

4. 최근 판례(대법 2021.2.25, 2018다253680 현대중공업 사건)

가. 인사평가 기준의 객관성 여부

① 피고는 2012년 이후 이루어진 인사평가의 기준이나 항목을 소속 근로자들에게 공개하였다. 피고는 2014년 이후 성과평가 결과에 대한 이의제기절차를 체계적

으로 정비하고, 원고들을 포함한 근로자들에게 이의제기절차를 안내하였다.

② 피고는 상대평가 방식을 채택하면서도 그로 인한 불합리성을 보완하고자 인사평가자가 평가를 받는 사람의 자질 등을 감안하여 최저 등급에 해당하는 C, D등급을 부여하지 않을 수 있는 재량을 부여했던 것으로 보인다.

③ 인사평가권자들이 평가를 받는 사람의 본인평가 내용과 1차 평가자(팀장)의 평가내용을 토대로 2차 평가(부서장)와 최종평가(담당 임원)를 하여 평가등급을 산정하고 있으므로 특정 인사평가권자 1명의 판단에 따라 원고들의 인사평가 결과가 정해지는 것이 아니라 복수(3명)의 판단에 따라 원고들의 인사평가 결과가 정해지는 것이어서 그 인사평가 결과가 자의적이라고 단정하기 어렵다.

나. 근무성적이나 근무능력이 "상단한 기간 동안", "일반적으로 기대되는 최소한"에도 미치지 못하였는지 여부

피고가 실시한 2010년부터 2016년 상반기까지 기간의 인사평가 결과 전체 사무연구직 과장 이상 직원 3,859명 중 원고 1의 경우 3,857위에 해당하고, 원고 2의 경우 3,859위에 해당하는 저조한 업무수행실적을 보였다. 피고로부터 원고 1은 2014년부터 2016년까지 3회, 원고 2는 2013년부터 2016년까지 4회의 직무경고를 받는 등 장기간 실적이 상당한 정도로 부진하였다.

다. 개선기회 부여

피고는 원고들에게 10개월 동안 이 사건 직무재배치 교육을 실시하고 교육을 마친 다음 원고들을 직무재배치하였으나, 직무재배치 이후에 실시된 2016년 상반기 다면평가에서 원고들의 업무역량이 부족하고, 원고들의 업무상 잘못으로 여러 차례 문제점이 발생하였다는 점이 지적되었다. 이러한 사정에 비추어 보면 원고들의 직무역량이 상대적으로 저조하였던 것이 아니라 피고가 부여하는 직무를 수행하기에 실질적으로 부족하였던 것으로 보인다.

표 저성과자 통상해고의 정당성 판단 기준 및 절차

정당성 판단 요소			구체적 내용	불가 요소
해고 사유 근거 명시		취업규칙(단체협약)에 명시	◦ 근무성적이 현저히 불량한 경우로 명시 ◦ 징계해고와 분리하여 통상해고 사유로 명시	–
객관적 공정한 평가	합리적 평가 기준	평가내용의 적합성	◦ 업무능력, 근무실적을 대상으로 평가 ◦ 수행 업무와 관련 있는 사항에 대해 평가	◦ 영업직에 대해 영업실적보다 다면평가 비중이 높은 경우
		평가항목의 구체화 세분화	◦ 평가등급을 다단계로 구성 ◦ 평가기준을 구체화, 세분화	–
		평가기준 마련시 근로자 참여	◦ 노조등이 평가제도 설계시 참여	–
	평가 방법의 타당성	개별평가, 집단평가	◦ 개별평가가 원칙, 예외적으로 집단평가 가능	–
		계량평가, 비계량평가	◦ 계량평가 원칙, 일부 비계량평가 가능 ◦ 평가자 복수, 다면평가시 유리	–
		절대평가, 상대평가	◦ 절대평가 원칙	◦ 상대평가는 원칙적 불가
	평가 실행의 신뢰성	평가자 선정	◦ 평가자 복수, 다면평가시 유리	–
		평가기준과 절차준수	◦ 정해진 절차 준수	◦ 평가단계 생략
		이의제기 절차	◦ 이의제기 절차 기재시 유리	–
	대상자 선정	저성과자 선정기준	◦ 3년 연속 최하위자 인정 사례 있음	◦ 1년 평가는 불가 사례
		합리적 제외 기준	◦ 신규조직 발령 1년이내자등은 제외	–
교육훈련		교육훈련기회 제공 방법	◦ 업무부진 개선 교육, 충분한 교육시간	◦ 영업직 → CS업무 전환, 단순노무 및 청소업무는 역량개발 불인정
고용유지노력		배치전환	◦ 실질적 업무능력 개선을 위한 업무 조정	–
해고대상자 판단		최후 수단 관점	◦ 업무능력 및 성과개선의 여지가 없는 경우	–

2 일차

96 질병자의 근로제한

산안법 제138조【질병자의 근로금지 · 제한】 ① 사업주는 감염병, 정신질환 또는 근로로 인하여 병세가 크게 악화될 우려가 있는 질병으로서 고용노동부령으로 정하는 질병에 걸린 사람에게는 「의료법」 제2조에 따른 의사의 진단에 따라 근로를 금지하거나 제한하여야 한다.
② 사업주는 제1항에 따라 근로가 금지되거나 제한된 근로자가 건강을 회복하였을 때에는 지체 없이 근로를 할 수 있도록 하여야 한다.

산안법시행규칙 제220조【질병자의 근로금지】 ① 법 제138조제1항에 따라 사업주는 다음 각 호의 어느 하나에 해당하는 사람에 대해서는 근로를 금지해야 한다.
1. 전염될 우려가 있는 질병에 걸린 사람. 다만, 전염을 예방하기 위한 조치를 한 경우는 제외한다.
2. 조현병, 마비성 치매에 걸린 사람
3. 심장 · 신장 · 폐 등의 질환이 있는 사람으로서 근로에 의하여 병세가 악화될 우려가 있는 사람
4. 제1호부터 제3호까지의 규정에 준하는 질병으로서 고용노동부장관이 정하는 질병에 걸린 사람

② 사업주는 제1항에 따라 근로를 금지하거나 근로를 다시 시작하도록 하는 경우에는 미리 보건관리자(의사인 보건관리자만 해당한다), 산업보건의 또는 건강진단을 실시한 의사의 의견을 들어야 한다.

1. 질병 또는 사고로 인한 복직거부의 정당성판단기준

가. 근로자가 사고 또는 질병으로 인해 당초 예정된 노무제공이 어렵거나 불가능하게 되었을 경우

산안법 제45조에 의해 근로를 제한할 수 있으나 이외에 해당하는 경우 근로를 금지할 수 있느냐가 실무상으로 자주 발생되고 있다. 근로를 금지한다는 것은 이른

바 '통상해고'로서 근기법 제23조에 따른 '정당한 사유'가 있어야 하므로 이에 대한 판단이 선행되어야 한다. 나아가 업무상 재해가 근로자의 업무수행 중 또는 업무와 관련하여 발생한 재해라는 것을 감안할 때 업무외 재해의 경우보다 더 엄격히 해석되어야 할 것이다.

나. 정당성 판단기준

신체장애로 인하여 집무능력을 상실하거나 노력불능자로 판정되었을 때에 해당한다고 보아 직권면직하는 경우 그 정당성은 근로자가 신체장애를 입게 된 경위 및 그 사고가 사용자의 귀책사유 또는 업무상 부상으로 인한 것인지 여부, 근로자의 치료기간 및 치료종결 후 노동능력 상실정도, 근로자가 사고를 당할 당시 담당하고 있던 업무의 성격과 내용, 근로자가 잔존 노동능력으로 감당할 수 있는 업무의 존부 및 그 내용, 사용자로서도 신체장애를 입은 근로자의 순조로운 직장복귀를 위하여 담당업무를 조정하는 등의 배려를 하였는지 여부, 사용자의 배려에 의하여 새로운 업무를 담당하게 된 근로자의 적응노력 등 제반사정을 종합적으로 고려하여 합리적으로 판단하여야 한다(대법 1996.10.29, 96다21065).

2
일
차

2. 복직거부가 부당한 경우

가. 형식적인 신체장해등급기준을 적용함은 부당

업무상 재해로 한쪽 귀가 고도난청상태가 되어 산업재해보상보험법시행령상의 신체장애등급을 받은 근로자가 소음이 덜한 보직으로 배치전환되어 정상적으로 근무하고 있는 경우에 사용자가 내부규정인 업무상 재해자 관리지침상 신체장애등급 제9급까지는 취업부적격자로서 해고한다는 규정에 따라 근로자를 직권면직 시킨 것은 정당한 이유없는 해고에 해당한다(대법 1997.8.26, 96누14593).

나. '업무수행 가능하다'는 의사의 진단서 부제출만을 이유로, 휴직기간 만료에 따른 당연퇴직 처분은 부당하다(대법 2009.6.11, 2009두3583).

① 단체협약 등에서 어떤 사유의 발생을 퇴직 사유로 규정하고 있는 경우에 그

퇴직 사유가 사망, 정년, 근로계약 기간의 만료 등과 같이 근로관계의 자동 소멸을 가져오는 경우를 제외하고는 그 단체협약 등에 따른 퇴직 처분도 근로기준법의 제한을 받는 해고에 해당하므로, 형식적으로 단체협약 등에 정한 퇴직 사유가 발생하였다는 것만으로 그 퇴직 처분이 근로기준법에서 정한 정당한 이유가 있게 되는 것은 아니다.

② 이 사건 상병이 발병한 후 2개월이 경과한 2007.1.18.에 이르러서도 원고 회사가 휴직 기간의 연장 또는 복직의 절차를 준수하였는지 여부에 대해 별다른 언급 없이 다만 보조참가인의 건강 상태에 문제가 없다면 복직이 가능하다고 하였으므로, 보조참가인과 원고 회사 사이에는 묵시적으로나마 단체협약이나 취업규칙에서 정한 바에 따라 위 시점까지 휴직 기간의 연장에 대한 합의가 있었다고 보아야 할 것이고, 따라서 그 당시까지 취업규칙의 관련 규정에서 정한 당연 퇴직 사유가 발생하였다고 볼 수는 없다.

③ 나아가 사용자인 원고 회사의 입장에서 2007.1.18.자 소견서의 취지에 의문이 있다면 보조참가인이 항경련제를 복용하면서 무리하지 않는 범위 내에서 택시운전을 할 수 있는지 여부 등에 대해 담당주치의 등에게 문의하여 쉽게 확인할 수 있을 것이라고 보이므로, 그러한 확인을 마친 다음 택시운전업무가 가능하다고 판단되면 업무 시간의 조정 등을 통해서 보조참가인이 순조롭게 직장에 복귀하도록 배려하고, 그것이 불가능하다고 판단되면 취업규칙 등에서 허용되는 범위 내에서 휴직 기간의 연장을 고려함이 마땅하고, 보조참가인이 제출한 의사의 소견서에 '택시 운전 업무를 하여도 된다'는 내용이 명시되어 있지 않다는 점만으로는 2007.1.18.자 보조참가인의 복직 신청을 거부한 데에 정당한 이유가 있다고 인정하기에 충분하다고 볼 수 없고, 또한 위와 같이 원고 회사의 부당한 복직 거부 상태가 지속되고 있는 이상, 그 후 보조참가인이 취업규칙에 따른 새로운 복직 신청 등의 절차를 밟지 않은 채 3개월 이상 경과하였다고 하더라도, 이를 이유로 취업규칙의 관련 규정에서 정한 당연 퇴직 사유가 발생하였다고 볼 수도 없다.

3. 복직거부가 정당한 경우 : 노동능력상실정도 고려

참가인(근로자)은 근로복지공단으로부터 8급2호 장해판정을 받았는데 이는 노동능력상실률이 50% 이상에 해당하는 장해인 점, 참가인이 담당하는 업무는 고도의 전문성과 집중력을 요하는 업무로서 장기간 근로현장에서 이탈하여 노동의 숙련성이 떨어지고 기질성 또는 증상성 정신장애, 기질성 기분(정동)장애 및 노동능력상실률이 50% 이상에 해당하는 장해를 가진 참가인이 담당하기에는 부적합한 업무인 점, 참가인이 제출한 진단서에는 '향후 부분적인 사회생활이 증상의 호전에 도움을 줄 수 있다'고 기재되어 있으나 근로자가 근로관계에서 사용자에게 부담하는 근로제공의무는 부분적인 사회생활이라고 볼 수 없는 점, 참가인이 종전의 작업 이외에 다른 종류의 작업의 담당이 가능하다는 내용의 의사소견서(단체협약 제84조의 요건)가 없는 점 등에 비추어 보면, 이 사건 직권면직조치는 정당하다(서울고법 2009.11.20, 2009누8801).

4. 근로자의 동의 없이 휴직명령이 가능한지

① 근로기준법 제23조 제1항은 "사용자는 근로자에게 정당한 이유 없이 해고, 휴직, 정직, 전직, 감봉, 그 밖의 징벌(懲罰)을 하지 못한다"고 규정하고 있는데, 휴직에는 휴직명령이 포함된다.

② 취업규칙이나 단체협약 등이 정한 휴직사유가 발생했으며, 당해 휴직 근거 규정의 설정 목적과 그 실제 기능, 휴직명령권 발동의 합리성 유무 및 그로 인해 근로자가 받게 될 신분상·경제상의 불이익 등 구체적인 사정을 모두 참작해서 근로자가 상당한 기간에 걸쳐 근로를 제공할 수 없다거나 근로를 제공하는 것이 매우 부적당하다고 인정되는 경우에만 사용자의 휴직명령에 정당한 이유가 있다(대법 2022.2.10, 2020다301155).

③ 망상장애가 의심되나 일체의 병원치료를 거부하는 근로자를 상대로 사용자가 휴직명령을 한 바, 판례는 "휴직 대상 근로자의 정신질환이 날로 악화돼 가고 있는 점과 휴직처분이 휴직 대상자에게 필요한 정신적 안정과 치료의 기회를 제공하는 데 목적이 있었다는 점 등을 감안하여 볼 때 휴직처분의 정당성이 인정된다(서울고법 2011.9.27, 2011누2141).

4. 진단서 제출거부를 이유로 해고할 수 있는지(소극)

① 회사의 보건관리자(작업환경의학과 전문의)가 직원의 정신분열증(조현병)이 의심된다는 소견을 내리자 회사가 직원에게 휴직을 명령하고, 복직조건으로 종합병원의 건강진단서를 요구했으나 직원이 이를 거부해 해당 직원을 해고한 바,

② 정신건강의학과 전문의의 진단서가 없었던 점, 직원의 일부 특이한 발언 또는 행동만으로 정신질환을 섣불리 추정할 수는 없는 점, 회사가 직원을 회사로부터 격리하려고만 했을 뿐 직원의 상태에 대한 진지하고 적극적인 검토나 직원이 적절한 치료를 받을 수 있도록 하는 배려를 전혀 하지 않았다는 점 등을 감안하여 볼 때, 해당근로자에 대한 해고는 무효이다(서울중앙지법 2017.6.16, 2016가합550436).

5. 진단서 제출을 강제할 수 있는지 여부(소극)

진단서는 근로자가 상당 기간 근로를 제공할 수 없다거나 근로를 제공하는 것이 매우 부적당하다는 점을 입증하기 위한 핵심적인 근거가 된다. 그러나 해당 근로자가 진단서 제출을 거부하는 경우, 해당 근로자에게 병원 진료를 받을 것을 권고하고 진단서 제출을 요구할 수는 있으나, 진단서를 제출하지 않았다는 점만을 근거로 징계 등 불이익 조치를 하는 것은 불가하다. 참고로, 산업안전보건법 역시 사업주에게 근로자에 대한 건강진단을 실시하도록 규정하고 있을 뿐, 근로자에 대한 사후조치를 취할 것을 강제하거나 이를 미이행한 경우 제재를 규정하고 있지는 않다.

6. 진단서 제출을 거부하는 경우, 인사조치를 위한 증빙자료

① 해당 근로자가 이상 행동을 했다면 이를 목격한 동료 직원의 진술서

② 동종·유사 업무를 수행하는 근로자 대비 해당 근로자의 근무실적, 출입 기록, PC 사용시간 등

③ 해당 근로자가 정신질환 의심 증세의 관찰기록

④ 회사의 진단 권유 전후로 해당 근로자의 정신질환적 증상 관찰기록

⑤ 해당 근로자의 근무 태만 또는 현저히 저하된 실적 자료

97 해고의 절차와 방법

근기법 제27조 【해고사유 등의 서면통지】 ① 사용자는 근로자를 해고하려면 해고사유와 해고시기를 서면으로 통지하여야 한다.
② 근로자에 대한 해고는 제1항에 따라 서면으로 통지하여야 효력이 있다.
③ 사용자가 제26조에 따른 해고의 예고를 해고사유와 해고시기를 명시하여 서면으로 한 경우에는 제1항에 따른 통지를 한 것으로 본다.

근기법 제23조제2항 【해고 등의 제한】 사용자는 근로자가 업무상 부상 또는 질병의 요양을 위하여 휴업한 기간과 그 후 30일 동안 또는 산전(産前)·산후(産後)의 여성이 이 법에 따라 휴업한 기간과 그 후 30일 동안은 해고하지 못한다.

고평법 제19조제3항 【육아휴직】 사업주는 육아휴직을 이유로 해고나 그 밖의 불리한 처우를 하여서는 아니 되며, 육아휴직기간에는 그 근로자를 해고하지 못한다. 다만, 사업을 계속할 수 없는 경우에는 그러하지 아니하다.

근기법 제26조 【해고의 예고】 사용자는 근로자를 해고(경영상 이유에 의한 해고를 포함한다)하려면 적어도 30일 전에 예고를 하여야 하고, 30일 전에 예고를 하지 아니하였을 때에는 30일분 이상의 통상임금을 지급하여야 한다. 다만, 다음 각 호의 어느 하나에 해당하는 경우에는 그러하지 아니하다.
1. 근로자가 계속 근로한 기간이 3개월 미만인 경우
2. 천재·사변, 그 밖의 부득이한 사유로 사업을 계속하는 것이 불가능한 경우
3. 근로자가 고의로 사업에 막대한 지장을 초래하거나 재산상 손해를 끼친 경우로서 고용노동부령으로 정하는 사유에 해당하는 경우

2 일차

1. 서면통지의 방법 및 절차

① 법 제27조제2항은 서면으로 통지되지 않은 해고는 부당해고에 해당한다는 취지인 바, 휴대폰 문자, e-메일, 회사 홈페이지 등을 이용하여 해고를 통지한 경우 등은 법 제27조에 따른 서면 해고통지로 볼 수 없다.

② 그러나, 판례는

ⅰ) 전자문서 및 전자거래 기본법(이하 '전자문서법'이라고 한다) 제3조는 '이 법은 다른 법률에 특별한 규정이 있는 경우를 제외하고 모든 전자문서 및 전자거래에 적용한다.'고 규정하고 있고, 같은 법 제4조제1항은 '전자문서는 다른 법률에 특별한 규정이 있는 경우를 제외하고는 전자적 형태로 되어 있다는 이유로 문서로서의 효력이 부인되지 아니한다.'고 규정하고 있는 점,

ⅱ) 출력이 즉시 가능한 상태의 전자문서는 사실상 종이 형태의 서면과 다를 바 없고 저장과 보관에 있어서 지속성이나 정확성이 더 보장될 수도 있는 점,

ⅲ) 이메일(e-mail)의 형식과 작성 경위 등에 비추어 사용자의 해고 의사를 명확하게 확인할 수 있고, 이메일에 해고사유와 해고시기에 관한 내용이 구체적으로 기재되어 있으며, 해고에 적절히 대응하는 데에 아무런 지장이 없는 등 서면에 의한 해고통지의 역할과 기능을 충분히 수행하고 있다면, 단지 이메일 등 전자문서에 의한 통지라는 이유만으로 서면에 의한 통지가 아니라고 볼 것은 아닌 점 등을 고려하면,

- 근로자가 이메일을 수신하는 등으로 그 내용을 알고 있는 이상, 이메일에 의한 해고통지도 앞서 본 해고사유 등을 서면 통지하도록 규정한 근로기준법 제27조의 입법취지를 해치지 아니하는 범위 내에서 구체적 사안에 따라 서면에 의한 해고통지로서 유효하다고 보아야 할 경우가 있다(대법 2015.9.10, 2015두41401).

2. 해고 사유 기재의 정도

① 사용자가 해고사유 등을 서면으로 통지할 때는 근로자의 처지에서 해고사유가 무엇인지를 구체적으로 알 수 있어야 하고, 특히 징계해고의 경우에는 해고의 실질적 사유가 되는 구체적 사실 또는 비위내용을 기재하여야 하지만,

② 해고 대상자가 이미 해고사유가 무엇인지 구체적으로 알고 있고 그에 대해 충분히 대응할 수 있는 상황이었다고 하면 해고통지서에 징계사유를 축약해 기재하는 등 징계사유를 상세하게 기재하지 않았더라도 위 조항에 위반한 해고통지라고 할 수는 없다(대법 2022.1.14, 2021두50642).

3. 해고예고사유

가. 근로계약기간 만료시 해고예고

사업완료나 업무완성에 필요한 기간을 정한 근로계약이나 기간으로 근로계약을 체결한 경우에는 근로계약기간이 만료되면 근로관계가 자동으로 종료되는 것으로 해고예고를 필요로 하지 않는다(대법 1965.11.30, 65다1593).

나. 법인 해산 또는 폐업시 해고예고

해고예고제도의 입법취지상 법인의 해산이나 폐업 등의 경우에는 해고예고가 필요하다.

2
일
차

4. 해고금지기간과 해고예고기간의 관계

가. 해고금지기간 중 해고예고 가능 여부

근로자가 취업규칙상 해고에 해당하는 중대한 비위사실이 발견되었을 때에는 산전·산후의 휴가 중이라 하더라도 해고예고를 하여 해고금지기간이 종료된 후에 해고하는 것은 무방하다(1987.3.30, 근기 01254-5080).

나. 해고예고기간 중 해고금지사유가 발생한 경우

해고예고기간 중 업무상 재해가 발생하였을 때 요양이 장기간일 경우는 해고예고의 효력이 상실되고 요양이 짧을 경우는 해고금지기간 경과와 동시에 해고의 효력이 발생한다(1963.2.23, 노정근 1455-18121).

5. 해고예고의무 위반의 효력

비록 사용자가 해고예고절차를 거치지 않아 해고예고의무를 위반했다 하더라도 해고의 사법상 효력에는 영향이 없으므로 해고는 유효하다(대법 1993.9.24, 93누4199 / 대법 1993.12.17, 93다39492).

6. 해고절차

가. 절차에 관한 규정이 있는 경우

단체협약이나 취업규칙에서 해고절차를 정한 경우에는 그 절차는 유효요건이므로 반드시 이를 따라야 하며, 이를 위반한 해고는 무효이다(대법 1986.7.8, 85다카1591). 그러나 근로자의 재심청구권이 인정되어 있는 경우 1심에서 변명기회를 부여받지 못하였다 하더라도 재심에서 변명기회를 부여받았다면 절차위반이 치유된다(대법 1993.11.9, 93다17690).

나. '소명의 기회를 부여할 수 있다'는 규정의 해석

회사의 취업규칙에 의하면 직원의 징계시에는 당사자에게 구두 또는 서면으로 소명할 기회를 부여할 수 있다고 규정되어 있는 것은 객관적 진실을 규명하고 징계처분의 절차적 정당성을 확보한다는 중요한 의미를 가진다 할 것이므로 회사가 원고(근로자)들에게 소명의 기회를 부여하지 아니한 채 해고한 것은 징계절차의 재량권을 남용한 것으로서 중대한 위법이 있다(대법 2006.2.26, 2005두14806).

다. 1차 징계처분의 무효확인판결이 있기 전에 2차 징계처분을 한 경우

1차 징계처분의 효력이 다투어지고 있는 상태에서 그 1차 징계처분을 취소함이 없이 절차를 보완하여 행하여진 2차 징계처분을 그것이 단지 1차 징계처분의 효력이 없을 것에 대비하여 행하여진 징계처분이라는 것만으로 당연히 무효라고 할 수 없다고 할 것이다(대법 1996.4.23, 95다53102). 이와 같은 법리에 비추어 보면, 근로자에 대한 징계절차가 위법함을 이유로 1차 징계처분이 무효임을 확인하는 판결이 확정되기 전에 피고조합이 이 사건 2차 징계처분에 나아갔다고 하여 이것이 중복징계에 해당하여 무효라고는 볼 수 없다(대법 2003.10.9, 2002다10202)

98 부당해고 구제절차와 금전보상제

근기법 제28조 【부당해고 등의 구제신청】 ① 사용자가 근로자에게 부당해고 등을 하면 근로자는 노동위원회에 구제를 신청할 수 있다.
② 제1항에 따른 구제신청은 부당해고 등이 있었던 날부터 3개월 이내에 하여야 한다.

근기법 제30조 【구제명령 등】 ① 노동위원회는 제29조에 따른 심문을 끝내고 부당해고등이 성립한다고 판정하면 사용자에게 구제명령을 하여야 하며, 부당해고 등이 성립하지 아니한다고 판정하면 구제신청을 기각하는 결정을 하여야 한다.
② 제1항에 따른 판정, 구제명령 및 기각결정은 사용자와 근로자에게 각각 서면으로 통지하여야 한다.
③ 노동위원회는 제1항에 따른 구제명령(해고에 대한 구제명령만을 말한다)을 할 때에 근로자가 원직복직(原職復職)을 원하지 아니하면 원직복직을 명하는 대신 근로자가 해고기간 동안 근로를 제공하였더라면 받을 수 있었던 임금 상당액 이상의 금품을 근로자에게 지급하도록 명할 수 있다.

근기법 제31조 【구제명령 등의 확정】 ① 「노동위원회법」에 따른 지방노동위원회의 구제명령이나 기각결정에 불복하는 사용자나 근로자는 구제명령서나 기각결정서를 통지받은 날부터 10일 이내에 중앙노동위원회에 재심을 신청할 수 있다.
② 제1항에 따른 중앙노동위원회의 재심판정에 대하여 사용자나 근로자는 재심판정서를 송달받은 날부터 15일 이내에 「행정소송법」의 규정에 따라 소(訴)를 제기할 수 있다.
③ 제1항과 제2항에 따른 기간 이내에 재심을 신청하지 아니하거나 행정소송을 제기하지 아니하면 그 구제명령, 기각결정 또는 재심판정은 확정된다.

1. 부당해고 구제절차

① 지방노동위원회(해고 후 3개월 이내 구제신청) → ② 중앙노동위원회 → ③ 행정법원 → ④ 고등법원 → ⑤ 대법원

2. 부당해고 확정시 효과

① 원직복직 및 해고기간동안 근로를 제공하였더라면 지급받을 수 있었던 임금

상당액을 지급하여야 한다. "회사의 단체협약 제45조는 조합원이 1년간 개근할 경우 연말에 금 1돈을, 정근(지각 3회 이하)할 경우 연말에 금 반돈을 교부하여 표창하도록 규정되어 있다는 것인 바, 원고들의 부당해고 직전 출근성적을 감안하여 볼 때 원고들이 계속 근로하였을 경우 받을 수 있는 임금에 포함된다"(대법 2012.2.9, 2011다20034).

② 단체협약상 '해고가 무효임이 확정되었을 때에는 임금 미지급분에 대해 출근 시 당연히 받았을 임금은 물론 통상임금의 100%를 가산 지급한다'는 가산보상금 규정의 내용 및 단체협약의 체계, 경영상 이유에 의한 해고 제도의 연혁과 이에 따른 단체협약의 개정 과정, 이 사건 가산보상금 규정과 관련한 노동조합의 태도 및 그로부터 추단되는 단체협약 당사자의 진정한 의사 등의 여러 사정을 종합하여 보면, 금전적인 부담 부과라는 간접적인 방법을 통하여 부당한 징계·해고의 억제와 근로자의 신속한 원직 복귀를 도모하려는 목적을 지닌 이 사건 가산보상금 규정은 '개별적인 징계 또는 해고'의 부당성이 밝혀진 경우에 적용되는 것을 전제로 하여 도입된 규정일 뿐, 그와 성격이 다른 '경영상 이유에 의한 해고'의 경우에까지 당연히 적용될 것을 예정한 규정은 아니라고 해석함이 타당하다(대법 2017.3.22, 2016다26532).

3. 부당해고 확정 전 이행강제금 부과와 확정된 구제명령 불이행시 처벌

가. 이행강제금 부과 주체

노동위원회는 지노위·중노위의 구제명령 및 법원의 확정판결에 따른 중노위의 재처분(구제명령)을 받고 그 구제명령의 이행기간까지 구제명령을 이행하지 아니한 사용자에 대하여 이행강제금을 부과하는데, 사용자가 노동위원회의 결정에 대하여 이의를 제기하여 행정소송을 제기하더라도 이행강제금 부과한다.

나. 이행강제금 부과 한도

1회 2천만원 한도로 1년 2회, 2년까지 가능하다(최대 2년 동안 4회안에 8천만원까지 가능).

다. 이행강제금 부과절차

① 구제명령(이행기간 30일) → ② 이행여부 확인 → ③ 이행강제금 부과예고(30일) → ④ 이행강제금 부과(납부기간 15일 이내) → ⑤ 강제징수

라. 처벌조항(법 제111조 · 제112조)

노동위원회의 고발이 있는 경우 확정된 구제명령을 이행하지 않는 자에 대하여 1년 이하의 징역 또는 1천만원 이하의 벌금을 부과한다.

마. 이행강제금과 처벌의 관계

이행강제금 부과는 구제명령이 확정되지 않아도 가능하나, 형사처벌은 확정된 구제명령을 이행하지 않은 경우에만 가능하므로, 확정된 구제명령을 이행하지 않은 자에게는 벌칙과 이행강제금의 부과가 가능하나, 우선적으로 이행강제금을 부과하고, 부과 이후에도 이행하지 않는 경우 벌칙을 부과함을 원칙으로 한다.

2일차

4. 금전보상제(임금상당액 이상 금전보상)

① 부당해고 구제신청을 한 근로자가 원직복직을 원하지 않고 근로관계를 종료하고자 할 경우는, 노동위원회에 구제신청서를 제출한 후 심문일정통지를 받기 전까지 금전보상명령을 신청하여야 한다.

② 여기서 '임금상당액 이상의 금액'이라 함은, 해고기간동안에 받을 수 있었던 임금전액으로서 해고 전 3개월을 기준으로 산정한 평균임금과 위로금을 의미한다. 노동위원회에서 금전보상금을 결정할 경우에는 근로자의 귀책사유, 해고의 부당성 정도 등 다양한 변수들을 종합적으로 고려하여 결정한다(노동위원회법 제65조).

5. 부당해고 쟁송절차 중 기간제근로자 기간만료 시 구제(소)이익

가. 기존 판례(소극)

근로자가 부당해고 구제신청을 기각한 재심판정에 대해 소를 제기하여 해고의

효력을 다투던 중 사직하거나 정년에 도달하거나 근로계약기간이 만료하는 등의 이유로 근로관계가 종료한 경우, 근로자가 구제명령을 얻는다고 하더라도 객관적으로 보아 원직에 복직하는 것이 불가능하고, 해고기간 중에 지급받지 못한 임금을 지급받기 위한 필요가 있다고 하더라도 이는 민사소송절차를 통하여 해결할 수 있으므로 소의 이익은 부정된다(대법 2012.7.26, 2012두3484 / 대법 2015.1.29, 2012두4746 등).

나. 최신판례(적극)

① 부당해고 구제명령제도에 관한 근로기준법의 규정 내용과 목적 및 취지, 임금 상당액 구제명령의 의의 및 그 법적 효과 등을 종합적으로 고려하면, 근로자가 부당해고 구제신청을 하여 해고의 효력을 다투던 중 정년에 이르거나 근로계약기간이 만료하는 등의 사유로 원직에 복직하는 것이 불가능하게 된 경우에도 해고기간 중의 임금 상당액을 지급받을 필요가 있다면 임금 상당액 지급의 구제명령을 받을 이익이 유지되므로 구제신청을 기각한 중앙노동위원회의 재심판정을 다툴 소의 이익이 있다고 보아야 한다.

② 부당해고 구제명령제도는 부당한 해고를 당한 근로자에 대한 원상회복, 즉 근로자가 부당해고를 당하지 않았다면 향유할 법적 지위와 이익의 회복을 위해 도입된 제도로서, 근로자 지위의 회복만을 목적으로 하는 것이 아니다. 해고를 당한 근로자가 원직에 복직하는 것이 불가능하더라도, 부당한 해고라는 사실을 확인하여 해고기간 중의 임금 상당액을 지급받도록 하는 것도 부당해고 구제명령제도의 목적에 포함된다(대법 2020.2.20, 2019두52386).

99 근로관계 종료 후 법률관계

근기법 제39조 【사용증명서】 ① 사용자는 근로자가 퇴직한 후라도 사용기간, 업무종류, 지위와 임금, 그 밖에 필요한 사항에 관한 증명서를 청구하면 사실대로 적은 증명서를 즉시 내주어야 한다(위반 시, 500만원 이하의 과태료 부과)
② 제1항의 증명서에는 근로자가 요구한 사항만을 적어야 하다.

근기법 시행령 제19조 【사용증명서의 청구】 법 제39조제1항에 따라 사용증명서를 청구할 수 있는 자는 계속하여 30일 이상 근무한 근로자로 하되, 청구할 수 있는 기한은 퇴직 후 3년 이내로 한다.

근기법 제40조 【취업 방해의 금지】 누구든지 근로자의 취업을 방해할 목적으로 비밀기호 또는 명부를 작성·사용하거나 통신을 하여서는 아니 된다.

근기법 제42조 【계약 서류의 보존】 사용자는 근로자명부와 대통령령으로 정하는 근로계약에 관한 중요한 서류를 3년간 보존하여야 한다.

개인정보보호법 제21조 【개인정보의 파기】 ① 개인정보처리자는 보유기간의 경과, 개인정보의 처리 목적 달성 등 그 개인정보가 불필요하게 되었을 때에는 지체 없이 그 개인정보를 파기하여야 한다. 다만, 다른 법령에 따라 보존하여야 하는 경우에는 그러하지 아니하다

1. 사용증명서 포함여부

가. 경력확인서를 사용증명서로 볼 수 있는지

경력증명서는 근무한 근로자의 사용기간, 업무종류, 지위와 임금 등을 기록한 것으로 근로자의 경력을 증명하는 문서를 의미하는데, 사용증명서와 경력증명서는 그 기재 내용이 거의 유사하다고 볼 수 있다. 따라서 사용증명서는 근로자의 경력을 확인할 수 있는 근거자료로 활용될 수 있을 것이다(2007.12.10, 근로기준팀-8493).

나. 근로자가 급여명세서, 근로소득 원천징수영수증, 취업규칙 사본 등의 교부를 요구하는 경우

이는 확인조회에 해당될 사항으로 사용증명서에 포함될 내용은 아니다(1992.11.17, 근기 01254-1870).

다. 노동조합 위원장이 사업장 전체 근로자의 임금대장 사본을 요구하는 경우

개인정보보호법에 의해 노조원 개개인의 동의없이는 송부할 수 없으며, 위반시 형사처벌대상이 된다.

라. 법적 시비를 가리기 위한 확인 조회에 해당되는 사항에 대한 교부

사용증명서는 사용기간, 업무종류, 지위와 임금 등 당해 사업체의 경력을 증명하여 주기 위한 제도이므로, 법적 시비를 가리기 위한 상세한 근로실태의 내역 등을 요구하는 확인조회에 해당되는 것까지 사용증명서를 교부할 필요는 없다(1987.2.25, 근기 01254-3069).

마. 산재발생과 관련한 자료요청

산재발생 경위, 목격자의 진술내용, 보호장구 지급여부, 재해발생보고서 등 재해사건과 관련하여 법적 시비를 가리기 위한 확인조회에 해당하는 경우에는 동법 규정이 적용되지 않는다. 따라서 그와 같은 서류 등은 재해경위에 대하여 조사하는 기관이나 재판부 등을 통하여 요청하는 것이 바람직할 것이다(2004.2.19, 근로기준과-881).

바. 근로자가 요구하지 않은 사항의 기입

사용증명서를 청구한 때에는 사용자는 근로자의 요구사항만을 기입하여 즉시 교부토록 되어 있으며, 사용자가 근로자의 취업을 고의로 방해할 목적으로 비밀기호를 사용하거나 허위행위를 금지하도록 규정하고 있다(1983.4.26, 근기 1451-10674). 다만, 퇴직 근로자가 '본인이 요구하는 내용'을 기재해 달라고 요구하는 경우, 그 요구하는 내용이 사실과 다르거나 사실여부가 불명할 경우에는 거부하여도 무방할 것이다.

2. 근로자 재직 중에 사용증명서 발급

근기법 제39조에 의한 사용증명서는 반드시 근로자가 퇴직한 이후에 청구할 수 있다는 의미로 보기는 어렵다고 사료되며, 근로자가 재직 중 또는 퇴직 후 3년 이내에 청구할 수 있다는 의미로 해석함이 타당하다(2002.9.6, 근기 68207-2879).

3. 사용증명서 미발급에 대한 제재

사용자가 사용증명서 발급을 위반하는 경우, 근로감독관집무규정에 따라 "즉시" 500만원 이하의 과태료를 부과받게 된다.

100 구직급여 수급자격이 인정되는 정당한 이직사유

고용보험법 제58조 【이직사유에 따른 수급자격의 제한】 제40조에도 불구하고 피보험자가 다음 각 호의 어느 하나에 해당한다고 직업안정기관의 장이 인정하는 경우에는 수급자격이 없는 것으로 본다.

2. 자기 사정으로 이직한 피보험자로서 다음 각 목의 어느 하나에 해당하는 경우
   다. 그 밖에 고용노동부령으로 정하는 정당한 사유에 해당하지 아니하는 사유로 이직한 경우

고용보험법시행규칙 제101조제2항 【이직사유에 따른 수급자격의 제한 기준】 법 제58조제2호다목의 "고용노동부령으로 정하는 정당한 사유"는 별표 2와 같다.

1. 다음 각 목의 어느 하나에 해당하는 사유가 이직일 전 1년 이내에 2개월 이상 발생한 경우
   가. 실제 근로조건이 채용시 제시된 근로조건이나 채용 후 일반적으로 적용받던 근로조건보다 낮아지게 된 경우
   나. 임금체불이 있는 경우
   다. 소정근로에 대하여 지급받은 임금이 「최저임금법」에 따른 최저임금에 미달하게 된 경우
   라. 「근로기준법」 제53조에 따른 연장근로의 제한을 위반한 경우
   마. 사업장의 휴업으로 휴업 전 평균임금의 70퍼센트 미만을 지급받은 경우
2. 사업장에서 종교, 성별, 신체장애, 노조활동 등을 이유로 불합리한 차별대우를 받은 경우
3. 사업장에서 본인의 의사에 반하여 성희롱, 성폭력, 그 밖의 성적인 괴롭힘을 당한 경우

3의2. 「근로기준법」 제76조의2에 따른 직장 내 괴롭힘을 당한 경우

4. 사업장의 도산·폐업이 확실하거나 대량의 감원이 예정되어 있는 경우
5. 다음 각 목의 어느 하나에 해당하는 사정으로 사업주로부터 퇴직을 권고받거나, 인원 감축이 불가피하여 고용조정계획에 따라 실시하는 퇴직 희망자의 모집으로 이직하는 경우
   가. 사업의 양도·인수·합병

나. 일부 사업의 폐지나 업종전환
다. 직제개편에 따른 조직의 폐지 · 축소
라. 신기술의 도입, 기술혁신 등에 따른 작업형태의 변경
마. 경영의 악화, 인사 적체, 그 밖에 이에 준하는 사유가 발생한 경우

6. 다음 각 목의 어느 하나에 해당하는 사유로 통근이 곤란(통근시 이용할 수 있는 통상의 교통수단으로는 사업장으로의 왕복에 드는 시간이 3시간 이상인 경우를 말한다)하게 된 경우
가. 사업장의 이전
나. 지역을 달리하는 사업장으로의 전근
다. 배우자나 부양하여야 할 친족과의 동거를 위한 거소 이전
라. 그 밖에 피할 수 없는 사유로 통근이 곤란한 경우

7. 부모나 동거 친족의 질병 · 부상 등으로 30일 이상 본인이 간호해야 하는 기간에 기업의 사정상 휴가나 휴직이 허용되지 않아 이직한 경우

8. 「산업안전보건법」 제2조제7호에 따른 "중대재해"가 발생한 사업장으로서 그 재해와 관련된 고용노동부장관의 안전보건상의 시정명령을 받고도 시정기간까지 시정하지 아니하여 같은 재해 위험에 노출된 경우

9. 체력의 부족, 심신장애, 질병, 부상, 시력 · 청력 · 촉각의 감퇴 등으로 피보험자가 주어진 업무를 수행하는 것이 곤란하고, 기업의 사정상 업무종류의 전환이나 휴직이 허용되지 않아 이직한 것이 의사의 소견서, 사업주 의견 등에 근거하여 객관적으로 인정되는 경우

10. 임신, 출산, 만 8세 이하 또는 초등학교 2학년이하의 자녀(입양한 자녀를 포함한다)의 육아, 「병역법」에 따른 의무복무 등으로 업무를 계속적으로 수행하기 어려운 경우로서 사업주가 휴가나 휴직을 허용하지 않아 이직한 경우

11. 사업주의 사업 내용이 법령의 제정 · 개정으로 위법하게 되거나 취업 당시와는 달리 법령에서 금지하는 재화 또는 용역을 제조하거나 판매하게 된 경우

12. 정년의 도래나 계약기간의 만료로 회사를 계속 다닐 수 없게 된 경우

13. 그 밖에 피보험자와 사업장 등의 사정에 비추어 그러한 여건에서는 통상의 다른 근로자도 이직했을 것이라는 사실이 객관적으로 인정되는 경우

1. 실업급여와 구직급여

① 실업급여는 비자발적 이유로 실업상태에 있는 근로자가 생계를 유지하면서 자신의 적성과 능력에 맞는 직장을 구하여 빠른 시간안에 다시 취업할 수 있도록

2일차

지원하는데 목적이 있다. 실업급여는 구직급여와 취업촉진수당으로 구분되며, 취업촉진수당은 조기재취업수당, 직업능력개발수당, 광역구직활동비, 이주비로 구분된다.

② 구직급여는 실업상태에 있는 피보험자로 일정한 자격이 있는자가 직장을 구하는 기간 중 일부기간에 대해 지원하는데 목적을 두고 있으므로, 비자발적인 이직자가 구직활동을 함을 전제로 한다.

2. 구직급여의 요건

① 이직일 이전 18개월간 피보험단위기간이 통산하여 180일 이상이고,

② 근로의 의사와 능력이 있음에도 불구하고 취업하지 못한 상태에 있으며,

③ 이직사유가 "수급자격제한사유"에 해당하지 않고,

④ 재취업을 위한 노력을 적극적으로 하여야 한다.

3. 부정수급자에 대한 제재

① 직업안정기관장은 거짓이나 그 밖의 부정한 방법으로 구직급여를 지급받은 자에게 지급받은 전체 구직급여의 전부 또는 일부의 반환을 명할 수 있다.

② 고용노동부령이 정하는 바에 따라 그 거짓이나 그 밖의 부정한 방법으로 지급받은 구직급여액에 상당하는 액수 이하의 금액을 징수할 수 있다.

③ 사업주·대리인·사용인·종업원도 거짓된 신고·보고 또는 증명을 하였다면 연대하여 책임을 진다.

3일차

제7장

노동조합과 부당노동행위

Leader의 어원(語源)

'leader'라는 단어는 원래 '여행하다'는 뜻으로 선사 유럽에서 부족들의 이주 경로를 안내하는 '길잡이'를 뜻했다.

선사시대 유럽인은 부족 단위로 양을 방목해서 먹고 생활한 것으로 추정된다. 계절이 바뀌거나 양이 뜯어 먹을 풀이 부족해지면 따뜻하고 풀이 많은 곳으로 수시로 이주하며 살았다.

그때는 지도가 없어 이주하려면 지리에 밝은 길잡이가 필요했다. 그래서 원래 '여행하다'를 뜻하던 고대 영어 'lithan'에서 나온 'leader'가 '길잡이'라는 뜻으로 바뀌었다.

귀족은 자기 부하 기사들과 동네 장정을 이끌고 이웃 마을로 정복 전쟁을 떠났기 때문에, 귀족을 군대의 길잡이라는 의미로 leader라고 불렀다. '앵글로 색슨 사록'을 보면 827년 에게버트라는 추장이 '북쪽으로 군대를 lead했다'고 기록되어 있어 당시에는 길잡이와 군대 지휘가 같은 의미였음을 보여준다.

leader는 점점 조직이나 무리를 지도하거나 이끄는 사람을 뜻하는 단어로 변했다.

101 노동3권간 상호관계

대법 1994.9.30, 94다4042

헌법 제33조제1항 근로자는 근로조건의 향상을 위하여 자주적인 단결권 · 단체교섭권 및 단체행동권을 가진다.

노조법 제1조 【목적】 이 법은 헌법에 의한 근로자의 단결권 · 단체교섭권 및 단체행동권을 보장하여 근로조건의 유지 · 개선과 근로자의 경제적 · 사회적 지위의 향상을 도모하고 노동관계를 공정하게 조정하여 노동쟁의를 예방 · 해결함으로써 산업평화의 유지와 국민경제의 발전에 이바지함을 목적으로 한다.

1. 노동3권의 상호관련성

가. 계약권설

단결권 · 단체교섭권 · 단체행동권을 연속선상에 있는 것으로 보고 그 중심을 단체교섭권에 두면서 단체교섭의 범위는 근로자 개인의 경제적 요구, 즉 근로조건에 한정하는 입장이다. 이는 미국 연방노동관계법 제8조(d) "교섭사항의 일반적 기준으로 임금, 근로시간 기타의 근로조건 또는 단체협약의 교섭이나 이로 인하여 발생하는 문제"라고 하면서 이 기준을 바탕으로 교섭사항을 의무적교섭사항, 임의적교섭사항, 불법적교섭사항으로 분류하고 있고 여기서 의무적교섭사항만이 교섭거부시 부당노동행위 해당, 결렬시 쟁의행위의 정당성을 인정받게 된다.

단체교섭대상(의무적교섭사항) = 교섭거부시 부당노동행위 성립(의무적교섭사항) = 노동쟁의 조정대상(근로조건결정 및 근로조건에 영향을 미치는 경영상 결정에 관한 주장의 불일치) = 쟁의행위 목적의 정당성(근로조건향상) = 단체협약(규범적 부분) = 강행적 효력 = 단체협약위반시 형사처벌 = 무협약상태시 단체협약규정 효력지속

나. 단체협상권설

단체협상권설은 단결권·단체교섭권·단체행동권에 대하여 각 독자적 존재의의를 인정하고 쟁의권의 보장범위를 단체교섭권의 범위와 분리하고, 단체교섭권을 단체협상권으로 보게 되므로 단체교섭의 범위도 근로자 개인의 경제적요구와 동시에 노동조합의 요구(이른바 '임의적교섭사항')도 포함된다는 것이다.

다. 판례의 입장

"근로자의 쟁의행위가 정당성을 갖추기 위하여는, 그 주체가 단체교섭이나 단체협약을 체결할 능력이 있는 노동조합이어야 하고, 그 목적이 근로조건의 향상을 위한 노사간의 자치적 교섭을 조성하기 위한 것이어야 하며, 그 시기는 사용자가 근로자의 근로조건 개선에 관한 구체적인 요구에 대하여 단체교섭을 거부하거나 단체교섭의 자리에서 그러한 요구를 거부하는 회답을 했을 때 개시하되 특별한 사정이 없는 한 법령이 정하는 바에 따라 조합원의 찬성결정 및 노동쟁의 발생신고를 거쳐야 하고, 그 방법은 소극적으로 근로의 제공을 전면적 또는 부분적으로 정지하여 사용자에게 타격을 주는 것이어야 하며 노사관계의 신의성실의 원칙에 비추어 공정성의 원칙에 따라야 하고, 사용자의 기업시설에 대한 소유권 기타의 재산권과 조화를 이루어야 함은 물론 폭력이나 파괴행위를 수반하여서는 아니며, 여기서 그 목적이 근로조건의 향상을 위한 노사간의 자치적 교섭을 조성하기 위한 것이라 함은 그 쟁의에 의하여 달성하려는 요구사항이 단체교섭사항이 될 수 있는 것을 의미한다"(대법 1994.9.30, 94다4042)고 하여 계약권설의 입장을 취하고 있는 것으로 사료된다.

2. 노동3권 중 중심이 되는 권리

가. 단결권 중심설

"단결권 중심설"은 단결권을 목적적 권리로, 단체교섭권과 단체행동권은 단결목적을 달성하기 위한 수단적 권리로 파악하는 입장이다.

나. 단체교섭권 중심설

① 단체교섭은 근로자들의 근로조건을 향상하기 위한 단체협약 체결을 목적으로 하는 것이므로 노동조합과 단체행동은 단체협약체결을 위한 단체교섭을 유리하게 이끌어가기 위한 수단으로서의 의미를 갖는다.

② 판례(대법 1990.5.15, 90도357)에서도, "본래 헌법 제33조제1항에 의하여 선명된, 이른바 노동3권은 사용자와 근로자간의 실질적인 대등성을 단체적 노사관계의 확립을 통하여 가능하도록 하기 위하여 시민법상의 자유주의적 법원칙을 수정하는 신시대적 시책으로서 등장된 생존권적 기본권들이므로 이 노동3권은 다같이 존중, 보호되어야 하고 그 사이에 비중의 차등을 둘 수 없는 권리들임에는 틀림없지만 근로조건의 향상을 위한다는 생존권의 존재목적에 비추어볼 때 위 노동3권 가운데에서도 단체교섭권이 가장 중핵적 권리이므로, 노동자에게 단체교섭권이 정당하게 확보되어 있기만 하다면 그것을 보장하는 권리로서의 단체행동권이 제한된다 해도 필요한 최소한도내에서, 어쩔 수 없는 것으로서 사회관념상 상당한 대상조치가 마련되어 있다고 보여질 때에는 권리의 본질적인 내용을 침해하는 것으로 볼 수 없다고 할 것이다"라고 하고 있다.

다. 단체행동권 중심설

① 단체행동권이 전제되지 않은 노동조합이나 단체교섭권만으로는 노사관계의 실질적 대등성은 확보될 수 없으므로 단체행동권이 노사관계의 실질적 대등성을 확보하는 필수적 전제이다.

② 헌법재판소 1996.12.26, 90헌바19·92헌바41·94헌바49(병합) 합헌결정사건에서의 5인 위헌의견에서는 "근로3권은 근로자가 사용자와 개별적으로 근로조건에 관한 계약을 체결할 경우에 처하게 되는 근로자의 사회·경제적으로 열등한 지위를 근로자단체의 힘을 배경으로 보완·강화함으로써 사용자와 근로자 사이의 실질적인 대등성을 확보해 주는 기능을 수행하는 기본권이다. 그런데 근로자의 단체행동권이 전제되지 않은 단체교섭이란 무의미하여 단체결성이나 단체교섭권만으로는 노사관계의 실질적 대등성은 확보될 수 없으므로, 단체행동권이야말로 노사관계의 실질적 대등성을 확보하는 필수적인 전제이다. 그러므로 근로3권 가운데 가장

중핵적인 권리는 단체행동권이라고 보아야 한다"고 한 바 있다.

도표 노동법의 체계

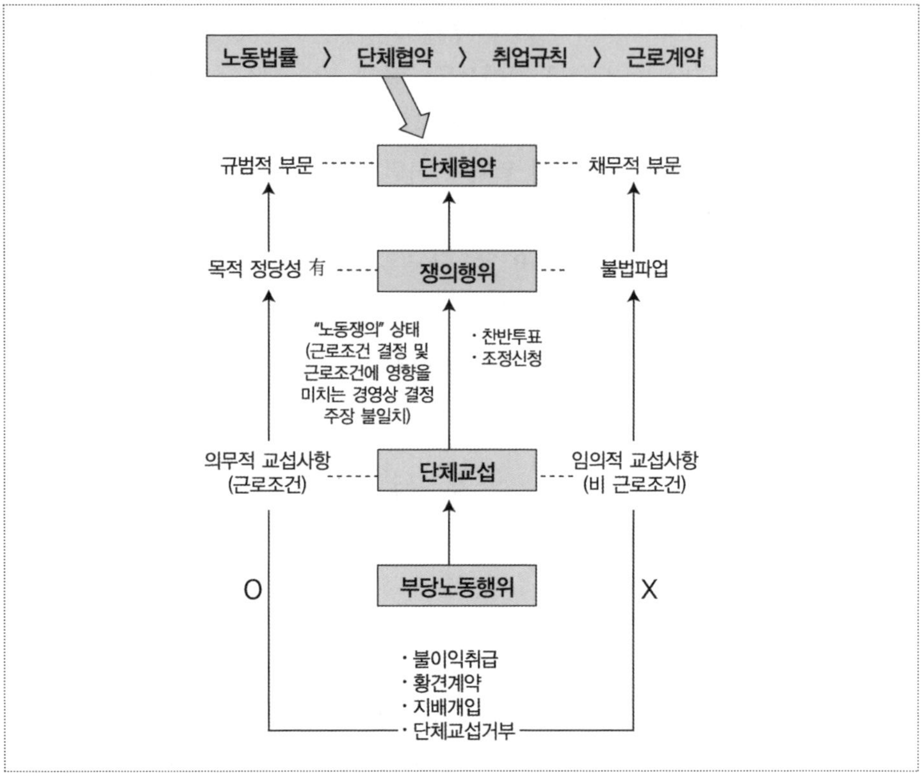

102 경영권

대법 2003.7.22, 2002도7225

헌법 제23조제1항 모든 국민의 재산권은 보장된다. 그 내용과 한계는 법률로 정한다.

1. 경영권의 의미

"헌법 제23조제1항 전문은 '모든 국민의 재산권은 보장된다'라고 규정하고 있고, 제119조제1항은 '대한민국의 경제질서는 개인과 기업의 경제상의 자유와 창의를 존중함을 기본으로 한다'라고 규정함으로써, 우리 헌법이 사유재산제도와 경제활동에 관한 사적자치의 원칙을 기초로 하는 자본주의 시장경제질서를 기본으로 하고 있음을 선언하고 있다. 헌법 제23조의 재산권에는 개인의 재산권뿐만 아니라 기업의 재산권도 포함되고, 기업의 재산권의 범위에는 투하된 자본이 화체된 물적 생산시설 뿐만 아니라 여기에 인적조직 등이 유기적으로 결합된 종합체로서의 '사업' 내지 '영업'도 포함된다. 그리고 이러한 재산권을 보장하기 위하여는 그 재산의 자유로운 이용・수익뿐만 아니라 그 처분・상속도 보장되어야 한다. 한편, 헌법 제15조는 '모든 국민은 직업선택의 자유를 가진다'라고 규정하고 있는 바, 여기에는 기업의 설립과 경영의 자유를 의미하는 기업의 자유를 포함하고 있다. 이러한 규정들의 취지를 기업활동의 측면에서 보면, 모든 기업은 그가 선택한 사업 또는 영업을 자유롭게 경영하고 이를 위한 의사결정의 자유를 가지며, 사업 또는 영업을 변경(확장・축소・전환)하거나 처분(폐지・양도)할 수 있는 자유를 가지고 있고 이는 헌법에 의하여 보장되고 있는 것이다. 이를 통틀어 '경영권'이라고 부르기도 한다."(대법 2003.7.22, 2002도7225).

2. 종전 판례

가. 경영권에 의한 단체교섭대상 제한 및 쟁의행위 정당성

"기업의 구조조정의 실시여부는 경영주체에 의한 고도의 경영상 결단에 속하는 사항으로서 이는 원칙적으로 단체교섭의 대상이 될 수 없고, 그것이 긴박한 경영상의 필요나 합리적인 이유없이 불순한 의도로 추진되는 등의 특별한 사정이 없는 한 노동조합이 그 실시를 반대하기 위하여 벌이는 쟁의행위에는 목적의 정당성을 인정할 수 없다"(대법 2002.2.26, 99도5380 / 대법 2003.2.11, 2000도4169 / 대법 2003.2.28, 2002도5881 / 대법 2003.3.14, 2002도5883 등).

※ 개정 노조법(2026.3.10. 시행)으로 인해 위 판례는 수정될 수 있음

나. 공기업민영화가 경영권인지 여부

"정리해고나 사업조직의 통폐합, 공기업의 민영화 등 기업의 구조조정의 실시 여부는 경영주체에 의한 고도의 경영상 결단에 속하는 사항으로서 이는 원칙적으로 단체교섭의 대상이 될 수 없고, 그것이 긴박한 경영상의 필요나 합리적인 이유없이 불순한 의도로 추진되는 등의 특별한 사정이 없는 한, 노동조합이 실질적으로 그 실시를 반대하기 위하여 쟁의행위에 나아간다면, 비록 그 실시로 인하여 근로자들의 지위나 근로조건의 변경이 필연적으로 수반된다 하더라도 그 쟁의행위는 목적의 정당성을 인정할 수 없다"(대법 2006.5.12, 2002도3450).

※ 개정 노조법(2026.3.10. 시행)으로 인해 위 판례는 수정될 수 있음

3. 개정 노조법(2026.3.10. 시행)

노조법 제2조제4호 【정의】 "노동쟁의"라 함은 노동조합과 사용자 또는 사용자단체(이하 "勞動關係 當事者"라 한다)간에 임금・근로시간・복지・해고・근로자의 지위 기타 대우등 근로조건의 결정과 근로조건에 영향을 미치는 사업경영상의 결정에 관한 주장의 불일치 및 제92조제2호가목부터 라목까지의 사항에 관한 사용자의 명백한 단체협약 위반으로 인하여 발생한 분쟁상태를 말한다.

103 노동3권과 경영권과의 관계

대법 2003.7.22, 2002도7225

"① 경영권과 노동3권이 서로 충돌하는 경우 이를 조화시키는 한계를 설정함에 있어서는 기업의 경제상의 창의와 투자의욕을 훼손시키지 않고 오히려 이를 증진시키며 기업의 경쟁력을 강화하는 방향으로 해결책을 찾아야 함을 유의하여야 한다. 왜냐하면 기업이 쇠퇴하고 투자가 줄어들면 근로의 기회가 감소되고 실업이 증가하게 되는 반면, 기업이 잘되고 새로운 투자가 일어나면 근로자의 지위도 향상되고 새로운 고용도 창출되어 결과적으로 기업과 근로자가 다 함께 승자가 될 수 있기 때문이다. 그리고 이러한 문제의 해결을 위해서는 추상적인 이론에만 의존하여서는 아니되고 시대의 현실을 잘 살펴 그 현실에 적합한 해결책이 모색되어야 한다.

② 이러한 관점에 서서 오늘의 우리나라가 처하고 있는 경제현실과 오늘의 우리나라 노동쟁의의 현장에서 드러나는 여러 가지 문제점 등을 참작하면, 구조조정이나 합병 등 기업의 경쟁력을 강화하기 위한 경영주체의 경영상 조치에 대하여는 원칙적으로 노동쟁의의 대상이 될 수 없다고 해석하여 기업의 경쟁력 강화를 촉진시키는 것이 옳다.

③ 기업이 경쟁력을 회복하고 투자가 일어나면 더 많은 고용이 창출되고 근로자의 지위가 향상될 수 있으므로 거시적으로 보면 이러한 해석이 오히려 전체 근로자들에게 이익이 되고 국가경제를 발전시키는 길이 된다. 이러한 사정을 종합하여 보면 위와 같은 해석이 결코 노동3권의 본질적인 내용을 침해하거나 헌법 및 노동관계법의 체계에 반하는 해석이라 할 수 없다"(대법 2003.7.22, 2002도7225).

※ 개정 노조법(2026.3.10. 시행)으로 인해 위 판례는 수정될 수 있음.

104 근기법상 근로자와 노조법상 근로자

대법 2014.2.13, 2011다78804

근기법 제2조 【정의】 ① 이 법에서 사용하는 용어의 뜻은 다음과 같다.

1. "근로자"란 직업의 종류와 관계없이 임금을 목적으로 사업이나 사업장에 근로를 제공하는 자를 말한다.

노조법 제2조 【정의】 이 법에서 사용하는 용어의 정의는 다음과 같다.

1. "근로자"라 함은 직업의 종류를 불문하고 임금·급료 기타 이에 준하는 수입에 의하여 생활하는 자를 말한다.
2. "사용자"라 함은 사업주, 사업의 경영담당자 또는 그 사업의 근로자에 관한 사항에 대하여 사업주를 위하여 행동하는 자를 말한다. 이 경우 근로계약 체결 당사자가 아니더라도 근로자의 근로조건에 대하여 실질적이고 구체적으로 지배·결정할 수 있는 지위에 있는 자도 그 범위에 있어서는 사용자로 본다. (2026.3.10. 시행)
4. "노동조합"이라 함은 근로자가 주체가 되어 자주적으로 단결하여 근로조건의 유지·개선 기타 근로자의 경제적·사회적 지위의 향상을 도모함을 목적으로 조직하는 단체 또는 그 연합단체를 말한다. 다만, 다음 각목의 1에 해당하는 경우에는 노동조합으로 보지 아니한다.
   가. 사용자 또는 항상 그의 이익을 대표하여 행동하는 자의 참가를 허용하는 경우
   나. 경비의 주된 부분을 사용자로부터 원조받는 경우
   다. 공제·수양 기타 복리사업만을 목적으로 하는 경우
   라. 근로자가 아닌 자의 가입을 허용하는 경우 (삭제 : 2026.3.10.)
   마. 주로 정치운동을 목적으로 하는 경우

1. 쟁점

대상판결의 쟁점은, 근로계약관계를 맺고 있지 않는 골프장캐디 등 특수고용직 또는 파견근로자도 계속적으로 노무를 제공하는 한 노동조합을 설립하여 해당 사용자에게 단체교섭을 요구하고, 또한 이를 거부한 사용자에게 부당노동행위의 책임을 물을 수 있는지 여부이다.

2. 근로기준법 상 근로자와 노동조합법 상 근로자의 차이

① 근로기준법 상 근로자는, 사업 또는 사업장에서 임금을 목적으로 근로계약을 체결하고, 사용종속관계에서 근로를 제공하는 자인데 반하여,

② 노조법상의 근로자의 경우, 직접적인 근로계약의 존재가 요구되는 것은 아니므로, 그 근로자성 판단기준의 징표를 임금의 종속성 판단 요소보다는, 근로자가 독립하여 자신의 위험과 계산으로 사업을 영위할 수 있는지 등 주로 '업무의 종속성 및 독립사업자성'을 판단하는 평가요소로 삼고 있다.

근로기준법 제2조 제1항 제1호	노동조합법 제1조 제1호
제2조(정의) ① 이 법에서 사용하는 용어의 뜻은 다음과 같다. 1. "근로자"란 직업의 종류와 관계없이 임금을 목적으로 사업이나 사업장에 근로를 제공하는 사람을 말한다.	**제2조(정의)** 이 법에서 사용하는 용어의 정의는 다음과 같다. 1. "근로자"라 함은 직업의 종류를 불문하고 임금·급료 기타 이에 준하는 수입에 의하여 생활하는 자를 말한다.

3. 노동조합법 상 근로자의 판단기준

① 노무제공자의 소득이 특정 사업자에게 주로 의존하고 있는지,

② 노무를 제공 받는 특정 사업자가 보수를 비롯하여 노무제공자와 체결하는 계약내용을 일방적으로 결정하는지,

③ 노무제공자가 특정 사업자의 사업 수행에 필수적인 노무를 제공함으로써 특정 사업자의 사업을 통해서 시장에 접근하는지,

④ 노무제공자와 특정 사업자의 법률관계가 상당한 정도로 지속적·전속적인지,

3 일차

⑤ 사용자와 노무제공자 사이에 어느 정도 지휘·감독관계가 존재하는지,

⑥ 노무제공자가 특정 사업자로부터 받는 임금·급료 등 수입이 노무 제공의 대가인지

❑ 대상판례 : 대법 2018.6.15, 2014두12598('○○학습지교사' 사건)

"노동조합법상 근로자에 해당하는지는, 노무제공자의 소득이 특정 사업자에게 주로 의존하고 있는지, 노무를 제공 받는 특정 사업자가 보수를 비롯하여 노무제공자와 체결하는 계약내용을 일방적으로 결정하는지, 노무제공자가 특정 사업자의 사업 수행에 필수적인 노무를 제공함으로써 특정 사업자의 사업을 통해서 시장에 접근하는지, 노무제공자와 특정 사업자의 법률관계가 상당한 정도로 지속적·전속적인지, 사용자와 노무제공자 사이에 어느 정도 지휘·감독관계가 존재하는지, 노무제공자가 특정 사업자로부터 받는 임금·급료 등 수입이 노무 제공의 대가인지 등을 종합적으로 고려하여 판단하여야 한다."

4. 노조법상 근로자 인정 판례 : 골프장 캐디

① 노조법상의 근로자의 경우 직접적인 근로계약의 존재가 요구되는 것은 아니므로 그 근로자성 판단기준의 징표를 임금의 종속성 판단 요소보다는 사용자의 지휘·감독의 정도 및 근로자가 독립하여 자신의 위험과 계산으로 사업을 영위할 수 있는지 등의 주로 '업무의 종속성 및 독립사업자성'을 판단하는 평가요소로 삼아야 한다.

② 업무종속성 여부를 판단코자 함에 있어, i) 피고가 캐디들의 근무내용, 근무시간 및 근무장소에 대하여 상당한 정도의 지휘·감독을 하고 있다고 볼 수 있는 점, ii) 캐디들은 경기보조업무 수행 과정에서 필요한 작업도구를 피고로부터 제공받아 사용하며 노무 이외에 자신의 자본을 투여하는 일이 없고, 그 업무내용이 단순 노무제공의 측면이 강하며, 피고가 지정한 순번에 따라 출장의 기회를 제공받으므로 이용객을 임의로 선택하거나 교체를 요구할 수 없고, 캐디 피의 액수도 캐디들이 이용객과 사이에 임의로 정할 수 있는 것이 아니어서 캐디들 스스로 노무제공을 통한 이윤의 창출과 손실의 위험을 부담하는 독립사업자로 볼 수 없는 점, iii) 이 사건 골프장의 캐디들은 출장일수가 적지 않고, 피고가 정하는 출장순번에 따라

출장하는데 자신의 출장순번이 언제 돌아올지 정확히 예측할 수 없어 실제로 이 사건 골프장 외의 다른 골프장에서 경기보조업무를 수행하는 것은 사실상 불가능하므로 피고에 전속되어 계속적인 경기보조업무를 수행하는 것으로 보아야 하는 점, iv) 피고와 이 사건 노동조합 상호간에 상대방을 노조법상 사용자 또는 노동조합으로 인정하여 단체협약과 별도의 합의나 노동쟁의 조정절차 등을 거쳐 왔고 원고들은 이 사건 노동조합 소속 조합원들로 활동하여 온 점 등에 비추어 이 사건 골프장의 캐디들에 대하여는 노조법상의 근로자성을 인정할 수 있다(대법 2014.2.13, 2011다78804).

5. 최근 노조법상 근로자 인정 판례 : 대리운전기사

대법 2024.9.27, 2020다267491

6. 노조법상 근로자성 부정 판례 : 레미콘 차주

① 레미콘운송차주들의 복귀시간이 정해져있지 않고 그 복귀여부도 자유로운 점,

② 스스로 제3자를 고용하여 업무를 대행하는 것이 불가능하지 않은 점,

③ 레미콘운송차량의 소유권이 레미콘운송차주들에게 있고 그 차량의 관리를 레미콘운송차주들 스스로 하여온 점,

④ 레미콘운송차주들이 취업규칙·복무규정·인사규정 등의 적용을 받지 아니하고, 기본급이나 고정급이 정하여져 있지 아니한 점,

⑤ 근로소득세를 원고가 원천징수한 것이 아니라 레미콘운송차주들이 각자 사업자등록을 하여 사업소득세 및 부가가치세를 납부한 점 등을 종합하여 볼 때,

피고 등을 사용종속적인 관계에서 노무에 종사하고 그 대가로 임금 등을 받아 생활하는 노동조합법 소정의 근로자라고 볼 수 없다(대법 2006.5.11, 2005다20910).

105 노조가입 범위

노조법 제2조제4호 【정의】 "노동조합"이라 함은 근로자가 주체가 되어 자주적으로 단결하여 근로조건의 유지·개선 기타 근로자의 경제적·사회적 지위의 향상을 도모함을 목적으로 조직하는 단체 또는 그 연합단체를 말한다. 다만, 다음 각목의 1에 해당하는 경우에는 노동조합으로 보지 아니한다.

가. 사용자 또는 항상 그의 이익을 대표하여 행동하는 자의 참가를 허용하는 경우
나. 경비의 주된 부분을 사용자로부터 원조받는 경우
다. 공제·수양 기타 복지사업만을 목적으로 하는 경우
~~라. 근로자가 아닌 자의 가입을 허용하는 경우~~ (삭제 : 2026.3.10.)
마. 주로 정치운동을 목적으로 하는 경우

제5조 【노동조합의 조직·가입·활동】 ① 근로자는 자유로이 노동조합을 조직하거나 이에 가입할 수 있다. 다만, 공무원과 교원에 대하여는 따로 법률로 정한다.
② 사업 또는 사업장에 종사하는 근로자(이하 "종사근로자"라 한다)가 아닌 노동조합의 조합원은 사용자의 효율적인 사업 운영에 지장을 주지 아니하는 범위에서 사업 또는 사업장 내에서 노동조합 활동을 할 수 있다. (2021.7.6. 시행)
③ 종사근로자인 조합원이 해고되어 노동위원회에 부당노동행위의 구제신청을 한 경우에는 중앙노동위원회의 재심판정이 있을 때까지는 종사근로자로 본다.

1. 노조가입 범위

원칙상 노동조합이 노조 규약으로 정할 사항이나, 노조법상 노조가입이 금지되어 있는 사용자 또는 그 이익을 대표하여 행위하는 자의 범위를 명확히 하기 위해 단체협약상 명시하는 것이 바람직할 것이다.

예시 **제○○조 【조합원의 범위】** 노조법 제2조의 사용자 및 조합가입을 배제한 다음 각 호에 해당하는 자는 조합원이 될 수 없다.
1. 3급(과장급) 이상인 사용자 지위에 있는 자
2. 인사, 감사, 경리, 경비, 비서, 비상계획 업무 담당자로서 항상 사용자 이익을 대표하여 행동하는 자

2. 노조규약 상 노조가입대상이나, 단체협약 상으로는 가입제한 직급자(예 : 과장)가 노조에 가입할 수 있는지

가. 행정해석 : 단체협약 적용(노조가입 불가)

노조에 가입할 수 있는 자의 범위는 노조법 제2조제2호 및 제4호가목 소정의 "사용자 또는 항상 그의 이익을 대표하여 행동하는 자"에 해당되지 않는 범위 내에서 당해 노동조합의 규약으로 정하는 것이 원칙이며, 노조에 가입할 수 없는 사용자 여부에 대한 다툼을 예상하여 노동조합과 사용자가 단체협약으로 조합원의 범위를 정할 수 있다(2006.2.10, 노사관계법제팀-348).

나. 판례 : 노조규약 적용(노조가입 가능)

① 노동조합의 조합원의 범위는 당해 노동조합의 규약이 정하는 바에 의하여 정하여지며, 근로자는 노동조합의 규약이 정하는 바에 따라 당해 노동조합에 자유로이 가입함으로써 조합원의 자격을 취득하는 것인바, 한편 사용자와 노동조합 사이에 체결된 단체협약은 특약에 의하여 일정 범위의 근로자에 대하여만 적용하기로 정하고 있는 등의 특별한 사정이 없는 한 협약당사자로 된 노동조합의 구성원으로 가입한 조합원 모두에게 현실적으로 적용되는 것이 원칙이고, 다만 단체협약에서 노사간의 상호 협의에 의하여 규약상 노동조합의 조직 대상이 되는 근로자의 범위와는 별도로 조합원이 될 수 없는 자를 특별히 규정함으로써 일정 범위의 근로자들에 대하여 위 단체협약의 적용을 배제하고자 하는 취지의 규정을 둔 경우에는, 유효하다(대법2003.12.26, 2001두10264 / 대법 2004.1.29, 2001다5142).

② 원고가 피고회사의 사용자 지위에 있지 않고, 노조의 규약상 과장의 직책을

3
일
차

가진 자도 조합원으로 가입할 수 있도록 되어 있다고 하더라도, 과장급 이상의 자에 대하여 조합원이 될 수 없도록 규정한 단체협약의 효력이 부인되는 것은 아니므로 원고가 위 단체협약의 규정에 위반하여 노조에 가입함으로써 원고의 조합원 지위를 둘러싸고 노사간의 분쟁을 일으키고 노사관계 안정과 질서를 깨뜨린 사실을 이 사건 징계처분의 사유로 삼은 것은 정당하다(대법 2004.1.29, 2001다6800).

3. 비종사 조합원(해고자 등)도 기업별 노동조합 활동 가능

사업 또는 사업장에 종사하는 근로자(이하 "종사근로자"라 한다)가 아닌 노동조합의 조합원은 사용자의 효율적인 사업 운영에 지장을 주지 아니하는 범위에서 사업 또는 사업장 내에서 노동조합 활동을 할 수 있다(노조법 제5조제2항).

4. '종사조합원'의 개념 및 용도

개념	① 사업 또는 사업장에 종사하는 근로자인 조합원 ② 종사근로자인 조합원이 해고되어 노동위원회에 부당노동행위의 구제신청을 한 경우에는 중앙노동위원회의 재심판정까지는 종사조합원 자격유지
용도	① 기업별 노조 임원 및 대의원 자격요건 ② 근로시간면제한도 설정 시 조합원 수 산정 범위 ③ 교섭창구단일화 절차에서 대표노조선정 시 조합원 수 산정범위 ④ 쟁의행위 찬반투표 시 재적 조합원 수 산정범위

106 하위인사담당자에 대한 노조탈퇴요구는 부당노동행위

대법 2011.9.8, 2008두13873

노조법 제2조제4호 【정의】 "노동조합"이라 함은 근로자가 주체가 되어 자주적으로 단결하여 근로조건의 유지·개선 기타 근로자의 경제적·사회적 지위의 향상을 도모함을 목적으로 조직하는 단체 또는 그 연합단체를 말한다. 다만, 다음 각목의 1에 해당하는 경우에는 노동조합으로 보지 아니한다.

가. 사용자 또는 항상 그의 이익을 대표하여 행동하는 자의 참가를 허용하는 경우

1. 하위인사담당자의 노조가입 제한(대법 2011.9.8, 2008두13873)

① '항상 사용자의 이익을 대표하여 행동하는 자'라 함은 근로자에 대한 인사, 급여, 징계, 감사, 노무관리 등 근로관계 결정에 직접 참여하거나 사용자의 근로관계에 대한 계획과 방침에 관한 기밀사항 업무를 취급할 권한이 있는 등과 같이 그 직무상의 의무와 책임이 조합원으로서의 의무와 책임에 직접적으로 저촉되는 위치에 있는 자를 의미하므로, 이러한 자에 해당하는지 여부는 일정한 직급이나 직책 등에 의하여 일률적으로 결정되어서는 아니 되며, 그 업무의 내용이 단순히 보조적·조언적인 것에 불과하여 그 업무의 수행과 조합원으로서의 활동 사이에 실질적인 충돌이 발생할 여지가 없는 자도 이에 해당하지 않는다고 할 것이다.

② 따라서 주임급 이하의 직원들의 경우 그들이 인사·노무·예산·경리 등의 업무를 담당한다거나 총장의 비서 내지 전속 운전기사·수위 등으로 근무한다는 사정만으로 그들이 곧바로 '항상 사용자의 이익을 대표하여 행동하는 자'에 해당한다고 할 수 없고, 실질적인 담당 업무의 내용 및 직무권한 등에 비추어 볼 때 그

3 일차

직무상의 의무와 책임이 노동조합원으로서의 의무와 책임에 저촉되는 것으로 평가할 수 있을 때에만 '항상 사용자의 이익을 대표하여 행동하는 자'에 해당한다고 할 수 있다.

③ 이 사건 직원들 중 주임급 직원들이 실제 담당하는 업무의 내용 및 직무권한 등을 확인하여 이들이 '항상 사용자의 이익을 대표하여 행동하는 자'에 해당하는지 여부를 심리해야 하고, 나아가 조합원 가입 자격 유무에 관한 사정만으로 부동노동행위의사의 유무를 단정할 것이 아니라 그밖에 부당노동행위 의사의 존재를 추정할 수 있는 사정이 있는지에 관해 더 심리한 후 부당노동행위 해당 여부를 판단했어야 할 것이다(파기환송).

2. 직급은 낮으나, 중요한 직책자의 노조가입 제한

"일반직 4급으로 현재의 직책은 지점장대리이나 채권자 조합에서 간부직으로 분류되는 상무의 직책을 맡을 수 있는 점, 부하직원에 대하여 일반적 감독권을 가지고, 인사에 관한 중요한 사항을 의결할 수 있는 점 등에 비추어 볼 때, 노동조합법 제2조가 규정하는 '사용자의 이익을 대표하여 행동하는 자'에 해당하여 ○○분회의 노동조합원으로 가입할 수 없다"(대법 2004.11.26, 2004다51139).

참고 노조설립시 노사간 갈등 양상

① 노조가입자격을 둘러싼 갈등
  i) 직급·직책상, '사용자를 위해 행동하는 자'
  ii) 업무특성상, '사용자를 위해 행동하는 자'
② 조합사무실 제공 및 노조현판 부착을 둘러싼 갈등
③ 근로시간면제자 등을 둘러싼 갈등
④ 조합비 공제 방식(check off) 등을 들러싼 갈등
⑤ 노조총회 등 장소사용을 둘러싼 갈등
⑥ 사용자의 노조설립 방해행위를 둘러싼 갈등
⑦ 단체교섭요구를 둘러싼 갈등
  i) 무노조상황 : 사용자의 노조원에 대한 노조탈퇴 압박
  ii) 기존노조 존재상황 : 교섭창구단일화 절차를 둘러싼 노노갈등 등

107 노동조합에 대한 행정관청의 통제

노조법 제23조 【임원의 선거 등】 ① 노동조합의 임원 자격은 규약으로 정한다. 이 경우 하나의 사업 또는 사업장을 대상으로 조직된 노동조합(기업별 노조)의 임원은 그 사업 또는 사업장에 종사하는 조합원 중에서 선출하도록 정한다.
② 임원의 임기는 규약으로 정하되 3년을 초과할 수 없다.

노조법 제15조 【총회의 개최】 ① 노동조합은 매년 1회 이상 총회를 개최하여야 한다.
② 노동조합의 대표자는 총회의 의장이 된다.

노조법 제17조 【대의원회】 ① 노동조합은 규약으로 총회에 갈음할 대의원회를 둘 수 있다.
② 대의원은 조합원의 직접·비밀·무기명투표에 의하여 선출되어야 한다.
③ 하나의 사업 또는 사업장을 대상으로 조직된 노동조합(기업별 노조)의 대의원은 그 사업 또는 사업장에 종사하는 조합원 중에서 선출하여야 한다.
④ 대의원의 임기는 규약으로 정하되 3년을 초과할 수 없다.
⑤ 대의원회를 둔 때에는 총회에 관한 규정은 대의원회에 이를 준용한다.

노조법 제11조 【규약】 노동조합은 그 조직의 자주적·민주적 운영을 보장하기 위하여 당해 노동조합의 규약에 다음 각 호의 사항을 기재하여야 한다.
1. 명칭
2. 목적과 사업
3. 주된 사무소의 소재지
4. 조합원에 관한 사항(연합단체인 노동조합에 있어서는 그 구성단체에 관한 사항)
5. 소속된 연합단체가 있는 경우에는 그 명칭
6. 대의원회를 두는 경우에는 대의원회에 관한 사항
7. 회의에 관한 사항
8. 대표자와 임원에 관한 사항
9. 조합비 기타 회계에 관한 사항
10. 규약변경에 관한 사항
11. 해산에 관한 사항
12. 쟁의행위와 관련된 찬반투표 결과의 공개, 투표자 명부 및 투표용지 등의 보존·열

3일차

람에 관한 사항
13. 대표자와 임원의 규약위반에 대한 탄핵에 관한 사항
14. 임원 및 대의원의 선거절차에 관한 사항
15. 규율과 통제에 관한 사항

노조법 제21조 【규약 및 결의처분의 시정】 ① 행정관청은 노동조합의 규약이 노동관계법령에 위반한 경우에는 노동위원회의 의결을 얻어 그 시정을 명할 수 있다.
② 행정관청은 노동조합의 결의 또는 처분이 노동관계법령 또는 규약에 위반된다고 인정할 경우에는 노동위원회의 의결을 얻어 그 시정을 명할 수 있다. 다만, 규약위반시의 시정명령은 이해관계인의 신청이 있는 경우에 한한다.
③ 제1항 또는 제2항의 규정에 의하여 시정명령을 받은 노동조합은 30일 이내에 이를 이행하여야 한다. 다만, 정당한 사유가 있는 경우에는 그 기간을 연장할 수 있다(다만, 선원법에 의한 선원이 당해 선박에 승선하는 경우를 제외한다).

1. 설립신고(노조법 제10조)

노동조합을 설립하고자 하는 자는 조합규약을 설립신고서와 함께 행정관청에 제출하여 이를 신고하여야 한다. 행정관청은 설립신고를 접수할 당시 그 해당 여부가 문제가 된다고 볼 만한 객관적인 사정이 있는 경우에 한하여 설립신고서와 규약내용 외의 사항에 대하여 실질적인 심사를 거쳐 반려여부를 결정할 수 있다(대법 2014.4.10, 2011두6998).

2. 해산신고(노조법 제28조)

노조법에 정하여진 해산사유 중 ① 규약에서 정한 해산사유가 발생한 경우, ② 합병 또는 분할로 소멸한 경우, ③ 총회 또는 대위원회의 해산결의가 있는 경우로 노동조합이 해산한 경우 그 대표자는 해산한 날로부터 15일 이내에 행정관청에 신고하여야 한다.

3. 규약 · 결의 · 처분시정명령(노조법 제21조)

행정관청은 ① 규약이 노동관계법령에 위반한 경우, ② 노동조합의 결의 또는 처분이 노동관계법령 또는 규약에 위반된다고 인정할 경우에는 노동위원회의 의결을 얻어 서면으로 시정을 명할 수 있다(미이행시 500만원 이하 벌금).

4. 이른바 "법외 노조"

① 노동조합은 첫째, 노조법 제2조제4호에 의한 자주성(실질적 요건)을 갖추고, 둘째, 노조법 제12조에 의한 설립신고증을 교부(형식적 요건) 받으면, 노조법이 인정하는 "법내 노조"가 된다. 그런데 노동조합이 실질적 요건인 자주성을 갖추었으나, 형식적 요건인 설립신고증을 교부받지 못했거나, 행정관청으로부터 해산명령을 받을 경우, 이를 이른바 "법외 노조"라고 한다.

② "법외 노조"라고 하더라도 실질적 요건인 자주성과 민주성(노조규약)을 갖추고 있는 한, 단체교섭 및 단체협약을 체결할 수 있고 정당한 파업시 민·형사상 면책을 받는 등 노동3권을 가지나, 행정절차적 보호 즉 첫째, 노동쟁의 조정신청을 할 수 없고, 둘째, 부당노동행위 구제신청을 할 수 없으며, 셋째, 노동조합이라는 명칭을 사용할 수 없어 법인등기 및 조세면제를 받을 수 없다.

③ 다만, 일단 적법한 설립신고를 마친 노조는 이후 법외노조 통보를 받았더라도 그 통보가 위법할 경우, 노조명칭을 사용할 수 있다(대법 2017.6.29, 2014도7129).

5. '종사조합원'의 개념 및 용도

개념	① 사업 또는 사업장에 종사하는 근로자인 조합원 ② 종사근로자인 조합원이 해고되어 노동위원회에 부당노동행위의 구제신청을 한 경우에는 중앙노동위원회의 재심판정까지는 종사조합원 자격유지
용도	① 기업별 노조 임원 및 대의원 자격요건 ② 근로시간면제한도 설정 시 조합원 수 산정 범위 ③ 교섭창구단일화 절차에서 대표노조선정 시 조합원 수 산정범위 ④ 쟁의행위 찬반투표 시 재적 조합원 수 산정범위

3 일차

108 노동조합의 조직형태와 그 변경

1. 우리나라의 노조형태

우리나라의 노동조합은 총연합단체를 정점으로 동종산업의 단위노동조합을 구성원으로 하는 산업별연합단체 및 전국규모의 산업별 단위노동조합과 기업단위 노동조합으로 구성되어 있다(노조법 제10조제2항).

가. 단위노동조합

(1) 기업단위 노동조합

기업단위 노동조합은 일반적인 단위노동조합 형태로 일정기업에 소속된 근로자가 직업(종)의 구별없이 개별기업 단위로 조직하는 노동조합을 말한다.

(2) 지역단위 노동조합

① 일정지역 내의 동일산업 또는 직종 단위로 노동조합을 조직하는 것을 말한다(예, ○○지역일반노조, △△지역제화공노조).

② 지역단위 노동조합은 해당 노동조합의 특성과 설립취지, 상권(시장), 단체교섭 가능범위, 경제생활 영역, 근로자 분포 등의 요소를 고려하여 자율적으로 정하되, 가급적 행정구역 단위 또는 공단 등 경제권 단위로 한정하는 것이 바람직하다.

(3) 산별 · 업종별 노동조합

동일 산업 또는 업종별로 근로자들이 조직한다.

나. 산업별 연합단체

산업별 연합단체인 노동조합은 여러 개의 단위노동조합이 독립된 노동조합의 자격을 가지면서 동종 산업별로 조직한 노동조합의 연합조직을 말한다.

다. 총연합단체

① 총연합단체인 노동조합은 산업별 연합단체 또는 전국규모의 산업별 노동조합을 구성원으로 하여 조직된다.

② 단위노동조합이 산업별 연합단체인 노동조합에 가입하거나, 산업별 연합단체 또는 전국규모의 산업별 노동조합이 총연합단체인 노동조합에 가입한 경우에는 해당 노동조합은 소속 산업별 연합단체인 노동조합 또는 총연합단체인 노동조합의 규약이 정하는 소정의 의무를 성실히 이행하여야 한다(노조법 시행령 제8조제1항).

③ 총연합단체인 노동조합 또는 산업별 연합단체인 노동조합은 해당 노동조합에 가입한 노동조합의 활동에 대하여 협조·지원 또는 지도할 수 있다(노조법 시행령 제8조제2항).

2. 조직형태 변경의 의의와 유형

가. 의의

①「조직형태의 변경」이라 함은 노동조합이 그 실체의 동일성을 유지하면서 노동조합의 종류를 변경함으로써 구성원의 자격과 그 결합방식을 바꾸는 것을 말한다.

② 현행법상 조직형태에 대하여 별도의 제한규정을 두고 있지 않으므로 노동조합의 조직형태는 근로자들이 자유로이 변경할 수 있는 바(노조법 제5조), 판례는 조합의 인적구성에서 실질적 동일성이 유지되어야 한다는 입장이다(대법 1997.7.25, 95누4377 / 대법 2002.7.26, 2001두5361).

나. 조직형태변경의 유형

① 기업별노조가 산업별·지역별노조의 지부·분회 등으로 조직형태를 변경하는 경우

② 산업별·지역별노조의 지부·분회 등이 기업별노조 또는 다른 산업별·지역별노조의 지부·분회 등으로 조직형태를 변경하는 경우

③ 산업별·지역별노조가 기업별노조로 변경하는 경우 등

3. 절차

① 노조법 제16조제2항에 의거 총회 또는 대의원회에서 재적조합원(대의원) 과반수의 출석과 출석조합원(대의원) 3분의 2이상의 찬성으로 결의하여야 한다.

② 이는 노동조합이 다른 유형의 노동조합으로 그 형태를 바꾸려고 할 경우 기존 노동조합을 해산하고 새로운 노동조합을 설립해야 하는 번잡함을 해소하기 위해 1997년 노조법 제정시 신설된 것이다.

③ 본조 규약에서 지부·분회의 총회는 사전 노동조합의 승인을 얻어 개최토록 규정하고 있는 경우에는 원칙적으로 규약에서 정한 절차를 거쳐 총회를 개최하여야 한다.

④ 다만, 본조에서 정당한 이유없이 지부·분회의 총회 개최를 승인하지 아니하는 경우, 독자적 단체교섭 또는 단협체결능력을 가지고 있거나, 법인이 아닌 사단으로서의 실질을 가지는 지부·분회는 자체적으로 총회를 개최하여 집단적 결의를 할 수 있다(대법 2016.2.19, 2012다96120).

⑤ 또 다른 문제 : 상급단체 탈퇴시 총회 의결정족수

현행 노조법 제16조는 총회의결정족수에 있어 '연합단체 탈퇴에 관한 사항' 의결시에는 과반수 출석에 과반수 찬성(일반의결), '규약의 제정과 변경에 관한 사항' 의결시에는 과반수 출석에 3분의 2 찬성(특별의결)으로 의결한다고 규정하고 있고, 노조법 제11조에서는 '소속된 연합단체가 있는 경우에는 그 명칭'을 규약에 필수기재사항으로 규정하고 있는 바, 그렇다면 연합단체 탈퇴시에는 필연적으로 규약변경을 하여야 하므로 결과적으로 의결정족수에 있어 일반의결이 아니라 특별의결정족수를 충족하여야 한다는 논리가 성립된다.

4. 법적 효력

① 기업별노조가 산업별·지역별노조의 지부·분회 등으로 조직형태를 변경할 것을 결의한 경우에도 해당 산업별·지역별노조에 가입 등을 하기 전까지는 기업별노조로 보아야 한다.

② 또한, 산업별·지역별노조의 지부·분회 등이 기업별노조로 조직형태를 변경할 것을 결의한 경우에도 노조법 제16조제2항 내지 제4항에 따라 규약 제정 및 임원을 선출하여 행정관청에 설립신고를 하기 전까지는 산업별·지역별노조의 조합원 자격을 유지하되, 행정관청으로부터 설립신고증을 교부받은 경우에는 조직형태 변경에 반대한 조합원도 기존 산업별·지역별노조의 조합원 자격은 상실되고 별도의 탈퇴의사를 표명하지 않는 한 기업별노조의 조합원 자격을 가진다.

③ 산업별·지역별 노조가 조직탈퇴, 조직형태 변경 등을 시도하였다는 이유로 당해 지부·분회 조합원의 의사에 반하여 산하 지부·분회에 대해 임원인준을 취소하는 경우, 이로 인해 지부·분회 조합원들이 그 결의에 의하여 조직형태를 변경하는 것이 실질적으로 제한된다면 이는 사업장 단위 조합원의 조직선택의 자유를 제한하게 되어 정당하지 않다.

④ 기업별노조가 산업별·지역별노조의 지부·분회 등으로 조직형태를 변경하는 경우 특별한 사정이 없는 한 동 지부·분회는 기존 기업별노조와의 조직적 동일성을 그대로 유지하고 있는 것이므로 기존 기업별노조와 사용자가 체결한 단체협약은 그 유효기간 동안 계속 효력을 가지게 된다.

3
일
차

5. 산별노조 등 초기업 단위노조의 찬반투표

가. 산별(지역별)·지부별 단위에서 교섭이 진행되다 결렬된 경우에 있어서 쟁의행위 찬반투표 단위

① 산별(지역별)·지부별 단위에서 교섭이 진행되다 결렬된 경우에 있어서 쟁의행위 찬반투표 단위는 교섭단위를 기준으로 판단해야 한다. 즉, 다수사업장을 대상으로 설립된 전국단위노조의 특정 사업장에 설치된 지부·분회에서 분쟁이 있을 경우에는 당해 사업장 재적 조합원 과반수의 찬성으로 쟁의행위를 결의해야

한다.

② 지역별·산업별·업종별 노동조합의 경우에는 총파업이 아닌 이상 쟁의행위를 예정하고 있는 당해 지부나 분회 소속 조합원의 과반수의 찬성이 있으면 쟁의행위는 절차적으로 적법하다고 보아야 할 것이고, 쟁의행위와 무관한 지부나 분회의 조합원을 포함한 전체 조합원의 과반수 이상의 찬성을 요하는 것은 아니다(대법 2004.9.24, 2004도4641).

나. 산별노조 등의 공동교섭 요구에 대응하여 교섭대표에게 교섭권을 위임하거나 사용자단체를 구성하여 교섭하는 경우

① 산별노조 등의 공동교섭 요구에 대응하여 교섭대표에게 교섭권을 위임하거나 사용자단체를 구성하여 교섭하는 경우에는 교섭단위 내 전체 조합원의 과반수 동의로 쟁의행위를 결의해야 한다. 즉, 교섭에 참여한 사업장의 지부·지회 전체 조합원을 대상으로 쟁의행위 찬반투표 실시하여야 한다.

② 다만, 개별기업의 사용자와 대각선 교섭을 진행하거나 다수의 사용자가 동시에 같은 장소에서 교섭을 진행할 뿐 사실상 대각선 교섭을 진행하는 경우에는 당해 기업의 조합원들만으로 찬반투표를 실시, 쟁의행위를 결의해야 한다.

다. 산별노조 분회·지회가 단체협약의 체결 권한이 있고, 분회·지회에만 해당되는 단체협약을 체결하고자 하는 경우

① 산별노조 분회·지회가 단체협약의 체결 권한이 있고, 분회·지회에만 해당되는 단체협약을 체결하고자 하는 경우에는, 산별노조가 산별·지부별 교섭을 요구하거나, 각각 독립된 단체협약을 가지고 있는 여러 지회의 집단교섭을 요구하더라도 사용자가 이를 거부하고 개별교섭을 진행한 경우에는 개별 사업장 지회 조합원 과반수의 찬성으로 결정하여야 한다.

② 또한, 다수의 분회·지회가 동시에 파업에 돌입할 계획으로 쟁의행위 찬반투표 결과, 일부 분회·지회는 과반수 이상이 찬성하고, 나머지 분회·지회는 그렇지 않은 경우에는 과반수 이상이 찬성한 분회·지회만이 쟁의행위를 할 수 있다. 이때, 찬반투표를 진행한 분회·지회들의 투표결과를 합산한 결과 전체 조합원의 과

반수 이상이 찬성한 것으로 집계되었다 하더라도, 과반수 이상이 찬성하지 않은 분회 · 지회까지 쟁의행위를 할 수는 없다.

참고 **노동조합 조직현황(2025.12. 고용노동부 발표)**

총연합 / 단위	소속별 노조원(총 2,777,000명) 2024.12. 기준				
	한국노총	민주노총	미가맹	대한노총	전국노총
산별 · 업종별	금속연맹 등	① 금속노조 등	×		
사업장	② 사업장노조 (2,459개)	(단, ①+③ 지부설립신고 (216개)	④ 사업장 (3,416개)	⑤ (10개)	⑥ 사업장 (4개)
계	1,202,389명 (43.3%)	1,078,582명 (38.8%)	491,672명 (17.7%)	654명 (0.02%)	1,319명 (0.05%)

※ 노동조합수(①+②+③+④+⑤+⑥) ±6,125개
※ 노조조직률= 전체조합원수(2,777,000명)÷조직대상근로자수(약 21,375,000명)=13.0%
※ 부문별 노조조직률 : 민간(9.8%), 공공(71.7%), 공무원(66.4%), 교원(32.3%)

3일차

109 산별노조지부 탈퇴 후 사업장노조 설립절차

대법 2016.2.19, 2012다96120

노조법 제16조 【총회의 의결사항】 ① 다음 각 호의 사항은 총회의 의결을 거쳐야 한다.

1. 규약의 제정과 변경에 관한 사항
2. 임원의 선거와 해임에 관한 사항
3. 단체협약에 관한 사항
4. 예산·결산에 관한 사항
5. 기금의 설치·관리 또는 처분에 관한 사항
6. 연합단체의 설립·가입 또는 탈퇴에 관한 사항
7. 합병·분할 또는 해산에 관한 사항
8. 조직형태의 변경에 관한 사항
9. 기타 중요한 사항

② 총회는 재적조합원 과반수의 출석과 출석조합원 과반수의 찬성으로 의결한다. 다만, 규약의 제정·변경, 임원의 해임, 합병·분할·해산 및 조직형태의 변경에 관한 사항은 재적조합원 과반수의 출석과 출석조합원 3분의 2 이상의 찬성이 있어야 한다.
④ 규약의 제정·변경과 임원의 선거·해임에 관한 사항은 조합원의 직접·비밀·무기명 투표에 의하여야 한다.

노조법 제18조 【임시총회 등의 소집】 ① 노동조합의 대표자는 필요하다고 인정할 때에는 임시총회 또는 임시대의원회를 소집할 수 있다.
② 노동조합의 대표자는 조합원 또는 대의원의 3분의 1 이상(연합단체인 노동조합에 있어서는 그 구성단체의 3분의 1 이상)이 회의에 부의할 사항을 제시하고, 회의의 소집을 요구한 때에는 지체없이 임시총회 또는 임시대의원회를 소집하여야 한다.
③ 행정관청은 노동조합의 대표자가 제2항의 규정에 의한 회의의 소집을 고의로 기피하거나, 이를 해태하여 조합원 또는 대의원의 3분의 1 이상이 소집권자의 지명을 요구

한 때에는 15일 이내에 노동위원회의 의결을 요청하고 노동위원회의 의결이 있는 때에는 지체없이 회의의 소집권자를 지명하여야 한다.
④ 행정관청은 노동조합에 총회 또는 대의원회의 소집권자가 없는 경우에 조합원 또는 대의원의 3분의 1 이상이 회의에 부의할 사항을 제시하고 소집권자의 지명을 요구한 때에는 15일 이내에 회의의 소집권자를 지명하여야 한다.

1. 사실관계

① 기업별 노동조합인 ○○○○○노동조합은 전국금속노동조합 경주지부 ○○○○○지회(이하 '이 사건 지회'라 한다)로 조직형태를 변경하여 2001.2.경 산업별 노동조합인 전국금속노동조합에 편입되었다.

② 그 후 이 사건 지회는 2010.5.19. 및 2010.6.7. 총회를 개최하여 '기업별 노동조합인 피고 노동조합으로, 이 사건 지회의 조직형태를 재변경하고 규약을 제정하며 임원을 선출하는' 내용의 이 사건 각 결의를 하였고, 경주시장은 이 사건 지회의 기업별노조 설립신고를 수리했다.

③ 이에 금속노조위원장, 경주지부장, 이 사건 지회장, 이 사건 지회 사무장 등은 원고가 되어 이 사건 지회를 상대로 이 사건 조직변경결의, 이 사건 규약변경결의 및 이 사건 임원선출결의의 무효 확인을 구하는 소송을 제기하였다.

④ 한편 ○○○○○지회는 전국금속노동조합의 모범 지회 규칙을 바탕으로 제정된 규칙과 총회·지회장 등의 기관을 갖추고 활동해 온 사실이 있다.

3일차

2. 쟁점

단체교섭 및 단체협약체결 능력을 가지고 있지 않더라도, 기업별 노동조합과 유사한 근로자단체로서 법인 아닌 사단으로서의 실질을 가지고 있어 독립성이 있었다고 인정되는 경우, 조직형태변경 총회결의가 유효한지

3. 판례변경

가. 종전판례

① 조직형태변경결의를 할 수 있는 노동조합 요건으로서, 기존 판례는 기업별 단위노조 또는 이에 준하는 경우, 즉 산별노조의 지부·분회로서 독자적인 규약 및 집행기관을 가지고 독립한 단체로 활동하면서 그 조직이나 조합원의 고유한 사항에 대해 독자적인 단체교섭 및 단체협약능력을 가지고 있어 기업별 단위노조에 준해 볼 수 있는 경우에만 해당한다고 판시하여 왔으나,

② 당초 기업별 노조들이 '물리적으로' 산별체제에 편입된 이후에도 지회 단위에서 독립적 재정운영권을 가지고, 사업장 단위에서 교섭이 주를 이루다보니 산별노조 내부에서의 '화학적' 융합이 이루어지지 못한 채 지회의 독자적 의사결정능력을 인정할 수 밖에 없는 상황이 발생되어, 즉 하부기관에서 역으로의 조직형태변경 결의시 그 효력에 대한 다툼이 발생되었다.

나. 변경된 판례(대법 2016.2.19, 2012다96120)

○○○○○지회가 산업별 노동조합인 전국금속노동조합의 지회이지만 원래 기업별 노동조합이었다가 전국금속노동조합의 지회로 편입되었고 그 후에도 총회·지회장 등의 기관을 갖추고 활동해 왔으므로, 비록 단체교섭 및 단체협약체결 능력을 가지고 있지 않더라도, 그 설치 경위, 정관·규약 내용, 관리·운영 실태 및 구체적인 활동 내용에 비추어 기업별 노동조합과 유사한 근로자단체로서 법인 아닌 사단으로서의 실질을 가지고 있어 독립성이 있었다고 인정되는 경우에는, 이 사건 규정에서 정한 조직형태의 변경 결의에 의하여 전국금속노동조합에 속한 지회 등의 지위에서 벗어나 독립한 기업별 노동조합의 조직을 갖출 수 있고, 따라서 그와 같은 조직형태의 변경 결의라는 이유만으로 이 사건 각 결의가 무효라고 할 수 없다.

4. 분석

가. 노조법 제16조제2항 규정의 의미

현행 노조법 제16조제2항에서는 노동조합의 조직형태변경을 총회의결사항으로 규정하고, 조직형태변경과 관련한 사항을 재적조합원 과반수출석과 출석조합원 3분의2 이상의 찬성을 받도록 규정하고 있다. 이 규정의 의미는 일반적으로 조직형태변경을 위해 해산절차를 밟고 별도의 설립절차를 거쳐야 하는 번거로움 때문에 이러한 절차없이 곧바로 조직형태를 변경할 수 있도록 한 것이다.

나. 대상판결의 의미

이에 대상판결에서는 산별노조하부조직이,

① 종전 판례에서 인정되었던 독자적으로 단체교섭을 진행하고, 단체협약체결능력까지 보유한 기업별노조 뿐 아니라,

② 단체교섭이나 단체협약체결 능력을 갖추지 못하였더라도, 독자적 규약·집행기관을 가지고 독립한 단체로 활동해 법인이 아닌 사단인 근로자단체에 준하는 지위를 가진 경우에도, 산별노조 지부가 총회 의결을 통하여 기업별 노조로 조직형태 변경 결의한 것은 유효하다고 판시한 것이다.

5. 대법 2001.2.23, 2000도4299 남성운수 사건

[쟁점] 노조설립신고 하지않은 산별노조 분회나 지부가 독자적으로 단체교섭·단체협약 체결할 수 있는 요건

노동조합의 하부단체인 분회나 지부가 독자적인 규약 및 집행기관을 가지고 독립된 조직체로서 활동을 하는 경우 당해 조직이나 그 조합원에 고유한 사항에 대하여는 독자적으로 단체교섭하고 단체협약을 체결할 수 있고, 이는 그 분회나 지부가 노동조합및노동관계조정법시행령 제7조의 규정에 따라 그 설립신고를 하였는지 여부에 영향받지 아니한다. 위 임금공제는 피고인이 노동조합의 설립신고를 마치지 않고 있을 뿐 노동조합으로서의 실질적 요건을 갖추고 있던 성남지역택시노동조합

3일차

○○운수 지부 대표자인 공소외 심○○과 체결한 단체협약에 따른 것이어서 정당하다.

6. 노조설립립신고하지 않은 산별노동조합의 하부단체인 분회나 지부가 독자적인 규약 및 집행기관을 가지고 독립된 조직체로서 활동을 하는 경우, 판례변화

가. 당해 조직이나 그 조합원에 고유한 사항에 대하여는 독자적으로 단체교섭하고 단체협약을 체결할 수 있다(대법 2001.2.23, 2000도4299 남성운수 사건)

나. 독자적으로 단체교섭하고 단체협약을 체결해 왔다면, 독자적으로 조직형태 변경결의도 할 수 있다(대법 1997.7.25, 95누4377).

다. 독자적으로 단체교섭하고 단체협약을 체결해 오지 않은 경우,

① 산별노조 규약에서 지부 총회 소집을 지부장이 거부할 경우에는 산별노조위원장의승인을 받아야 한다고 규정하고 있음에도 불구하고, 산별노조위원장의 승인 없이 조합원들이 스스로 임시총회 소집권자를 지명하고 그 자가 소집한 임시총회에서 조직변경결의한 경우에는 압도적 다수가 참석하여 찬성하더라도 산별노조 규약 위반으로 무효이다. 이 경우, 행정관청에 소집권자를 지명하여야 한다(대법 2009. 3.12, 2008다2241).

② 단체교섭이나 단체협약체결 능력을 갖추지 못하였더라도, 독자적 규약·집행기관을 가지고 독립한 단체로 활동해 법인이 아닌 사단인 근로자단체에 준하는 지위를 가진 경우에도, 산별노조 지부가 산별노조위원장의 승인없이 조합원들이 스스로 임시총회 소집권자를 지명하고 그 자가 소집한 임시총회 의결을 통하여 기업별 노조로 조직형태 변경 결의한 것은 유효하다(대법 2016.2.19, 2012다96120 금속노조 발레오만도지회 사건).

110 근로시간면제자

노조법 제24조 【근로시간면제 등】 ① 근로자는 단체협약으로 정하거나 사용자의 동의가 있는 경우에는 사용자 또는 노동조합으로부터 급여를 지급받으면서 근로계약 소정의 근로를 제공하지 아니하고 노동조합의 업무에 종사할 수 있다.
② 제1항에 따라 사용자로부터 급여를 지급받는 근로자(이하 "근로시간면제자"라 한다)는 사업 또는 사업장별로 종사근로자인 조합원 수 등을 고려하여 제24조의2에 따라 결정된 근로시간 면제 한도(이하 "근로시간 면제 한도"라 한다)를 초과하지 아니하는 범위에서 임금의 손실 없이 사용자와의 협의・교섭, 고충처리, 산업안전 활동 등 이 법 또는 다른 법률에서 정하는 업무와 건전한 노사관계 발전을 위한 노동조합의 유지・관리업무를 할 수 있다.
③ 사용자는 제1항에 따라 노동조합의 업무에 종사하는 근로자의 정당한 노동조합 활동을 제한해서는 아니 된다.
④ 제2항을 위반하여 근로시간 면제 한도를 초과하는 내용을 정한 단체협약 또는 사용자의 동의는 그 부분에 한정하여 무효로 한다.

1. 근로시간면제자

단체협약으로 정하거나 사용자의 동의에 의해 근로시간면제 한도 내에서 사용자로부터 급여를 지급받으면서 사용자와의 협의・교섭, 고충처리, 산업안전 활동 등 노조법 또는 다른 법률에서 정하는 업무와 건전한 노사관계 발전을 위한 노동조합의 유지・관리업무를 수행하는 근로자를 말한다(노조법 제24조제2항).

3일차

2. 「무급 노조전임자」와 「유급 근로시간면제자」와의 차이점

가. 무급노조전임자(2021.7.6. 법령상 명칭 삭제)

노조법 제24조제1항 및 제2항에 따라 "노동조합 업무에만 종사하는 자"로서, 이들의 업무범위와 몇 명을 둘 것인가는 노사가 자율적으로 정할 수 있으나, 급여는 노조 자체 재정에서 부담하여야 한다.

나. 근로시간면제자

정해진 시간 내에서 근무를 면제받고 노조법에 규정된 근로시간면제 대상에 속하는 업무를 수행할 수 있도록 지정된 자로 이러한 근로시간면제자의 활동에 대해 유급처리가 가능하다. 그러나 근로시간면제자라 하더라도 파업, 공직선거 출마 등 사업장 내 노사공동의 이해관계에 속하는 업무와 무관한 활동은 근로시간면제 대상업무로 볼 수 없으므로 이러한 활동에 대해서는 유급처리를 해서도 안되고, 유급처리 받아서도 안된다.

다. 노조전임자와 근로시간면제자의 비교

노사가 합의하는 경우 노조전임자를 둘 수 있도록 하되, 사용자의 급여지급은 금지하고 노동조합이 스스로 부담하도록 하면서, 기존 노조전임자와는 별도로 교섭·협의, 고충처리, 산업안전 활동 등 개정 노조법이 정한 소정의 활동에 대해 임금의 손실 없이 그 활동을 할 수 있도록 하는 새로운 제도를 도입한 것이다. 따라서 개정 노조법에서 정한 소정의 활동을 벗어난 활동에 대해서는 근로시간면제제도가 적용되는 것이 아니며, 임금에서 공제할 수 있다.

표 노조전임자와 근로시간면제자

구분	노조전임자	근로시간면제자
근거	노조법 제24조 제1항	• 노조법 제24조 제1항 및 제2항
업무범위	노조업무로서 제한없음	• 사용자와의 협의·교섭, 고충처리, 산업안전 활동 등 노조법 또는 다른 법률에서 정하는 업무 • 건전한 노사관계 발전을 위한 노동조합의 유지·관리 업무 – 노조법 제2장제3절 규정에 의한 노조 관리 업무 – 기타 사업장 내 노사공동의 이해관계에 속하는 노동조합의 유지·관리 업무
급여지급	무급	• 근로시간면제 한도 내에서 유급처리 가능
인원수	노사가 협의 결정	• 근로시간면제 한도 내에서 노사가 결정

3. 조합원 규모별 시간한도 조견표(2013.7.1. 시행)

가. 사용가능인원

① 조합원수 300명 미만의 구간 : 파트타임으로 사용할 경우 그 인원은 풀타임으로 사용할 수 있는 인원의 3배를 초과할 수 없다(소수점 이하는 올림).

② 조합원수 300명 이상의 구간 : 파트타임으로 사용할 경우 그 인원은 풀타임으로 사용할 수 있는 인원의 2배를 초과할 수 없다.

나. 연간 소정근로시간

① 연간 총근로시간 : 40시간 × 52주 = 2,080시간

② 약정휴일 : 10일 × 8시간 = 80시간

③ 연간 1인 순근로시간 : 2,000시간

조합원 규모	시간 한도	연간 소정근로시간별 사용가능 인원 한도	
		풀타임	파트타임
99명 이하	최대 2,000시간 이내	1명 이내	3명 이내
100~199명	최대 3,000시간 이내	1.5명 이내	6명 이내
200~299명	최대 4,000시간 이내	2명 이내	6명 이내
300~499명	최대 5,000시간 이내	2.5명 이내	6명 이내
500~999명	최대 6,000시간 이내	3명 이내	6명 이내
1,000~2,999명	최대 10,000시간 이내	5명 이내	10명 이내
3,000~4,999명	최대 14,000시간 이내	7명 이내	14명 이내
5,000~9,999명	최대 22,000시간 이내	11명 이내	22명 이내
10,000~14,999명	최대 28,000시간 이내	14명 이내	28명 이내
15,000명~	최대 36,000시간 이내	18명 이내	36명 이내

다. 지역분산 가중치

대상	추가 부여 되는 근로시간면제 한도	
	광역자치단체 개수	시간
전체 조합원 1,000명 이상인 사업 또는 사업장	2~5개	(사업 또는 사업장 연간 근로시간면제 한도)×10%
	6~9개	(사업 또는 사업장 연간 근로시간면제 한도)×20%
	10개 이상	(사업 또는 사업장 연간 근로시간면제 한도)×30%

※ 광역자치단체 개수 산정기준
① 광역자치단체는 지방자치법 제2조제1항제1호에 따른 특별시, 광역시, 특별자치시, 도, 특별자치도를 말한다.
② 광역자치단체의 개수는 해당 사업 또는 사업장의 전체 조합원 5% 이상이 근무하는 것을 기준으로 산정한다.

4. 근로시간면제 한도 적용

① 개별 사업장에서 근로시간면제제도를 효율적으로 활용하기 위해 근로시간면제 한도내에서 노사가 협의, 총 사용시간과 사용인원을 확정하여야 한다. 근로시간면제 한도 적용을 위한 조합원 수는 통상 단체교섭이 시작되는 시점인 단체협약 만료일 이전 3개월이 되는 날을 기준으로 산정하며, 하나의 사업(장)에 2개 이상의 노조가 조직되어 있는 경우, 각 노조의 조합원 수를 합하여 전체 조합원 규모에 따라 노사가 근로시간면제 한도 범위 내에서 면제시간 총량을 정한다.

예시1 조합원 350명(법정한도 5,000시간) 사업(장)에서 노사가 사업장 여건을 고려하여 근로시간면제 총량을 4,000시간으로 합의할 경우「총사용시간 4,000시간, 사용인원 풀타임 2명(또는 풀타임 1명, 파트타임 3명)」

예시2 조합원이 150명이고, 최대 시간한도가 3,000시간, 연간 소정근로시간이 2,000시간인 경우, 파트타임 사용가능 인원은 6명[(3,000시간÷2,000시간=1.5→2명으로 산정)×3배=6명]

② 노사는 근로시간면제 사용인원에 대한 선정기준·절차 등을 정하고, 노동조합은 사용자에게 확정된 대상자 명단을 사전에 통보하여야 한다.

③ 사용자와의 교섭·협의, 고충처리, 산업안전 활동 등 노조법 또는 다른 법률

에서 정하는 업무와 건전한 노사관계 발전을 위한 노동조합의 유지·관리업무는 근로시간면제자가 반드시 우선적으로 수행하여야 하며, 다만, 근로시간면제자만으로 회의체 구성이 어려운 경우에는 근로시간면제자로 지정되지 않은 자가 참여할 수 있고, 해당 법령의 근거에 따라 유급 처리하는 것은 가능하다.

④ 근로시간면제자가 근로시간 중에 위 규정된 업무 이외의 업무를 하는 경우, 해당 업무수행시간에 대하여는 원칙적으로 급여를 공제할 수 있다.

⑤ 근로시간면제자에 대한 유급처리가 인정되는 범위는 회의참석 등 법에 정해진 소정의 업무를 직접 수행하는 시간과 이와 직접 관련된 시간이며, 이 경우 실제 소요된 시간보다 과다한 시간을 유급처리하거나 시간에 비해 과다한 임금을 지급하는 등 편법·변칙 운영하는 것은 부당노동행위에 해당한다.

⑥ 파업, 공직선거 출마 등 사업장 내 노사공동의 이해관계에 속하는 업무와 무관한 활동은 근로시간면제 한도 이내라도 유급처리 받을 수 없다.

⑦ 면제근로시간에 적용되는 급여지급기준으로는 노조법 제24조제4항에서 근로자는 "임금의 손실없이" 사용자와의 협의·교섭 등의 업무를 할 수 있는 바, 이때 "임금"은 해당 근로자가 정상적으로 근로를 하였다면 받을 수 있는 급여를 말하며, 사용자가 지급하는 급여지급기준은 사업(장)의 통상적인 급여지급기준을 토대로 노사가 자율적으로 정할 수 있으나, 통상적으로 받을 수 있는 급여보다 과도한 기준을 설정·지급하는 것은 노조에 대한 경비원조에 해당하므로 부당노동행위에 해당한다.

⑧ 근로시간면제자로 지정되지 않은 조합원의 총회, 대의원회, 임원선거 등 노동조합 활동은 근무시간 외에 하여야 하나, 다만, 노사가 합리적 수준에서 단체협약으로 달리 정하는 것이 가능하나 부당노동행위에 해당하는 사례가 발생할 수 있으므로 그 구체적인 양태와 유급처리 수준에 따라 개별적으로 판단하여야 할 것이다.

3일차

5. 근로시간 면제자에 대한 평균임금산정 기준 : 단체협약 등 급여기준

근로시간 면제 제도의 규정 내용, 취지, 관련 규정 등을 고려하면, 근로시간 면제 대상으로 지정된 근로자(이하 '근로시간 면제자'라고 한다)에 대한 급여는 근로시간 면제자로 지정되지 아니하고 일반 근로자로 근로하였다면 해당 사업장에서 동종 혹은 유사 업무에 종사하는 동일 또는 유사 직급·호봉의 일반 근로자의 통상 근로시간과 근로조건 등을 기준으로 받을 수 있는 급여 수준이나 지급 기준과 비교하여 사회통념상 수긍할 만한 합리적인 범위를 초과할 정도로 과다하지 않은 한 근로시간 면제에 따라 사용자에 대한 관계에서 제공한 것으로 간주되는 근로의 대가로서, 그 성질상 임금에 해당하는 것으로 봄이 타당하다. 따라서 근로시간 면제자의 퇴직금과 관련한 평균임금을 산정할 때에는 특별한 사정이 없는 한 근로시간 면제자가 단체협약 등에 따라 지급받는 급여를 기준으로 하되, 다만 과다하게 책정되어 임금으로서 성격을 가지고 있지 않은 초과 급여 부분은 제외하여야 한다(대법 2018.4.26, 2012다8239).

111 정당한 노동조합 활동의 범위와 한계

도표 단체행동, 노동쟁의, 쟁의행위 비교

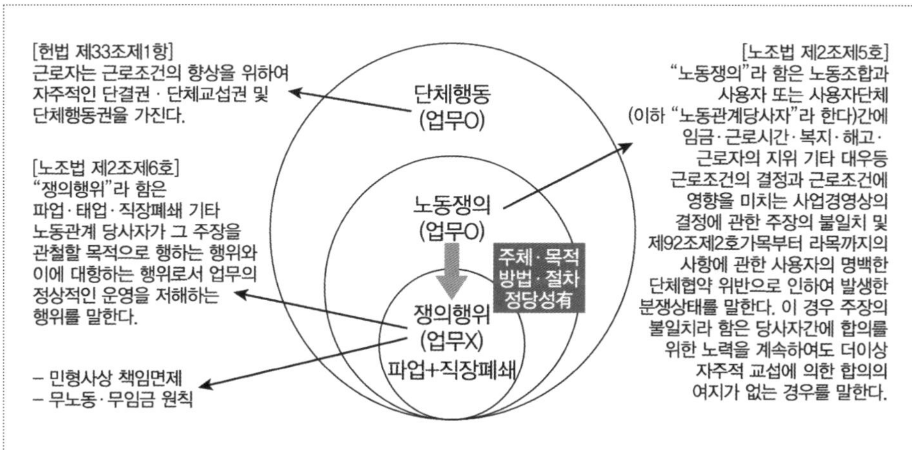

1. 정당한 노조활동의 판단기준

① 근무시간 중의 노조활동은 원칙적으로 이를 허용하는 단체협약 · 취업규칙 등이 있거나 사용자의 승낙이 있어야 가능하다.

② 사업장 내의 노조활동에 대하여는 사용자의 시설관리권에 바탕을 둔 합리적인 규율이나 제약에 따라야 한다.

③ 노조활동이 취업시간 외에 사업장 밖에서 이루어졌을 경우에는 자유롭게 할 수 있는 것이 원칙이나, 근로계약상 성실의무에 위반하지는 않아야 한다.

❑ 판례상 정당한 노조활동의 기준

노조활동이 근무시간 중 또는 기업시설 내에서 이루어지는 경우에 정당한 활동으로 인정받기 위해서는

- 그 행위가 우선 노동조합의 활동으로 볼 수 있어야 하고
- 그 목적이 근로조건의 유지·개선, 단결강화를 위한 것이어야 하며
- 단체협약·취업규칙에 별도의 허용규정이 있거나, 사용자의 승낙이 없는 한 취업시간 외에 하여야 하고
- 사용자의 노무지휘권이나 시설관리권에 바탕을 둔 합리적인 규율이나 제약에 따라야 하며, 사회상규에 반하지 않아야 한다.

2. 근무시간 중 노조활동

가. 현황 및 문제점

① 노동조합의 활동은 반드시 근무시간 중에 하여야 할 특별한 사정이 없는 한, 사용자의 노무지휘권을 존중하고, 사업운영을 부당하게 저해하지 않도록 근무시간 외에 하는 것이 원칙이다.

② 따라서, 근무시간 중 노조활동은 원칙적으로 단체협약·취업규칙 등에 의하여 허용되거나 사용자의 승인을 받아 행해야 한다.

③ 이러한 원칙에도 불구하고 근무시간 중 노조활동이 무단으로 행해지거나, 총회·교육 등을 빙자하여 노조활동시간을 불법쟁의행위의 방편으로 이용하는 사례 등이 발생하고 있다.

④ 또한, 관행으로 이루어지는 경우 관행의 형성 여부를 둘러싸고 노사간에 분쟁이 자주 발생하며, 어느 정도 인정해야 하는지에 대해서도 논란이 있다.

나. 판례 및 행정해석

① 일반적인 근무시간 중의 노조활동

일반적인 근무시간 중의 노조활동은 단체협약·취업규칙 등에 허용규정이 있거나 사용자의 승낙을 받아야 하고, 합리적인 방법으로 이루어져야 정당하다. 조합활동이 정당하려면 취업규칙이나 단체협약에 별도의 허용규정이 있거나, 사용자의

승낙이 있는 경우 외에는 취업시간 외에 행해져야 하며, 사업장 내의 조합활동에 있어서는 사용자의 시설관리권에 바탕을 둔 합리적인 규율이나 제약에 따라야 한다(대법 1990.5.15, 90도357).

② 예외 : 사용자의 승인이 없어도, 근무형태나 업무의 특수성 등에 비추어 부득이하게 근무시간 중에 노조활동을 하여야 할 필요성이나 불가피성이 인정되는 경우,

노동조합 임시총회가 근무시간 중에 열렸고 4시간의 전체 총회시간 중 찬반투표를 실시하고 남은 1시간을 여흥에 사용하기는 하였으나, 위 임시총회가 노동쟁의조정법상 쟁의행위를 하기 위한 필수적 요건인 조합원투표를 위한 것으로서 2회에 걸친 서면통보를 거쳐 개최되어 이에 대비할 여유가 충분히 있었고, 일부 조합원들이 야간근무를 하는 회사의 근무형태 때문에 조합원 찬반투표를 위한 총회개최를 비록 근무시간 중이기는 하지만 야간근무가 끝나고 주간근무가 시작되는 교대시간에 개최한 것은 정당하다(대법 1994.2.22, 93도613)(위법성 조각설).

❑ 정당성이 부인되는 경우 주요 예상책임

- 징계책임
  - 근무 중 무단이탈, 근무지시 위반 등의 사유로 인한 사내 징계책임
- 민사책임
  - 노무제공 의무 불이행에 대한 민법 제390조에 따른 채무불이행 책임
  - 업무방해죄 등 불법행위 성립시 민법 제750조에 따른 손해배상 책임
- 형사책임
  - 근무시간 중 조합활동에 참여하여 집단적으로 노무제공을 거부하였을 경우 형법 제314조에 의한 업무방해죄(5년이하 징역 또는 1천500만원이하 벌금) 성립 가능

    ※ 다만, 참여한 조합원수가 미미하여 사용자의 자유의사를 제압할 만한 정도가 되지 않는다면 업무방해죄 불성립(대법 2011.3.17, 2007도482)

3. 회의 · 교육 등을 위한 기업 시설물 이용

가. 현황 및 문제점

① 총회개최 등의 노조활동이 사업장 내에서 이루어지는 경우 기업시설의 이용과 관련하여 원칙적으로 사용자의 재산권 및 시설관리권에 기한 합리적 규율에 따

라야 한다.

② 단체협약에 근거하거나, 사용자의 승인 등을 통해 시설관리권과 노조활동이 조화를 이룰 수 있는 범위에서 허용된다.

③ 그러나 노동조합이 세력을 과시하기 위하여 시설물을 무단으로 점거함으로써 사업운영을 저해하고, 사용자의 시설관리권을 본질적으로 침해하는 사례 등이 발생하고 있다.

나. 판례 및 행정해석

① 노동조합의 기업시설 이용은 사용자의 기업시설 관리권의 행사 또는 업무의 수행에 지장을 주지 아니하는 합리적 범위 내에서 허용.

노동조합의 기업시설이용은 그 시설이용의 목적, 필요성, 이용된 시설의 성격, 시간, 횟수, 양태, 영향 등을 종합하여 사용자의 기업시설 관리권의 행사 또는 업무의 수행에 지장을 주지 아니하는 합리적인 범위 내에서 허용되고, … (중략) … 노동조합 결성보고 대회장소로 합당하다고 보여지는 의료원 당국 지정의 지하 직원식당을 마다하고 굳이 의료원 당국의 허가없이 위 병원 1층 로비에서 노동조합결성보고대회를 개최하여 내원자 등에게 불편을 끼치고 의료원이 정상적인 수납 및 진료업무를 방해함으로써 노동조합에 허용되는 기업시설 이용의 범위를 일탈한 것이다(서울고법 1997.9.4, 96나35424).

② 그러나 단체협약 또는 노사간의 관행에 의하여 노동조합이 사용자의 시설 등 편의제공을 이용해 온 경우 사용자가 일방적으로 편의제공의 이용을 거부하는 것은 부당.

단체교섭의 결과로 또는 확립된 노사간의 관행에 의하여 노동조합이 사용자의 시설을 이용해 온 경우로서 그 시설이 노동조합의 운영에 긴요한 것이지만 기업의 운영에는 그다지 현저한 지장을 주지 아니하는 경우에는 원칙적으로 사용자는 노동조합의 시설이용을 수인하여야 할 것이므로, 그 같은 경우에 사용자가 일방적으로 노동조합의 시설이용을 거부하거나 종전의 관행을 파기하는 것은 노동조합의 운영에 대한 지배·개입행위가 된다고 할 것이다(서울행법 2004.7.22, 2003구합32923)(수인의무설).

❑ 정당성이 부인되는 경우 주요 예상책임

- 징계책임
  - 시설무단사용, 사내질서 문란 등의 사유로 인한 사내 징계책임
- 민사책임
  - 시설물 훼손 등 불법행위 발생시 민법 제750조에 따른 손해배상 책임
- 형사책임
  - 당해 기업의 근로자가 아닌 외부 조합원 등이 사용자의 의사에 반하여 무단출입하였을 경우 형법 제319조에 의거 건조물침입죄(3년 이하의 징역 또는 500만원 이하의 벌금) 성립 가능
  - 사용자가 퇴거를 요구하였음에도 정당한 사유없이 이에 불응할 경우 형법 제319조에 의거 퇴거불응죄(3년 이하의 징역 또는 500만원 이하의 벌금) 성립 가능

4. 유인물 배포, 현수막 게시 등 홍보활동

가. 현황 및 문제점

① 노동조합은 조합원간 단결을 강화하고, 조합활동에 있어 조합원의 동의와 지지 등을 확보하기 위하여 사업장 내에서 다양한 선전·홍보활동을 전개하고 있다.

② 그러나 이러한 노동조합의 홍보활동은 원칙적으로 사용자의 시설관리권을 침해하지 않고, 타인의 신용이나 명예를 훼손하지 않는 범위에서 이루어져야 함에도 게시·부착 장소를 위반하고, 회사시설물에 손상을 초래하거나, 회사에 대한 근거 없는 비방이나 사용자의 명예를 훼손하는 사례 등이 발생하고 있다.

나. 판례 및 행정해석

① 지정장소 외 홍보물 부착

홍보물 부착장소가 정해져 있는 경우 지정장소 외의 곳에 임의로 벽보 등을 부착하는 것은 정당성이 없고, 철거요구에 불응시 징계사유에 해당한다. 병원이 노동조합의 정당한 홍보활동을 보장하기 위해 노조 전용게시판을 설치하였음에도 지정장소 외의 곳에 부착하고, 또한 노동조합이나 병원과는 직접 관련없는 전국병원노련 위원장의 구속을 철회하라는 내용의 현수막을 병원현관 앞 외벽에 임의로 설치한 후 병원의 거듭된 자진철거 요구에 불응한 것은 복무규정을 위반한 징계사유에 해

3 일차

당한다(대법 1996.4.23, 95누6151).

② 선전 · 홍보물의 내용이 사실왜곡 · 과장, 허위사실 적시 등의 경우

선전 · 홍보물이 사실왜곡 · 과장, 허위사실 적시 등으로 회사에 대한 불신감을 유발하고 직장질서를 문란케 할 위험이 있는 경우 정당성이 부인된다. 조합원의 유인물 배포행위가 비록 근로조건 개선을 목적으로 하였더라도 그 내용이 사실을 왜곡 또는 과장한 것으로서 회사 경영진에 대한 극도의 불신 내지 증오심을 유발케 하여 직장질서를 문란케 할 위험성이 있다면 그 배포행위를 정당하다고 할 수 없다(대법 1993.2.9, 92다20880).

③ 휴게시간 중의 유인물 배포행위

취업시간이 아닌 휴게시간 중의 유인물 배포행위는 근로자의 취업에 나쁜 영향을 미치거나 휴게시간의 자유로운 이용 등을 방해하지 않는 한 허가를 얻지 아니하였다는 이유만으로 정당성을 잃는 것은 아니다.

④ 허가받지 않은 유인물의 배포

단체협약에 유인물의 배포에 허가제를 채택하고 있다고 할지라도 노동조합의 업무를 위한 정당한 행위까지 금지시킬 수는 없는 것이므로 위 유인물 배포행위가 정당한가 아닌가는 허가가 있었는지 여부만 가지고 판단할 것은 아니고, 그 유인물의 내용이나 배포방법 등 제반사정을 고려하여 판단하여야 하고, 취업시간이 아닌 휴게시간 중의 배포는 다른 근로자의 취업에 나쁜 영향을 미치거나 휴게시간의 자유로운 이용을 방해하거나 구체적으로 직장질서를 문란케 하는 것이 아닌 한 허가를 얻지 아니하였다는 이유만으로 정당성을 잃는 것은 아니다(대법 1991.11.12, 91누4164).

❑ 정당성이 부인되는 경우 주요 예상책임

- 징계책임
  - 시설무단사용, 시설훼손 등의 사유로 인한 사내 징계책임
- 민사책임
  - 허위사실 유포로 명예 · 신용 손상, 선전 · 홍보 활동 과정에서 시설물 훼손 등 불법행위 발생시 민법 제750조에 따른 손해배상 책임
- 형사책임
  - 허위사실 유포로 명예 · 신용 훼손시 형법 제307조에 의거 명예훼손죄(2년 이하의 징역 · 금고 또는 500만원 이하 벌금), 동법 제313조에 의거 신용훼손죄(5년

이하 징역 또는 1천500만원 이하 벌금) 성립 가능
- 홍보물 무단부착 등으로 시설물 훼손 시 형법 제366조에 의거 재물손괴죄(3년 이하의 징역 또는 700만원 이하의 벌금) 성립 가능
※ 재물손괴죄는 타인의 재산을 그 본래의 사용목적에 제공할 수 없게 함으로써 효용을 해치는 경우에 성립(대법 2007.6.28, 2007도2590)

5. 투쟁복 · 리본 등 착용

가. 현황 및 문제점

① 사용자는 원칙적으로 직장 내 질서유지, 성실근무 분위기 조성 등을 위하여 취업규칙 등에 근거하여 근로자의 복장을 규제할 수 있다.

② 그러나, 노동조합이 단결력을 과시하기 위한 노조활동의 일환으로 규정복 이외에 리본 · 완장 등을 착용하는 것이 정당한 것인지 여부가 논란이 되며, 쟁의행위에 들어가기 전에 투쟁복 · 머리띠 · 리본 등을 착용하는 행위가 업무의 정상적 운영을 저해하는 쟁의행위에 해당하는지 다툼이 발생하고 있다.

나. 판례 및 행정해석

① 복장이 엄격하지 않은 사업의 경우

복장이 엄격하지 않은 사업의 경우에는 복장규정을 준수하지 않더라도 사업의 정상적 운영을 저해하지 않는 한 쟁의행위로 보기 어렵다.

② 사업의 특성상 취업규칙 등에 의하여 복장을 엄격하게 관리하고 있는 경우

사업의 특성상 취업규칙 등에 의하여 복장을 엄격하게 관리하고 있는 경우 근무시간 중 지정된 근무복을 착용하지 않는 것은 징계사유에 해당될 수 있다. 병원사업에서 사용자의 승인없이 조합원들로 하여금 모든 직원이 착용하도록 되어 있는 위생복 위에 "동지여 내가 있다. 그 날이 올 때 까지"라는 구호가 적힌 주황색 셔츠를 근무 중에도 착용하게 함으로써 병원의 환자들에게 불안감을 주는 등으로 병원내의 정숙과 안정을 해치는 행위를 계속한 것은 인사규정상 징계사유에 해당한다(대법 1996.4.23, 95누6151).

3 일차

③ 단체교섭 및 쟁의행위 중에는 복장규정의 적용이 다소 완화되어 적용

복장이 업무수행에 중요한 요소가 되는 사업의 경우라도 단순히 명찰·리본 등을 착용함으로써 노동조합의 요구사항을 표시하는 정도라면 업무를 저해하는 구체적 사실이 없는 한 쟁의행위로 보기는 어려울 것이다.

④ 규정된 복장을 착용하지 않는 것이 업무의 정상적 수행을 어렵게 하는 경우

단체교섭 과정에서 규정된 복장을 착용하지 않는 것이 업무의 정상적 수행을 어렵게 하는 경우에는 규정복 미착용 자체가 쟁의행위에 해당한다. 사용자와의 단체협약 갱신협상에서 유리한 지위를 차지하기 위하여 …(중략)… 위생문제에 특히 주의해야 하고, 신분을 표시할 필요가 있는 간호사들이 집단으로 규정된 복장을 하지 않는 것은 병원업무의 정상적인 운영을 저해하는 것으로 쟁의행위에 해당한다(대법 1994.6.14, 93다29167).

- 열차승무원이 투쟁구호가 적힌 조끼를 착용하고, 제모도 착용하지 않아 고객에게 불쾌감을 주고 승무원을 쉽게 구별하기 어렵게 한 사례에서 업무의 정상적 운영을 저해하였다면 쟁의행위에 해당하므로 노조법상 소정의 조정절차와 찬반투표 등을 거쳐 행해져야 한다(2002.1.25, 협력 68140-30).

❑ 정당성이 부인되는 경우 주요 예상책임

- 징계책임
  - 회사 복장규정 위반 등의 사유로 인한 사내 징계책임
- 민사책임
  - 투쟁복·리본 등에 적힌 사항이 회사의 명예·신용을 훼손하는 불법행위가 되는 경우 민법 제750조에 의거 손해배상 책임
- 형사책임
  - 투쟁복·리본에 적힌 구호 등이 회사의 명예·신용 훼손 시 형법 제307조에 의거 명예훼손죄(2년 이하의 징역·금고 또는 500만원 이하 벌금),형법 제313조상 신용훼손죄(5년 이하 징역 또는 1천500만원 이하의 벌금) 가능
  - 복장규정 위반으로 업무의 정상적 운영을 저해하는 경우 형법 제314조에 의거 업무방해죄(5년 이하 징역 또는 1천500만원 이하 벌금) 성립 가능

6. 노조에 대한 사내전산망 사용 제한

가. 특별한 사정이 없는 한, 노조에 대한 사내전산망 사용제한은 가능

사내 전산망을 이용한 조합활동은 유인물 배포 등과 같이 일시적·일회적인 활동이 아니라 계속적·반복적으로 이루어지는 활동이어서 사내 전산망에 대한 상당한 수준의 이용을 수반할 수 밖에 없고, 이는 사용자의 정당한 시설관리권에 대한 상당한 제약을 초래하게 된다. 따라서 조합원들이 사내 전산망을 이용하지 않고서는 도저히 정상적인 조합활동을 할 수 없다는 등의 특별한 사정이 없는 이상, 그에 관한 취업규칙이나 단체협약, 관행이나 사용자의 승낙없이는 사내 전산망을 이용한 조합활동을 폭넓게 허용하기 곤란하다(서울중앙지법 2015.7.14, 2014카합1207).

나. 노조의 전체 직원 대상 대량 메일발송은 징계사유에 해당

회사의 내부 전산망은 업무의 신속하고 정확하게 처리하기 위한 목적으로 회사의 비용을 지출해 설치·운용하는 시스템이므로, 근로자들이 아닌 회사의 소유이고 또한, 회사가 승인하지 않은 대량의 메시지를 발송하지 못하도록 정하고 있는 사규가 있음에도 불구하고 노동조합위원장이 전체 직원을 수신인으로 여러차례 업무외 내용이 담긴 이메일 발송한 것은 징계사유에 해당된다(서울행법 2017.9.29, 2017구합57493)

7. 조합원 개인의 노조활동 범위와 한계

가. 현황 및 문제점

① 조합원 개인의 행위가 노동조합의 결의·지시에 의하거나 묵시적인 수권 또는 승인을 받았다고 인정되는 경우 노조활동으로 인정된다.

② 이와 관련, 일부 조합원들의 노동조합의 의사에 반한 행위나, 근로조건 유지·개선 등을 위한 목적이 아닌 개인적 이익추구 행위는 조합활동으로 인정하기 곤란함에도 일부 조합원들이 노조활동을 방해하는 독자적 행동을 하거나, 노조활동을 빙자하여 근거 없이 사용자를 고소하는 등 직장질서를 문란케 하는 사례가 발생

3일차

하고 있다.

나. 판례

유인물의 내용이 노동조합위원장에 대하여 조합원의 의견수렴에 충실을 기하지 못한 조합 운영상의 문제점을 지적하거나 근기법에 미달되는 각종 수당의 산정방식 등 근로조건의 개선을 요구하는 것으로서 노동조합의 업무를 위한 행위로 보아야 한다(대법 2001.4.27, 99두11042).

8. 사용자가 설치한 공장 내 CCTV에 노조가 비닐봉지를 씌워 촬영하지 못하도록 한 행위가 위력에 의한 업무방해에 해당하는지 여부

가. 사실관계

① 이 사건 회사는 2015.10. 말경 3, 4회에 걸쳐 이 사건 노조 측과 CCTV의 운영방안, 구체적인 각도 조정 등에 관한 실무적인 의견 조율을 시도하였으나, 합의가 이루어지지 않았다. 이 사건 회사는 2015.11.5. CCTV 설치 및 운영 지침을 만들어 회사 소식지를 통하여 공지하면서 2015.11.26.부터 시험가동을 하겠다고 하였고, 이에 피고인(노동조합)들은 2015.11.12. 이 사건 CCTV 카메라 51대에 검정색 비닐봉지를 씌웠다.

② 이 사건 회사는 5일 후 비닐봉지를 제거하고 2015.11.26. 시험운전을 시작하였고, 이 사건 노조는 2015.12.2. 근로자 중 1,026명의 서명을 받아 이 사건 CCTV 설치 및 운영에 반대한다는 항의문을 보냈으며, 피고인들은 2015.12.18. 이 사건 CCTV 카메라 51대에 검정색 비닐봉지를 씌웠다.

③ 이 사건 회사는 2015.12.23. 비닐봉지를 제거하고 2015.12.24. 정식으로 이 사건 CCTV의 작동을 시작한 후 이를 회사 게시판에 공지하였고, 피고인(노동조합)들은 2015.12.28. 근로자들의 작업 모습이 찍히는 카메라 12대에 검정색 비닐봉지를 씌웠다.

④ 그 무렵 이 사건 회사는 이 사건 노조에 영상기록을 보관하는 곳의 열쇠 2개 중 1개를 노조에서 보관하고 카메라 2대를 철거하는 등의 타협안을 제시하였고, 이

사건 노조는 'ⅰ) CCTV 설치 목적 외에는 영상정보를 사용하지 않겠다는 합의서 작성, ii) 카메라 몇 대의 장소 변경, iii) 근로자의 작업 현장을 찍는 카메라 16대는 야간에만 작동시킬 것'을 요구하였다.

⑤ 이 사건 회사는 2015.1.4. ⅰ), ii)의 요구는 수용 가능하나 주간에 16대의 카메라 작동을 중단하는 것은 받아들일 수 없다고 하여 협의가 결렬되었고, 이에 피고인들은 근로자들의 작업 모습이 찍히는 카메라 14대에 검정색 비닐봉지를 씌웠다.

⑥ 사용자는 이러한 노동조합 간부들의 행위에 대해 업무방해죄로 고소하였다.

나. 판결

① 피고인(노동조합)들이 2015.12.18. 이 사건 CCTV 카메라 51대에 검정색 비닐봉지를 씌워 5일간 촬영을 못하게 한 행위는 이 사건 회사가 CCTV를 작동시키지 않았거나 시험가동만 한 상태였으므로 근로자들의 권리가 실질적으로 침해되고 있었다고 단정하기 어려운 점, 피고인들이 공장부지의 외곽 울타리를 따라 설치되어 실질적으로 근로자를 감시하는 효과를 가진다고 보기 어려운 32대의 카메라를 포함하여 전체 CCTV의 설치 및 운영을 중단하라는 무리한 요구를 하고, 위 32대의 카메라에까지 검정색 비닐봉지를 씌웠던 점 등은 정당행위에 해당하지 않는다.

② 그러나, 이 사건 CCTV 카메라 중 공장부지 내 주요 시설물에 설치된 16대와 출입구에 설치된 3대의 경우, ⅰ) 다수 근로자들의 직·간접적인 근로 현장과 출퇴근 장면을 찍고 있어 권리가 제한되는 정보주체가 다수인 점, ii) 직·간접적인 근로 공간과 출퇴근 장면을 촬영당하는 것은 정보주체의 개인정보자기결정권에 대한 중대한 제한이 될 수 있는 점, iii) CCTV 설치공사를 시작할 당시 근로자들의 동의가 없었던 점, iv) 이 사건 회사가 근로자들이 현장에서 작업을 하고 있는 주간에는 시설물 보안 및 화재 감시 목적을 달성하기 위하여 다른 방법을 강구하는 노력을 기울였다는 자료가 없는 점 등을 종합하여 보면, 이 사건 회사의 정당한 이익을 달성하기 위하여 필요한 경우로서 명백하게 정보주체의 권리보다 우선하는 경우에 해당한다고 보기 어렵다(대법 2023.6.29, 2018도1917 타타대우상용차 사건).

112 비종사조합원(산별노조 간부 등)의 사업장 내 조합활동 범위와 한계

창원지법 2021.12.23, 2021노1841

노조법 제5조【노동조합의 조직 · 가입 · 활동】 ② 사업 또는 사업장에 종사하는 근로자(이하 "종사근로자"라 한다)가 아닌 노동조합의 조합원은 사용자의 효율적인 사업 운영에 지장을 주지 아니하는 범위에서 사업 또는 사업장 내에서 노동조합 활동을 할 수 있다. (2021.1.5. 신설)

1. 항소심 판결(결론)

전국금속노조 거제통영고성조선하청지회장 및 금속노조 전략조직부장인 피고인들이 대우조선해양 주식회사 옥포조선소(이하 '이 사건 사업장'이라 한다)에 들어간 것은, 회사가 비종사 조합원인 산별노조 간부들의 출입허가를 하지 않았더라도 정당한 조합활동을 위해 사업장에 출입한 것이므로 건조물침입죄 등 위법성이 조각된다

2. 공소사실의 요지

① 피고인 이○○은 전국금속노동조합 전략조직 부장이고, 피고인 김○○는 전국금속노동조합 거제통영고성 조선하청지회 지회장이다.

② 피고인들은 2020.7.10.경 불상의 장소에서 피해자 대우조선해양 주식회사(이하 '피해 회사'라 한다.)에 '2020.7.16. 12:00경 거제시 거제대로 ○○○○에 있는 피해 회사가 관리하는 옥포조선소 내 민주광장에서 전국금속노동조합 거제통영고

성 지회가 주최하는 집회의 참석을 위한 출입을 허가해 달라'는 내용의 공문을 보냈고, 이에 대하여 같은 달 14.경 피해 회사 직원인 유○정은 피고인들에게 집회개시·종료시간, 진행동선, 규모, 방법이 불분명하다는 이유 등으로 위 조선소 내의 출입을 허가하지 않는다는 내용의 회신 공문을 보냈다.

③ 그럼에도 피고인들은 같은 달 16. 10:43경 위 조선소 정문 출입 통제 담당 직원으로부터 출입을 제지받았음에도 이를 무시한 채 위 조선소 정문을 통과하여 외부인의 출입이 엄격히 통제된 위 조선소 내부로 들어갔다.

3. 판단

가. 관련 법리

조합활동과 사용자의 노무지휘권·시설관리권 등이 충돌할 경우에 그 정당성을 어떠한 기준으로 정할 것인지 하는 문제이므로, 위 요건을 갖추었는지 여부를 판단할 때에는 조합활동의 필요성과 긴급성, 조합활동으로 행해진 개별 행위의 경위와 구체적 태양, 사용자의 노무지휘권·시설관리권 등의 침해 여부와 정도, 그 밖에 근로관계의 여러 사정을 종합하여 충돌되는 가치를 객관적으로 비교·형량하여 실질적인 관점에서 판단하여야 한다(대법 2020.7.29, 2017도2478 판결 등 참조).

나. 구체적 판단

① 이 사건 지회가 2020.7.16. 이 사건 사업장에서 개최한 집회(이하 '이 사건 집회'라 한다)는 피해 회사 하청노동자 임금인상 및 권리보장을 목적으로 계획되었고, 실제 집회 현장에서 "하청노동자들의 상여금 300%를 쟁취하자"는 등의 구호가 외쳐졌으며, 그와 같은 내용의 플래카드 등이 설치되었다. 이와 같이 이 사건 집회는 이 사건 지회가 그 소속 조합원들의 근로조건을 개선하기 위한 목적으로 개최되었다.

② 피고인 이○○은 이 사건 지회가 소속된 산업별 노동조합인 전국금속노동조합의 전략조직부장이고, 피고인 김○○는 종전에 피해 회사 내 하청업체에서 근무하다 해고된 상태였으나 이 사건 당시 이 사건 지회의 지회장으로서, 사실상 이 사

건 집회를 주도하고 진행하여야 하는 역할을 하여야 하였으므로, 피고인들은 이 사건 집회의 진행과 준비를 위하여 이 사건 집회 당일 이 사건 사업장에 출입한 것으로 보인다.

③ 이 사건 집회가 개최된 장소는 이 사건 사업장 내에서 '민주광장'이라고 불리는 광장으로서 사방이 트인 넓은 공간이고, 사무동에서도 비교적 거리가 있는 곳이다. 따라서 이 사건 집회가 주요 생산시설이나 사무공간을 점거하거나 그와 인접한 곳에서 개최되었다고 볼 수 없으므로, 이 사건 사업장이 방위사업법 제35조에서 정한 '주요방위산업체'이고, 통합방위법에 의해 지정된 국가중요시설 '가급'에 해당한다고 하더라도, 이 사건 사업장의 시설이나 보안에 대한 실질적인 침해의 위험이 있었다고 볼 수도 없다.

④ 이 사건 집회는 12:00경에 시작되었고, 12:40경부터는 피해 회사 서문 방향으로 행진을 한 후 13:15경 서문을 나서며 집회가 마무리되었다. 이와 같이 이 사건 집회는 종료되고 해산하는 과정에서 점심시간을 조금 넘긴 13:15경에 최종적으로 끝나기는 하였으나 주로 점심시간 내에 진행되었다.

⑤ 피고인들을 포함한 이 사건 집회에 참석한 조합원들은 집회 과정에서 다른 작업자들의 업무를 방해하거나 폭행, 협박 또는 물리력을 행사한 바 없고, 단지 함께 구호를 외치거나 행진을 하는 등의 방법으로 집회를 진행하였다.

⑥ 피고인들이 이 사건 사업장에 노동조합차량을 타고 들어갈 당시 피해 회사의 경비업무를 담당한 직원인 박○준은 피고인들을 알아보고 출입을 제지할 목적으로 "차량을 옆으로 세워서 출입할 수 있는지, 발열체크를 하여야 한다"고 말하였는데, 위 차량을 운전하던 사람이 차량을 세우지 않고 그냥 들어갔을 뿐이다. 따라서 피고인들이 이 사건 사업장에 들어가면서 폭행 등의 물리력을 행사하며 강제적으로 진입하였다고 볼 수도 없고, 피해 회사 측이 현장에서 명확하게 피고인들의 출입을 저지하였다고 보기도 어렵다.

⑦ 나아가, 피고인들은 이 사건 사업장의 비종사 조합원이고, 위와 같은 이 사건 집회의 시간, 장소, 방법 등에 비추어 보면 이 사건 집회는 피해 회사의 효율적 사업운영에 지장을 주지 않는 범위 내에서 이루어졌다고 봄이 상당하므로, 피고인들이 이 사건 집회에 참여하기 위해 이 사건 사업장에 들어간 행위 또한 쟁의행위의 일환으로 정당행위에 해당한다고 보는 것이 사용자의 효율적인 사업 운영에 지장

을 주지 아니하는 범위에서 원칙적으로 사업장 내에서 노동조합 활동을 할 수 있도록 하는 노동조합법 제5조제2항의 개정 취지에도 부합한다.

4. 산별노조 간부의 사업장 출입 · 노조활동 관련 판례의 변화

가. 산별노조 간부의 사업장 출입 · 노조활동 제한

(1) 일상적 조합활동 목적의 사업장 '출입권한' 부정

① 해당 사용자와 아무런 고용관계가 없는 상급노조 간부가 개별 분회 일상적인 조합활동을 지원하기 위해 사업장에 출입할 권리는 없다(서울중앙지법 2009.7.1, 2009카합483 결정)

② 상급노조 간부는 정당한 조합활동을 위해 출입이 필요한 특별한 사정이 있는 경우에 한해 출입이 허용된다. 산별노조 간부들을 무단으로 출입시킨 직원에 대한 징계는 정당하다(서울행법 2012.11.1, 2012구합17193)

(2) 해고된 조합원의 출입목적 외 노조활동 제한

피고인이 노조사무실 출입목적으로 회사에 들어간 것은 정당하지만, 12:40경 식당에서 유인물을 배포한 것은 노동조합 사무실에 가기 위하여 회사내에 들어갔다고 볼 수 없으므로 건조물침입죄가 성립된다(대법 1991.11.8, 91도326)

나. 산별노조 간부의 사업장 출입 · 노조활동 확대

(1) 물리적 충돌이 없이 사업장에서 한 조합활동의 범죄 성립 부정

① 산별노조 간부가 산업안전보건법 위반 사실의 증거수집 등을 목적으로 소속 지회 사업장에 들어가 조합활동을 한 것은 그 필요성이 인정되고, 시설관리권을 침해하였다고 볼 수 없다(대법 2020.7.29, 2017도2478)

② 산별노조 간부들이 개별 사업장의 주차장에 들어가서 25분간 집회를 하다가 물리적 충돌없이 퇴거한 것은 산별노조의 지회 쟁의행위를 지원 · 조력하기 위한 것으로서 정당한 조합활동이다(대법 2020.7.9, 2015도6173)

(2) 단체협약으로 사업장 내 조합활동 보장한 경우는 '출입권한' 인정

① 발전노조는 위 단체협약에 따라 신청인 회사들의 본사 및 발전소들 내에 조합 지부 사무실을 운영하고 있는데다가, 신청인 회사들은 발전노조와의 단체협약에서 정당한 조합활동과 회사내 홍보활동을 보장하기로 약정하였고, 조합활동에는 조합원들에 대한 교육 및 상담, 홍보활동 등이 필수적이라고 보이므로, 발전노조의 조합원 또는 직원인 피신청인들은 신청인 회사들의 본질적인 시설관리권을 침해하지 않는 범위 내에서 그러한 정당한 조합활동을 위하여 조합원들 및 조합 지부가 있는 신청인 회사들에 출입하는 등 필요한 행위를 할 수 있다(서울고법 2008.1.11, 2007라397).

다. 시사점

① 노동조합 활동의 목적을 달성하기 위해

② 사용자의 효율적인 사업 운영에 지장을 주지 아니하는 범위 내에서,

비종사 조합원의 사업장 출입 및 사업장 내 노조활동의 허용범위는 확대될 것으로 보인다.

113 부당노동행위 유형 중 '불이익취급' 사례

도표 유형별 부당노동행위(노조법 제81조제1항)

유형	근거	내용
불이익 취급	제1호	• 근로자가 노동조합에 가입 또는 가입하려고 하였거나, 노동조합을 조직하려고 하였거나 기타 노동조합의 업무를 위한 정당한 행위를 한 것을 이유로 그 근로자를 해고하거나 그 근로자에게 불이익을 주는 행위
	제5호	• 근로자가 정당한 단체행위에 참가한 것을 이유로 하거나 또는 노동위원회에 대하여 사용자가 이 조의 규정에 위반한 것을 신고하거나 그에 관한 증언을 하거나 기타 행정관청에 증거를 제출한 것을 이유로 그 근로자를 해고하거나 그 근로자에게 불이익을 주는 행위
황견계약	제2호	• 근로자가 어느 노동조합에 가입하지 아니할 것 또는 탈퇴할 것을 고용조건으로 하거나 특정한 노동조합의 조합원이 될 것을 고용조건으로 하는 행위.
	단서	• 다만, 노동조합이 당해 사업장에 종사하는 근로자의 3분의 2 이상을 대표하고 있을 때에는 근로자가 그 노동조합의 조합원이 될 것을 고용조건으로 하는 단체협약의 체결은 예외로 하며, 이 경우 사용자는 근로자가 그 노동조합에서 제명된 것 또는 그 노동조합을 탈퇴하여 새로 노동조합을 조직하거나 다른 노동조합에 가입한 것을 이유로 근로자에게 신분상 불이익한 행위를 할 수 없다. (유니온숍)
단체교섭 거부	제3호	• 노동조합의 대표자 또는 노동조합으로부터 위임을 받은 자와의 단체협약체결 기타의 단체교섭을 정당한 이유없이 거부·해태행위
지배·개입	제4호	• 근로자가 노동조합을 조직 또는 운영하는 것을 지배하거나 이에 개입하는 행위와 근로시간 면제한도를 초과하여 급여를 지원하거나 노동조합의 운영비를 원조하는 행위
	단서	• 다만, 근로자가 근로시간 중에 제24조제2항에 따른 활동을 하는 것을 사용자가 허용함은 무방하며, 또한 근로자의 후생자금 또는 경제상의 불행 그 밖에 재해의 방지와 구제 등을 위한 기금의 기부와 최소한의 규모의 노동조합사무소의 제공 및 그 밖에 이에 준하여 노동조합의 자주적인 운영 또는 활동을 침해할 위험이 없는 범위에서의 운영비 원조행위는 예외로 한다(근로시간면제 등).

> **노조법 제82조 【구제신청】** ① 사용자의 부당노동행위로 인하여 그 권리를 침해당한 근로자 또는 노동조합은 노동위원회에 그 구제를 신청할 수 있다.
> ② 제1항의 규정에 의한 구제의 신청은 부당노동행위가 있은 날(계속하는 행위는 그 종료일)부터 3월 이내에 이를 행하여야 한다.

1. 해고 등 징계상 불이익

가. 일반적 판단 기준(대법 1999.11.9, 99두4273)

구분	주요 내용
시기 관련	• 처분원인과 처분시기가 부자연스럽게 떨어져 있는지 여부 • 징계처분시 노사가 긴장관계에 있었는지 여부(조합결성 직후, 단체교섭 전후 등) • 조합원 임원선거 등 조합내부문제와 징계시기의 관계
징계양정 관련	• 단체협약·취업규칙 등에 의한 징계사유에 해당되는지 여부 • 징계절차의 하자 여부 • 동종사례에 있어서 제재의 불균형 여부(이례적 처분, 가혹한 처분 여부) • 종래의 관행에 부합되는지 여부 • 노사간 징계면책에 관한 합의가 있었는지 여부
사용자의 태도 관련	• 사용자가 내세우는 징계사유와 노동조합 업무의 내용 • 평소 회사와 노동조합과의 관계 • 평소 사용자의 노동조합에 대한 언동이나 태도 • 사용자 주장의 명확성·합리성·일관성 여부 • 대상 근로자의 조합활동 상황(중추적인 역할, 조합활동의 적극성 등) • 과거 부당노동행위 사례 존재 여부
징계 결과 관련	• 조합원의 감소 등 노동조합 조직·운영의 변화 추이 • 노동조합 활동에 미친 영향 • 정리해고 등에 있어 조합원이 차지하는 비율
형평성 관련	• 조합원과 비조합원, 조합활동에 적극적인 자와 그렇지 않은 자를 징계절차나 양정 등에 있어서 차별하는 경우, 사용자의 부당노동행위 의사를 추정 가능 • 유사한 징계사유에 대하여 비조합원이나 조합탈퇴자에 대하여는 비교적 경미하게 처분하고, 조합원이나 조합활동에 적극적인 자에 대하여는 중징계하는 경우

나. 형평성 및 시기 관련

① 어느 누구에게도 문제삼은 적이 없는 경미함 복무위반 등에 대하여 노동조합 활동이 활발해진 이후에 이례적으로 이를 문제삼아 징계하는 경우, 부당노동행위에 해당된다.

판례 대법 1990.11.27, 1990누3683

> 입사할 무렵부터 노동조합에 가입한 후 적극적인 조합활동을 하여 노조대의원으로 선출된 원고가 조합총회나 대의원회의의 동의도 없이 사용자측의 뜻에 따라 임금인상시기를 변경하는 내용의 단체협약을 체결하려는 노조집행부에 반대하면서 조합원들로부터 조합총회 소집을 요구하는 서명을 받기 시작하여 노조집행부와 사용자인 참가인회사가 임금인상시기를 늦추는 데에 따르는 보상안을 마련하자 위 서명작업을 중단하였으며, 그후에도 대의원회의 등을 통하여 임의 수당을 신설할 것을 주장하는 등 계속하여 조합활동을 하여 왔는데, 원고가 야간근무시간중 2시간 정도 무단이탈을 한 사실이 드러나자 참가인회사에서 수차에 걸쳐 사직을 요구하다가 이를 거절하는 원고를 징계해고하기에 이르렀다면, 이 사건 해고는 원고의 노동조합활동을 방해할 의도로 위 해고사유를 핑계삼아 이루어졌다고 봄이 상당하므로 노동조합법 제39조 제1호 소정의 부당노동행위에 해당한다.

② 징계처분 사유 또는 필요성이 없어진 사유에 대하여 노동조합 결성전후, 조합활동이 활발해진 시기 등에 징계처분하는 경우

③ 근로자에 대한 전근이나 징계해고가 노동조합업무를 위한 정당한 행위를 이유로 한 불이익처분인지 여부를 판단함에 있어서는, 처분시기, 사용자와 노동조합과의 관계, 동종의 사례에 있어서 조합원과 비조합원에 대한 제재의 불균형 여부, 사유의 정당성 유무, 종래의 관행에 부합 여부, 기타 부당노동행위의사의 존재를 추정할 수 있는 제반 사정 등 외에 처분 후에 있어서의 노동조합활동의 쇠퇴 여부도 비교 검토하여 판단하여야 할 것이다.

판례 대법 1992.12.8, 1991누11025

원고는 그때까지 ○○제철에 대한 업무와 관련이 많은 부정기선부 대형선과에 근무하여 왔고, ○○이 연고지로서 적격자는 이유로 ○○사무소로 전보된 사실, 임금협상의 노조측 대표로는 원고 외에 조합장, 부조합장, 사무장 등 7명이 있었는데 참가인과 노동조합 사이에 1989.10.27.경 노조측의 요구를 대체로 수용한 내용의 임금인상에 관한 합의가 이루어진 사실, 원고가 위 전근발령이 노동조합활동을 방해하기 위한 것이라는 이유로 지방발령주재원교육에 불참하고 근무지에도 부임하지 아니하자 참가인 회사는 부임을 촉구하다가 원고가 계속 불응하자 1989.7.6. 인사위원회의 결의를 거쳐 무단결근과 회사의 정당한 명령에 불응하였음을 사유로 원고를 징계해고한 바, 원래 근로자에 대한 전근은 원칙적으로 사용자의 권한에 속하는 것으로서 업무상 필요한 범위 내에서 상당한 재량이 허용될 뿐만 아니라, 참가인 회사 직원직무이동규정에서도 정기인사이동 외에 경영상의 필요에 따라 수시로 인사이동을 할 수 있다고 규정하고 있는 점에 비추어 보면 원고 등에 대한 1989년의 정기인사이동이 규정된 시기에 이루어지지 않았다는 사유만으로 자의적인 인사권의 행사로서 그 효력이 없다고 할 것은 아니다.

다. 사용자의 태도 관련

① 조합원에 대해서만 관련 규정을 엄격하게 적용하는 경우

- 조합설립 후 또는 단체교섭 시기 등에 조합원에 대해서만 법정근로시간 등 관련 법규정을 엄격하게 적용하는 경우, 부당노동행위에 해당된다.

판례 서울고법 2002.5.16, 2001누9860

1999.4.9 중재재정이 ○○택시 노조원에 대하여만 적용되고 1일 배차시간은 식사 및 휴게시간 1시간 20분을 포함하여 8시간 40분으로 정하고 있는 사실은 앞서 본 바와 같으나, 원고의 승인을 얻은 경우 초과근로시간으로 인정하여 시간외근로수당 등을 지급하도록 하고 있는 점에 비추어 보면, 위 중재재정에서 정한 1일 배차시간은 운송수입금 전액관리제 및 완전월급제의 시행에 따라 정액급여의 산정을 위한 기준으로 볼 것이지, 노조원들로 하여금 1일 배차시간을 초과하여 근무하는 것을 절대적으로 금지하는 취지라고 볼 것은 아니므로, 원고가 비노조원에게는 종전과 같이 1일 10~11시간의 운행을 허용하면서 제일택시 노조원에 대하여는 1일 8시간 40분으로 승무시간을 엄격히 통제한 것은 부당한 차별대우라 할 것이고, 원고가 ○○택시 노조와 그 노조원들 사이의 갈

등과 분쟁을 조장하는 듯한 취지의 경고장을 발송한 것에 비추어 보면, 원고의 위와 같은 차별대우는 제일택시 노조의 활동을 혐오하여 한 부당노동행위에 해당된다.

- 총회 개최일에 예정에 없던 출장 근무를 지시하는 등 갑자기 노동조합활동을 어렵게 하는 경우 부당노동행위에 해당된다.

판례 **대법** 1990.10.23, 88누7729

조합설립추진과정, 원고 등의 조합설립을 저지하려고 설득하던 끝에 원고를 비롯한 대부분의 조합간부들에게 돌연히 출장지시를 하고, 그 지시에 순응한 자나 그 지시를 받지 못한 자를 포함한 전원에 대하여 정당한 절차도 밟지 아니한 채 전격적·집단적으로 해고조치를 하였으며, 그로 인하여 조합설립이 좌절된 후 회사의 방침에 순응하는 자들만 다시 재고용한 제반정황에 비추어 참가회사의 원고에 대한 이 사건 해고조치는 근로자가 조합을 설립하려고 하였음을 그 실질적 이유로 한 노동조합법 제39조 제1호 소정의 부당노동행위에 해당한다.

- 사용자의 위법·부당한 행위로 노조원의 명예훼손·모욕행위가 유발되어 취업규칙상 해고사유에 해당한다고 하더라도 이는 부당해고이다

판례 **대법** 2004.3.12, 2003두13663

원고가 참가인의 대표이사를 모욕하고 명예를 훼손한 죄로 벌금 2,000,000원의 형을 선고받아 위 벌금형이 확정된 점은 취업규칙에서 정한 징계사유에 해당한다고 할 것이다. 그러나, 참가인이 장기간에 걸쳐 원고가 가입되어 있는 노동조합에 대하여 부정적인 태도를 취하면서 단체교섭에 응하지 아니하였고, 원고를 비롯한 노조원들에 대하여 성과급 임금을 지급하지 아니하여 생활에 어려움을 초래하게 하였으며, 정당한 사유 없이 수시로 배차를 거부하고, 불법적으로 일부 직장폐쇄를 하였던 점에 비추어 원고 등 노조원들은 참가인의 위와 같은 위법 부당한 행위에 대하여 그 철회를 요구하고 항의하는 과정에서 참가인 대표이사의 명예를 훼손하는 노조소식지를 만들어 배포한 것으로 보인다. 결국 원고가 벌금형을 선고받은 것이 참가인이 취업규칙상에 해고사유에 해당한다고 하더라도, 참가인이 장기간 단체교섭을 거부하는 등 노동조합 및 조합원들에 대하여 행한 위와 같은 위법, 부당한 행위로 인하여 원고의 명예훼손, 모욕행위를 유발된 점에 비추어 볼 때 사회통념상 원고와 참가인 사이의 근로계약관계를 지속케 하는 것이

3일차

현저히 부당하다고 인정할 정도의 비위행위라고 볼 수는 없다 할 것인 바, 위와 같은 벌금형을 받게 된 경위나 동기, 원인, 과정 등에 비추어 볼 때 참가인이 원고에게 해고 처분을 한 것은 재량권을 남용한 것으로서 무효라 할 것이다.

② 그러나, 노동조합 조직 후 기존의 관행을 일방적으로 이행하지 않는 등 노동조합의 정당하지 아니한 행위가 징계의 선행행위로 작용한 경우에는 부당노동행위로 보기 어렵다

• 사용자의 경위서 제출요구

행정해석 중노위 2016.10.31, 중앙2016부노136

이 사건 노동조합은 이 사건 사용자가 조합원들에 대하여 경위서 제출을 요구한 것은 불이익취급의 부당노동행위라고 주장한다.

그러나, 위 '5. 판단'의 '가'항과 같이, 이 사건 조합원들의 홍보지 배포 등이 정당한 조합활동에 해당되어 징계사유에는 해당되지 않는다고 하더라도, 위 '4. 인정사실'의 '파'항, '거'항 및 '너'항과 같이, 이 사건 사용자의 이 사건 조합원들에 대한 경위서 제출 요구는 2015.2.23. 이 사건 노동조합의 홍보지 배포 과정에서 발생한 ○○○팀장과의 물리적 충돌에 대한 사규 위반 여부 등을 사전 조사하기 위한 목적으로 이루어진 것으로, 위 판례에서와 같이 실제 해고 또는 그 근로자에게 휴직 · 전직 · 배치전환 · 감봉 등 법률적 · 경제적으로 불이익한 대우나 조치가 현실적으로 이루어진 것으로 볼 수 없을 것이며, 따라서 이는 노조법 제81조제1호에서 규정하는 불이익 처분의 부당노동행위에 해당되지 않는다 할 것이다.

• 사용자와 사전협의없이 대의원대회 참석 등 조합활동을 이유로 이미 계획되어 있던 업무를 수행하지 아니한 경우, 징계한 것은 정당하다

판례 대법 1990.10.23, 88누7729

회사는 거래처인 소외 ○○정유주식회사 여천공장에서 1989.8.9. 제기한 전압케이블 내압불량에 관한 클레임을 처리하기 위하여 같은 해 5월말부터 6월초까지 사이에 위 공장에 가서 전압케이블 아프터서비스를 한 바 있는 원고에게 출장명령을 하였으나 원고는 징계를 받아 기분이 나쁘고 참가인 회사와 사전합의도 안된 노조간부수련회 참가 등을 내세워 위 출장명령을 거부하였다는 것인 바, 위와 같은 출장명령 거부행위를 노

동조합활동이라고 볼 수도 없을 뿐만 아니라 참가인 회사가 한 출장명령은 거래처가 제기한 클레임을 신속히 처리할 필요가 있어 사전에 준비기간을 충분히 주기 어려운데다가 참가인 회사가 원고를 출장대상자로 지명한 기준도 타당하다고 인정되므로, 원고가 정직 10일의 징계를 받아 기분이 나쁘다는 개인적인 감정과 참가인 회사와 사전합의도 되지 않은 노동조합의 행사를 이유로 위 출장명령을 거부한 것을 정당하다고 할 수는 없다.

- 노사합의로 실시해오던 연장근로를 조합결성 후 일방적으로 거부하는 등 노사합의 사항이나 노사관행을 거부하는 경우, 징계하는 것은 정당하다

판례 **대법** 1992.9.25, 92다18542

연장근로는 노사의 합의에 의하여 행하여지는 것이라고 하더라도 사용자가 근로시간을 연장할 필요가 있어 근로자들에게 연장근로를 제의한 경우에 집단적으로 이를 거부하고 연장근로를 하지 말라고 선동하는 행위는 사용자의 업무를 방해하는 것으로서 정당하다고 할 수 없는 것이다. 따라서 원심이 이를 전제로 원고가 노조 집행부와 피고회사가 타결한 임금협상의 내용에 불만을 품고 조합원의 찬반투표를 요구하며 조합 집행부와 대립하여 오다가 점심시간에 식당입구에서 조합원 40여명을 모아 놓고 노조가 어용이라고 주장하며 조합장의 퇴진서명운동을 벌일 것과 연장근로의 거부를 선동하여 이에 동조한 근로자 120여명으로 하여금 잔업을 거부하게 한 행위를 정당한 노동조합활동이라고 볼 수 없다.

2. 승진 등 인사상 불이익

가. 일반적인 판단기준(대법 1998.12.23, 97누18035)

구분	주요 내용
승진 관련	• 승진의 시기와 노동조합 활동과의 관련성 • 업무상 필요성 • 적격성과 합리성 등의 유무 • 당해 근로자의 승진이 조합활동에 미치는 영향 • 당해 근로자의 동기들과의 관련성 • 노조원과 비노조원을 전체적으로 비교하여 승진에 있어서 격차가 있는지 여부

전보 관련	• 전보명령의 동기나 목적 • 전보명령에 관한 업무상의 필요성이나 합리성의 존부 • 전보에 따른 근로자의 생활상의 불이익과의 비교 형량 • 전보명령의 시기 • 사용자와 노동조합과의 관계 • 전보명령에 이른 과정이나 사용자가 취한 절차 • 직무환경이나 조건 또는 상사나 동료와의 관계에서 문제가 있었는지 여부 • 그 밖에 전보명령 당시의 외형적·객관적인 사정

나. 인사기준 및 관행 관련

① 그간의 인사관행에 어긋나거나 인사기준 자체가 불합리하여 사실상 조합원과 비조합원, 조합활동에 적극적인 자와 그렇지 않은 자를 차별하는 것은 부당노동행위에 해당된다.

판례 **대법** 2011.7.28, 2009두9574

원고가 2006년도 영업사원 승격기준을 정함에 있어 노조전임자인 보조참가인들은 사용자에 대한 근로제공의무가 면제되어 영업활동을 하지 아니하는데도 노조전임자들에 대한 승격기준을 별도로 정하지 아니한 채 다른 영업사원과 동일하게 판매실적에 따른 승격기준만을 적용한 것은 이들이 노조전임자로 활동하였다는 이유만으로 승격가능성을 사실상 차단한 것이므로, 이러한 승격기준에 의해 이루어진 위 보조참가인들에 대한 승격배제는 부당노동행위에 해당한다.

판례 **대법** 2018.12.27, 2017두47311

근로자에 대한 인사고과가 상여금의 지급기준이 되는 사업장에서 사용자가 특정 노동조합의 조합원이라는 이유로 다른 노동조합의 조합원 또는 비조합원보다 불리하게 인사고과를 하여 상여금을 적게 지급하는 불이익을 주었다면 그러한 사용자의 행위도 부당노동행위에 해당할 수 있다. 이 경우 사용자의 행위가 부당노동행위에 해당하는지 여부는, 특정 노동조합의 조합원 집단과 다른 노동조합의 조합원 또는 비조합원 집단을 전체적으로 비교하여 양 집단이 서로 동질의 균등한 근로자 집단임에도 불구하고 인사고과에 양 집단 사이에 통계적으로 유의미한 격차가 있었는지, 인사고과의 그러한 격차가 특정 노동조합의 조합원임을 이유로 불이익취급을 하려는 사용자의 반조합적 의사에 기인한다고 볼 수 있는 객관적인 사정이 있었는지, 인사고과에서의 그러한 차별이 없었더라도 동등한 수준의 상여금이 지급되었을 것은 아닌지 등을 심리하여 판단하여야 한다. 원고가 변경된 2014년 단체협약의 상여금 조항 및 상여금 지급규칙에 따라 2014년 하반기 성과평가에서 전반적으로 낮은 등급을 부여받은 피고보조참가인들을 포함한 이 사건 근로자들에게 상여금을 적게 지급한 것은 불이익취급의 부당노동행위에 해당한다.

② 그러나, 단체협약, 취업규칙 등의 인사규정, 종래의 관행・질서에 따라 인사가 합리적으로 이루어진 경우, 외형상 조합원과 비조합원 간에 승진의 격차가 있더라도 비교대상인 조합원과 비조합원 간에 능력・실적에서 차이가 있는 경우, 또는 이를 입증하지 못할 경우 등에는 부당노동행위로 보기에는 어렵다.

판례 **대법 2009.3.26, 2007두25695**

사용자가 어느 근로자에 대하여 노동조합의 조합원이라는 이유로 비조합원보다 불리하게 인사 고과를 하고 그 인사 고과가 경영상 이유에 의한 해고 대상자 선정 기준이 됨에 따라 그 조합원인 근로자가 해고되기에 이르렀다고 하여 그러한 사용자의 행위를 부당노동행위라고 주장하는 경우, 그것이 부당노동행위에 해당하는지 여부는, 조합원 집단과 비조합원 집단을 전체적으로 비교하여 양 집단이 서로 동질의 균등한 근로자 집단임에도 불구하고 인사 고과에 있어서 양 집단 사이에 통계적으로 유의미한 격차가 있었는지, 인사 고과에 있어서의 그러한 격차가 노동조합의 조합원임을 이 유로 하여 비조합원에 비하여 불이익 취급을 하려는 사용자의 반조합적 의사에 기인하는 것, 즉 사용자의 부당노동행위 의사의 존재를 추정할 수 있는 객관적인 사정이 있었는지, 인사 고과에 있어서의 그러한 차별이 없었더라면 해고 대상자 선정 기준에 의할 때 해고 대상자로 선정되지 않았을 것인지 등을 심리하여 판단하여야 한다. 피고 보조 참가인으로부터 경영상 이유로 해고된 근로자들은 모두 원고의 지부 소속 조합원들이기는 하나, 피고 보조 참가인이 해고 대상자 선정 기준으로 사용한 인사 고과 자료인 근로자들의 개인별 종합 평가표, 개인별 최종 합계표 등 평정 결과가 기재된 모든 문서가 제출되지 않은 상태에서, 피고 보조 참가인이 조합원들에 대하여 비조합원들에 비하여 불리하게 차별적으로 평정하여 인사 고과를 한 것으로 단정할 수 없고, 지부 조합원들에 대한 이 사건 해고는 부당노동행위에 해당되지 않는다.

3일차

다. 조합활동 및 생활 관련

① 조합활동을 방해할 의도로 조합원 자격을 상실하거나 조합활동이 불가능한 곳으로 승진 또는 전보발령할 경우에는 부당노동행위에 해당된다.

판례 대법 1998.12.23, 1997누18035

참가인은 노동조합의 위원장으로 재직하면서 적극적으로 노조활동을 하다가 같은 해 8.23 노조위원장 선거에서 낙선하고 같은 해 9.1 원직 복귀하였는데, 노조위원장 선거에서 낙선한 후 불법선거임을 주장해 오다가 선거무효확인소송을 제기하는 등 조합원으로서 노동조합의 조직 및 운영에 영향을 미칠 활동을 계속적으로 하여 오던 상태에서, 업무상 필요성을 이유로 갑자기 조합원 자격이 없어 조합활동을 할 수 없는 과장으로 승진시킴과 동시에 서울 본사 자재부 소속 경인지역 폐지구매 연락사무소를 다른 회사 수원 공장 내 2평 정도 탈의실에 급조하여 신설하고 그 연락담당 및 원료 상차 감독으로 배치전환하여 본래 업무와는 동떨어지고 생활근거지와 이격된 곳에서 근무하도록 하였으며, 이에 불복하여 출근을 거부하자 노조간부들을 순차로 위 연락사무소로 배치전환한 것이라면, 실질적으로는 종전 노동조합활동을 혐오한 나머지 이에 대한 예방적 차원의 조치로서 노동조합활동을 방해하려는 의사로 행한 것으로서 부당노동행위에 해당한다 할 것이다.

② 그러나, 조합활동이나 일상생활에 지장이 초래되더라도 합리적인 기준에 의한 정당한 인사권일 경우에는 부당노동행위에 해당되지 않는다.

판례 대법 1996.12.20, 1995누18345

참가인의 근무경력과 이 사건 전보발령 이전에도 회사 ○○공장으로부터 참가인을 보내 줄 것을 요청받은 점 등을 들어서 위 ○○공장에서 참가인을 필요로 하였을 뿐만 아니라 참가인이 서울본사에서 팀장과 업무상 및 개인적 마찰을 빚고 있었고, 원고가 참가인이 노동조합에 가입하기 이전부터 참가인을 ○○공장에 전보시키려고 시도하였는바, 참가인에 대한 이 사건 전보명령은 참가인의 ○○공장에서의 근무적임성과 서울본사에서의 업무상 및 개인적 마찰 등을 고려한 경영상의 필요에 의한 것이므로, 전보에 따른 생활상의 불이익이 참가인이 통상 감수해야 할 정도를 현저하게 벗어난 것이라고도 할 수 없어 부당노동행위에 해당한다고 할 수 없다(대법 1996.12.20, 95누18345).

3. 금전 기타 불이익

가. 작업도구, 배차차량, 관행적으로 이루어진 시간외 근로를 정당한 이유없이 일방적으로 조합원에게만 실시하지 아니하여 수입을 감소시키는 경우

① 부당노동행위 해당 판례

- 체육대회불참 형태의 적법파업기간을 무단결근 처리

판례 대법 2015.2.12. 2014두13805

위 조합원들은 2011.10.28.(금) 체육대회 불참 형태의 파업 이후, 2011.10.31.(월)에는 정상적으로 근로를 시작하였던 점, 이 사건 지회의 쟁의 대책 회의자료에도 '이 사건 지회 전체 조합원은 체육대회 당일 불참하고 휴무 실시한다'고 하여 주말 동안 이 사건 파업이 중단없이 계속되었다고 보기는 어려운 점 등을 고려하면, 참가인 사업장의 주휴일인 2011.11.30.(일)에도 이 사건 파업이 계속 중이었다고 보기는 어렵고, 따라서 위 주휴일은 파업기간에 포함되지 않는다고 할 것임에도, 참가인은 이 사건 무단결근 처리에 따라 위 주휴일에 대한 임금의 지급을 하지 않았다. 체육대회에 불참한 이 사건 지회 조합원들은 이 사건 무단결근 처리로 인하여 월차휴가 내지 월차수당을 받을 수 없게 되었고, 또한 1년간 개근 시 받을 수 있는 10일의 연차 휴가가 아닌 최대 8일의 연차휴가밖에 받을 수 없게 되었으며, 이로 인하여 연차휴가 미사용 시 받을 수 있는 연차휴가수당이 줄어드는 불이익을 받게 되었을 뿐 아니라, 체육대회에 불참한 이 사건 지회 조합원들은 이 사건 무단결근 처리에 따라 징계사유가 적치됨에 따라 이를 근거로 한 징계를 받을 위험성이 증가하였다고 볼 것인 바, 그렇다면, 이 사건 무단결근 처리는 불이익 취급의 부당노동행위이고 부당노동행위 의사도 추단된다고 할 것이다.

- 시간외 근로에 대하여

판례 대법 2006.9.8, 2006도388

공소외 1은 당시 노조대의원으로 활동하는 등 노동조합 활동에 적극적이었던 자로서 당시 회사 측의 근로자들의 성향 분류상 낮은 등급에 속해 있었던 사실, 2001년 8월부터 2002년 1월까지의 주기기 1반 월별근무현황에 의하면 공소외 1과 달리 노조간부 경력이 전혀 없었던 공소외 2는 513.4시간의 연장근로를 한 반면 공소외 1은 168시간의 연장근로를 하였던 사실, 공소외 1의 경우 검사업무가 원자력공장의 다른 직원들의 업무와 다르기는 하였으나 업무 효율을 위해 연장근로 등이 필요한 상황인데도 회사 측에

3일차

서 다른 직원들의 경우와는 달리 왜 연장근로 등이 필요한지에 대하여 정도가 지나칠 정도로 까다롭게 물어보고 그 허가에 있어서 엄격한 기준을 적용하는 바람에 공소외 1이 연장근로 등을 포기하였고, 그에 따라 업무가 비효율적으로 진행되기도 하였던 사실 등을 인정한 다음, 이를 종합하면 피고인 1, 2등이 노동조합 활동에 적극적이라는 이유로 2001년 10월경부터 2002년 8월경까지 공소외 1에 대한 연장근로 등의 허가에 있어 지나치게 엄격한 기준을 적용하고 그에 따라 공소외 1이 이를 포기하도록 하는 등의 방법으로 공소외 1을 다른 근로자들과 차별함으로써 업무상 또는 경제상 불이익을 준 사실을 충분히 인정할 수 있고, 이는 부당노동행위에 해당한다.

• 휴가비미지급

판례 **대법** 2017.7.11, 2013도7896

조합원들에 대한 2008년 하기휴가비와 2008년 추석상여금은 출근율에 비례하여 일부만 지급한 반면, 직장폐쇄가 철회된 이후 신규로 채용된 근로자들에게는 근무기간이 채 4개월이 되지 않았음에도 그 휴가비나 상여금 전액을 지급한 점 등 그 판시와 같은 사정을 종합하여 보면, 피고인의 위와 같은 행위는 노동조합 활동을 이유로 한 불이익 취급의 부당노동행위에 해당한다.

② 부당노동행위 비해당 판례

판례 **대법** 2000.6.23, 1998다4960

회사의 주된 업무는 ○○자동차와의 용역계약에 따라 ○○자동차의 지시가 있으면 즉시 출고차량을 운송하는 업무이고 피고회사는 이러한 운송사업의 특성상 운전기사들에 대한 배차시간을 고정시키기가 곤란하고 ○○자동차의 갑작스런 운송요구에 탄력적으로 대응하기 위하여 근로자들의 채용시 근로자들에게 이러한 상시적 연장근로의 가능성을 고지하여 근로자들도 연장근로를 하기로 합의하고 채용되어 온 사실, 근로자들이 거부한 대부분의 작업지시는 평택출고장에서 삼죽출고장까지 1회 더 출고차량을 운송하는 것으로 왕복 150분 정도 소요되어 연장근로시간이 1주일에 12시간을 넘지 않았던 사실, 회사에서는 운전기사들에게 실제 연장근로시간과 관계없이 일률적으로 월 250,000원의 야간수당을 매월 지급하여 온 사실 등을 알 수 있는바, 사정이 이와 같다면 이러한 연장근로합의에 위배하여 근로자들이 단지 연장근로수당이 적다는 이유로 회사의 배차지시를 거부하였다면 이는 취업규칙상 정당한 업무지시에 불응한 경우 및 회사의 정당한 명령에 따르지 아니한 경우에 해당하여, 대기발령 및 해고처분을 부당노동행위라고 할 수는 없다.

나. 조합원에 대해서만 업무 배제, 보직, 회의참석 배제 등으로 회사에서 불필요한 사람으로 다루는 경우

① 부당노동행위에 해당 판례

판례 대법 2004.9.23, 2004두10401

참가인이 팀원으로 배치된 중앙보상1팀의 팀장이 참가인의 입사 8년 후배인 점, 참가인에게 사무실 입구에서 가장 가까운 끝좌석에 앉도록 하여 모욕감을 느낄 만한 좌석배치를 하고 팀원이 통상 배당받는 업무량의 10% 정도의 업무만을 부여함으로써 사실상 업무에서 배제하여 업무의욕을 상실시키는 등 팀원으로서의 정당한 대우조차 하지 아니하고 회사에 불필요한 사람으로 여기어 근무의지를 꺾으려 하였던 것으로 보이는 점, 이에 대한 참가인의 정당한 항의에 대하여 원고가 아무런 대응도 하지 아니하다가 상당한 시일이 경과되자 업무를 거부한다는 이유로 감봉 3개월의 징계처분을 하고 이어 그 징계기간 중에 다시 같은 사유로 징계면직처분을 한 점 등에 비추어, 참가인의 업무수행거부는 통상의 직무상 명령위반의 경위와는 달리 그 비난가능성이 적다고 할 것이어서, 원고와 참가인 사이의 근로계약관계를 지속하게 하는 것이 현저히 부당하다고 인정할 정도의 비위행위라고 보기 어려우므로, 원고의 참가인에 대한 이 사건 징계면직처분은 재량권을 남용한 부당해고라고 할 것이다.

② 부당노동행위에 비해당 판례

행정해석 2001.10.10, 노조 68107-1130

조합원과 비조합원간의 마찰이 심화되어 비조합원들이 탄원 및 집단사직 제기 등을 통해 작업라인의 전환배치를 요구하는 등 정상적인 작업수행이 어려운 부득이한 사정으로 일시적으로 조합원과 비조합원을 분리하여 작업라인을 전환배치하였다면, 이를 노동조합의 활동을 약화시키고 단결력을 저하시킬 의사를 가지고 한 행위라고 보기 어렵다.

114 부당노동행위 유형 중 '지배 · 개입' 사례

도표 유형별 부당노동행위(노조법 제81조)

유형	근거	내용
불이익 취급	제1호	• 근로자가 노동조합에 가입 또는 가입하려고 하였거나, 노동조합을 조직하려고 하였거나 기타 노동조합의 업무를 위한 정당한 행위를 한 것을 이유로 그 근로자를 해고하거나 그 근로자에게 불이익을 주는 행위
	제5호	• 근로자가 정당한 단체행위에 참가한 것을 이유로 하거나 또는 노동위원회에 대하여 사용자가 이 조의 규정에 위반한 것을 신고하거나 그에 관한 증언을 하거나 기타 행정관청에 증거를 제출한 것을 이유로 그 근로자를 해고하거나 그 근로자에게 불이익을 주는 행위
황견계약	제2호	• 근로자가 어느 노동조합에 가입하지 아니할 것 또는 탈퇴할 것을 고용조건으로 하거나 특정한 노동조합의 조합원이 될 것을 고용조건으로 하는 행위.
	단서	• 다만, 노동조합이 당해 사업장에 종사하는 근로자의 3분의 2 이상을 대표하고 있을 때에는 근로자가 그 노동조합의 조합원이 될 것을 고용조건으로 하는 단체협약의 체결은 예외로 하며, 이 경우 사용자는 근로자가 그 노동조합에서 제명된 것 또는 그 노동조합을 탈퇴하여 새로 노동조합을 조직하거나 다른 노동조합에 가입한 것을 이유로 근로자에게 신분상 불이익한 행위를 할 수 없다. (유니온숍)
단체교섭 거부	제3호	• 노동조합의 대표자 또는 노동조합으로부터 위임을 받은 자와의 단체협약체결 기타의 단체교섭을 정당한 이유없이 거부 · 해태행위
지배 · 개입	제4호	• 근로자가 노동조합을 조직 또는 운영하는 것을 지배하거나 이에 개입하는 행위와 근로시간 면제한도를 초과하여 급여를 지원하거나 노동조합의 운영비를 원조하는 행위
	단서	• 다만, 근로자가 근로시간 중에 제24조제2항에 따른 활동을 하는 것을 사용자가 허용함은 무방하며, 또한 근로자의 후생자금 또는 경제상의 불행 그 밖에 재해의 방지와 구제 등을 위한 기금의 기부와 최소한의 규모의 노동조합사무소의 제공 및 그 밖에 이에 준하여 노동조합의 자주적인 운영 또는 활동을 침해할 위험이 없는 범위에서의 운영비 원조행위는 예외로 한다(근로시간면제 등).

1. 사용자의 언론의 자유와 부당노동행위 지배 · 개입

가. 종합판단설 판례(대법 1998.5.22 97누 8076 전쟁기념사업회 사건)

(1) 사실관계

당해 ○○기념사업회 노동조합의 조합원들이 위 사업회의 회장 등을 업무상횡령혐의로 고소함으로써 위 사업회와 당해 조합간의 갈등이 일어난 상황 속에서, 전쟁기념사업회 대표자인 乙회장은 1995.12.29. 위 회장이 종무식상에서 전직원을 상대로, 사업회 조직의 성질상 태어나지 말아야 할 노동조합이 생겼으며, 자신을 포함한 우리 모두가(감독관청인 국방부에 대하여) 노동자인 것이고, 위 사업회 조직의 성격상 노조활동에는 한계가 있다고 보며, 계속하여 분쟁이 야기되어 전직원으로부터 사표를 받고 공개채용으로 다시 충원해야 하는 일이 없기 바란다는 취지로 발언하였다.

(2) 판단

회장 乙이 1995.12.29. 종무식상에서 전직원을 상대로 원고 조직의 성질상 태어나지 말아야 할 노동조합이 생겼으며, 자신을 포함한 우리 모두가(감독관청인 국방부에 대하여) 노동자인 것이고, 원고 조직의 성격상 노조활동에는 한계가 있다고 보며, 계속하여 분쟁이 야기되어 전직원으로부터 사표를 받고 공개채용으로 다시 충원해야 하는 일이 없기 바란다는 취지로 발언한 것은, 이 사건 조합을 부인하는 태도를 명백히 함과 동시에 조합활동이 계속되는 경우 직원의 신분이 박탈될 수도 있다는 신분상의 불안감을 느끼게 하여 조합활동을 위축시킴으로써 조합의 조직과 활동에 영향을 미치고자 하는 의도임이 충분히 인정되므로, 원심이 위 연설행위를 법 제39조 제4호에 정한 부당노동행위에 해당된다.

나. 이익제공 또는 불이익위협설 판례 (대법 2013.1.10, 2011도15497 한국철도공사 사건)

(1) 사실관계

한국철도공사가 2009.11.24. 이 사건 노동조합과의 단체협약을 해지하자 이 사건 노동조합은 같은 해 11.26.부터 같은 해 12.2.까지 파업을 진행하다가 같은 해 12.3. 업무에 복귀하였다.

이 사건 노동조합은 이후 계속하여 한국철도공사와 단체교섭을 진행하였음에도 교섭이 이루어지지 않자, 2010.5.12.까지 교섭이 결렬될 경우 재차 파업을 하겠다고 한국철도공사에 예고(파업예정일은 2010.5.12. 04:00경임)하였다.

이에 한국철도공사의 기술본부장이자 단체교섭의 사용자측 교섭위원 중 한 명인 강○○는 2010.5.8.부터 같은 달 11일까지 한국철도공사 산하 차량사업소 및 정비단 등 현장을 순회하면서 직원설명회를 개최하기로 하여 파업 예정일 이전 며칠 동안 집중적으로 전국을 이동하며 직원설명회를 개최하였다.

강○○가 2010.5.11. 한국철도공사 산하 서울차량사업소에서 약 300여명에 이르는 직원을 상대로 위와 같은 설명회(이하 '이 사건 설명회')를 개최하려고 위 사업소에 도착하자, 피고인들 및 조합원 30여명은 건물 1층 현관 앞을 막아서서 '내일이 파업인데 본사에 가서 협상하는 데 가 있어야지 여기 있을 때가 아니다'고 하거나 '파업을 하루 앞두고 성실교섭이나 하지 뭐하러 왔어. 현장에 설명회를 할 시간이 있으면 다시 돌아가 교섭에 충실히 임해 파업을 막도록 하라'고 하면서 멱살을 잡는 등으로 건물 안으로 들어가지 못하게 가로막았다.

피고인들의 위와 같은 출입방해 등으로 인하여 강○○는 결국 그날 서울차량사업소 2층 회의실에서 과장 등 중간관리자와 차량팀원 일부 등 몇 십 명만 참석한 가운데 약 10분간 설명회를 진행하면서 한국철도공사의 현황에 비추어 파업에 무리가 있다는 취지의 발언을 하고 나아가 국민들의 파업에 대한 시각과 국가가 처한 현실 등과 함께 현재로서는 철도가 파업이 된다면 한국철도공사 전체의 위기가 올 수 있다고 언급한 바 있다.

(2) 판결

① 사용자 또한 자신의 의견을 표명할 수 있는 자유를 가지고 있으므로, 사용자가 노동조합의 활동에 대하여 단순히 비판적 견해를 표명하거나 근로자를 상대로 집단적인 설명회 등을 개최하여 회사의 경영상황 및 정책방향 등 입장을 설명하고 이해를 구하는 행위 또는 비록 파업이 예정된 상황이라 하더라도 그 파업의 정당성과 적법성 여부 및 파업이 회사나 근로자에 미치는 영향 등을 설명하는 행위는 거기에 징계 등 불이익의 위협 또는 이익제공의 약속 등이 포함되어 있거나 다른 지배·개입의 정황 등 노동조합의 자주성을 해칠 수 있는 요소가 연관되어 있지 않는 한, 사용자에게 노동조합의 조직이나 운영 및 활동을 지배·개입하는 의사가 있다고 단정할 수는 없다.

② 강○○가 이 사건 설명회 전 다른 지역에서 한 순회설명회에서 표명한 발언의 내용 및 그러한 발언 등이 조합원이나 노동조합의 활동에 미쳤거나 미칠 수 있는 영향, 그리고 당초 예정된 파업의 정당성 여부 등 지배·개입의 부당노동행위를 인정하는 전제가 되는 전후 상황 등에 대하여 구체적으로 심리하여, 이 사건 설명회 개최가 사용자 입장에서 단순히 파업에 대한 의견을 개진하는 수준을 넘어 조합원에 대해 <u>회유 내지 위협적 효과를 가지는 등의 사정</u>이 있어, 사용자에게 노동조합의 운영이나 활동을 지배하거나 노동조합의 활동에 개입하려는 의사가 있었던 것으로 추단되는지 여부 등 고려, 한국철도공사 측이 철도파업 직전에 근로자를 상대로 파업과 관련한 순회설명회를 개최하려 한 것은 철도파업이 예정된 상황에서 한국철도공사의 전반적 현황과 파업이 회사에 미치는 영향을 설명하면서 파업 참여에 신중할 것을 호소·설득하는 등 사용자 입장에서 노동조합이 예정한 파업방침에 대해 비판적 견해를 표명한 것으로서 사용자측에 허용된 언론의 자유의 범위를 벗어난 것이라고 단정하기는 어렵다.

2. 근로시간면제자에게 과다급여지급

가. 대법 2016.4.28, 2014두11137 신흥여객 사건

(1) 사실관계

① 노동부장관이 고시한 근로시간면제한도(노동부고시 제2010-39호)에 의하면 원고는 조합원 수가 107명(= 전북자동차노조 60명 + A노조 40명 + 참가인 7명)으로 연간 근로시간 면제 한도가 최대 3,000시간 이내이다.

② 회사측 원고는, 근로시간면제자 A가 통상적으로 1주일에 5~6일을 출근하고 1일 근로시간이 10시간 정도로 1주일 평균 60시간 정도를 근무하므로 연 근무시간이 3,000시간에 이르는바, 이와 비슷한 근속연수의 근로자가 연 3,000시간을 근무할 때 월 임금은 3,047,700원이므로, 원고가 단체협약 제11조 제3항에 따라 근로시간면제자 A에게 월 320만 원의 급여를 지급한 것이 과도하다고 볼 수 없다고 주장하였다.

(2) 쟁점

① 근로시간면제자에게 지급급여는 면제되는 시간에 상응하여야 하는지

근로시간 면제자로 하여금 근로제공의무가 있는 근로시간을 면제받아 경제적인 손실 없이 노동조합 활동을 할 수 있게 하려는 근로시간 면제 제도 본연의 취지에 비추어 볼 때, 근로시간 면제자에게 지급하는 급여는 근로제공의무가 면제되는 근로시간에 상응하는 것이어야 한다.

② 과다지급한 것이 부당노동행위에 해당하는지 판단 기준

여기서 근로시간 면제자에 대한 급여 지급이 과다하여 부당노동행위에 해당하는지는 근로시간 면제자가 받은 급여 수준이나 지급 기준이 그가 근로시간 면제자로 지정되지 아니하고 일반 근로자로 근로하였다면 해당 사업장에서 동종 혹은 유사업무에 종사하는 동일 또는 유사 직급·호봉의 일반 근로자의 통상 근로시간과 근로조건 등을 기준으로 받을 수 있는 급여 수준이나 지급 기준을 사회통념상 수긍할 만한 합리적인 범위를 초과할 정도로 과다한지 등의 사정을 살펴서 판단하여야 한다.

③ 지배 · 개입의 적극적 · 구체적 의도나 동기가 필요한지 여부

한편 위와 같은 노동조합법 관련 규정의 형식이나 내용, 그 입법목적, 다른 부당

노동행위 유형과 구별되는 특성 등을 종합하여 보면, 노조전임자 급여 지원 행위 또는 노동조합 운영비 원조 행위에서 부당노동행위 의사는 노동조합법 제81조 제4호 단서에 의하여 예외적으로 허용되는 경우가 아님을 인식하면서도 급여 지원 행위 혹은 운영비 원조 행위를 하는 것 자체로 인정할 수 있고, 지배·개입의 적극적·구체적인 의도나 동기까지 필요한 것은 아니다. 이는 근로시간 면제자에게 과다한 급여를 지급한 것이 노조전임자 급여 지원 행위나 노동조합 운영비 원조 행위로 평가되는 경우에도 마찬가지이다.

④ 결론

이 사건 단체협약 제19조 제1항, 이 사건 임금협정 제2조에서 근로자의 소정근로시간을 주 40시간으로 정한 사실은 앞서 본 것과 같으므로, 원고 근로자의 연간 소정근로시간은 2,080시간(= 40시간 × 52주)이 된다고 할 것인바, 근로시간면제자 A에게 부여할 수 있는 근로면제시간은 2,080시간을 초과하지 못하고, 따라서 근로시간면제자 A에게 연간 3,000시간의 근로시간에 해당하는 임금을 지급한 것은 부당노동행위에 해당한다.

나. 대법 2018.4.26, 2012다8239 제일여객 사건

(1) 사실관계

피고 회사의 노동조합이 속한 전국자동차노동조합연맹 전북지역자동차노동조합(이하 '전북자동차노조'라고 한다)과 피고 회사가 속한 전라북도버스운송사업조합이 2010년 체결한 이 사건 단체협약 및 전북자동차노조와 피고 회사가 2010년 체결한 이 사건 임금협정(이하 양자를 통칭하여 '이 사건 단체협약 등'이라고 한다)은, 피고 회사 노동조합 지부장에 대하여 노동조합법 제24조 제4항에 근거하여 근로시간을 면제하되, 근로시간 면제자의 임금을 월 3,200,000원으로 정하며, 근속년수에 따른 1년당 월 9,000원의 수당을 더하여 지급한다고 규정하였다.

(2) 판단

① 이러한 사실을 앞에서 본 법리에 비추어 살펴보면, 이 사건 단체협약 등에 따라 원고가 지급받기로 정한 급여액 중 설령 과다하게 책정된 초과 급여 부분이 있

는 경우라고 하더라도, 이를 제외한 나머지 급여액은 여전히 평균임금 산정에 포함되는 임금액이라고 할 것이므로, 결국 원심으로서는 이를 기초로 하여 퇴직금 산정을 위한 평균임금을 계산하였어야 한다.

② 그럼에도 이와 달리 원심은 피고가 이 사건 단체협약 등에 따라 근로시간 면제자인 원고에게 급여를 지급한다고 하더라도 이를 근로의 대가인 임금이라고 할 수 없다고 단정한 후, 동일 직급 및 호봉의 근로자들의 평균임금을 기준으로 하여 퇴직금을 산정하였다. 따라서 이러한 원심판결에는 노동조합법 제24조 제4항에서 정한 근로시간 면제자가 수령하는 급여의 성격 및 평균임금 산정 방법에 관한 법리를 오해하여 필요한 심리를 다하지 않은 잘못이 있다.

③ 근로시간면제자에 대한 평균임금은 동일직급·동일호봉임금이 아니라 단협에서 정한 임금을 기준으로 산정하여야 한다.

3. CCTV 등 감시장치

① 사용자의 사업장 내 CCTV 등의 설치에 대하여 노동조합은 조합활동을 감시·통제하기 위한 부당노동행위라고 주장하는 반면, 사용자는 절도·기물파손 방지 등 회사 재산을 보호하기 위한 정당한 조치라고 주장하는 경우, CCTV 등의 설치는 근로자의 초상권·프라이버시권과 사용자의 시설관리권·노무지휘권이라는 권리의 충돌 발생. 원칙적으로, 근로자 감시·관찰행위는 근로자의 인격권(초상권, 프라이버시권 등)과 관련된 문제로 그 정당성 여부는 통신비밀보호법, 개인정보보호법에 의해 평가되어야 한다.

② 판례는 감시카메라 설치와 관련하여, 사용자가 사업장 내에 감시카메라 설치를 필요로 하는 현실적이고 상당한 이유가 있고, 근로자들의 인격권의 침해를 최소화하는 방법을 선택하였다면 위법성이 없다고 판시한 바 있다. 즉, 감시카메라 설치 등에 의한 근로자 감시·관찰행위가 정당하기 위해서는 업무상 필요성이 인정되어야 하고, 근로자의 인격침해를 최소화하는 방법을 선택하여야 한다.

판례 전주지법 군산지원 2002.4.18, 2001가합1173 / 광주고법 2002.6.26, 소취하 확정

사용자가 사업장 내에 감시카메라를 설치하여 근로자들의 초상권 및 프라이버시권을 침해한 경우에도 그것을 필요로 하는 현실적이고 상당한 이유가 있으며, 근로자들의 인격권의 침해를 최소화하는 방법을 선택하였다면, 그 행위에 위법성이 없다고 보아야 할 것이다. 사업장에서 노동쟁의가 일어나고 노동쟁의 중 조합원들이 공무과장 및 공장장에게 폭력을 행사하고, 조장을 쇠파이프와 핸드그라이더 등으로 위협하는 사태가 발생하였으며, 알 수 없는 기계고장이 발생하고 생산량이 줄어드는 상태에서 조합원들이 비조합원에 대한 회유·협박이 자행되자, 사업장 내 고가의 장비를 보호하고 비조합원들을 보호하기 위하여 사업장 내에 카메라를 설치하게 된 것이라 할 것이므로, 카메라를 사업장 내에 설치할 상당한 이유가 있다고 볼 수 있고, 카메라는 사업장 내에 고정식으로 설치한 것이어서 사업장 내의 근로자의 모든 움직임을 세밀하게 추적, 통제·감시하는 것이 아니라 사업장 내의 일정 범위 내의 근로자들이 작업하는 모습만 촬영할 수 있어 근로자들의 인격권의 침해를 최소화하는 방법으로 설치되었다 할 것이므로, 위법성이 없다 할 것이다.

③ 고가장비 등 시설이나 재산보호를 목적으로 사업장 내에 감시카메라 등을 설치하는 것은 사용자의 경영권에 속하는 사항이므로, 사업장 내에서의 감시카메라 설치 등이 설치장소·규모·감시방법 등에 있어 업무상 필요성·상당성이 인정된다면 이로 인하여 노동조합 조직·운영에 영향을 받았다하여 당연히 부당노동행위에 해당된다고 보기는 어렵다.

④ 그러나, 설치 필요성은 거의 없음에도 주로 조합원이 이용하는 장소에 CCTV를 설치하여 조합원들에게 심리적 압박감을 주어 조합활동을 위축시킬 의도인 경우에는 부당노동행위로 볼 여지도 있다.

3일차

4. 인터넷사용

① 근로자들의 통신의 자유나 프라이버시권 등은 직장 내에서도 보호되어야 하는 것은 당연하나, 기업의 시설관리권 및 회사의 재산에 대한 권리 또한 보호되어야 할 것이다.

② 사이버 공간에서의 조합활동이라고 해서 달리 취할 것은 아니므로, 기업에서

컴퓨터, 전화기 등 설비를 제공하는 주목적은 업무를 위한 것이라는 점, 근로자에게는 성실하게 근로를 제공할 의무가 있다는 점, 사용자에게는 노무관리차원에서 근무시간 중 업무 이외의 인터넷 사용을 제한하는 것은 그 목적상 타당하다는 점, 근무시간 중의 조합활동은 원칙적으로 허용되는 것이 아니라는 점 등을 감안하면, 근무시간 중에 회사에서 제공한 설비를 이용한 인터넷 사용은 일정부분 제약이 불가피하고, 특히 조합활동은 근무시간 이외에 하는 것이 원칙이므로 근무시간 중의 인터넷 사용을 제한한다고 하여 부당하다고 할 수는 없다.

③ 다만, 근무시간 중이라도 노조사무실이나 노조전임자 등 특정장소나 특정인원에 대하여 조합활동과 관련된 인터넷 사용을 제한하는 경우나, 파업기간 등 노사가 대립하고 있는 시기에 전격적으로 인터넷 사용을 제한하는 것은 부당노동행위 소지가 있다.

④ 특별히 업무에 지장을 초래하지 않음에도 노조홈페이지 등 노동조합 활동 관련 인터넷 사이트만을 차단하는 것은 부당노동행위에 해당될 수 있다. 사내통신망 등 인터넷을 통해 노동조합 가입을 호소하는 등 노동조합 조직확대를 시도한 직후에 특별한 사유없이 인터넷 사용을 엄격하게 통제하는 경우 등이 이에 해당된다.

판례 **대법** 2002.10.25, 2001두8339

> 원고가 사무직 근로자의 노조 가입을 추진하는 과정에서 회사의 부당한 처우와 고용불안에 대항하기 위해 사무직 노동자 100명이 기존 노조에 가입했다고 알리고 나머지 사무직 근로자들에게 노조 가입에 동참할 것을 요청하는 비대위 명의의 성명서를 회사 내 전자통신망을 통해 배포하고, 노동조합 명의로 개설한 홈페이지를 통해 노조 가입의 당위성을 주장하면서 사무직 근로자의 노조 가입을 방해하고 있다고 회사를 비방하는 글을 게시했는데 이 글은 표현이 다소 과정되거나 과격한 점이 있기는 하나 기본적으로 회사 사무직 근로자들의 근로조건 향상과 복지증진 등을 도모하기 위한 것으로 전체적으로는 그 내용이 진실된 것이라 판단되므로 이 같은 행위를 징계사유로 삼을 수는 없다.

⑤ 그러나, 해고근로자가 회사를 비방하기 위한 목적으로 개설한 사이트 등 회사의 명예를 훼손하는 내용의 사이트를 차단하는 경우 등은 부당노동행위로 보기 어렵다.

㈎ 해고된 근로자나 평조합원 등이 개인자격으로 개설하여 운영하는 사이트의

접속을 차단하는 경우

(나) 허위사실 유포 등 회사의 명예훼손, 직원 상호간 불신감 조장, 불법행위를 선동하는 사이트의 접속을 차단하는 경우

(다) 노조홈페이지 등에 게재된 허위사실 등 회사의 명예를 훼손하는 내용에 대해 노동조합에 삭제를 요청한다거나 수사의뢰하는 경우

⑥ 사내 이메일 계정의 유지・관리 등은 사용자의 시설관리권이 미치는 영역이므로, 사용자는 시설관리권의 행사로서 사내 이메일 계정의 업무 외적 이용을 포괄적으로 제한할 수 있다고 충분히 인식할 수 있다. 따라서 원고가 시설관리권의 행사를 빙자하여 단지 이 사건 노동조합의 조직 또는 운영이나 활동을 지배하거나 개입하려는 의사로 위와 같은 행위를 하였다고 단정하기 어렵다(서울행법 2019.4.25, 2018구합63334).

5. 동태파악 및 감시

① 사용자의 동태파악 행위가 부당노동행위에 해당되는지 여부는 동태파악의 목적・방법・내용, 대상자의 조합활동 관계 등을 종합하여 상당성이 있는지에 따라 판단한다.

② 노동조합의 불법행위 등에 대해 적절하게 대응하기 위하여 동태를 파악하는 등 그 목적에 있어서 업무상 상당성이 인정되는 경우에는 부당노동행위로 보기는 어렵다.

판례 **대법** 2000.4.7, 99두3256

병원의 시설과 계장의 업무용 노트의 기재내용은 대부분 자신이 이미 한 일이나 앞으로 할 일 등을 메모한 것에 불과하여 이를 병원장이 조합의 운영에 지배・개입하도록 지시하였다는 증거로 삼기 어렵고, 위 기재 내용도 병원장이 조합의 불법집회에 대한 대응책을 지시하였고 부서장회의에서 조합 대의원들에 대한 동태 파악 및 대응책 등이 논의되었다는 것인데, 당시 불법농성 등이 계속되어 병원의 진료업무에 막대한 지장을 초래하고 있었으므로, 그들의 동태를 파악하여 이에 대한 적절한 대응조치를 취하는 것은 병원의 진료업무가 환자의 생명과 신체를 다루는 고도의 공익적 성격을 지닌 업무라는 점에 비추어 정당하다 할 것이므로 이에 관하여 원고에게 부당노동행위가 있었다고 보기는 어렵다.

③ 반면, 노동조합 조직·가입 차단 등 조합활동을 방해할 의도로 비밀리에 조합 간부나 조합활동에 적극적인 자 등을 불법적인 방법이나 수단으로 감시하는 것은 부당노동행위 의사를 추정할 수 있다.

판례 인천지법 부천지원 2004.4.14, 2003고단2107

인터넷상으로 대화한 내용을 수집하여 화면으로 출력한 것을 비롯하여 교사 85명의 개인용 컴퓨터를 이용한 인터넷 통신을 감청하고, 근무시간 중 인터넷 통신을 하였다는 이유로 징계위원회에 회부하여 징계위원 앞에서 인터넷 통신을 한 내용을 공개함으로써 누설한 것은 통신비밀보호법 위반이다.

6. 경비원조

[경비원조가 부당노동행위에 해당한다는 법 규정의 헌법불합치 결정]

(1) 헌재 2018.5.31, 2012헌바90

사용자가 노동조합의 운영비를 원조하는 행위를 부당노동행위로 금지하는 노동조합법 제81조제4호 중 '노동조합의 운영비를 원조하는 행위'에 관한 부분은 헌법에 합치되지 아니하고, 위 법률조항은 2019.12.31.을 시한으로 개정될 때까지 계속 적용된다.

(2) 결정(요지)

① 운영비 원조 행위가 노동조합의 자주성을 저해할 위험이 없는 경우에는 이를 금지하더라도 노동조합의 자주성을 확보하고자 하는 입법목적의 달성에 아무런 도움이 되지 않는다. 그런데 운영비원조금지조항은 단서에서 정한 두 가지 예외(근로자의 후생자금 또는 경제상의 불행 기타 재액의 방지와 구제 등을 위한 기금의 기부와 최소한의 규모의 노동조합사무소의 제공)를 제외한 일체의 운영비 원조 행위를 금지함으로써 노동조합의 자주성을 저해할 위험이 없는 경우까지 금지하고 있으므로, 입법목적 달성을 위한 적합한 수단이라고 볼 수 없다.

② 생략

③ 운영비 원조 행위로 인하여 노동조합의 자주성이 저해되거나 저해될 현저한 위험이 있는지 여부는 그 목적과 경위, 원조된 운영비의 내용, 금액, 원조 방법, 원조된 운영비가 노동조합의 총수입에서 차지하는 비율, 원조된 운영비의 관리 방법 및 사용처 등에 따라 달리 판단될 수 있다. 그럼에도 불구하고 운영비원조금지조항은 단서에서 정한 두 가지 예외를 제외한 일체의 운영비 원조 행위를 금지함으로써 노동조합의 자주성이 저해되거나 저해될 위험이 현저하지 않은 경우까지도 금지하고 있으므로, 그 입법목적 달성을 위해서 필요한 범위를 넘어서 노동조합의 단체교섭권을 과도하게 제한하고 있다.

④ ~ ⑤ 생략

⑥ 노동조합의 자주성을 저해하거나 저해할 위험이 현저하지 않은 운영비 원조 행위를 부당노동행위로 규제하는 것은 노동조합의 자주성을 확보함으로써 실질적인 근로3권의 행사를 보장하는 데에 기여하는 바가 전혀 없는 반면, 운영비원조금지조항으로 인하여 청구인은 사용자로부터 운영비를 원조받을 수 없을 뿐만 아니라 궁극적으로 노사자치의 원칙을 실현할 수 없게 되므로, 운영비원조금지조항은 법익의 균형성에도 반한다.

따라서 운영비원조금지조항은 과잉금지원칙을 위반하여 청구인의 단체교섭권을 침해하므로 헌법에 위반된다.

(3) 노동조합법 제81조 제2항 신설

노동조합법 제81조 【부당노동행위】 ① 사용자는 다음 각 호의 어느 하나에 해당하는 행위(이하 "不當勞動行爲"라 한다)를 할 수 없다.

1. ~ 3. 생략
4. 근로자가 노동조합을 조직 또는 운영하는 것을 지배하거나 이에 개입하는 행위와 근로시간 면제한도를 초과하여 급여를 지급하거나 노동조합의 운영비를 원조하는 행위. 다만, 근로자가 근로시간 중에 제24조제2항에 따른 활동을 하는 것을 사용자가 허용함은 무방하며, 또한 근로자의 후생자금 또는 경제상의 불행 그 밖에 재해의 방지와 구제 등을 위한 기금의 기부와 최소한의 규모의 노동조합사무소의 제공 및 그 밖에 이에 준하여 노동조합의 자주적인 운영 또는 활동을 침해할 위험이 없는 범위에서의 운영비 원조행위는 예외로 한다.

② 제1항제4호단서에 따른 "노동조합의 자주적 운영 또는 활동을 침해할 위험" 여부를

판단할 때에는 다음 각 호의 사항을 고려하여야 한다.
1. 운영비 원조의 목적과 경위
2. 원조된 운영비 횟수와 기간
3. 원조된 운영비 금액과 원조방법
4. 원조된 운영비가 노동조합의 총수입에서 차지하는 비율
5. 원조된 운영비의 관리방법 및 사용처 등

참고 노조경비지원의 자주성 침해여부 판단기준

구분	자주성침해 위험 높음	자주성침해 위험 낮음
운영비 지원 경위	• 사용자가 자발적 지원, • 단체교섭과정에서 사용자가 협상카드로 지원제안 등	• 노조의 적극적 요구 • 단체교섭과정에서 노조가 운영비지원을 중요이슈로 제기
운영비 지원 목적	• 복리후생과 무관 • 노조임원의 활동비지원 성격(임원차량, 통신료 등)	• 조합원 전체의 복리후생지원(학자금, 경조비 등) • 노조가 사용자 노무관리업무 대행
운영비 지원 횟수	• 지원횟수가 많거나 장기지원(자판기 운영권 등)	• 일회성 소액지원이나 단기지원
노조총수입 대비 비중	• 지원된 운영비가 노조총수입에서 차지하는 비율이 높음	• 원조된 운영비가 노조총수입에서 차지하는 비율이 낮음
관리방법, 사용처	• 지원받은 운영비를 노조임원이 재량으로 관리 • 특정 노조임원 또는 조합원만 사용	• 지원받은 운영비를 노조차원에서관리 • 조합전체를 위해 사용
운영비 원조 이후 상황	• 운영비원조 이후 노조가 주요이슈에 대해 사용자 입장 대변	• 운영비 원조 이후 노조의 큰 입장 변화가 없음

7. 급여지원

가. 노사협의회 근로자측 위원의 유급상근직 처우

노사협의회 위원들에게 회의시간과 이와 직접 관련된 시간에 대해 유급으로 하고 실무처리를 위한 사무공간을 제공하는 것은 가능하다 할 것이며, 노사협의회 근로자측 간사 1인에 대해 유급상근직으로 하는 것은 비상임·무보수 원칙을 감안할

때 바람직하다 하기는 어려울 것이다. 다만, 노사협의회 위원이 정당한 절차에 의해 선출되었다면 근로자측 간사 1인을 유급상근직으로 하는 그 자체만으로 부당노동행위에 해당한다고 단정하기는 어렵다(2010.9.17, 노사관계법제과-841).

나. 복수노조간 근로시간면제자 배분

복수노조간 합리적인 이유없이 노동조합에 대한 편의제공 등을 차별할 경우 예를 들면, 특정 노동조합에 대해서만 조합비 일괄공제를 허용하지 않는 것은 부당노동행위에 해당한다. 그러나 근로시간면제한도 적용에 있어서 교섭대표노동조합인 노동조합에게 조합원 수 비례 이상으로 인정하더라도 부당노동행위에 해당한다고 볼 수 없다. 그러나, 합리적 이유없이 소수 노조에게 근로시간면제를 전혀 부여하지 않은 것은 공정대표의무 위반이다(중노위 2015.1.8, 2014공정25/26).

다. 사용자가 복수의 노조와 개별 교섭을 진행하던 중, 먼저 특정 노조와 단체협약을 체결하고 그 조합원에게만 격려금을 지급한 행위

원고 회사는 2015.12.3. ○○증권 노동조합과 단체협약을 잠정적으로 합의하면서 '무쟁의 타결 격려금' 150만 원 및 '경영목표 달성 및 성과향상을 위한 격려금' 150만 원을 단체협약 체결일 현재 조합원에 한하여 지급한다고 명시하고 단체협약을 같은 달 17. 체결하기로 하여 14일의 기간 동안 ○○증권 노동조합이 격려금 지급을 조합원 가입 유치의 수단으로 이용할 가능성 및 그로 인하여 원고 회사가 지급해야 할 격려금이 증가될 가능성을 열어두었고, 실제로 ○○증권 노동조합은 잠정합의 내용을 조합원 가입 유치의 수단으로 적극 활용하였다. 이러한 사정에 비추어 보면, 원고 회사는 ○○증권 노동조합으로부터 복리후생에 대한 사항을 양보받는 것에 대한 대가로 격려금을 지급하는 것을 넘어 ○○증권 노동조합이 격려금 지급 사실을 조합원 가입 유치 수단으로 홍보하게 함으로써 개별 교섭 중인 참가인 노조의 단체교섭에 간접적으로나마 영향을 미칠 의도가 있었던 것으로 보인다(대법 2019.4.25, 2017두33510).

8. 사용자의 지배 · 개입에 의해 설립된 노조의 설립은 무효이다

① S그룹은 계열사 C 회사의 테마파크 ○○랜드에 진성노조의 설립이 예상되자 '그룹노사전략'에 따라 미전실 인사지원파트와 상황실은 진성노조의 활동을 방해할 목적으로 피고 노조의 설립을 진행하였다. 피고 노조는 대표노조 지위를 미리 획득하고 교섭권을 독점하도록 하여 C회사 측과 임금협약 및 단체협약 체결하게 함으로써, 진성노조의 활동을 방해하고, 이를 조기에 와해시킬 것 등을 목표로 하였다.

② 이에 따라 사용자 측은 자체 검증을 거쳐 피고 노조의 1기 위원장을 비롯한 노조원들을 선정하였다. 이후 이들을 통해 피고 노조의 위와 같은 피고노조로서 업무를 진행시켰으며, 진성노조가 쉽게 와해되지 않고 상황이 장기화될 것으로 예측되자, 사용자 측은 다시 피고 노조의 2기 위원장을 교체하고 진성노조의 노조원 탈퇴 및 피고 노조원 수 확보 등을 독려하는 등의 행위를 하였다.

③ 피고 노조는 앞서 본 설립 당시의 계획대로 실질적 교섭 없이 사용자 측의 의도에 맞춘 임금협약 및 단체협약을 체결하였다. 구체적으로, i) 2011년 단체협약의 경우, 사용자 측은 피고 노조가 설립되기 전부터 단체교섭하여 단체협약을 체결한다는 방침을 세우고, 최종 단체협약서도 미리 작성하여 미전실에 보고하였다. ii) 2013년 단체협약의 경우, 사용자 측은 대표교섭권 확보를 위해 피고 노조 조합원 수를 증가시키고, 피고 노조 핵심 조합원을 교체한 후 교육하여 피고 노조가 2013년에도 대표노조가 될 수 있게 하였으며, 사전에 최종 교섭 타결일을 지정하여 미전실에 보고하였다. iii) 2015년 단체협약의 경우, 2013년 말 C회사 패션부분이 ○○랜드로 분사되자 사용자 측이 미리 조합원 탈퇴시기를 조정하여 재차 대표노조가 되도록 하였고, 체결된 단체협약 내용은 회사 제시안을 그대로 따르고 있으며, 마치 실질적 교섭이 있던 것처럼 작성된 회의록에는 노조의 요구안과 회사의 제시안이 같은 내용임에도 '불일치 조항'으로 분류한 후 단체교섭을 통해 협의한 것처럼 작성되어 있다. iv) 2017년 단체협약의 경우, 2015년 단체협약 내용보다도 후퇴되었다. v) 한편 2011년-2018년까지의 임금협약의 경우, 사용자 측이 육성했던 X가 체결한 임금협약과 동일한 내용이었다(수원고법 2022.5.12, 2021나21575 소 확정).

115 원청의 하청 노조에 대한 부당노동행위 ('지배 · 개입') 사용자 지위성

대법 2010.3.25, 2007두8881

1. 기존 판례의 입장

우리나라에서 사용자의 개념을 둘러싼 논의가 시작된 것은 1998.7.1. 파견법이 제정되면서 용역 · 도급 · 파견 등과 같은 간접고용이 산업 전반으로 확대되면서부터이다. 이후 현대미포조선사건(2008년), 예스코사건(2008), 현대중공업사건(2010) 등과 같이 원청회사에 대해서도 사용자성을 인정하는 대법원 판결이 잇달아 나오면서, 사용자 개념의 확대에 대한 논의가 본격화되기 시작하였다.

그간 대법원은 일관되게 개별적 근로관계상의 사용자 개념과 집단적 노동관계상의 사용자 개념을 동일시하고 있었다. 따라서 집단적 노동관계상 사용자에 해당하는지 여부의 판단도 근로계약이 존재하는 것인지 여부를 가장 중요한 판단기준으로 삼고 있었는데, 가령 근기법상 사용자 지위에 있는지 여부에 대한 판결이기는 하지만 현대미포조선사건(대법 2008.7.10, 2005다75088)에서도 현대미포조선과 사내하청 소속의 근로자는 '묵시적 근로관계'가 있다는 논리에 의하여 근기법상 사용자 지위를 확장함에 머물고 있었다.

2. 사내하청에 사업실체가 없는 경우(일명 '현대미포조선 사건')

원고용주에게 고용되어 제3자의 사업장에서 제3자의 업무에 종사하는 자를 제3자의 근로자라고 할 수 있으려면, 원고용주는 사업주로서의 독자성이 없거나 독립성을 결하여 제3자의 노무대행기관과 동일시 할 수 있는 등 그 존재가 형식적, 명목적인 것에 지나지 아니하고, 사실상 당해 피고용인은 제3자와 종속적인 관계에 있으며, 실질적으로 임금을 지급하는 자도 제3자이고, 또 근로제공의 상대방도 제3자이어서 당해 피고용인과 제3자간에 묵시적 근로계약관계가 성립되어 있다고 평가될 수 있어야 한다.

형식적으로는 피고 회사와 도급계약을 체결하고 소속 근로자들인 원고들로부터 노무를 제공받아 자신의 사업을 수행한 것과 같은 외관을 갖추었다고 하더라도, 실질적으로는 업무수행의 독자성이나, 사업경영의 독립성을 갖추지 못한 채, 피고 회사의 일개 사업부서로서 기능하거나, 노무대행기관의 역할을 수행하였을 뿐이고, 오히려 피고 회사가 원고들로부터 종속적인 관계에서 근로를 제공받고, 임금을 포함한 제반 근로조건을 정하였다고 봄이 상당하므로, 원고들과 피고 회사 사이에는 직접 피고 회사가 원고들을 채용한 것과 같은 묵시적인 근로계약관계가 성립되어 있었다고 보는 것이 옳다(대법 2008.7.10, 2005다75088).

3. 사내하청에 실체가 있고, 실질적으로 도급('실질적 지배력' 인정)

가. 일명 '朝日放送事件'(일본 최고재판소 1995.2.28 판결)

일명 '朝日放送事件'이란 일본 최고재판소가 용역업체 소속 근로자가 '방송프로그램의 제작'이라는 특수한 상황하에서 원청회사인 방송사 조직에 완전히 편입되어 원청회사가 <u>실질적으로 지배·결정권을</u> 행사하는 사실상 위장도급이나 불법파견에 해당한다

나. 일명 '현대중공업 사건'

(1) 사실관계

현대중공업 사내협력사 근로자들로 구성된 사내하청노조가 결성된 후 조합원 소속 협력사들이 연속하여 폐업해 조합원들이 실직하게 되자 사내하청노조와 실질자들이 원청인 현대중공업을 상대로 부당해고 및 불이익취급, 지배·개입의 부당노동행위 구체신청을 하였다.

(2) 판결

① 근로계약관계가 없는 원청회사도 하청회사의 간접고용 노동자들에 대하여 근로관계상 여러 이익에 대하여 '실질적인 지배력과 영향력'이 있다면, 노조법상 사용자이므로 부당노동행위 지배·개입의 주체로서 책임을 져야 한다. 노동위원회의 구제명령을 이행할 수 있는 법률적 또는 사실적 권한이나 능력을 가지는 지위에 있는 자는 그 한도 내에서는 부당노동행위 지배·개입의 주체로서 구제명령의 대상자인 사용자에 해당한다(대법 2010.3.25, 2007두8881).

② 그러나, 하청근로자와 원청회사간에 묵시적 근로계약관계가 성립하지 않으므로, 부당해고 및 부당노동행위 불이익취급의 주체로서 구제명령의 대상자인 사용자에 해당하지 않는다(대법 2010.3.25, 2007두9143)

4. 부당노동행위 "지배 · 개입의 주체로서의 사용자"와 "단체교섭 당사자로서의 사용자"를 동일한 개념으로 해석하여야 하는지 여부(적극)

① "원청업체가 제3자로서 사내 하청업체 소속 근로자에 대하여 노동3권을 침해하는 사실적인 지배·개입행위를 할 수 있는 지위에 있다는 사정만으로, 단체교섭을 포함한 집단적 노동관계 일반에 있어 원청업체의 사용자성이 당연히 인정된다고 볼 수는 없다."(부산고법 2018.11.14. 2018나53149,현대중공업 사건)고 판시하였으나,

② 부당노동행위제도의 관점에서 노동3권에 대한 침해행위는 반드시 명시적·묵시적 근로계약관계에 있는 사용자에 의해서만 발생할 수 있는 성격이 아니고, 실질적인 지배·개입행위라는 사실행위로서 얼마든지 발생할 수 있다는 점에서 그 '사용자'의 개념을 실질적인 지배력을 행사하는 주체로 확대할 필요가 있다는 판례(서울행법 2023.1.12. 2021구합71748 CJ대한통운 사건 등)가 연이어 나오면서,

③ 드디어 2026.3.10. 개정 노조법 제2조제2호(일명 '노란봉투법')에서 "근로계약 체결 당사자가 아니더라도 근로자의 근로조건에 대하여 실질적이고 구체적으로 지배·결정할 수 있는 지위에 있는 자도 그 범위에 있어서는 사용자로 본다"고 규정함으로서, 원청이 하청에 대해 실질적이고 구체적으로 지배·결정할 수 있다면, 그 범위 내에서는 단체교섭에 있어서 사용자 지위를 가지게 되었다.

3일차
노동법 전문가로 가는 지/름/길
3일노동법

제8장
단체교섭과 쟁의행위

127. 복수노조와 부당노동행위
128. 노동쟁의와 조정대상
129. 조정제도
130. 불법파업 시 형사책임과 그 제한
131. 불법파업 시 민사책임과 그 제한
132. 쟁의행위의 주체 · 절차의 정당성
133. 쟁의행위 방법의 정당성
134. 준법투쟁
135. 필수공익사업과 파업시 대체근로금지
136. 직장폐쇄
137. 공격적 직장폐쇄의 정당성

Board의 어원(語源)

'board'는 '나무 판'이다. 이 단어가 상업에선 '이사회' 또는 '위원회'로 사용된다.

중세 유럽에서는 식기가 무척 귀했다. 점차 유럽의 여러 민족들이 정착 생활을 하게 되면서 나무판인 board에 다리를 부착하여 식탁으로 발전했다. 프랑스어에서 '테이블'이 들어오기 전까진 '식탁'도 그냥 board라고 불렀다. 오늘날까지 숙식을 'room and board'라고 하고, 학생들에게 숙식까지 제공하는 사립학교를 'boarding school'이라고 하게 되었다.

중세 유럽에서는 중요한 사람들은 탁자에 둘러앉아 회의를 했다. 중요한 회의일수록 탁자 크기가 컸다. 1700년대부터 영국에서 대기업이 발생하기 시작했는데, 중역회의나 이사회가 열리는 방에는 아주 큰 탁자가 놓여 있었다.

그래서 이사회가 열리는 방을 boardroom이라고 했다. 그래서 이사회에 관련된 수식어로 board가 많이 쓰인다. 정부나 공공기관의 위원회도 같은 이유로 board라고 부른다.

116 단체교섭의 방법과 절차

노조법 제29조 【교섭 및 체결권한】 ① 노동조합의 대표자는 그 노동조합 또는 조합원을 위하여 사용자나 사용자단체와 교섭하고 단체협약을 체결할 권한을 가진다.
② 제29조의2에 따라 결정된 교섭대표노동조합(이하 "교섭대표노동조합"이라 한다)의 대표자는 교섭을 요구한 모든 노동조합 또는 조합원을 위하여 사용자와 교섭하고 단체협약을 체결할 권한을 가진다.

노조법 제2조 【정의】 이 법에서 사용하는 용어의 정의는 다음과 같다.
2. "사용자"라 함은 사업주, 사업의 경영담당자 또는 그 사업의 근로자에 관한 사항에 대하여 사업주를 위하여 행동하는 자를 말한다. 이 경우 근로계약 체결 당사자가 아니더라도 근로자의 근로조건에 대하여 실질적이고 구체적으로 지배·결정할 수 있는 지위에 있는 자도 그 범위에 있어서는 사용자로 본다. (2026.3.10. 시행)

1. 단체교섭 당사자

단체교섭의 당사자는 단체교섭을 스스로의 이름으로 수행하고 그 결과인 단체협약의 당사자로 권리와 의무를 부담하는 자를 의미하는 것으로, 근로자측은 노동조합이 되며, 사용자측은 사용자 또는 사용자단체가 된다.

가. 근로자측 당사자

① 산업별노조의 조직원리상 본조가 교섭 및 체결권을 행사함이 원칙이나, 노동조합의 하부단체인 지부·분회가 독자적인 규약 및 집행기관을 가지고 독립된 조직체로서 활동을 하는 경우 당해 조직이나 그 조합원에 고유한 사항에 대하여는 독자적으로 교섭하고 단체협약을 체결할 수 있다 할 것이고, 이는 그 지부·분회가 노조법시행령 제7조에 따라 행정관청에 설립신고를 하였는지 여부에 영향을 받는 것은 아니라고 할 것이다(대법 2008.1.18, 2007도1557 / 대법 2001.2.23, 2000도

3 일차

4299 등 참조).

② 산별노조 지회가 규약(운영규정)과 집행기관을 가지는 등 독자성이 인정되는 경우라면 본조의 별도 위임절차 없이 사용자와 교섭하고 협약을 체결할 수 있을 것이며, 이렇게 체결된 단체협약이 기존 근로조건보다 불리하게 변경되었다 하여 그 효력을 부인할 수는 없을 것이다.

판례 **대법 2001.2.23, 2000도4299**

> 노동조합의 지부가 독자적인 규약 및 집행기관을 가지고 독립된 조직체로서 활동을 하는 경우 독자적으로 단체교섭하고 단체협약을 체결할 수 있고, 그 지부로서 설립신고 여부에 영향받지 아니한다.

나. 사용자측 당사자

① 사용자측의 교섭당사자는 조합원인 근로자와 사용종속관계가 있는 법인 또는 개인 사업주이어야 하므로 원칙적으로 사용종속 관계가 없는 원청 사업주와 하청 근로자가 속한 노동조합간에는 교섭할 권리의무가 발생하지 않으나, 다만, 원청이 근로계약 체결 당사자가 아니더라도 하청 근로자의 근로조건에 대하여 실질적이고 구체적으로 지배・결정할 수 있는 지위에 있다면, 그 범위에 있어서는 단체교섭의 당사자의 의무를 가진다(2026.3.10. 시행 일명 '노란봉투법').

② 사용자단체는 노동관계에 관하여 그 구성원인 사용자에 대하여 조정 또는 규제할 수 있는 권한을 가진 사용자의 단체를 의미한다. 사용자단체가 교섭당사자가 되기 위해서는 구성원인 개별 사용자로부터 동의와 아울러 그 정관 등에 노동조합과 단체교섭 및 단체협약을 체결할 수 있는 권한을 가지고 있어야 하고, 그 구성원인 사용자에 대해 조정 또는 규제할 수 있는 권한과 통제력이 있어야 한다.

2. 단체교섭 담당자

① 단체교섭의 담당자는 단체교섭을 실제로 담당하는 권한을 가진 자를 말하는 것으로서 노동조합측은 노조대표자와 조합의 규약 등에서 정한 바에 따라 선정된

단체교섭 위원을, 사용자측은 기업조직에 따라 사업주 및 사업주를 대리하여 행위하는 사용자를 의미한다.

② 일반적으로 단체교섭을 담당할 수 있는 자로는 노동조합측에서는 그 대표자 즉 위원장은 당연히 권한이 있고 그 이외에도 노조규약 등에서 단체교섭위원으로 선정된 자가 포함될 수 있을 것이며, 사용자측으로는 기업의 대표이사는 당연히 권한이 있고, 그 이외에도 기업의 담당임원, 기타 관리자 등 노・사간 협의에 의하여 결정된 적정 인원이 포함될 수 있다.

3. 단체교섭 위임

① 단체교섭의 당사자인 노동조합이나 사용자는 규약이나 정관에 의하여 노동조합의 대표자나 기업의 대표자 등 권한있는 자가 단체교섭을 담당하는 것이 원칙이나, 이들이 단체교섭을 담당하기 어려운 사정이 있는 경우 또는 교섭력의 강화・교섭의 전문성 확보 등을 위하여 제3자에게 단체교섭 권한을 위임할 수 있다.

판례 **대법 1998.11.13, 98다20790**

노조법에서 노동조합이 제3자에게 단체교섭 권한을 위임 후 이를 해지하는 등의 별개의 의사표시가 없더라도 그 단체교섭 권한은 여전히 그 수임자의 단체교섭 권한과 중복하여 경합적으로 남아 있다.

② 다만, 사회통념상 정상적인 교섭을 기대하기 어려운 자에게 교섭권을 위임하는 것은 교섭권 위임을 남용한 것에 해당되어 교체를 요구하며 잠정적으로 교섭을 거부하더라도 부당노동행위에 해당되지 않는다. 따라서 제3자 위임금지규정(상대적 유효설)에도 불구하고 노사 모두가 상대방이 선택한 위임방식이나 위임자를 합리적인 사유없이 거부하는 것은 교섭의 신의성실원칙상 바람직하지 못하다.

행정해석 2008.3.7, 노동조합과-62

노동조합이 당해 사업(장)에서 해고된 자에게 교섭권을 위임한 경우 수임자가 사용자와의 개인적인 감정 등을 이유로 교섭권한을 남용하는 등 성실교섭을 기대하기 어려운 객관적인 사정이 있는 경우라면 사용자는 노동조합에 교섭권한의 위임철회나 수임자의 교체를 요구하며 잠정적으로 교섭을 거부할 수 있을 것이나 단지 해고된 자가 교섭권한을 수임한 사정만으로 교섭을 거부하는 것은 정당하다고 하기 어렵다.

4. 단체교섭 절차

가. 단체교섭 시기

① 단체교섭의 시기는 사전에 노사 협의 또는 단체협약에서 정하여야 할 것이나, 현행법상 기존 단체협약 만료 3개월 전부터 교섭을 개시할 수 있다. 노조설립 후 최초의 단체교섭을 위하여는 단체교섭 희망일시・장소・주된 의제・대표자 명단 등을 상대방에게 서면으로 통보하도록 하고 교섭일시는 쌍방이 협의하여 결정한다.

② 일방이 수차 단체교섭을 요구하였음에도 상대방이 정당한 이유없이 고의로 교섭을 지연시키거나 불응하는 경우에는 단체교섭의 거부로 볼 수 있으나, 사용자가 노사 양측 교섭권자, 교섭시간 및 교섭장소 등에 대한 이유를 들어 단체교섭을 거부할 경우에는 사회통념상 사용자에게 단체교섭 의무이행을 기대하기 어렵다고 인정되는지 여부에 따라 판단한다(대법 1998.5.22, 97누8076).

나. 근로자 1명만이 초기업 노조에 가입한 경우 사용자의 교섭의무 부담여부

노동조합은 2명 이상의 단체성이 요구되는데, 현재 초기업 노조에 가입한 △△공사 소속 비정규직 근로자 13명 중 12명이 탈퇴하고 조합원 1명만이 잔존하고 있음에도 노조의 교섭요구에 응하여야 하는지 비정규직 근로자들이 초기업 노조에 가입한 후 대부분의 근로자들이 노조를 탈퇴하여 현재 조합원이 1명만 남아있다 하더라도, △△공사는 조합원수와 관계없이 당해 조합원에게 적용될 단체협약 체결을 위한 단체교섭에 응하여야 할 것이다(2007.7.24, 노사관계법제팀-2271).

다. 사용자가 교섭요구안을 제시할 수 있는지 여부

단체교섭이란 노조법 제29조에 따른 노동조합 및 사용자(사용자단체)가 상호간 교섭안 요구 및 제시 등을 통하여 상호 이해관계를 조정해 나가는 과정이므로, 사용자도 노동조합의 교섭요구안에 대응하여 종전의 협약보다 유리하거나 불리한 내용의 안을 제시하는 것이 가능하다고 할 것이다(2008.6.17, 노동조합과-1311).

5. 단체교섭 대상

가. 일반 원칙

① 현행 법 규정해석상 조합원을 위한 사항과 노동조합을 위한 사항이 단체교섭의 대상에 포함되나 구체적으로 무엇이 이에 해당하는지 법에 명시되어 있지 않다.

❑ 조합원 관련사항

- 근로조건에 관한 임금, 수당, 퇴직금, 근로시간, 휴게, 휴일, 휴가 등과 같이 규범적 효력을 가진 사항

❑ 노동조합 관련사항

- 노조조직승인 조항, 조직보호(Shop) 조항, 조합비공제(Check-off) 조항, 평화조항, 단체교섭 절차·방법에 관한 조항 등과 같이 채무적 효력을 가진 사항

② 그러나, 단체교섭의 취지를 고려할 때 단체교섭의 대상이 되기 위해서는 ㈎ 사용자의 처리가능사항이고, ㈏ 집단적 성격을 가진 사항이며, ㈐ 근로조건과 관련된 사항이어야 할 것이다.

㈎ 정치적 또는 정책적인 요구사항, 타기업에 관한 사항 등은 사용자의 처분권한 밖의 사항이므로 교섭대상이 아니며, 국회 등의 입법청원절차 등을 통해 해결할 사항이다.

㈏ 쇠고기 수입반대, 국산품 애용, 수익금 사회 환원, 사회발전기금 출연 등은 근로조건과 직접적인 관련이 없으므로 교섭대상이 아니며, 사회적으로 여론조성 등을 통해 계도할 사항이다.

3일차

나. 교섭사항의 구분

노조법 제2조제4호 【정의】 "노동쟁의"라 함은 노동조합과 사용자 또는 사용자단체(이하 "勞動關係 當事者"라 한다)간에 임금·근로시간·복지·해고·근로자의 지위 기타 대우등 근로조건의 결정과 근로조건에 영향을 미치는 사업경영상의 결정에 관한 주장의 불일치 및 제92조제2호가목부터 라목까지의 사항에 관한 사용자의 명백한 단체협약 위반으로 인하여 발생한 분쟁상태를 말한다. (2026.3.10. 시행)

① 의무적교섭사항

사용자가 근로자측의 단체교섭 요청에 응할 의무가 있는 사항으로, 정당한 이유없는 교섭거부시 부당노동행위가 되며, 그 대상사항에 대하여 단체교섭이 결렬되는 경우 노동쟁의 조정신청 및 쟁의행위의 대상이 되는 사항이다.

예시 임금, 근로시간, 휴일·휴가, 근로자 지위, 안전보건 등 근로조건의 결정 및 정리해고, 사업장 이전 등 근로조건에 영향을 미치는 사업경영상 결정에 관한 사항이 이에 해당된다(규범적 부분으로서 단체협약에 규정시 규범적·강행적 효력을 가진다).

② 임의적교섭사항

사용자에게 교섭의무가 없으나 임의로 교섭에 응하여 단체협약의 내용으로 할 수 있는 사항이지만, 교섭을 거부하거나 해태하더라도 부당노동행위가 되지 아니하며, 그 대상사항에 대하여 단체교섭이 결렬되더라도 노동쟁의 조정신청 및 쟁의행위를 할 수 없는 교섭대상이 되는 사항이다.

예시 노동조합 활동에 관한 사항, 조합비 공제 및 노조전임자에 관한 사항 등이 이에 해당된다(채무적 부분으로서 단체협약에 규정시 단지 민사적인 채권·채무적 효력만 가진다).

③ 교섭금지사항

사용자가 처리할 수 없는 사항, 강행법규나 공서양속에 위반하는 사항 등은 단체협약을 체결하였다하더라도 그 부분이 무효가 되는 사항이다.

예시 일반적 구속력의 적용배제, 갑근세의 감면, 구속자의 석방, 퇴직금제도의 폐지, 특정종교의 강제 등(단체협약에 규정되더라도 아무런 효력을 가지지 않는다)

표 교섭 대상 구분

구분	예시	단협 규정시 효력
의무적 교섭 사항	임금, 근로시간, 휴일·휴가, 정리해고, 사업장 이전	규범적 효력
임의적 교섭 사항	근무시간 중 조합활동, 노조사무실 제공, 조합비 공제	채무적 효력
교섭 금지 사항	일반적 구속력 배제, 일자리 대물림	무효

6. 사용자가 단체교섭거부시 구제수단

가. 부당노동행위 구제신청

의무적교섭사항을 거부할 경우 노조법 제81조에 의해 3개월 내 관할 지방노동위원회에 구제신청이 가능하다.

나. 손해배상청구

사용자의 단체교섭 거부행위가 원인과 목적, 과정과 행위태양, 그로 인한 결과 등에 비추어 건전한 사회통념이나 사회상규상 용인될 수 없다고 인정되는 경우에는 부당노동행위로서 단체교섭권을 침해하는 위법한 행위로 평가되어 불법행위의 요건을 충족하는바, 사용자가 노동조합과의 단체교섭을 정당한 이유없이 거부하다가 법원으로부터 노동조합과의 단체교섭을 거부하여서는 아니 된다는 취지의 집행력 있는 판결이나 가처분결정을 받고도 이를 위반하여 노동조합과의 단체교섭을 거부하였다면, 그 단체교섭 거부행위는 건전한 사회통념이나 사회상규상 용인할 수 없는 행위로서 헌법이 보장하고 있는 노동조합의 단체교섭권을 침해하는 위법한 행위이므로 노동조합에 대하여 불법행위가 된다(대법 2006.10.26, 2004다11070).

다. 단체교섭응낙가처분신청 및 단체교섭의무 확인의 소

사용자가 정당한 이유없이 단체교섭을 거부하는 경우 노동조합이 민사집행법상 임시의 지위를 정하는 가처분으로서 단체교섭응낙가처분을 신청할 수 있는지 여부가 문제되는 바, 단체교섭응낙가처분신청을 허용하는 경우 단체교섭권에 피보전권리성 즉 사법상 청구권이 인정되는지 여부에 대하여 긍정설과 부정설이 있다. 우리나라의 통설은 긍정설의 입장에서 사용자의 단체교섭의무는 사법상 채무의 성질을 가지므로 노조는 채무의 이행을 구하는 소송을 제기할 수 있고, 이행판결이 확정되면 그에 따라 간접강제에 의한 강제집행이 가능하다고 본다.

117 노조대표자의 단체협약체결권을 제한하는 노조규약의 효력

대법 2002.11.26, 2001다36504

노조법 제29조제1항 【교섭 및 체결권한】 노동조합의 대표자는 그 노동조합 또는 조합원을 위하여 사용자나 사용자단체와 교섭하고 단체협약을 체결할 권한을 가진다.

1. 인준투표제

인준투표제란, 노동조합의 대표자 또는 수임자가 단체교섭의 결과에 따라 사용자와 단체협약의 내용을 합의한 후 다시 협약안의 가부에 관하여 조합원 총회의 의결을 거쳐야 하는 제도를 말한다.

2. 인준투표제의 설정

가. 판례 : 무효

노동조합의 대표자 또는 수임자가 단체교섭의 결과에 따라 사용자와 단체협약의 내용을 합의한 후 다시 협약안의 가부에 관하여 조합원 총회의 의결을 거쳐야 한다는 것은 대표자의 단체협약 체결권한을 전면적·포괄적으로 제한함으로써 사실상 단체협약 체결권한을 형해화하여 명목에 불과한 것으로 만드는 것이어서 노조법 제29조제1항의 취지에 위반된다(대법 2002.11.26, 2001다36504).

나. 행정해석 : 무효

노조규약에서 '임금 및 단체협약의 협의된 사항을 대의원회의 과반수 이상의 동의를 얻은 후 위원장이 체결한다'고 정한 취지가 단체교섭 결과에 대하여 노조 대표자가 대의원의 의견을 수렴하는데 그치는 것이 아니라 대의원 과반수의 동의없이는 단체협약을 체결할 수 없도록 하려는 것이라면 이는 위 법조항에 위반된다고 보아야 할 것이며, 노조대표자는 규약에도 불구하고 단체협약을 체결할 수 있으며 사용자는 이와 같은 경우 노동조합에 노조대표자의 단체협약 체결권한의 확인을 요청할 수 있을 것이다(2004.2.16, 노동조합과-396).

3. 설정된 인준투표제의 효력

가. 단체협약에 인준투표제를 규정한 경우

① 사용자는 인준투표제를 이유로 교섭을 거부할 수 없다.

② 노사대표자가 잠정합의안 등 단체협약에 서명・날인한 경우, 인준투표결과와 상관없이 효력은 유지된다(다수설).

나. 노조규약에 인준투표제를 규정한 경우

① 사용자는 인준투표제를 이유로 교섭을 거부할 수 있다.

② 노동조합대표가 잠정합의안 등 단체협약에 서명했다면, 노동조합의 내부인준투표와 관계없이 단체협약은 유효하게 효력이 발생된다.

③ 다만, 노사가 서명・날인한 잠정합의안이 인준투표에서 부결되었을 시 사용자가 재교섭해 온 관행이 있다면, 기존 잠정합의안은 최종 협약으로 보기는 어려울 것이다.

118 원청의 하청노조에 대한 사용자지위 인정기준과 그 범위

서울행법 2023.1.12, 2021구합71748

노조법 제2조【정의】 이 법에서 사용하는 용어의 정의는 다음과 같다.

2. "사용자"라 함은 사업주, 사업의 경영담당자 또는 그 사업의 근로자에 관한 사항에 대하여 사업주를 위하여 행동하는 자를 말한다. 이 경우 근로계약 체결 당사자가 아니더라도 근로자의 근로조건에 대하여 실질적이고 구체적으로 지배·결정할 수 있는 지위에 있는 자도 그 범위에 있어서는 사용자로 본다. (2026.3.10. 시행)
4. "노동쟁의"라 함은 노동조합과 사용자 또는 사용자단체(이하 "勞動關係 當事者"라 한다)간에 임금·근로시간·복지·해고·근로자의 지위 기타 대우등 근로조건의 결정과 근로조건에 영향을 미치는 사업경영상의 결정에 관한 주장의 불일치 및 제92조 제2호가목부터 라목까지의 사항에 관한 사용자의 명백한 단체협약 위반으로 인하여 발생한 분쟁상태를 말한다. (2026.3.10. 시행)

1. 원·하청관계에서 '실질적 지배력' 판단기준

가. 근로조건에 대한 구조적 통제

(1) '구조적 통제'의 개념

원청사용자가 하청 소속 근로자의 근로시간, 작업방식 등 근로조건의 핵심적인 부분을 사실상 결정하거나, 하청사용자가 독자적으로 근로조건을 결정할 수 있는 재량을 본질적·지속적으로 제한하는 상태를 말한다.

(2) 구조적 통제(예시)

① 인력운용

원청사용자가 특정 공정에 필요한 인력의 수, 자격, 기능 등 인력 운용의 틀을 지정·변경할 권한을 보유하고 있는 경우 등

② 근로시간

원청의 생산공정 방식·교대운영과 상시적으로 연동되어 하청 교대제, 근무시간(연장근로, 휴일근로 등)이 구조적으로 결정되는 경우 등

③ 작업방식

원청이 세밀한 작업지시서·관리시스템 등을 통해 업무 배정, 순서, 방식 등을 결정하는 경우 등

(3) '구조적 통제'가 인정되는 경우(예시)

① 원·하청 생산라인 등이 연동된 경우와 같이 원청과 하청의 업무가 단계별로 밀접하게 연계되어 있거나 작업공정이 상호의존적인 경우에는 '구조적 통제'가 인정될 가능성이 높은 반면,

- 그러나, 수급인이 독립된 설비를 갖추고 완제품이나 부품을 생산하여 납품하는 통상적인 물량도급 관계의 경우에는 '구조적 통제'가 인정될 가능성이 낮다.

② 또한, 일반적인 도급계약 관계에서 도급목적 달성을 위해 도급인이 수급인에게 일반적으로 계약이행의 내용이나 절차에 관해 요구하거나 협의·조정하는 것은 계약상 관리범위 내의 행위로 보아야 하고, 이는 '구조적 통제'와 무관하다(납기 및 품질 요구, 거래조건 협상·변경, 발주서 등에 따른 작업이행 요구 등).

- 그러나, 계약 미준수 시 도급 또는 위수탁계약 자체가 해지될 수 있다면, '구조적 통제'가 인정될 가능성이 높다.

(4) '구조적 통제'가 부정되는 경우(예시)

① 공공부문에서는, 법령·조례나 국회에서 예산 심의·의결로 정한 기준을 정부가 집행하는 경우, 이는 국민에게 제공되는 행정서비스 내용과 수준과 관련된 공

공정책의 결과로서 본질적으로 개별 노사간 교섭할 수 있는 대상으로 보기는 어렵다.

- 다만, 정부가 예산 집행 과정에서 실제로 구체적인 근로기준을 정하거나 조정할 수 있는 재량이 있는지 여부, 현장 운영기관이 근로조건의 결정 자율성을 갖는지 여부 등을 종합적으로 살펴보아야 하고, 개별 사안별로도 판단할 필요가 있을 것이다.

② 예를 들어, 공장 구내식당에서 조리·배식 업무를 맡고 있는 사내 하청업체에 '식사시간에 맞추어 조리·배식업무를 해달라'고 요구하는 것은 통상적인 계약일정 조율로 볼 수 있어 '구조적 통제'로 인정될 수 없다.

③ 공장관리자가 청소용역업체에 일별 작업장소를 배정하거나 결과기준을 제시하는 경우, 통상적인 계약일정 조율로 볼 수 있어 '구조적 통제'로 인정될 수 없다.

④ 전산장비 유지보수업체에 여러 경로로 접수된 장애(고장) 신고 처리나 근무시간 이후 서버점검 등을 수행해달라고 요청하는 경우, 통상적인 계약일정 조율로 볼 수 있어 '구조적 통제'로 인정될 수 없다.

⑤ 물품 완성 일정에 맞춰서 업무를 해달라고 요구하거나 설계 도면대로 작업을 해달라고 요청하는 것도 통상적인 계약일정 조율로 볼 수 있어 '구조적 통제'로 인정될 수 없다.

⑥ 같은 사업장 내에서 일한다고 하더라도 지정된 작업구역을 사용해달라고 요청하는 경우, '구조적 통제'로 인정될 수 없다.

⑦ 작업장 내 자재·폐기물 관리 방식을 준수해달라고 하는 경우도, '구조적 통제'로 인정될 수 없다.

⑧ 특히 작업 투입 인원이나 순서를 조정한다고 해도 동시에 작업하는 다른 하청업체와의 공정 충돌 방지 등 현장 운영상 필요에 따른 조치라면 '구조적 통제'로 보기 어렵다.

⑨ 생산효율화를 위해 근로자의 근로조건에 직접 영향을 미치지 않는 범위 내에서 시스템 등을 통해 생산정보를 공유해달라고 요청하거나, 민원 발생 시 원인 파악과 대응을 요청하는 경우, '구조적 통제'로 인정될 수 없다.

⑩ 원청이 출입·보안만 통제하는 정도, 시설을 제공하고 기본관리만 하는 경우 등도 그 자체로는 '구조적 통제'로 보기 어렵다.

나. '보완적 지표' : 조직적 사업 편입 및 경제적 종속성

① 그간 법원 판결에서 원청의 사용자 여부 판단 시 활용되었던 '원청사업에의 편입' 및 '경제적 종속성' 등 요소는, 근로조건에 대한 '구조적 통제'에 대한 '보완적 지표'로 고려될 수 있다.

② 예를 들어, 하청 근로자의 노무가 원청 사용자의 사업체계에 직접 편입되어 있거나, 전속 계약 해지 시 하청기업의 존속이 불투명해지는 등 경제적으로 종속된 경우에는 원청이 하청보다 우월적 지위에 있을 가능성이 높아 근로조건에 대한 실질적 · 구체적 지배 · 결정의 판단에 '보완적 지표'로 고려될 수 있다.

2. '실질적 지배력' 구체적 판단 사례

가. 현대제철 사건 등(적극)

근거 판례	서울고법 2024.1.24, 2023누34646 서울행법 2025.7.25, 2022구합69230 서울행법 2025.7.25, 2023구합55658 / 2023구합56231(병합)
구체적 · 실질적 지배 · 결정	① 하청근로자의 작업장소(원청 사업장 내인지 여부) ② 교섭의제가 법률 등에서 원청의 업무로 정해져 있는지 ③ 하청근로자가 원청의 전산시스템을 통해서 작업을 실시하는지 ④ 하청근로자가 원청의 작업계획에 따라 작업을 실시하는지 ⑤ 하청 작업 결과에 대해서 원청의 평가를 받는지 ⑥ 하청근로자에게 적용되는 원청의 지침이 있는지 ⑦ 하청근로자가 사용하는 장비의 소유관계
노무의 필수성 사업체계 편입성	① 하청 근로자의 업무가 원청의 본질적 업무인지 ② 하청 근로자가 원청의 전산시스템을 통해서 작업을 실시하는지 ③ 하청 역할이 노무제공에 중점을 두고 있으며, 원청에 경제적으로 종속되는지
단체교섭 필요성 · 타당성	① 유사한 업무에 종사하고 있는 원청 근로자를 고려해 근로조건을 통일적 · 집단적으로 결정할 필요가 있는지 ② 하청 근로자들이 전속성으로 인해 원청에 의존하고 있는지

나. 현대중공업 사건(적극)

❑ 대법 2010.3.25, 2007두8881(현대중공업 사건)

① 원고 회사의 사내 하청업체는 대부분 원고 회사의 업무만 수행하고 있고, ② 원고 회사는 사내 하청업체에 대한 개별도급계약의 체결 여부 및 물량을 그 계획에 따라 주도적으로 조절할 수 있는데다가 ③ 그 외에도 도급계약의 해지, 사내 하청업체 등록해지 권한을 가지고 있는 등 사내 하청업체에 대하여 우월적 지위에 있었던 점, ④ 원고 회사가 사내 하청업체에게 소속 근로자가 원고 회사에서 유인물을 배포하는 등 회사 운영을 방해하고 있다면서 계약해지 등의 경고를 한 점 등을 종합하여 볼 때, 원고 회사가 사업폐지를 유도하는 행위와 이로 인하여 참가인 조합의 활동을 위축시키거나 침해하는 지배·개입 행위를 하였음이 인정된다.

※ 다만, 부당노동행위 '지배·개입' 사용자성은 인정, '단체교섭' 사용자성은 부정

다. 인천국제공항 사건(적극)

❑ 서울행법 2023.5.12, 2021구합63945(인천국제공항공사 사건)

① 공항 시설 건설 및 관리업무를 수행하는 공사가 공공부문 비정규직 근로자의 정규직 전환정책에 따라 설립한 자회사에게 지급하는 용역대금은 고정비와 변동비를 합산한 금액에 부가가치세를 포함한 금액으로 산정되고, ② 위 고정비는 노무비, 법정경비, 복리후생비, 기타 경비와 위 항목을 합산한 금액에 일정비율을 곱하여 산정된 일반관리와 이윤을 포함하고 있다. 위와 같이 용역관리비에 이 사건 근로자들에게 지급되는 노무비를 포함하고 있고, 공사의 주장에 의하더라도 용역비의 산정은 〈2020년 아웃소싱 용역대가기준 고시〉를 적용하여 결정한다는 것이므로 공사는 적어도 이 사건 근로자들의 임금수준에 대하여 실질적이면서 구체적으로 지배·결정할 수 있는 지위에 있으므로, 노동조합법 상 부당노동행위 금지의무를 준수하고 구제명령을 이행하여야 할 사용자에 해당한다.

※ 다만, 위 공기업의 개별행위에 대해 부당노동행위 의사가 인정되지 않는다는 이유로 부당노동행위 성립은 부정.

라. CJ대한통운 사건(적극)

❑ 서울고법 2024.1.24, 2023누34646(CJ대한통운 사건)

① 원고는 이 사건 사회적 합의 이후 직영 터미널과 직간선 터미널, 위탁 터미널의 구분 없이 서브터미널의 운영시간과 월 배송물량을 기준으로 집배점에 분류작업 비용을 지급하고 있는 것으로 보이는 점, ② 앞서 본 바와 같이 원고는 상하차작업을 위해 별도의 협력업체와 직접 계약을 체결하고 있는데 직간선 터미널과 위탁 터미널을 운영하는 집배점은 각자의 명의로 협력업체와 직접 도급계약을 체결하고 있다는 점만 다를 뿐 원고가 그에 상응하는 집배송수수료 및 상하차비용, 분류비용 등을 지원하여 실질적으로 위 각 터미널 또한 원고의 전국적 배송물류 시스템에 편입되어 운영되고 있는 것으로 보이는 점, ③ 그 외 간선차량의 수, 출발 및 도착시간, 당일배송의무 여부, 집화물품 인도장소 등 배송상품 인수시간 및 집화상품 인도시간과 관련한 주요 요인들에 관하여는 직영 터미널과 동일하게 여전히 원고가 지배・결정 권한을 행사하는 점 등을 종합하면, 원고의 지배력에 본질적 차이가 있다고 볼 수 없다.

마. 농협중앙회 사건(소극)

❑ 대전지법 2018.5.31, 2017구합102876(농협중앙회 사건)

① 농협법에 의하면, 농협중앙회의 그 회원(단위)농협 등 지역조합은 각각 별개의 법인으로서, 농협중앙회는 회원들의 업무에 관하여 이를 지원, 지도, 감사할 수 있다고 규정하고 있을 뿐이고, 단위 농협과 그 근로자들 사이의 개별 근로관계나 근로조건의 형성에 직접 개입할 수 있다는 내용의 규정은 두고 있지 아니하다.

② 농협중앙회는 조합운영위원회를 통하여 그 회원(단위)농협의 업무에 관여하여 왔으나, 회원규정에 따르면 그 업무범위는 해당 농협의 '사업'에 관련된 내용으로서 근로자들의 근로조건에 대한 내용은 여기에 포함되지 아니한다.

③ 농협중앙회가 인사에 관한 공통의 모범규정을 제정하고, 그 회원 (단위)농협에도 이를 통보하였으나, 제규정관리규정(모범안)에 따르면, 이러한 인사규정은 그 회원 (단위)농협의 실정에 맞게 자유로이 변경할 수 있는 것으로 규정하고 있고, 인사규정 모범안의 규정 형식도 각 지역농협의 상황에 맞게 각기 다른 규정을 둘 수 있도록 작성된 사정에 비추어 보면, 농협중앙회가 작성한 인사규정이 그 회원 (단위)농협에 대하여 구속력이 있는 것이라고 볼 수는 없다.

바. 서울시 지원 버스운송사업자 소속 버스기사 사건(소극)

❑ 서울행법 2022.11.24, 2022구합57657(서울시 지원 버스기사 사건)

① 이 사건 준공영제의 특성에 비추어 보면, 이 사건 준공영제 중 노선 입찰 준공영제의 경우, 지방자치단체가 노선별 운송원가 내지 기초금액에 따라 원고 노조에 가입한 근로자들의 인건비 지원 상한액인 한도금액을 제시하고, 원고 노조에 가입한 근로자들이 개별 운송사업자로부터 지급받는 임금이 한도금액의 범위를 크게 벗어나지 않는다고 하더라도, ② 이는 법령 및 이 사건 조례에 근거한 지방자치단체의 권한을 행사한 결과일 뿐, 지방자치단체가 직접 원고 노조에 가입한 근로자들의 근로조건을 결정한 결과라고 보기는 어렵다.

사. 원청과 직접적인 계약관계가 없는 2차 · 3차 하청노조도 원청을 상대로 단체교섭을 요구할 수 있는지

'실질적 지배력'이 인정된다면, 원청은 2차·3차 하청노조의 교섭요구에 응하여야 할 것이다. 다만, 원청은 1차 하청노조에 비해 2차·3차 하청노조에 대하여 실질적 지배력이 상대적으로 낮을 가능성이 있고, 2차·3차 하청노조의 낮은 노조조직율을 감안하면, 2차·3차 하청노조의 교섭요구가 급증할 가능성은 그리 많지는 않을 것으로 보인다.

표 사업체 규모별 노동조합 조직현황(2025.1. 고용노동부 발표)

구분	30명 미만	30~99명	100~299명	300명 이상
임금근로자 수	12,296,000	4,170,000	2,178,000	3,096,000
조합원 수 (조직율)	17,134 (0.1%)	56,204 (1.3%)	120,436 (5.6%)	1,107,528 (36.8%)

3일차

4. 모기업이 100% 지분보유한 자회사에 대한 사용자성 여부

가. 일본 효고현노동위 결정 : 兵庫県労委 平成30年3月22日命令(소극)

① 자회사 노동조합이 모회사를 상대로 자회사 공장의 폐쇄에 따른 퇴직조건에 관한 단체교섭을 요구한 것에 대해 모회사가 자회사 노동조합은 단체교섭의 당사자가 아니라는 이유로 그 교섭을 거부한 바,

② 모회사의 자회사에 대한 지배력과 관여는 기업그룹의 경영전략 관점에서 이루어진 관리·감독의 범위를 넘지 않았고 특히 퇴직조건에 대해서 모회사의 임원을 겸임하지 않은 자회사의 대표이사가 중심이 돼 자율적으로 결정한 점 등을 감안하여 볼 때, 모회사가 자회사의 노동관계를 지배하거나 퇴직조건에 대해 근로계약상 사용자와 동일시할 수 있을 정도로 구체적으로 결정권을 행사한 것으로 인정할 수 없다.

나. 일본 동경고법 판례 : 東京高裁 令和4年1月27日判決(소극)

① 모회사에서 분할 신설된 자회사들의 근로자가 소속된 노동조합이 모회사를 상대로 기본적인 근로조건에 관해 단체교섭을 요구한 것에 대해 모회사가 자회사들 노동조합은 단체교섭의 당사자가 아니라는 이유로 그 교섭을 거부한 바,

② 모회사와 자회사들은 별개의 법인으로서 서로 다른 사업을 영위하고 있고, 자회사들은 그 이사회를 통해 기업활동을 관리·운영하며, 자회사들은 독자의 취업규칙을 갖고서 독자적으로 인사를 행하고 있고, 자회사들의 임원을 겸임하고 있는 모회사의 임원이 모회사의 이익을 우선시한 사정은 없으며, 모회사의 자회사들에 대한 경영의 관여가 경영전략적 관점에서 행하는 관리·감독의 영역을 넘어 자회사들의 근로자를 자기의 지휘명령에 따라 그 업무에 종사케 하거나 채용·배치, 담당업무, 근무시간, 대우 등을 일상적으로 파악해 이를 좌우했다는 등의 사정은 인정되지 않음을 감안하여 볼 때, 모회사가 자회사 소속 근로자의 기본적인 근로조건에 관해 현실적·구체적으로 지배·결정하는 지위에 있다고 인정되지 않는다.

5. '그 범위에 있어서는 사용자' : 교섭 의제

가. '특정 근로조건'별 사용자성 인정(예시)

근로조건	예시
노동 안전	[작업장·설비에 대한 지배·관리] • 원청 소속 근로자와 하청 근로자가 동일한 사업장·작업공간에서 혼재하여 근무하는지 여부 • 해당 작업에 사용되는 주요시설·장비·설비·작업공간 등이 원청의 소유 또는 관리 하에 있어 안전시설 개선 권한이 원청이 집중되어 있는지 여부 등 [안전예산에 대한 결정권 행사] • 안전 관련 예산(안전시설 설치·보강 등)의 편성·집행에 관하여, 지급·지원 여부, 수준, 범위, 교체·추가 지급 승인 등을 원청이 결정하고, 하청사용자는 그 범위 내에서만 이행할 수 있는지 여부 등 [구조적 안전개선에 대한 결정·집행 권한의 집중] • 안전시설 등 개선 필요성의 인정, 개선 범위·시기·방법의 결정 및 예산 배분을 원청이 사실상 전적으로 담당하여, 하청 근로자의 안전수준 향상 여부가 원청의 구조적 개선 의사·결정에 직접적으로 의존하는지 여부 • 해당 사업장의 안전보건관리체계를 원청이 총괄적으로 구축·운영하고, 그 체계 아래 하청사용자의 안전조직 및 하청 근로자가 편입되어 지휘·감독을 받는 구조인지 여부 등
작업 환경	• 하청 근로자가 사용하는 사무공간·창고·휴게공간의 사용 가능 구역, 이용시간, 사용 인원 상한 등을 원청이 구체적인 기준을 정하고, 그에 따라 하청사용자가 기준에 따를 수밖에 없는 구조인지 여부 • 작업환경 개선(소음 차단, 냄새·분진 저감, 조명 변경, 공조시설 확충 등)의 필요성이 제기되었을 때, 개선 여부·범위·시기를 결정할 권한과 예산이 원청에게만 있어 하청 근로자의 작업공간 환경이 원청의 결정에 따라 실질적으로 좌우되는지 여부 등
복리 후생	• 하청 근로자의 성과급·상여금 지급 여부 및 수준, 성과평가에 원청이 구체적으로 영향을 미치거나, 원청이 정한 평가·등급(프로젝트 평가, 공정별 실적지표, 고객만족도 등)에 직접 연동되어 있는지 여부 • 하청 근로자의 복리후생(식대, 교통비, 복지포인트, 선택적 복지 한도 등)을 원청이 일방적으로 축소·조정하거나, 그 조정 여부를 실질적으로 결정하는지 여부 • 복리후생 관련 불만·민원·이의제기가 발생한 경우, 실질적으로 원청이 해결방안(지급 여부, 수준, 대상 범위 등)을 정하고, 하청사용자는 집행 역할에 그치는 구조인지 여부 등

근로조건	예시
근로 시간	• 원청이 교대제 변경(예 : 2조2교대 → 3조2교대), 탄력근로제·집중근무시간대 도입·변경 여부를 사실상 결정하고, 하청사용자는 그 결정에 따라 근무형태를 조정할 수밖에 없는지 여부 • 하청사용자가 주·월 단위 근무표·근무스케줄을 작성하더라도, 이를 원청에게 사전 제출·승인을 받아야 하고, 원청이 인원·시간대·교대구성을 구체적으로 수정·조정하는 관행이 있는지 여부 등 • 하청 근로자의 시차출퇴근, 조퇴·지각 허용, 교대 변경, 대체근무 신청에 대해, 하청사용자가 아니라 원청의 승인 등 절차를 통해야만 실제 근무시간 변경이 가능한 구조인지 여부
임금 수당	• 원청이 하청 근로자의 임금테이블을 제시하여 계약 사용자의 관련 근로자에 대한 보상결정 재량을 본질적으로 제한하는 경우 • 위험·특근·연장수당 등 각종 수당 지급기준 및 금액을 원청이 통제하는지 여부 등

나. '실질적 지배력'이 인정되면 하청노조는 원청에 대해 포괄적 단체협약의 체결을 요구할 수 있는지(소극)

개정노조법 제2조 제2호에서 "실질적이고 구체적으로 지배·결정할 수 있는 지위에 있는 자도 그 범위에 있어서는 사용자로 본다"고 규정하고 있으므로, 원청이 하청노조에 대하여 사용자 지위가 인정된다고 하더라도, 원청은 하청노조에 대해 포괄적으로 사용자 지위가 인정되는 것이 아니라, 하청근로자의 근로관계에 실질적인 권한을 행사하는 부분 또는 교섭의무가 인정된 특정 교섭의제에 한정되어 그 범위 내에서 사용자 지위를 가지게 된다.

❏ 서울고법 2024.1.24, 2023누34646 판결(CJ 대한통운 사건)

원청은 하청근로자의 근로관계에 실질적인 권한을 행사하는 부분에 대하여 사용자의 지위를 가진다.

❏ 중노위 2022.12.7, 중앙2022교섭42(현대제철 사건)

노동조합법상 사용자 개념이 원청까지 확대된다고 하더라도 이는 제3자인 원청에게 교섭의무가 인정된 특정 교섭의제에 한정되는 것이고, 기본적인 단체교섭은 하청의 사업 또는 사업장에서 여전히 이루어지는 것이기 때문이다. 원청은 하청과 무관하게 독자적으로 하청노동조합에 대해 교섭의무를 부담하는 것이 아니고, 하청사업주와 중첩적으로 부분적인 교섭의무를 부담하는 데 그친다.

다. 하청노조가 원청을 상대로 '하청 근로자를 직고용하라'는 교섭의제를 요구할 수 있는지

개정 노조법 제2조 제4호에서 '노동쟁의'의 범위에 '근로자의 지위 기타 대우 등 근로조건의 결정에 관한 주장의 불일치'가 추가되었음을 감안하여 볼 때, 원청이 도급대금 등 결정에 있어서 인원 數를 반영하고 있는 등 실질적 지배력을 가지고 있다면, '하청 근로자를 직고용하라'는 교섭의제를 요구할 수 있을 것이다.

> **노조법 제2조 【정의】** 이 법에서 사용하는 용어의 정의는 다음과 같다.
>
> 4. "노동쟁의"라 함은 노동조합과 사용자 또는 사용자단체(이하 "勞動關係 當事者"라 한다)간에 임금 · 근로시간 · 복지 · 해고 · 근로자의 지위 기타 대우 등 근로조건의 결정과 근로조건에 영향을 미치는 사업경영상의 결정에 관한 주장의 불일치 및 제92조 제2호가목부터 라목까지의 사항에 관한 사용자의 명백한 단체협약 위반으로 인하여 발생한 분쟁상태를 말한다(2026.3.10.시행).

라. CJ대한통운 사건 판례에서, 하청노조가 요구한 교섭의제 중 사용자 지위를 인정한 교섭의제는 무엇이었는지?

> ❑ 택배노조요구사항(서울고법 2024.1.24, 2023누34646 CJ대한통운 사건)
>
> ① 급지수수료 인상 · 개선
> ② 서브터미널에서 배송상품 인수시간 단축
> ③ 서브터미널에서 집화상품 인도시간 단축
> ④ 서브터미널 작업환경 개선 : 택배기사 1인당 1주차장 보장 등
> ⑤ 주5일제 실시
> ⑥ 사고부책 개선

3일차

마. 현대제철 사건 판례에서, 원청인 현대제철에 대해 하청노조가 요구한 교섭의제 중 사용자 지위를 인정한 교섭의제는 무엇이었는지

❑ 중노위 2022.12.7, 중앙2022교섭42(현대제철 사건)

이 사건 노동조합은 이 사건 사용자에게 교섭요구를 하면서 ① 산업안전보건, ② 차별시정, ③ 불법파견 해소, ④ 자회사 전환 관련 등 4개 교섭의제를 제시하였다.

아래와 같은 사정을 종합하여 보면 이 사건 사용자는 이 사건 노동조합의 교섭요구 의제 가운데 '산업안전보건 의제'에 관한 노동조건을 실질적 · 구체적으로 지배 · 결정하는 지위에 있다고 인정되므로 이 사건 노동조합의 교섭요구에 응할 의무가 있고, 후술하는 바와 같이, 나머지 교섭의제에 대해서는 이 사건 사용자에게 교섭의무가 인정된다고 보기 어렵다.

다만, 이 사건 지회 소속 근로자들과 근로계약을 맺은 원사업주로서 사내하청 협력업체 또한 이 사건 지회 소속 근로자들에 대해 기본적인 안전배려 의무를 부담한다는 점에서 이 사건 지회 소속 근로자들의 산업안전보건에 관한 노동조건에 대해서는 사내하청 협력업체도 상당부분 지배 · 결정권을 가진다고 할 것이므로, 이러한 '산업안전보건 의제'에 대한 교섭의무는 이 사건 사용자와 사내하청 사용자에게 중첩적으로 귀속된다고 판단된다."

바. CJ대한통운 사건 판례에서, 원청인 CJ대한통운은 민주노총 산하 전국택배노조 CJ대한통운본부노조에 대하여 '단독 사용자지위'를 가지는지, 하청사용자와 '공동사용자지위'를 가지는지?

서울고법 2024.1.24, 2023누34646 판결 (CJ 대한통운 사건)	"원청은 하청근로자의 근로관계에 실질적인 권한을 행사하는 부분에 대하여 사용자의 지위를 가진다"
노조요구사항	원청의 사용자 지위 판단
① 급지수수료 인상 · 개선	① 대리점과 공동사용자
② 서브터미널에서 배송상품 인수시간 단축	② 원청 단독사용자
③ 서브터미널에서 집화상품 인도시간 단축	③ 원청 단독사용자
④ 서브터미널 작업환경 개선 - 택배기사 1인당 1주차장 보장 등	④ 대리점과 공동사용자
⑤ 주5일제 실시	⑤ 대리점과 공동사용자
⑥ 사고부책 개선	⑥ 대리점과 공동사용자

참고 원청의 하청노조에 대한 단체교섭 사용자 여부와 대체투입 가능 여부

노조법 제43조 【사용자의 채용제한】 ① "사용자"는 쟁의행위기간 중 그 쟁의행위로 중단된 업무의 수행을 위하여 "당해 사업과 관계없는 자"를 채용 또는 대체할 수 없다.

원청이 하청에 대해 실질적 지배력(사용자)이 인정되는 경우	하청업체 파업 시 원청의 대체투입 불가
원청이 하청에 대해 실질적 지배력(사용자)이 부정되는 경우	하청업체 파업 시 원청의 대체투입 가능

표 노조법상 사용자성과 파견법상 근로자 파견 비교

구분	노조법상 사용자	파견법상 근로자파견
핵심요소	원청이 '특정 근로조건'에 실질적인 영향력을 미쳤는지 여부	원청이 하청노동자를 실질적으로 사용하고 지휘·명령하였는지 여부
판단 요소	근로조건에 대한 구조적 통제 여부, 사업에 대한 조직적 편입 여부	업무상 상당한 지휘·명령 여부, 인사·노무 결정권 행사 여부
법적 효과	원청 사업주는 '단체교섭 의무' 부담	원청사업주는 하청노동자를 직접고용
판례 (삼성전자 서비스사건)	불법파견이 인정되지 않더라도, 노조법상 사용자성은 인정될 수 있다. (대법 2025.6.12, 2022다166)	

3일차

119 사업(사업장)단위 복수노조제도

1. 복수노조제도의 주요 내용

가. 사업(사업장) 단위 복수노조 설립 허용

2011.7.1부터는 사업(사업장) 단위에서 복수노조를 설립할 수 있도록 허용됨으로써 초기업단위 노동조합은 물론 기업단위에서 2개 이상의 노동조합을 자유롭게 설립할 수 있게 되었다.

나. 교섭창구단일화 제도 도입

① 사업 또는 사업장 내에서 사용자와 교섭하기 위해서는 모든 노동조합은 교섭창구를 단일화하여 교섭대표노동조합을 정해야 한다.

② 다만, 교섭대표노동조합을 자율적으로 결정하는 기한 내에 사용자가 교섭창구단일화 절차를 거치지 아니하기로 동의한 경우에는 예외로 인정된다.

③ 또한 교섭창구단일화 기본단위는 사업 또는 사업장이나, 현격한 근로조건의 차이, 고용형태, 교섭관행 등을 종합적으로 고려하여 노동위원회의 결정으로 동일한 사업(장)에서 교섭단위를 분리할 수 있다.

다. 합리적인 교섭창구단일화 절차

① 자율적 단일화

노동조합간 자율적으로 교섭대표노동조합을 정하여 사용자와 교섭

② 과반수 노동조합

자율적 단일화가 되지 않은 경우에는 교섭창구단일화에 참여한 노동조합의 전체

조합원 과반수로 조직된 노동조합을 교섭대표노동조합으로 하여 사용자와 교섭

③ 공동교섭대표단

과반수 노동조합이 없는 경우에는 창구 단일화에 참여한 노동조합의 전체 조합원의 10% 이상인 노동조합이 공동교섭대표단을 구성(노동조합이 자율적으로 결정하지 못할 경우에는 노동위원회에서 결정)하여 사용자와 교섭

라. 공정대표의무제도 도입

교섭창구단일화에 따라 발생할 수 있는 소수 노동조합에 대한 불합리한 차별을 방지하기 위해 공정대표의무 위반에 대해서는 노동위원회를 통해 시정할 수 있도록 하였다.

2. 복수노조 허용에 따른 법적 문제

가. 사업 또는 사업장 판단

① 교섭창구를 단일화해야 하는 단위는 "사업 또는 사업장"인 바, 사업이란 장소적 관념을 기준으로 판단하는 것이 아니라 장소에 관계없이 경영상의 일체를 이루면서 유기적으로 운영되는지 여부에 따라 판단하여야 하며, 사업이란 경영상의 일체를 이루는 기업체 그 자체를 의미하는 것이며, 사업장은 장소적으로 분산되어 있는 사업의 하부조직을 말한다.

판례 **대법 1993.2.9, 91다21381 / 대법 1993.10.12, 93다18365 등**

사업이란 경영상의 일체를 이루는 기업체 그 자체를 말하며, 경영상의 일체를 이루면서 유기적으로 운영되는 기업조직은 하나의 사업임.

② 하나의 법인체는 하나의 사업에 해당하므로 수 개의 사업장이나 사업부서는 인사·노무관리에 있어 일정부분 재량권이 위임되어 있다 하더라도 전사적인 방침이나 목표 등에서 제약이 있는 것이 일반적이므로 법인의 일부에 해당한다. 따라서

3일차

경영주체인 법인체는 하나이므로 그 법인 내에 있는 모든 사업장 및 사업부서 전체를 하나의 교섭단위로 본다.

③ 다만, 하나의 법인체라 하더라도 각 사업장 또는 사업부문별로 근로조건의 결정권이 있고, 인사·노무관리, 회계 등이 독립적으로 운영되는 등 독립성이 인정되는 경우에는 예외적으로 개별 사업장 또는 사업부문을 하나의 교섭단위로 본다.

나. 두 개 이상의 노동조합 가입(이중가입)

① 노동조합을 조직하거나 가입하는 것은 근로자의 자유의사에 따라 선택할 수 있는 것이므로, 2개 이상의 노동조합에 가입하는 것도 '단결선택의 자유'에 포함된다. 이러한 취지에서 노조법시행령에서 동일인이 2개 이상의 노동조합에 가입할 수 있다는 것을 전제로 이중(二重) 가입 조합원에 대한 조합원 수 산정방법을 규정하고 있다(노조법시행령 제14조의7제6항).

② ILO 단결 선택의 자유 취지상 노조법에서 근로자의 이중 가입을 제한하지는 않으나, 노동조합 스스로 조합원의 이중 가입을 금지·제한하는 것은 가능하다. 왜냐하면, 노동조합의 소속 조합원이 다른 노동조합에 가입하는 것은 단결을 저해할 수 있으므로 규약으로 그 조합원을 제명하거나 권리를 제한하는 것은 노동조합의 내부적 통제권에 의한 합리적 규율에 해당하며, 근로자의 단결권 자체를 봉쇄하는 것이 아니기 때문이다.

다. 조합원의 집단적 탈퇴와 노동조합의 재산 분할

① 사업(사업장)단위에서의 복수노조가 허용됨에 따라 일부 조합원들이 개별 또는 집단적으로 탈퇴하여 다른 노동조합에 가입하거나 새로운 노동조합을 설리하는 사례가 예상되며, 조합원들의 집단적 탈퇴는 노동조합 내부의 의사결정 없이 이루어진다는 점에서 총회 또는 대의원회의 결의에 의한 노동조합의 분할과 구분된다.

② 기존 노동조합에서 개별 또는 집단적으로 탈퇴하더라도 기존 노동조합의 채권·채무나 단체협약은 새로이 가입하거나 설립된 노동조합에 승계되지 않는 것이

원칙인 바, 따라서 노동조합에서 탈퇴한 조합원은 기존 노동조합의 재산에 대한 일체의 권리를 상실하는 것이므로 재산분할에 관한 합의 등 별도의 법률행위가 존재하지 않는 이상 재산분할을 요구할 수 없다.

판례 대법 2006.4.20, 2004다37775

법인 아닌 사단의 구성원들이 집단적으로 사단을 탈퇴한 다음 사단으로서의 성립요건을 갖추어 새로운 단체를 형성하는 행위는 사적자치의 원칙상 당연히 허용되나, 이 경우 신설 사단은 종전 사단과 별개의 주체로서 그 구성원들은 앞서 본 바와 같이 종전 사단을 탈퇴한 때에 그 사단 구성원으로서의 지위와 함께 사단 재산에 대한 권리를 상실한다.

따라서 신설 사단의 구성원들이 종전 사단의 구성원들과 종전 사단 재산에 관하여 합의하는 등의 별도의 법률행위가 존재하지 않는 이상, 종전 사단을 집단적으로 탈퇴한 구성원들은 종전 사단 재산에 대한 일체의 권리를 잃게 되고, 이와 마찬가지로 탈퇴자들로 구성된 신설 사단이 종전 사단 재산을 종전 사단과 공유한다거나 신설 사단 구성원들이 그 공유지분권을 준총유한다는 관념 또한 인정될 수 없다.

라. 유일교섭단체 조항의 효력

① 유일교섭단체 조항이란 통상 '사용자는 특정 노동조합이 해당 기업의 근로자를 대표하여 근로조건 등에 관하여 교섭하는 유일한 노동단체임을 인정하고 다른 어떠한 제2의 노동단체도 인정하지 않는다'는 취지의 단체협약 조항을 말한다.

② 이러한 조항은 당사자간의 합의를 통해 다른 노동조합의 단체교섭권을 근본적으로 박탈하는 것으로 헌법 제33조제1항 및 노조법 제5조에 위배되어 무효이다.

헌법 제33조제1항 근로자는 근로조건의 향상을 위하여 자주적인 단결권 · 단체교섭권 및 단체행동권을 가진다.

노조법 제5조 【노동조합의 조직 · 가입】 ① 근로자는 자유로이 노동조합을 조직하거나 이에 가입할 수 있다. 다만, 공무원과 교원에 대하여는 따로 법률로 정한다.

3일차

③ 따라서 사용자가 유일교섭단체 조항을 근거로 다른 노동조합과의 교섭을 거부하는 것은 단체교섭 거부의 정당한 사유에 해당하지 않으므로 부당노동행위에 해당한다.

마. 유니온숍 협정의 효력

① 유니온숍(Union shop)이란 근로자를 채용할 때에 특정 노동조합의 조합원이 될 것을 고용조건으로 하는 단체협약으로 근로자들의 단결을 강제하는 대표적인 수단의 하나인 바, 이 경우 노동조합은 신규 근로자가 일정한 기간 내에 노동조합에 가입하지 않거나, 노동조합을 자진 탈퇴한 경우 사용자에게 해고할 것을 요구할 수 있고, 사용자는 이에 응할 의무를 부담한다.

② 현행 노조법은 유니온숍 협정을 체결하기 위해서는 해당 노동조합이 당해 사업(장)에 종사하는 근로자의 2/3 이상을 대표해야 한다고 규정하면서, 근로자가 노동조합으로부터 제명된 것뿐만 아니라, 노동조합을 탈퇴하여 새로 노동조합을 조직하거나 다른 노동조합에 가입한 것을 이유로도 신분상 불이익한 행위를 할 수 없도록 하였다.

③ 따라서 유니온숍 협정이 있더라도 근로자는 자유롭게 해당 노동조합을 탈퇴하여 새로운 노동조합을 설립하거나 다른 노동조합에 가입할 수 있다.

120 복수노조 교섭창구단일화 절차

노조법 제29조의2 【교섭창구단일화 절차】 ① 하나의 사업 또는 사업장에서 조직형태에 관계없이 근로자가 설립하거나 가입한 노동조합이 2개 이상인 경우 노동조합은 교섭대표노동조합(2개 이상의 노동조합 조합원을 구성원으로 하는 교섭대표기구를 포함한다. 이하 같다)을 정하여 교섭을 요구하여야 한다. 다만, 제3항에 따라 교섭대표노동조합을 자율적으로 결정하는 기한 내에 사용자가 이 조에서 정하는 교섭창구 단일화 절차를 거치지 아니하기로 동의한 경우에는 그러하지 아니하다.
② 제1항 단서에 해당하는 경우 사용자는 교섭을 요구한 모든 노동조합과 성실히 교섭하여야 하고, 차별적으로 대우해서는 아니 된다.
③ 교섭대표노동조합 결정 절차(이하 "교섭창구 단일화 절차"라 한다)에 참여한 모든 노동조합은 대통령령으로 정하는 기한 내에 자율적으로 교섭대표노동조합을 정한다.
④ 제3항에 따른 기한까지 교섭대표노동조합을 정하지 못하고 제1항 단서에 따른 사용자의 동의를 얻지 못한 경우에는 교섭창구 단일화 절차에 참여한 노동조합의 전체 조합원 과반수로 조직된 노동조합(2개 이상의 노동조합이 위임 또는 연합 등의 방법으로 교섭창구 단일화 절차에 참여한 노동조합 전체 조합원의 과반수가 되는 경우를 포함한다)이 교섭대표노동조합이 된다.
⑤ 제3항 및 제4항에 따라 교섭대표노동조합을 결정하지 못한 경우에는 교섭창구 단일화 절차에 참여한 모든 노동조합은 공동으로 교섭대표단(이하 이 조에서 "공동교섭대표단"이라 한다)을 구성하여 사용자와 교섭하여야 한다. 이 때 공동교섭대표단에 참여할 수 있는 노동조합은 그 조합원 수가 교섭창구 단일화 절차에 참여한 노동조합의 전체 조합원 100분의 10 이상인 노동조합으로 한다.
⑥ 제5항에 따른 공동교섭대표단의 구성에 합의하지 못할 경우에 노동위원회는 해당 노동조합의 신청에 따라 조합원 비율을 고려하여 이를 결정할 수 있다.
⑩ 제4항-제7항 및 제9항의 조합원 수 산정은 종사근로자인 조합원을 기준으로 한다.

노조법시행령 제14조의2제1항 【노동조합의 교섭요구 시기 및 방법】 노동조합은 해당 사업 또는 사업장에 단체협약이 있는 경우에는 그 유효기간 만료일 이전 3개월이 되는 날부터 사용자에게 교섭을 요구할 수 있다. 단, 단체협약이 2개 상 있는 경우에는 먼저 도래하는 단체협약 유효기간 만료일 이전 3개월이 되는 날부터 교섭을 요구할 수 있다.

3일차

<u>복수노조 교섭창구단일화 절차도</u>

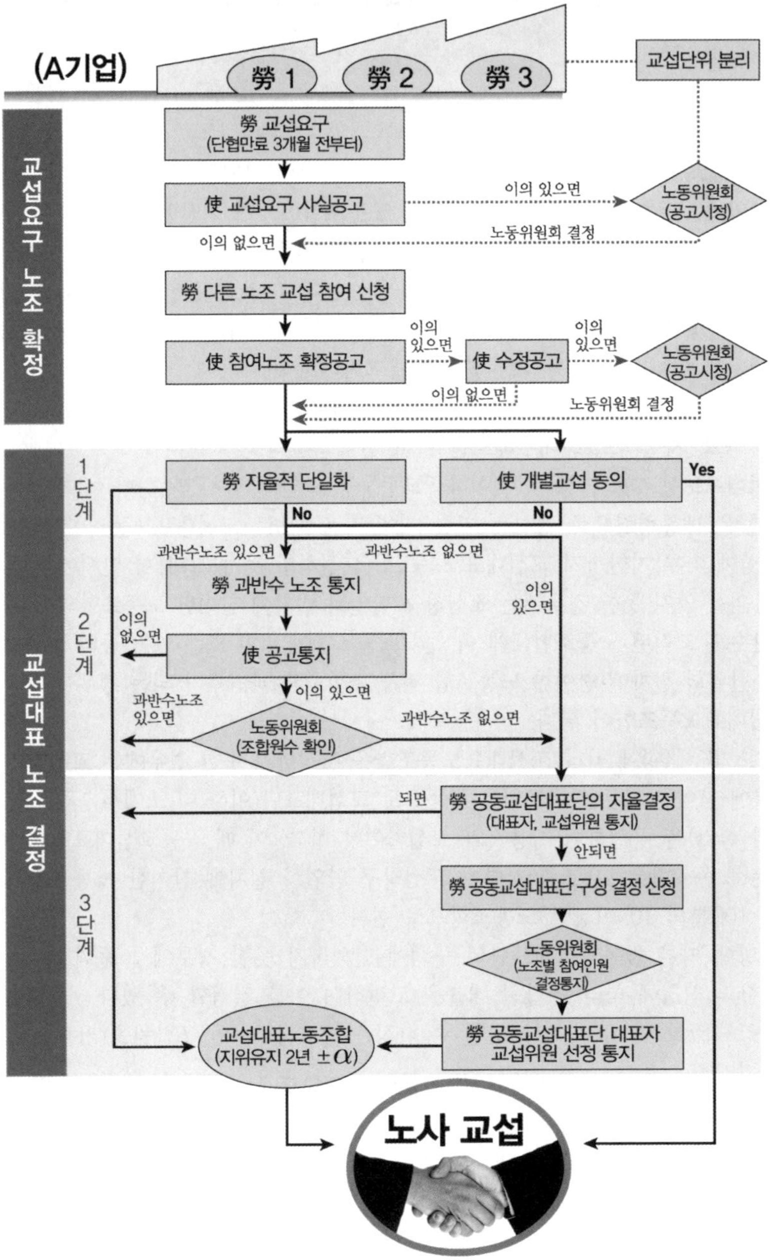

1. 개요

가. 하나의 사업 또는 사업장에서 사용자와 교섭

해당 사업 또는 사업장의 모든 노동조합은 교섭창구단일화를 거쳐 교섭대표노동조합을 정하여야 한다.

나. 교섭창구단일화에 관한 규정의 성격

강행규정으로 노동조합과 사용자는 반드시 이에 따라야 하므로 사업 또는 사업장의 근로자들이 가입하거나 조직한 모든 노동조합은 노동조합의 '조직형태'와 '조직대상의 중복' 여부에 관계없이 교섭창구단일화 절차에 참여하여야 한다.

2. 교섭요구 노동조합의 확정

가. 교섭 요구

① 사용자와 교섭을 원하는 노동조합은 어느 노동조합이든지 노조법시행령 제14조의2에 따라 단체협약 만료일 이전 3개월이 되는 날부터 사용자에게 명칭, 조합원 수 등을 기재한 서면으로 교섭을 요구할 수 있다.

② 유일하게 존재하는 노동조합은 형식적으로 교섭창구단일화 절차를 거쳤더라도 교섭대표노조의 지위를 취득할 수 없다(대법 2017.10.31, 2016두36956).

나. 교섭을 요구할 수 있는 노동조합

① 해당 사업(장)의 근로자가 가입한 노동조합이라면 기업별 노동조합, 산업별·직종별·지역별 노동조합의 지부·분회 등 '조직형태에 관계없이' 교섭을 요구할 수 있으며, 다만, 초기업단위 노동조합의 경우에는 해당 사업(장) 소속 근로자가 해당 노동조합에 가입한 것이 객관적으로 입증되어야 한다.

❑ 초기업단위 노동조합 가입 인정 예시

- 노동조합이 해당 기업의 조합원 명부를 첨부하는 경우
- 근로자가 은행 등 공신력 있는 금융기관을 통하여 조합비를 납부한 경우
- 해당 노동조합과 사용자가 체결한 단체협약이 있는 경우
- 기타 이에 준하여 객관적으로 노동조합에 가입한 사실이 확인되는 경우

② 노동조합간에 조직대상이 중복되지 않은 경우에도(생산직과 사무직, A공장과 B공장) 모든 노동조합은 교섭을 요구할 수 있으며, 교섭창구단일화 절차에도 참여하여야 한다.

③ 산업별 노동조합 등 초기업단위 노동조합의 지부·분회도 사용자와 교섭하기 위해서는 기업별 노동조합과 동일하게 교섭창구단일화 절차를 거쳐 교섭대표노동조합으로 결정 또는 확정되어야 하므로 교섭대표노동조합으로 결정 또는 확정되지 못한 초기업단위 노동조합의 지부·지회나 기업별 노동조합은 사용자와 교섭할 수 없으며 초기업단위 노동조합의 집단교섭 등의 요구에 대해 사용자가 이를 거부하더라도 부당노동행위에 해당하지 않는다.

④ A산별 노동조합은 기존 80개 기업별 지부에서 획득한 교섭대표권과 신규로 획득한 25개 교섭대표권 등 모두 105개의 교섭대표권을 통해 해당 기업 사용자와 교섭하여 단체협약을 체결하는 것이 가능하며, 또한, 교섭대표권을 획득한 기업의 사용자에 대해 사용자 단체를 구성토록 하여 통일교섭을 요구하는 것도 가능하다. 그러나 교섭대표권을 획득하지 못한 20개 사업(장)의 사용자에 대해서는 단체협약 체결을 위한 교섭을 요구할 수 없다.

〈2011.7.1. 이전〉		〈2011.7.1. 이후〉
A산별노조		A산별노조
• 100개 기업별 지부	➲	• 기존 100개 기업별 지부 중 80개 지부 과반수 지위 확보 • 25개 신규 기업별 지부 과반수 지위 확보

다. 교섭요구 시기

① 교섭창구단일화 절차의 개시를 위한 교섭의 요구는 노조법시행령 제14조의2

에 따라 '단체협약 만료일 이전 3개월이 되는 날부터' 할 수 있으며, 하나의 사업(장)에서 교섭단위가 분리된 경우에는 해당 교섭단위별로 교섭창구단일화 절차가 진행되는 바, 여기서 단체협약이란 임금협약, 단체협약 등 그 명칭을 불문하고 노조법상 단체협약에 해당되는 것은 모두 포함된다.

② 만약, 해당 사업(장)에 2개 이상의 단체협약이 있고, 그 유효기간이 다른 경우에는 먼저 도래하는 단체협약의 유효기간 만료일 이전 3개월이 되는 날이다.

예시 단체협약 유효기간이 2025.4.1 ~ 2027.3.31(2년)이고, 임금협약 유효기간이 2026.1.1 ~2026.12.31(1년)인 경우 ⇒ 최초 도래 임금협약 유효기간 만료일(2026.12.31)이전 3개월이 되는 날인 2026.10.1부터 교섭 요구 가능

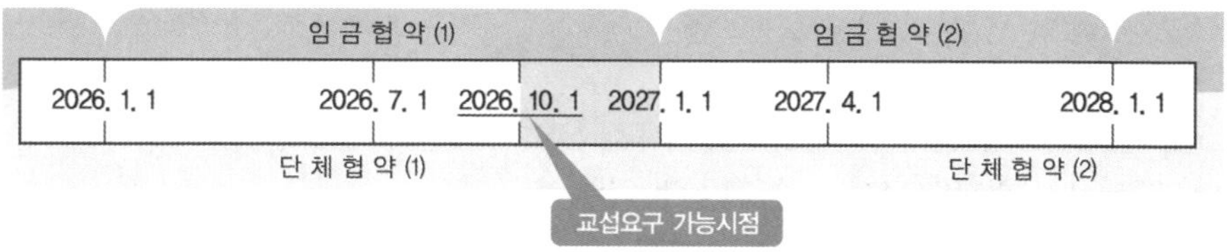

③ 교섭을 요구할 수 있는 시기 이전에 교섭을 요구한 경우 노조법시행령 제14조의2제1항에서 교섭요구 시기를 규정한 취지는 교섭창구단일화 절차 진행에 필요한 시간을 부여함과 동시에 그 기간 이전에 교섭을 요구하는 것은 노조법 제30조의 교섭권한의 남용에 해당하는 것으로 본다는 것이므로 단체협약 유효기간 만료일 3개월 이전에 노동조합이 교섭을 요구하는 경우 사용자는 이를 거부할 수 있다.

라. 교섭요구 방법

① 노동조합은 교섭을 요구하는 때에는 반드시 다음의 사항을 기재한 서면으로 하여야 하며, 이 경우 조합원 수는 해당 사업 또는 사업장(교섭단위가 분리된 경우에는 해당 교섭단위)에 소속된 조합원 수만을 의미한다.

서식 **교섭요구 서면(예시)**

> **○○사 노동조합**
>
> 문서번호 : 노조 제 ○○호
> 시행일자 : 2026.10.1
> 수　　신 : ○○사 대표이사 △△△
> 제　　목 : 교섭 요구
>
> 귀사와 체결한 단체협약의 유효기간 만료일(2026.12.31)이 다가옴에 따라 「노조법시행령」 제14조의2에 의거 단체협약 체결을 위한 교섭을 요구합니다.
>
> - 노동조합의 명칭 : ○○사 노동조합
> - 대표자의 성명 : 위원장 ○ ○ ○
> - 주된 사무소의 소재지 : ○○도 ○○시 ○○로 ○○번지 ○○사 노조사무실
> - 2026.10.1. 현재의 조합원 수 : 170명. 끝.
>
> **○○사 노동조합 위원장** △ △ △

② 교섭요구 사실의 공고

㈎ 교섭 요구를 받은 사용자는 교섭 요구를 받은 날로부터 7일간 교섭요구 사실을 해당 사업(장)의 게시판 등에 공고하여야 하며, 사용자가 해당 사업(장)에 노동조합이 1개만 있는 것으로 알고 있더라도 산업별・지역별 노동조합에 가입된 근로자가 있을 수 있으므로 반드시 교섭요구 사실을 공고하여 교섭창구단일화 절차를 거쳐 교섭대표노동조합을 결정하도록 해야 한다.

㈏ 사용자가 공고를 하지 않은 상태에서 최초로 교섭을 요구한 노동조합과 단체협약을 체결한 경우 노조법 및 시행령에 따른 절차를 거치지 않음으로 인해 해당 협약의 효력이 문제될 수 있으므로 반드시 공고해야 한다.

③ 공고장소

해당 사업 또는 사업장 전체를 대상으로 공고해야 하며, 사업(장)의 게시판은 예시한 것이므로 노동조합과 조합원들이 쉽게 그 사실을 알 수 있는 장소와 방법이라

면 내부 전산망에 공지하는 것도 가능하다. 교섭단위가 분리된 경우에는 해당 교섭단위를 대상으로 공고하면 된다.

④ 공고기간

최초로 노동조합으로부터 교섭을 요구받은 날부터 7일간이며, 초일은 산입하지 않는다.

서식 **사용자의 교섭요구 사실 공고문(예시)**

교섭요구 사실의 공고문

2026.10.1. ○○사 노동조합으로부터 교섭 요구가 있어 그 사실을 아래와 같이 공고하니 우리 회사와 교섭하려는 노동조합은 공고기간(2026.10.1.~10.8.) 내에 우리회사(참조 : 노사협력팀)에 아래 사항을 기재하여 교섭을 요구하시기 바랍니다.

- 교섭을 요구한 노동조합의 명칭 : ○○사 노동조합
- 그 대표자 : 노조위원장 ○ ○ ○
- 교섭요구일자 : 2026.10.1
- 다른 노동조합이 교섭을 요구할 수 있는 기간 : 2026.10.1~10.8
- 교섭 요구시 서면에 기재해야 하는 사항

2026. 10. 1

○○사 대표이사 ○○○

마. 교섭요구 노동조합의 확정 공고 및 통지

① 사용자가 교섭요구 사실에 대한 공고기간(7일)이 끝난 후에 공고기간동안 참가신청을 한 교섭요구 노동조합 등을 확정하여 해당 노동조합에 통지하고, 교섭요구 사실에 대한 공고기간이 끝난 다음날부터 5일간 공고하여야 한다(시행령 제14조의5제1항).

② 공고내용(시행규칙 제10조의4제1항)

㈎ 교섭요구 노동조합의 명칭과 대표자 성명

3일차

㈏ 각각 교섭을 요구한 일자
㈐ 교섭을 요구한 날 현재의 조합원의 수
㈑ 공고 내용이 노동조합이 제출한 내용과 다르게 공고되거나 공고되지 아니한 경우에는 공고기간 중에 사용자에게 이의를 신청할 수 있다는 사실 등을 기재하여야 한다.

서식 사용자의 교섭요구 노동조합의 확정 공고문(예시)

교섭요구 노동조합의 확정 공고문

「노조법시행령」 제14조의5제1항의 규정에 따라 2026.10.1.~10.8. 교섭요구 사실에 대한 공고기간 중 우리 회사에 교섭을 요구한 노동조합에 대하여 아래와 같이 공고합니다.

- 공고기간 : 2026.10.9.~10.14.
- 교섭 요구 노동조합

교섭 요구 노동조합의 명칭	○○사 노동조합	○○노조 ○○사 지회	○○지역노조 ○○사 지부
교섭요구 노동조합 대표자	△△△	○○○	□□□
교섭을 요구한 일자	2026.10.1	2026.10.6	2026.10.7
조합원수(교섭요구일 현재)	170명	80명	50명

- 공고내용이 노동조합이 제출한 내용과 다르게 공고되거나 공고되지 않은 경우에는 공고기간 중에 회사(참조 : 노사협력팀)로 이의를 신청하여 주시기 바랍니다.

2026. 10. 9

○○사 대표이사 ○○○

바. 교섭요구 노동조합 확정에 따른 효과

① 교섭요구 노동조합으로 확정된 노동조합만이 교섭대표노동조합 결정절차에 참여할 수 있다(법 제29조의2, 시행령 제14조의6 등).

② 교섭대표노동조합이 사용자와 교섭하여 체결한 단체협약은 교섭창구단일화 절차에 참여한 노동조합, 즉 확정된 교섭요구 노동조합 전체에 대하여 적용된다(법

제29조제2항).

③ 쟁의행위를 하기 위해서는 확정된 교섭요구 노동조합 전체 조합원 과반수의 찬성이 있어야 한다(법 제41조제1항).

④ 교섭요구 노동조합으로 확정된 노동조합만이 교섭대표노동조합의 공정대표의무 위반 시정신청을 할 수 있다(법 제29조의4).

⑤ 교섭창구단일화 절차에 참여하지 않은 노동조합의 법적 지위

㈎ 확정된 교섭요구 노동조합이 아닌 노동조합이 사용자와 교섭하여 단체협약을 체결하는 것은 허용되지 않는다.

㈏ 노동위원회에 조정신청을 할 수 없으며, 쟁의행위를 할 경우에는 그 정당성이 인정될 수 없다.

3. 교섭대표노동조합 결정 절차

가. 자율적 교섭대표노동조합 결정

(1) 결정방식

교섭요구 노동조합이 확정된 후 노동조합은 교섭요구 노동조합이 확정 또는 결정된 날로부터 14일 이내에 자율적으로 교섭대표노동조합을 정할 수 있으며, 노동조합 간에 자율적으로 교섭대표노동조합을 정하기로 합의할 경우 사용자에게 통지함으로써 교섭대표노동조합으로 확정된다.

(2) 자율적 교섭대표노동조합 결정 후 일부 노동조합이 그 이후의 절차에 참여하지 않을 경우의 효력

자율적 교섭대표노동조합 결정 이후 교섭을 시작하기 전 또는 진행 중 일부 노동조합의 탈퇴 또는 불참은 노동조합간의 합의를 위반하는 것이므로 교섭대표노동조합의 지위는 그대로 유지된다.

나. 과반수 노동조합

(1) 과반수 노동조합의 개념

① 교섭창구단일화 절차에 참여한 노동조합 "전체 조합원의 과반수"를 차지하는 노동조합의 의미이지, 해당 사업(장) "전체 근로자의 과반수"로 조직된 노동조합을 의미하는 것이 아니다. 조합원 수는 교섭요구 노동조합의 확정공고일을 기준으로 산정한다.

② 위임・연합에 의한 과반수 노동조합

과반수의 노동조합이 없더라도 2개 이상의 노동조합이 위임 또는 연합 등의 방법으로 전체 조합원의 과반수가 되는 경우에도 과반수 노동조합으로 인정되며, 위임・연합을 통해 과반수 노동조합으로 인정되어 교섭대표노동조합이 된 이후에 위임・연합의 의사를 철회하더라도 교섭대표노동조합으로서의 지위가 유지된다.

(2) 과반수 노동조합의 통지

과반수 노동조합이라고 주장하는 노동조합은 사용자에게 자신이 전체 조합원의 과반수 이상을 차지하는 과반수 노동조합으로서 교섭대표노동조합이라는 사실을 통지해야 한다.

(3) 사용자의 공고 및 교섭대표노동조합의 확정

사용자는 과반수 노동조합임을 통지 받은 때에는 그 통지를 받은 날부터 5일간 그 내용을 공고하여 다른 노동조합과 근로자가 알 수 있도록 하여야 하며, 교섭대표노동조합으로 확정된 후 조합원 수가 감소하여 과반수가 되지 않더라도 교섭대표노동조합의 지위 유지기간 동안에는 그 지위를 유지한다.

다. 노동위원회에 의한 교섭대표노동조합 결정

① 과반수 노동조합의 공고에 대해 이의가 있는 노동조합은 그 공고기간중에 노동위원회에 이의를 신청할 수 있으며, 노동위원회는 조합원 수를 확정하여 과반수 노동조합을 교섭대표노동조합으로 결정한다.

② 조합원 수 산정 기준시점 : 교섭요구 노동조합의 확정공고일을 기준으로 조합

원 수 산정

③ 2개 이상의 노동조합에 가입한 조합원에 대한 조합원 수 산정방법

㈎ 조합비를 납부하는 노동조합이 1개인 경우 : 그 노동조합의 조합원 수에 숫자 1을 가산

㈏ 조합비를 납부하는 노동조합이 2개 이상인 경우 : 숫자 1을 조합비를 납부하는 노동조합의 수로 나눈 후에 산출된 숫자를 그 조합비를 납부하는 노동조합의 조합원 수에 각각 가산

㈐ 조합비를 납부하는 노동조합이 없는 경우 : 숫자 1을 조합원이 가입한 노동조합의 수로 나눈 후에 그 산출된 숫자를 그 가입한 노동조합의 조합원 수에 각각 가산

4. 교섭대표노조의 공정대표의무

노조법 제29조의4 【공정대표의무 등】 ① 교섭대표노동조합과 사용자는 교섭창구 단일화 절차에 참여한 노동조합 또는 그 조합원 간에 합리적 이유 없이 차별을 하여서는 아니 된다.

소수노동조합의 지위에 있는 원고 조합이 교섭대표노동조합인 피고 조합을 상대로 피고 조합이 사용자인 피고 회사와 연봉제 도입 확대를 협의하고 합의하는 과정에서 절차적 공정대표의무를 위반하였다고 주장하면서 불법행위로 인한 손해배상을 구한 사건에서,

- 피고 조합이 잠정합의안에 대하여 조합원 총회를 갈음하는 대의원회 결의를 거치면서 원고 조합의 대의원이나 조합원들에게 동등하게 해당 절차에 참여할 기회를 부여하지 않은 것은 절차적 공정대표의무 위반이라고 보기 어려우나,
- 단체교섭 과정에서 중요한 사항인 잠정합의안에 관하여 원고 조합에 대해 설명하거나 의견을 수렴하는 절차를 전혀 거치지 않은 것은 절차적 공정대표의무 위반으로 불법행위가 성립한다(대법 2020.10.29, 2019다262582).

3일차

121 단일노조임에도 창구단일화 절차 거칠 경우 대표노조지위인정여부

대법 2017.10.31, 2016두36956

1. 대법 판결(대법 2017.10.31, 2016두36956)

① 노동조합법이 이처럼 복수 노동조합에 대한 교섭창구 단일화 제도를 도입하여 단체교섭 절차를 일원화하도록 한 것은, 복수 노동조합이 독자적인 단체교섭권을 행사할 경우 발생할 수도 있는 노동조합 간 혹은 노동조합과 사용자 간 반목·갈등, 단체교섭의 효율성 저하 및 비용 증가 등의 문제점을 효과적으로 해결함으로써, 효율적이고 안정적인 단체교섭 체계를 구축하는 데에 그 주된 취지 내지 목적이 있다(헌법재판소 2012.4.24, 2011헌마338 결정 참조).

② 이에 비추어 보면, 교섭창구 단일화 제도는 특별한 사정이 없는 한 복수 노동조합이 교섭요구 노동조합으로 확정되고 그중에서 다시 모든 교섭요구 노동조합을 대표할 노동조합이 선정될 필요가 있는 경우를 예정하여 설계된 체계라고 할 수 있다.

③ 나아가 노동조합법 규정에 의하면, 교섭창구 단일화 절차를 통하여 결정된 교섭대표 노동조합의 대표자는 모든 교섭요구노동조합 또는 그 조합원을 위하여 사용자와 단체교섭을 진행하고 단체협약을 체결할 권한이 있다(제29조제2항).

그런데 해당 노동조합 이외의 노동조합이 존재하지 않아 다른 노동조합의 의사를 반영할 만한 여지가 처음부터 전혀 없었던 경우에는 이러한 교섭대표노동조합의 개념이 무의미해질 뿐만 아니라 달리 그 고유한 의의(意義)를 찾기도 어렵게 된다.

④ 결국 위와 같은 교섭창구 단일화 제도의 취지 내지 목적, 교섭창구 단일화 제

도의 체계 내지 관련 규정의 내용, 교섭대표노동조합의 개념 등을 종합하여 보면, 하나의 사업 또는 사업장 단위에서 유일하게 존재하는 노동조합은, 설령 노동조합법 및 그 시행령이 정한 절차를 형식적으로 거쳤다고 하더라도, 교섭대표노동조합의 지위를 취득할 수 없다고 해석함이 타당하다.

2. 결론

① 하나의 사업 또는 사업장 단위에서 유일하게 존재하는 노동조합은, 설령 노동조합법 및 그 시행령이 정한 절차를 형식적으로 거쳤다고 하더라도, 교섭대표노동조합의 지위를 취득할 수 없으므로, 이러한 단수노동조합이 교섭요구노조 확정절차를 거쳐 단체교섭 진행 중에 새 노조가 생길 경우에는, 새로이 교섭창구 단일화 절차를 개시하여야 한다(서울동부지법 2021.6.18, 2021카합10135 / 고용노동부 노조법 질의회시모음집 2020. 322쪽).

② 그러나, 만약 복수 노조가 존재함에도 하나의 노동조합만이 교섭요구 노동조합 확정절차에 참가하여 해당 노조만 교섭요구노조로 확정된 경우에 교섭대표노동조합으로서의 지위를 유지할 수 없다면, 당초 고의적으로 불참한 다른 노동조합은 사용자에게 새로이 교섭을 요구함으로써 결과적으로 교섭창구단일화 제도를 잠탈할 수 있다는 우려가 있으므로 기존 노조에게 배타적 교섭권을 계속 인정하여야 한다는 판례(수원지법 성남지원 2017.12.21, 2017카합50205)가 있다.

122 교섭대표노동조합의 지위유지기간

노조법 시행령 제14조의10 【교섭대표노동조합의 지위 유지기간 등】 ① 법 제29조의2 제2항부터 제5항까지의 규정에 따라 결정된 교섭대표노동조합은 그 결정된 때부터 다음 각 호의 구분에 따른 날까지 그 교섭대표노동조합의 지위를 유지하되, 새로운 교섭대표노동조합이 결정된 경우에는 그 결정된 때까지 교섭대표노동조합의 지위를 유지한다.
1. 교섭대표노동조합으로 결정된 후 사용자와 체결한 첫 번째 단체협약의 유효기간이 2년인 경우 : 그 단체협약의 유효기간이 만료되는 날
2. 교섭대표노동조합으로 결정된 후 사용자와 체결한 첫 번째 단체협약의 유효기간이 2년 미만인 경우 : 그 단체협약의 효력이 발생한 날을 기준으로 2년이 되는 날

② 제1항에 따른 교섭대표노동조합의 지위 유지기간이 만료되었음에도 불구하고 새로운 교섭대표노동조합이 결정되지 못할 경우 기존 교섭대표노동조합은 새로운 교섭대표노동조합이 결정될 때까지 기존 단체협약의 이행과 관련해서는 교섭대표노동조합의 지위를 유지한다.
③ 법 제29조의2에 따라 결정된 교섭대표노동조합이 그 결정된 날부터 1년 동안 단체협약을 체결하지 못한 경우에는 어느 노동조합이든지 사용자에게 교섭을 요구할 수 있다. 이 경우 제14조의2제2항 및 제14조의3부터 제14조의9까지의 규정을 적용한다.

1. 개요

① 교섭창구단일화 제도의 취지상 단체교섭, 쟁의행위 등은 개별 노동조합이 아닌 교섭대표노동조합을 중심으로 이루어져야 하므로 교섭대표노동조합에게 당사자의 지위를 부여하고 있다.

② 따라서 교섭대표노동조합은 독립적으로 단체교섭, 단체협약 체결, 쟁의행위 주도 등의 노조법상 권한과 의무를 가지며, 다만, 교섭대표노동조합은 민주성의 원칙상 교섭창구단일화 절차에 참여한 노동조합의 의사를 합리적으로 반영해야 할 의무를 부담하되, 교섭대표노동조합이 아닌 노동조합은 교섭대표노동조합이 체결한 단체협약의 적용을 거부하거나 독자적으로 쟁의행위에 돌입하는 등의 행위를 할 수 없다.

2. 교섭대표노동조합의 지위유지기간

가. 일반 원칙

① 교섭대표노동조합은 단체협약 유효기간에 관계없이 2년을 기준으로 그 지위를 유지한다.

② 우선, 사용자와 체결한 첫 번째 단체협약의 유효기간이 2년인 경우에는 교섭대표노동조합으로 결정된 날부터 그 단체협약의 유효기간 만료일까지(1호) 그 지위를 유지한다.

예시1 2026.9.1. 교섭대표노조로 결정되어 2026.11.1.~2028.10.31.을 유효기간으로 하는 단체협약을 체결한 경우 : 2026.9.1.~2028.10.31.(2년 2월)

예시2 2026.9.1. 교섭대표노조로 결정되어 그 유효기간을 소급하여 2026.8.1.~2028.7.31.로 하는 단체협약을 체결한 경우 : 2026.9.1.~2028.7.31.(1년 8월)

③ 사용자와 체결한 첫 번째 단체협약의 유효기간이 2년 미만인 경우에는 교섭대표노동조합으로 결정된 날부터 단체협약의 효력이 발생하는 날을 기준으로 2년이 되는 날까지(2호)그 지위를 유지한다.

예 시 2026.9.1. 교섭대표노조로 결정되어 유효기간이 1년(2026.11.1.~2027.10.31.)인 단체협약을 체결한 경우 : 2026.9.1.~2028.10.31.(2년 2월)

나. 1년간 단체협약을 체결하지 못한 경우

① 교섭대표노동조합으로 결정된 후 1년간 사용자와 단체협약을 체결하지 못한 경우에는 어느 노동조합이든지 사용자에게 교섭을 요구함으로써 새로운 교섭대표노동조합을 정하기 위한 교섭창구단일화절차가 개시된다.

② 이는 교섭대표노동조합이 사용자와 1년간 교섭하였음에도 단체협약을 체결하지 못한 것은 교섭대표권한을 행사할 의사가 없거나 해태 또는 그 권한을 남용한 것으로 보아야 하기 때문이다.

다. 사례로 보는 교섭대표노동조합의 유지기간

① 임금협약의 유효기간은 1년(2026.1.1.~2026.12.31.), 단체협약 유효기간은 2년(2026.7.1.~2028.6.30.)으로 유효기간 기산일이 다르고, 교섭창구단일화 절차

개시가 임금협약 유효기간 만료로 인한 경우(교섭대표노동조합 확정일은 2026.11.26.이고, 임금협약은 2026.2.5. 체결하면서 유효기간은 2026.1.1.로 소급하여 1년간으로 정함)

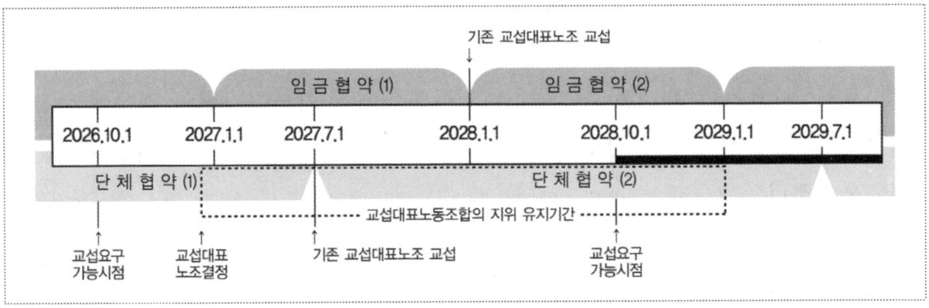

㈎ 교섭대표노동조합의 지위 유지기간 : 2026.11.26.~2028.12.31.

㈏ 체결가능 임·단협 : 단체협약(2), 임금협약(1), 임금협약(2)

㈐ 새로운 교섭대표노동조합 결정절차 개시 가능일 : 2028.10.1. 이후

② 단체협약의 유효기간은 1년 6개월(2026.1.1.~2028.6.30.), 임금협약의 유효기간은 1년(2026.7.1.~2027.6.30.)이고, 교섭창구단일화 절차개시가 단체협약 유효기간 만료로 인한 경우(교섭대표노동조합 확정일은 2026.11.26.이고, 단체협약은 2026.2.5. 체결하면서 유효기간은 2026.1.1.로 소급하여 1년 6개월간으로 정함)

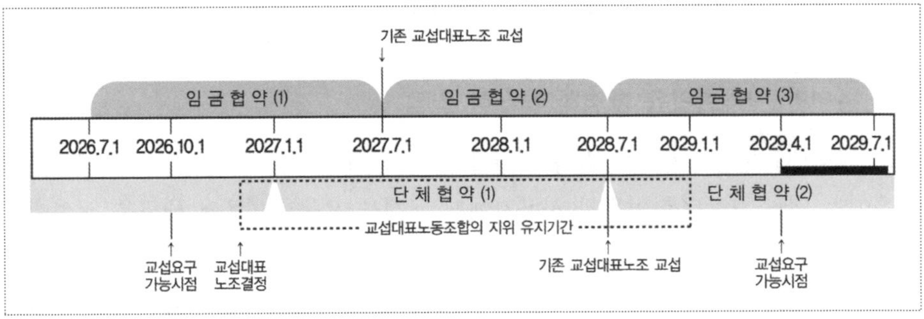

㈎ 교섭대표노동조합의 지위 유지기간 : 2026.11.26.~2028.12.31.

㈏ 체결가능 임·단협 : 단체협약(1), 임금협약(2,3), 단체협약(2)

㈐ 새로운 교섭대표노동조합 결정절차 개시 가능일 : 2029.4.1. 이후

㈑ 2029.1.1. 이후 새로운 교섭대표노동조합이 결정되기 전까지는 지위유지

3. 사업장에서 같은 날에 유효기간 시작일이 다른 단체협약과 임금협약을 동시에 체결한 경우, 교섭대표노동조합의 지위 유지기간 산정 관련 행정해석 변경(2018.1.10, 노사관계법제과-101)

① 기존 우리부는 임금 및 단체협약의 효력발생 시기를 체결일로부터 소급・적용하는 사례가 빈번하게 발생함에 따라 교섭대표노동조합 지위 유지기간이 지나치게 많아지는 상황을 방지하고 안정적인 교섭체계를 구축하기 위하여

- 교섭대표노동조합이 첫 번째로 체결한 단체협약이 두 개 이상인 경우에는 단체협약 효력발생일이 나중에 발생하는 협약을 기준으로 교섭대표노동조합의 지위유지기간을 산정하여야 한다고 판단함.

⇨ 기존 행정해석 : 같은 날에 유효기간의 시작일이 다른 단체협약과 임금협약을 체결한 경우라면 "효력발생일이 나중에 시작되는 단체협약(임금협약 포함)을 기준으로" 교섭대표노동조합의 지위유지 기간을 산정하여야 할 것임.(노사관계법제과-555, 2012.2.12.)

② 최근 대법원이 교섭창구단일화 절차와 관련, 소수 노동조합의 교섭권을 보다 폭넓게 보장하기 위하여 교섭대표노동조합이 첫 번째로 체결한 단체협약이 두 개 이상인 경우에는 "유효기간 시작일이 빠른 단체협약을 기준으로" 교섭대표노동조합의 지위유지기간을 산정하여야 한다고 판결(대법 2017.10.12, 2017마5644)함에 따라, 관련 행정해석을 아래와 같이 변경함.

⇨ 변경 행정해석 : 같은 날에 유효기간의 시작일이 다른 단체협약과 임금협약을 체결한 경우라면 "효력 발생일이 먼저 시작되는 단체협약(임금협약 포함)을 기준으로" 교섭대표노동조합의 지위유지기간을 산정하여야 할 것임.

123 사용자의 중립유지의무와 공정대표의무

부산고법(창원) 2018.12.13, 2018나11667
(대법 2021.8.19, 2019다200386)

노조법 제29조의2제1항 【교섭창구단일화 절차】 ② 제1항 단서(개별교섭)에 해당하는 경우, 사용자는 교섭을 요구한 모든 노동조합과 성실히 교섭하여야 하고, 차별적으로 대우해서는 아니 된다. (2021.7.6. 신설)

노조법 제29조의4 【공정대표의무 등】 ① 교섭대표노동조합과 사용자는 교섭창구 단일화 절차에 참여한 노동조합 또는 그 조합원 간에 합리적 이유 없이 차별을 하여서는 아니 된다.

1. 개별교섭 시, 사용자의 성실교섭 및 중립유지의무

가. 사실관계

① 이 사건 사용자에는 제1노조와 제2노조 등 두 개의 노동조합이 존재하고, 2015년 교섭창구 단일화 절차를 거쳐 다수 노조인 제1노조가 교섭대표노조로서 사용자와 교섭을 하였다. 당시 제2노조 소속 조합원은 사용자를 상대로 통상임금 소송을 제기하였고, 제1노조 조합원은 통상임금 소송을 제기하지 않은 상태였다.

② 사용자는 교섭대표노조인 제1노조와의 단체교섭에서 통상임금 소송을 취하하거나 향후 제기하지 않겠다는 부제소합의를 하면 소취하 격려금(300만 원) 및 무쟁의 장려금(기본급 100%)을 지급하겠다는 제안을 하고, 교섭대표노조가 이를 받아들여 2015.12.경 단체협약이 체결되었다. 이 사건 단체협약은 제1노조와 제2노

조에게 동일하게 적용되었다.

③ 제2노조는 2017년 해당 노조 소속 조합원만이 통상임금 소송을 제기한 상황에서 사용자가 통상임금 소송 취하 및 부제소합의를 무쟁의 장려금의 지급조건으로 삼은 것은 제2노조로서는 받아들일 수 없는 전제조건이므로 해당 단체협약은 합리적 이유 없이 제2노조를 차별한 것으로 사용자의 중립유지의무 위반에 따른 부당노동행위에 해당한다고 주장하며 이 사건 소송을 제기하였다.

나. 판결 요지

(1) 1심 판결(요지)

1심 법원은 이 사건 단체협약은 제1노조와 제2노조 모두에게 동일하게 적용되어 제2노조 조합원 상당수도 무쟁의 장려금을 지급받았다는 등의 이유로 해당 단체협약이 제2노조를 차별하였다고 볼 수 없다고 판단하였다(창원지법 2017가합52453 판결).

(2) 대상판결(2심 판결 : 부산고법 2018.12.13, 2018나11667)(요지)

① 복수노조 하의 부당노동행위 판단기준으로서 개별교섭에 적용되는 중립유지의무에 관한 법리에 따르면 사용자가 복수노조 하의 각 노동조합에 동일한 내용의 조건을 제시하고, 그 내용이 합리적·합목적적이라면 원칙적으로 부당노동행위의 문제가 발생하지 않는다. 그러나 사용자가 특정 노동조합의 약체화를 꾀하기 위하여 해당 노동조합의 입장에서 받아들이기 어려울 것으로 예상되는 전제조건을 제안 및 고수하고, 다른 노동조합은 그 전제조건을 받아들여 단체교섭이 타결되었으나, 해당 노동조합은 이를 거절하여 단체교섭이 결렬된 경우, 그와 같은 전제조건이 합리적·합목적적이라 볼 수 없다면 이는 사용자의 중립유지의무 위반으로 부당노동행위에 해당한다.

② 이 사건에서 무쟁의 장려금을 통상임금 소송의 부제소 격려금과 결부시키는 내용의 단체협약은 원고들에 대한 관계에서 받아들이기 어려운 전제조건 일뿐만 아니라 합리성이 있다고 볼 수도 없으므로 원고들에 대한 사실상 차별에 해당하며, 이는 사용자의 중립의무 위반으로서 부당노동행위에 해당한다(부산고법(창원) 2018

3일차

나11667 판결).

2. 교섭창구 단일화 시, 사용자의 공정대표의무

가. 교대노조를 제외하고 사용자만을 공정대표의무 위반으로 문제 삼을 수 있는지(적극)

(1) 소수노조의 공대의무위반 시정신청

회사는 노동조합들이 이용할 수 있도록 차량을 제공하면서 각 노동조합별 차량 이용 방식에 대해 교대노조와 합의하고 이를 이행했는데, 소수노조는 이러한 차량 배분 방식이 공정대표의무 위반이라고 주장하며 회사만을 상대로 노동위원회에 공정대표의무 위반 시정신청을 했다.

(2) 회사의 주장

공정대표의무는 기본적으로 교대노조가 부담하는 것이라는 입장 하에서 회사는 차량 배분은 회사와 교대노조 간 합의에 따른 것이어서 교대노조 동의 없이 회사가 단독으로 그 내용을 변경할 수 없고, 회사가 교대노조 없이 단독으로 공정대표의무 위반의 주체가 될 수는 없다고 주장했다.

(3) 판결

① 노동조합법 제29조의4 제1항이 문언상 공정대표의무의 주체를 교대노조와 사용자로 규정하고 있고 달리 사용자가 단독으로 공정대표의무의 주체가 될 수 없다고 해석하기는 어려운 점,

② 회사가 노동조합 간 차량 이용 시간, 대수 등 배분 방법을 교대노조에게 일임하지 않고 배분 방식을 직접 제안한 점 등의 사정을 들어 회사도 독자적으로 의무 주체가 될 수 있고, 사용자만이 공정대표의무 위반 시정신청의 피신청인이 되는 데에 문제가 없다(서울행법 2021.8.19, 2020구합69816).

나. 사용자는 소극적 중립의무만을 부담하는지 여부

(1) 사용자의 적극적 공대의무를 인정한 판례

근로시간 면제 제도를 도입하기로 합의한 이상 공정대표의무를 부담하는 사용자로서는 근로시간 면제 시간의 분배가 소수 노동조합에 대해서도 조합원 수 등을 고려해 형평성 있게 적용되도록 해야 하고, 경우에 따라서는 소수 노동조합이 받는 불합리한 차별을 제거하기 위해 적극적인 노력을 해야 한다(서울고법 2019.8.30, 2019누36829 판결).

(2) 소극적 공대의무만을 인정한 판례

사용자가 소수노조의 2020.6. 체크오프 조합원 수만을 기준으로 소수노조에 대해 이 사건 한도 배분을 하면서, 그에 대한 2020.6.24.자 소수노조의 이의 제기를 수용하지 아니한 행위가, 사용자로서 2019년 단체협약의 이행과 관련하여 소수노조를 합리적 이유 없이 차별함으로써 공정대표의무를 위반한 경우에 해당한다고 볼 수는 없다(대법 2025.5.15, 2022두64693, 포스코홀딩스 사건).

다. 교대노조와 체결한 단체협약의 문언도 문제가 될 수 있는지

(1) 소수노조의 문제제기

회사는 적법한 교섭창구 단일화 절차를 거쳐 선정된 교대노조의 요구안에 따라 단체협약을 체결했는데 추후 소수노조가 단체협약의 내용이 공정대표의무 위반에 해당한다며 문제 삼을 가능성이 있다.

(2) 문제의 소지 : A 일렉트로닉스의 사례

단체협약 내용 중,

i) 휴직 사유가 발생할 경우 "노사가 협의"해 결정할 수 있도록 한다.

ii) "노사" 각 5인으로 구성되는 고용안정위원회를 설치하도록 한다.

iii) 생산 부문의 일부를 용역 또는 외주, 하도급으로 전환하고자 할 때는 사전에 "조합"과 합의하도록 한다는 등의 조항을 두고 다른 조항에서 '심의결정 및 노사협의, 노사합의의 주체가 되는 노동조합은 교섭대표노동조합을 말한다'고 규정한 부

3 일차

분(단체협약 제103조).

(3) 대상판결

① 서울행법 2016.6.9, 2015구합77745

위 단체협약 제103조에서 교대노조에게만 협의 등의 권한을 부여하고 있는 사항들은 노동조합법이 교대노조의 권한으로 열거하고 있는 사항들에 해당하지 않는다고 봤다. 이에 더해 위 사항들은 근로조건 자체를 실체적 내용 면에서 통일적으로 규정하고 있는 것이 아니라 향후 근로조건에 영향을 미칠 수 있는 사안이 발생할 경우 노사 간의 협의절차 등을 정하고 있으므로 이러한 경우에는 단체협약에 공정한 절차 규정을 마련하는 것 자체가 공정대표의무의 내용이 된다고 봐야 하고, 소수 노동조합의 조합원의 신분이나 인사와 관련된 사항에 대해서는 더욱 그러하다.

② 대법 2019.10.31, 2017두37772

단체협약 체결 후의 추가 합의·협의나 근로조건의 심의 결정 등에까지 교대노조의 대표권이 미치도록 정한 단체협약은 소수노조나 그 조합원들을 합리적인 이유 없이 차별하는 것으로서 공정대표의무에 반한다.

(4) 또 다른 판례 : 서울남부지법 2020.9.24, 2019나66598

단체협약의 "회사는 별도의 절차 없이 피고 ○○노동조합(교대노조)의 단체 교섭권을 보장하며 교섭창구 단일화 대상에 포함시키지 아니한다"는 내용, "회사는 조합원이 근무시간 중 지역자동차노동조합 대의원회(교대노조 관련)에 참석하는 시간을 근무시간으로 인정한다"는 내용이 단순히 추상적, 선언적 규정에 그친다고 볼 수 없고 이는 교섭창구 단일화 절차, 노조 활동 등에서 합리적인 이유 없이 소수노조를 차별하는 조항으로 공정대표의무에 위반되는 규정이다.

라. 교섭대표노조의 창립일만 유급휴일로 지정한 단체협약은 합리적 이유 없는 차별로서 공정대표의무 위반에 해당한다(대법 2024.2.29, 2023다285193).

마. 사용자의 공정대표의무 위반에 대한 손해배상책임 관련 판례

(1) 부산지법 동부지원 2020.10.13, 2018가단208576

사용자의 공정대표의무 위반에 대해 소수노조가 회사를 상대로 손해배상책임을 묻거나 위자료를 청구할 가능성이 있다. 구체적인 사례로, 소수노조에 근로시간 면제 한도를 전혀 배분하지 않거나 불과 26시간만 배분했고, 교대노조에게는 사업장 내 사무실을 제공하면서 소수노조에게는 노동조합 사무실을 전혀 제공하지 않아 공정대표의무 위반이 인정됐고 이에 더해 회사의 불이익 취급의 부당노동행위가 문제 된 사례에 대해 법원은 회사가 소수노조에 불법행위로 인한 손해배상금으로 2,000만 원을 지급해야 한다.

(2) 서울남부지법 2020.9.24, 2019나66598

단체협약의 조항이 소수노조를 차별하는 내용이므로 공정대표의무 위반에 해당하고, 해당 조항으로 인해 소수노조의 손해가 구체적으로 현실화되지 않았다고 하더라도 그 차별적인 내용의 존재만으로 소수노조의 교섭력 내지 단결력을 약화시킬 수 있다는 점에서 소수노조에게 비재산적 손해가 발생했다고 인정했다. 서울남부지방법원은 사용자의 공정대표의무 위반에 더해 부당노동행위의 내용, 불법행위에 이르게 된 경위, 그 위반의 정도 등을 고려해서 회사가 소수노조에게 손해배상금으로 1,000만 원을 지급해야 한다.

(3) 대전지법 2021.4.20, 2020나108828

회사가 소수노조에게 노동조합 사무실을 제공하지 않은 것은 공정대표의무 위반이나, 회사는 소수노조 및 교대노조와 협의해 소수노조에게 적절한 위치·크기의 노동조합 사무실을 제공할 의무를 부담할 뿐 소수노조가 요구하는 특정한 금액의 노동조합 사무실의 비품 구입비·전기세·통신비·상하수도요금을 지급할 의무가 있는 것은 아니므로 소수노조가 청구한 사무실 임대료, 비품 구입비, 전기세, 통신비, 상하수도요금 청구 부분은 기각하고, 위자료로 500만 원만 지급하면 된다.

124 복수노조에서의 개별교섭제도

대구지법 2011.6.29, 2010구합3420

노조법 제29조의2제1항 【교섭창구단일화 절차】 ① 하나의 사업 또는 사업장에서 조직형태에 관계없이 근로자가 설립하거나 가입한 노동조합이 2개 이상인 경우 노동조합은 교섭대표노동조합(2개 이상의 노동조합 조합원을 구성원으로 하는 교섭대표기구를 포함한다. 이하 같다)을 정하여 교섭을 요구하여야 한다. 다만, 제3항에 따라 교섭대표노동조합을 자율적으로 결정하는 기한 내에 사용자가 이 조에서 정하는 교섭창구 단일화 절차를 거치지 아니하기로 동의한 경우에는 그러하지 아니하다.
② 제1항 단서에 해당하는 경우 사용자는 교섭을 요구한 모든 노동조합과 성실히 교섭하여야 하고, 차별적으로 대우해서는 아니 된다. (2021.7.6. 신설)

1. 개별교섭 동의 기한과 방법

개별교섭을 하기 위해서는 교섭요구 노동조합이 확정된 때부터 14일 이내에 사용자가 개별교섭에 대한 동의를 하여야 하며, 해당기간 내에 사용자의 동의가 없거나, 자율적으로 단일화가 이루어지지 않으면 과반수 노동조합이 교섭대표권을 갖게 되는 단계로 전환된다.

2. 개별교섭 동의 기한의 의미

① 개별교섭 동의는 1사 1교섭 원칙의 교섭창구단일화 원칙에 대한 예외로 인정되는 것이므로 노조법 제29조의2제1항 단서에 따른 개별교섭 동의 기한은 강행규정에 해당하여 교섭요구 노동조합이 확정된 경우에만 사용자의 개별교섭 동의가 허용된다.

② 노조법 제29조의2제1항의 '기한 내'의 의미는 '시행령 제14조의5에 따라 교섭요구 노동조합이 확정 또는 결정된 날'로부터 '14일이 되는 날'까지를 의미한다.

③ 따라서, 해당 기한(교섭요구 노동조합이 확정된 날부터 14일간) 외에 노사가 교섭창구단일화를 하지 않고 개별교섭하기로 합의하였다 하더라도 이는 강행규정을 위반한 것으로 효력이 없다.

④ "복수노조가 존재하는 경우 거쳐야 하는 교섭창구단일화절차에 있어서, 사용자가 노조법 제29조의2제1항 단서가 정한 교섭창구단일화절차를 거치지 아니하기로 하는 동의는, 노조법시행령 제14조의6제1항이 정한 기한 즉 '교섭을 요구한 노동조합이 확정 또는 결정된 날부터 14일이 되는 날까지 사이의 기간' 중에 한하여 할 수 있을 뿐, 위 기간이 도래하기 전에 미리 할 수는 없다. 따라서 교섭창구단일화절차 배제조항은 노조법 제29조제2항, 제29조의2제1항에 위반되어 위법하다" (대구지법 2011.6.29, 2010구합3420).

3. 개별교섭 동의의 효과

가. 동의에 따른 효과

사용자가 개별교섭에 동의한 경우에는 확정된 교섭요구 노동조합은 각각 사용자와 교섭하여 단체협약을 체결할 수 있으며, 이 경우 개별교섭 동의에 의해 사용자가 교섭의무를 부담하는 노동조합은 '확정된 교섭요구 노동조합'이므로 교섭요구 노동조합 확정 이후 신설된 노동조합이나 교섭창구단일화 절차에 참여하지 않은 기존 노동조합에 대한 사용자의 교섭의무는 없다.

나. 동의의 효력기간

동의의 효력은 그에 따라 체결된 단체협약의 유효기간 만료일까지만 유효하고, 그 동의 후 신설된 노동조합 등 확정된 교섭요구 노동조합이 아닌 경우에는 먼저 도래하는 단체협약의 유효기간 만료일 이전 3개월이 되는 날부터 교섭을 요구할 수 있다.

125 사업(장)내 복수노조 교섭단위분리제도

노조법 제29조의3 【교섭단위 결정】 ① 제29조의2에 따라 교섭대표노동조합을 결정하여야 하는 단위(이하 "교섭단위"라 한다)는 하나의 사업 또는 사업장으로 한다.
② 제1항에도 불구하고 하나의 사업 또는 사업장에서 현격한 근로조건의 차이, 고용형태, 교섭 관행 등을 고려하여 교섭단위를 분리하거나 분리된 교섭단위를 통합할 필요가 있다고 인정되는 경우에 노동위원회는 노동관계 당사자의 양쪽 또는 어느 한쪽의 신청을 받아 교섭단위를 분리하거나 분리된 교섭단위를 통합하는 결정을 할 수 있다.

1. 의의

① 교섭단위란 단체교섭의 단위와 구조를 결정하는 기준으로, 노조법 제29조의3에 의거 교섭창구를 단일화하여야 하는 단위, 즉 교섭대표노동조합을 결정하여야 하는 단위를 말한다.
② 교섭단위는 하나의 사업 또는 사업장이 원칙이나, 당사자의 신청에 의해 현격한 근로조건의 차이, 고용형태, 교섭관행 등을 고려하여 노동위원회 결정으로 교섭단위를 분리할 수 있다.

2. 교섭단위 분리 결정

가. 신청주체 및 신청시기

① 교섭단위 분리 결정은 노동관계 당사자의 양쪽 또는 어느 한쪽이 신청할 수 있다.
② 교섭단위 분리결정은 교섭대표노동조합 결정의 선행 절차에 해당하므로 양 절차가 중복되는 경우 교섭단위 분리 여부에 따라 교섭대표노동조합이 달라지는 등

혼란이 초래되므로 이를 감안하여 ㈎ 사용자의 교섭요구 사실 공고 전, 또는 ㈏ 교섭대표노동조합 결정 이후에 신청할 수 있도록 규정하고 있다(시행령 제14조의11).

3. 노동위원회의 교섭단위 분리 결정기준

① 노동위원회는 현격한 근로조건의 차이, 고용형태, 교섭관행 등을 종합적으로 고려하여 교섭단위 분리를 결정하여야 한다(법 제29조의3제2항).

② 외국에서는 근로조건의 차이 외에 노사 당사자의 의견, 이해관계의 공통성(community of interest)을 판단기준으로 활용하고 있으나, 우리나라의 경우는 사용자의 동의에 의한 개별교섭을 허용하고 있으므로 교섭단위 분리기준은 노사당사자의 의견 등 주관적인 요소는 배제하고 근로조건의 차이 등 객관적인 요소와 교섭단위 분리 필요성 등을 동시에 고려해야 한다.

③ 교섭창구 단일화 제도의 취지 고려

"상용직 근로자들과 그 외 직종 근로자들 사이의 근로조건 및 고용형태상 차이와 그 정도, 기존 분리 교섭 관행 등에 비추어 보면, 이 사건 노동조합(전국공공운수사회서비스노동조합)이 별도로 분리된 교섭단위에 의하여 단체교섭권을 행사하는 것을 정당화할 만한 사정이 존재하고, 이로 인하여 ○○도시관리공사 노동조합이 교섭대표노동조합으로서 상용직 근로자들을 계속 대표하도록 하는 것이 오히려 노동조합 사이의 갈등을 유발하는 등 근로조건의 통일적인 형성을 통해 안정적인 교섭체계를 구축하고자 하는 교섭창구 단일화 제도의 취지에도 부합하지 않는 결과를 발생시킬 수 있는 경우로 판단된다. 따라서 원고 사업 내 상용직 근로자들에 대하여는 노동조합법 제29조의3 제2항에서 규정하고 있는 교섭단위를 분리할 필요성이 인정된다"(대법 2018.9.13, 2015두39361).

4. 교섭단위 분리결정의 효과

① 노동위원회의 교섭단위 분리결정 통보를 받은 노동조합은 각각의 교섭단위별로 교섭대표노동조합의 결정 절차를 진행하여야 한다.

② 근로시간면제 한도는 해당 사업 또는 사업장의 전체 조합원 수를 기준으로 적

용(법 제24조제4항)되므로 교섭단위 분리와 관계없다.

5. 최근 노동위의 사무직군과 기능직군의 교섭단위 분리 사례분석

가. 사례

(1) 위니아대우 사건(중앙2019단위20 결정)(소극)

① 현격한 근로조건의 차이 여부

사무직 연봉제와 기능직 호봉제 임금체계의 차이, 임금항목의 차이에 관해서 일반적인 사무직과 기능직 사이의 근로조건 차이는 해당 직군에 따라 효율적이고 적합하게 임금체계를 일부 수정한 것일 뿐 이것만으로 근로조건의 현격한 차이라고 보기 어렵다. 사무직과 기능직은 어느 정도 규모가 있는 사업장에서 나타날 수 있는 일반적인 직군 분화로서, 사무직과 기능직 각 직군의 특성에 따라 일부 수정한 임금체계의 차이는 그 정도가 크지 않고 그 차이가 교섭창구 단일화 제도의 예외를 인정할 만큼 본질적 기초를 달리하고 있다고 보기 어렵다.

② 유의미한 고용형태의 차이 여부

고용형태 중 직급체계의 차이에 관해, 사무직과 기능직 사이에 직급체계가 다르다고 해서 고용형태가 다르다고는 보기 어려워 달리 교섭단위를 분리할 정도로 중대한 차이는 아니다.

③ 그 밖의 교섭단위 분리 필요성

사무직과 기능직으로 교섭단위를 분리할 경우에 근로조건이 점점 차이가 발생하게 될 것이고 교섭단위 분리로 인한 교섭 효율성의 저하와 비용의 증가 등 부작용이 발생할 우려가 있는데다가 소수 노동조합의 근로조건은 교섭대표노동조합에 대한 공정대표의무 부과에 의해서도 보호될 수 있으므로 교섭단위 분리만이 그 유일한 해결책은 아니다.

(2) 코레일네트웍스 사건(서울2021단위2, 중앙2021단위13 결정)(적극)

① 현격한 근로조건의 차이 여부

일반직과 현업직 사이에는 근무장소(일반직은 본사로 한정, 현업직은 전국의 주요 역사 등), 임금체계(일반직은 연봉제와 임금피크제, 현업직은 월급제), 근무시간

(일근제, 교대제) 등에 차이가 존재했다.

② 유의미한 고용형태의 차이 여부

일반직과 현업직은 채용절차, 정년, 직제규정상 정원 및 보직에 차이가 존재했다.

③ 교섭관행

신청인 노동조합은 2020.5.8. 설립돼 교섭에 참여한 적이 없고 일반직의 근로조건에 관해 개별교섭을 한 관행은 존재하지 않으나, 신청인 노동조합과 사용자 사이에 사무실 등 채무적 부분에 대해 합의한 사실이 있다.

④ 노사 간 안정적이고 효율적인 교섭을 위한 교섭단위 분리 필요성

일반직의 직원 수는 현업직에 비해 절대적으로 소수인 관계로 일반직만을 조직대상으로 하는 신청인 노동조합이 향후 교섭대표노동조합으로 결정될 가능성이 낮다. 일반직과 현업직 간의 직종의 특성으로 인해 근로조건과 고용형태에 분명한 차이가 있으므로 단체교섭 시 의제나 우선순위 등이 첨예하게 대립하는 등 이해관계를 달리할 수밖에 없다. 이러한 상황에서 교섭대표노동조합은 현업직만 가입돼 있고 일반직의 근로조건에 대해 사용자와 합의한 바 없으므로, 교섭대표노동조합이 일반직의 이해와 요구사항을 충분히 배려하지 못할 것으로 판단된다. 사용자와 나머지 노동조합은 교섭단위 분리에 반대 의견을 표명하지 않았다.

(3) LG전자 사건(서울2021단위5 결정, 중앙2021단위14 결정)(소극)

사무직과 기능직 사이에 동일한 취업규칙이 적용되므로 근로조건과 고용형태에 큰 차이가 없는 점, 임금체계와 평가제도에 다소 차이가 있으나 이는 사무직과 기능직 업무의 고유한 특성에서 비롯된 것인 점, 별도 교섭 관행이 존재하지 않는 점, 일반적으로 사업을 경영함에 있어 제조업의 경우 그 사업의 특성에 맞게 여러 직군의 근로자가 혼재하고 있는 점을 감안하면 사무연구직만을 분리해 달라는 신청이 인용될 시 교섭단위 분리 제도를 교섭창구 단일화의 예외로 규정한 노동조합법의 취지를 형해화시킬 우려가 있는 점 등을 고려해 교섭단위 분리 신청을 기각했다.

나. 사무직군과 기능직군의 교섭단위 분리 판단 시 고려사항

(1) 근로조건과 고용형태

① 동일한 내용의 취업규칙이 적용되는 이상 교섭단위 분리의 가능성은 낮다(위니아대우 사건과 LG전자 사건).

② 근로조건이나 고용형태에 일부 직군 간 차이가 있더라도 일반적인 사무직과 기능직의 담당 업무상 특성을 반영한 직군 분화 및 그에 따른 차이는 교섭단위를 분리할 정도로 본질적이고도 현격한 차이가 되기 어렵다(위니아대우 사건).

(2) 분리의 필요성

① 소수직군의 이해관계가 대표될 수 있는지 여부도 함께 고려된다(코레일네트웍스 사건, 위니아대우 사건). 만약 직군 간 동일한 내용의 취업규칙이 적용되고 있다면 이해관계의 대표 문제는 크지 않다. 교섭대표노동조합이 회사와 교섭해 성취한 과실은 취업규칙 개정(또는 소수 노동조합이 교섭참여노동조합인 경우 노조법 제29조 제2항에 의한 단체협약의 효력 적용)으로 소수직군의 근로자들 또한 누리게 될 가능성이 매우 높기 때문이다. 취업규칙에 성과급이나 상여금 제도, 정년, 채용형태, 각종 복리후생 등이 동일하게 규정된 경우 특히 그러하다(위니아대우 사건, LG전자 사건).

② 이외에 교섭대표노동조합이 소수직군 근로자의 가입 및 조합활동에 우호적인 태도인지, 교섭대표노동조합이 소수직군 근로자의 이해관계에 관한 사항을 회사와 협의한 사정이 있는지, 소수 노동조합이 적극적으로 조합원을 모집할 경우 교섭대표노동조합이 될 가능성이 있는지 등도 분리의 필요성에 종합적으로 고려된다(코레일네트웍스 사건, 위니아대우 사건).

(3) 교섭창구 단일화 제도의 취지

① 일반적으로 사업을 경영함에 있어 제조업의 경우 그 사업의 특성에 맞게 사무·관리직과 그 외 제조·판매직 등 그 외 다른 직군의 근로자가 혼재해 근무하고 있음을 감안해야 한다(LG전자 사건). 만약 여러 직군이 혼재하고 있음에도 다소간의 차이를 이유로 사무직만의 교섭단위를 분리하게 되면 나머지 직군의 교섭단위도 마찬가지로 분리를 막기 힘들 것이다. 그 결과 노동조합의 세력이 분열되고 결

국 사용자와 대등한 입장에 설 수 있는 실질적 교섭력 확보를 목적으로 하는 교섭창구 단일화 제도의 근본 취지가 허물어질 우려가 있다.

② 최근 하급심 판결에서도 "근로복지공단 내 콜센터 공무직의 교섭단위를 분리해 달라는 청구를 기각하면서, 같은 회사 소속 근로자라도 담당하는 업무의 특성에 따라 근로조건과 고용형태가 조금씩 다르게 형성될 수밖에 없고, 근로조건과 고용형태에 다소간의 차이가 있다는 이유만으로 교섭단위 분리를 인정할 경우 개별교섭을 원하는 세부 직군과 노동조합별로 교섭단위가 분리돼 교섭창구 단일화 제도가 형해화될 위험성을 배제할 수 없다"(서울행법 2020.8.13, 2020구합50188 소 확정)고 판단하였다.

3일차

126 원 · 하청노조 교섭단위 분리 및 복수하청노조간 교섭창구단일화절차

노조법 시행령 제14조의3 【노동조합 교섭요구 사실의 공고】 ① 사용자는 노동조합으로부터 제14조의2에 따라 교섭 요구를 받은 때에는 그 요구를 받은 날부터 7일간 그 교섭을 요구한 노동조합의 명칭 등 고용노동부령으로 정하는 사항을 해당 사업 또는 사업장의 게시판 등에 공고하여 다른 노동조합과 근로자가 알 수 있도록 하여야 한다.
② 노동조합은 사용자가 제1항에 따른 교섭요구 사실의 공고를 하지 아니하거나 다르게 공고하는 경우에는 고용노동부령으로 정하는 바에 따라 노동위원회에 시정을 요청할 수 있다.
③ 노동위원회는 제2항에 따라 시정 요청을 받은 때에는 그 요청을 받은 날부터 10일 이내에 그에 대한 결정을 하여야 한다. (10일 연장가능 : 2025.11. 입법예고)

노조법 시행령 제14조의5 【교섭 요구 노동조합의 확정】 ① 사용자는 제14조의3제1항에 따른 공고기간이 끝난 다음 날에 제14조의2 및 제14조의4에 따라 교섭을 요구한 노동조합을 확정하여 통지하고, 그 교섭을 요구한 노동조합의 명칭, 그 교섭을 요구한 날 현재의 종사근로자인 조합원 수 등 고용노동부령으로 정하는 사항을 5일간 공고해야 한다.
② 제14조의2 및 제14조의4에 따라 교섭을 요구한 노동조합은 제1항에 따른 노동조합의 공고 내용이 자신이 제출한 내용과 다르게 공고되거나 공고되지 아니한 것으로 판단되는 경우에는 제1항에 따른 공고기간 중에 사용자에게 이의를 신청할 수 있다.
③ 사용자는 제2항에 따른 이의 신청의 내용이 타당하다고 인정되는 경우 신청한 내용대로 제1항에 따른 공고기간이 끝난 날부터 5일간 공고하고 그 이의를 제기한 노동조합에 통지하여야 한다.
④ 사용자가 제2항에 따른 이의 신청에 대하여 다음 각 호의 구분에 따른 조치를 한 경우에는 해당 노동조합은 해당 호에서 정한 날부터 5일 이내에 고용노동부령으로 정하는 바에 따라 노동위원회에 시정을 요청할 수 있다.
⑤ 노동위원회는 제4항에 따른 시정 요청을 받은 때에는 그 요청을 받은 날부터 10일 이내에 그에 대한 결정을 하여야 한다. (10일 연장가능 : 2025.11. 입법예고)

노조법 시행령 제14조의11 【교섭단위 결정】 ③ 노동위원회는 교섭단위를 분리하거나 분리된 교섭단위를 통합하는 결정을 하는 경우, 다음 각 호의 사항들을 고려하여 교섭단위를 분리하거나 분리된 교섭단위를 통합할 필요가 있는지 여부를 판단하여야 한다. (신설 : 2025.11. 입법예고)

1. 업무의 성질 · 내용, 작업방식, 작업환경, 노동강도, 책임비중, 임금체계 · 구성항목 · 지급방법, 근무시간, 휴일 · 휴가, 복리후생, 보수 · 복무규정 등 현격한 근로조건의 차이
2. 계약형태 · 방식, 직종, 채용방법, 정년, 인사교류 등 고용형태
3. 노동조합 조직 범위, 노동조합의 가입 대상 및 조합원 자격, 이에 따른 기존의 단체교섭 등 노사 간 협의 여부 및 방식, 단체교섭 대상의 적용범위 등 교섭 관행
4. 근로자 간 이해관계의 공통 또는 유사성, 다른 노동조합에 의한 이익 대표의 적절성, 통일적 근로조건 형성의 필요성, 안정적 교섭체계 구축 가능성, 교섭단위 유지 시 노동조합 간 갈등 유발 및 노사관계 왜곡 가능성, 당사자들의 의사를 고려하는 것이 교섭단위 분리 또는 통합의 취지를 실현할 수 있는 특별한 사정이 있는 경우

1. 원청과 하청노조간 교섭절차 원칙

가. 하청노조에서 교섭단위 분리신청을 하지 않을 경우 : 자율교섭

원청 교섭단위에서 원청노조와 하청노조간 합의하에 자율교섭 또는 공동교섭하도록 고용노동부에서 행정지도

나. 하청노조에서 교섭단위 분리신청을 할 경우

① 특정 하청노조가 노동위원회에 교섭단위 분리신청

② 노동위원회에서 교섭단위 분리여부 심의 · 결정

- 원청기업은 재심신청 · 행정소송 제기 가능하나, 노동위결정의 효력은 중단되지 않음

③ 노동위원회에서 분리결정 시, 특정 하청노조가 원청기업에 교섭요구

④ 원청기업은 특정 하청노조의 교섭요구사실을 7일간 공고의무

- 원청기업이 특정하청노조의 교섭요구 사실공고를 하지 않거나 다르게 공고한 경우 시정요청
- 노동위원회가 위 시정요청에 대해 심의 · 결정(20일 내)

3일차

- 원청기업은 재심신청·행정소송 제기 가능하나, 노동위결정의 효력은 중단되지 않음

⑤ 다른 하청노조가 원청에 교섭요구(참여)신청

⑥ 원청기업의 교섭요구(참여)노조 확정공고(5일)

- 원청기업이 교섭요구노조 확정공고를 하지 않거나 다르게 공고한 경우 시정요청
- 노동위원회가 참여노조 적정성 여부를 판단하여 참여노조 결정(20일 내)
- 원청기업은 재심신청·행정소송 제기 가능하나, 결정의 효력은 중단되지 않음

⑦ 교섭대표노조 결정

- 자율적 단일화 → 과반수 노조 → 공동교섭대표단 구성

⑧ 원청기업이 교섭대표노조에 대해 교섭거부 시, 부당노동행위 구제절차

- 지방노동위원회 → 중앙노동위원회 → 행정소송

2. 하청노조 교섭단위분리(또는 통합) 결정기준

교섭단위분리 결정기준	판단요소
1. 현격한 근로조건 차이	① 업무의 성질·내용, ② 작업방식, ③ 작업환경, ⑤ 노동강도, ⑥ 책임비중, ⑦ 임금체계·구성항목·지급방법, ⑧ 근무시간, 휴일·휴가, ⑨ 복리후생, ⑩ 보수·복무규정 등
2. 고용형태	① 계약형태·방식, ② 직종, 채용방법, ③ 정년, ④ 인사교류 등
3. 교섭관행	① 노동조합 조직 범위, ② 노동조합의 가입 대상 및 조합원 자격, ③ 이에 따른 기존의 단체교섭 등 노사 간 협의 여부·방식, ④ 단체교섭 대상의 적용범위 등
4. 기타 특별한 사정	① 근로자 간 이해관계의 공통 또는 유사성, ② 다른 노동조합에 의한 이익 대표의 적절성, ③ 통일적 근로조건 형성의 필요성, ④ 안정적 교섭체계 구축 가능성, ⑤ 교섭단위 유지 시 노동조합 간 갈등 유발 및 노사관계 왜곡 가능성, ⑥ 당사자들의 의사를 고려하는 것이 교섭단위 분리 또는 통합의 취지를 실현할 수 있는 특별한 사정이 있는 경우

3. 하청노조 교섭단위분리(또는 통합) 유형 예시

가. 직무 · 이해관계 · 노조특성이 현저히 상이할 경우 : 개별 하청노조별 분리

나. 직무 · 이해관계 · 노조특성이 유사한 하청이 존재할 경우 : 직무 등 유사 하청노조 단위별 분리

다. 전체 하청노조의 특성이 유사하여 근로조건 통일 필요성이 존재할 경우 : 전체 하청노조 단위로 분리

그림 하청노조 교섭단위분리(또는 통합) 유형 예시

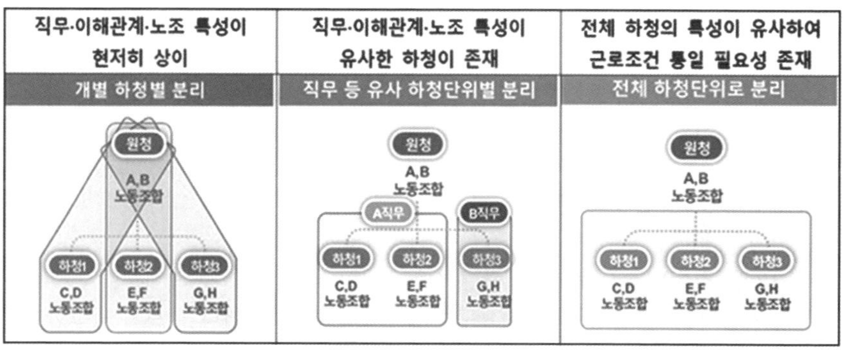

그림 직무별 교섭단위(예시)

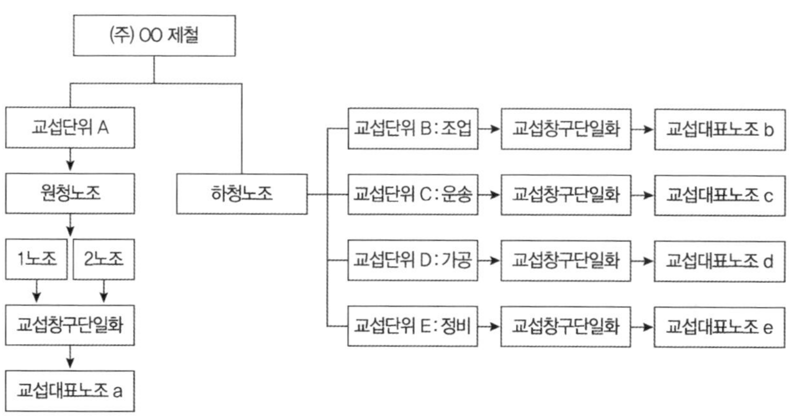

그림 하청노조간 교섭단위 분리 및 교섭창구단일화절차(예시)

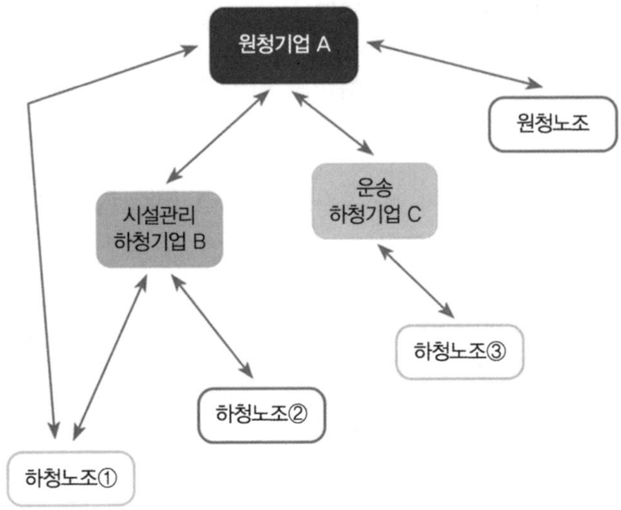

- 과반수 노조인 하청노조①이 노동위원회에 교섭단위 분리신청
- 노동위원회 분리결정 시, 하청노조①이 원청기업에 교섭요구
- 원청기업은 하청노조①의 교섭요구 사실공고(7일)의무
  - 원청기업이 하청노조①의 교섭요구 사실공고를 하지 않거나 다르게 공고한 경우 시정요청
  - 노동위원회가 위 시정요청에 대해 심의·결정(20일 내)
- 하청노조③ 등 다른 하청노조가 원청에 교섭요구(참여)신청
- 원청기업의 교섭요구(참여)노조 확정공고(5일)
  - 원청기업이 교섭요구노조 확정공고를 하지 않거나 다르게 공고한 경우 시정요청
  - 노동위원회가 참여노조 적정성 여부를 판단하여 참여노조 결정(20일 내)
- 대표노조결정

4. 복수의 하청노조 교섭단위 기준 관련 판례(또는 결정례)

가. 복수의 하청노조가 '교섭창구단일화' 절차에 참여하여야 하는 교섭단위 기준은, 원청의 '사업 또는 사업장'이다.

❑ 중노위 2022.12.6, 중앙2022부노156(롯데글로벌로지스 사건)

노동조합법은 제29조의2에서 "하나의 사업 또는 사업장에서 조직형태에 관계없이 근로자가 설립하거나 가입한 노동조합이 2개 이상인 경우 노동조합은 교섭대표노동조합을 정하여 교섭을 요구하여야 한다."라고 규정하고 있고, 제29조의3제1항에서 "제29조의2에 따라 교섭대표노동조합을 결정하여야 하는 단위(이하 '교섭단위'라 한다)는 하나의 사업 또는 사업장으로 한다."라고 규정하고 있는바, 교섭창구 단일화 제도는 교섭단위인 '(원청의) 사업 또는 사업장'을 대상으로 적용되는 제도로 해석된다.

나. 복수의 하청노조가 '교섭창구단일화' 절차를 거치지 않을 경우, 원청의 교섭 거부 가능 여부

❑ 중노위 2022.12.6, 중앙2022부노156(롯데글로벌로지스 사건)

이 사건 사용자는 이 사건 노동조합 조합원들인 지입차주들의 주요 노동조건에 대한 실질적이고 구체적인 지배·결정권을 보유·행사하고 있으므로 이 사건 노동조합에 대한 교섭의무를 부담하는 노동조합법상 사용자에 해당된다. 그러나, 이 사건 노동조합은 2022.4.4.자 교섭요구 당시 구체적인 교섭 의제를 제시하지 않았고, 나아가 개별 운송사들의 교섭단위 내에서 교섭창구 단일화 절차를 거친 바 없으므로 이 사건 사용자의 교섭 거부에는 정당한 이유가 인정되고 따라서 이를 노동조합법 제81조제1항제3호에서 금지하는 단체교섭 거부의 부당노동행위에 해당된다고 볼 수 없다.

다. 복수의 하청노조의 교섭단위 기준은 "근로자들의 이해관계의 공통성"이다.

❑ 중노위 2022.12.6, 중앙2022부노156(롯데글로벌로지스 사건)

지입차주들로 조직된 이 사건 노동조합의 단체교섭 상대방이 개별 운송사들뿐만 아니라 원청 사용자까지 확대되더라도 단체교섭의 대상은 지입차주들의 노동조건임에는 변화가 없으므로 "근로자들의 이해관계의 공통성"을 기반으로 교섭대표노동조합을 정해야 하는 교섭단위는 지입차주들의 직접적인 운송위·수탁계약의 상대방으로서의 '개별 운송사들의 사업'으로 그대로 유지된다. 따라서 지입차주들이 가입·조직한 노동조합이 '개별 운송사들의 사업'이라는 교섭단위를 기반으로 원청 사용자에게 교섭을 요구하기 위해서는 당해 교섭단위 내에서 노동조합법에서 요구하는 교섭창구 단일화 절차의 의무를 선결적으로 이행할 것이 요구되고, 당해 절차를 거쳐 확정된 교섭대표노동조합은 개별 운송사들뿐만 아니라 지입차주들의 노동조건에 대해 실질적이고 구체적인 지배·결정력을 가지는 원청 사용자에게도 교섭을 요구할 수 있다고 보아야 할 것이다.

3일차

라. 원청의 교섭의무가 '포괄적'인지, 특정 교섭의제에 한정되는지 여부

❑ 중노위 2022.12.7, 중앙2022교섭42(현대제철 사건)

하청의 사업 또는 사업장에서 교섭창구 단일화 절차를 거친 하청노동조합은 원청의 사업 또는 사업장에 설립된 다른 노동조합(즉, 원청 소속 근로자들로 조직된 노동조합)과 교섭창구 단일화 절차를 거치지 않아도 된다. 노동조합법상 사용자 개념이 원청까지 확대된다고 하더라도 이는 제3자인 원청에게 교섭의무가 인정된 특정 교섭의제에 한정되는 것이고, 기본적인 단체교섭은 하청의 사업 또는 사업장에서 여전히 이루어지는 것이기 때문이다. 원청은 하청과 무관하게 독자적으로 하청노동조합에 대해 교섭의무를 부담하는 것이 아니고, 하청사업주와 중첩적으로 부분적인 교섭의무를 부담하는 데 그친다.

5. 노사의 대응 방안

가. 실질적 지배력 여부 및 예상 교섭의제 준비

원청의 사용자성 판단은 '실질적 지배력'이고, 교섭의제에 대해서도 '실질적 지배력 범위 내'에 한정되므로, 노사는 예상 가능한 교섭의제에 대하여 미리 사전에 관련 자료 등을 철저히 준비하여야 할 것이다.

나. 예상되는 교섭단위 분리 대비

개정 노조법 시행일(2026.3.10.) 이후 하청노조의 교섭요구가 급증할 가능성이 높고, 이 경우, 교섭단위 분리 절차 및 하청노조 교섭창구 단일화 절차가 빠른 시일 내 진행될 가능성이 매우 높으므로, 사전에 대응 가능한 적정 교섭단위를 설정하고, 이를 뒷받침할 자료와 논리를 준비해 놓아야 할 것이다.

다. 사용자성 여부 및 교섭단위 분리 등 심의 시, 신속·정확한 자료제출

① 원청사업주가 하청노조의 교섭요구 사실 미공고 시, 시정신청이 접수될 경우, 노동위원회는 최대 20일 내에 원청의 사용자성 여부를 심의·결정하므로 매우 신속히 진행될 것인 바, 노사는 노동위원회 제출 자료 등을 사전에 점검하고, 그 대응

전략을 미리 수립해놓아야 할 것이다.

② 또한 교섭단위 및 교섭의제에 대해서도, 노동위원회는 최대 20일 내에 심의·결정하므로, 매우 신속히 진행될 것인 바, 노사는 노동위원회 제출 자료 등을 사전에 점검하고, 그 대응전략을 미리 수립해놓아야 할 것이다.

표 우리나라와 일본의 하청노조의 원청 단체교섭 구조

구분	우리나라	일본
노조법상 사용자 개념 법 규정 유무	있음	없음
하청노조의 원청 단체교섭 근거	• 2018년 이후 하급심 판례 • 2026.3.10. 개정 노조법 신설	판례(일본 최고재판소 1995.2.28. 아사히방송사건)에 의해 확립
원청의 사용자성 인정기준	실질적 지배력 (구조적 통제)	실질적 지배력 (구조적 통제)
포괄적 교섭의제	부정	부정
복수 하청노조의 원청상대 단체교섭제도	• 교섭단위분리제도 • 교섭창구단일화제도 • 자율적단일화(공동교섭) • 개별교섭제도	• 자율적단일화(공동교섭) • 개별교섭

3일차

127 복수노조와 부당노동행위

1. 특정 노동조합에 대해서만 조합비 일괄공제(Check-off) 허용

복수의 노동조합간에 합리적인 이유없이 노동조합에 대한 편의제공 등을 차별하거나 교섭대표노동조합의 교섭대표권한을 침해하는 것은 부당노동행위에 해당하나, 특정 노동조합에 대해서만 조합비 일괄공제(Check-off)를 허용하지 않는 것은 지배·개입의 부당노동행위에 해당한다.

2. 근로시간면제한도 적용에 있어서 교섭대표노조에 조합원수 비례보다 많이 인정

근로시간면제한도 적용에 있어서 교섭대표노동조합인 노동조합에게 조합원수 비례에 의한 한도보다 많이 인정한다 하더라도 그것만을 이유로 부당노동행위라고 할 수 없다. 그러나, 합리적 이유없이 소수 노조에게 근로시간면제를 전혀 부여하지 않은 것은 공정대표의무 위반이다(중노위 2015.1.8, 2014공정25/26).

3. 교섭대표노조가 아닌 노조에도 상시적 노조사무실 제공하여야 하는지

노동조합의 존립과 발전에 필요한 일상적인 업무가 이루어지는 공간으로서 노동조합 사무실이 가지는 중요성을 고려하면, 사용자가 단체협약 등에 따라 교섭대표노동조합에 상시적으로 사용할 수 있는 노동조합 사무실을 제공한 이상, 특별한 사정이 없는 한 교섭창구 단일화 절차에 참여한 다른 노동조합에도 반드시 일률적이거나 비례적이지는 않더라도 상시적으로 사용할 수 있는 일정한 공간을 노동조합 사무실로 제공하여야 한다고 봄이 타당하다. 이와 달리 교섭대표노동조합에는 노동조합 사무실을 제공하면서 교섭창구 단일화 절차에 참여한 다른 노동조합에는 물리적 한계나 비용 부담 등을 이유로 노동조합 사무실을 전혀 제공하지 않거나 일시적으로 회사 시설을 사용할 수 있는 기회를 부여하였다고 하여 차별에 합리적인 이유가 있다고 볼 수 없다(대법 2018.8.30, 2017다218642).

4. 소수노조 사무실을 사업장으로부터 약 2km 떨어진 곳에 제공한 경우

① 교섭창구 단일화 절차에서 교섭대표노동조합으로 결정되지 못한 소수 노동조합에도 노동조합 사무실이 필수적으로 요구된다는 점은 교섭대표노동조합과 다를 바가 없다. 원고가 노동조합 사무실로 제공할 장소를 마련하기가 여의치 않다는 등의 사유만으로 교섭대표노동조합과 참가인보다 구성원이 훨씬 적은 노동조합에게는 사업장 내에 노동조합 사무실을 제공하면서 참가인에게는 사업장으로부터 약 2km 떨어진 곳에 노동조합 사무실을 제공한 것은 정당화될 수 없고, 그 차별에 합리적인 이유가 있다고 할 수 없다.

② 노동조합사무실은 조합원 수 등 노동조합의 규모, 노동조합 사무소의 필요성, 사업장의 여건 등을 고려하여 적절한 규모로 제공되면 될 뿐이지 사용자가 모든 노동조합에 동일한 크기의 사무실을 제공하여야 할 의무까지 부담하는 것은 아니어서 원고는 참가인에게 다른 노동조합에 제공한 사무실보다 작은 사무실을 제공하여도 무방하고, 이 사건 사업장에는 사용되지 않는 빈 공간들이 있거나 기존 공간의 적절한 재배치로 가용할 수 있는 공간을 확보할 수 있는 것으로 보이므로, 이 사건 사업장 정도의 규모에 필요최소한의 공간으로서 작은 사무실 1곳을 마련할 공간조차 존재하지 않는다는 원고의 주장은 받아들일 수 없다(대전지법 2019.8.28, 2018구합104220).

5. 회사 주도의 제2노조 설립은 무효

노동조합법의 취지에 따르면 노동조합은 근로자가 주체가 되어 자주적으로 조직한 단체임을 요하고 그 목적은 근로자의 경제적 · 사회적 지위의 향상을 도모함에 있어야 한다. 그런데 피고보조참가인(○○기업 주식회사)은 원고 노조(전국금속노동조합 ○○기업지회)와 심한 갈등을 겪는 과정에서 ○○컨설팅의 자문 등을 통하여 새로운 노조를 설립하기 위한 계획을 세우게 되었고, 피고보조참가인(○○기업)은 ○○컨설팅과 피고(○○기업 주식회사 노동조합)의 설립 과정 전반에 관한 사항을 구체적으로 논의하였고 특히 피고의 설립신고서, 규약, 회의록 등 노동조합의 설립 취지 등이 담긴 핵심적인 요소들에도 개입하였으며, 실제로 피고는 피고보조참가인의 사전 계획에 따라 설립되고 운영되었다. 따라서 원고 노조의 세력을 약화시키고 새로운 노조를 설립하여 교섭대표노동조합의 지위를 확보하도록 하기 위한

3 일차

목적으로 피고보조참가인의 치밀한 기획하에 설립·운영된 피고는 노동조합으로서의 자주성 및 독립성을 갖추지 못하였다고 할 것이어서 피고의 설립은 무효이다(대법 2021.2.25, 2017다51610).

이 판결은 하나의 노조가 다른 노조를 상대로 주체성과 자주성 등 실질적 요건의 흠결을 들어 그 설립무효의 확인을 구할 수 있다는 최초의 대법원 판결이다.

참고 쟁의행위 흐름도

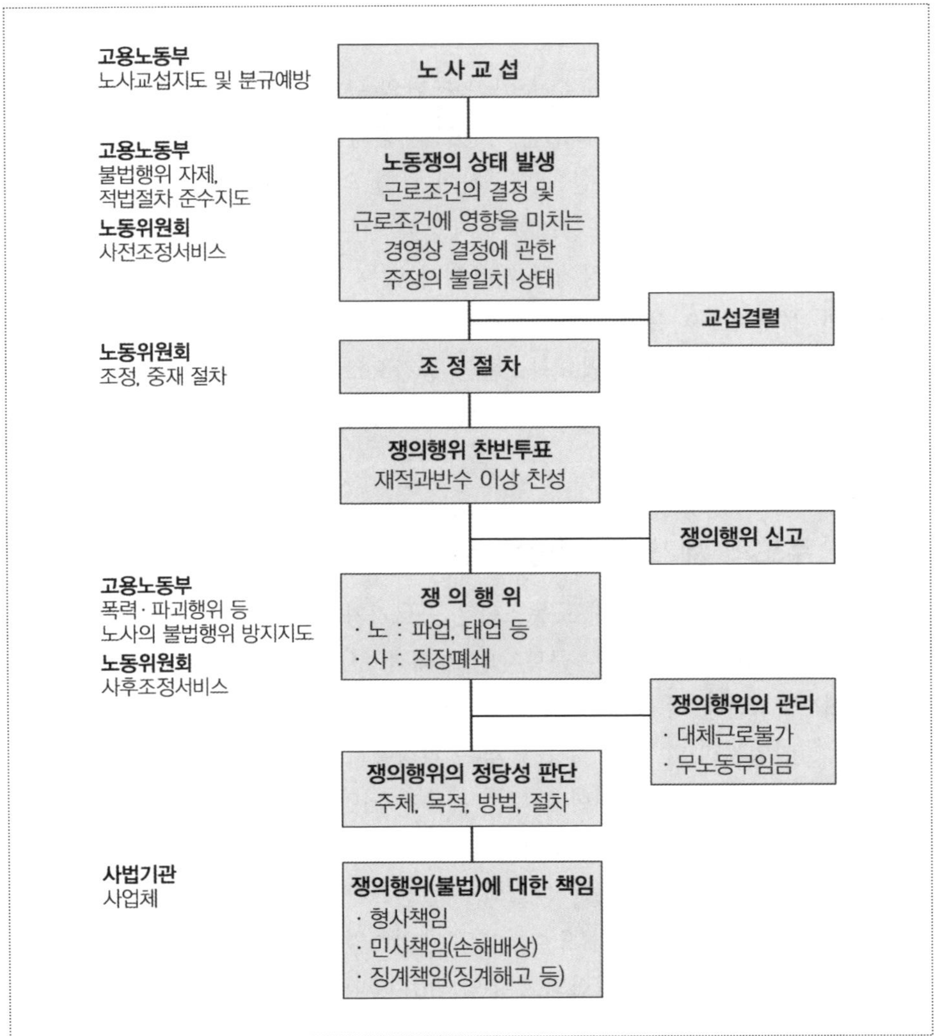

128 노동쟁의와 조정대상

현행	개정(2026.3.10. 시행)
노조법 제2조 【정의】 이 법에서 사용하는 용어의 정의는 다음과 같다. 1.~4. 생략 5. "노동쟁의"라 함은 노동조합과 사용자 또는 사용자단체(이하 "勞動關係 當事者"라 한다)간에 임금·근로시간·복지·해고 기타 대우등 근로조건의 결정에 관한 주장의 불일치로 인해 발생한 분쟁상태를 말한다.	**노조법 제2조 【정의】** 이 법에서 사용하는 용어의 정의는 다음과 같다. 1.~4. 생략 5. "노동쟁의"라 함은 노동조합과 사용자 또는 사용자단체(이하 "勞動關係 當事者"라 한다)간에 임금·근로시간·복지·해고·근로자의 지위 기타 대우등 근로조건의 결정과 근로조건에 영향을 미치는 사업경영상의 결정에 관한 주장의 불일치 및 제92조제2호가목부터 라목까지의 사항에 관한 사용자의 명백한 단체협약 위반으로 인하여 발생한 분쟁상태를 말한다. 이 경우 주장의 불일치라 함은 당사자간에 합의를 위한 노력을 계속하여도 더이상 자주적 교섭에 의한 합의의 여지가 없는 경우를 말한다.

노조법 제92조 【벌칙】 다음 각 호의 1에 해당하는 자는 1천만원 이하의 벌금에 처한다.

1. 생략
2. 제31조제1항의 규정에 의하여 '체결된 단체협약'의 내용 중 다음 각목의 1에 해당하는 사항을 위반한 자
   가. 임금·복리후생비, 퇴직금에 관한 사항
   나. 근로 및 휴게시간, 휴일, 휴가에 관한 사항
   다. 징계 및 해고의 사유와 중요한 절차에 관한 사항
   라. 안전보건 및 재해부조에 관한 사항
   마. 시설·편의제공 및 근무시간 중 회의참석에 관한 사항
   바. 쟁의행위에 관한 사항

3 일차

1. '노동쟁의'란?

"노동쟁의"라 함은 노동조합과 사용자 또는 사용자단체(이하 "勞動關係 當事者"라 한다)간에 ① 임금·근로시간·복지·해고·근로자 지위 기타 대우등 근로조건의 결정('이익분쟁')과 ② 근로조건에 영향을 미치는 사업경영상의 결정에 관한 주장의 불일치('이익분쟁') 및 ③ 제92조 제2호 가목부터 라목까지의 사항에 관한 사용자의 명백한 단체협약 위반으로 인하여 발생한 분쟁상태('권리분쟁')를 말한다.

2. 노동쟁의 대상 · 단체교섭 의무적교섭사항 · 쟁의행위 목적의 정당성 상호관련성

단체교섭대상(의무적교섭사항)=교섭거부시 부당노동행위 성립(의무적교섭사항)=노동쟁의 조정대상(근로조건 결정 및 근로조건에 영향을 미치는 경영상 결정에 관한 주장의 불일치 등)=쟁의행위 목적의 정당성(근로조건향상 등)=단체협약(규범적부분)=강행적 효력=단체협약위반시 형사처벌=무협약상태시 단체협약규정 효력지속

※ 단, 노동쟁의 대상 · 단체교섭 의무적교섭사항 · 쟁의행위 목적의 정당성 간에 상호관련성이 없다는 일부 학설(주장)도 있다.

3. '노동쟁의' 유형 : '이익분쟁'과 '권리분쟁'

'이익분쟁'	'권리분쟁'
① '이익분쟁'이란 노사간에 권리의무관계가 형성되기 이전 즉, 구체적인 근로계약이나 단체협약을 어떠한 내용으로 체결할 것인지에 대해 노사간에 발생하는 분쟁을 말한다. ② 이번 '노란봉투법'에서는 임금·근로시간 등 근로조건의 결정 뿐 아니라, 근로조건에 영향을 미치는 사업경영상의 결정에 관한 주장의 불일치도 '노동쟁의' 상태에 포함되어 집단분쟁으로 나아갈 수 있게 됨으로서, 근로조건에 영향을 미치는 정리해고, 사업장 이전 등을 두고 단체교섭 및 쟁의행위가 가능하게 되었다	① '권리분쟁'이란 근로자의 권리·의무관계를 이미 형성하고 있는 근로계약·단체협약 및 법률의 해석·적용에 관한 당사자간의 분쟁을 말한다(예 : 체불임금의 지급, 부당노동행위의 시정, 해고자 복직, 단체협약의 해석·이행 등). 따라서 현행 노조법 제2조제4호에서 노동쟁의의 대상을 '근로조건의 결정'으로 한정하고 있었으므로, 권리분쟁사항은 의무적 교섭대상에서 제외되어 왔으나, ② 이번 '노란봉투법'에서는 사용자가 '체결된 단체협약'의 내용 중 임금·근로시간 등 근로조건 미이행시 '노동쟁의'상태에 포함되어 쟁의행위가 가능하게 되었다

표 '노란봉투법' 중 이익분쟁과 권리분쟁

구분	이익분쟁	권리분쟁
현행	① 임금 · 근로시간 · 복지 · 해고 · 근로자 지위 기타 대우등 '근로조건의 결정에 관한 주장의 불일치'로 인하여 발생한 분쟁상태	없음
개정 (추가)	② 근로조건에 영향을 미치는 사업경영상의 결정에 관한 주장의 불일치로 인하여 발생한 분쟁상태	노조법 제92조 제2호 가목부터 라목까지의 사항(이미 결정된 임금, 근로시간 등)에 관한 사용자의 명백한 단체협약 위반으로 인하여 발생한 분쟁상태

4. 노동쟁의 '이익분쟁' 중 근로조건의 결정에 관한 사항

① '임금'이란 임금협정의 체결 · 갱신과 관련하여 전체 조합원에게 적용되는 임금체계의 조정, 임금 · 수당 · 상여금 등의 인상률 · 지급기준 등을 의미한다.

② '근로시간'이란 시업 · 종업시각 등 근로시간의 변경과 단축, 탄력적 · 선택적 근로시간제 도입, 연장 · 야간 · 휴일근로에 필요한 합의절차 등을 의미한다.

③ '복지'란 식당 · 기숙사 · 휴양시설, 장학제도 및 해외연수제도, 의료지원제도, 사내복지기금 출연, 우리사주제도 등에 대한 수혜대상 · 방법 등 제반사항을 설정하는 것과 관련된 사항을 의미한다.

④ '해고'란 해고의 사유와 기준 등 대상자 선정방법, 그 범위 및 절차 등과 같이 전체 조합원에게 적용되는 일반적인 기준 또는 조건을 의미한다. 따라서 근로자를 해고한 행위에 대한 불만 · 이의 · 원상회복 등을 요구하는 것이 전제가 된 성질의 해고는 이에 해당되지 않는다.

⑤ '근로자 지위'란 노동관계 당사자간 고용형태 변경, 징계, 승진 등에 관한 원칙 · 기준 · 절차의 설정 · 변경 등을 둘러싼 분쟁상태를 말하며, 이번 법 개정을 통해 비정규직의 정규직 전환, 징계 · 승진 기준의 설정 및 변경 요구 등에 관한 이익분쟁을 의미한다.

⑥ '기타 대우'란 임금 · 근로시간 · 복지 · 해고 이 외에 휴식 · 휴일 · 휴가, 징계 · 포상, 안전보건 등 근기법 제93조에 규정된 취업규칙의 작성대상이 되는 사항을 의미한다.

5. '노동쟁의 이익분쟁' 중 근로조건 결정에 영향을 미치는 사업경영상 결정'에 해당될 수 있는 사항

① 사업경영상의 결정은 여러 행위가 결합되어 일련의 형태로 나타날 수 있고, 그 중 노동쟁의 대상이 되는 사업경영상의 결정은 근로조건에 대한 실질적·구체적 변동을 초래하는지를 기준으로 판단해야 하며, 결정 당시 근로자의 근로조건에 대한 영향이 추상적·잠재적 수준에 그치는 경우에는 노동쟁의 대상으로 보기 어렵다.

② 이에 따라 합병, 분할, 양도, 매각 등 기업조직 변동을 목적으로 하는 사업경영상의 결정 그 자체로는 근로조건에 실질적·구체적인 영향을 미친다고 보기 어려워 단체교섭 대상에 포함된다고 할 수 없으나, 이를 실현하는 과정에서 근로자 지위 또는 근로조건의 실질적·구체적 변동을 초래하는 정리해고, 구조조정에 따른 배치전환 등이 단체교섭 대상이 된다.

③ 다만, 합병, 분할, 매각, 양도 등의 결정에 따라 고용조정 등이 객관적으로 예상되는 경우에는 노동조합은 고용보장 요구 등에 관한 단체교섭을 요구할 수 있을 것이다(예시 : "정리해고를 실시하지 않는다", "정리해고시 노동조합과 사전 합의하여 시행한다" 등).

④ 이에 따라 기존에는 근로자의 지위와 근로조건의 변경이 필연적으로 수반된다 하더라도 단체교섭 대상으로 보지 않았던 정리해고 등 사업경영상의 결정에 대해 단체교섭 등이 가능하다.

표 사업경영상 결정 사례

구분	근로조건 결정에 영향을 미치는 사업경영상 결정'에 해당될 수 있는 사항	해당여부
1	기업변동(합병·분할·영업양도)	비해당
2	국내외 공장 신설	비해당
3	공장이전에 따른 근로조건 변동	해당
4	구조조정, 정리해고	해당
5	일부 사업폐지·외주화에 따른 배치전환	해당
6	구조조정에 따른 배치전환	해당
7	공기업 민영화	비해당

6. 주장의 불일치로 인한 분쟁상태

① '주장의 불일치'란 노동관계 당사자간의 단순한 견해 차이를 의미하는 것이 아니라 더 이상 교섭을 진행하더라도 합의의 여지가 없는 상태를 의미한다. 근로조건의 결정에 관한 사항에 대한 주장의 불일치를 의미하는 것이므로, 근로조건의 결정과 관련된 사항이 아닌 경우에는 '주장의 불일치로 인한 분쟁상태'로 볼 수 없다.

② 분쟁상태가 발생하는 시점은 당사자간의 주장내용, 그간의 교섭경위, 자율타결 가능성 등 여러 사정을 종합적으로 고려하여 판단해야 하는데, 노조법상으로는 제45조제1항에 의해 어느 일방이 노동쟁의 발생을 상대방에게 서면으로 통보한 때로 보아야 한다.

7. 공정방송을 의한 단체협약 이행의 실효성확보 방안강구 목적의 쟁의행위는 근로조건의 결정에 관한 사항을 목적으로 한 쟁의행위로서 목적의 정당성이 있다는 판례(대법 2022.12.16, 2015도8190)

가. 사실관계

○○방송 노조위원장 등 근로자들은 단체협약 상의 공정방송 실현을 요구하며 2012.1.부터 7.경까지 파업한 바, 이에 사용자는 기존 단체협약의 준수·해석·적용에 관한 이른바 '권리분쟁'은 사법적 보호 또는 기타 법적 해결 방법의 길이 열려 있으므로, 노동쟁의 및 쟁의행위의 목적의 정당성이 없어 불법파업이라고 주장하였다.

나. 쟁점

공정방송 실현의무, 방송의 독립성 유지 의무 등이 단체협약에 포함되어 있는 경우 이를 준수하도록 요구하는 것이 쟁의행위의 대상이 될 수 있는지 여부

3일차

다. 판결

① 이 사건 파업의 주된 목적은 ○○방송 사장의 퇴진이 아닌 방송의 공정성 확보에 있다. ○○방송 사장은 관계 법령 및 단체협약에 의하여 인정된 공정방송의 의무를 위반하고 그 구성원들의 방송의 자유를 침해하였을 뿐만 아니라 그 구성원인 근로자의 구체적인 근로환경 또는 근로조건을 악화시켰다 할 것이므로, 피고인 ○○방송 노조위원장 등 근로자들은 그 시정을 구할 수 있다.

② 피고인 ○○방송 노조위원장 등 근로자들의 요구사항은 단순히 기존의 단체협약의 해석·적용에 관한 사항, 즉 방송의 공정성 그 자체를 주장하는 것이 아니라, 공정방송을 위한 단체협약의 이행을 실효적으로 확보할 수 있는 방안을 강구하기 위한 것이므로, 이를 목적으로 한 쟁의행위는 근로조건의 결정에 관한 사항을 목적으로 한 쟁의행위에 해당한다. 이 사건 파업은 목적의 정당성이 인정된다.

129 조정제도

노조법 제45조 【조정의 전치】 ① 노동관계 당사자는 노동쟁의가 발생한 때에는 어느 일방이 이를 상대방에게 서면으로 통보하여야 한다.
② 쟁의행위는 제5장제2절 내지 제4절의 규정에 의한 조정절차(제61조의2의 규정에 따른 조정종료 결정 후의 조정절차를 제외한다)를 거치지 아니하면 이를 행할 수 없다. 다만, 제54조의 규정에 의한 기간 내에 조정이 종료되지 아니하거나 제63조의 규정에 의한 기간 내에 중재재정이 이루어지지 아니한 경우에는 그러하지 아니하다.

노조법 제53조 【조정의 개시】 ① 노동위원회는 관계 당사자의 일방이 노동쟁의의 조정을 신청한 때에는 지체없이 조정을 개시하여야 하며 관계 당사자 쌍방은 이에 성실히 임하여야 한다.
② 노동위원회는 제1항의 규정에 따른 조정신청 전이라도 원활한 조정을 위하여 교섭을 주선하는 등 관계 당사자의 자주적인 분쟁 해결을 지원할 수 있다.

노조법 제54조 【조정기간】 ① 조정은 제53조의 규정에 의한 조정의 신청이 있은 날부터 일반사업에 있어서는 10일, 공익사업에 있어서는 15일 이내에 종료하여야 한다.
② 제1항의 규정에 의한 조정기간은 관계 당사자간의 합의로 일반사업에 있어서는 10일, 공익사업에 있어서는 15일 이내에서 연장할 수 있다.

노조법 제61조 【조정의 효력】 ① 제60조제1항의 규정에 의한 조정안이 관계당사자에 의하여 수락된 때에는 조정위원 전원 또는 단독조정인은 조정서를 작성하고 관계당사자와 함께 서명 또는 날인하여야 한다.
② 조정서의 내용은 단체협약과 동일한 효력을 가진다.

노조법 제61조의2 【조정종료 결정 후의 조정】 ① 노동위원회는 제60조제2항의 규정에 따른 조정의 종료가 결정된 후에도 노동쟁의의 해결을 위하여 조정을 할 수 있다.
② 제1항의 규정에 따른 조정에 관하여는 제55조 내지 제61조의 규정을 준용한다.

3일차

1. 노동위원회에서 행정지도한 경우 조정전치 이행 여부

노동위원회가 노동조합의 노동쟁의조정신청사건에 대하여 조정대상이 아닌 것으로 인정하였음에도 불구하고 노동조합이 별도의 조정절차를 거치지 않고 바로 쟁의행위에 돌입하였다면 이는 같은 법 제45조제2항(조정전치) 위반이다. 따라서, 조정절차를 거치지 않은 쟁의행위는 조정기간 경과에 관계없이 위 조항 위반이라 할 수 있으나 그 정당성 여부는 쟁의행위의 주체, 목적, 수단이나 방법 등 제반사항을 종합하여 판단하여야 할 것이다(2000.5.20, 협력 68140-197).

2. 추가 교섭요구사항에 대하여 조정절차를 거치지 않는 경우의 정당성

"업무복귀 후인 6.15. 기존회사가 경영상의 사유로 신설회사에 흡수합병 됨에 따라 노조가 신설회사에 승계된 것으로 이유로 기존 교섭내용이 아닌 새로운 단체협약 안을 제시하여 108개항 중 107개항을 합의한 후(최초 조정신청 당시의 노사간 주장의 불일치 사항은 해소), '시간제 근로자 정규직화' 등의 적정인력 문제와 7.23. 재개된 교섭에서 추가 제시한 '소사장 근로자 직영화'건이 타결되지 아니하자, 동 사항 관철을 위해 노조에서 재차 쟁의행위에 돌입한 것이라면, 최초 쟁의행위시와 쟁의행위를 재개한 시점 사이에 있어 양자가 동일한 분쟁상태(노동쟁의)에 있다고 보기 어려우므로 노조법 제45조제2항의 규정에 의한 조정절차를 다시 거쳐야 할 것이다"(2001.8.23, 협력 68107-427).

3. 파업기간 중에도 조정이 가능한지

노조법 제61조의2제1항에서 "노동위원회는 조정의 종료가 결정된 후에도 노동쟁의의 해결을 위하여 조정을 할 수 있다"고 규정하였으므로 파업기간 중 조정도 가능하다.

130 불법파업 시 형사책임과 그 제한

대법 2011.3.17, 2007도482

노조법 제2조제6호 【정의】 "쟁의행위"라 함은 파업·태업·직장폐쇄 기타 노동관계 당사자가 그 주장을 관철할 목적으로 행하는 행위와 이에 대항하는 행위로서 업무의 정상적인 운영을 저해하는 행위를 말한다.

노조법 제37조 【쟁의행위의 기본원칙】 ① 쟁의행위는 그 목적·방법 및 절차에 있어서 법령 기타 사회질서에 위반되어서는 아니된다.
③ 노동조합은 사용자의 점유를 배제하여 조업을 방해하는 형태로 쟁의행위를 해서는 아니 된다.

노조법 제3조 【손해배상 청구의 제한】 사용자는 이 법에 의한 단체교섭 또는 쟁의행위로 인하여 손해를 입은 경우에 노동조합 또는 근로자에 대하여 그 배상을 청구할 수 없다. (※ 2026.3.10. 시행 : 이 법에 의하지 않은 파업 시, 손해배상청구 제한) (후술)

노조법 제4조 【정당행위】 형법 제20조의 규정은 노동조합이 단체교섭·쟁의행위 기타의 행위로서 제1조의 목적을 달성하기 위하여 한 정당한 행위에 대하여 적용된다. 다만, 어떠한 경우에도 폭력이나 파괴행위는 정당한 행위로 해석되어서는 아니된다.

형법 제20조 【정당행위】 법령에 의한 행위 또는 업무로 인한 행위 기타 사회상규에 위배되지 아니하는 행위는 벌하지 아니한다.

형법 제313조 【신용훼손】 허위의 사실을 유포하거나 기타 위계로써 사람의 신용을 훼손한 자는 5년 이하의 징역 또는 1천500만원 이하의 벌금에 처한다.

형법 제314조제1항 【업무방해】 제313조의 방법 또는 위력으로써 사람의 업무를 방해한 자는 5년 이하의 징역 또는 1천500만원 이하의 벌금에 처한다.

1. 사건 개요

① 전국철도노동조합 위원장인 피고인은, 중앙노동위원회 위원장의 2006.2.28.자 노동쟁의 중재회부 결정으로 인하여 중재기간인 2006.3.15.까지 쟁의행위가 금지됨에도 불구하고, 소속 조합원들에게 파업에 참가할 것을 지시하고, 그에 따라 2006.3.1. 01:00부터 3.4. 14:00까지 노조원 13,808명이 서울철도차량정비창 등 전국 641개 사업장에 출근하지 않음으로써 KTX 열차 329회, 새마을호 열차 283회 운행이 중단되고 상당한 재산적 피해가 발생했다.

② 검찰은 피고인을 형법상 업무방해죄로 기소하였고, 제1심과 항소심은 피고인에 대한 이 사건 공소사실을 모두 인정하여 유죄를 선고하였다. 이에 피고인은 무죄를 주장하면서 대법원에 상고하였고, 집단적 노무 제공 거부 행위인 단순 파업이 형법상 업무방해죄의 구성요건 중 '위력'에 해당하는지 여부가 이 사건의 주요 쟁점이었다.

2. 대법판결(요지)

① "근로자는 … 헌법상 보장된 기본권으로서 근로조건 향상을 위한 자주적인 단결권·단체교섭권 및 단체행동권을 가진다"(헌법 제33조제1항)고 전제한 후, "그러므로 쟁의행위로서의 파업이 언제나 업무방해죄에 해당하는 것으로 볼 것은 아니고, 전후 사정과 경위 등에 비추어 사용자가 예측할 수 없는 시기에 전격적으로 이루어져 사용자의 사업운영에 심대한 혼란 내지 막대한 손해를 초래하는 등으로 사용자의 사업계속에 관한 자유의사가 제압·혼란될 수 있다고 평가할 수 있는 경우에 비로소 그 집단적 노무제공의 거부가 위력에 해당하여 업무방해죄가 성립한다고 봄이 상당하다"고 판시하였다.

② 그리고 "이와 달리 근로자들이 집단적으로 근로의 제공을 거부하여 사용자의 정상적인 업무운영을 저해하고 손해를 발생하게 한 행위가 당연히 위력에 해당함을 전제로 하여 노동관계 법령에 따른 정당한 쟁의행위로서 위법성이 조각되는 경우가 아닌 한 업무방해죄를 구성한다는 취지로 판시한 대법원 … 판결 등은 이 판결의 견해에 배치되는 범위 내에서 이를 변경한다"고 하여 기존 판결을 변경하였다.

3. 대상판례의 의미

① 이 판례는 집단적 노무제공거부(이른바 "단순파업")가 업무방해죄에 해당되는 지여부에 대해 "언제나" 업무방해죄에 해당된다는 종전 판례를 변경, "일정한 조건에서만" 업무방해죄에 해당된다고 하였다.

② 종전 판례

현 노조법 제37조제1항에서는 "쟁의행위는 그 목적·방법 및 절차에 있어서 법령 기타 사회질서에 위반되어서는 아니된다"고 규정하고 있고, 이중 어느 하나라도 위반되면 정당성을 상실하게 되어 노조법상의 처벌외 언제나 형법상 업무방해죄로 처벌가능하며, 특히 목적의 정당성, 즉 근로조건 향상을 목적으로 하지 않는 쟁의행위에 대해서는 노조법상으로는 처벌규정이 없어, 단순파업인 집단적 노무제공거부자체도 "언제나" 형법 제314조제1항의 "업무방해죄"의 구성요건에 해당함을 전제하고, 다만, 노조법 제4조에 의거, 목적 등 정당성을 가진다고 판단되는 쟁의행위에 한하여 위법성이 조각된다.

③ 이 판례는 이른바 "단순파업"에 대하여 "업무방해죄"의 위법성 단계가 아닌 구성요건 단계에서부터 해당여부를 가려야 한다고 하면서 그 구성요건 해당성 여부의 판단기준으로

첫째, 사용자가 예측할 수 없는 시기에 전격적으로 이루어져 사용자의 사업운영에 심대한 혼란 내지 막대한 손해를 초래하거나,

둘째, 사용자의 사업계속에 관한 자유의사가 제압·혼란될 수 있다고 평가할 수 있는 경우에,

비로소 그 집단적 노무제공의 거부가 업무방해죄의 구성요건인 "위력"에 해당하여 처벌된다는 것이다. 따라서 쟁의행위가 목적의 정당성을 상실하더라도 예를 들면, 근로조건과 관계없는 임의적 교섭사항 요구관철을 목적으로 파업하더라도, '심대한 혼란 또는 손해'를 초래하지 않는다면 업무방해죄에 해당되지 않는다는 것이다.

④ 그러나 이 판례는 업무방해죄의 성립에 있어서 업무방해의 결과가 실제로 발생함을 요하지 않으며 결과를 초래할 위험이 발생하면 족하다는 일관된 판례의 입장(대법 2013.1.31, 2012도3475 등)과 모순된다고 일응 사료된다.

참고 범죄의 성립요건

구성요건 해당성 ➲ 위법성 ➲ 책임성 ➲ 인적처벌조각사유 부존재

4. 파업이 '전격적'으로 이루어지지 않아 업무방해죄를 구성않는다.

철도노조의 파업은 '경영사항'에 속하는 '수서발 KTX 법인 설립을 위한 이사회 출자 결의 저지'를 목적으로 한 것이어서 정당성이 인정되는 쟁의행위는 아니지만, 파업 목적 및 절차의 불법성이 사용자인 한국철도공사로 하여금 철도노조가 실제로 파업을 강행하리라고는 도저히 예측할 수 없게 할 정도에 이른다고 평가할 수는 없다. 사용자인 한국철도공사는 이 사건 파업을 객관적으로 예측할 수 있었고, 이에 대비하여 준비태세를 갖출 수도 있었다. 나아가 한국철도공사는 실제로 비상수송대책 등을 세우는 등으로 이 사건 파업을 예측하고 대비하였다. 이러한 경우까지도 파업이 '전격적'으로 이루어졌다고 평가하는 것은, 실제와 동떨어진 형식 논리적인 판단이라고 할 수밖에 없다(대법 2017.2.3, 2016도1690 원심 : 서울고법 2016. 1.15, 2015노191).

131 불법파업 시 민사책임과 그 제한

제3조 【손해배상 청구의 제한】 ① 사용자는 이 법에 따른 단체교섭 또는 쟁의행위, 그 밖의 노동조합의 활동으로 인하여 손해를 입은 경우에 노동조합 또는 근로자에 대하여 그 배상을 청구할 수 없다.
② 사용자의 불법행위에 대하여 노동조합 또는 근로자의 이익을 방위하기 위하여 부득이 사용자에 손해를 가한 노동조합 또는 근로자는 배상할 책임이 없다. (2026.3.10. 시행)
③ 법원은 단체교섭, 쟁의행위, 그 밖의 노동조합의 활동으로 인한 손해배상책임을 근로자에게 인정하는 경우 손해의 배상의무자인 근로자에 대하여 다음 각 호에 따라 책임비율을 정하여야 한다(2026.3.10.시행)
1. 노동조합에서의 지위와 역할
2. 쟁의행위 등 참여 경위 및 정도
3. 손해 발생에 대한 관여의 정도
4. 임금 수준과 손해배상 청구금액
5. 손해의 원인과 성격
6. 그 밖에 손해의 공평한 분담을 위하여 고려할 필요가 있다고 인정되는 사항
④ 제3항에 따른 배상의무자인 노동조합과 근로자는 법원에 배상액의 감면을 청구할 수 있다. 이때 법원은 배상의무자의 경제상태, 부양의무 등 가족관계, 최저생계비 보장 및 존립 유지 등을 고려하여 각 배상의무자별로 감면 여부 및 정도를 판단하여야 한다.
⑤ 「신원보증법」 제6조에도 불구하고 신원보증인은 단체교섭, 쟁의행위, 그 밖의 노동조합의 활동으로 인하여 발생한 손해에 대해서는 배상할 책임이 없다.
⑥ 사용자는 노동조합의 존립을 위태롭게 하거나 운영을 방해할 목적 또는 조합원의 노동조합 활동을 방해하고 손해를 입힐 목적으로 손해배상청구권을 행사할 수 없다.

제3조의2 【책임의 면제】 사용자는 단체교섭 또는 쟁의행위, 그 밖의 노동조합의 활동으로 인한 노동조합 또는 근로자의 손해배상 등 책임을 면제할 수 있다. (2026.3.10. 시행)

1. 손해배상청구의 제한(제3조 제1항)

① 2026.3.10. 시행 개정노조법 제3조 제1항은 "사용자는 이 법에 따른 단체교섭 또는 쟁의행위, 그 밖의 노동조합의 활동으로 인하여 손해를 입은 경우에 노동조합 또는 근로자에 대하여 그 배상을 청구할 수 없다"고 규정하고 있다. 개정 전 제3조인 "사용자는 이 법에 의한 단체교섭 또는 쟁의행위로 인하여 손해를 입은 경우에 노동조합 또는 근로자에 대하여 그 배상을 청구할 수 없다"에 '그 밖의 노동조합의 활동으로'라는 문구를 추가한 것으로 단체교섭이나 쟁의행위에 해당하지 않는 노동조합 활동에 대한 손해배상청구 제한의 법적 근거를 명확히 규정하였다.

② 또한, 2026.3.10. 시행 개정노조법 제2조에 "이 경우 근로계약 체결 당사자가 아니더라도 근로자의 근로조건에 대하여 실질적이고 구체적으로 지배·결정할 수 있는 지위에 있는 자도 그 범위에 있어서는 사용자로 본다"는 문구가 추가됐으므로, 이에 따라 사용자성이 긍정되는 자를 상대로 한 쟁의행위의 경우 본 조항이 적용될 수 있을 것이다.

③ 한편, 본 조항에 따라 사용자의 손해배상청구가 제한되는 행위는 '이 법에 따른 단체교섭 또는 쟁의행위, 그 밖의 노동조합의 활동'이다. 여기서 '이 법에 따른'이란 단체교섭 또는 쟁의행위, 그 밖의 노동조합의 활동이 노동조합법이 규정하는 제반 규정을 준수했다는 의미로 봐야 할 것이며, 따라서 노동조합법의 관점에서 적법(適法)한 행위를 의미한다.

2. 사용자의 불법행위에 대한 정당방위 행위(제3조 제2항)

① 2026.3.10. 시행 개정노조법은 제3조 제2항은 "사용자의 불법행위에 대하여 노동조합 또는 근로자의 이익을 방위하기 위하여 부득이 사용자에게 손해를 가한 노동조합 또는 근로자는 배상할 책임이 없다"는 조항을 신설했다. 민법 제761조 제1항 본문에는 "타인의 불법행위에 대하여 자기 또는 제삼자의 이익을 방위하기 위하여 부득이 타인에게 손해를 가한 자는 배상할 책임이 없다"고 규정하고 있는바, 제3조 제2항은 이러한 민법상 정당행위 조항을 집단적 노사관계의 국면에서 구체화한 특칙으로 볼 수 있다.

② 다만, 방위 행위는 부득이한 행위여야 하므로, 사용자의 침해행위가 급박해 국가의 구제를 구할 여유가 없고, 이러한 침해를 막기 위해 가해행위를 하는 것 이외에는 적당한 방법이 없어야 한다. 따라서, 사용자의 불법행위를 쉽게 피할 수 있거나 제3자의 도움이나 국가기관에 대한 구제 요구로 침해를 방위하는 것이 가능하다면 부득이한 행위라고 할 수 없다.

③ 정당방위는 방위해야 할 법익과 상대방에게 주어진 손해(상대방의 피침해법익) 사이에 사회 관념상 합리적인 균형 내지 사회 통념상 상당성이 있어야 하며, 방위 행위는 방위 목적을 성공적으로 수행하면서도 상대방에 대한 피해를 최소화하는 한도여야 한다.

3. 개별 근로자의 책임 비율 산정(제3조 제3항)

① 대법원 2023.6.15, 2017다46274 판결은 "개별 조합원 등에 대한 책임 제한의 정도는 노동조합에서의 지위와 역할, 쟁의행위 참여 경위 및 정도, 손해 발생에 대한 기여 정도, 현실적인 임금 수준과 손해배상청구 금액 등을 종합적으로 고려하여 판단하여야 한다"고 하여, 개별 조합원 등에 대한 책임 제한을 판시하였다.

② 2026.3.10. 시행 개정노조법 제3조 제3항에서는 위 판례 법리를 반영하여, 단체교섭, 쟁의행위, 그 밖의 노동조합의 활동으로 인한 손해배상책임을 근로자에게 인정하는 경우, 손해의 배상 의무자인 근로자에 대해 i) 노동조합에서의 지위와 역할(1호), ii) 쟁의행위 등 참여 경위 및 정도(2호), iii) 손해 발생에 대한 관여의 정도(3호), iv) 임금 수준과 손해배상청구 금액(4호), v) 손해의 원인과 성격(5호), vi) 그 밖에 손해의 공평한 분담을 위해 고려할 필요가 있다고 인정되는 사항(6호)에 따라 책임 비율을 정해야 한다고 규정하였다.

4. 배상액 감면 청구(제3조 제4항)

① 2026.3.10. 시행 개정노조법 제3조 제4항에 "제3조 제3항에 따른 배상 의무자인 노동조합과 근로자는 법원에 배상액의 감면을 청구할 수 있다. 이때 법원은 배상 의무자의 경제 상태, 부양의무 등 가족관계, 최저생계비 보장 및 존립 유지 등

을 고려하여 각 배상 의무자별로 감면 여부 및 정도를 판단하여야 한다"고 규정한 바, 이는 민법 제765조의 배상액의 경감 청구권을 집단적 노사관계의 국면에서 구체화한 특칙으로 볼 수 있다.

② 다만, 민법 제765조 제1항은 "본장의 규정에 의한 배상 의무자는 그 손해가 고의 또는 중대한 과실에 의한 것이 아니고 그 배상으로 인하여 배상자의 생계에 중대한 영향을 미치게 될 경우에는 법원에 그 배상액의 경감을 청구할 수 있다"고 규정하고 있는 반면,

③ 2026.3.10. 시행 개정노조법 제3조 제4항에서는 "제3항에 따른 배상 의무자인 노동조합과 근로자는 법원에 배상액의 감면을 청구할 수 있다"고 규정하고 있으므로 노동조합 측의 고의 또는 중과실이 인정되는 경우에도 위 조항에 따라 법원에 배상액의 감면을 청구할 수 있다고 해석된다.

5. 신원보증인의 책임 제한(제3조 제5항)

① 2026.3.10. 시행 개정노조법 2025년 개정법은 제3조 제5항으로 "신원보증법 제6조에도 불구하고 신원보증인은 단체교섭, 쟁의행위, 그 밖의 노동조합의 활동으로 인하여 발생한 손해에 대해서는 배상할 책임이 없다"는 규정을 신설해 단체교섭, 쟁의행위, 그 밖의 노동조합의 활동으로 인해 발생한 손해에 대해서는 신원보증인의 배상책임을 제한했다.

② 본 조항은 근로자의 손해배상책임이 개정노조법 제3조 제1항에 따라 면제되지 않을 경우에도 신원보증인의 배상책임은 부정된다는 취지를 규정한 것이다.

6. 남용적 목적의 손해배상청구권 행사 제한(제3조 제6항)

① 2026.3.10. 시행 개정노조법2025년 개정법은 제3조 제6항으로 "사용자는 노동조합의 존립을 위태롭게 하거나 운영을 방해할 목적 또는 조합원의 노동조합 활동을 방해하고 손해를 입히려는 목적으로 손해배상청구권을 행사하여서는 아니 된다"는 조항을 신설했다. 본 조항은 노동조합이나 근로자에 대한 손해배상청구권이 유효하게 성립한 경우를 전제로 한다.

② 또한, 손해배상청구권 행사를 제한하는 사유를 ⅰ) 노동조합의 존립을 위태롭게 하거나 운영을 방해할 목적 또는 ⅱ) 조합원의 노동조합 활동을 방해하고 손해를 입히려는 목적이라고 규정하고 있다는 점에서, 노동조합의 존립을 위태롭게 하거나 운영을 방해할 목적이 인정될 경우에는 노동조합에 대한 손해배상청구가 제한되며, 조합원의 노동조합 활동을 방해하고 손해를 입히려는 목적이 인정될 경우에는 조합원에 대한 손해배상청구가 제한된다.

7. 책임의 면제(제3조의2)

① 2026.3.10. 시행 개정노조법은 노동조합 또는 근로자에 대한 손해배상책임을 면제할 경우 배임죄를 구성할 수 있다는 해석을 고려해 제3조의2에 "사용자는 단체교섭 또는 쟁의행위, 그 밖의 노동조합의 활동으로 인한 노동조합 또는 근로자의 손해배상 등 책임을 면제할 수 있다"는 조항을 신설했다.

② 노동조합 또는 근로자에 대한 손해배상책임 등의 면제가 배임죄를 구성한다고 평가되더라도, 본 조항이 신설됨에 따라 노동조합 또는 근로자에 대한 손해배상책임 등의 면제는 형법 제20조의 정당행위로 위법성이 조각된다.

3일차

132 쟁의행위의 주체 · 절차의 정당성

노조법 제37조제2항 【쟁의행위의 기본원칙】 조합원은 노동조합에 의하여 주도되지 아니한 쟁의행위를 하여서는 아니된다(제89조 : 제37조제2항에 위반한 자는 3년 이하의 징역 또는 3천만원 이하의 벌금에 처한다).

노조법 제41조제1항 【쟁의행위의 제한과 금지】 ① 노동조합의 쟁의행위는 그 조합원(제29조의2에 따라 교섭대표노동조합이 결정된 경우에는 그 절차에 참여한 노동조합의 전체 조합원)의 직접 · 비밀 · 무기명투표에 의한 조합원 과반수의 찬성으로 결정하지 아니하면 이를 행할 수 없다. 이 경우 조합원 수 산정은 종사근로자인 조합원을 기준으로 한다.
② 「방위사업법」에 의하여 지정된 주요방위산업체에 종사하는 근로자중 전력, 용수 및 주로 방산물자를 생산하는 업무에 종사하는 자는 쟁의행위를 할 수 없으며 주로 방산물자를 생산하는 업무에 종사하는 자의 범위는 대통령령으로 정한다.

1. 주체의 정당성

① 쟁의행위는 노동조합과 사용자 또는 사용자 단체가 행하는 행위이므로, 근로자측의 쟁의행위 주체는 노조법상 노동조합이다. 따라서 노동조합의 일부 조합원에 의한 쟁의행위(wildcat strike)는 정당성이 부인된다.

② 단위노조의 지부 · 분회는 노동조합의 산하조직에 불과하므로 쟁의행위의 주체가 될 수 없으나, 기업별 단위노조가 조직형태변경에 의해 전국단위 산별노조로 전환한 후 지회단위의 쟁의행위를 할 경우에 있어서 쟁의행위에 대한 결의는 산별노조의 규약에 의거 지회가 노동쟁의의 당사자능력을 부여받고 있는 경우라면 지회 재적조합원 과반수 찬성으로 결정하여야 할 것이다(2001.5.21, 협력 68107-240).

2. 절차의 정당성

가. 조합원 과반수의 찬성

그 조합원의 직접・비밀・무기명 투표에 의한 조합원 과반수의 찬성으로 결정하지 아니하면 이를 행할 수 없다. 노조법 제29조의2에 따라 교섭대표노동조합이 결정된 경우에는 그 절차에 참여한 노동조합의 전체 조합원(해당 사업 또는 사업장 소속 조합원으로 한정)의 직접・비밀・무기명 투표에 의한 과반수의 찬성으로 결정하지 아니하면 쟁의행위를 할 수 없다.

나. 직접・비밀・무기명 투표를 거치지 않을 경우의 효력

근로자의 쟁의행위가 형법상 정당행위가 되기 위하여는 특히 쟁의행위를 함에 있어 조합원의 직접・비밀・무기명 투표에 의한 찬성결정이라는 절차를 거쳐야 한다는 노조법 제41조제1항의 규정은 노동조합의 자주적이고 민주적인 운영을 도모함과 아울러 쟁의행위에 참가한 근로자들이 사후에 그 쟁의행위의 정당성 유무와 관련하여 어떠한 불이익을 당하지 않도록 그 개시에 관한 조합의사의 결정에 보다 신중을 기하기 위하여 마련된 규정이므로, 위의 절차를 위반한 쟁의행위는 그 절차를 따를 수 없는 객관적인 사정이 인정되지 아니하는 한 정당성을 인정받을 수 없다 할 것이다(대법 2001.10.25, 99도4837).

다. 조정결렬 이전 쟁의행위 찬반투표의 정당성 여부

쟁의행위에 대한 조합원 찬반투표가 노동위원회의 조정절차를 거치지 않고 실시되었다는 사정만으로는 그 쟁의행위의 정당성이 상실된다고 보기 어렵다(대법 2020.10.15, 2019두40345)

※ 파업절차 : 교섭개시 → 교섭결렬 → 조정절차 → 조정결렬 → 찬반투표 → 파업

133 쟁의행위 방법의 정당성

노조법 제38조 【노동조합의 지도와 책임】 ① 쟁의행위는 그 쟁의행위와 관계없는 자 또는 근로를 제공하고자 하는 자의 출입·조업 기타 정상적인 업무를 방해하는 방법으로 행하여져서는 아니되며 쟁의행위의 참가를 호소하거나 설득하는 행위로서 폭행·협박을 사용하여서는 아니된다(제89조 : 제38조제1항의 규정에 위반한 자는 3년 이하의 징역 또는 3천만원 이하의 벌금에 처한다).
② 작업시설의 손상이나 원료·제품의 변질 또는 부패를 방지하기 위한 작업은 쟁의행위기간 중에도 정상적으로 수행되어야 한다(제91조 : 제38조제2항의 규정을 위반한 자는 1년 이하의 징역 또는 1천만원 이하의 벌금에 처한다).
③ 노동조합은 쟁의행위가 적법하게 수행될 수 있도록 지도·관리·통제할 책임이 있다.

노조법 제42조 【폭력행위 등의 금지】 ① 쟁의행위는 폭력이나 파괴행위 또는 생산 기타 주요업무에 관련되는 시설과 이에 준하는 시설로서 대통령령이 정하는 시설을 점거하는 형태로 이를 행할 수 없다(제89조 : 제42조제1항의 규정에 위반한 자는 3년 이하의 징역 또는 3천만원 이하의 벌금에 처한다).
② 사업장의 안전보호시설에 대하여 정상적인 유지·운영을 정지·폐지 또는 방해하는 행위는 쟁의행위로서 이를 행할 수 없다(제91조 : 제42조제2항의 규정을 위반한 자는 1년 이하의 징역 또는 1천만원 이하의 벌금에 처한다).

1. 피켓팅

가. 피켓팅의 정당성 인정 범위

피켓팅은 노동조합이 필요한 장소에 감시요원을 배치하여 근로희망자들의 사업장 출입을 저지하고 파업에 동조할 것을 권유·설득하는 행위로 독립된 쟁의행위는 아니며, 파업의 효과를 높이기 위해 부수적으로 행하여지는 보조적 수단이므로 피켓팅은 근로희망자 등에게 폭행, 협박, 폭언 등을 사용하여 파업에 참가 또는 동조할 것을 요구할 수 없으며, 원칙적으로 평화적 설득의 방법에 의한 경우에만 정당성이 인정될 수 있다(1998.7.10, 협력 68140-261).

나. 2차 보이콧(불매운동)의 정당성

노동조합이 파업을 행하면서 사용자가 아닌 다수의 제3자(발주처)를 상대로 항의집회 및 면담을 요청하고 건의서를 제출하는 등 회사의 명예를 실추시키고 수주업무에 막대한 지장을 초래하는 방법으로 쟁의행위를 할 경우 소위 2차 보이콧(불매운동)은 사용자에 대한 쟁의행위와는 구분되어야 할 것인 바, 2차 보이콧을 주목적으로 하는 집단적 노무거부행위는 정당한 쟁의행위로서의 민·형사상 면책 보호의 대상이 되기 어렵다(1999.8.31, 협력 68140-392).

2. 직장점거

가. 병원 진료대기공간(로비)의 점거

노조법 제42조의 규정에 의하여 점거가 금지되는 생산 기타 주요업무에 관련되는 시설 여부는 개별 사업장의 업무종류, 업무형태에 따라 판단되어야 하는 바, 일반적으로 점거될 경우 사용자 또는 타 근로자의 출입·조업 기타 정상적인 업무의 방해를 초래할 수 있는 시설이 이에 해당하는 바, 진료대기 공간(로비)은 의료업의 특성상 진료에 따른 수납, 입원 및 퇴원절차, 내원자나 응급환자 등의 대기나 출입이 계속되어 환자의 안정가료를 위한 평온성이 요구되는 장소라 할 것이므로, 점거시 입원 및 수술환자 등의 안정가료나 입·퇴원절차 등 업무에 영향을 미친다면 노조법 제42조의 주요업무시설에 해당된다(서울고법 1997.9.4, 96나35434).

나. 제조업체의 생산시설

① 제조업체로서 생산시설이나 생산라인 현장이 점거가 금지되는 '생산 기타 주요업무에 관련되는 시설'에 해당된다(2000.3.28, 협력 68140-120).

다. 백화점 광장

백화점의 광장이 주요업무시설에 해당되지 않는 경우에도 쟁의행위시 노조원의 동 장소에의 체류(점거)는 사용자의 시설관리권능이 유지되는 범위 내에서 "부분적·병존적"으로 이루어져야 하는 것이며, 백화점의 출입구가 봉쇄되는 등의 광장시설의 전면적·배타적인 점거는 정당한 체류(점거)로 볼 수 없다(1997.6.3, 협력 68140-219).

라. 원청사업주 사업장에서 하청노동자들의 직장점거 쟁의활동 정당성

[사실관계]

피고인들은 한국수자원공사 시설관리 및 청소 용역업체('이 사건 수급업체들') 직원들로 구성된 수자원공사지회 지회장 또는 조합원들임. 수자원공사지회는 이 사건 수급업체들과 단체협상이 결렬되고 조정이 불성립하자 2012.6.25.경부터 임금인상 등을 요구하며 파업에 돌입하였음. 피고인들은 수자원공사지회 조합원들과 함께 3일간, 한 번에 각각 1시간, 1시간 20분, 2시간 40분간에 걸쳐 한국수자원공사 사업장 내 건물들 사이 인도에 모여 구호를 외치고 노동가를 제창하는 등의 방법으로 집회·시위를 하였고, 한국수자원공사 직원으로부터 퇴거를 요구받았으나 불응하였음. 파업으로 중단된 화장실 청소 등의 업무를 위해 이 사건 수급업체(청소 용역업체) 대표이사가 대체 인력을 투입하자, 피고인들은 두 차례에 걸쳐 대체 투입 근로자들 앞을 막고 밖으로 나가라며 고함을 지르고, 수거된 쓰레기를 건물 복도에 버리는 등 대체 투입 근로자의 업무를 방해함. 이에 피고인들이 업무방해, 퇴거불응의 공소사실로 기소

[판결]

피고인들이 수자원공사지회 조합원들과 함께 한국수자원공사 사업장에서 이 사건 각 집회를 개최하였다고 하더라도 이러한 행위는 사회상규에 위배되지 아니하는 정당행위로서 위법성이 조각되고, 피고인들이 대체근로자들의 작업을 방해한 것은 위법한 대체근로자 투입에 대항하기 위해 상당한 범위 내에서 실력 행사가 이루어진 정당행위에 해당하여 위법성이 조각된다(대법 2020.9.3, 2015도1927).

134 준법투쟁

1. 준법투쟁

준법투쟁이란 노동조합 또는 근로자집단이 자신의 주장을 관철하기 위하여 사업장에서 평소 잘 지키지 않는 법률 또는 단체협약 등의 규범을 엄격히 지키거나 근로자들에게 보장된 권리를 일제히 행사하여 업무의 운영을 저해하는 행위라고 할 수 있다. 즉, 노동조합이 의도적으로 법령이나 단체협약, 취업규칙 등의 내용을 필요이상으로 엄격히 준수함으로써 업무의 능률이나 실적을 떨어뜨려 자신의 주장을 받아들이도록 사용자에게 압력을 가하는 집단행동을 의미하는데, 정시 출·퇴근 등 근무시간 준수, 시간외·휴일근로 집단거부, 연·월차휴가 집단사용, 안전·보건수칙 준수 등의 형태로 나타난다.

2. 준법투쟁의 법적성격

준법투쟁이 쟁의행위에 해당되기 위해서는 ① 자신의 주장을 관철할 목적을 가지고, ② 집단적으로, ③ 업무의 정상적인 운영을 저해하는 결과를 초래하여야 하는데, 「업무의 정상적인 운영」이란 엄격한 의미에서의 "적법한 운영"을 의미하는 것(법률정상설)이 아니라 사실상 또는 관행상 행해지고 있는 "평상의 운영"을 의미하는 것(사실정상설)이므로 사실상 또는 관행에 기초하여 이루어지는 "평상의 운영"을 저해하는 경우에는 쟁의행위에 해당된다.

3 일차

3. 준법투쟁의 유형

가. 연장근로 · 휴일근로 거부 등

① 회사가 관행적으로 휴일근로를 시켜 왔음에도 불구하고 근로자들이 자신들의 주장을 관철할 목적으로 정당한 이유도 없이 집단적으로 회사가 지시한 휴일근로를 거부한 것은 회사업무의 정상적인 운영을 저해하는 것으로서 노동쟁의조정법 제3조 소정의 쟁의행위에 해당한다고 할 것이다(대법 1991.7.9, 91도1051).

② 단체협약에 따른 사장의 지시로 09:00 이전에 출근하여 업무준비를 한 후 09:00부터 근무를 하도록 되어 있음에도 조합원들로 하여금 집단으로 09:00 정각에 출근하도록 지시를 하여 수천명의 조합원들이 집단적으로 09:00 정각에 출근함으로써 전화고장 수리가 지연되는 등으로 업무수행에 지장을 초래하였다면 이는 정당한 쟁의행위의 한계를 벗어난 것으로 업무방해죄를 구성한다(대법 1996.5.10, 96도419).

③ 피고인들을 비롯한 일부 조합원들의 잔업 및 특근거부가 사용자가 예측할 수 없는 시기에 전격적으로 이루어져 그 사업 운영에 심대한 혼란 내지 막대한 손해를 초래하였다고 보기 어렵고, 따라서 이 사건 잔업 및 특근 거부가 사용자 측의 사업계속에 관한 자유의사를 제압 · 혼란케 할 수 있는 위력에 해당한다고 단정할 수 없다(대법 2014.6.12, 2012도2701).

나. 연차유급휴가 등의 집단사용

단체협약 갱신협상에서 유리한 지위를 차지하기 위하여 실시한 집단월차휴가는 그 목적으로 보아 근기법상의 정당한 월차휴가라기보다는 회사의 정상적인 운영을 저해함으로써 그 주장을 관철하기 위한 쟁의행위에 해당한다(대법 1993.4.23, 92다34940). 다만, 결과적으로 손해가 발생하지 않았다면 정당한 연차휴가 사용으로 보아야 할 것이다.

다. 안전 · 보건투쟁(안전 · 보건수칙 준수)

안전 · 보건수칙 준수가 쟁의행위에 해당되는지 여부는 관련된 수칙을 필요이상으로 엄격하게 준수하는 목적이 진정으로 당해 규정이 의도하는 안전의 확보나 운행의 정상성의 회복을 목적으로 하는지, 단순이 업무저해를 위한 수단인지 여부에 따라 판단하되, 안전·보건수칙의 취지상 객관적으로 요구하는 한도를 넘어서까지 그 규정의 준수를 고집하는 경우에는 쟁의행위에 해당된다. 노동조합이 그 주장을 관철할 목적으로 준법을 빙자하여 도로교통법, 운수사업법 등 관계법규에 의한 제반규정을 지나치게 엄격히 준수함으로써 업무의 정상적인 운영이 저해된 경우에는 쟁의행위에 해당된다(1992.6.11, 노사 01254-281).

라. 태업

근로를 불완전하게 제공하는 형태의 쟁의행위의 일종인 태업의 경우, 각 근로자별로 근로제공의 불완전성의 정도를 판단하여 산정함이 타당하나, 이 사건의 경우 다음과 같은 사정, 즉 ① 원고들의 근로제공 형태는 협동작업이고, 그러한 업무수행의 방법상 개별 근로자의 태업은 자신을 제외한 다른 근로자의 생산성에 바로 영향을 미치는 구조이어서 근로자별로 근로제공의 불완전성 정도를 산정할 수는 없고 전체적인 생산성의 저하를 기준으로 근로제공의 불완전성 정도를 따질 수밖에 없는 점, ② 원고들 중 태업시간이 가장 긴 사람을 기준으로 보더라도 태업기간 동안 월별 태업시간은 총 노동시간의 20% 내지 66%인 데 비하여 그 기간 동안 생산성 하락 비율은 약 75% 내지 90%에 이르는 점과 원고들이 행하는 공동작업의 특성 등에 비추어 볼 때, 태업시간 동안 제공한 근로의 불완전성의 정도는 그 태업시간 전부에 해당하는 100%로 봄이 타당한 점, ③ 태업으로 인한 "생산 감소량을 기준으로 하여 개별 근로자의 태업시간 비율로 계산된 금액을 임금에서 공제"하는 것보다, 임금을 기준으로 하여 개별 근로자의 태업시간 비율로 계산된 금액을 임금에서 공제하는 것이 이 사건 근로자들에게 유리한 점 등을 종합하면, 피고가 "각 근로자별로 측정된 태업시간 전부를 비율적으로 계산하여 임금에서 공제"한 것은 타당하다(대법 2013.11.28, 2011다39946).

135 필수공익사업과 파업시 대체근로금지

노조법 제71조제2항 【공익사업의 범위 등】 이 법에서 "필수공익사업"이라 함은 제1항의 공익사업으로서 그 업무의 정지 또는 폐지가 공중의 일상생활을 현저히 위태롭게 하거나 국민경제를 현저히 저해하고 그 업무의 대체가 용이하지 아니한 다음 각 호의 사업을 말한다.

1. 철도사업, 도시철도사업 및 항공운수사업
2. 수도사업, 전기사업, 가스사업, 석유정제사업 및 석유공급사업
3. 병원사업 및 혈액공급사업
4. 한국은행사업
5. 통신사업

노조법 제42조의2 【필수유지업무에 대한 쟁의행위의 제한】 ① 이 법에서 "필수유지업무"라 함은 제71조제2항의 규정에 따른 필수공익사업의 업무 중 그 업무가 정지되거나 폐지되는 경우 공중의 생명·건강 또는 신체의 안전이나 공중의 일상생활을 현저히 위태롭게 하는 업무로서 대통령령이 정하는 업무를 말한다.
② 필수유지업무의 정당한 유지·운영을 정지·폐지 또는 방해하는 행위는 쟁의행위로서 이를 행할 수 없다.

노조법 제42조의6 【필수유지업무 근무 근로자의 지명】 ① 노동조합은 필수유지업무 협정이 체결되거나 제42조의4제2항의 규정에 따른 노동위원회의 결정이 있는 경우 사용자에게 필수유지업무에 근무하는 조합원 중 쟁의행위기간 동안 근무하여야 할 조합원을 통보하여야 하며, 사용자는 이에 따라 근로자를 지명하고 이를 노동조합과 그 근로자에게 통보하여야 한다. 다만, 노동조합이 쟁의행위 개시 전까지 이를 통보하지 아니한 경우에는 사용자가 필수유지업무에 근무하여야 할 근로자를 지명하고 이를 노동조합과 그 근로자에게 통보하여야 한다.

노조법 제43조 【사용자의 채용제한】 ① 사용자는 쟁의행위기간 중 그 쟁의행위로 중단된 업무의 수행을 위하여 당해 사업과 관계없는 자를 채용 또는 대체할 수 없다.
② 사용자는 쟁의행위기간 중 그 쟁의행위로 중단된 업무를 도급 또는 하도급 줄 수 없다.

③ 제1항 및 제2항의 규정은 필수공익사업의 사용자가 쟁의행위기간 중에 한하여 당해 사업과 관계없는 자를 채용 또는 대체하거나 그 업무를 도급 또는 하도급 주는 경우에는 적용하지 아니한다.
④ 제3항의 경우 사용자는 당해 사업 또는 사업장 파업참가자의 100분의 50을 초과하지 않는 범위 안에서 채용 또는 대체하거나 도급 또는 하도급 줄 수 있다. 이 경우 파업참가자 수의 산정 방법 등은 대통령령으로 정한다.

1. 본사 및 다른 사업장의 근로자를 대체 투입한 경우 법 위반여부

① '당해 사업과 관계없는 자'는 경영상 일체를 이루는 기업체의 근로자를 제외한 모든 자를 의미하는 것으로 해석되므로 당해 사업 내 수개의 사업장이 있는 경우에 본사 및 다른 사업장 근로자를 대상으로 한 대체근로는 동 조항 위반에 해당되지 아니한다(2004.8.16, 노동조합과-2214).

② 그러나, 하청업체의 파업으로 업무가 중단된 원청회사가 직접 그 업무를 수행하거나 다른 하청업체를 선정하여 업무를 계속하는 것이 노조법 제43조에 위배되는지 여부에 대해서는 논란이 있다.

2. 단체협약에 쟁의행위기간 중 비조합원의 대체근무제한규정을 둘 경우 그 효력

단체협약으로 "쟁의행위기간 중 비조합원을 대체하여 근무시키지 못한다"고 노사가 약정한 경우, 사용자가 비조합원에게 쟁의행위로 중단된 업무를 수행토록 하였다면 단체협약 위반에 따른 책임문제는 별론으로 하더라도 노조법 제43조 규정의 취지에 위반된다고 보기는 어렵다(2004.3.30, 노동조합과-821).

3. 중단된 업무를 비조합원이 수행, 비조합원의 업무에 신규 채용한 근로자 투입

쟁의행위로 중단된 업무에 당해 사업내 근로자를 투입하고 그 결과로 공백이 생긴 업무에 당해 사업과 관계없는 자를 신규채용·투입하였다면, 외형상 신규채용자에게 쟁의행위로 중단된 업무를 직접 수행하도록 한 것은 아니지만 사실상 신규채용의 목적이 쟁의행위로 중단된 업무의 수행을 위한 것으로 판단되므로 노조법 제43조 규정의 취지에 반한다(2005.1.27, 노동조합과-336).

4. 쟁의행위 이전 신규인력을 채용한 근로자의 투입

당해 사업과 관계없는 자를 쟁의행위 개시 이전에 채용한 경우라도 사업확장 등으로 인한 신규채용 등 정당한 인사권이 아니라 쟁의행위로 중단된 업무를 수행케 할 목적으로 이루어진 것이 명백하다면 법 위반에 해당된다(같은 취지 : 대법 2000.11.28, 99도317).

5. 필수유지업무 종사자의 파업참가시 처벌가능여부

노조법 제42조의2은 필수유지업무의 정당한 유지·운영을 정지·폐지 또는 방해하는 행위는 쟁의행위로서 할 수 없고 이를 위반할 경우 처벌한다고 규정하고 있을 뿐, 그 결정을 위반하는 행위 자체를 처벌하는 규정을 두고 있지 아니하며, 필수유지업무의 '정당한' 유지·운영을 정지·폐지 또는 방해하는 결과를 초래하지 않을 수 있기에, 그 결정을 위반했다는 이유만으로 처벌의 대상이 될 수 없다(대법 2016.4.12, 2015도17326).

6. 불법대체에 동원된 외부인에 대한 물리적 저지 행사의 정당성

[판결]

여수 산단 소재 중장비 임대업체 소속 근로자들로 조직된 노동조합의 조합원들이 파업기간 중에 위 업체에 채용되어 기중기 운전 작업을 대체 수행하고 있는 피해자를 발견하고 피해자를 붙잡으려고 하다가 피해자가 바닥에 넘어져 어금니 탈구 등 상해를 입은 사안

[판결]

피해자는 쟁의행위로 중단된 업무를 수행하기 위하여 채용된 근로자에 불과하므로, 대향범 관계에 있는 행위 중 '사용자'만 처벌하는 노동조합법 제91조, 제43조제1항 위반죄의 단독정범이 될 수 없고, 형법 총칙상 공범 규정을 적용하여 공동정범 또는 방조범으로 처벌할 수도 없으므로 피해자는 노동조합법 제91조, 제43조제1항 위반에 따른 현행범인이 아니고, 피고인들이 피해자를 체포하려던 당시 상황을 기초로 보더라도 현행범인 체포의 요건을 갖추고 있었다고 할 수 없으므로, 폭행 또는 상해죄의 위법성이 조각되지 아니한다(대법 2020.6.11, 2016도3048).

7. 하청업체 파업 시 원청업체 대체투입 가능여부

노조법 제43조 【사용자의 채용제한】 ① <u>사용자는</u> 쟁의행위기간 중 그 쟁의행위로 중단된 업무의 수행을 위하여 당해 사업과 관계없는 자를 채용 또는 대체할 수 없다.

표 원청의 하청노조에 대한 단체교섭 사용자 여부와 대체투입 가능 여부

원청이 하청노조에 대해 실질적 지배력(단체교섭 사용자)이 인정될 경우	하청업체 파업 시 원청의 대체투입 불가
원청이 하청노조에 대해 실질적 지배력(단체교섭 사용자)이 부정될 경우	하청업체 파업 시 원청의 대체투입 가능

136 직장폐쇄

대법 2005.6.9, 2004도7218

노조법 제46조【직장폐쇄의 요건】 ① 사용자는 노동조합이 쟁의행위를 개시한 이후에만 직장폐쇄를 할 수 있다.
② 사용자는 제1항의 규정에 의한 직장폐쇄를 할 경우에는 미리 행정관청 및 노동위원회에 각각 신고하여야 한다.

노조법 제91조【벌칙】 제43조제1항 · 제2항, 제46조제1항의 규정을 위반한 자는 1년 이하의 징역 또는 1천만원 이하의 벌금에 처한다.

1. 부당노동행위와의 관계

가. 직장폐쇄가 정당성을 상실할 경우

그 자체는 민사상 손해배상 청구 대상일 뿐 곧바로 부당노동행위가 성립된다거나 형사처벌의 대상이 되는 것은 아니며, 정당하지 아니한 직장폐쇄가 부당노동행위에 해당되는지 여부는 노동조합의 조직력을 약화시키기 위한 의도 등 부당노동행위 의사 존재 여부에 따라 종합적으로 판단하여야 하며, 노조법 제46조제1항의 개시요건을(노동조합의 쟁의행위 이후) 위반한 경우에는 노조법상 처벌도 병행할 수 있다.

나. 부당노동행위가 의심되는 유형

① 노동조합의 조직력을 약화시킬 의도로 노조간부 등 특정 노조원을 지명하여 직장폐쇄라는 명분으로 조합원과 접촉을 차단하는 경우

② 파업을 철회하고 진정으로 조업복귀 의사를 명백히 하였음에도 직장폐쇄를 해제하지 아니한 채 조합활동을 방해할 의도로 선별 복귀시킨 경우

③ 직장폐쇄를 이유로 합리적인 이유없이 정상적인 조합활동을 위한 노조사무실 출입을 전면적으로 거부하거나 노조사무실에 단전, 단수 등의 조치를 취하여 노동조합 활동을 방해한 경우

재결례 중노위 2001.4.10, 2000부노152

> 조합원들은 2000.8.17.부터 6회에 걸쳐 근무할 의사를 가지고 배차해 줄 것을 요구하는 공문을 발송하였고 또한, 2000.8.23. △△지방노동사무소에서도 직장폐쇄조치가 정당하지 못함을 주지시키고 정상적인 노무수령을 촉구하는 공문을 발송하였음에도 신청인은 같은 해 8.15. 이후 2001.3.23. 현재까지도 조합원들에 대하여 배차를 하지 않고 노무수령을 거부하는 것은 조합원들에게 경제적으로 타격을 주어 조합원들의 노동조합 활동을 무력화시키려는 의도로 밖에 볼 수 없다.

다. 부당노동행위로 볼 수 없는 유형

① 사용자가 업무에 복귀하려는 노동조합원들의 진의를 확인한 후 직장폐쇄 유지 여부를 결정할 필요성 때문에 노동조합원들에게 파업종료확인서에 서명을 요구한 경우 등은 부당노동행위에 해당하지 않는다.

판례 대법 2005.6.9, 2004도7218

> 노동조합의 파업 경위, 금융기관이라는 사업장의 특수성, 경영개선명령을 받은 긴박한 경영상의 위기 등에 비추어, 사용자가 업무에 복귀하려는 노동조합원들의 진의를 확인한 후 직장폐쇄 유지 여부를 결정할 필요성 때문에 노동조합원들에게 파업종료확인서에 서명을 요구한 것이 부당한 요구라고 볼 수 없으므로 사용자가 노동조합원들의 업무복귀 의사를 확인할 수 없다고 하여 직장폐쇄를 유지한 것은 부당노동행위로 볼 수 없다.

② 파업을 철회하였으나 조업복귀 의사가 불분명하여 그 기간 동안 직장폐쇄를 해제하지 아니한 경우

③ 쟁의행위 참가 조합원을 제외한 부분 직장폐쇄 중 조업, 취업을 희망하는 파업불참 노조원 및 비노조원을 사용하여 조업하는 경우

3일차

2. 직장폐쇄 시 출입통제

① 사업장 내에 노조사무실이 있고, 대부분의 교섭 및 노동조합활동이 주로 사업장 내에서 이루어지는 현실에서 직장폐쇄를 하였다는 이유만으로 사업장 출입을 전면 제한하는 것은 곤란하다. 따라서 직장폐쇄를 하였더라도 정상적인 조합활동을 위한 노조사무실 출입을 정당한 이유없이 금지하는 것은 정당하다고 할 수 없다.

② 그러나, 노조사무실의 위치, 출입을 원하는 인원 등 제반 사정을 고려하여 볼 때 다른 시설의 점거 및 생산활동의 저해가 우려되는 상황이라면 출입을 제한하더라도 부당하다고 할 수 없다. 법원으로부터 출입금지 · 접근금지 가처분 결정을 받은 경우에는 노조사무실을 포함하여 전면적으로 출입을 금지하더라도 부당노동행위로 볼 수 없다.

행정해석 1998.10.30, **협력** 68140-409

직장폐쇄는 생산수단을 근로자로부터 차단하여 노무수령을 거부하는데 지나지 않아 직장폐쇄가 미치는 범위도 생산시설 내지 업무시설에 한정되나, 생산이나 업무와 관계없는 시설로서 노조사무실, 기숙사, 식당 등 조합활동 또는 후생복리를 위한 시설에 대해서도 노조원의 출입을 합리적인 범위 내에서 일부 제한할 수 있다고 할 것이다.

3. 직장폐쇄 시 퇴거불응죄 성립여부

① 사용자의 직장폐쇄는 노사간의 교섭 태도 · 경과 · 근로자측 쟁의행위의 태양 · 그로 인하여 사용자측이 받는 타격의 정도 등에 관한 구체적 사정에 비추어 형평상 근로자측의 쟁의행위에 대한 대항 · 방위 수단으로서 상당성이 인정되는 경우에 한하여 정당한 쟁의행위로 평가받을 수 있는 것이고, 사용자의 직장폐쇄가 정당한 쟁의행위로 인정되지 아니하는 때에는 적법한 쟁의행위로서 사업장을 점거 중인 근로자들이 직장폐쇄를 단행한 사용자로부터 퇴거 요구를 받고 이에 불응한 채 직장 점거를 계속하더라도 퇴거불응죄가 성립하지 아니한다(대법 2007.3.29, 2006도9307 / 대법 2002.9.24, 2002도2243 참조).

② 사용자측의 노사간 교섭에 소극적인 태도, 노동조합의 파업이 노사간 교섭력

의 균형과 사용자측 업무수행에 미치는 영향 등에 비추어 노동조합이 파업을 시작한 지 불과 4시간 만에 사용자가 바로 직장폐쇄조치를 취한 것은 '정당한 쟁의행위로 인정되지 아니하므로', 사용자측 시설을 정당하게 점거한 조합원들이 사용자로부터 퇴거 요구를 받고 이에 불응하였더라도 퇴거불응죄가 성립하지 아니한다(대법 2016.5.24, 2012다85335).

4. 위법한 직장폐쇄 중 노조원의 회사 무단진입

위법한 직장폐쇄 중이라도 회사의 무단진입 등을 이유로 한 해고는 정당하다(대법 2017.4.7, 2013두16418).

3일차

137 공격적 직장폐쇄의 정당성

대법 2016.5.24, 2012다85335

1. 사실관계

① 발○○○도 지회는 이 사건 직장폐쇄 개시 이후 2010.2.22. 피고에게 2010.2.23.까지 전체 조합원이 업무에 복귀하겠다는 의사를 표시하면서 2010.2.24.에 단체교섭을 하자고 요청한 사실,

② 피고가 2010.3.2. 발○○○도 지회에게 대화의 진정성 등에 의문을 제기하면서 대표이사 비방 등에 대한 사과를 요구하자, 발○○○도 지회는 2010.3.8. 피고가 요구하는 모든 문제에 대해 유감을 표현하고 피고를 비방한 부분에 대해서도 사과한 사실,

③ 발○○○도 지회는 2010.3.9. 노・사간 대화시 피고의 요청을 그대로 수용하여 금속노조 경주지부 위원들을 배제한 채 지회 위원들만 참석하겠다고 통지한 사실,

④ 피고는 직장폐쇄 이후 조합원들이 노동조합 사무실이나 공장 내부를 출입하는 것을 원천봉쇄하였고, 이에 발○○○도 지회는 2010.3.16. 노조사무실을 점거하거나 흉기를 휴대하고 출입할 의사가 없음을 밝히고 향후 피고 주장대로 문제가 발생하면 모든 책임을 지회가 지겠다는 입장을 표시하면서 노동조합 및 복지시설 출입을 허용해달라고 요청한 사실,

⑤ 발○○○도 지회는 2010.4.22. 피고가 직장폐쇄를 철회하고 정상조업을 재개한다면 지회에서는 집행부 사퇴를 포함하여 모든 것을 열어놓고 임할 용의가 있음을 표명한 사실 등을 알 수 있다. 사실관계가 위와 같다면, 발○○○도 지회는 여러 차례에 걸쳐 명시적・묵시적으로 쟁의행위를 중단하고 업무에 복귀할 것과 피고가

우려하는 폭력적 행위나 생산활동에 대한 방해 행위 등을 하지 않고 피고의 요구사항을 조건 없이 수용할 것을 약속하면서 직장폐쇄의 철회 및 대화에 의하여 문제를 해결할 것을 요청해온 것으로 볼 수 있다.

2. 판결요지

가. 공격적 직장폐쇄의 성격으로 변질되었다고 볼 수 있는 시점

① 한편 기록에 의하면 발○○○도 지회 조합원들은 2010.3.2경부터 3.6경까지 피고의 공장 앞에서 직장폐쇄에 대한 항의 시위를 개최하면서 폭행, 업무방해 등 위법행위를 한 사실이 있고, 2010.3.5경부터 3.9경까지 전국금속노조 경주지부 산하 여러 사업장 조합원들이 연대하여 파업과 집회 등을 시도하였으나, 그 후로는 발○○○도 지회 조합원들이 불법 시위를 개최하는 등 적극적인 투쟁방법을 지속하였다는 자료는 찾을 수 없으며, 발○○○도 지회 측이 2010.3.25.경부터 경주 시민들에게 피고를 비방하는 내용의 유인물을 배포한 사실이 있으나, 원고들은 2010.4.6.경부터는 이와 같은 유인물 배포 등 피고에 대한 비방 활동을 전혀 하지 않았다고 주장하고 있다. 그렇다면 이 사건 직장폐쇄가 철회된 2010.5.25. 이전에 이미 발○○○도 지회의 위법행위 또는 적대적 행위가 뚜렷하게 잦아들어 쟁의행위 상태가 사실상 종료되었다고 볼 여지도 없지 아니하다.

② 나아가 기록에 의하면 피고는 이 사건 직장폐쇄조치를 계속 유지하면서도 개별적인 접촉을 통하여 2010.3.경까지 약 100여 명, 2010.4.경까지 약 300여 명의 조합원들을 선별적으로 업무에 복귀시킨 사실, 정○섭 등 일부 조합원들이 주도하여 2010.5.19. 및 2010.6.7. 두 차례에 걸쳐 발○○○도 지회의 노동조합 조직형태 변경을 위한 총회를 개최한 사실, 피고는 노무법인 ○○컨설팅과 노사관계에 관한 자문을 제공받고 보수를 지급하기로 하는 계약을 체결하고 2010.3.경부터 위 노무법인으로부터 여러 차례 '쟁의행위 전략문건'이라는 문서를 제공받았는데, 그 주요 내용은 피고가 직장폐쇄를 유지하면서 협력적인 노사관계의 구축을 위하여 발○○○도 지회의 조합원 수가 감소하도록 조합원들의 탈퇴를 유도하고 발○○○도 지회의 조직형태를 기업별 노동조합으로 변경하는 방안을 추진하는 것으로서 그 구체적인 절차까지 포함되어 있었던 사실 등을 알 수 있는데, 그렇다면 피고가 의도

3일차

적으로 발○○○도 지회의 조직력, 투쟁력을 약화시키는 것을 목표로 삼고 위와 같은 조합원들의 선별적 업무복귀 및 조직형태 변경을 위한 총회 개최를 계획적으로 추진하거나 개입하였을 개연성도 적지 않다고 볼 수 있다.

나. 공격적 직장폐쇄기간 임금지급의무

① 이 사건 직장폐쇄는 2010년 2월 16일부터 5월 24일까지 98일이나 되는 장기간 동안 지속됐는데, 조합원 상당수가 복귀한 2010년3월 이후의 어느 시점부터는 적극적으로 ○○○○○지회 조직력을 약화시키기 위한 목적 등을 갖는 선제적·공격적 직장폐쇄에 해당해 정당성을 상실한 것으로 볼 여지가 크다고 할 것이다.

② 그렇다면, 원심으로서는 ○○○○○지회가 피고 측에 진정한 업무복귀 의사를 표명한 것으로 볼 수 있는 시기 또는 위법행위나 피고에 대한 적대적 행위 등을 종료한 시기와 ○○○○○지회의 투쟁력이 급격하게 약화된 것으로 볼 수 있는 시기 등이 언제인지, 피고가 선별적으로 조합원들의 업무복귀를 추진한 경위와 목적 및 구체적 방법이 무엇인지, ○○○○○지회가 조직형태를 변경하는 결의를 추진한 실질적인 목적과 배경 및 피고가 이에 관여했는지 여부, 그 밖에 ○○○○○지회와 피고의 관계변화를 추진할 수 있는 제반 사정 등에 대해 보다 구체적으로 심리해, 피고가 이 사건 직장폐쇄조치를 2010년 3월 이후에도 유지한 것이 선제적·공격적 직장폐쇄에 해당하는지를 판단함으로써 그 시기 이후에 해당하는 임금에 대해서는 피고의 지불의무를 인정했어야 할 것이다(대법 2016.5.24, 2012다85335 파기환송).

3. 조업복귀의사와 직장폐쇄 철회

가. 조업복귀의사의 판단기준

사용자의 직장폐쇄는 방어수단으로 인정되는 것이므로, 근로자가 업무에 복귀하겠다는 의사 역시 일부 근로자들이 개별적·부분적으로 밝히는 것만으로는 부족하다. 그 복귀의사는 사용자가 경영의 예측가능성과 안정을 이룰 수 있는 정도로 집단적·객관적으로 표시되어야 한다(대법 2017.4.7, 2013다101425).

나. 쟁의행위를 중단하고 조업복귀 의사를 명백히 한 경우

공소외 회사지회는 2007.12.28. '현장으로 복귀하여 근무하겠다.'는 내용인 조합원 56명의 자필 '근로의사표명서'를 첨부하여 공소외 회사에 발송한 것을 비롯하여 2007.12.31.부터 2008.3.17.까지 약 44여회에 걸쳐 위와 같은 내용의 문서를 보냈는데, 공소외 회사는 '직장폐쇄 철회를 원한다면 공식적 입장을 통해 불법파업을 인정하고 향후 매각반대 등 목적을 위하여 폭력과 파괴를 동반한 불법파업을 하지 않겠다는 점을 명확히 하라.'는 입장만을 여러 차례 밝힌 사실 등 판시 사정을 종합하여 보면, 2007.12.28. 이후의 직장폐쇄는 공소외 회사에 유리한 방향으로 협상을 이끌기 위한 목적에서 비롯된 공격적 직장폐쇄로서 방어수단을 넘어선 것이고, 피고인이 조합원들의 개별적 근로의사표명이 시작된 2007.12.28. 이후에도 계속하여 직장폐쇄를 유지한 것은 노동조합의 운영에 지배·개입할 의사에 기한 부당노동행위에 해당한다(대법 2017.7.11, 2013도7896)

다. 쟁의행위를 중단하겠다는 의사가 명확하지 않은 경우

파업참가 조합원들이 업무에 복귀하는 내용의 부분파업으로 파업형태를 변경하기로 하고 이를 회사에 통지하였으나, 파업을 전면적으로 철회하는 것인지 여부를 확인하기 위하여 파업종료확인서를 작성해 달라는 회사의 요구를 거부하면서 업무에 복귀하지 않았고, 과거 노조의 파업 태양 등에 비추어 언제든지 다시 전면파업으로 진행될 개연성이 높았으며, 실제로 2002.11.26. 직장폐쇄 종료 후에도 노조원들은 정시출근 등을 통한 준법투쟁, ○○조합 앞에서의 합병반대 집회, 업무에 복귀하였던 노조원 파업 참가 등으로 쟁의행위를 계속한 점 등을 종합하면, 피고인이 업무에 복귀하고자 하는 노조원들의 진의를 확인한 후 직장폐쇄 유지 여부를 결정할 필요성 때문에 노조원들의 진정한 의사를 확인하는 차원에서 파업종료확인서에 서명을 요구한 것이 노조원들에게 부당한 요구를 한 것이거나 노동조합의 조직과 운영에 개입하기 위한 것으로 보이지 않으므로, 노조원들의 업무복귀 의사를 확인할 수 없다고 하여 직장폐쇄를 계속 유지한 것이 위법하다고 볼 수 없다(대법 2005.6.9, 2004도7218).

제9장 단체협약

Company의 어원(語源)

'회사'를 의미하는 단어 'company'는 원래 'com(함께)'+'pane(빵)'+'ia(먹는 것)'를 붙인 것이다. 우리말로 "한솥밥을 먹는다"와 같은 말이다. 'compania'는 중세기에 라틴어에서 프랑스어(compagnie)로 건너와 '군인 집단'을 뜻했다. 군인은 같이 행군하며 끼니를 나누기 때문이다.

이탈리아에서 공업 · 상업 등 도시 경제가 발전했다. 여기에 상응하여 지식인 · 장인 · 금융인 등 중산계급의 사회적 위치가 높아졌다. 점차 중산 계급이 증가하자 동종 업계 사람끼리 뭉쳐 이권을 보호하기 위해 조직을 만들었다.

이 조직의 멤버들을 같은 업종으로 먹고 살기 때문에 '빵을 나눠 먹는 집단', 즉 'compania'라고 불렀다. 그래서 조직, 즉 'company'가 회비를 징수하여 투자와 거래를 조직의 이름으로 했고 수익도 나누어 가졌다. 이것이 점차 오늘날의 기업으로 발전했고 단어 'company'도 '기업'으로 의미가 변하게 되었다.

오늘날의 영어 단어 'company'의 활용 사례를 보면 여전히 옛 의미가 많이 남아 있다. 예를 들면 'good company'는 '같이 있으면 기분이 좋은 사람', 특히 '같이 식사를 하거나 여행을 하기 좋은 사람'을 뜻한다.

138 단체협약의 효력과 기능

1. 단체협약의 의의

단체협약은 노동조합과 사용자가 임금, 근로시간 기타의 사항에 대하여 단체교섭과정을 거쳐 합의한 사항을 서면으로 작성하여 당사자 쌍방이 서명 또는 날인한 협정을 말하는 것으로, 노조법 제33조에 의하여 사용자와 개별 근로자 사이의 근로계약을 규율하는 규범적 또는 채무적 효력을 가진다.

2. 단체협약의 법적 성질

이 경우 단체협약의 당사자가 아닌 근로자에게 단체협약의 효력이 미치고 나아가 그 내용이 규범적 효력을 갖게 되는 법적 근거에 대하여 많은 이론구성이 있다.

가. 계약설

① 대리설 : 노동조합이 조합원을 대리하여 계약을 체결하였으므로 근로자가 구속되는 것이라는 견해
② 제3자를 위한 계약설 : 노동조합이 제3자인 근로자를 위한 계약을 체결하였으므로 근로자가 구속된다는 견해
③ 규범계약설 : 근로자가 노동조합에 가입할 때 노동조합이 근로자를 구속하는 규범계약을 체결할 것을 동의하였기 때문에 근로자를 구속하는 것이라는 견해

나. 규범설

① 사회적 자치법설 : 단체협약도 하나의 규범으로서 사회적 힘에 의해 자치적으로 실시되고 있는 한 관습법과 같이 법적 효력이 있다고 보는 견해

② 백지관습법설 : 노사가 법규범으로서의 성질을 갖는 단체협약을 협정으로 설정하는 자체를 노동관습법으로 승인한데서 규범적 효력이 인정된다는 견해

③ 수권설 : 노조법 제33조(단체협약 우선 적용) 및 노조법 35조(일반적 구속력)에 의해 비로소 단체협약의 법규범성이 창설적으로 인정되었다고 보는 견해

다. 결어

① 단체협약은 노동조합과 사용자와의 계약인데, 아무런 의사합치가 없는 근로자와 사용자와의 관계를 계약관계로 풀어나가기에 계약설은 논리적으로 궁색한 측면이 있다.

② 우리나라에서는 단체협약을 규범으로 보는 의식이나 관습이 아직 성숙하지 않았다고 보면 사회자치법설이나 백지관습법설은 한계가 있다. 따라서 단체협약을 규범으로 보고, 그 근거는 헌법 제33조, 노조법 제33조 내지 제35조에서 정한 제도적 산물로 보는 수권설이 타당하다고 보여진다.

3. 단체협약의 기능

① 단체협약에 위반되는 취업규칙 · 근로계약의 부분은 무효가 되는 등 근로자의 근로조건을 향상시키고 근로자간의 "근로조건을 통일"시키는 기능을 한다.

② 또한, 단체협약을 체결하는 과정에서는 당사자간에 분쟁이 발생할 수 있으나 체결된 후에는 그 유효기간 동안 노사관계를 안정시키고 산업평화를 보장하는 기능을 한다. 따라서, 단체협약에는 그 유효기간 동안 협약으로 결정한 사항의 변경을 요구하는 쟁의행위를 하지 않는다는 "평화의무"가 당연히 내재한다.

139 기존 근로조건보다 저하된 단체협약의 효력

대법 2007.12.14, 2007다18584 대법 2011.7.28, 2009두7790

노조법 제31조제3항 【단체협약의 작성】 행정관청은 단체협약 중 위법한 내용이 있는 경우에는 노동위원회의 의결을 얻어 그 시정을 명할 수 있다.

노조법 제93조 【벌칙】 다음 각 호의 1에 해당하는 자는 500만원 이하의 벌금에 처한다.
2. 제31조제3항의 규정에 의한 명령에 위반한 자

노조법 제33조 【기준의 효력】 ① 단체협약에 정한 근로조건 기타 근로자의 대우에 관한 기준에 위반하는 취업규칙 또는 근로계약의 부분은 무효로 한다.
② 근로계약에 규정되지 아니한 사항 또는 제1항의 규정에 의하여 무효로 된 부분은 단체협약에 정한 기준에 의한다.

1. 기존 근로조건보다 저하된 단체협약의 효력

협약자치의 원칙상 노동조합은 사용자와 근로조건을 유리하게 변경하는 내용의 단체협약뿐만 아니라 근로조건을 불리하게 변경하는 내용의 단체협약을 체결할 수 있으므로, 근로조건을 불리하게 변경하는 내용의 단체협약이 현저히 합리성을 결하여 노동조합의 목적을 벗어난 것으로 볼 수 있는 경우와 같은 특별한 사정이 없는 한 그러한 노사 간의 합의를 무효라고 볼 수는 없고, 노동조합으로서는 그러한 합의를 위하여 사전에 근로자들로부터 개별적인 동의나 수권을 받을 필요가 없으며, 단체협약이 현저히 합리성을 결하였는지 여부는 단체협약의 내용과 그 체결경위, 당시 사용자측의 경영상태 등 여러 사정에 비추어 판단해야 할 것인바, 위와 같은 법리는 근로조건의 유지·개선 기타 근로자의 경제적·사회적 지위의 향상을 도모한다는 노동조합의 목적에 비추어 근로조건을 불리하게 변경하는 내용의 단체협약이 무효인지 여부를 판단하는데 적용될 것이지 그에 해당하지 아니함이 명백한 합의에는 적용될 수 없다(대법 2007.12.14, 2007다18584).

2. 그러나 단체협약이 현저히 합리성을 결하여 무효라는 판례(대법 2011.7.28, 2009두7790)

※ 1일차 '3. 노동법의 해석원리' 참조

3. 단체협약이 개정되었으나 기존 취업규칙상 근로조건이 유리한 경우

단체협약의 개정에도 불구하고 종전의 단체협약과 동일한 내용의 취업규칙이 그대로 적용된다면 단체협약의 개정은 그 목적을 달성할 수 없으므로 개정된 단체협약에는 당연히 취업규칙상의 유리한 조건의 적용을 배제하고 개정된 단체협약이 우선적으로 적용된다는 내용의 합의가 포함된 것이라고 봄이 당사자의 의사에 합치한다고 할 것이고, 따라서 개정된 후의 단체협약에 의하여 취업규칙상의 면직기준에 관한 규정은 그 적용이 배제된다고 보아야 한다(대법 2002.12.27, 2002두9063).

4. 동일한 징계사유에 대해 단체협약과 취업규칙의 규정이 다른 경우

단체협약에서 근로자를 해고함에 있어 해고사유 등을 단체협약에 의하도록 명시적으로 규정하고 있거나 동일한 징계사유에 관하여 단체협약상의 규정과 취업규칙 등의 규정이 상호 저촉되는 경우, 사용자는 단체협약 소정의 징계사유에 의하여만 근로자를 징계할 수 있다(대법 2005.5.25, 2005두1152).

5. 단체협약에서 규정하지 않은 사항을 취업규칙에 규정한 경우

단체협약에서 '해고에 관하여는 단체협약에 의해야 하고 취업규칙에 의하여 해고할 수 없다'는 취지로 규정하거나 '단체협약에 정한 사유 외의 사유로는 근로자를 해고할 수 없다'고 규정하는 등 근로자를 해고함에 있어서 해고사유 및 해고절차를 단체협약에 의하도록 명시적으로 규정하고 있거나, 동일한 징계사유나 징계절차에 관하여 단체협약상의 규정과 취업규칙 등의 규정이 상호 저촉되는 경우가 아닌 한 사용자는 취업규칙에서 새로운 해고사유를 정할 수 있고 그 해고사유에 터잡아 근로자를 해고할 수 있으며, 비록 단체협약에서 해고사유와 해고 이외의 징계사유를 나누어 구체적으로 열거하고 있다 하더라도 취업규칙에서 이와 다른 사유를 해고사유로 규정하는 것이 단체협약에 반하는 것이라고 할 수 없다(대법 1994. 6.14, 93다26151).

6. 법령 규정상 절차를 위반한 단체협약의 효력

① 구 한국○○교육원법은 이러한 설립 목적을 위해, 정부가 교육원의 설립 및 매 사업연도의 운영에 소요되는 경비를 예산의 범위 안에서 출연하고(제13조), 교육원은 매 사업연도의 예산 및 결산서에 대하여 고용노동부장관의 승인을 받아야 하며(제16조), 이사회에서 정관의 변경, 중요규정의 제정 및 개폐, 사업계획 및 예산·결산, 기타 교육원 운영에 관한 중요한 사항을 심의·의결하도록 규정하고 있다(제7조, 제12조).

② 이러한 교육원의 설립 목적과 운영자금의 조달 및 집행 과정, 국가의 관리·감독 및 이사회의 구성과 이사회 의결에 관한 여러 규정 등을 종합적으로 고려하면, 교육원이 이사회 의결을 거치지 않고 기존 인사규정과 저촉되는 내용의 임금피크제를 시행하는 이 사건 협약을 체결하였다고 하더라도 그러한 단체협약의 내용은 교육원이나 교육원 직원에게는 효력을 미치지 않는다고 할 것이다(대법 2016. 1.14, 2012다96885).

140 단체협약의 일반적 구속력과 '동종 근로자'의 범위

노조법 제35조 【일반적 구속력】 하나의 사업 또는 사업장에 상시 사용되는 동종의 근로자 반수 이상이 하나의 단체협약의 적용을 받게 된 때에는 당해 사업 또는 사업장에 사용되는 다른 동종의 근로자에 대하여도 당해 단체협약이 적용된다.

1. '다른 동종 근로자'의 범위

가. 확장설

① '상시 사용되는 동종의 근로자'라 함은 하나의 단체협약의 적용을 받는 근로자가 반수 이상이라는 비율을 계산하기 위한 기준이 되는 근로자의 총수로서 근로자의 지위나 종류, 고용기간의 정함의 유무 또는 근로계약상의 명칭에 구애됨이 없이 사업장에서 사실상 계속적으로 사용되고 있는 동종의 근로자 전부를 의미하므로, 단기의 계약기간을 정하여 고용된 근로자라도 기간 만료시마다 반복 갱신되어 사실상 계속 고용되어왔다면 여기에 포함되고, 또한 사업장 단위로 체결되는 단체협약의 적용범위가 특정되지 않았거나 협약조항이 모든 직종에 걸쳐서 공통적으로 적용되는 경우에는 직종의 구분없이 사업장 내의 모든 근로자가 동종의 근로자에 해당된다(일명 '한국일보 사건', 대법 1992.12.22, 92누13189).

② '동종의 근로자'라 함은 직종별 조합인 경우에는 문제가 없겠으나 산업별 또는 기업별 조합인 경우 동일직종에 한정되는 의미가 아니라 조합의 조직범위내의 직무의 어느 하나와의 동일성 또는 유사성이 있으면 전체 근로자를 동종이라고 보는 넓은 의미의 개념이다. 다만, 생산직 근로자만으로 조직되어 있는 경우 또는 사무직 근로자만으로 조직되어 있는 경우에 동종이라 함은 각각 생산직·사무직이라 해석하여야 할 것이다(1993.7.5, 노조 01254-787).

나. 제한설

① '하나의 단체협약의 적용을 받는 근로자'란 단체협약의 본래적 적용대상자로서 단체협약상의 적용범위에 드는 자만을 의미한다. 이 사건에서 위 1997.7.29자 노사공동결의서로 상여금·휴가비 등에 관한 기존 단체협약이 변경되었다고 할 것이지만, 위 일자 당시 ○○자동차판매의 노동조합에 가입한 근로자의 수가 노동조합에 가입할 수 있는 총 근로자의 반수에 이르지 못하였던 이상 위 단체협약에 노조법 제35조에 따른 일반적 구속력을 부여할 수 없으니 결과적으로 노동조합원이 아닌 원고들에게 위 단체협약 변경의 효력이 미치지 아니한다고 할 것이다(대법 2005.5.12, 2003다52456).

② 호봉제에 관한 단체협약이 체결되어 있는 사업장에 연봉제 계약을 체결하고 입사한 신입사원이 노조에 가입하여 조합원 자격을 취득하였다고 하여 당연히 입사시의 연봉제 계약이 효력을 상실한다고 할 경우 신의칙과 금반언 원칙에 위배된다. 따라서, 이후 연봉제 계약을 체결한 신입사원의 임금체계에 대해 호봉제 단체협약을 적용하기로 노사간 합의하는 등의 사정이 없는 한, 신입사원은 노조가입에도 불구하고 연봉제 계약이 적용된다(2008.10.23. 노사관계법제과-864).

③ 단체협약을 체결할 당시에 새로 가입하게 된 근로자에게 단체협약을 적용할 것이 예정되지 않았다면 해당 근로자에게는 기존의 단체협약이 적용되지 않는다(2001.3.30, 노조 68107-373 등).

다. 결론

단체협약의 일반적 구속력의 목적이 미조직근로자의 보호에 있다는 점을 감안하여 볼 때, 확장설이 타당하다고 보며, 기업별 단체협약의 적용범위가 특정되지 않았다면 사업 또는 사업장 내 모든 근로자를 동종근로자로 보아야 할 것이다.

3
일
차

2. 비조합원에 대한 효력

가. 비조합원에 대해 연봉제를 실시하지 않는다는 단체협약을 체결한 경우

노조법에서는 노동조합의 대표자는 '그 노동조합 또는 조합원을 위하여' 사용자나 사용자단체와 교섭하고 협약체결권한을 가진다라고 규정하고 있으므로 비조합원의 근무조건 등에 관하여 노사간에 체결한 단체협약은 다른 사정이 없는 한 비조합원에게 적용할 수 없다. 따라서 귀 질의의 비조합원인 과장급에 대해 연봉제를 실시하지 아니한다는 단체협약을 체결하였다 하더라도 비조합원들에 대한 연봉제 실시가 근기법 등 관련법령상의 적법한 요건과 절차에 따라 이루어졌다면 이를 무효라고 보기는 어려울 것이다(2001.7.11, 노조 68107-777).

나. 비조합원의 근로조건을 정한 단체협약의 효력

노사가 체결한 단체협약은 노조법 제35조에 따라 일반적 구속력의 요건에 해당되는 것은 별론으로 하고, 원칙적으로 체결 당사자인 사용자와 노동조합 및 소속 조합원에게 그 효력이 있다고 할 것이다. 따라서, 노사가 '보충협약'을 체결하여 단체협약의 내용 중 "근로조건에 관한 규범조항"을 비조합원에게 적용하기로 정하였더라도 이러한 노사간 협정은 제3자의 권리·의무를 정한 것으로서 그 효력이 인정되지 않는다고 할 것이다(2007.9.13, 노사관계법제과-2975).

다. 단체협약에 비조합원에게는 생산장려수당을 지급하지 않도록 규정하고 있더라도 일반적 구속력에 의거 동 수당을 지급하여야 하는지

특정 사업(장)이 노조법 제35조의 일반적 구속력이 적용되는 사업장인 경우라면, 달리 볼 사정이 없는 한 비록 노사간 특약으로 "비조합원에게는 생산장려수당에 상응하는 어떠한 수당도 지급하지 아니한다"고 정하였다고 하더라도 이는 노조법 제35조의 규정에 위배되어 그 효력을 인정하기 어려우며 비조합원에게도 생산장려수당을 지급하여야 할 것이다(2003.11.26, 노조 68107-602).

141 단체협약상 인사 · 경영관련 '합의' 규정의 효력

현행	개정(2026.3.10. 시행)
노조법 제2조 【정의】 이 법에서 사용하는 용어의 정의는 다음과 같다. 1.~4. 생략 5. "노동쟁의"라 함은 노동조합과 사용자 또는 사용자단체(이하 "勞動關係 當事者"라 한다)간에 임금 · 근로시간 · 복지 · 해고 기타 대우등 근로조건의 결정에 관한 주장의 불일치로 인해 발생한 분쟁상태를 말한다.	**노조법 제2조 【정의】** 이 법에서 사용하는 용어의 정의는 다음과 같다. 1.~4. 생략 5. "노동쟁의"라 함은 노동조합과 사용자 또는 사용자단체(이하 "勞動關係 當事者"라 한다)간에 임금 · 근로시간 · 복지 · 해고 · 근로자의 지위 기타 대우등 근로조건의 결정과 근로조건에 영향을 미치는 사업경영상의 결정에 관한 주장의 불일치 및 제92조제2호가목부터 라목까지의 사항에 관한 사용자의 명백한 단체협약 위반으로 인하여 발생한 분쟁상태를 말한다. 이 경우 주장의 불일치라 함은 당사자간에 합의를 위한 노력을 계속하여도 더이상 자주적 교섭에 의한 합의의 여지가 없는 경우를 말한다.

1. 인사 · 경영권의 본질적인 사항인 경우 : 무효

① 인사권이라 함은 근로자의 채용, 전보, 배치, 인사고과, 승진, 해고 등 징계, 휴직 등의 사항에 관한 사용자의 권한을, 경영권이라 함은 회사의 양도양수, 공장이전, 용역전환, 휴 · 폐업, 신기술 도입 등에 관한 사용자의 제반 권한을 의미한다.

② 인사 · 경영권은 헌법상 보장된 재산권의 관리 · 행사를 위하여 사용자의 권한으로 인정되고 있어 '경영상 의사결정', '인사결정권' 자체는 원칙적으로 의무적교섭사항이 아님에도 불구하고, 인사 · 경영권 행사에 대하여 노동조합과의 합의 또는 사전승인을 요구함으로써 인사 · 경영권의 본질적인 사항을 침해하는 불합리한 사례가 발생하고 있다.

3일차

예시 조합원의 인사시 노동조합과 사전합의 요구, 징계위원회를 노사 동수로 구성하여 가부동수시 부결처리 요구 등

2. '합의'를 '협의'의 취지로 해석해야 한다는 판례

① 조합원의 해고문제는 노동조합과 합의하여야 한다는 단체협약 제34조 제2항 소정의 "합의"라는 용어는 피고회사와 노동조합의 합치된 의사에 따르게 함으로써 피고회사의 인사권이나 징계권을 전반적으로 제한하려는 취지에서 규정된 것이 아니고, 조합원에 대한 피고회사의 자의적인 인사권이나 징계권의 행사로 노동조합의 정상적인 활동이 저해되는 것을 방지하려는 취지에서 인사나 징계의 공정을 기하기 위하여 노동조합에게 필요한 의견을 제시할 기회를 주고, 제시된 노동조합의 의견을 참고로 하게 하는 취지라고 해석함이 상당하다(대법 1994.3.22, 93다28553).

② 사용자가 경영권의 본질에 속하여 단체교섭의 대상이 될 수 없는 사항에 관하여 노동조합과'합의'하여 결정 혹은 시행하기로 하는 단체협약의 일부 조항이 있는 경우, 그 조항 하나만을 주목하여 쉽게 사용자의 경영권의 일부 포기나 중대한 제한을 인정하여서는 아니되고, 그와 같은 단체협약을 체결하게 된 경위나 당시의 상황, 단체협약의 다른 조항과의 관계, 권한에는 책임이 따른다는 원칙에 입각하여 노동조합이 경영에 대한 책임까지도 분담하고 있는지 여부 등을 종합적으로 검토하여 그 조항에 기재된'합의'의 의미를 해석하여야 할 것인 바, 이 사건 단체협약 제28조 제3호는 공사가 정리해고 등 경영상 결단을 하기 위하여는 반드시 노조의 사전 동의를 요건으로 한다는 취지가 아니라 사전에 노조에게 해고의 기준 등에 관하여 필요한 의견을 제시할 기회를 주고 공사는 노조의 의견을 성실히 참고하게 함으로써 구조조정의 합리성과 공정성을 담보하고자 하는 '협의'의 취지로 해석함이 상당하다(대법 2002.2.26, 99도5380).

※ 이 판례는 2026.3.10. 개정노조법('노동쟁의' 범위 확대)에 따라 변경되어야 할 것으로 사료됨.

3. '합의'를 '협의'의 취지로 해석할 수 없다는 판례

단체협약의 인사협의(합의)조항에 노동조합간부의 인사에 대하여는 사전 '합의'를, 조합원의 인사에 대하여는 사전 '협의'를 하도록 용어를 구분하여 사용하고 있다면, 교섭 당시 사용자의 인사권에 대하여 노동조합간부와 조합원을 구분하여 제한의 정도를 달리 정한 것으로 보아야 하고, 그 정도는 노동조합간부에 대하여는 조합원에 대한 사전 협의의 경우보다 더 신중하게 노동조합측의 의견을 참작하여야 한다는 정도의 차이만 있는 것으로 볼 수는 없는 것이므로, 조합원에 대한 인사권의 신중한 행사를 위하여 단순히 의견수렴절차를 거치라는 뜻의 사전 '협의'와는 달리, 노동조합간부의 인사에 대하여는 노동조합과 의견을 성실하게 교환하여 노사간에 '의견의 합치'를 보아 인사권을 행사하여야 한다는 뜻에서 사전 '합의'를 하도록 규정한 것이라고 해석하는 것이 타당하다(대법 2012.6.28, 2010다38007).

4. '노조 동의권 남용' 시, 동의권 포기로 인정된다는 판례

① 노동조합의 사전동의권은 어디까지나 신의성실의 원칙에 입각하여 합리적으로 행사되어야 할 것이고, 따라서 피징계자에게 객관적으로 명백한 징계사유가 있고 이에 대한 징계를 함에 있어 사용자가 노동조합측의 동의를 얻기 위하여 성실하고 진지한 노력을 다하였음에도 불구하고 노동조합측이 합리적 근거나 이유제시도 없이 무작정 반대함으로써 동의거부권을 남용한 것이라고 인정되거나 노동조합측이 스스로 이러한 사전동의권의 행사를 포기하였다고 인정된다면 사용자가 노동조합측의 사전동의를 받지 못하였다고 하여 그 징계처분을 무효로 볼 수는 없다(대법 1993.9.28, 91다30620).

② 노동조합이 사전동의권을 남용한 경우라 함은 노동조합측에 중대한 배신행위가 있고 그로 인하여 사용자측의 절차의 흠결이 초래되었다거나, 피징계자가 사용자인 회사에 대하여 중대한 위법행위를 하여 직접적으로 막대한 손해를 입히고 비위사실이 징계사유에 해당함이 객관적으로 명백하며 회사가 노동조합측과 사전 합의를 위하여 성실하고 진지한 노력을 다하였음에도 불구하고 노동조합측이 합리적 근거나 이유 제시도 없이 무작정 반대함으로써 사전 합의에 이르지 못하였다는 등

의 사정이 있는 경우에 인정되므로, 이러한 경우에 이르지 아니하고 단순히 해고사유에 해당한다는 이유만으로는 노동조합이 사전동의권을 남용하여 해고를 반대하고 있다고 단정하여서는 아니 된다(대법 2007.9.6, 2005두8788).

5. 사정변경 원칙을 적용하여 단체협약의 효력을 제한한 판례

정리해고의 실시를 제한하는 단체협약(이른바, '고용안정협약')을 두고 있더라도, 그 단체협약을 체결할 당시의 사정이 현저하게 변경되어 사용자에게 그와 같은 단체협약의 이행을 강요한다면 객관적으로 명백하게 부당한 결과에 이르는 경우에는 사용자가 단체협약에 의한 제한에서 벗어나 정리해고를 할 수 있을 것이다(대법 2014.3.27, 2011두20406).

142 고용안정협약의 효력

대법 2014.3.27, 2011두20406(포레시아배기컨트롤시스템코리아 사건)

1. 사실관계

① 자동차부품을 제조 및 판매하는 A회사는 B공단에 위치하고 있다. A회사는 경영상의 어려움에 미리 대처하기 위해 최적의 입지 조건을 갖춘 곳으로 사업장을 이전하는 계획을 세웠다. 이에 따라 A회사는 사업장을 B공단에서 약 30km 떨어진 C공단으로 이전하기로 결정하였고, 이러한 내용을 A회사의 노동조합과 근로자들에게 공지하였다.

② 위와 같은 사업장 이전 결정을 계기로 A회사의 근로자들 사이에 고용에 대한 불안감이 확산되었고, 이에 노동조합은 A회사에게 고용보장에 관한 특별교섭을 요구하였다. 특별교섭을 수락한 A회사는 노동조합과 수차례에 걸쳐 교섭한 결과, "회사는 본 협약의 유효기간(2013.1.1~2014.12.31) 중 근로자의 고용을 보장하기 위해 정리해고 등 구조조정을 실시하지 않으며, 만일 실시하는 경우에 노동조합과 합의한다."는 내용의 특별단체협약을 체결하였다.

③ 그러나 2014년 1월 불황으로 인해 A회사는 인원감축이 필요하다고 판단하여 정리해고를 실시하기로 결정하였다. A회사는 정리해고의 실시 여부는 단체교섭의 대상이 아니라는 점을 들어 노동조합과의 합의 없이 2014년 6월 정리해고를 실시하였다.

2. 쟁점

가. 경영권에 속하는 사항의 단체협약으로서의 효력

정리해고나 사업조직의 통폐합 등 기업의 구조조정의 실시 여부는 경영주체에 의한 고도의 경영상 결단에 속하는 사항으로서 이는 원칙적으로 단체교섭의 대상이 될 수 없으나(대법 2002.2.26, 99도5380 판결 등 참조), 사용자의 경영권에 속하는 사항이라 하더라도 그에 관하여 노사는 임의로 단체교섭을 진행하여 단체협약을 체결할 수 있고, 그 내용이 강행법규나 사회질서에 위배되지 아니하는 이상 단체협약으로서의 효력이 인정된다.

나. 정리해고를 제한하는 단체협약에 반하여 이루어진 정리해고 효력

따라서 사용자가 노동조합과의 협상에 따라 정리해고를 제한하기로 하는 내용의 단체협약을 체결하였다면 특별한 사정이 없는 한 그 단체협약이 강행법규나 사회질서에 위배된다고 볼 수 없고, 나아가 이는 근로조건 기타 근로자에 대한 대우에 관하여 정한 것으로서 그에 반하여 이루어지는 정리해고는 원칙적으로 정당한 해고라고 볼 수 없다(대법 2011.5.26, 2011두7526 한국주철관 사건).

다. 고용안정협약의 불구하고 예외적으로 정리해고 가능한 경우

다만, 이처럼 정리해고의 실시를 제한하는 단체협약을 두고 있더라도, 그 단체협약을 체결할 당시의 사정이 현저하게 변경되어 사용자에게 그와 같은 단체협약의 이행을 강요한다면 객관적으로 명백하게 부당한 결과에 이르는 경우에는 사용자가 단체협약에 의한 제한에서 벗어나 정리해고를 할 수 있을 것이다(사정변경설).

라. 고용안정협약 규정은 규범적 효력을 가지나, 사정변경설에 따라, 고용안정협약에도 불구하고 정리해고가 가능하다(채무적 효력)는 판례

"당초에 이루어진 고용안정협약의 정리해고미실시 조항은 그 후에 발생한 예상치 못한 급격한 상황 변화에 대응하여 이루어진 새로운 합의에 의하여 사실상 변경되었다고 할 것이므로, 이 사건 해고가 당초에 이루어진 고용안정협약에 기재된 문언내용에 어긋난다는 이유만으로 무효라고 볼 수 없다"(대법 2003.10.24, 2003다43278 대우자동차 사건)

그림 고용안정협약과 정리해고의 효력

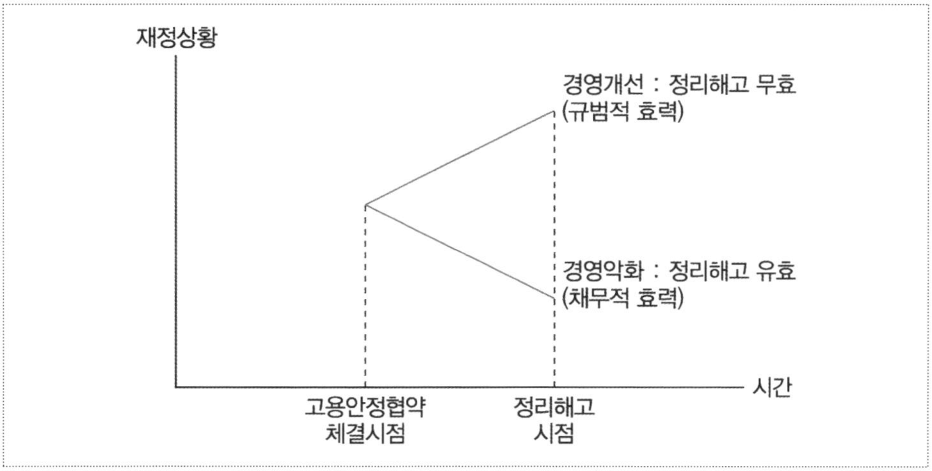

3일차

143 "일자리 대물림" 단협 규정의 효력

대법 2020.8.27 2016다248998

1. 일반적 '일자리 대물림' 단협 규정의 효력

예시) "회사는 정년퇴직 조합원 자녀 1명에 한해 정규직 특별채용키로 한다"

가. '일자리 대물림'이 단체협약의 대상인지 여부

① 단체교섭의 대상이 되는 사항은 근로조건의 결정에 관한 사항 및 그 밖에 근로조건의 결정에 영향을 미치는 기타 노동관계에 관한 사항에 한정되고, 기업경영과 인사에 관한 사항은 원칙적으로 단체교섭의 대상이 될 수 없다.

② 이 사건 각 단체협약은 근로자의 채용 자체에 관한 사항을 규정하고 있으므로, 근로자의 근로조건의 결정에 관한 사항 및 그 밖에 근로조건의 결정에 영향을 미치는 기타 노동관계에 관한 사항에 해당한다고 볼 수 없다. 또한 이 사건 각 단체협약은 업무능력과 관련없는 요건 충족에 의해 불특정인을 근로자로 채용할 것을 강요하는 규정으로 사용자의 고용계약 체결의 자유를 완전히 박탈하는 내용의 규정이다.

③ 따라서 이 사건 각 단체협약은 단체협약의 대상이 될 수 없는 것을 약정한 것으로 무효라고 할 것이다(서울중앙지법 2015.10.29, 2014가합17034 등)

나. '일자리 대물림' 약정이 반사회질서 약정인지 여부

이 사건에서처럼 결격사유가 없는 한 유족의 채용을 확정하도록 단체협약을 통해 제도화하는 방식은 사실상 일자리를 물려주는 결과를 낳아 우리사회의 정의관념에 배치되며 다수의 취업희망자들을 좌절케 한다. 누군가가 가질 수 있었던 한 평생의 안정된 노동의 기회를 그들만의 합의로 분배해주는 일은 현재의 우리 사회가 동의할 수 있는 질서에 전혀 부합하지 않는다. 따라서 이 사건 단체협약 제96조는 민법 제103조 소정의 선량한 풍속 기타 사회질서에 반하는 약정이다(울산지법 2013.5.8, 2012가합2732).

2. 산재유족 "일자리 대물림'단협 규정의 효력

> 예시) "회사는 업무상 재해로 인한 사망과 6급 이상 장해조합원의 직계가족 1인에 대하여 결격사유가 없는 한 요청일로부터 6개월 내 특별채용하도록 한다."

① 정년퇴직자 및 장기근속자의 자녀를 특별채용하거나 우선채용하는 합의와 달리, 이 사건 산재 유족 특별채용 조항은 업무상 재해로 사망한 근로자의 가족에게 일자리를 제공함으로써 무엇보다 소중한 목숨을 잃어버린 근로자의 특별한 희생에 상응하는 보상을 하고, 가족 생계의 어려움을 해결할 수 있도록 사회적 약자를 보호 또는 배려하는 것을 목적으로 하는 규정이다.

② 피고들의 사업 규모, 피고들이 신규채용한 근로자 숫자 대비 이 사건 산재 유족 특별채용 조항에 따른 유족 채용의 비율과 이에 더하여 이 사건 산재 유족 특별채용 조항이 피고들이 시행하는 공개경쟁채용 절차에서 유족을 우선적으로 채용하도록 하는 것이 아니라 별도의 특별채용 절차를 예정하고 있는 점까지 감안하면 이 사건 산재 유족 특별채용 조항에 따른 채용이 피고들에 대한 구직희망자들의 채용 기회에 중대한 영향을 미친다고 보기도 어렵다.

③ 결국 이 사건 산재 유족 특별채용 조항으로 인하여 피고들이 다른 근로자를 채용할 자유가 크게 제한된다고 단정하기 어렵고, 구직희망자들의 현실적인 불이익이 크다고 볼 수도 없다(대법 2020.8.27, 2016다248998).

표 **"일자리대물림" 단협규정의 효력**

• 장기근속 자녀에 대한 일자리대물림 약정	무효
• 산재유족에 대한 일자리대물림 약정	유효

3일차

144 단체협약 유효기간 중 평화의무

현행	개정(2026.3.10. 시행)
노조법 제2조 【정의】 이 법에서 사용하는 용어의 정의는 다음과 같다. 1.~4. 생략 5. "노동쟁의"라 함은 노동조합과 사용자 또는 사용자단체(이하 "勞動關係 當事者"라 한다)간에 임금·근로시간·복지·해고 기타 대우등 근로조건의 결정에 관한 주장의 불일치로 인해 발생한 분쟁상태를 말한다.	**노조법 제2조 【정의】** 이 법에서 사용하는 용어의 정의는 다음과 같다. 1.~4. 생략 5. "노동쟁의"라 함은 노동조합과 사용자 또는 사용자단체(이하 "勞動關係 當事者"라 한다)간에 임금·근로시간·복지·해고·근로자의 지위 기타 대우등 근로조건의 결정과 근로조건에 영향을 미치는 사업경영상의 결정에 관한 주장의 불일치 및 제92조제2호가목부터 라목까지의 사항에 관한 사용자의 명백한 단체협약 위반으로 인하여 발생한 분쟁상태를 말한다. 이 경우 주장의 불일치라 함은 당사자간에 합의를 위한 노력을 계속하여도 더이상 자주적 교섭에 의한 합의의 여지가 없는 경우를 말한다.

노조법 제92조 【벌칙】 다음 각 호의 1에 해당하는 자는 1천만원 이하의 벌금에 처한다.

1. 생략
2. 제31조제1항의 규정에 의하여 '체결된 단체협약'의 내용 중 다음 각목의 1에 해당하는 사항을 위반한 자
   가. 임금·복리후생비, 퇴직금에 관한 사항
   나. 근로 및 휴게시간, 휴일, 휴가에 관한 사항
   다. 징계 및 해고의 사유와 중요한 절차에 관한 사항
   라. 안전보건 및 재해부조에 관한 사항
   마. 시설·편의제공 및 근무시간 중 회의참석에 관한 사항
   바. 쟁의행위에 관한 사항

1. 현황

① '평화의무'란 노사관계 당사자가 기존의 단체협약의 내용을 그 유효기간 중에 변경하기 위한 쟁의행위를 하지 않을 의무를 말하며, 이러한 평화의무는 당사자간에 명시적인 약정이 없더라도 유효기간 동안에 당연히 발생하는 상대적인 의무에 해당한다.

② 현행 노조법에는 평화의무에 관한 구체적인 규정이 없어 단체협약 갱신 시기가 아님에도 임금협약과 병행하여 개정요구를 하거나 수시로 보충협약 체결을 요구하는 사례가 빈번히 발생하고 있다.

2. 사례

제○○조 【평화의무】 ① 회사와 조합은 상호 성실한 교섭을 통하여 분쟁사항을 평화적이며 건설적인 방향으로 해결하도록 노력하여야 하며, 쟁의중이라도 어느 일방의 단체교섭 요청이 있을 경우 그 사유가 타당할 경우 이에 응하여야 한다.
② 단체협약의 유효기간 중 회사와 조합은 협약내용을 성실히 준수하며, 쌍방이 합의되지 않는 사항을 가지고 교섭을 요구하거나 쟁의행위를 할 수 없다.

3. 판례 및 행정해석

① 판례는 노동조합과 조합원이 단체협약의 유효기간 중에 단체협약에서 정한 근로조건의 변경 등을 이유로 쟁의행위를 하여서는 아니 될 평화의무를 지고 있다고 보고, 평화의무에 위반되는 쟁의행위는 정당한 노동조합 활동으로 볼 수 없다는 입장이다.

3
일
차

판례 대법 1992.9.1, 92누7733

단체협약의 당사자인 노동조합은 단체협약의 유효기간 중에 단체협약에서 정한 근로조건 등에 관한 내용의 변경이나 폐지를 요구하는 쟁의행위를 행하지 아니하여야 함은 물론, 조합원들에 대하여도 통제력을 행사하여 그와 같은 쟁의행위를 행하지 못하게 방지하여야 할 이른바 평화의무를 지고 있다고 할 것인 바, 이와 같은 평화의무가 노사관계의 안정과 단체협약의 질서형성적 기능을 담보하는 것인 점에 비추어 보면, 단체협약이 새로 체결된 직후부터 뚜렷한 무효사유를 내세우지도 아니한 채 단체협약의 전면무효화를 주장하면서 평화의무에 위반되는 쟁의행위를 행하는 것은 이미 노동조합활동으로서의 정당성을 결여한 것이라고 하지 아니할 수 없다.

② 다만, 최근 일부 판례에서는 일반적으로 평화의무가 단체협약에 규정된 사항에만 적용되는 것으로 단체협약에 규정되지 않는 내용 등에 대해서는 적용되지 않는다는 입장이다.

판례 **대법** 2003.2.11, 2002두9919

평화의무는 단체협약에 규정되지 아니한 사항을 둘러싼 쟁의행위 또는 차기 협약체결을 위한 단체교섭을 둘러싼 쟁의행위에 대해서까지 그 효력이 미치는 것은 아니므로 단체협약 유효기간 중에도 노동조합은 차기의 협약체결을 위하거나 기존의 단체협약에 규정되지 아니한 사항에 관하여 사용자에게 단체교섭을 요구할 수 있다고 할 것이고, 위와 같은 경우에 단체협약 등의 개폐를 요구하는 노동조합의 행위를 평화의무에 반하는 것이라 볼 수는 없다.

③ 행정해석은 노사관계 당사자가 체결한 단체협약은 그 유효기간 중 노사 공히 성실히 이행할 의무가 있는 것이며, 이를 위반한 쟁의행위는 노사관계에서 요구되는 신의성실의 원칙에 반하여 정당하지 않다는 입장이다(2006.11.20, 노사관계법제팀-3444).

④ 한편, 2026.3.10. 시행 개정노조법에서는,"제92조 제2호 가목부터 라목까지의 사항(임금 등 근로조건에 관한 사항)에 관한 사용자의 명백한 단체협약 위반으로 인하여 발생한 분쟁상태(이른바 '권리분쟁')"도 '노동쟁의'에 포함되었다.

145 유니온숍 해고의무 부담여부

노조법 제81조 【부당노동행위】 사용자는 다음 각 호의 어느 하나에 해당하는 행위(이하 "부당노동행위"라 한다)를 할 수 없다.

2. 근로자가 어느 노동조합에 가입하지 아니할 것 또는 탈퇴할 것을 고용조건으로 하거나 특정한 노동조합의 조합원이 될 것을 고용조건으로 하는 행위. 다만, 노동조합이 당해 사업장에 종사하는 근로자의 3분의 2 이상을 대표하고 있을 때에는 근로자가 그 노동조합의 조합원이 될 것을 고용조건으로 하는 단체협약의 체결은 예외로 하며, 이 경우 사용자는 근로자가 그 노동조합에서 제명된 것 또는 그 노동조합을 탈퇴하여 새로 노동조합을 조직하거나 다른 노동조합에 가입한 것을 이유로 근로자에게 신분상 불이익한 행위를 할 수 없다.

1. 배경

최근 특정 단체협약에 "종업원은 입사와 동시에 조합원이 된다"고 규정하고 있으나 조합 미가입자 또는 탈퇴자에 대한 해고조항을 두고 있지 아니한 경우, 사용자가 조합탈퇴자에 대해 해고의무를 부담하는지 여부에 대한 논란이 많아 명확히 정리할 필요가 있다.

3일차

2. 판례, 행정해석 및 학설

가. 판례

유니온숍 협정은 노동조합의 단결력을 강화하기 위한 강제의 한 수단으로서 근로자가 대표성을 갖춘 노동조합의 조합원이 될 것을 "고용조건"으로 하고 있는 것이므로, 단체협약에 유니온숍 협정에 따라 '근로자는 노동조합의 조합원이어야만 된다'는 규정이 있는 경우에는 다른 명문의 규정이 없더라도 사용자는 노동조합에서 탈퇴한 근로자를 해고할 의무가 있다. 그러나 이러한 의무는 단체협약상의 채무일 뿐이어서 채무불이행 자체가 지배·개입에 의한 부당노동행위라고 단정할 수 없다(대법 1998.3.24, 96누16070).

나. 기존 행정해석

① 사용자가 유니온숍 협정 체결로 단체협약에 의거 노조 탈퇴자에 대하여 해고할 경우 사용자가 해고하여야 함을 정확히 알려 주고 그럼에도 근로자가 노조를 탈퇴할 경우에는 해고가 가능하다(1994.10.11, 노조 01254-1336).

② 노조법에 의해 허용되고 있는 유니온숍 제도는 근로자들이 노조에 가입하지 않거나 자발적으로 탈퇴하는 경우 노조의 요구에 의해 사용자가 당해 근로자를 해고할 의무를 지게 되는 것을 본질적 내용으로 하는 약정이다(2001.5.12, 노조 68107-547 등).

③ 유니온숍 협정에 체결되어 있는 사업장에서 근로자가 노조를 탈퇴한 경우라면 사용자는 지체없이 해당 근로자에게 동 협정에 따라 해고할 의무가 있음을 알려 주어야 하며, 이와 같은 고지에도 근로자가 노조탈퇴 의사를 철회하지 않는 때에는 단체협약에 따라 해고할 의무가 있다(2005.7.4, 노동조합과-1807).

다. 중노위 결정

유니온숍 제도하에서 임의 탈퇴한 조합원의 사용자 해고의무 여부에 대한 현행 노조법 단서규정의 유니온숍 제도의 법적성격을 보면, 사용자의 금지행위인 부당노동행위의 예외조항으로 사용자가 노동조합에 가입·탈퇴를 고용조건으로 하는 근로계약을 체결하더라도 부당노동행위로 논하지 않겠다는데 지나지 않았으므로 이는 소극적으로 해석하여야 할 사항이지, (해고의무 규정이) 단체협약상 명시되지 않은 사항까지 적극적으로 확대 해석하여 해고이행의무를 인정할 수 없다(1995.11.17, 중노위 95부노139 / 서울고법 1996.9.20, 95구37003).

라. 학설

단체협약상 "종업원은 자동적으로 노동조합의 조합원이 된다"는 규정만 있을 경우 기존 대법원 판례에 따라 해고의무를 부담한다는 입장과 해고의무가 없다는 입장으로 나누어져 있다.

3. 고용노동부 해석지침(2008.8.18, 노사관계법제과-88)

① 적극적 단결강제를 보장하기 위한 유니온숍 조항의 취지를 근거로 현행 판례와 행정해석은 단체협약상 명시적인 규정이 없더라도 노동조합을 임의탈퇴시 사용자가 해고의무를 부담하는 것으로 해석하고 있다.

② 그러나, 유니온숍의 근거규정인 노동조합법 제81조제2호를 문리해석할 때 원칙적으로 "특정 노동조합에 가입이나 탈퇴를 고용조건"으로 하는 것은 부당노동행위에 해당하는 것이나, 예외적으로 노동조합이 당해 사업장 근로자의 2/3 이상을 대표하고 있을 때 조합원이 될 것을 고용조건으로 하는 단체협약 체결을 인정하는 것이므로, 그러한 협약을 체결하더라도, 그리고 그 협약에 의해 조합원이 아닌 자를 해고할 경우 이를 부당노동행위로 보지 않는다고 해석하는데 그쳐야 할 것이다.

③ 따라서, 단체협약상 "종업원은 입사와 동시에 조합원이 된다"는 규정만 있고 임의탈퇴 또는 가입거부시 해고의무를 명시적으로 두지 않은 경우

㈎ 단체협약의 체결당사자인 노사간에 동 단체협약의 취지가 노동조합에서 임의탈퇴 또는 가입거부시 해고한다는 것을 의미한 것으로 서로 해석의 다툼이 없다면 그대로 해석 · 적용된다. 이 경우에도 사용자는 노조 탈퇴자에 대하여 해고할 의무가 있음을 미리 알려주고 그럼에도 근로자가 노조 탈퇴의사를 철회하지 않을 경우 해고할 수 있다.

㈏ 단체협약상 해당 규정의 해석에 있어서 노사간의 이견이 있고 해고한 관행도 형성되어 있지 않다면 당연히 해고의무가 발생하지 않는 것으로 해석 · 적용된다.

146 단체협약의 유효기간 및 자동연장협정

대법 1993.2.9, 92다27102

노조법 제32조 【단체협약의 유효기간】 ① 단체협약의 유효기간은 3년을 초과하지 않는 범위에서 노사가 합의하여 정할 수 있다. (2021.7.6. 시행)
② 단체협약에 그 유효기간을 정하지 아니한 경우 또는 제1항의 기간을 초과하는 유효기간을 정한 경우에 그 유효기간은 3년으로 한다. (2021.7.6. 시행)
③ 단체협약의 유효기간이 만료되는 때를 전후하여 당사자 쌍방이 새로운 단체협약을 체결하고자 단체교섭을 계속하였음에도 불구하고 새로운 단체협약이 체결되지 아니한 경우에는 별도의 약정이 있는 경우를 제외하고는 종전의 단체협약은 그 효력만료일부터 3월까지 계속 효력을 갖는다. 다만, 단체협약에 그 유효기간이 경과한 후에도 새로운 단체협약이 체결되지 아니한 때에는 새로운 단체협약이 체결될 때까지 종전 단체협약의 효력을 존속시킨다는 취지의 별도의 약정이 있는 경우에는 그에 따르되, 당사자 일방은 해지하고자 하는 날의 6월전까지 상대방에게 통고함으로써 종전의 단체협약을 해지할 수 있다.

1. 단체협약 유효기간 3년 제한 규정의 취지

노동조합법 제32조제1항, 제2항에서 단체협약의 유효기간을 3년으로 제한한 것은, 단체협약의 유효기간을 너무 길게 하면 사회적·경제적 여건의 변화에 적응하지 못하여 당사자를 부당하게 구속하는 결과에 이를 수 있어 단체협약을 통하여 적절한 근로조건을 유지하고 노사관계의 안정을 도모하고자 하는 목적에 어긋나게 되므로, 그 유효기간을 일정한 범위로 제한하여 단체협약의 내용을 시의에 맞고 구체적 타당성이 있게 조정해 나가도록 하자는 데에 그 뜻이 있다.

2. 자동연장협정 하에서도 단협해지 통보 규정을 둔 취지

그리고 노동조합법 제32조제3항 단서는 단체협약에 그 유효기간이 경과한 후에도 새로운 단체협약이 체결되지 않은 때에는 새로운 단체협약이 체결될 때까지 종전 단체협약의 효력을 존속시킨다는 취지의 별도의 약정이 있는 경우에는 그에 따르되, 당사자 일방은 해지하고자 하는 날의 6개월 전까지 상대방에게 통고함으로써 종전의 단체협약을 해지할 수 있도록 규정하고 있는데, 이는 위와 같이 단체협약의 유효기간을 제한한 입법 취지에 따라 당사자가 장기간의 구속에서 벗어날 수 있도록 하는 한편 당사자로 하여금 새로운 단체협약의 체결을 촉구하기 위한 것이다(대법 2015.10.29, 2012다71138 판결 등 참조).

3. 단체협약 해지통보시점

노조법 제32조제3항 단서는 노사가 교섭을 계속하였으나 단체협약의 유효기간이 경과한 후에도 새로운 단체협약을 체결하지 못한 채 종전의 단체협약이 만료되는 경우, 이러한 무협약 상태를 피하기 위해 단체협약으로 협약 갱신시까지 종전 협약의 효력을 연장하도록 하는 내용의 "자동연장조항"을 두고 있다면, 당사자 일방은 6월전에 통고함으로써 종전 협약을 유효하게 종료시킬 수 있도록 하고 있다. 따라서, 협약의 유효기간이 2013.12.31.까지이고 협약상 자동연장조항 규정이 있다면, 당사자 일방은 기존 협약이 만료되어 협약연장의 효력이 발생하는 2014.1.1. 이후에 해지통고를 할 수 있다(2008.10.2, 노사관계법제과-606).

4. 복수노조시 자동연장협정의 효력

복수노조가 있을 경우 교섭대표노조의 지위유지기간은 2년 ± α이고, 이 기간중 마지막으로 도래하는 단체협약유효기간 만료일 이전 3개월부터 타 노조는 단체교섭을 요구할 수 있고 이 경우 단체교섭단일화절차를 거쳐야 하므로 교섭대표노조가 체결한 기존 단체협약의 자동연장협정은 인정되지 않는다고 해석된다.

5. 단체협약의 해지통고의 효력

가. 규범적 부분

해지통고 후 6개월이 경과하여 종전 단체협약이 유효하게 종료된 경우, 새로운 단체협약이 체결되기 전까지는, 당해 단체협약의 내용 중 징계절차 등 근로조건에 관한 규범적 부분은 개별근로자의 근로계약의 내용으로 전환되어 계속 효력을 가진다. 따라서 단체협약이 종료되고 새로운 단체협약이 체결되지 않는 기간에는 일반 근로조건은 그대로 지속된다.

나. 채무적 부분

① 채무적 부분, 즉, 노동조합 활동, 근로시간면제자 등에 관한 사항은 효력이 없게 되어 노동조합으로서는 큰 타격을 입게 되는 것이다.

② 다만, 사용자가 노동조합에게 단체협약에 따라 무상 제공하여 온 노동조합의 사무실의 사용관계는 민법상 사용대차에 해당한다고 할 것이고 사용대차 목적물은 그 반환 시기에 관한 약정이 없는 한 계약이나 목적물의 성질에 의한 사용 수익이 종료한 때 또는 사용 수익에 족한 기간이 경과하여 대주(貸主)가 계약을 해지한 때에 반환하도록 되어 있는 것(민법 제613조)에 비추어 보면, 앞서 본 바와 같이 노조사무실 제공을 포함하는 단체협약 전체가 해지통보된 지 6월이 경과되어 소멸하였다 하더라도 그 사유만으로 당연히 위와 같은 사용대차 목적물의 반환 사유인 사용수익의 종료 또는 사용수익에 족한 기간의 경과가 있다고 할 것은 아니어서 특히 그 반환을 허용할 특별한 사정(예컨대 기존 사무실의 면적이 과대하여 다른 공간으로 대체할 필요가 있다든지 사용자가 이를 다른 용도로 사용할 합리적인 사유가 생겼다는 등)이 있어야만 그 사무실의 명도를 구할 수 있다고 보는 것이 상당하다(대법 2002.3.26, 2000다3347).

6. 자동연장협정이 체결되어 있음에도 불구하고 새로운 단체협약이 체결되지 않는 한 단협해지 통보를 할 수 없도록 한 노사합의는 무효

단체협약의 유효기간을 제한한 노동조합법 제32조제1항, 제2항이나 단체협약의 해지권을 정한 노동조합법 제32조제3항 단서는 모두 성질상 강행규정이라고 볼 것이어서, 당사자 사이의 합의에 의하더라도 단체협약의 해지권을 행사하지 못하도록 하는 등 그 적용을 배제하는 것은 허용되지 않는다고 할 것이다. 따라서 이 사건 각 단체협약 해지권 제한 조항은 단체협약 해지의 가능성을 원천적으로 배제함으로써 유효기간 만료 후의 단체협약 체결권을 미리 제한하거나 박탈하는 것을 내용으로 하고 있으므로 강행규정인 노동조합법 제32조제3항 단서에 위반된다(대법 2016.3.10, 2013두3160)

3
일
차

147 단체협약이 실효된 경우 징계절차에 관한 규정 효력

대법 2009.2.12, 2008다70336

"① 단체협약이 실효되었다고 하더라도 임금, 퇴직금이나 노동시간, 그 밖에 개별적인 노동조건에 관한 부분은 그 단체협약의 적용을 받고 있던 근로자의 근로계약의 내용이 되어 그것을 변경하는 새로운 단체협약, 취업규칙이 체결·작성되거나 또는 개별적인 근로자의 동의를 얻지 아니하는 한 개별적인 근로자의 근로계약의 내용으로서 여전히 남아 있어 사용자와 근로자를 규율하게 되고, 단체협약 중 해고사유 및 해고의 절차에 관한 부분에 대하여도 이와 같은 법리가 그대로 적용되는 것이다(대법 2000.6.9, 98다13747 / 대법 2007.12.27, 2007다51758 참조).

② 위와 같은 법리에 비추어 볼 때, 구 단체협약 제111조는 개별적인 노동조건에 관한 부분이므로 구 단체협약이 ○○대학교 측의 단체협약 해지통보 및 소정 기간의 경과로 실효되었다고 하더라도 2007년도 단체협약(이하 '신 단체협약'이라고 한다)이 체결되기까지는 여전히 원고들과 피고 사이의 근로계약의 내용으로서 유효하게 존속하였다고 본 원심의 판단은 정당하고, 거기에 단체협약의 실효와 관련된 법리를 오해한 위법이 있다고 할 수 없다.

③ 한편, 근로조건이라 함은 사용자와 근로자 사이의 근로계약관계에 있어서 근로자의 대우에 관하여 정한 조건을 말하는 것이고, 구체적으로는 근기법에 정하여진 임금·근로시간·후생·해고뿐만 아니라 근기법 제93조 소정의 취업규칙으로 정하여야 할 사항이 포함된다 할 것인 바, '징계위원회 구성 등 징계절차'에 관한 단체협약의 규정은 같은 법 제93조제11호 소정의 '표창과 제재에 관한 사항'에 속하는 것으로서 근로조건에 해당되어 규범적 부분에 포함된다"(대법 2009.2.12, 2008다70336).

148 단체협약 위반시 처벌

노조법 제92조 【벌칙】 다음 각 호의 1에 해당하는 자는 1천만원 이하의 벌금에 처한다.
2. 제31조제1항의 규정에 의하여 체결된 단체협약의 내용 중 다음 각목의 1에 해당하는 사항을 위반한 자
가. 임금·복리후생비, 퇴직금에 관한 사항
나. 근로 및 휴게시간, 휴일, 휴가에 관한 사항
다. 징계 및 해고의 사유와 중요한 절차에 관한 사항
라. 안전보건 및 재해부조에 관한 사항
마. 시설·편의제공 및 근무시간 중 회의참석에 관한 사항
바. 쟁의행위에 관한 사항

1. 노동조합과 합의없이 개별조합원 동의로 연장근로를 실시한 경우

단체협약에 '회사는 업무상 특히 필요한 경우에는 조합원의 합의에 의해 연장근무, 야간근무, 휴일근무를 명할 수 있다. 다만, 전사 또는 점별로 연장근무를 할 필요가 있을 경우 조합과 합의하여 실시한다'라고 규정하고 있는 경우에는 달리 볼 사정이 없는 한 사용자는 전 사업장 또는 점포별로 연장근무가 필요한 때에는 노동조합과 합의하여 실시하는 것이 타당하다. 사용자가 노동조합과 합의하지 아니하고 개별 조합원과의 합의에 의하여 전 사업장 또는 점포별로 연장근무를 실시한 경우에는 단체협약을 위반한 것이다(2004.7.6, 노동조합과-1842).

2. 학자금의 근로조건 해당여부

노조법상 '근로조건'이라 함은 사용자와 근로자 사이의 근로계약 관계에 있어서 근로자의 대우에 관하여 정한 조건을 말하고, 구체적으로는 근기법에 정하여진 임금·근로시간·해고뿐만 아니라 같은 법 제93조제1호 내지 제12호, 같은법시행령

제8조제1호, 제3호 소정의 사항이 포함된다(대법 1996.2.23, 94누9177). 따라서, '학자금'은 근로자의 근속을 우대, 장려함과 아울러 생활배려 또는 복리후생적인 차원에서 마련된 것으로 보여지므로, 단체협약의 규범적 효력을 가지는 근로조건에 해당한다(2008.9.10, 노사관계법제과-366).

3. 복리후생비의 근로조건 해당여부

가. 단체협약에 따라 지급하는 근무복

근무복 지급이 단체협약에 의해 근로조건의 하나로 명시되어 있고 그 지급사유가 확정되어 사용자에게 지급의무가 있어 통화로 환가할 수 있는 경우에는 복리후생비에 해당되는 것으로 판단된다(2008.8.1, 노동조합과-1855).

나. 단체협약에 따라 지원하는 의료비

회사는 의료비를 관리한다는 명분하에 의료비 지출일로부터 3개월 이내분만 인정하고 3개월 초과분은 미지급하는 내용의 내부규정을 마련하여 시행하는 경우 단체협약의 규정에 의해 사용자가 직원 및 그 가족에 지원하는 의료비는 같은 조의 복리후생비에 해당한다고 할 것이어서, 당사자간 합의없이 사용자가 임의로 의료비 지원범위나 규모를 축소하는 것은 단체협약에 위반된다. 다만, 단체협약의 유효기간 중 경영여건의 변화 등 사정변경으로 단체협약을 이행하기 어려운 객관적인 사정이 있는 경우, 노사합의에 따라 단체협약을 변경하거나 보충협약을 체결하여 의료비 지원규모 등을 조정할 수 있을 것이다(2008.5.14, 노동조합과-972).

3일차

노동법 전문가로 가는 지/름/길

3일노동법

제10장

노사협의회

Brand의 어원(語源)

'brand'는 원래 라틴어로 '불태우다'였다. '태우다'라는 단어 'burn'과 어원이 같다.

로마의 형벌은 잔혹하고 무서웠다. 벌을 받고 난 후에도 평생 죄인이었음을 표식하고 다니도록 얼굴에 죄명을 인두로 지져 새겼다. 이 형벌을 burn이라고 했고, 영어로는 brand가 됐다.

시대가 바뀌면서 brand 뜻이 상업적 용어로 확대됐다. 상인들은 해외에서 무역선이 들어오면 미리 부두로 나가 거래처에서 보낸 물건들을 스스로 찾아가야 했다. 그런데 상품이 모두 비슷한 나무 상자에 들어 있어 누구 것인지 자주 혼란이 초래되었다. 이 문제를 해결하기 위해 물건이 담긴 나무 상자 위에 제조 회사나 사업주의 이름을 인두로 지졌다.

사람 얼굴에 죄명을 인두로 지진 것처럼 상품 담긴 상자 위에 회사명 등을 인두로 지져 새겼다 해서 이것을 brand라고 했다. 이후 brand는 회사 상호나 등록상표 등 어떤 상품이 그 회사 것인지를 알리는 표시를 뜻하게 됐다.

149 노사협의회와 노동조합과의 관계

근참법 제3조 【정의】 이 법에서 사용하는 용어의 뜻은 다음과 같다.

1. "노사협의회"란 근로자와 사용자가 참여와 협력을 통하여 근로자의 복지증진과 기업의 건전한 발전을 도모하기 위하여 구성하는 협의기구를 말한다.
2. "근로자"란 「근로기준법」 제2조에 따른 근로자를 말한다.
3. "사용자"란 「근로기준법」 제2조에 따른 사용자를 말한다.

근참법 제4조 【노사협의회의 설치】 ① 노사협의회(이하 "협의회"라 한다)는 근로조건에 대한 결정권이 있는 사업이나 사업장 단위로 설치하여야 한다. 다만, 상시(常時) 30명 미만의 근로자를 사용하는 사업이나 사업장은 그러하지 아니하다.
② 하나의 사업에 지역을 달리하는 사업장이 있을 경우에는 그 사업장에도 설치할 수 있다.

근참법 제5조 【노동조합과의 관계】 노동조합의 단체교섭이나 그 밖의 모든 활동은 이 법에 의하여 영향을 받지 아니한다.

1. 노사협의회와 노동조합의 차이

① 노사협의회는 근참법에 의하여 근로조건 결정권이 있는 상시 30명 이상의 근로자를 사용하는 사업 또는 사업장 단위로 설치하는 것으로, '근로자와 사용자가 참여와 협력을 통해 근로자 복지증진과 기업의 건전한 발전을 도모함을 목적으로 구성하는 협의기구'를 말한다.

② 이러한 노사협의회는 '근로자가 주체가 되어 자주적으로 단결하여 근로조건의 유지·개선 및 근로자의 사회적·경제적 지위향상을 목적으로 조직하는 (연합)단체'인 노동조합과는 그 제도적 취지를 달리하는 것으로, 근참법 제5조는 노동조합의 단체교섭 기타 모든 활동은 이 법에 의하여 영향을 받지 아니한다고 규정하고 있다(2004.6.8, 노사협력복지과-1212).

3일차

표 노사협의회와 단체교섭의 비교

구분	노사협의회	단체교섭
목적	• 생산성 향상과 근로자복지 증진 등 미래지향적 노사공동의 이익 증진	• 근로조건의 유지·개선
대표성	• 전체 근로자를 대표	• 조합원을 대표
배경	• 노조의 조직여부와 관계없음 • 쟁의행위 수반하지 않음	• 노조가 있음을 전제로 함 • 교섭결렬시 쟁의행위 가능
당사자	• 근로자위원과 사용자위원	• 노동조합과 사용자(사용자 단체)
효력	• 규범적 효력 없음	• 규범적 효력 있음

2. 근로조건의 결정권이 있는 사업 또는 사업장

근로조건이란 임금, 근로시간, 휴게, 휴일, 연차유급휴가, 복지후생시설은 물론재해보상, 안전보건, 기숙사 등 근로자의 직장에 있어서의 일체의 대우를 의미하며, 근로조건의 결정권은 근기법상의 임금, 근로시간 등 근로계약 체결 시 그 계약의 대상이 되는 사항에 대하여 결정하는 권한을 말한다(※부문별 노사협의회만 두고 있을 경우에는 근참법 위반).

3. 상시 30명 이상의 근로자를 사용하는 사업 또는 사업장

① 상시근로자수가 30명 이상인 사업 또는 사업장은 노사협의회를 의무적으로 설치하여야 하는 바, 근로자 수 산정에는 일용근로자 등 명칭에 관계없이 근기법 제2조에 따른 근로자는 모두 포함하여야 하며, 특히 근기법 제2조의 사용자적 지위를 함께 가진 근로자도 포함하여 산정해야 한다. 즉, 대표이사나 임원 등 완전히 근로자의 지위를 갖지 않는 대상은 제외된다.

② 파견, 도급 등 당해 사업장에서 근로를 제공하고 있으나 직접적인 근로관계가 없는 인력은 상시근로자수에서는 제외된다.

4. 설치장소

① 근로자가 지역적으로 분산되어 있더라도 전체 근로자 수가 30명 이상인 경우에는 그 주된 사무소에 노사협의회를 설치하도록 하고 있으며, 사업장이 여러 곳으로 나뉘어진 경우에 노사협의회가 실질적으로 운영되려면 근로조건의 결정권이 있는 본사에 주된 노사협의회를 설치하는 것이 바람직하기 때문이다.

② 다만, 하나의 사업에 지역을 달리하는 사업장이 있을 경우에는 그 사업장에도 설치할 수 있도록 하여, 지역별 특수한 사안들에 대해 별도의 논의를 진행할 수 있다.

5. 노사협의회 설치절차

노사협의회 설치관련 공고

↓

노사협의회 설치준비위원회 구성

↓

노사협의회 위원의 위촉 또는 선출

↓

노사협의회 규정제정 및 신고

6. 근로자들의 사정으로 노사협의회 구성 · 운영이 곤란한 경우

근로자들이 노사협의회의 근로자위원 선임을 꺼려하는 등 노사협의회 구성 · 운영이 곤란한 경우 사내 게시 · 공고 등의 방법으로 노사협의회 설치 · 운영의 필요성과 근로자위원은 근로자들이 자율적으로 선출해야 함을 알려주고, 필요한 경우 사업장 소재지를 관할하는 지방노동관서에 근로자위원의 조속한 선출 등에 대한 도움을 요청할 수 있다(2000.3.31, 노사 68107-193).

도표 근기법, 노조법, 근참법상 대표자 권한

법령(대표자)	대표자 선출	권한	
		서면합의	협의
근기법(근로자 대표)	1. 근로자의 과반수로 조직된 노동조합이 있는 경우에는 그 노동조합의 위원장 2. 근로자의 과반수로 조직된 노동조합이 없는 경우에는 근로자의 과반수를 대표하는 자	• 탄력적 근로시간제 도입(제51조) • 선택적 근로시간제 도입(제52조) • 선택적 보상휴가제 실시(제57조) • 간주근로시간에서 통상 업무수행 시간으로 간주하는 시간(제58조) • 재량근로시간에서 간주되는 근로시간(제58조) • 특수업종의 연장근로 및 휴게시간 특례(제59조) • 연차유급휴가의 대체(제62조)	• 경영상해고 협의(제24조) • 연소자, 임산부의 야간 및 휴일근로 시행협의(제70조)
노조법(노동조합 위원장)	조합원이 선출	제29조-교섭 및 체결권한 (제35조, 일반적 구속력)	
근참법(근로자 위원)	1. 과반수 노조가 있는 경우 노조위원장이 위촉 2. 과반수 노조가 없다면 선출	제20조-협의 제21조-의결 제22조-보고	

150 노사협의회 근로자위원 선출절차 및 임기

근참법 제6조 【협의회의 구성】 ① 협의회는 근로자와 사용자를 대표하는 같은 수의 위원으로 구성하되, 각 3명 이상 10명 이하로 한다.
② 근로자를 대표하는 위원(이하 "근로자위원"이라 한다)은 근로자 과반수가 참여하여 직접·비밀·무기명 투표로 선출한다. 다만, 사업 또는 사업장의 특수성으로 인하여 부득이한 경우에는 부서별로 근로자 수에 비례하여 근로자위원을 선출할 근로자(이하 이 조에서 "위원선거인"이라 한다)를 근로자 과반수가 참여한 직접·비밀·무기명 투표로 선출하고 위원선거인 과반수가 참여한 직접·비밀·무기명 투표로 근로자위원을 선출할 수 있다.
③ 제2항에도 불구하고 사업 또는 사업장에 근로자의 과반수로 조직된 노동조합이 있는 경우에는 근로자위원은 노동조합의 대표자와 그 노동조합이 위촉하는 자로 한다.
④ 사용자를 대표하는 위원(이하 "사용자위원"이라 한다)은 해당 사업이나 사업장의 대표자와 그 대표자가 위촉하는 자로 한다.
⑤ 근로자위원이나 사용자위원의 선출과 위촉에 필요한 사항은 대통령령으로 정한다.

근참법 제7조 【의장과 간사】 ① 협의회에 의장을 두며, 의장은 위원 중에서 호선(互選)한다. 이 경우 근로자위원과 사용자위원 중 각 1명을 공동의장으로 할 수 있다.
② 의장은 협의회를 대표하며 회의 업무를 총괄한다.
③ 노사 쌍방은 회의 결과의 기록 등 사무를 담당하는 간사 1명을 각각 둔다.

근참법 제8조 【위원의 임기】 ① 위원의 임기는 3년으로 하되, 연임할 수 있다.
② 보궐위원의 임기는 전임자 임기의 남은 기간으로 한다.
③ 위원은 임기가 끝난 경우라도 후임자가 선출될 때까지 계속 그 직무를 담당한다.

근참법 제9조 【위원의 신분】 ① 위원은 비상임·무보수로 한다.
② 사용자는 협의회 위원으로서의 직무 수행과 관련하여 근로자위원에게 불이익을 주는 처분을 하여서는 아니 된다

근참법시행령 제4조 【보궐위원】 근로자위원의 결원이 생기면 30일 이내에 보궐위원을 위촉하거나 선출 하되, 근로자의 과반수로 구성된 노동조합이 조직되어 있지 아니한 사업 또는 사업장에서는 근로자위원 선출 투표에서 선출되지 못한 사람 중 득표순에 따른 차점자를 근로자위원으로 할 수 있다.

> **근참법 제10조 【사용자의 의무】** ① 사용자는 근로자위원의 선출에 개입하거나 방해하여서는 아니된다.
> ② 사용자는 근로자위원의 업무를 위하여 장소의 사용 등 기본적인 편의를 제공하여야 한다.

1. 근로자위원 선출방식

가. 직접 · 비밀 · 무기명 투표

현행법에서는 근로자위원 선출시 근로자의 직접 · 비밀 · 무기명 투표를 거치도록 하고 있으므로 무투표 당선은 인정되지 않는다. 따라서 후보자수가 위원수와 같더라도 투표절차를 거치는 것이 필요하며, 후보자 수와 위원수가 같은 경우 찬반투표 형태로 진행할 수도 있다. 위원 수와 후보자수가 같아 찬반투표를 진행하는 경우 선출정족수와 관련해서는 노사가 합의하여 노사협의회 규정으로 두는 것이 바람직하다(예 : 유효투표 과반수의 찬성).

〈노사협의회 근로자위원 투표용지 1〉

투표용지				
노사협의회 근로자위원 후보				
기호 1번	기호 2번	기호 3번	기호 4번	기호 5번
홍길동	○○○	○○○	○○○	○○○
○○(주) 노사협의회 선거위원회				

〈노사협의회 근로자위원 투표용지 2〉

투표용지					
노사협의회 근로자위원 후보					
기호 1번		기호 2번		기호 3번	
홍길동		○○○		○○○	
찬성	반대	찬성	반대	찬성	반대
○○(주) 노사협의회 선거위원회					

나. 사용자가 근로자위원 선정 후 신임투표로 선출된 근로자위원의 자격

노사협의회의 근로자위원 선출에 사용자가 개입하여 일방적으로 근로자위원 후보를 선정하고, 직접 · 비밀 · 무기명 투표를 거치지 않고 사용자가 일방적으로 정한 근로자위원에 대하여 신임·비신임만을 묻는 형식이었다면 이는 근참법에 위배된다. 따라서 법에 정한 정당한 절차에 의해 선출되지 아니한 근로자위원은 자격이 없다(1998.9.8, 노사 68107-253).

다. 근로자에게 ID와 비밀번호를 부여하여 전자투표하는 경우의 효력

① 근참법에서는 근로자의 과반수로 구성된 노동조합이 조직되어 있지 아니한 사업(사업장)의 근로자위원은 근로자의 직접·비밀·무기명 투표에 의하여 선출한다고 규정하고 있으므로, 근로자위원 선출에 있어 대리인에 의한 투표가 금지되고 투표내용의 비밀이 보장됨을 규정하고 있다. 따라서 전자투표를 통해 근로자위원을 선출하는 경우 또한 직접·비밀·무기명 투표의 원칙을 규정하고 있는 근참법의 입법취지가 보장되어야 한다.

② 전자투표의 경우 투표과정 및 투표결과의 조작가능성에 대한 이견이 존재하고, 이러한 우려를 해소하기 위한 기술체계가 검증되지 않은 상황에서 근로자 개개인에게 아이디(ID)와 비밀번호를 부여하고 전자투표를 실시하는 것은 개인의 투표내용이 전산기록으로 자료화됨으로써 개인별 투표내용의 식별이 가능케 된다는 점에서 투표내용의 비밀보장원칙을 규정하고 있는 관계조항의 입법취지에도 부합되지 않는다(2003.7.23, 협력 68210-294).

③ 다만, 노사가 사전에 투표방법 및 전자투표에 사용될 기술체계에 동의시에는 전자투표가 가능하다(2009.4.16, 협력 1362)

라. 예외적으로 위원선거인에 의한 간접선출 가능여부

① 사업 또는 사업장의 특수성으로 인해 부득이 직접선거에 의한 선출이 부적합하다고 인정되는 경우에 간접선거에 의한 근로자위원 선출도 가능한 바, 사무직과 기술직·기능직의 사업장이 별도로 되어 있거나 작업부서별 특성이 현저히 다른 경우 등 이러한 간접선거 방식을 활용할 수 있다.

② 이 경우 작업부서별로 근로자수에 비례하여 근로자위원을 선출할 근로자(위원선거인)를 선출하고, 선출된 위원선거인 과반수의 직접·비밀·무기명 투표에 의하여 근로자위원을 선출하여야 한다.

마. 차점자명부 작성의 필요성

① 노사협의회가 안정적이고 효율적으로 운영되기 위한 사전적 장치로써 보궐위원이 될 수 있는 차점자 명부도 다수득표자 순에 의해 확정해 놓는 것이 바람직하다. 왜냐하면 노사협의회 위원이 임기 중에 퇴사하거나 불가피한 사유로 업무를 하지 못하는 경우 새로운 위원을 선임하여야 하는데, 그 때마다 다시 근로자위원을 선출하도록 한다면 매우 부담이 될 것이기 때문이다.

② 근참법시행령 제4조에서 근로자위원 선출 투표에서 선출되지 못한 자 중 다수 득표자 순에 의한 차점자를 보궐 근로자위원으로 할 수 있도록 규정하고 있다.

2. 사용자위원 위촉

가. 직명위촉

① 근참법 제6조제3항은 '사용자를 대표하는 위원은 해당 사업이나 사업장의 대표자와 그 대표자가 위촉하는 자로 한다'라고 규정하고 있으므로 당해 사업장의 대표자는 당연히 사용자위원이 된다.

② 사용자위원은 '해당 사업이나 사업장의 대표자가 위촉하는 자'이므로 특정 개인을 지명하여 위촉하는 것이 바람직하나, 사업주가 노사협의회 운영의 실효성 및 효율성을 높이기 위해 직명(예 : 인사노무부장, 생산부장 등)으로 위촉하는 것이 바람직하다고 판단하는 경우 직명 위촉도 가능하다.

나. 인사 · 총무부서 근무자의 근로자위원 피투표권 인정여부

사업주에 대하여는 근기법상 일정 조항에서 근로자 지위를 가지더라도 근기법 제2조에 의한 사용자에 해당한다면 노사협의회 근로자위원에 대한 투표권과 피투표권이 인정되지 않는다. 다른 근로자에 대한 지휘감독권(업무지시권), 징계 · 인사권, 복무 · 근태관리권 등을 가진 자는 사용자로 볼 수 있으나, 그렇지 않은 자는 단체협약에 의하여 조합원 가입이 제한된다 하더라도 근기법상 사용자에 해당하는 것은 아니다(1998.1.6, 노사 68107-4).

3. 근로자위원의 임기

가. 과반수노조에서 과반수미달 노조로 된 경우

노사협의회 구성당시 과반수 노동조합이 존재하여 노동조합에서 근로자위원을 위촉, 노사협의회를 구성·운영해오던 중 조합원 감소로 과반수 미달노조가 된 경우 노사협의회규정에서 이와 관련한 별도의 규정을 두고 있지 않는 한 임기 중 본인의 의사에 반하여 해촉하고 새 위원을 선출할 수 없다. 적법하게 선출(위촉)된 근로자위원의 경우 노사협의회 위원의 임기가 보장된다는 점, 임기 중 노조조직률 변화를 이유로 근로자위원을 수시로 다시 선출하는 것은 안정적인 노사협의회 운영에 방해가 될 뿐만 아니라 노사간 갈등요인이 될 수 있다는 점 등을 고려할 때 근로자위원이 적법하게 선출(위촉)되었다면 노사협의회규정에 별도 정함이 없는 한 법에 의한 임기가 보장된다(2004.1.16, 노사협력과-178).

나. 근로자위원 선출 후 과반수노조 등장시 기(旣) 선출 근로자위원의 임기

전체 근로자에 의하여 근로자위원을 선출하였으나 후에 근로자 과반수로 조직된 노조가 등장한 경우에는 협의회규정에서 이에 대해 정한 바가 있으면 그에 따르되 정한 바가 없으면 기존위원의 임기동안에는 본인의 의사에 반하여 노조에서 해촉하고, 새 위원을 위촉할 수는 없다(1998.3.31, 노사 68107-76).

4. 노사협의회 대표 근로자위원의 근기법상 근로자대표 인정여부

① 우리 노동관계법상 근로자를 대표하는 지위는 노동조합의 대표자, 노사협의회 근로자대표, 근기법상 근로자대표 등으로 구분하여 볼 수 있으며, 각각은 별도의 지위에 있다고 보아야 할 것이다.

② 이 때 노동조합 대표자와 근기법상 근로자대표는 각각 합의권을 가지고 있어 노동조합 대표자는 단체협약을 체결할 수 있고, 근기법상 근로자대표는 탄력적 근로 시간제의 합의권, 선택적근로시간제의 합의권, 보상휴가제의 합의권, 재량근로제의 합의권, 유급휴가의 대체합의권, 고용조정에 있어서의 협의권 등을 갖게 된다.

③ 다만, 우리 근기법에서는 과반수 노조가 있는 경우에는 그 노동조합이 근기법

상 근로자대표의 지위를 갖도록 하고 있고, 근참법에서도 과반수 노조 대표자와 그 노동조합이 위촉하는 자를 노사협의회 근로자위원으로 하도록 규정하고 있으므로, 이에 따라 과반수 노조의 대표자는 근기법상 근로자대표의 지위와 노사협의회 근로자위원 대표의 지위를 모두 갖게 되는 것이다.

④ 과반수 노조가 있지 않은 사업장에서는 노사협의회 근로자위원 대표가 근기법상 근로자대표로서 각종 근로조건에 대한 합의권을 행사 할 수는 없다. 따라서 노사협의회 근로자위원 대표가 근기법상 근로자대표의 지위를 갖기 위해서는 노사협의회 위원선출시 근로자 과반수의 지지를 얻는 최다수득표자를 근기법상 대표자로서 선출한다는 공지가 명확히 되어 선출하는 것이 필요하다(1997.5.13, 근기 68207-630).

도표 근기법 vs 노조법 vs 근참법 상 대표자 의결 효력 비교

법령(대표자)	의결효력
근기법 (근로자 대표)	• 근로기준법상 근로자대표와의 협의 및 합의관계는 고용조정, 근무시간이나 휴가제도의 유연화 등에 있어서 사용자가 일방적으로 제도와 수준을 변경함으로써 근로자에게 불이익이 발생하는 것을 사전에 예방하기 위한 보호장치를 두고 있는 것으로 사용자와 근로자 대표가 서면합의한 사항에 대해서는 그 변경의 효력이 인정된 반면 합의사항의 위반행위 자체에 대하여는 별도의 처벌규정을 두고 있지 않음.
노조법 (노동조합 위원장)	• 단체교섭 관계는 노동조합이 근로조건의 개선 및 조합활동 보장 등을 위하여 사용자와 교섭하고, 합의된 결과를 단체협약으로 체결하는 것으로 "노동조합 및 노동관계 조정법"에 의하여 단체협약으로 합의된 중 일정한 사항을 위반한 경우에 그 위반행위 자체로 벌칙이 적용되며, 협약으로 합의된 사항에 대하여는 민사적으로 청구할 권한도 갖게됨.
근참법 (근로자 위원)	• 노사협의회에서 협의 의결관계는 노사가 참여와 협력을 바탕으로 생산성 향상과 근로생활의 질을 향상시키고자 신의성실의 원칙에 따라 공동으로 노력하고 협의 또는 의결해 나가는 체제 • 따라서 노사협의회에서 의결된 사항은 그 합의자체로 개별 근로자의 근로조건을 결정하는 효력은 발생하지 않으며, 근로계약 취업규칙 단체협약 체결 등의 조치가 따라야 하는 것임. • 그러나 노사협의의 신의성실의 원칙은 당사자들의 이행이 담보되도록 하는 것이 필요하므로 노사협의회에서 합의되거나 의결된 사항을 위반하는 경우에는 그 행위자체로 처벌하도록 하고 있음

151 노사협의회 회의개최 및 회의록작성

근참법 제12조 【회의】 ① 협의회는 3개월마다 정기적으로 회의를 개최하여야 한다.
② 협의회는 필요에 따라 임시회의를 개최할 수 있다.

근참법 제13조 【회의소집】 ① 의장은 협의회의 회의를 소집하며 그 의장이 된다.
② 의장은 노사 일방의 대표자가 회의의 목적을 문서로 밝혀 회의의 소집을 요구하면 그 요구에 따라야 한다.
③ 의장은 회의 개최 7일 전에 회의 일시, 장소, 의제 등을 각 위원에게 통보하여야 한다.

근참법 제15조 【정족수】 회의는 근로자위원과 사용자위원 각 과반수의 출석으로 개최하고 출석위원 3분의 2 이상의 찬성으로 의결한다.

근참법 제18조 【협의회규정】 ① 협의회는 그 조직과 운영에 관한 규정(이하 "협의회규정"이라 한다)을 제정하고 협의회를 설치한 날부터 15일 이내에 고용노동부장관에게 제출하여야 한다. 이를 변경한 경우에도 또한 같다.
② 협의회규정의 규정 사항과 그 제정·변경 절차 등에 관하여 필요한 사항은 대통령령으로 정한다.

근참법 제19조 【회의록 비치】 ① 협의회는 다음 각 호의 사항을 기록한 회의록을 작성하여 갖추어 두어야 한다.
1. 개최 일시 및 장소
2. 출석 위원
3. 협의 내용 및 의결된 사항
4. 그 밖의 토의사항
② 제1항에 따른 회의록은 작성한 날부터 3년간 보존하여야 한다.

3일차

1. 근로자위원이 구성되지 않아 정기 노사협의회를 개최하지 못한 경우

① 노사협의회는 3개월마다 정기적으로 회의를 개최해야 하며 사용자가 이를 이행하지 않는 경우에는 법 제32조에 따라 200만원 이하의 벌금에 처해질 수 있다. 그러나 노사협의회의 개최는 사용자위원과 자주적으로 선출(위촉)된 근로자위원의

참석하에 이루어지는 것으로서 노사협의회를 개최하려 해도 근로자들이 근로자위원을 선출하지 못하는 등 사용자의 책임으로 볼 수 없는 사유로 회의를 개최하지 못하는 경우라면 이를 사용자가 노사협의회 개최의무를 이행하지 아니한 것으로 보기는 어려울 것이다(2000.3.31, 노사 68107-193).

② 반드시 노사협의회 개최 후 3개월 이내 차기 협의회를 개최해야 하는 것은 아니다(노사관계법제과-1591, 2019.5.29).

2. 협의회 위원의 임기는 3년으로 규정

① 위원의 전문성 제고와 위원회의 연속성 보장을 위해 노사협의회 위원이 연임할 수도 있도록 하고 있으며, 협의회 위원은 임기가 만료된 경우라도 그 후임자가 선출될 때까지는 계속 그 직무를 담당하게 된다.

② 그러나 사업 또는 사업장의 대표자는 사실상 임기에 구애를 받지 않으며, 근로자위원 중 승진 또는 인사이동 등으로 근기법 제2조의 사용자에 해당하거나 퇴직한 경우는 임기 중이라도 위원 자격을 상실하게 된다.

3. 협의회 출석시간 및 노사협의회 규정에서 정한 시간은 근로시간 간주

① 이는 노사협의회 위원으로서의 직무수행에 최선을 다하도록 보장하기 위한 것으로 가령 야간시간에 노사협의회를 개최하거나 휴일에 노사협의회를 개최한 경우 각각 야근수당과 휴일근무수당을 지급해야 한다.

② 협의회 출석과 직접 관련된 시간(협의회 출석을 위한 이동시간과 자료검토시간 등)에 대해서는 사전에 노사가 노사협의회 규정에서 정한 경우 근로한 것으로 보아야 할 것인 바, 이를 통해서 보다 내실 있고 실질적인 노사협의회 운영이 가능할 것으로 기대되기 때문이다.

③ 다만, 노사협의회 위원의 신분은 비상임·무보수가 원칙이므로 협의회 출석과 직접 관련이 없는 시간인 경우에는 근로시간이 아닌 시간을 활용해야 할 것이다.

152 노사협의회 협의 · 의결 · 보고사항

근참법 제20조 【협의사항】 ① 협의회가 협의하여야 할 사항은 다음 각 호와 같다.
1. 생산성 향상과 성과 배분
2. 근로자의 채용 · 배치 및 교육훈련
3. 근로자의 고충처리
4. 안전, 보건, 그 밖의 작업환경 개선과 근로자의 건강증진
5. 인사 · 노무관리의 제도 개선
6. 경영상 또는 기술상의 사정으로 인한 인력의 배치전환 · 재훈련 · 해고 등 고용조정의 일반원칙
7. 작업과 휴게 시간의 운용
8. 임금의 지불방법 · 체계 · 구조 등의 제도 개선
9. 신기계 · 기술의 도입 또는 작업 공정의 개선
10. 작업 수칙의 제정 또는 개정
11. 종업원지주제(從業員持株制)와 그 밖에 근로자의 재산형성에 관한 지원
12. 직무 발명 등과 관련하여 해당 근로자에 대한 보상에 관한 사항
13. 근로자의 복지증진
14. 사업장 내 근로자 감시 설비의 설치
15. 여성근로자의 모성보호 및 일과 가정생활의 양립을 지원하기 위한 사항
16. 직장 내 성희롱 및 고객 등에 의한 성희롱 예방에 관한 사항 (2019.7.17. 개정)
17. 그 밖의 노사협조에 관한 사항

② 협의회는 제1항 각 호의 사항에 대하여 제15조의 정족수에 따라 의결할 수 있다.

근참법 제21조 【의결사항】 사용자는 다음 각 호의 어느 하나에 해당하는 사항에 대하여는 협의회의 의결을 거쳐야 한다.
1. 근로자의 교육훈련 및 능력개발 기본계획의 수립
2. 복지시설의 설치와 관리
3. 사내근로복지기금의 설치
4. 고충처리위원회에서 의결되지 아니한 사항
5. 각종 노사공동위원회의 설치

3일차

근참법 제22조 【보고사항 등】 ① 사용자는 정기회의에 다음 각 호의 어느 하나에 해당하는 사항에 관하여 성실하게 보고하거나 설명하여야 한다.
1. 경영계획 전반 및 실적에 관한 사항
2. 분기별 생산계획과 실적에 관한 사항
3. 인력계획에 관한 사항
4. 기업의 경제적·재정적 상황

1. 보고사항, 협의사항, 의결사항 비교

구분	보고사항	협의사항	의결사항
범주	• 경영정보(사측) • 근로자의 요구사항(노측)	• 생산성 향상 • 근무·인사제도 • 고충처리 및 복지증진	• 교육훈련·능력개발 계획 • 복지시설·기금 • 노사 공동기구
의의	• 노사신뢰의 기초	• 참여적 작업조직 • 고몰입 인사제도 구축	• 지식근로자 육성 • 노사파트너십 실행
이행 의무	• 사용자위원 보고의무 • 근로자위원 자료제출 요구권	• 신의성실의 원칙에 따른 협의 의무 • 노사합의 또는 협의회 규정에 따라 의결 가능	• 협의회에서 의결할 의무
주요 내용	• 경영계획 및 실적 • 생산계획 및 실적 • 인력계획 • 기업의 경제·재무 상황 • 근로자의 요구사항(노측)	• 생산성향상·성과배분 • 채용·배치·교육훈련 • 고충처리·감시설비 • 안전보건·작업환경 • 인사·노무제도 • 근무제도·작업수칙 • 신기술·작업공정 개선 • 모성보호·일/가정 양립 • 기타 노사협조 사항	• 교육훈련·능력개발 계획 • 복지시설 설치·관리 • 사내근로복지기금 설치 • 미해결 고충처리 • 노사공동위원회 설치
위반 효과	• 근로자위원의 자료제출요구에 대해 미이행시 500만원 이하 벌금	• 노사가 의결한 경우 미이행시 1,000만원 이하 벌금	• 의결사항 미이행시 1,000만원 이하 벌금

2. 노사협의회의 보고사항은 분기별로 1회 이상 보고

가. 사용자의 보고 · 설명사항(근참법 시행규칙 제5조)

사용자는 법 제22조에 따라 다음 각 호의 사항을 협의회의 정기회의에 보고하거나 설명하여야 한다.

(1) 경영계획 전반 및 실적에 관한 사항

① 단기 및 중·장기 경영계획, ② 경영실적과 전망, ③ 기구개편, ④ 사업확장, 합병, 공장이전 및 휴업·폐업 등 경영상 중요한 결정사항

(2) 분기별 생산계획과 실적에 관한 사항

① 분기별 생산계획과 실적, ② 사업부서별 목표와 실적, ③ 신제품개발과 기술·기법의 도입

(3) 인력계획에 관한 사항

① 인사방침, ② 증원이나 감원 등 인력수급계획, ③ 모집과 훈련

(4) 기업의 경제적 · 재정적 상황에 관한 사항

① 재무구조에 관한 일반 현황, ② 자산현황과 운용 상황, ③ 부채현황과 상환 상황, ④ 경영수지 현황

(5) 그 밖의 사항

① 사용자가 보고하도록 협의회에서 의결된 사항, ② 근로자가 정당하게 보고를 요구한 사항

나. 「기업경영 설명회의 날」로 병행하여 운영함이 바람직

「기업경영 설명회의 날」 시행 요령

1. 목적

매분기 노사협의회를 「기업경영 설명회의 날」로 설정하여 사업주가 직접 전체 근로자를 대상으로 경영전반에 관한 설명회를 개최토록 함으로써, 근로자의 기업경영에 대한 이해를 증진하면서 노사간 신뢰를 확보하고 열린경영 · 투명경영을 실천할 수 있도록 함.

2. 실시요령

- 가급적 노사전원이 참석한 가운데 실시
  ※ 실시 일정 · 장소 등은 사전에 노사대표가 협의하여 결정
- 사업장이 지역적으로 분산되어 있는 경우는 교통 · 거리를 감안하여 순회 실시
- 가급적 최고경영자가 직접 실시하거나 관리 · 생산 · 마케팅 등 분야별 담당 임원이 해당 분야별로 설명
- 정기 월례조회 또는 노사협의회 시간을 최대한 활용하여 기업경영활동, 생산차질을 최소화
- 설명 후에는 질의 · 응답 시간을 갖도록 하여 기업경영 관련 토론의 장(場)이 되도록 함

3. 설명내용

- 「근참법」 제22조에 규정된 보고 · 설명사항
  - 경영계획 및 실적에 관한 사항
  - 분기별 생산계획과 실적에 관한 사항
  - 인력계획에 관한 사항
  - 기업의 경제적 · 재정적 상황
- 기업경영이념 및 경영철학
- 기타 근로자측에서 설명을 요구하는 내용

4. 유의사항

- 설명회를 통해 근로자가 소속감(주인의식, 자긍심), 일에 대한 보람을 느끼도록 하게 하여 참여 · 협력, 실천의 계기가 되도록 함
- 형식적 · 일방적 설명으로 인한 노사갈등이 야기되지 않도록 최대한 설명 내용의 충실을 기함
- 설명회시 노사상호간 불만 · 고충사항, 불합리한 의식 · 관행 등에 관한 사항을 함께 논의하고 해결 방안을 마련

3. 협의사항 해당여부

가. 탄력적근로시간제를 노사협의회 협의사항으로 의결할 수 있는지 여부

근참법은 노사협의회에서 '작업 및 휴게시간의 운용'에 관한 사항을 협의하거나 의결할 수 있도록 하고 있는데, 탄력적근로시간제의 도입과 관련한 사항 등 근기법상 사용자가 근로자대표와의 서면합의를 하도록 한 규정은 동 제도의 도입을 위한 기본적인 법적 요건이므로 노사협의회의 의결만으로는 도입이 불가하다. 따라서 탄력적근로시간제 도입 등에 관한 사항을 노사협의회에서 의결하더라고 별도로 서면합의서를 작성하거나 취업규칙을 변경하여야 한다(1997.6.5, 근기 68207-735).

나. 근로자 복지와 관련한 복지기금을 노동조합에 위탁하도록 하는 것이 협의사항이 되는지

특정 노조에 대한 복지기금 지급은 전체 근로자의 복지증진에 해당된다고 보기 어려워 근참법 취지에 비추어 볼 때 노사협의회의 협의를 거쳐 의결한 사항으로서의 효력을 인정하기는 불가하다(2010.10.26, 노사협력정책과 989).

다. 특정인 채용 및 특정직무 배치 등의 노사협의회 협의사항 해당여부

근참법 제20조 협의사항 중 '근로자의 채용·배치 및 교육훈련'에 대한 규정은 업무에 필요한 근로자의 능력과 경력, 특정직무에 배치해야 할 근로자의 능력과 경력, 직무의 효과적 수행을 위해 필요한 교육훈련 등에 대하여 노사협의회에서 협의해야 할 사항을 규정한 것으로, 어떤 특정인물을 채용한다거나 특정인을 특정직무에 배치해야 하는 것까지를 의미하는 것은 아니라고 할 것이다(2004.4.20, 노사협력복지과-770).

4. 노사협의회에서 근로조건에 대해 합의한 경우 단체협약으로서의 효력여부

근참법에 의한 노사협의회는 근로자와 사용자가 상호 협조하여 근로자의 복지증진과 기업의 건전한 발전을 도모함을 목적으로 하는 협의기구로, 동법 제5조는 노동조합의 단체교섭 기타 모든 활동은 이 법에 의하여 영향을 받지 않는다고 규정하고 있음. 노사협의회에서 임금 등 근로조건에 대해 합의를 한 경우 그 합의사항이 당연히 근로조건의 유지·개선을 목적으로 노동조합과 사용자간에 체결한 단체협약의 효력을 갖는 것은 아니다(2003.5.26, 협력 68210-224).

5. 의결사항의 범위와 효력

가. 단체협약으로 체결된 사항, 근기법상 근로자대표와 합의한 사항, 노사협의회에서 의결한 사항의 차이

① 단체교섭 관계는 노동조합이 근로조건의 개선 및 조합활동 보장 등을 위하여 사용자와 교섭하고, 합의된 결과를 단체협약으로 체결하는 것으로 노조법에 의하여 단체협약으로 합의된 중 일정한 사항을 위반한 경우에 그 위반행위 자체로 벌칙이 적용되며, 협약으로 합의된 사항에 대하여는 민사적으로 청구할 수 있는 권한도 갖게 된다.

② 근기법상 근로자대표와의 협의 및 합의관계는 고용조정, 근무시간이나 휴가제도의 유연화 등에 있어서 사용자가 일방적으로 제도와 수준을 변경함으로써 근로자에게 불이익이 발생하는 것을 예방하기 위한 보호장치를 두고 있는 것으로 사용자와 근로자대표가 서면합의한 사항에 대해서는 그 변경의 효력이 인정된 반면 합의사항의 위반행위 자체에 대하여는 별도의 처벌규정을 두고 있지 않다.

③ 반면, 노사협의회에서의 협의·의결관계는 노사가 참여와 협력을 바탕으로 생산성향상과 근로생활의 질을 향상시키고자 신의성실의 원칙에 따라 공동으로 노력하고 협의 또는 의결해 나가는 체계이다.

④ 따라서 노사협의회에서 의결된 사항은 그 합의자체로 개별 근로자의 근로조건을 결정 하는 효력은 발생하지 않으며, 근로계약·취업규칙·단체협약 체결 등의 조치가 따라야 한다.

⑤ 그러나 노사협의회의 신의성실의 원칙은 당사자들의 이행이 담보되도록 하는 것이 필요하므로 노사협의회에서 합의되거나 의결된 사항을 위반하는 경우에는 그 행위 자체로 처벌(1천만원 이하의 벌금)하도록 하고 있다.

나. 의결사항 중 '근로자의 교육훈련 및 능력개발 기본계획'의 범위

근로자의 교육훈련 및 능력개발 기본계획을 수립할 경우에 노사협의회의 의결을 거치도록 하는 것이지 교육이나 훈련을 실시하는 그때마다 의결을 거쳐야 하는 것은 아니다(2001.6.23, 노사 68010-222).

다. 의결사항 중 '복지시설의 설치와 관리'의 범위

'복지시설의 설치와 관리'의 권리·의무는 사용자에게 있고 사용자는 이러한 권리·의무의 행사시 근로자대표의 의견을 충분히 수렴토록 하는 것이 근참법 제20조의 취지이다. 구내식당 운영권의 외부업체로의 이전, 사택내 유치원 폐쇄에 관한 사항은 법 제20조의 '복지시설의 설치와 관리'에 해당된다고 볼 수 있다. 따라서 근로자대표와의 충분한 의견수렴이 필요하다 할 것이므로 의결절차를 거쳐야 한다(1998.12.9, 노사 68107-374).

라. 의결사항을 의결치 않고 시행할 경우의 효력

현행 근참법에는 노사협의회에서 의결된 사항을 정당한 사유없이 이행하지 아니한 자에 대하여 처벌하도록 되어 있을 뿐 노사 당사자간 어느 일방이 의결사항에 대하여 의결을 거치지 않고 시행할 경우에 대한 법적효력에 관하여 구체적인 규정이 없으므로 이를 이유로 한 처벌은 어렵다. 한편, 법 제정 취지에 비추어 볼 때 동법은 노사쌍방이 참여와 협력을 통하여 노사공동의 이익을 증진시키는 것이 목적이므로 노사간 성실한 협의를 통해 해결하는 것이 바람직하다(1998.12.26, 노사 68107-401).

153 고충처리제도

근참법 제26조 【고충처리위원】 모든 사업 또는 사업장에는 근로자의 고충을 청취하고 이를 처리하기 위하여 고충처리위원을 두어야 한다. 다만, 상시 30명 미만의 근로자를 사용하는 사업이나 사업장은 그러하지 아니하다.

근참법 제27조 【고충처리위원의 구성 및 임기】 ① 고충처리위원은 노사를 대표하는 3명 이내의 위원으로 구성하되, 협의회가 설치되어 있는 사업이나 사업장의 경우에는 협의회가 그 위원 중에서 선임하고, 협의회가 설치되어 있지 아니한 사업이나 사업장의 경우에는 사용자가 위촉한다.
② 위원의 임기에 관하여는 협의회 위원의 임기에 관한 제8조를 준용한다.

근참법 제28조 【고충의 처리】 ① 고충처리위원은 근로자로부터 고충사항을 청취한 경우에는 10일 이내에 조치 사항과 그 밖의 처리결과를 해당 근로자에게 통보하여야 한다.
② 고충처리위원이 처리하기 곤란한 사항은 협의회의 회의에 부쳐 협의 처리한다.

근참법 제32조 【벌칙】 사용자가 제12조제1항을 위반하여 협의회를 정기적으로 개최하지 아니하거나 제26조에 따른 고충처리위원을 두지 아니한 경우에는 200만원 이하의 벌금에 처한다.

1. 고충처리제도의 법적 의미

가. 근로자수가 30명 이상일 경우 근로조건결정권 유무와 관계없이 고충처리위원을 배치해야 한다.

상시 30명 이상 근로자를 사용하는 모든 사업 또는 사업장은 근로조건 결정권유무와 관계없이 고충처리위원을 두어야 한다. 따라서 귀 공단의 경우처럼 지역을 달리하는 지사의 근로자 수가 30명 이상일 경우 각 지사별로 고충처리위원을 배치해야 할 것이다(1999.3.18, 노사 68107-92).

그림 사업장 규모에 따른 노사협의회 설치 및 고충처리위원 위촉(예시)

- 하나의 사업에 지역을 달리하는 사업장이 있는 경우
- A지역에 본사가 있고 지역이 다른 각각 B지역과 C지역에 공장을 두고 있는 경우

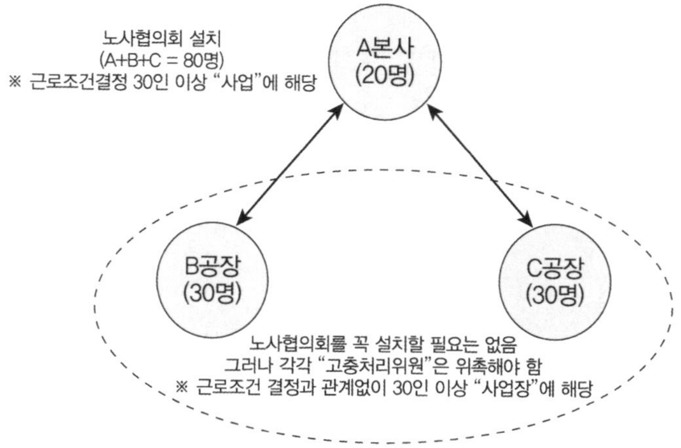

나. 노사협의회와의 관계

노사협의회와 고충처리제도는 독자적인 성격과 목적을 가지는 별개의 것으로 근참법에서도 노사협의회의 설치와 고충처리위원 등에 관한 사항을 별도로 규정하고 있다(1991.8.7, 노사 32281-11325). 다만, 고충처리위원이 처리하기 곤란한 사항은 협의회의 회의에 부쳐 협의처리한다.

2. 고충의 의의와 갈등해결의 중요성

가. '고충'의 의의

근로자의 근로환경이나 근로조건에 관한 개별적인 불만, 기타 근로자의 성격, 심리적 상태, 개인적 문제 등이 원인이 되어 직장생활에서 근로자가 겪게 되는 불만족 및 불안정 상태를 말한다.

나. 고충의 발생원인

① 외부적인 요인으로는 동료 근로자와의 임금차이, 조직 내 상하급자와의 갈등, 작업장의 분진·소음·조명 등 작업환경 요인이 있다.

② 내부적인 요인으로는 애정문제, 가정문제, 일과 성격의 부조화 등이 있다.

③ 연구결과에 의하면 고충의 발생빈도가 높을수록 생산성도 낮아지며(Norworthy & Zabala, 1985), 또한 생산품의 질도 낮아지므로(Katz, Kochan & Gobeille, 1983) 직장생활에서 개인들이 갖고 있는 고충을 방치하는 경우 기업의 생산성 향상에 저해요인으로 작용하고 있다.

다. 고충의 해결

① 근로환경이나 근로조건 등에 관한 고충이나 갈등은 노사협의회의 협의사항 등을 통해 해결된다고도 볼 수 있으나, 협의회에 안건화되기 이전에 현장에서 즉각적으로 해결되는 것이 갈등을 사전에 해결하여 분쟁을 예방하는 효과가 있다.

② 개인이 갖고 있는 업무와 관련한 고충 중 상당부분은 사적영역인 경우가 많아 고충처리시스템을 통해 해결되어야 할 필요성도 있고, 특히 개인의 성격이나 스트레스, 가정생활 등과 관련한 문제는 기업 내 상담을 통해 '종업원지원제도(Employee Assistance Program : EAP)'라는 차원에서 다루어질 필요가 있다.

③ EAP는 직원들이 스트레스 등 개인적인 문제로 인해 정상적인 업무를 수행할 수 없을 때 회사가 외부 전문기관과 연계하여 전문적인 상담을 제공하여 그 문제를 해결할 수 있도록 지원하는 종합적인 상담/교육지원 프로그램을 말한다. 이 프로그램은 회사의 생산성 문제가 제기되는 직무조직을 돕고 직원들 개개인의 건강문제, 부부 및 가족생활문제, 법률 및 재정문제, 알코올 및 약물문제, 정서문제, 스트레스 등 업무성과 전반에 영향을 미칠 수 있는 근로자 문제를 해결하기 위한 업무생산성 향상에 목적을 두고 있다.

3. 사업내 상담자로서의 고충처리 역할

① 우리의 산업사회는 지난 수십년 동안 산업구조에 큰 변화를 겪어 왔으며, 근

로시간이 단축되고, 새로운 여가문화의 창조가 중요한 문제로 대두되고 있으며, 정부도 국민의 만족도를 높이는 방향으로 정책을 추진함으로써 '생산자모델'에서 '생활자모델'로 이전하고 있다.

❑ 사회적 상황의 변화

- 기술혁신으로 모든 직장에 컴퓨터가 도입되고 자동화가 급속히 진행되면서, 이른바 '테크노 스트레스'가 중장년층을 중심으로 심각해지고 있음.
- 기업내 구조조정으로 전직, 전근, 전출, 명예퇴직 등이 증가하였고, 고용형태의 변화 등으로 기업 내 직장인들이 갖는 부담감이 더욱 커졌음.
- 정치, 경제, 문화의 국제화가 급속히 진행됨에 따라 사람들의 이동도 급격해지고, 해외 근무나 출장이 증가하여 가족관계에도 적지 않은 부정적 영향을 주고 있음.
- 고령화가 급속하게 진행되고 있는 가운데, 고령자의 인생설계나 생활지도가 새로운 문제로 대두되고 있음.
- 여성의 사회진출이 늘어나 근로자의 40%를 여성이 차지하게 되었고, 이에 따라 육아의 보육이나 노부모의 봉양이 어렵게 되고, 부부관계 등을 악화시키는 등 부정적 문제도 발생함.
- 젊은 근로자의 의식이 변화함. 젊은 세대의 근로관은 일보다도 여가를 중시하는 경향이 높아지고, 자기 자신의 생활에 더 많은 비중을 두게 되었음.
- 기업의 인사관리가 능력이나 실적을 중시하는 방향으로 바뀌고 있음.

② 이러한 환경에서 기업 내 산업상담 및 근로자지원제도(EAP)등의 중요성이 커지고 있으며, 노사협의회에서의 고충처리 역할도 이러한 차원에서 그 중요성이 강조되고 있다.

4. 상담자로서 지녀야 할 기본자세와 역량

가. 들어주기

대부분의 사람들은 해결책을 처방하기 전에 증상진단에 필요한 시간과 노력을 들이지 않고, 다른 사람이 처한 상황을 잘 이해하였다고 가정하고 재빠르게 그들에게 충고를 하게 된다. 또한 사람들은 서로 대화를 하면서 자신의 경험이나 동기에 근거하여 다른 사람들의 이야기에 대해 충고, 탐색, 해석, 판단하는 경향이 있다. 고충처리 상담에서 '들어주기'는 그 자체만으로도 커다란 효과가 있으며, 상담자의 역할 중 가장 중요한 것은 인내심을 가지고 내담자의 이야기를 들어주는 것이다.

나. 공감하기

공감적 경청은 ▲ 상대방에게 깊은 신뢰를 심어줌. ▲ 회사에서 ○○○씨는 이야기를 잘 들어 준다. ▲ 그 분에게 모든 것을 말하면 해결될 것이다. 이렇게 신뢰가 하나 둘 형성되면 더 많은 사람들이 신뢰하게 되고, 그 신뢰는 직원들이 인정하는 유능한 상담자가 되게 할 것임. 공감적 경청이란 말하는 사람의 감정을 반영해 주고 자신의 말로 정리해 주는 것이다.

다. 문제를 찾도록 도와주기

회사에서 상담을 하는 것은 심리적인 치료를 하거나 모든 원인을 치료해 줄 수 있는 것은 아님. 상담을 통해 내담자에게 도움을 준다는 것은 경청을 통해 내담자와 공감을 형성하고 진정으로 내담자가 그 문제를 스스로 해결할 수 있도록 도움을 주는 것이다.

라. 결과를 함께 공유하기

상담결과는 내담자와 상담자간에 그 결과를 공유할 필요가 있음. 즉, 1회의 상담에서 즉답이 곤란한 경우 반드시 다른 날을 잡아 그 결과를 알려줄 필요가 있으며, 첫 회 상담으로 문제점 파악이 곤란한 경우 2~3회 약속을 하여 정확한 파악과 진행경과를 공유할 필요가 있는 것이다.

마. 비밀지키기

회사 내에서 상담은 직원 개개인의 사생활에 관련된 정보를 많이 갖게 된다. 상담자는 이러한 개인과 관련된 사항들에 대하여는 본인이 동의하지 않는 한 철저히 비밀을 지키는 것이 필수적이다.

5. 기업의 갈등해결 및 고충처리 운용절차

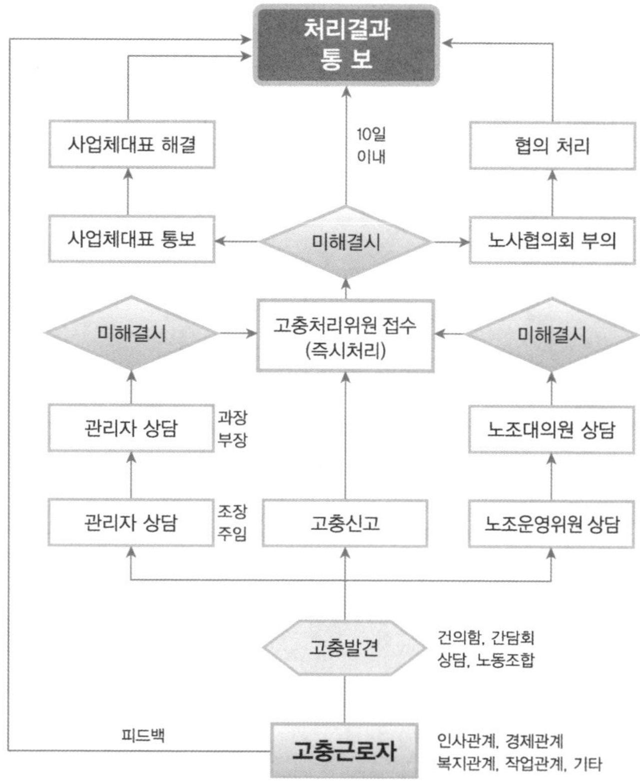

3일차

이원희

이메일

- whlee315@hanmail.net

저자약력

- 부산대 경제학과
- 고려대 노동대학원 노동법학과
- 제25회 행정고시 합격
- 제6회 공인노무사 합격
- 산업카운슬러 1급
- 한국노동교육원 교육팀장
- 국민고충처리위원회 노동전문위원
- 현) 국민권익위원회 노동상담위원
- 현) 노무법인 가교 공인노무사(☎ 02-2253-6033)